보세사

기출문제 정복하기

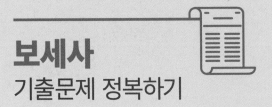

보세사
기출문제 정복하기

개정판 1쇄 발행	2022년 01월 06일
개정2판 1쇄 발행	2023년 03월 13일

편 저 자	자격시험연구소
발 행 처	(주)서원각
등록번호	1999-1A-107호
주 소	경기도 고양시 일산서구 덕산로 88-45(가좌동)
대표번호	031-923-2051
팩 스	031-923-3815
교재문의	카카오톡 플러스 친구 [서원각]
홈페이지	www.goseowon.com

Preface

'보세사'는 보세화물관리에 전문적인 지식을 지니고 보세화물관리에 대한 세관공무원의 업무 중 일부를 위탁받아 수행하고 있으며, 보세창고 운영인이나 보세공장 운영인이 반드시 채용하여야 하는 보세화물 전문관리자입니다. 보세사는 지정보세구역의 화물관리인이나 특허보세구역 운영인이 자신의 보세구역을 세관으로부터 자율관리 보세구역으로 지정받기 위해서도 반드시 채용하여야 하는 보세화물 전문관리자입니다.

본서는 보세사 시험을 준비하는데 있어서 7개년 기출문제를 수록하였습니다. 자주 법령이 바뀌는 특성에 따라 이전 시험의 법령이 변경된 문항은 적절히 변형하여 시험 대비에 어려움이 없도록 하였습니다. 기출문제만 풀어도 시험에 대한 감각을 확인할 수 있도록 구성하였으며, 해설을 상세하게 수록하여 빠르게 이론적인 내용도 확인 할 수 있도록 수록하였습니다. 반복적이고 충분한 해설은 학습자분들이 내용을 쉽게 숙지할 수 있도록 하였습니다. 이러한 해설은 이론서를 대체할 수 있도록 모든 범위에 대한 구체적이고 상세한 내용을 담았으므로 수험생들에게 커다란 도움이 될 것을 약속하겠습니다.

본서가 합격의 길잡이가 되어 성취를 이룰 수 있도록 응원하겠습니다.

Structure 이 책 의 구 성

7개년 기출문제　**1**

최신 기출문제를 비롯하여 그동안 시행된 기출문제를 수록하였습니다. 이를 바탕으로 출제경향을 파악할 수 있으며, 기출문제를 풀어보며 실전에 보다 철저히 대비할 수 있습니다.

연도별, 과목별 구분　**2**

실전과 같은 연습을 위해 연도와 과목별로 나누어 져있습니다. 문제를 풀어보며 어느 과목에서 부족한지 확인할 수 있습니다.

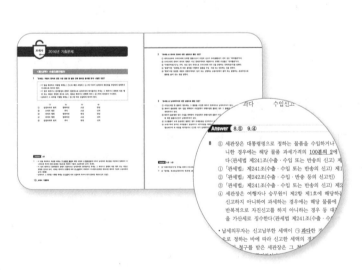

상세한 해설과 보충설명　**3**

매 문제 상세한 해설을 달아 문제풀이만으로도 학습이 가능하도록 하였습니다. 문제풀이와 함께 이론정리를 함으로써 완벽하게 학습할 수 있습니다.

한눈에 들어오는 법 · 고시　**4**

해설에는 해당 법과 고시에 대하여 적혀있습니다. 간추린 설명들은 '국가법령정보센터'에서 쉽게 확인할 수 있습니다.

Contents

이 책 의 차 례

 보세사 기출문제

● 보세사(Bonded goods caretaker)

① 특허보세구역운영인이 보세구역을 운영하기 위해서 반드시 채용해야 하는 국가공인전문자격사이다.

② 보세사는 보세화물관리에 전문적인 지식을 지니고 보세화물관리에 대한 세관공무원의 업무 중 일부를 위탁받아 수행하는 보세화물 전문관리자이다.

③ 보세사는 지정보세구역의 화물관리인이나 특허보세구역 운영인이 자신의 보세구역을 세관으로부터 자율관리보세구역으로 지정받기 위해서는 보세사 채용이 의무화되어 있다.

● 보세사의 자격

보세사는 관세법 제175조 제1호 내지 제7호의 결격사유에 해당하지 아니하는 사람으로서, 「일반직공무원으로서 5년 이상 관세행정에 종사한 경력이 있는 사람」 또는 「보세화물의 관리업무에 관한 전형에 합격한 사람」을 말한다.

● 보세사의 직무

① 보세화물 및 내국물품의 반입 또는 반출에 대한 입회 및 확인

② 보세구역 안에 장치된 물품의 관리 및 취급에 대한 입회 및 확인

③ 보세구역출입문의 개폐 및 열쇠관리의 감독

④ 보세구역의 출입자관리에 대한 감독

⑤ 견품의 반출 및 회수

⑥ 기타 보세화물의 관리를 위하여 필요한 업무로서 관세청장이 정하는 업무

⑦ 보수작업과 화주의 수입신고 전 장치물품 확인시 입회 · 감독

⑧ 세관봉인대의 시봉 및 관리

⑨ 환적화물 컨테이너 적출입시 입회 · 감독

⑩ 「보세사제도 운영에 관한 고시」에서 규정한 각종 대장 등 비치대장 작성과 확인

● 보세사의 의무

① 보세화물 관리에 지장이 없는 범위 내에서 타업무를 겸임할 수 있다.

② 당해 보세구역에 작업이 있는 시간에는 상주하여야 한다.

③ 직무와 관련하여 부당한 금품을 수수하거나 알선 · 중개하여서는 안 된다.

④ 보세사는 자기명의를 타인에게 대여하여 그 명의를 사용하게 할 수 없다.

⑤ 보세사는 보세구역 내에 장치된 화물의 관리와 관련하여 법령 및 화물관계 제반규정과 자율관리보세구역 관리에 관한 규정을 항상 숙지하고 이를 준수하여야 한다.

● 보세사의 결격사유

① 미성년자

② 피성년후견인과 피한정후견인

③ 파산선고를 받고 복권되지 아니한 자

④ 관세법을 위반하여 징역형의 실형을 선고받고 그 집행이 종료(집행이 종료된 것으로 보는 경우를 포함)되거나 면제된 후 2년이 경과되지 아니한 자

⑤ 관세법을 위반하여 징역형의 집행유예의 선고받고 그 유예기간 중에 있는 자

⑥ 관세법의 규정에 의하여 특허보세구역의 설치·운영에 관한 특허가 취소된 후 2년이 경과되지 아니한 자

⑦ 관세법의 규정에 의하여 벌금형 또는 통고처분을 받은 자로서 그 벌금형을 선고받거나 통고처분을 이행한 후 2년이 경과되지 아니한 자. 다만, 규정에 의하여 처벌된 본인 또는 법인은 제외

● 보세사 자격전형

① **보세사 자격** : 보세화물의 관리에 관한 전형에 합격하면 취득할 수 있다. 보세사 자격을 취득하려는 일반인은 보세사 전형을 신청하여 전형에 응시하여야 한다. 보세사전형은 한국관세물류협회장이 매년 실시한다. 다만, 보세구역 및 보세사의 수급상황을 고려하여 격년제로 실시할 수 있다.

② **시행의 공고** : 한국관세물류협회장이 보세사 전형을 실시하고자 할 때에는 전형의 일시, 장소, 방법 기타 필요한 사항을 전형 시행일 90일 전까지 공고하고, 공고는 일간신문 또는 한국관세물류협회 홈페이지 공고로 하되, 필요하다고 인정될 경우에는 세관관서, 한국관세물류협회 본회 및 지회 사무소의 게시판에 게시하는 공고로 갈음할 수 있다. 전형을 실시하는 데에 소요되는 비용은 전형에 응시하고자하는 자가 부담한다.

③ **신청절차** : 보세사 전형공고에 따라 보세사 전형접수기간에 한국관세물류협회 홈페이지에서 전형을 신청한다.

④ **합격기준**

　㉠ **보세사 전형과목**(총 5과목)

　　1. 수출입통관절차

　　2. 보세구역관리

　　3. 보세화물관리

　　4. 수출입안전관리

　　5. 자율관리 및 관세벌칙

　㉡ **합격기준** : 전형과목별 필기시험에서 매 과목 100점을 만점으로 하여 매 과목 40점 이상, 전 과목 평균 60점 이상 득점 시 합격

■ 법조문 시행일자

법령·행정규칙	시행일
관세법	2023.7.1.
관세법 시행령	2023.1.5.
관세법 시행규칙	2023.1.1.
수입통관 사무처리에 관한 고시	2022.11.17.
수출통관 사무처리에 관한 고시	2023.2.1.
관세법 제226조에 따른 세관장확인물품 및 확인방법 지정고시	2022.1.1.
보세공장 운영에 관한 고시	2022.11.25.
보세건설장 관리에 관한 고시	2020.11.27.
보세운송에 관한 고시	2021.2.3.
보세전시장 운영에 관한 고시	2017.7.28.
보세판매장 운영에 관한 고시	2023.1.31.
종합보세구역의 지정 및 운영에 관한 고시	2020.4.27.
특허보세구역의 운영에 관한 고시	2022.11.7.
수입활어 관리에 관한 특례고시	2022.9.21.
보세운송에 관한 고시	2021.2.3.
보세화물관리에 관한 고시	2021.1.14.
보세화물 입출항 하선 하기 및 적재에 관한 고시	2020.11.23.
보세화물장치기간 및 체화관리에 관한 고시	2023.1.2.
환적화물 처리절차에 관한 특례고시	2023.1.2.
화물운송주선업자의 등록 및 관리에 관한 고시	2022.12.19.
세관지정장치장 화물관리인 지정절차에 관한 고시	2021.3.30.
관세 등에 대한 담보제도 운영에 관한 고시	2022.7.20.
관세법 제226조에 따른 세관장확인물품 및 확인방법 지정고시	2022.1.1.
컨테이너관리에 관한 고시	2017.7.28.
반송절차에 관한 고시	2020.11.27.
조세특례제한법	2020.11.27.
수출입 안전관리 우수업체 공인 및 운영에 관한 고시	2023.1.5.
수출입 안전관리 우수업체 공인 및 종합심사 운영에 관한 훈령	2021.3.30.
수출입물류업체에 대한 법규수행능력측정 및 평가관리에 관한 훈령	2020.10.6.
국제무역기의 입출항절차 등에 관한 고시	2021.1.31.
국제무역선의 입출항 전환 및 승선절차에 관한 고시	2021.1.31.
관리대상화물에 관리에 관한 고시	2021.1.31.
선박용품 등 관리에 관한 고시	2022.1.28.
항공기용품 등 관리에 관한 고시	2023.1.9.
자유무역지역의 지정 및 운영에 관한 법률	2023.1.1.
자유무역지역의 지정 및 운영에 관한 법률 시행령	2022.10.4.
자유무역지역의 지정 및 운영에 관한 법률 시행규칙	2022.1.21.
자유무역지역 반출입물품의 관리에 관한 고시	2023.1.31.
자율관리 보세구역 운영에 관한 고시	2019.12.20.

※ 본서는 위의 법령·행정규칙 개정 및 시행일에 맞춘 해설임을 밝힙니다.

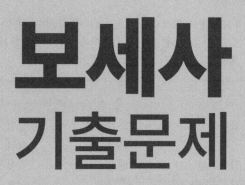

보세사
기출문제

<제1과목> 수출입통관절차

1 「관세법」 적용의 원칙에 관한 다음 설명 중 괄호 안에 들어갈 용어를 맞게 나열한 것은?

> • 이 법을 해석하고 적용할 때에는 (㉠)과 해당 조항의 (㉡)에 비추어 납세자의 재산권을 부당하게 침해하지
> 아니하도록 하여야 한다.
> • 이 법의 해석이나 관세행정의 관행이 일반적으로 납세자에게 받아들여진 후에는 그 해석이나 관행에 따른 행
> 위 또는 계산은 정당한 것으로 보며, 새로운 해석이나 관행에 따라 (㉢)하여 과세되지 아니한다.
> • 납세자가 그 의무를 이행할 때에는 (㉣)에 따라 성실하게 하여야 한다.

	㉠	㉡	㉢	㉣
①	실질과세의 원칙	합목적성	소급	양심
②	조세의 평등	취지	소급	신의
③	과세의 형평	합목적성	변경	양심
④	과세의 형평	합목적성	소급	신의
⑤	실질과세의 원칙	취지	변경	신의

Answer 1.④

1 • 이 법을 해석하고 적용할 때에는 ㉠**과세의 형평**과 해당 조항의 ㉡**합목적성**에 비추어 납세자의 재산권을 부당하게 침해하지 아
니하도록 하여야 한다〈관세법 제5조(법 해석의 기준과 소급과세의 금지) 제1항〉.
• 이 법의 해석이나 관세행정의 관행이 일반적으로 납세자에게 받아들여진 후에는 그 해석이나 관행에 따른 행위 또는 계산은
정당한 것으로 보며, 새로운 해석이나 관행에 따라 ㉢**소급**하여 과세되지 아니한다〈관세법 제5조(법 해석의 기준과 소급과세의
금지) 제2항〉.
• 납세자가 그 의무를 이행할 때에는 ㉣**신의**에 따라 성실하게 하여야 한다〈관세법 제6조(신의 성실)〉.

2 「관세법」상 용어의 정의에 대한 설명으로 틀린 것은?

① 외국으로부터 우리나라에 도착한 물품으로서 수입의 신고가 수리(受理)되기 전의 것은 "외국물품"이다.

② 우리나라의 선박이 외국의 영해가 아닌 경제수역에서 채집하거나 포획한 수산물은 "내국물품"이다.

③ "국제무역선(기)"는 무역, 외교 등의 목적으로 우리나라와 외국 간을 운항하는 선박(항공기)를 말한다.

④ "통관"이란 「관세법」에 따른 절차를 이행하여 물품을 수입·수출 또는 반송하는 것을 말한다.

⑤ "환적"이란 동일한 세관의 관할구역에서 입국 또는 입항하는 운송수단에서 출국 또는 출항하는 운송수단으로 물품을 옮겨 싣는 것을 말한다.

3 「관세법」상 납세의무자에 대한 설명으로 틀린 것은?

① 수입신고를 한 물품인 경우에는 그 물품을 수입한 화주가 원칙적으로 납세의무자가 된다.

② 화주가 불분명한 경우 입을 위탁받아 수입업체가 대행수입한 물품인 경우 그 물품의 수입을 위탁한 자가 납세의무자가 된다.

③ 화주가 불분명한 경우 수입을 위탁받아 수입업체가 대행수입한 물품이 아닌 경우 대통령령으로 정하는 상업서류에 적힌 물품수신인가 납세의무자가 된다.

④ 도난물품이 보세 운송중인 물품인 경우 보세운송을 신고하거나 승인을 받은 자가 납세의무자가 된다.

⑤ 보세구역에 장치된 외국물품이 멸실되거나 폐기되었을 때에는 보세공장 외 작업, 보세건설장 외 작업 또는 종합보세구역 외 작업을 허가받거나 신고한 자가 납세의무자가 된다.

Answer 2.③ 3.⑤

2 ③ "국제무역선(기)"은 무역을 위하여 우리나라와 외국 간을 운항하는 선박(항공기)을 말한다〈관세법 제2조(정의) 제6호, 제7호〉.

3 ⑤ 「관세법」 제19조(납세의무자) 제1항제 4호에 따라서 운영인 또는 보관인이 납세의무자가 된다.

4 관세부과 제척기간 특례적용에 대한 설명 중 기간이 다른 것은?

① 이의신청, 심사청구 또는 심판청구에 대한 결정이 있는 경우

② 「감사원법」에 다른 심사청구에 대한 결정이 있는 경우

③ 「행정소송법」에 따른 소송에 대한 판결이 있는 경우

④ 압수물품의 반환결정이 있는 경우

⑤ 국세의 정상가격과 관세의 과세가격 간의 조정에 대한 결정 통지가 있는 경우

5 「관세법 제226조에 따른 세관장확인물품 및 확인방법 지정고시」에 따라 세관장확인대상 수입물품이 아닌 것은?

① 「통합공고」 제12조(요건면제) 제1항 각 호에 해당되어 요건면제확인서를 제출한 물품

② 「약사법」 해당 물품 중 의약품 및 의약외품

③ 「마약류 관리에 관한 법류」 해당물품

④ 「식물방역법」 해당물품 중 식물

⑤ 「외국환거래법」 해당물품

Answer 4.⑤ 5.①

4 ⑤ 「관세법」 제21조(관세부과의 제척기간) 제2항 제3호에 따라 결정통지일로부터 2개월이다.
①②③④ 「관세법」 제21조(관세부과의 제척기간) 제2항 제1호에 따라 그 결정·판결이 확정된 날부터 1년이다.

5 ① 「관세법 제226조에 따른 세관장확인물품 및 확인방법 지정고시」 제7조(확인물품 및 확인사항) 제2항에 따라 세관장 확인이 생략된다.
②②③④⑤ 「관세법 제226조에 따른 세관장확인물품 및 확인방법 지정고시」 제7조(확인물품 및 확인사항) 별표2(세관장확인대상 수입물품)

6 통관의 예외로서 의미가 다른 것은?

① 보세운송물품이 재해로 멸실·멸각된 경우
② 「관세법」에 따른 통고처분으로 납부된 물품
③ 체신관서가 수취인에게 내준 우편물
④ 「관세법」에 따른 몰수에 갈음하여 추징된 물품
⑤ 법령에 따라 국고에 귀속된 물품

7 「관세법」제97조에 의해 관세를 면제받은 물품 중 기획재정부령으로 정하는 물품이 규정된 기간 내에 수출되지 아니한 경우 지불해야 하는 가산세는?

① 500만원을 넘지 아니하는 범위에서 해당 물품에 부과될 관세의 100분의 40에 상당하는 금액
② 500만원을 넘지 아니하는 범위에서 해당 물품에 부과될 관세의 100분의 30에 상당하는 금액
③ 500만원을 넘지 아니하는 범위에서 해당 물품에 부과될 관세의 100분의 20에 상당하는 금액
④ 300만원을 넘지 아니하는 범위에서 해당 물품에 부과될 관세의 100분의 30에 상당하는 금액
⑤ 300만원을 넘지 아니하는 범위에서 해당 물품에 부과될 관세의 100분의 20에 상당하는 금액

Answer 6.① 7.③

6 수출입의 의제〈관세법 제240조〉
ⓘ 다음 각 호의 어느 하나에 해당하는 외국물품은 이 법에 따라 적법하게 수입된 것으로 보고 관세 등을 따로 징수하지 아니한다.
 1. 체신관서가 수취인에게 내준 우편물
 2. 이 법에 따라 매각된 물품
 3. 이 법에 따라 몰수된 물품
 4. 제269조, 제272조, 제273조 또는 제274조 제1항 제1호에 해당하여 이 법에 따른 통고처분으로 납부된 물품
 5. 법령에 따라 국고에 귀속된 물품
 6. 제282조 제3항에 따라 몰수를 갈음하여 추징된 물품
ⓛ 체신관서가 외국으로 발송한 우편물은 이 법에 따라 적법하게 수출되거나 반송된 것으로 본다.

7 세관장은 관세를 면제받은 물품 중 기획재정부령으로 정하는 물품이 같은 항에 규정된 기간 내에 수출되지 아니한 경우에는 **500만원을 넘지 아니하는 범위에서 해당 물품에 부과될 관세의 100분의 20에 상당하는 금액**을 가산세로 징수한다〈관세법 제97조(재수출면세)〉.

8 수입신고 등에 대한 설명으로 틀린 것은?

① 물품을 수입하려면 해당 물품의 품명 · 규격 · 수량 등을 세관장에게 신고하여야 한다.

② 수입신고는 화주 또는 관세사 등의 명의로 하여야 한다.

③ 휴대품 · 탁송품 또는 별송품 등은 수입신고를 생략하게 하거나 관세청장이 정하는 간소한 방법으로 신고하게 할 수 있다.

④ 여행자가 휴대품을 신고하지 아니하여 과세하는 경우 해당 관세의 100분의 40에 상당하는 금액을 가산세로 징수한다.

⑤ 반입일 또는 장치일부터 30일 이내 수입신고하지 않는 경우 해당 물품 과세가격의 100분의 20에 상당하는 금액의 범위에서 대통령령으로 정하는 금액을 가산세로 징수한다.

9 괄호 안에 들어갈 내용이 맞게 나열된 것은?

> • 납세의무자는 신고납부한 세액이 (㉠)한 것을 알게 되었을 때에는 최초로 (㉡)를 한 날부터 (㉢) 이내에 신고한 세액의 경정을 세관장에게 청구할 수 있다.
> • 경정청구를 받은 세관장은 청구를 받은 날로부터 (㉣)이내에 세액을 경정하거나 경정하여야 할 이유가 없다는 뜻을 청구한 자에게 통지하여야 한다.

	㉠	㉡	㉢	㉣
①	과부족	수입신고	5년	3개월
②	과다	납부신고	2년	2개월
③	과부족	수입신고	5년	2개월
④	과다	납부신고	5년	2개월
⑤	과다	수입신고	3년	3개월

Answer 8.⑤ 9.④

8 ⑤ 세관장은 대통령령으로 정하는 물품을 수입하거나 반송하는 자가 제3항에 따른 기간 내에 수입 또는 반송의 신고를 하지 아니한 경우에는 해당 물품 과세가격의 <u>100분의 2</u>에 상당하는 금액의 범위에서 대통령령으로 정하는 금액을 가산세로 징수한다〈관세법 제241조(수출 · 수입 또는 반송의 신고) 제4항〉.

① 「관세법」 제241조(수출 · 수입 또는 반송의 신고) 제1항

② 「관세법」 제242조(수출 · 수입 · 반송 등의 신고인)

③ 「관세법」 제241조(수출 · 수입 또는 반송의 신고) 제2항

④ 세관장은 여행자나 승무원이 제2항 제1호에 해당하는 휴대품(제96조 제1항 제1호 및 제3호에 해당하는 물품은 제외한다)을 신고하지 아니하여 과세하는 경우에는 해당 물품에 대하여 납부할 세액(관세 및 내국세를 포함한다)의 100분의 40으로 하되, 반복적으로 자진신고를 하지 아니하는 경우 등 대통령령으로 정하는 사유에 해당하는 경우에는 100분의 60에 상당하는 금액을 가산세로 징수한다〈관세법 제241조(수출 · 수입 또는 반송의 신고) 제5항〉.

9 • 납세의무자는 신고납부한 세액이 ㉠<u>과다</u>한 것을 알게 되었을 때에는 최초로 ㉡<u>납부신고</u>를 한 날부터 ㉢<u>5년</u> 이내에 대통령령으로 정하는 바에 따라 신고한 세액의 경정을 세관장에게 청구할 수 있다〈관세법 제38조의3(수정 및 경정) 제2항〉.

• 경정의 청구를 받은 세관장은 그 청구를 받은 날부터 ㉣<u>2개월</u> 이내에 세액을 경정하거나 경정하여야 할 이유가 없다는 뜻을 청구한 자에게 통지하여야 한다〈관세법 제38조의3(수정 및 경정) 제4항〉.

10 수출물품의 적재와 관련된 아래 설명 중 괄호 안에 들어갈 내용을 맞게 나열한 것은?

> • 수출신고가 수리된 물품은 수출신고가 수리된 날부터 (㉠) 이내 운송수단에 적재하여야 한다. 다만 (㉡)의 범위 안에서 적재기간 연장승인을 받은 것은 그러하지 아니하다.
> • 제1항에 따른 기간 내에 적재되지 아니한 물품에 대하여는 수출신고의 수리를 (㉢)할 수 있다.

	㉠	㉡	㉢
①	10일	6개월	취하
②	20일	1년	취소
③	30일	1년	취소
④	30일	1년	취하
⑤	20일	6개월	취소

11 세관장이 직권으로 통관보류 할 수 있는 경우가 아닌 것은?

① 수입신고서의 기재사항에 보완이 필요한 경우
② 수입신고시 제출하는 서류 등의 보완이 필요한 경우
③ 「관세법」의 의무사항을 위반한 경우
④ 국민보건 등을 해칠 우려가 있는 경우
⑤ 과거에 관세법 위반 이력이 있는 자가 수입하는 경우

Answer 10.③ 11.⑤

10 수출신고수리물품의 적재 등〈관세법 제251조〉
① 수출신고가 수리된 물품은 수출신고가 수리된 날부터 ㉠ <u>30일</u> 이내에 운송수단에 적재하여야 한다. 다만, 기획재정부령으로 정하는 바에 따라 ㉡ <u>1년</u>의 범위에서 적재기간의 연장승인을 받은 것은 그러하지 아니하다.
② 세관장은 제1항에 따른 기간 내에 적재되지 아니한 물품에 대하여는 대통령령으로 정하는 바에 따라 수출신고의 수리를 ㉢ <u>취소</u>할 수 있다.

11 통관의 보류〈관세법 제237조 제1항〉… 세관장은 다음에 해당하는 경우에는 해당 물품의 통관을 보류할 수 있다.
㉠ 제241조 또는 제244조에 따른 수출·수입 또는 반송에 관한 신고서의 기재사항에 보완이 필요한 경우
㉡ 제245조에 따른 수입신고시의 제출서류 등이 갖추어지지 아니하여 보완이 필요한 경우
㉢ 이 법에 따른 의무사항(대한민국이 체결한 조약 및 일반적으로 승인된 국제법규에 따른 의무를 포함한다)을 위반하거나 국민보건 등을 해칠 우려가 있는 경우
㉣ 제246조의3 제1항에 따른 안전성 검사가 필요한 경우
㉤ 제246조의3 제1항에 따른 안전성 검사 결과 불법·불량·유해 물품으로 확인된 경우
㉥ 「국세징수법」 제30조 및 「지방세징수」 제39조의2에 따라 세관장에게 강제징수 또는 체납처분이 위탁된 해당 체납자가 수입하는 경우
㉦ 관세 관계 법령을 위반한 혐의로 고발되거나 조사를 받는 경우

12 손상물품에 대해 관세를 경감할 수 있는 대상에 해당하는 것은?

① 외국으로부터 반입된 물품이 수입신고 전에 변질 또는 손상된 때
② 외국으로부터 반입된 물품이 수입신고 수리 후에 변질 또는 손상된 때
③ 수입신고한 물품이 수입신고가 수리되기 전에 변질 또는 손상된 때
④ 수입신고 수리 후에 보세구역내에 장치된 물품이 변질 또는 손상된 때
⑤ 수입신고 수리 후에 보세구역으로부터 반출된 물품이 변질 또는 손상된 때

13 「관세법」 제107조이다. 괄호 안에 들어갈 숫자를 나열한 것은?

> 세관장은 천재지변이나 그 밖에 대통령령으로 정하는 사유로 「관세법」에 따른 신고, 신청, 청구, 그 밖의 서류의 제출, 통지, 납부 또는 징수를 정하여진 기한까지 할 수 없다고 인정될 때에는 (   )을 넘지 아니하는 기간을 정하여 관세를 분할하여 납부하게 할 수 있다. 시설기계류, 기초설비품과 공사용 장비로서 기획재정부장관이 고시하는 물품(기획재정부령으로 정하는 업종에 소요되는 물품은 제외)에 해당하는 물품이 수입될 때에는 세관장은 (   )을 넘지 아니하는 기간을 정하여 관세의 분할납부를 승인할 수 있다.

① 1년, 5년　　　　　　　　② 1년, 3년
② 6개월, 1년　　　　　　　③ 2년, 3년
③ 2년, 4년

12 ③ 수입신고한 물품이 수입신고가 수리되기 전에 변질되거나 손상되었을 때에는 대통령령으로 정하는 바에 따라 그 관세를 경감할 수 있다〈관세법 제100조(손상물품에 대한 감면) 제1항〉.

13 관세의 분할납부〈관세법 제107조〉
　　㉠ 세관장은 천재지변이나 그 밖에 대통령령으로 정하는 사유로 이 법에 따른 신고, 신청, 청구, 그 밖의 서류의 제출, 통지, 납부 또는 징수를 정하여진 기한까지 할 수 없다고 인정될 때에는 1년을 넘지 아니하는 기간을 정하여 대통령령으로 정하는 바에 따라 관세를 분할하여 납부하게 할 수 있다.
　　㉡ 시설기계류, 기초설비품, 건설용 재료 및 그 구조물과 공사용 장비로서 기획재정부장관이 고시하는 물품(다만, 기획재정부령으로 정하는 업종에 소요되는 물품은 제외)에 해당하는 물품이 수입될 때에는 세관장은 기획재정부령으로 정하는 바에 따라 5년을 넘지 아니하는 기간을 정하여 관세의 분할납부를 승인할 수 있다.

14 일시적으로 육지에 내려지거나 다른 운송수단으로 환적 또는 복합환적되는 외국물품 중 유치될 수 있는 경우인 것은?

① 원산지를 우리나라로 허위 표시한 물품

② 원산지가 허위로 표시된 모든 물품

③ 원산지가 허위로 표시되거나, 부적정하게 표시된 모든 물품

④ 원산지표시 대상임에도 원산지를 표시하지 않은 물품

⑤ 잘 떨어지는 스티커 또는 원산지만을 표시한 스티커로 표시한 물품

15 수출신고인이 될 수 없는 자는?

① 관세사

② 화물운송주선업자

③ 통관취급법인

④ 수출화주

⑤ 완제품공급자

16 지식재산권 침해물품에 대하여 통관보류나 유치를 요청하는 경우 담보를 제공하여야 한다. 이때 제공할 수 있는 담보의 종류가 아닌 것은?

① 국채 또는 지방채

② 납세보증보험증권

③ 금전

④ 세관장이 인정하는 유가증권

⑤ 세관장이 인정하는 보증인의 납세보증서

Answer 14.① 15.② 16.②

14 ① 세관장은 제141조에 따라 일시적으로 육지에 내려지거나 다른 운송수단으로 환적 또는 복합환적되는 외국물품 중 원산지를 우리나라로 허위 표시한 물품은 유치할 수 있다〈관세법 제231조(환적물품 등에 대한 유치 등) 제1항〉.

15 신고인〈수출통관 사무처리에 관한 고시 제5조〉 … 수출신고는 수출화주 또는 관세사, 「관세사법」 제17조에 따른 관세법인, 「관세사법」 제19조에 따른 통관취급법인의 명의로 하여야 하며, 화주에게 해당 수출물품을 제조하여 공급한 자의 명의로 할 수 있다.

16 「관세법」 제24조(담보의 종류 등) 제1항에 따라 금전, 국채 또는 지방채, 세관장이 인정하는 유가증권, 납세보증보험증권, 토지, 보험에 가입된 등기 또는 등록된 건물·공장재단·광업재단·선박·항공기 또는 건설기계, 세관장이 인정하는 보증인의 납세보증서가 있다. 하지만 「관세법 시행령」 제241조(담보제공 등) 제1항에 따라 법 제235조(지식재산권 보호) 제3항 및 제4항에 따라 통관 보류나 유치를 요청하려는 자와 법 제235조(지식재산권 보호) 제5항 각 호 외의 부분 단서에 따라 통관 또는 유치 해제를 요청하려는 자는 세관장에게 해당 물품의 과세가격의 100분의 120에 상당하는 금액의 담보를 금전, 국채 또는 지방채, 세관장이 인정하는 유가증권, 세관장이 인정하는 보증인의 납세보증서에 따른 금전 등으로 제공하여야 한다.

17 원산지 증명서 등의 확인요청 및 조사에 대한 설명 중 괄호 안에 들어갈 내용을 맞게 나열한 것은?

> (ⓐ)은 원산지 증명서를 발급한 국가의 세관이나 그 밖에 발급 권한이 있는 기관에게 제출된 원산지 증명
> 서 및 원산지증명서 확인자료의 진위여부, 정확성 등의 확인을 요청할 수 있다. 이러한 확인요청의 시기는 해
> 당 물품의 (ⓑ)에 하여야 한다.

	ⓐ	ⓑ
①	관세청장	수입신고된 이후
②	관세청장	수입신고가 수리된 이후
③	세관장	수입신고된 이후
④	세관장	수입신고가 수리된 이후
⑤	관세청장	세액심사 이후

18 신고서류의 보관기간이 5년인 것은?

① 수출신고필증
② 지식재산권 관련 거래계약서
③ 보세운송에 관한 자료
④ 적재화물목록에 관한 자료
⑤ 반송신고필증

Answer 17.④ 18.②

17 ⓐ <u>세관장</u>은 원산지증명서를 발급한 국가의 세관이나 그 밖에 발급권한이 있는 기관에 제출된 원산지증명서 및 원산지증명서확
인자료의 진위 여부, 정확성 등의 확인을 요청할 수 있다. 이 경우 세관장의 확인요청은 해당 물품의 ⓑ <u>수입신고가 수리된</u>
<u>이후</u>에 하여야 하며, 세관장은 확인을 요청한 사실 및 회신 내용과 그에 따른 결정 내용을 수입자에게 통보하여야 한다〈관세
법 제233조(원산지증명서 등의 확인요청 및 조사) 제1항〉.

18 신고서류의 보관기간〈관세법 시행령 제3조 제1항〉
　ⓐ 해당 신고에 대한 수리일부터 5년 : 수입신고필증, 수입거래관련 계약서 또는 이에 갈음하는 서류, 제237조에 따른 지식재산권
　　의 거래에 관련된 계약서 또는 이에 갈음하는 서류, 수입물품 가격결정에 관한 자료
　ⓑ 해당 신고에 대한 수리일부터 3년 : 수출신고필증, 반송신고필증, 수출물품·반송물품 가격결정에 관한 자료, 수출거래·반송거
　　래 관련 계약서 또는 이에 갈음하는 서류
　ⓒ 해당 신고에 대한 수리일부터 2년 : 보세화물반출입에 관한 자료, 적재화물목록에 관한 자료, 보세운송에 관한 자료

19 괄호 안에 들어갈 내용을 맞게 순서대로 나열한 것은?

> ㉠ 납세의무자는 납부하여야 하는 세액에 미치지 못한 금액을 징수하려는 내용을 서면 통지를 받았을 때에는 그 통지를 받은 날부터 (   ) 이내에 기획재정부령으로 정하는 세관장에게 통지 내용이 적법한지에 대한 과세전 적부심사를 청구할 수 있다.
>
> ㉡ 심사청구는 해당 처분을 한 것을 안 날(처분하였다는 통지를 받았을 때에는 통지를 받은 날)부터 (   ) 이내에 청구하여야 한다.

① 20일, 60일

② 20일, 90일

③ 30일, 30일

④ 30일, 60일

⑤ 30일, 90일

20 통관에 관한 설명 중 틀린 것은?

① 세관장은 감시에 필요하다고 인정될 때에는 통관장·통관역 또는 특정한 세관에서 통관할 수 있는 물품을 제한할 수 있다.

② 보세공장에서 내·외국물품 혼용작업승인을 얻어 생산한 제품은 모두 외국으로부터 우리나라에 도착된 외국물품으로 본다.

③ 「관세법」에 따라 매각된 외국물품은 적법하게 수입된 것으로 보고 관세를 따로 징수하지 아니한다.

④ 보수작업으로 외국물품에 부가된 내국물품은 외국물품으로 본다.

⑤ 잠정가격신고를 기초로 납세신고를 하고 이에 해당하는 세액을 납부한 경우 가산세액을 감면한다.

Answer 19.⑤ 20.②

19 ㉠ 납세의무자는 제1항에 따른 서면 통지를 받았을 때에는 그 통지를 받은 날부터 <u>30일</u> 이내에 기획재정부령으로 정하는 세관장에게 통지 내용이 적법한지에 대한 과세전적부심사를 청구할 수 있다. 다만, 법령에 대한 관세청장의 유권해석을 변경하여야 하거나 새로운 해석이 필요한 경우 등 대통령령으로 정하는 경우에는 관세청장에게 이를 청구할 수 있다〈관세법 제118조(과세전적부심사) 제2항〉.

㉡ 심사청구는 해당 처분을 한 것을 안 날(처분하였다는 통지를 받았을 때에는 통지를 받은 날을 말한다)부터 <u>90일</u> 이내에 제기하여야 한다〈관세법 제121조(심사청구기간) 제1항〉.

20 ② 세관장의 승인을 받고 외국물품과 내국물품을 혼용하는 경우에는 그로써 생긴 제품 중 해당 외국물품의 수량 또는 가격에 상응하는 것은 외국으로부터 우리나라에 도착한 물품으로 본다〈관세법 제188조(제품과세)〉.

① 「관세법」 제236조(통관물품 및 통관절차의 제한)

② 「관세법」 제240조(수출입의 의제) 제1항

③ 「관세법」 제158조(보수작업) 제5항

④ 「관세법」 제42조의2(가산세의 감면)

21 가산세 적용대상이 아닌 것은?

① 여행자가 과세대상인 휴대품을 신고하지 아니하여 과세하는 경우

② 우리나라로 거주를 이전하기 위하여 입국하는 자가 입국할 때에 수입하는 과세대상인 이사물품을 신고하지 아니하여 과세하는 경우

③ 납세의무자가 납부기한까지 납부하지 아니한 관세액 또는 부족세액을 징수하는 경우

④ 세액을 납부하기 전에 세액정정을 하는 경우

⑤ 수입신고 전에 즉시반출신고를 한 날부터 10일 이내에 수입신고를 하지 않은 경우

Answer 21.④

21 ①② 세관장은 다음에 해당하는 경우에는 해당 물품에 대하여 납부할 세액(관세 및 내국세를 포함)의 100분의 20(㉠의 경우에는 100분의 40으로 하되, 반복적으로 자진신고를 하지 아니하는 경우 등 대통령령으로 정하는 사유에 해당하는 경우에는 100분의 60)에 상당하는 금액을 가산세로 징수한다〈관세법 제241조(수출·수입 또는 반송의 신고) 제5항〉.

　㉠ 여행자나 승무원이 과세대상인 휴대품을 신고하지 아니하여 과세하는 경우

　㉡ 우리나라로 거주를 이전하기 위하여 입국하는 자가 입국할 때에 수입하는 이사물품을 신고하지 아니하여 과세하는 경우

③ 세관장은 납세의무자가 납부기한까지 납부하지 아니한 관세액을 징수하거나 부족한 관세액을 징수할 때에는 다음의 금액을 합한 금액을 가산세로 징수한다〈관세법 제42조 제1항〉.

　㉠ 부족세액의 100분의 10

　㉡ 다음 각 목의 금액을 합한 금액

　　• 미납부세액 또는 부족세액 × 법정납부기한의 다음 날부터 납부일까지의 기간(납부고지일부터 납부고지서에 따른 납부기한까지의 기간은 제외한다) × 금융회사 등이 연체대출금에 대하여 적용하는 이자율 등을 고려하여 대통령령으로 정하는 이자율

　　• 법정납부기한까지 납부하여야 할 세액 중 납부고지서에 따른 납부기한까지 납부하지 아니한 세액 × 100분의 3(관세를 납부고지서에 따른 납부기한까지 완납하지 아니한 경우에 한정한다)

⑤ 즉시반출신고를 하고 반출을 하는 자는 즉시반출신고를 한 날부터 10일 이내에 수입신고를 하여야 한다. 세관장은 반출을 한 자가 법에 따른 기간 내에 수입신고를 하지 아니하는 경우에는 관세를 부과·징수한다. 이 경우 해당 물품에 대한 관세의 100분의 20에 상당하는 금액을 가산세로 징수하고, 법에 따른 지정을 취소할 수 있다〈관세법 제253조(수입신고전의 물품 반출) 제3항, 제4항〉.

22 수입신고에 대한 설명으로 틀린 것은?

① 입항전수입신고가 된 물품은 우리나라에 도착한 것으로 본다.

② 수입하려는 물품을 지정장치장에 반입한 자는 반입일로부터 30일 이내에 신고하여야 한다.

③ 수입신고는 화주 또는 관세사의 명의로 하여야 하나, 화주의 신청에 의하여 세관장의 사전승인을 받은 경우 화물운송주선업자 명의로 할 수 있다.

④ 세율이 인상되는 법령이 적용될 예정인 물품의 경우 해당 선박 등이 우리나라에 도착한 후에 신고한다.

⑤ 관세율표상 기본세율이 무세인 컨테이너는 신고를 생략하게 하거나 간소한 방법으로 신고할 수 있다

23 관세가 면제되는 소액물품에 대한 설명으로 틀린 것은?

① 물품이 천공 또는 절단되어 판매가 불가하고 견품으로 인정되는 물품

② 판매 또는 임대를 위한 물품의 상품목록, 가격표, 교역안내서 등

③ 과세가격이 미화 300달러 이하인 물품으로 견품으로 인정되는 물품

④ 물품의 형상, 성질 및 성능으로 보아 견품으로 인정되는 물품

⑤ 물품가격이 미화 150달러 이하의 물품으로서 자가사용이 인정되는 물품

Answer 22.③ 23.③

22 ③ 수입신고는 화주 또는 관세사 등의 명의로 하여야 한다. 다만, 수출신고의 경우에는 화주에게 해당 수출물품을 제조하여 공급한 자의 명의로 할 수 있다〈관세법 제242조(수출·수입·반송 등의 신고인)〉.
①「관세법」제244조(입항전수입신고) 제1항
②「관세법」제241조(수출·수입 또는 반송의 신고) 제3항
④「수입통관 사무처리에 관한 고시」제7조(출항전신고 및 입항전신고의 요건) 제2항
⑤「관세법」제241조(수출·수입 또는 반송의 신고) 제2항

23 관세가 면제되는 소액물품〈관세법 시행규칙 제45조〉
㉠ 상업용견본품 또는 광고용품으로서 기획재정부령으로 정하는 물품
  • 물품이 천공 또는 절단되었거나 통상적인 조건으로 판매할 수 없는 상태로 처리되어 견본품으로 사용될 것으로 인정되는 물품
  • 판매 또는 임대를 위한 물품의 상품목록·가격표 및 교역안내서 등
  • 과세가격이 미화 250달러 이하인 물품으로서 견본품으로 사용될 것으로 인정되는 물품
  • 물품의 형상·성질 및 성능으로 보아 견본품으로 사용될 것으로 인정되는 물품
㉡ 우리나라 거주자가 받는 소액물품으로서 기획재정부령으로 정하는 물품
  • 물품가격이 미화 150달러 이하의 물품으로서 자가사용 물품으로 인정되는 것. 다만, 반복 또는 분할하여 수입되는 물품으로서 관세청장이 정하는 기준에 해당하는 것을 제외한다.
  • 박람회, 기타 이에 준하는 행사에 참가하는 자가 행사장 안에서 관람자에게 무상으로 제공하기 위하여 수입하는 물품(전시할 기계의 성능을 보여주기 위한 원료를 포함한다). 다만, 관람자 1인당 제공량의 정상도착가격이 미화 5달러 상당액 이하의 것으로서 세관장이 타당하다고 인정하는 것에 한한다.

24 신고납부를 하는 경우로서 수입신고일(납부신고일)은 5월 1일, 그 신고의 수리일은 5월 2일이다. 5월 5일과 5월 8일은 공휴일이고, 5월 3일과 5월 17일은 토요일로 금융기관이 휴무를 한다. 이 수입신고건의 관세납부기한은?

① 5월 17일

② 5월 19일

③ 5월 20일

④ 5월 21일

⑤ 5월 23일

25 「관세법」상 과세물건 확정의 시기에 관하여 연결이 틀린 것은?

① 수입신고가 수리되기 전에 소비 또는 사용하는 물품 – 해당 물품을 소비하거나 사용한 때

② 수입신고를 하지 아니하고 수입된 물품 – 수입된 때

③ 매각되는 물품 – 해당 물품이 매각된 때

④ 우편에 의하여 수입되는 물품 – 수하인에게 도착된 때

⑤ 도난물품 또는 분실물품 – 도난되거나 분실된 때

Answer 24.② 25.④

24 ② 수입신고건의 관세납부기한은 납부신고수리일부터 15일 이내이므로, 신고의 수리일인 5월 2일부터 15일 뒤인 5월 17일이 된다. 5월 17일은 토요일이므로 그 다음날이 기한일이 되는데 5월 18일도 일요일이므로 그 다음날인 <u>5월 19일</u>이 관세납부 기한이 된다.

※ 관세의 납부기한 등〈관세법 제9조 제1항〉 … 관세의 납부기한은 이 법에서 달리 규정하는 경우를 제외하고는 다음 구분에 따른다.

㉠ 제38조(신고납부) 제1항에 따른 납세신고를 한 경우 : 납세신고 수리일부터 15일 이내

㉡ 제39조제3항에 따른 납부고지를 한 경우 : 납부고지를 받은 날부터 15일 이내

㉢ 제253조제1항에 따른 수입신고전 즉시반출신고를 한 경우 : 수입신고일부터 15일 이내

25 과세물건 확정의 시기〈관세법 제16조〉 … 관세는 수입신고(입항전수입신고를 포함)를 하는 때의 물품의 성질과 그 수량에 따라 부과한다. 다만, 다음에 해당하는 물품에 대하여는 각 해당 호에 규정된 때의 물품의 성질과 그 수량에 따라 부과한다.

㉠ 제143조 제6항(제151조제2항에 따라 준용되는 경우를 포함한다)에 따라 관세를 징수하는 물품 : 하역을 허가받은 때

㉡ 제158조 제7항에 따라 관세를 징수하는 물품 : 보세구역 밖에서 하는 보수작업을 승인받은 때

㉢ 제160조 제2항에 따라 관세를 징수하는 물품 : 해당 물품이 멸실되거나 폐기된 때

㉣ 제187조 제7항(제195조 제2항과 제202조 제3항에 따라 준용되는 경우를 포함한다)에 따라 관세를 징수하는 물품 : 보세공장 외 작업, 보세건설장 외 작업 또는 종합보세구역 외 작업을 허가받거나 신고한 때

㉤ 제217조에 따라 관세를 징수하는 물품 : 보세운송을 신고하거나 승인받은 때

㉥ 수입신고가 수리되기 전에 소비하거나 사용하는 물품(제239조에 따라 소비 또는 사용을 수입으로 보지 아니하는 물품은 제외한다) : 해당 물품을 소비하거나 사용한 때

㉦ 제253조 제1항에 따른 수입신고전 즉시반출신고를 하고 반출한 물품 : 수입신고전 즉시반출신고를 한 때

㉧ 우편으로 수입되는 물품(제258조제2항에 해당하는 우편물은 제외한다) : 제256조에 따른 통관우체국에 도착한 때

㉨ 도난물품 또는 분실물품 : 해당 물품이 도난되거나 분실된 때

㉩ 이 법에 따라 매각되는 물품 : 해당 물품이 매각된 때

㉪ 수입신고를 하지 아니하고 수입된 물품(제1호부터 제10호까지에 규정된 것은 제외한다) : 수입된 때

1 보세공장 원재료의 범위에 해당하지 않은 것은?

① 당해 보세공장에서 생산하는 제품에 물리적으로 결합되는 물품

② 해당 보세공장에서 수리·조립에 직접적으로 투입되는 물품

③ 해당 보세공장에서 포장에 직접적으로 투입되는 물품

④ 해당 보세공장에서 제품의 생산에 투입되는 기계·기구 등의 작동을 위해 소모되는 물품

⑤ 당해 보세공장에서 생산하는 제품에 화학적으로 결합되는 물품

2 박람회·전시회 등을 위하여 특허되는 보세구역인 보세전시장에 대한 설명으로 틀린 것은?

① 보세전시장에서 불특정다수의 관람자에게 판매할 것을 목적으 로하는 판매용 외국물품은 수입신고가 수리되기 전에는 사용하지 못한다.

② 당해 박람회 등의 운영을 위하여 주최자·출품자 및 관람자가 그 보세전시장 안에서 소비하는 행위를 할 수 있다.

③ 당해 외국물품의 성질 또는 형상에 변경을 가하는 행위도 사용의 범위에 포함한다.

④ 보세전시장에 장치된 외국물품의 장치기간은 보세전시장 특허기간과 같다.

⑤ 해당 보세전시장에서 개최될 박람회 등의 운영과 관계가 없는 내국물품은 반출입신고를 생략한다.

Answer 1.④ 2.⑤

1 보세공장 원재료의 범위 등〈관세법 시행령 제199조 제1항〉… 법 제185조에 따라 보세공장에서 보세작업을 하기 위하여 반입되는 원료 또는 재료는 다음의 어느 하나에 해당하는 것을 말한다. 다만, 기계·기구 등의 작동 및 유지를 위한 연료, 윤활유 등 제품의 생산·수리·조립·검사·포장 및 이와 유사한 작업에 간접적으로 투입되어 소모되는 물품은 제외한다.

㉠ 당해 보세공장에서 생산하는 제품에 물리적 또는 화학적으로 결합되는 물품

㉡ 해당 보세공장에서 생산하는 제품을 제조·가공하거나 이와 비슷한 공정에 투입되어 소모되는 물품

㉢ 해당 보세공장에서 수리·조립·검사·포장 및 이와 유사한 작업에 직접적으로 투입되는 물품

2 ⑤ 보세전시장에서 사용될 내국물품에 대하여는 제10조에 따른 반출입의 신고를 생략한다. 다만, 그 내국물품이 해당 보세전시장에서 개최될 박람회 등의 운영과 관계가 없는 것일 때에는 그러하지 아니한다〈보세전시장 운영에 관한 고시 제14조(내국물품) 제1항〉.

① 「보세전시장 운영에 관한 고시」 제17조(수입신고대상)

②③ 「보세전시장 운영에 관한 고시」 제16조(사용의 범위)

⑤ 「보세전시장 운영에 관한 고시」 제13조(장치기간)

3 보세건설장에 대한 설명으로 틀린 것은?

① 운영인은 산업시설 건설에 사용되는 외국물품인 공사용 장비를 수입신고수리 전에 사용할 수 없다.

② 운영인은 산업시설의 건설에 사용되는 외국물품인 기계류 설비품을 수입신고수리 후에 사용하여야 한다.

③ 산업시설에 병설되는 사무소 · 의료시설 · 식당 · 공원 등의 건설용품도 보세건설장에 반입할 수 있다.

④ 운영인은 수입신고를 한 물품을 사용한 건설공사가 완료된 때에는 지체 없이 이를 세관장에게 보고하여야 한다.

⑤ 운영인은 보세건설장 작업이 종료된 때에는 수입신고한 물품 중 잉여물품을 세관장에게 보고하여야 한다.

4 종합보세구역의 반출입신고 절차를 설명한 내용으로 틀린 것은?

① 외국으로부터 도착한 물품에 대하여는 House B/L단위로 반출입신고를 하여야 한다.

② 동일 종합보세구역내의 종합보세사업장간의 물품의 이동에는 보세운송신고를 하지 아니한다.

③ 동일 종합보세사업장에서 종합보세기능간에 물품을 이동하는 경우에는 반출입신고를 하지 아니한다.

④ 종합보세구역에 반출입되는 물품이 보세판매장에서 판매하고자 하는 내국물품인 경우에는 반출입신고를 생략한다.

⑤ 종합보세구역에 반입된 외국물품이 수입신고되어 수리된 경우에는 반출신고를 생략한다.

Answer 3.② 4.④

3 ③「보세건설장 관리에 관한 고시」제6조(반입물품의 범위)

④「관세법 시행령」제211조(건설공사 완료보고)

⑤「보세건설장 관리에 관한 고시」제13조(잉여물품의 처리)

※ 신고수리전 사용제한 및 외국물품의 통관〈보세건설장 관리에 관한 고시 제12조 제1항〉… 보세건설장 운영인은 ㉠의 외국물품은 수입신고 후 사용하여야 하며, ㉡ ~ ㉣까지 해당하는 외국물품은 수입신고수리 전에 사용할 수 없다.

㉠ 산업시설 건설에 사용되는 외국물품인 기계류 설비품

㉡ 산업시설 건설에 사용되는 외국물품인 공사용 장비

㉢ 산업시설에 병설되는 사무소, 의료시설, 식당, 공원, 숙사 등 부대시설을 건설하기 위한 물품

㉣ 그 밖에 해당 산업시설 건설의 형편상 필요하다고 인정되는 물품

4 ①②③⑤「종합보세구역의 지정 및 운영에 관한 고시」제13조(반출입신고)

※ 내국물품 반출입신고의 생략〈관세법 시행규칙 제70조〉… 세관장은 다음에 해당하지 아니하는 경우에는 반출입신고를 생략하게 할 수 있다.

㉠ 법 제185조 제2항의 규정에 의하여 세관장의 허가를 받고 내국물품만을 원료로 하여 제조 · 가공 등을 하는 경우 그 원료 또는 재료

㉡ 법 제188조 단서의 규정에 의한 혼용작업에 소요되는 원재료

㉢ 법 제196조의 규정에 의한 보세판매장에서 판매하고자 하는 물품

㉣ 당해 내국물품이 외국에서 생산된 물품으로서 종합보세구역안의 외국물품과 구별되는 필요가 있는 물품(보세전시장의 기능을 수행하는 경우에 한한다)

5 특허보세구역의 반입정지와 특허취소 사유에 대한 설명으로 틀린 것은?

① 장치물품에 대한 관세를 납부할 자력이 없다고 인정되는 경우 : 반입정지

② 1년 이내에 3회 이상 물품반입 등의 정지처분을 받은 경우 : 특허취소

③ 2년 이상 물품의 반입실적이 없어서 세관장이 특허보세구역의 설치 목적을 달성하기 곤란하다고 인정하는 경우 : 특허취소

④ 거짓이나 그 밖의 부정한 방법으로 특허를 받은 경우 : 특허취소

⑤ 운영인이나 사용인이 「관세법」 또는 「관세법」에 따른 명령을 위반한 경우 : 특허취소

6 보세구역에 관한 설명으로 틀린 것은?

① 관세청장이 정하는 보세구역에 반입되어 수입신고가 수리된 물품의 화주 또는 반입자는 수입신고 수리일부터 15일 이내에 해당 물품을 보세구역으로부터 반출하여야 한다.

② 동일한 보세창고에 장치되어 있는 동안 수입신고가 수리된 물품은 별도의 신고 없이 계속하여 장치할 수 있다.

③ 보세공장외작업 허가를 받은 보세작업에 사용될 물품을 관세청장이 정하는 바에 따라 공장외작업장에 직접 반입하게 할 수 있다.

④ 종합보세구역에서는 보세창고, 보세공장, 보세전시장, 보세건설장 또는 보세판매장의 기능 중 둘 이상의 기능(종합보세기능)을 종합적으로 수행할 수 있다.

⑤ 보세창고의 기능을 수행하는 장소 중에서 관세청장이 수출입물품의 원활한 유통을 촉진하기 위하여 필요하다고 인정하여 지정한 장소에 반입되는 물품의 장치기간은 제한하지 아니한다.

Answer 5.⑤ 6.⑤

5 ⑤ 특허보세구역 운영에 관한 고시 제18조(행정제재) 제3항 제2호에 따라 물품반입을 정지시킬 수 있다.

6 ⑤ 종합보세구역에 반입한 물품의 장치기간은 제한하지 아니한다. 다만, 제197조 제2항에 따른 **보세창고의 기능을 수행하는 장소 중에서 관세청장이 수출입물품의 원활한 유통을 촉진하기 위하여 필요하다고 인정하여 지정한 장소에 반입되는 물품의 장치기간은 1년의 범위에서 관세청장이 정하는 기간으로 한다**〈관세법 제200조(반출입물품의 범위 등) 제2항〉.

① 「관세법」 제157조의2(수입신고수리물품의 반출)

② 「관세법」 제183조(보세창고) 제2항

③ 「관세법」 제187조(보세공장 외 작업허가) 제6항

④ 제197조(종합보세구역의 지정 등) 제2항

7 영업용 보세창고에 대한 설명 중 괄호 안에 들어갈 면적으로 맞는 것은?

> 지붕이 있고 주위에 벽을 가진 지상건축물로서 고내면적이 (   ) 이상이어야 한다.

① 500m^2

② 1,000m^2

③ 3,000m^2

④ 4,500m^2

⑤ 15,000m^2

8 보세공장의 특허요건에 대한 설명으로 틀린 것은?

① 제조·가공 그 밖의 보세작업에 필요한 기계시설 및 기구를 갖추어야 한다.

② 원자재의 반출입 등 물품관리체계가 확립되어 있고, 물품관리시스템을 구비하여야 한다.

③ 원자재 등의 부정유출의 우려가 없어야 한다.

④ 특허갱신의 경우에는 해당 보세공장의 갱신신청 직전 법규수행능력 평가가 A등급이어야 한다.

⑤ 자료보존매체에 따라 보관·관리하려는 운영인은 자료보존매체를 확인, 조회할 수 있는 장치를 같이 보관·관리하여야 한다.

Answer 7.② 8.④

7 ② 지붕이 있고 주위에 벽을 가진 지상건축물로서 고내면적이 **1,000㎡** 이상이어야 한다〈특허보세구역 운영에 관한 고시 제10조(영업용보세창고의 요건) 제1항 제1호〉.

8 특허요건〈보세공장 운영에 관한 고시 제5조〉

⊙ 보세공장은 다음 각 호의 시설을 갖추어야하고, 공장의 규모와 입지적 조건 등이 보세공장관리 운용에 지장이 없어야 한다.

　1. 제조·가공 또는 그 밖의 보세작업에 필요한 기계시설 및 기구의 비치

　2. 물품검사를 위하여 필요한 측정용 기기와 이에 부수하는 장비의 비치

　3. 원재료, 제품, 잉여물품, 수입통관 후 사용해야 하는 물품 및 그 밖의 반입물품을 구분하여 안전하게 장치 보관할 수 있는 창고 또는 야적장과 필요한 작업장의 확보

　4. 소방법령 및 소방관서가 지정하는 방화 및 소방시설의 구비

　5. 전기사업법령의 규정에 적합한 전기설비 및 전기안전시설의 구비

　6. 보세화물의 분실과 도난방지를 위한 적절한 시설을 완비하거나 보안전문업체와 경비위탁계약서를 구비

　7. 위험물품을 취급하는 보세공장의 경우는 위험물취급요령 및 그 밖의 법령(「화학물질관리법」, 소방관련 법령, 「고압가스안전관리법」 등)에서 정한 시설의 완비 및 취급자격자의 상시 근무와 위험물품 보세공장 특허지역으로서의 적합한 지역

② 보세공장은 보세화물관리를 적정하게 하기 위하여 다음 각 호의 관리요건을 갖추어야 한다.

　1. 보세화물 관리를 위하여 1명 이상의 보세사를 채용하여야 하며, 제7조 제1항에 따른 단일보세공장의 경우 각 공장별 1명 이상의 보세사를 채용하여 근무하도록 해야 한다.

　2. 원자재의 반출입, 제품 제조·가공, 제품 반출 및 잉여물품의 처리 등과 관련한 물품관리체계가 확립되어 있고, 물품관리를 위한 시스템(기업자원관리(ERP) 시스템 등)을 구비하여야 한다.

　3. 원자재 등의 부정유출 우려가 없으며, 보세작업의 감시·감독에 지장이 없어야 한다.

　4. 특허를 갱신하는 경우에는 갱신신청 전의 특허기간 동안 해당 보세공장의 법규수행능력평가 평균등급이 B등급 이상이어야 한다.

9 보세판매장에 대한 설명으로 틀린 것은?

① 보세판매장에 반입된 판매물품을 양수도 계약에 의해 타 보세판매장으로 양도하고자 할 때에는 보세운송 절차에 의하여 하여야 한다.

② 운영인은 보세판매장에서 판매하는 물품과 동일 또는 유사한 물품을 수입하여 내수판매를 하지 않아야 한다.

③ 시내면세점 운영인은 해당 보세판매장에 「보세판매장 특허에 관한 고시」 제4조에 따른 중소·중견기업 제품 매장을 설치하여야 한다.

④ 외화로 표시된 물품을 외화 이외의 통화로 판매하는 때에는 「관세법」에 의한 판매 당일의 과세환율을 적용하여야 한다.

⑤ 판매물품을 진열·판매하는 때에는 상표단위별 진열장소의 면적은 매장면적의 10분의 1을 초과할 수 없다.

10 보세판매장 판매물품의 보세운송 및 인도자의 지정 등에 대한 설명으로 틀린 것은?

① 시내면세점에서 판매한 물품에 대하여는 현품을 판매장에서 인도하지 아니하고 구매자가 서명한 교환권을 발행한 후 인도장에서 인도하여야 한다.

② 우리나라를 방문한 외국의 원수의 가족이 시내면세점에서 구입한 물품은 구매자가 원할 경우 판매장에서 현장 인도할 수 있다.

③ 인도자로 지정받고자 하는 자는 시내면세점 관할 세관장에게 지정신청을 받아야 한다.

④ 인도자는 인도장의 업무량을 고려하여 적정인원의 보세사를 채용하여야 하며 인도업무를 보세사에 위임하여 수행하게 할 수 있다.

⑤ 세관장은 인도자가 경고처분을 1년 내에 3회 이상 받은 경우에는 인도자의 지정을 취소할 수 있다.

Answer 9.④ 10.③

9 ④ 운영인이 외화로 표시된 물품을 표시된 외화이외의 통화로 판매하는 때에는 해당 물품을 판매하는 날의 전일(최종 고시한 날을 말한다)의 「**외국환거래법**」에 의한 **기준환율 또는 재정환율**을 적용하여야 한다〈보세판매장 운영에 관한 고시 제3조(운영인의 의무) 제4항 제1호〉.
　① 「보세판매장 운영에 관한 고시」 제16조(보세판매장간 물품의 양수도시 업무처리절차 등) 제1항
　②③⑤ 「보세판매장 운영에 관한 고시」 제3조(운영인의 의무)

10 ③ 인도자로 지정받고자 하는 자는 지정신청서와 법에서 정하는 서류를 구비하여 **인도장 관할 세관장**에게 인도자 지정신청을 하여야 한다〈보세판매장 운영에 관한 고시 제13조(인도자 지정 등) 제2항〉.
　①② 「보세판매장 운영에 관한 고시」 제12조(판매물품의 보세운송)
　④ 「보세판매장 운영에 관한 고시」 제14조(판매물품의 인도) 제1항
　⑤ 「보세판매장 운영에 관한 고시」 제13조(인도자 지정 등) 제2항 제3호 다목

11 종합보세구역에 대한 설명으로 틀린 것은?

① 운영인은 종합보세구역에 반입된 물품을 종합보세기능별로 구분하여 관리하여야 한다.

② 종합보세구역에서 연료·윤활유 등 제조·가공에 직접적으로 사용되지 아니하는 물품은 수입통관 후 소비 또는 사용하여야 한다.

③ 종합보세구역에 반입한 물품의 장치기간은 1년의 범위에서 세관장이 정하는 기간으로 한다.

④ 종합보세구역 운영인 상호간에 이동하는 물품은 미리 세관장에게 신고하여야 한다.

⑤ 세관장은 부패하거나 부패할 우려가 있는 물품에 대하여 공매절차에 의하여 매각할 수 있다.

12 특허보세구역의 특허효력의 상실사유로 틀린 것은?

① 특허보세구역의 운영인이 특허보세구역을 운영하지 아니하게 된 때

② 특허보세구역 운영인이 해산 또는 사망한 때

③ 특허기간이 만료한 때

④ 특허가 취소된 때

⑤ 운영인이 「관세법」을 위반한 때

Answer 11.③ 12.⑤

11 ③ 종합보세구역에 반입한 물품의 장치기간은 제한하지 아니한다. 다만, 보세창고의 기능을 수행하는 장소 중에서 관세청장이 수출입물품의 원활한 유통을 촉진하기 위하여 필요하다고 인정하여 지정한 장소에 반입되는 물품의 장치기간은 1년의 범위에서 **관세청장**이 정하는 기간으로 한다〈관세법 제200조(반출입물품의 범위 등) 제2항〉.

　　①⑤ 「관세법」 제201조(운영인의 물품관리) 제1항

　　② 「관세법」 제200조(반출입물품의 범위 등) 제1항

　　④ 「관세법 시행규칙」 제72조(종합보세구역안에서의 이동신고 대상물품)

12 특허의 효력상실 및 승계〈관세법 제179조 제1항〉 … 특허보세구역의 설치·운영에 관한 특허는 다음 어느 하나에 해당하면 그 효력을 상실한다.

　　㉠ 운영인이 특허보세구역을 운영하지 아니하게 된 경우

　　㉡ 운영인이 해산하거나 사망한 경우

　　㉢ 특허기간이 만료한 경우

　　㉣ 특허가 취소된 경우

13 보세구역에 대한 설명으로 틀린 것은?

① 보세구역은 지정보세구역, 특허보세구역, 종합보세구역으로 구분한다.

② 지정보세구역은 지정장치장과 세관검사장으로 구분한다.

③ 국가가 소유하거나 관리하는 토지·건물을 세관장은 지정보세구역으로 지정할 수 있다.

④ 물품의 보관, 전시, 판매 등의 목적으로 특허보세구역을 설치·운영하려는 자는 세관장의 특허를 받아야 한다.

⑤ 종합보세구역은 세관장이 지정하는 보세구역이다.

14 세관검사장에 반입된 물품의 채취, 운반 등에 필요한 비용을 부담하는 주체는?

① 세관장   ② 화주

③ 보세구역 운영인   ④ 보세운송업자

⑤ 화물운송주선인

15 「관세법」상 특허보세구역의 특허기간에 대한 설명으로 맞는 것은?

① 3년 이내   ② 5년 이내

③ 10년 이내   ④ 15년 이내

⑤ 20년 이내

Answer 13.⑤ 14.② 15.③

13 ⑤ <u>관세청장</u>은 직권으로 또는 관계 중앙행정기관의 장이나 지방자치단체의 장, 그 밖에 종합보세구역을 운영하려는 자의 요청에 따라 무역진흥에의 기여 정도, 외국물품의 반입·반출 물량 등을 고려하여 일정한 지역을 종합보세구역으로 지정할 수 있다 〈관세법 제197조(종합보세구역의 지정 등) 제1항〉.
①② 「관세법」 제154조(보세구역의 종류)
③ 「관세법」 제166조(지정보세구역의 지정) 제1항
④ 「관세법」 제174조(특허보세구역의 설치·운영에 관한 특허)

14 ② 세관검사장에 반입되는 물품의 채취·운반 등에 필요한 비용은 <u>화주</u>가 부담한다〈관세법 제173조(세관검사장) 제3항〉.

15 특허기간〈관세법 제176조〉
㉠ 특허보세구역의 특허기간은 <u>10년 이내</u>로 한다.
㉡ ㉠에도 불구하고 보세전시장과 보세건설장의 특허기간은 다음 각 호의 구분에 따른다. 다만, 세관장은 전시목적을 달성하거나 공사를 진척하기 위하여 부득이하다고 인정할 만한 사유가 있을 때에는 그 기간을 연장할 수 있다.
  1. 보세전시장 : 해당 박람회 등의 기간을 고려하여 세관장이 정하는 기간
  2. 보세건설장 : 해당 건설공사의 기간을 고려하여 세관장이 정하는 기간

16 특허보세구역 운영인이 명의(성명·상호)를 대여한 경우 세관장이 하여야 하는 행정제재는?

① 경고처분

② 반입정지

③ 특허취소

④ 과태료 부과

⑤ 과징금 부과

17 영업용 보세창고 특허신청인이 문서화하여 세관장에게 제출하여야 하는 내부화물관리규정으로 틀린 것은?

① 장치물품에 대한 보관요율

② 출입자 통제 및 시설안전관리

③ 보세화물 취급 직원 교육 방법

④ 화물 반출입 및 보관 절차

⑤ 내부 화물관리 종합책임자 및 책임체계

Answer 16.③ 17.①

16 반입정지 등과 특허의 취소〈관세법 제178조 제2항〉… 세관장은 특허보세구역의 운영인이 다음에 해당하는 경우에는 그 특허를 취소할 수 있다. 다만, ㉠, ㉡ 및 ㉢에 해당하는 경우에는 특허를 취소하여야 한다.

㉠ 거짓이나 그 밖의 부정한 방법으로 특허를 받은 경우

㉡ 제175조 각 호의 어느 하나에 해당하게 된 경우. 다만, 제175조 제8호에 해당하는 경우로서 같은 조 제2호 또는 제3호에 해당하는 사람을 임원으로 하는 법인이 3개월 이내에 해당 임원을 변경한 경우에는 그러하지 아니하다.

㉢ 1년 이내에 3회 이상 물품반입 등의 정지처분(제3항에 따른 과징금 부과처분을 포함한다)을 받은 경우

㉣ 2년 이상 물품의 반입실적이 없어서 세관장이 특허보세구역의 설치 목적을 달성하기 곤란하다고 인정하는 경우

㉤ 제177조의2를 위반하여 명의를 대여한 경우

17 영업용보세창고의 요건〈특허보세구역 운영에 관한 고시 제10조 제2항〉… 특허신청인은 다음의 사항을 포함한 내부화물관리 규정을 작성하여 세관장에게 제출하여야 하며, 특허기간 중 내부화물관리 규정을 개정한 경우에도 또한 같다.

㉠ 내부 화물관리 종합책임자 및 책임체계

㉡ 화물 반출입 및 보관 절차

㉢ 대장 기록 체계

㉣ 출입자 통제 및 시설안전관리

㉤ 세관 보고 사항 및 절차

㉥ 보세화물 취급 직원 교육 방법

㉦ 내부고발자에 대한 포상과 청렴위반자에 대한 징계 체계

18 보세공장에 대한 설명으로 틀린 것은?

① 특허를 갱신하고자 하는 경우 특허기간 만료 1개월 전까지 갱신신청을 하여야 한다.

② 단일보세공장의 경우 각 공장별 1명 이상의 보세사를 채용하여 근무하도록 해야 한다.

③ 보수작업을 하고자 하는 경우에는 세관장으로부터 보수작업승인을 받아야 한다.

④ 내국작업 원재료로 반입하는 내국물품의 반입신고는 내국작업허가서로 갈음하며, 이 경우 내국작업으로 제조·가공하여 생산된 물품은 내국물품이 된다.

⑤ 내국작업을 종료한 경우에는 세관장에게 내국작업종료신고를 하고 내국작업의 허가를 받아 제조·가공된 물품과 잉여물품은 보세공장에 계속하여 장치할 수 있다.

19 보세판매장에 대한 설명 중 괄호 안에 들어갈 내용으로 맞는 것은?

> 세관장은 보세판매장의 특허를 받은 자에게 법 제176조의2 제6항에 따라 특허를 갱신받으려면 특허기간이 끝나는 날의 (   ) 전까지 특허 갱신을 신청해야 한다는 사실과 갱신절차를 특허기간이 끝나는 날의 (   ) 전까지 휴대폰에 의한 문자전송, 전자메일, 팩스, 전화, 문서 등으로 미리 알려야 한다.

① 6개월, 1년

② 6개월, 7개월

③ 3개월, 6개월

④ 3개월, 1년

④ 1개월, 3개월

Answer 18.⑤   19.②

18 ⑤ 운영인은 제2항에 따른 내국작업을 종료한 경우에는 세관장에게 내국작업종료신고(별지 제12호서식)를 하고 내국작업의 허가를 받아 제조·가공된 물품과 잉여물품을 <u>지체 없이 보세공장 외로 반출하여야 하며</u>, 반출신고는 내국작업종료신고로 갈음한다. 다만, 보세공장의 보세화물과 구분장치에 필요한 충분한 장치장소가 확보된 경우에는 6개월의 범위 내에서 해당 공장에 계속하여 장치할 수 있다〈보세공장 운영에 관한 고시 제26조(내국작업) 제5항〉.
① 「보세공장 운영에 관한 고시」 제10조(특허의 갱신) 제1항
② 「보세공장 운영에 관한 고시」 제5조(특허요건) 제2항 제1호
③ 「보세공장 운영에 관한 고시」 제25조(보수작업) 제2항
④ 「보세공장 운영에 관한 고시」 제26조(내국작업) 제4항

19 세관장은 보세판매장의 특허를 받은 자에게 법 제176조의2 제6항에 따라 특허를 갱신받으려면 특허기간이 끝나는 날의 <u>6개월</u> 전까지 특허 갱신을 신청해야 한다는 사실과 갱신절차를 특허기간이 끝나는 날의 <u>7개월</u> 전까지 휴대폰에 의한 문자전송, 전자메일, 팩스, 전화, 문서 등으로 미리 알려야 한다.〈관세법 시행령 제192조의6(보세판매장 특허의 갱신) 제1항〉.

20 보세판매장 협의단체장이 회원사의 원활한 보세화물관리와 물류지원을 위하여 보세판매장의 보관창고와 동일한 기능을 수행하기 위하여 설치한 곳은?

① 복합물류창고   ② 통합물류창고
③ 면세물류창고   ④ 단일물류창고
⑤ 복수물류창고

21 보세판매장 운영인이 입국인에게 판매할 수 있는 구매한도는?

① 미화 500달러 이하   ② 미화 600달러 이하
③ 미화 800달러 이하   ④ 미화 1,000달러 이하
⑤ 미화 3,000달러 이하

22 종합보세사업장에 대한 설명 중 괄호 안에 들어갈 내용으로 맞는 것은?

> 종합보세사업장의 설치·운영기간은 (㉠)이 정하는 기간으로 한다. 다만, 종합보세사업장의 토지·건물 등을 임차한 경우에는 임대차계약기간 만료 (㉡)전까지 기간연장된 임대차계약서 또는 시설사용허가서 사본을 제출하는 조건으로 (㉠)이 정하는 기간으로 한다.

	㉠	㉡
①	세관장	30일
②	세관장	20일
③	세관장	15일
④	운영인	30일
⑤	운영인	15일

Answer 20.② 21.③ 22.⑤

20 ② 통합물류창고란 보세판매장 협의단체장이 회원사의 원활한 보세화물관리와 물류지원을 위하여 보세판매장의 보관창고와 동일한 기능을 수행하기 위해 설치한 곳을 말한다〈보세판매장 운영에 관한 고시 제2조(정의) 제15호〉.

21 ① 운영인은 입국인에게 규칙 제69조의4 제1항에 따라 **미화 800달러 이하**의 구매한도 범위 내에서 물품을 판매하여야 한다. 이 경우 술·담배·향수는 규칙 제48조 제3항에 따른 별도 면세범위 내에서만 판매할 수 있다〈보세판매장 운영에 관한 고시 제5조(구매자 및 구매총액) 제5항〉.

22 ⑤ 종합보세사업장의 설치·운영기간은 ㉠**운영인**이 정하는 기간으로 한다. 다만, 종합보세사업장의 토지·건물 등을 임차한 경우에는 임대차계약기간 만료 ㉡**15일**전까지 기간 연장된 임대차계약서 또는 시설사용허가서 사본을 제출하는 조건으로 ㉠**운영인**이 정하는 기간으로 한다〈종합보세구역의 지정 및 운영에 관한 고시 제11조(설치·운영기간) 제1항〉.

23 지정장치장에 대한 설명으로 틀린 것은?

① 지정장치장에 반입한 물품은 화주 또는 반입자가 그 보관의 책임을 진다.

② 지정장치장의 화물관리인은 화물관리에 필요한 비용을 화주로부터 징수할 수 있다.

③ 세관장이 지정하는 화물관리인 지정의 유효기간은 3년으로 한다.

④ 세관장이 관리하는 시설이 아닌 경우에는 세관장은 해당 시설의 소유자나 관리자와 협의하여 화물관리인을 지정하여야 한다.

⑤ 세관장은 불가피한 사유로 화물관리인을 지정할 수 없을 때에는 화주를 대신하여 직접 화물관리를 할 수 있다.

24 관세법령에 따라 특허보세구역의 운영인의 과징금에 대한 설명으로 틀린 것은?

① 1일당 과징금 금액은 해당 특허보세구역 운영에 따른 연간 매출액의 6천분의 1로 산정한다.

② 세관장은 산정된 과징금 금액의 4분의 1의 범위에서 사업규모, 위반행위의 정도 및 위반횟수 등을 고려하여 그 금액을 가중하거나 감경할 수 있다.

③ 과징금의 금액은 물품반입 등의 정지 일수(1개월은 30일을 기준)에 1일당 과징금 금액을 곱하여 산정한다.

④ 과징금 납부 통지를 받은 자는 납부통지일부터 20일 이내에 과징금을 관세청장이 지정하는 수납기관에 납부하여야 한다.

⑤ 천재·지변 그 밖의 부득이한 사유로 인하여 그 기간내에 과징금을 납부할 수 없는 때에는 그 사유가 소멸한 날부터 3일 이내에 이를 납부하여야 한다.

Answer 23.③ 24.⑤

23 ③ 화물관리인 지정의 유효기간은 <u>5년</u> 이내로 한다〈관세법 시행령 제187조(화물관리인의 지정) 제4항〉.

24 ④⑤ 통지를 받은 자는 납부통지일부터 20일 이내에 과징금을 관세청장이 지정하는 수납기관에 납부하여야 한다. 다만, 천재·지변 그 밖의 부득이한 사유로 인하여 그 기간내에 과징금을 납부할 수 없는 때에는 그 사유가 소멸한 날부터 7일 이내에 이를 납부하여야 한다. 〈관세법 시행령 제285조의7(과징금의 납부) 제2항〉.

①②③ 「관세법 시행령」 제193조의3(특허보세구역의 운영인에 대한 과징금의 부과기준 등)

25 보세공장에 대한 설명으로 틀린 것은?

① 외국물품과 내국물품을 원재료로 하여 제조 · 가공된 물품은 내국물품으로 본다.

② 세관장은 수입통관 후 보세공장에서 사용하게 될 물품에 대하여는 보세공장에 직접 반입하여 수입신고를 하게 할 수 있다.

③ 재고조사결과 자율 소요량 관리가 부적정하다고 인정되는 경우 보세공장에 물품반입을 정지시킬 수 있다.

④ 세관장은 보세공장에서 국내로 수입된 물품의 하자보수로 보세공장에 반입신고 된 원재료를 사용하는 것이 타당하다고 인정하는 경우에는 원재료의 원상태 수입을 허용할 수 있다.

⑤ 법규수행능력 우수업체인 보세공장에 대하여 해당 보세공장에서 사용하는 물품의 품목번호(HSK)를 전산시스템에 등록한 경우에는 보세공장 도착전 사용신고 물품의 심사 및 결재등록을 생략할 수 있다.

Answer 25.①

25 ① 외국물품이나 외국물품과 내국물품을 원료로 하거나 재료로 하여 작업을 하는 경우 그로써 생긴 물품은 외국으로부터 우리나라에 도착한 물품으로 본다〈관세법 제188조(제품과세)〉.
② 「보세공장 운영에 관한 고시」 제27조(수출 · 수입 또는 국외반출의 신고) 제2항 제2호
③ 「보세공장 운영에 관한 고시」 제16조(물품반입의 정지 및 과징금의 부과) 제1항 제3호
④ 「보세공장 운영에 관한 고시」 제14조(국외가공 등 원재료 원상태 반출) 제3항
⑤ 「보세공장 운영에 관한 고시」 제19조(보세공장 도착전 사용신고) 제2항

1 보세창고의 '수입식품류 보관기준'에 대한 설명으로 틀린 것은?

① 식품류는 공산품과 분리, 구획하여 보관하여야 한다.

② 식품류는 인체에 유해한 물질과 반드시 분리하여 보관하여야 한다.

③ 창고 내부에는 방충 시설을 갖추어야 한다.

④ 유통기간이 경과한 물품은 일반물품과 동일하게 취급할 수 있다.

⑤ 보관온도를 측정할 수 있는 온도유지 시설을 비치하여야 한다.

2 보세화물의 반출입 절차에 대한 설명으로 틀린 것은?

① 하선신고서에 의한 보세화물을 반입신고는 House B/L 단위로 제출하여야 한다.

② 자가용 보세창고에서 수입신고 수리된 물품은 반출신고를 생략한다.

③ 반출입신고서가 접수되면 세관장은 반출입신고필증을 교부하여야 한다.

④ 1년 이상 계속하여 내국물품만을 장치하려는 자는 세관장의 승인을 받아야 한다.

⑤ 수입신고 수리된 물품의 반출요청을 받은 때에는 세관화물정보시스템의 반출승인정보를 확인한 후 이상이 없는 경우 반출 전에 반출신고서를 전자문서로 제출하여야 한다.

Answer 1.④ 2.③

1 ④ 유통기한이 경과되었거나 부적합 판정을 받은 식품류는 별도의 장소에 보관하거나 명확하게 식별되는 표시를 하여 일반물품과 구별되게 관리하여야 한다〈보세화물관리에 관한 고시 별표4〉.

2 ③ 반출입신고를 접수한 세관장은 반출입신고수리필증을 교부하지 아니한다. 다만, 반출입시 세관공무원을 입회시킬 수 있으며 세관 공무원은 해당 물품에 대하여 검사할 수 있다〈보세화물관리에 관한 고시 제12조(보세창고 내국물품반출입신고 등) 제3항〉.

① 「보세화물관리에 관한 고시」 제9조(반입확인 및 반입신고) 제6항

②⑤ 「보세화물관리에 관한 고시」 제10조(반출확인 및 반출신고)

④ 「보세화물관리에 관한 고시」 제12조(보세창고 내국물품반출입신고 등) 제6항

3 신고지연 가산세 적용대상 보세구역에 반입된 물품 중 수입 또는 반송신고 기한을 경과하여 신고를 한 경우 가산세 징수대상인 물품은?

① 반송물품
② 수출용원재료
③ 여행자 휴대품
④ SOFA적용 대상물품
⑤ 환적화물

4 보수작업 및 해체·절단 등의 작업에 대한 설명으로 틀린 것은?

① HSK 10단위의 변화를 가져오는 것은 보수작업으로 인정할 수 없다.
② 보수작업으로 외국물품에 부가된 내국물품은 내국물품으로 본다.
③ 장치물품의 원형을 변경하고자 하는 경우 세관장의 허가를 받아야 한다.
④ 간단한 세팅, 완제품의 특성을 가진 구성요소의 조립 등의 단순한 조립작업은 보수작업이 허용된다.
⑤ 보수작업을 완료한 경우에는 보수작업 완료보고서를 세관장에게 제출하여 그 확인을 받아야 한다.

5 다음 공항만 중에서 지정장치장 반입물품(여행자휴대품 제외)의 장치기간이 2개월이 아닌 곳은?

① 부산항
② 인천항
③ 인천공항
④ 김해공항
⑤ 청주공항

Answer 3.① 4.② 5.⑤

3 가산세〈보세화물관리에 관한 고시 제34조 제2항〉… 다음에 해당하는 물품에 대하여는 가산세를 징수하지 아니한다.
㉠ 정부 또는 지방자치단체가 직접 수입하는 물품
㉡ 정부 또는 지방자치단체에 기증되는 물품
㉢ 수출용원재료(신용장 등 관련 서류에 의하여 수출용원재료로 확인되는 경우에만 해당)
㉣ 외교관 면세물품 및 SOFA적용 대상물품
㉤ 환적화물
㉥ 여행자 휴대품

4 ② 보수작업으로 외국물품에 부가된 내국물품은 외국물품으로 본다〈관세법 제158조(보수작업) 제5항〉.
①④ 「보세화물관리에 관한 고시」 제22조(보수작업의 한계) 제1항
③ 「보세화물관리에 관한 고시」 제159조(해체·절단 등의 작업)
⑤ 「보세화물관리에 관한 고시」 제23조(보수작업의 감독) 제1항

5 ⑤ 제3조 제1호에 해당하는 물품의 장치기간은 6개월로 한다. 다만, **부산항·인천항·인천공항·김해공항** 항역내의 지정장치장으로 반입된 물품의 장치기간은 2개월로 하며, 세관장이 필요하다고 인정할 때에는 2개월의 범위에서 그 기간을 연장할 수 있다〈보세화물장치기간 및 체화관리에 관한 고시 제4조 제1항〉.

6 보세화물의 장치기간에 대한 설명으로 맞는 것은?

① 여행자 휴대품 중 습득물 : 2개월

② 정부비축물품 : 1년

③ 보세구역 외 장치허가물품 : 담보기간

④ 예치물품 : 출국예정시기에 1개월을 가산한 기간

⑤ 보세공장 반입 원재료 : 1년

Answer 6.④

6 보세구역별 장치기간〈보세화물장치기간 및 체화관리에 관한 고시 제4조(장치기간)〉

구분	내용
지정장치장	지정장치장에 반입한 물품의 장치기간은 6개월로 한다. 다만, 부산항, 인천항, 인천공항, 김해공항 항역 내의 지정장치장으로 반입된 물품의 장치기간은 2개월로 하며, 세관장이 필요하다고 인정할 때에는 2개월의 범위에서 그 기간을 연장할 수 있다.
보세구역 외 장치허가물품	보세구역 외 장치허가장소에 반입한 물품의 장치기간은 세관장이 허가한 기간(연장된 기간 포함)으로 한다.
여행자휴대품	여행자휴대품 중 유치물품 및 습득물의 장치기간은 1개월로 하며, 예치물품의 장치기간은 예치증에 기재된 출국예정시기에 1개월을 가산한 기간으로 한다. 다만, 유치물품 중 화주의 요청이 있거나 세관장이 필요하다고 인정하는 경우 1개월의 범위에서 그 기간을 연장할 수 있다.

보세창고	• 보세창고에 반입한 물품의 장치기간은 6개월로 하되, 세관장이 필요하다고 인정할 때에는 6개월의 범위에서 그 기간을 연장할 수 있다. 다만, 다음에 해당하는 물품의 장치기간은 비축에 필요한 기간으로 한다.
	
	   - 정부비축물품
	   - 정부와의 계약이행을 위하여 비축하는 방위산업용품
	   - 장기간 비축이 필요한 수출용원재료, 수출품 보수용 물품
	   - 국제물류 촉진을 위하여 장기간 장치가 필요한 물품(LME, BWT)으로서 세관장이 인정하는 물품
	
	• 다음에 해당하는 물품은 그 구분에 따르며 세관장이 필요하다고 인정할 때에는 2개월의 범위에서 그 기간을 연장할 수 있다.
	
	   인천공항 및 김해공항 항역 내 보세창고(다만, 자가용 보세창고는 제외) 2개월
	   부산항 부두 내 보세창고와 부두 밖 컨테이너전용보세창고(CFS를 포함) 2개월
	   인천항 부두 내 보세창고와 부두 밖 컨테이너전용보세창고(CFS를 포함) 2개월

기타 특허보세구역	보세공장, 보세전시장, 보세건설장 및 보세판매장에 반입한 물품의 장치기간은 특허기간으로 한다.

7 장치기간 경과물품의 매각절차에 대한 설명으로 틀린 것은?

① 세관장이 매각하려는 경우 경쟁입찰에 의한 것을 원칙으로 한다.

② 경매절차에 대해서는 「민법」을 우선 적용한다.

③ 낙찰자가 지정된 기일까지 대금잔액을 납입하지 않는 경우에는 입찰보증금을 환불하지 아니한다.

④ 예정가격의 체감은 제2회 입찰 때부터 한다.

⑤ 매각대금은 매각비용, 관세, 각종 세금 순으로 충당하고 잔금이 있을 때에는 화주에게 교부한다.

8 해상입항화물 적하목록의 정정신청을 생략할 수 있는 사유로 틀린 것은?

① 산물로서 그 중량의 과부족이 5% 이내인 경우

② 용적물품으로 그 용적의 과부족이 5% 이내인 경우

③ 포장파손이 용이한 물품 중량의 과부족이 5% 이내인 경우

④ 포장단위 물품으로서 중량의 과부족이 5% 이내인 경우

⑤ 적하목록 이상사유가 단순기재오류로 확인되는 경우

Answer 7.② 8.④

7 ② 경매절차에 관하여는 「**국세징수법**」을 준용한다〈관세법 제210조(매각 방법) 제6항〉.
①④ 「보세화물장치기간 및 체화관리에 관한 고시」 제16조(매각처분의 방법)
③ 「보세화물장치기간 및 체화관리에 관한 고시」 제21조(낙찰취소)
⑤ 「보세화물장치기간 및 체화관리에 관한 고시」 제23조(공매물품 잔금처리)

8 적하목록 정정생략〈보세화물 입출항 하선 하기 및 적재에 관한 고시 제13조 제1항〉
㉠ 산물(예 : 광물, 원유, 곡물, 염, 원피 등)로서 그 중량의 과부족이 5% 이내인 경우
㉡ 용적물품(예 : 원목 등)으로서 그 용적의 과부족이 5% 이내인 경우
㉢ 포장파손이 용이한 물품(예 : 비료, 설탕, 시멘트 등) 및 건습에 따라 중량의 변동이 심한 물품(예 : 펄프, 고지류 등)으로서 그 중량의 과부족이 5% 이내인 경우
㉣ 포장단위 물품으로서 중량의 과부족이 10% 이내이고 포장상태에 이상이 없는 경우
㉤ 적하목록 이상사유가 단순기재오류 등으로 확인되는 경우

9 하선결과 이상보고서가 제출된 경우 적하목록 정정신청 기한은?

① 보고서 제출일로부터 3일 이내
② 보고서 제출일로부터 7일 이내
③ 보고서 제출일로부터 15일 이내
④ 보고서 제출일로부터 30일 이내
⑤ 보고서 제출일로부터 60일 이내

10 해상입항화물의 하역절차에 대한 설명으로 틀린 것은?

① 외국물품의 일시양륙 장소는 부두 내로 한정한다.
② 운항선사가 화물을 하선하려는 때에는 MASTER B/L 단위의 적하목록을 기준으로 하선신고서를 세관장에게 제출해야 한다.
③ 하선장소반입전에 하선장소를 변경하려는 때에는 변경내역과 변경사유를 기재한 하선장소 변경신고서를 세관장에게 전자문서로 제출한다.
④ 컨테이너 화물의 하선장소 물품반입기간은 입항일로부터 3일 이내이다.
⑤ 산물의 하선장소는 부두내 또는 부두밖 보세구역이다.

Answer 9.③ 10.⑤

9 ③ 하선결과 이상보고서 및 반입결과 이상보고서가 제출된 물품은 **보고서 제출일로부터 15일 이내**에 적하목록 정정신청을 할 수 있다〈보세화물 입출항 하선 하기 및 적재에 관한 고시 제12조(적하목록 정정신청) 제3항 제1호〉.

10 ⑤ 산물의 하선장소는 부두내 보세구역이다〈보세화물 입출항 하선 하기 및 적재에 관한 고시 제15조(하선신고) 제3항 제3호〉.
①② 「보세화물 입출항 하선 하기 및 적재에 관한 고시」 제15조(하선신고)
③ 「보세화물 입출항 하선 하기 및 적재에 관한 고시」 제16조(하선장소변경)
④ 「보세화물 입출항 하선 하기 및 적재에 관한 고시」 제19조(하선장소 물품반입)

11 보세운송 도착절차에 대한 설명으로 틀린 것은?

① 항공화물의 보세운송기간은 원칙적으로 5일이다.

② 보세운송인이 물품을 도착지에 도착시킨 때에는 지체 없이 보세운송승인서를 보세구역운영인 또는 화물관리인에게 제시하고 물품을 인계하여야 한다.

③ 보세운송 경유지에서 운송물품의 개장, 분리, 합병 등의 작업을 할 수 있다.

④ 보세운송물품 도착보고는 보세구역 운영인의 보세운송승인서(반입신고용) 제출로 갈음한다.

⑤ 보세운송신고 수리통보를 받은 신고자는 신고에 관한 자료를 2년간 보관하여야 한다.

12 보세운송 신고를 할 수 없는 자는?

① 보세사

② 관세사

③ 전매된 경우 취득자

④ 보세운송업자

⑤ 화주

Answer 11.③ 12.①

11 ③ 보세구역 경유지에서는 보세운송물품의 개장, 분리, 합병 등의 작업을 할 수 없다〈보세운송에 관한 고시 제40조(보세운송 경유지 신고) 제3항〉.
① 「보세운송에 관한 고시」 제6조(보세운송기간)
②④ 「보세운송에 관한 고시」 제51조(보세운송물품 도착)
⑤ 「보세운송에 관한 고시」 제29조(보세운송신고 수리)

12 보세운송 신고〈보세운송에 관한 고시 제2조 제1항〉
㉠ 화주. 다만, 전매된 경우에는 그 취득자, 환적화물의 경우에는 그 화물에 대한 권리를 가진 자
㉡ 보세운송업자
㉢ 관세사 등

13 특정물품간이보세운송업자의 지정요건으로 맞는 것을 모두 고르시오.

> ㉠ 자본금 3억 원 이상인 법인
>
> ㉡ 2억 원 이상의 인·허가 보증보험에 가입한 자
>
> ㉢ 유개화물자동차 10대 이상과 트렉터 10대 이상 보유한 자
>
> ㉣ 임원 중 보세사 1명 이상 재직하고 있는 업체

① ㉠㉡   ② ㉡㉢

③ ㉠㉡㉢   ④ ㉡㉢㉣

⑤ ㉠㉡㉢㉣

14 다음 본문 내용에 맞는 용어는?

> • 보세구역에 장치된 물품을 폐기하려는 자는 세관장의 (㉠)을(를) 받아 폐기할 수 있다.
> • 보세구역에 장치된 물품에 해체·절단의 작업을 하려는 자는 세관장의 (㉡)를 받아야 한다. 이 작업을 완료한 때에는 다음 각호의 사항을 기재한 보고서를 세관장에게 제출하여 (㉢)을 받아야 한다.

① ㉠ 승인   ㉡ 허가   ㉢ 확인

② ㉠ 승인   ㉡ 승인   ㉢ 확인

③ ㉠ 승인   ㉡ 승인   ㉢ 수리

④ ㉠ 허가   ㉡ 허가   ㉢ 수리

⑤ ㉠ 허가   ㉡ 허가   ㉢ 확인

Answer 13.③   14.①

13 특정물품간이보세운송업자의 지정요건〈보세운송에 관한 고시 제18조(지정요건) 제1항〉
㉠ 자본금 3억 원 이상인 법인
㉡ 2억 원 이상의 인·허가 보증보험에 가입한 자이거나 법 제24조에 따른 담보(부동산은 제외)를 2억 원 이상 제공한 자
㉢ 유개(有蓋)화물자동차 10대 이상과 트렉터 10대 이상 보유한 자
㉣ 임원 중 관세사 1명 이상 재직하고 있는 업체

14 • 부패·손상되거나 그 밖의 사유로 보세구역에 장치된 물품을 폐기하려는 자는 세관장의 ㉠**승인**을 받아야 한다〈관세법 제160조(장치물품의 폐기) 제1항〉
• 보세구역에 장치된 물품에 대하여는 그 원형을 변경하거나 해체·절단 등의 작업을 할 수 있다. 이 작업을 하려는 자는 세관장의 ㉡**허가**를 받아야 한다〈관세법 제159조(해체·절단 등의 작업) 제1항, 제2항〉.
• 작업을 완료한 때에는 다음 각호의 사항을 기재한 보고서를 세관장에게 제출하여 ㉢**확인**을 받아야 한다〈관세법 시행령 제178조(해체·절단 등 작업)〉.

15 보세화물 장치기간의 기산일에 대한 설명으로 틀린 것은?

① 보세구역에 반입된 물품은 해당 보세구역 반입일

② 반송신청이 제한되는 휴대품은 유치된 날

③ 동일 B/L 물품이 수차에 걸쳐 반입되는 경우는 그 B/L 물품 반입 완료일

④ 장치기간이 이미 경과된 물품을 보세운송 승인을 받아 보세구역 간 장치물품을 이동함으로써 장치기간을 다시 기산해야 하는 물품은 종전에 산정한 기간을 합산

⑤ 장치장소의 특허변경에 의하여 장치기간을 다시 기산해야 하는 물품은 종전에 산정한 기간을 합산

16 적하목록 정정신청 기간에 대한 설명으로 틀린 것은?

① 반입결과 이상보고서가 제출된 물품의 경우에는 보고서 제출일로부터 15일 이내

② 하기결과보고서가 제출된 항공 수입화물은 보고서 제출일로부터 15일 이내

③ 하기결과보고서가 제출되지 아니한 항공 수입화물은 항공기 입항일로부터 60일 이내

④ 해상 수출화물은 해당 선박이 출항한 날로부터 120일 이내

⑤ B/L 양수도 및 B/L분할 · 합병이 일어난 모든 화물은 기간 제한 없음

Answer 15.② 16.④

15 장치기간의 기산〈보세화물장치기간 및 체화관리에 관한 고시 제5조〉
ㄱ 보세구역에 반입된 물품의 장치기간은 해당 보세구역 반입일(제3조제4호에 해당하는 물품 중「여행자 및 승무원 휴대품 통관에 관한 고시」제47조 제3항을 적용받은 물품은 반송신고를 할 수 있는 날)을 기준으로 장치기간을 기산한다. 다만, 다음 각호의 어느 하나에 해당하는 물품은 종전에 산정한 장치기간을 합산한다.
    1. 장치장소의 특허변경으로 장치기간을 다시 기산하여야 하는 물품
    2. 보세운송 승인을 받아 다른 보세구역에 반입하거나 보세구역 간 장치물품을 이동함으로써 장치기간을 다시 기산하여야 하는 경우 중 제4조에 따른 장치기간이 이미 경과된 물품
ㄴ 동일 B/L물품이 수차에 걸쳐 반입되는 경우에는 그 B/L물품의 반입이 완료된 날부터 장치기간을 기산한다.

16 적하목록의 정정신청〈보세화물 입출항 하선 하기 및 적재에 관한 고시 제25조 제3항〉 … 적하목록 정정신청은 다음 각 호의 어느 하나에서 정하는 기간내에 신청할 수 있다. 다만, B/L양수도 및 B/L 분할 · 합병의 경우에는 기간을 제한하지 아니한다.
ㄱ 하기결과보고서 및 반입결과 이상보고서가 제출된 물품의 경우에는 보고서 제출일로부터 15일 이내
ㄴ 기타의 사유로 적하목록을 정정하고자 하는 경우에는 항공기 입항일부터 60일 이내

17 매각처분 보류와 관련된 설명으로 틀린 것은?

① 화주의 의무는 다하였으나 통관지연의 귀책사유가 국가에 있는 경우에는 매각처분을 보류할 수 있다.

②「관세법」위반으로 조사 중인 경우와 심판청구 등 쟁송이 계류 중인 경우에는 매각처분을 보류할 수 있다.

③ 화주의 매각처분 보류요청을 받은 세관장은 수출입 또는 반송할 것이 확실하다고 인정되는 경우에만 6개월의 범위내에서 매각처분을 보류할 수 있다.

④ 공공차관 도입 물자가 체화되어 세관장이 그 목록을 관세청장을 경유하여 기획재정부장관 등에게 제출한 경우 1개월 간 매각처분을 보류한다.

⑤ 세관장은 매각 처분을 보류한 경우 보류사유의 해소여부를 수시로 확인하여 그 사유가 해제된 때에는 즉시 매각처분하여야 한다.

18 보세구역외 장치허가 절차에 대한 설명으로 틀린 것은?

① 허가기간은 6개월의 범위내에서 세관장이 인정하는 기간이다.

② 허가수수료는 1만 8천 원이다.

③ 허가수수료는 허가건수 단위로 징수한다.

④ 허가장소에 물품을 반입 시 세관장에게 즉시 반입신고를 하여야 한다.

⑤ 화주가 소재한 지역에 보세구역이 없는 경우에는 허가수수료를 면제한다.

Answer 17.③ 18.⑤

17 ③ 매각처분 보류요청을 받은 세관장은 수출입 또는 반송할 것이 확실하다고 인정하는 경우에만 **4개월**의 범위에서 필요한 기간을 정하여 매각처분을 보류할 수 있으며, 매각처분 보류결정을 한 경우에는 세관화물정보시스템에 공매보류등록을 하여야 한다〈보세화물장치기간 및 체화관리에 관한 고시 제10조(매각처분 보류요청) 제2항〉.
①②④⑤「보세화물장치기간 및 체화관리에 관한 고시」제9조(매각처분의 대상)

18 ⑤ 국가 또는 지방자치단체가 수입하거나 협정에 의하여 관세가 면제되는 물품을 수입하는 때에는 보세구역외 장치허가수수료를 면제한다〈관세법 시행규칙 제65조(보세구역의 장치허가 수수료) 제2항〉.

19 복합환적절차에 대한 설명으로 틀린 것은?

① 항공기로 반입한 화물을 다른 공항으로 운송하여 반출하는 물품은 복합환적절차를 이용할 수 있다.

② 선박 또는 항공기로 반입한 화물을 차량 또는 철도로 반출하는 물품은 적재화물목록에 보세운송인과 목적지를 기재하여 제출하는 것으로 보세운송신고(승인)를 갈음할 수 있다.

③ 복합환적화물을 보세운송하려는 화주는 Master B/L 단위로 최초 입항지세관장에게 신고하여야 한다.

④ 복합환적화물의 운송기한은 하선 또는 하기신고일부터 7일로 한다.

⑤ 복합환적화물을 운송하려는 경우 운송인은 적재화물목록 사본을 소지하고 보세구역 운영인 등에게 제시한 후 화물을 인계인수하여야 한다.

20 환적절차에 대한 설명으로 틀린 것은?

① 환적증명서를 발급받으려는 물품을 환적하는 경우에는 출항 전까지 출항지 관할 세관장에게 환적신고서를 제출해야 한다.

② 환적화물의 컨테이너 적출입작업은 냉동화물 등 특수한 경우를 제외하고 해당 CY의 CFS 또는 공항내 보세구역에서 하여야 한다.

③ 환적화물의 보세운송 목적지는 적출입작업 등 필요한 경우를 제외하고 물품을 적재하려는 공항 및 항만의 하선 또는 하기장소로 한정한다.

④ 보세운송물품이 컨테이너화물(LCL화물 포함)인 경우 최초 도착지 보세구역 운영인 또는 보세사의 확인을 받아 컨테이너를 개장하여야 한다.

⑤ 보세운송 특례 보세구역간 운송물품에 대하여는 보세구역 운영인이 반출신고서에 보세운송업자와 목적지를 기재하는 것으로 보세운송신고(승인)를 갈음할 수 있다.

Answer 19.③ 20.①

19 ③ 복합환적화물을 보세운송하려는 화주 등은 최초 입항지 세관장에게 House B/L 단위로 운송업체(화주등이 직접 운송하는 경우에는 해당 화주등을 말한다)와 반출 예정지 보세구역을 적재화물목록에 기재하여 신고해야 한다〈환적화물 처리절차에 관한 특례고시 제8조(복합환적절차) 제2항〉.
①②④⑤ 「환적화물 처리절차에 관한 특례고시」 제8조(복합환적절차)

20 ① 법 제141조 제3호 및 「관세법 시행령」 제164조에 따라 물품을 환적하려는 자가 컨테이너 적출입 작업(환적화물에 수출물품 또는 다른 환적화물을 추가로 적입하는 것을 포함한다)을 하려는 때에는 적출입 내역을 기재한 별지 제1호서식의 환적신고서를 적출입작업 전까지 컨테이너 적출입작업 예정지를 관할하는 세관장에게 제출해야 한다〈환적화물 처리절차에 관한 특례고시 제6조(환적신고 등) 제1항〉.

21 화물운송주선업자의 등록요건으로 틀린 것은?

① 화물운송주선업자 등록이 취소된 후 2년이 지났을 것

② 「물류정책기본법」 제43조에 따른 국제물류주선업의 등록을 하였을 것

③ 관세 및 국세의 체납이 없을 것

④ 자본금 2억 원 이상을 보유한 법인(법인이 아닌 경우에는 자산재평가액 6억 원 이상)일 것

⑤ 「관세법」 제175조(운영인의 결격사유)의 어느 하나에 해당하지 아니할 것

22 「관세법」상 "내국운송"의 정의로서 바르게 설명한 것은?

① 내국물품을 국제무역선(기)으로 운송하는 것

② 외국물품을 국제무역선(기)으로 운송하는 것

③ 외국물품을 국내에서 국제무역선(기)으로 운송하는 것

④ 내국물품을 외국물품과 혼재하여 운송하는 것

⑤ 외국물품을 내국무역선(기)으로 운송하는 것

23 세관장의 승인이 필요한 사항은?

① 국제무역선의 출항

② 부패ㆍ손상으로 인한 보세구역 장치물품의 폐기

③ 자가용 보세창고의 설치 운영

④ 보세구역에 장치된 외국물품의 도난 또는 분실

⑤ 영업용 보세창고의 설치 운영

Answer 21.④ 22.① 23.②

21 ④ 자본금 3억 원 이상을 보유한 법인(법인이 아닌 경우에는 자산평가액이 6억 원 이상)일 것〈화물운송주선업자의 등록 및 관리에 관한 고시 제3조(등록요건) 제5호〉.

22 ① 「관세법」상 "내국운송"이란 내국물품을 국제무역선이나 국제무역기로 운송하는 것을 말한다〈관세법 제221조(내국운송의 신고) 제1항〉.

23 ② 부패ㆍ손상되거나 그 밖의 사유로 보세구역에 장치된 물품을 폐기하려는 자는 세관장의 승인을 받아야 한다〈관세법 제160조(장치물품의 폐기) 제1항〉.

24 보세화물 폐기, 밀실 및 견품반출에 대한 설명으로 틀린 것은?

① 세관장이 물품을 폐기하거나 화주등이 물품을 폐기 또는 반송한 경우 그 비용은 화주 등이 부담한다.

② 상품가치가 없어진 물품은 화주 등에게 반송 또는 폐기할 것을 명하거나 통고한 후 폐기할 수 있다.

③ 폐기 후에 남아 있는 부분에 대하여는 폐기 후의 성질과 수량에 따라 관세를 부과한다.

④ 보세화물이 멸실된 경우에는 세관장에게 신고한다.

⑤ 견품을 반출하려는 자는 세관장에게 허가를 받아야 하며 보세사는 견품반출입 대장에 기록관리 하여야 한다.

25 원칙적으로 보세구역에 장치해야 하는 물품은?

① 검역물품

② 내국운송물품

③ 압수물품

④ 우편물품

⑤ 재해로 임시 장치한 물품

24 ⑤ 보세구역 등에 장치된 외국물품의 전부 또는 일부를 견품으로 반출하려는 자는 견품반출허가(신청)서를 제출하여 세관장의 허가를 받아야 한다. 보세구역 운영인 또는 관리인은 견품반출 허가를 받은 물품이 해당 보세구역에서 반출입될 때에는 견품 반출 허가사항을 확인하고, 견품반출입 사항을 견품반출입대장에 기록관리하여야 한다〈보세화물관리에 관한 고시 제30조(견품 반출입 절차) 제1항, 제4항〉.

①②③ 「관세법」 제160조(장치물품의 폐기) 제3항

④ 「보세화물관리에 관한 고시」 제27조(멸실신고) 제1항

25 물품의 장치〈관세법 제155조 제1항〉 … 외국물품과 내국운송의 신고를 하려는 내국물품은 보세구역이 아닌 장소에 장치할 수 없다. 다만, 다음에 해당하는 물품은 그러하지 아니하다.

㉠ 제241조제1항에 따른 수출신고가 수리된 물품

㉡ 크기 또는 무게의 과다나 그 밖의 사유로 보세구역에 장치하기 곤란하거나 부적당한 물품

㉢ 재해나 그 밖의 부득이한 사유로 임시로 장치한 물품

㉣ 검역물품

㉤ 압수물품

㉥ 우편물품

1 「관세법」상 국제항으로 지정된 항구와 공항을 나열한 것으로 틀린 것은?

① 인천항, 제주공항
② 경인항, 대구공항
③ 서귀포항, 인천공항
④ 묵호항, 청주공항
⑤ 대산항, 양양공항

2 「관세법」 제222조(보세운송업자 등의 등록 및 보고)에 따라 관세청장이나 세관장에게 등록하여야 하는 자를 나열한 것으로 틀린 것은?

① 화물운송주선업자
② 보세운송업자
③ 선박용품 공급업자
④ 하역업자
⑤ 특허보세구역 운영인

Answer 1.③ 2.⑤

1 국제항의 지정〈관세법 시행령 제155조〉

구분	국제항명
항구	인천항, 부산항, 마산항, 여수항, 목포항, 군산항, 제주항, 동해·묵호항, 울산항, 통영항, 삼천포항, 장승포항, 포항항, 장항항, 옥포항, 광양항, 평택·당진항, 대산항, 삼척항, 진해항, 완도항, 속초항, 고현항, 경인항, 보령항
공항	인천공항, 김포공항, 김해공항, 제주공항, 청주공항, 대구공항, 무안공항, 양양공항

2 보세운송업자 등의 등록 및 보고〈관세법 제222조 제1항〉 … 다음 어느 하나에 해당하는 자는 대통령령으로 정하는 바에 따라 관세청장이나 세관장에게 등록하여야 한다.

㉠ 보세운송업자
㉡ 세화물을 취급하려는 자로서 다른 법령에 따라 화물운송의 주선을 업으로 하는 자(화물운송주선업자)
㉢ 국제무역선·국제무역기 또는 국경출입차량에 물품을 하역하는 것을 업으로 하는 자
㉣ 국제무역선·국제무역기 또는 국경출입차량에 다음에 해당하는 물품 등을 공급하는 것을 업으로 하는 자
  • 선박용품
  • 항공항공기용품
  • 차량용품
  • 선박·항공기 또는 철도차량 안에서 판매할 물품
  • 용역
㉤ 국제항 안에 있는 보세구역에서 물품이나 용역을 제공하는 것을 업으로 하는 자
㉥ 국제무역선·국제무역기 또는 국경출입차량을 이용하여 상업서류나 그 밖의 견본품 등을 송달하는 것을 업으로 하는 자
㉦ 구매대행업자 중 대통령령으로 정하는 자

3 관세법상 선박용품 및 항공기용품 등의 하역 등에 관한 설명으로 틀린 것은?

① 국제무역선·국제무역기 또는 조업에 사용되는 선박에 하역하거나 환적하려면 세관장의 승인을 받아야 한다.

② 선박용품 또는 항공기용품이 외국으로부터 우리나라에 도착한 외국물품일 때에는 보세구역으로부터 국제무역선·국제무역기 또는 원양어선에 적재하는 경우에만 그 외국물품을 그대로 적재할 수 있다.

③ 선박용품이나 항공기용품의 종류와 수량은 선박이나 항공기의 종류, 톤수 또는 무게, 항행일수 또는 운행일수, 여객과 승무원 수 등을 고려하여 관세청장이 타당하다고 인정하는 범위이어야 한다.

④ 선박용품이나 항공기용품이 세관장이 지정한 기한 내에 그 물품을 다시 보세구역에 반입하는 경우에는 즉시 관세를 징수하지 않아도 된다.

⑤ 외국물품이 하역 또는 환적허가의 내용대로 운송수단에 적재되지 아니한 경우에는 해당 허가를 받은 자로부터 즉시 그 관세를 징수한다

4 관세법상 세관장의 신고 또는 허가대상을 나열한 것으로 틀린 것은?

① 국제무역선에 여객 또는 승무원이 아닌 자의 승선 – 세관장 신고

② 국제무역선이나 국제무역기에 물품을 하역 – 세관장 허가

③ 외국물품 일시양륙 – 세관장 신고

④ 국제무역선의 항외하역 – 세관장 허가

⑤ 국제무역기를 국내운항기로 전환 – 세관장 승인

Answer 3.③ 4.②

3 ③ 물품의 종류와 수량은 선박이나 항공기의 종류, 톤수 또는 무게, 항행일수·운행일수 또는 조업일수, 여객과 승무원·선원의 수 등을 고려하여 **세관장**이 타당하다고 인정하는 범위이어야 한다〈관세법 제143조(선박용품 및 항공기용품 등의 하역 등) 제3항〉

① 「관세법」 제143조(선박용품 및 항공기용품의 하역 등) 제1항
② 「관세법」 제143조(선박용품 및 항공기용품의 하역 등) 제2항
④⑤ 관세법 제143조(선박용품 및 항공기용품 등의 하역 등) 제6항

4 ② 국제무역선이나 국제무역기에 물품을 하역하려면 **세관장에게 신고**하고 현장에서 세관공무원의 확인을 받아야 한다〈관세법 제140조(물품의 하역) 제4항〉

①③ 「관세법」 제141조(외국물품의 일시양륙 등)
④ 「관세법」 제142조(항외 하역) 제1항
⑤ 「관세법」 제144조(국제무역선의 국내운항선으로의 전환 등) 제1항

5 테러위해물품 반입방지를 위한 근무요령 중 우편물을 개봉한 후의 유형별 대처요령으로 틀린 것은?

① 사제폭탄 이용 : 그 장소를 지키며 즉시 경찰서 등에 신고한다.
② 총기 · 도검류 : 원상태로 보존 후 경찰서 등에 신고한다.
③ 화생방물질이 묻었으면 흐르는 물에 씻되 피부를 문지르거나 긁지 않는다.
④ 창문을 닫고 우편물 개봉장소를 즉시 떠난다.
⑤ 경찰서 · 소방서 또는 화생방전문기관에 신고한다.

6 관리대상화물 관리에 관한 고시에 따라 (   ) 안에 알맞은 것은?

> (   )이라 함은 세관장이 지정한 보세구역 등에 감시 · 단속 등의 목적으로 장치하거나 검사 등을 실시하는
> 화물로서 검사대상화물, 특송물품, 이사물품, 예치물품, 보세판매장 판매용품(외국물품만을 말한다) 해당하는 물
> 품을 말한다.

① 관리대상화물
② 환적화물
③ 반송화물
④ 보세운송화물
⑤ 내국물품

Answer 5.① 6.①

5 ① 사제폭탄 이용 우편물 : 즉시 그 장소를 떠나서 119에 신고하도록 한다.

6 관리대상화물이란 세관장이 지정한 보세구역 등에 감시 · 단속 등의 목적으로 장치하거나 검사 등을 실시하는 화물로서 다음 각
목의 어느 하나에 해당하는 물품을 말한다〈관리대상화물 관리에 관한 고시 제2조(정의) 제1호〉.
　㉠ 「관세법」 제135조에 따라 입항보고서 및 적재화물목록을 제출받은 세관장이 제3조에 따라 검사대상화물(검색기검사화물, 즉시
　　검사화물, 반입후검사화물 및 수입신고후검사화물) 및 감시대상화물(하선(기)감시화물 및 운송추적감시화물)을 말한다.
　㉡ 「특송물품 수입통관 사무처리에 관한 고시」 제2조제2호에 따른 특송물품
　㉢ 「이사물품 수입통관 사무처리에 관한 고시」 제2조제1호와 제2호의 이사자와 단기체류자가 반입하는 이사물품
　㉣ 「여행자 및 승무원 휴대품 통관에 관한 고시」 제17조제1항과 제2항 및 제41조에 따른 유치물품 및 예치물품()
　㉤ 「보세판매장 운영에 관한 고시」 제4조제1항에 따른 보세판매장 판매용 물품(외국물품만을 말한다)

7 **수출입안전관리 우수업체(AEO) 공인기준, 등급 및 절차 등에 대한 설명으로 틀린 것은?**

① AEO 공인기준은 법규준수, 내부통제시스템, 재무건전성, 안전관리의 4가지 영역으로 구성되어 있다.

② AEO 공인등급은 A등급, AA등급, AAA등급으로 구분된다.

③ AAA등급은 법규준수도 점수가 95점 이상이며 우수사례가 있어야 한다.

④ AEO는 관리책임자를 지정할 때에 총괄책임자는 1명 이상을 지정하고, 수출입관리책임자는 부서와 사업장별로 충분한 인원을 지정한다.

⑤ AEO 공인신청을 위해서는 수출입관리책임자가 AEO 교육기관에서 8시간 이상의 공인 전 교육을 이수하여야 한다.

8 **다음 보세구역 운영인 부문의 수출입안전관리 우수업체(AEO) 공인신청을 위한 공인기준에서 법규준수에 대한 설명으로 틀린 것은?**

① 신청인이 파산선고를 받은 후 2년이 경과하여야 공인신청이 가능하다.

② 신청인이 관세법을 위반하여 벌금형 이상을 선고받은 사실이 있는 경우에는 징역형 종료 또는 벌금형 선고 후 2년이 경과하거나 집행유예 기간이 만료 되어야 한다.

③ 신청인이 관세법 제268조의2(전자문서 위조 · 변조죄 등)를 위반하여 통고처분을 받은 경우 통고처분을 이행 후 2년이 경과하여야 공인신청이 가능하다.

④ AEO 공인신청을 위한 법규준수도 점수는 80점 이상이다.

⑤ 법규준수도는 관세법, 「자유무역협정의 이행을 위한 관세법의 특례에 관한 법률」, 「대외무역법」 및 「외국환거래법」 등 수출입 관련 법령을 성실하게 준수하였는지를 심사한다.

Answer 7.⑤ 8.①

7 ⑤ AEO 공인신청을 위해서는 수출입관리책임자가 AEO 교육기관에서 16시간 이상의 공인 전 교육을 이수하여야 한다〈수출입안전관리 우수업체 공인 및 운영에 관한 고시 제16조의2(관리책임자 교육 등) 제1항〉.

※ **수출입안전관리 우수업체 공인등급**〈수출입안전관리 우수업체 공인 및 운영에 관한 고시 제5조 제1항〉

구분	내용
A등급	법규준수도가 80점 이상인 업체
AA등급	법규준수도가 90점 이상인 업체
AAA등급	종합심사를 받은 업체 중에서 법규준수도가 95점 이상과 아래의 사항 중 어느 하나에 해당하는 업체 • 수출입안전관리와 관련하여 다른 업체에 확대 적용이 가능한 우수사례가 있는 업체(단, 해당 우수사례는 공인등급 상향 시 한번만 유효함) • 중소기업이 수출입안전관리 우수업체로 공인받는데 지원한 실적이 우수한 업체

8 ① 벌금형 또는 통고처분을 받은 사실이 있는 경우에는 벌금형을 선고받거나 통고처분을 이행한 후 2년이 경과하여야 한다〈수출입 안전관리 우수업체 공인 및 운영에 관한 고시 [별표 1] 수출입 안전관리 우수업체 공인기준(제4조제1항 관련)〉.

⑤ 「수출입 안전관리 우수업체 공인 및 운영에 관한 고시」 제4조(공인기준) 제1항 제1호

9 보세구역 운영인 부문의 수출입안전관리 우수업체(AEO) 공인기준 중 내부통제시스템 기준에 대한 설명으로 틀린 것은?

① 내부통제시스템이란 수출입신고의 적정성을 유지하기 위한 기업의 영업활동, 신고자료(서류)의 흐름, 회계처리 등과 관련된 부서 간 상호의사소통 및 통제체제를 의미한다.

② 운영인은 청렴성을 유지하기 위하여 윤리경영방침을 마련하고 내부고발제도 등 부정방지프로그램을 활성화하여야 한다.

③ 운영인은 수출입물품 취급 관련 자격증 소지자와 경험자를 근무하도록 하여야 한다.

④ 운영인은 수출입물품의 보관내역과 이와 관련된 보관수수료 등을 추적할 수 있는 운영체계를 WCO 표준모델에 맞게 구축하여 운영하여야 한다.

⑤ 운영인은 법규준수와 안전관리 업무에 대한 정보가 관련 부서에 공유되도록 하여야 한다.

10 2022년 7월 기준 우리나라와 AEO MRA를 체결한 국가가 아닌 것은?

① 이스라엘　　　　　　　　　　② 도미니카공화국

③ 러시아　　　　　　　　　　　④ 대만

⑤ 인도

11 보세구역 운영인 부문의 수출입안전관리 우수업체(AEO) 공인기준 중 안전관리기준에 관한 설명으로 틀린 것은?

① 운영인은 무단침입이 확인된 경우 세관장에게 보고하는 절차를 마련하여야 한다.

② 운영인은 컴퓨터시스템의 암호를 주기적으로 변경하고, 개별적으로 할당된 계정을 사용하도록 하여야 하며, 정보기술 관리정책, 절차 및 표준을 마련하여야 한다.

③ 운영인은 세관직원 등이 검사를 위하여 컨테이너를 개장한 경우에는 검사 종료시 즉시 재봉인하여야 한다.

④ 물품 보관장소 및 컨테이너와 트레일러 등에 대하여 연 1회 점검하는 절차를 마련하여야 한다.

⑤ 운영인은 채용 후에는 직무 수행의 중요성에 기초하여 직원을 주기적으로 점검하여야 한다.

Answer 9.④ 10.③ 11.④

9 ④ 운영인은 수출입물품의 보관내역과 이와 관련된 보관 수수료 등을 추적할 수 있는 운영체계를 구축하고, 세관장으로부터 요청받을 경우 접근을 허용하여야 한다〈수출입 안전관리 우수업체 공인 및 운영에 관한 고시 [별표 1] 수출입 안전관리 우수업체 공인기준(제4조제1항 관련)〉.

10 AEO MRA 체결국(2022년 7월 기준) … 캐나다('10), 싱가포르('10), 미국('10), 일본('11), 뉴질랜드('11), 중국('13), 홍콩('14), 멕시코('14), 터키('14), 이스라엘('15), 도미니카공화국('15), 인도('15), 대만('15), 호주('17), 태국('16), 아랍에미리트('17), 말레이시아('17), 페루('17), 우루과이('17), 카자흐스탄('19), 몽골('19), 인도네시아('20)

11 ④ 물품 보관장소 및 컨테이너와 트레일러 등에 대하여 주기적으로 점검하는 절차를 마련하여야 한다〈수출입 안전관리 우수업체 공인 및 운영에 관한 고시 [별표 1] 수출입 안전관리 우수업체 공인기준(제4조제1항 관련)〉.

12 수출입 안전관리 우수업체(AEO) 제도에 대한 설명으로 틀린 것은?

① AEO 제도는 관세·무역환경의 변화에 대응하기 위해 WCO가 제정한 표준규범(SAFE Framework)에 근거하여 도입한 제도이다.

② AEO 공인기업들은 수출입 활동과 관련하여 법규준수, 안전관리, 내부시스템, 재무건전성이 우수한 업체로 인정받은 기업이다.

③ AEO 제도 운영과정에서 세관과 무역업체간의 협력보다 세관의 관리와 통제 역할이 강조된다.

④ 관세청장은 수출입 안전관리 우수업체가 4개 분기 연속으로 공인등급별 기준을 충족하는 경우에는 공인등급의 조정 신청을 받아 상향할 수 있다.

⑤ 우리나라의 AEO 공인부문은 수출부문, 수입부문, 관세사부문, 보세운송인부문 등 총 9개 부문이다.

13 수출입안전관리 우수업체심의위원회의 심의사항이 아닌 것은?

① 수출입안전관리 우수업체의 공인

② 수출입안전관리 우수업체 특례적용 중지

③ 수출입안전관리 우수업체 공인의 취소

④ 수출입안전관리 우수업체의 등급조정

⑤ 공인유보업체의 지정

Answer 12.③   13.②

12 ③ AEO 제도 운영과정에서 세관과 무역업체 간의 협력이 더욱 중시된다.
　② 「수출입 안전관리 우수업체 공인 및 운영에 관한 고시」 제4조(공인기준) 제1항
　④ 「수출입 안전관리 우수업체 공인 및 운영에 관한 고시」 제5조의2(공인등급의 조정 절차) 제1항
　⑤ 「수출입 안전관리 우수업체 공인 및 운영에 관한 고시」 제3조(공인부문) 제1항

13 수출입안전관리 우수업체심의위원회의 심의사항〈수출입안전관리 우수업체 공인 및 운영에 관한 고시 제27조 제1항〉
　㉠ 수출입안전관리 우수업체의 공인 및 갱신
　㉡ 수출입안전관리 우수업체의 등급조정
　㉢ 공인유보업체의 지정
　㉣ 공인과 갱신을 유보한 업체의 공인심사 및 종합심사의 신청 기각
　㉤ 수출입안전관리 우수업체 공인의 취소
　㉥ 그 밖에 관세청장이 수출입안전관리 우수업체 공인제도의 운영에 관하여 심의위원회에 부치는 사항

14 다음은 수출입안전관리 우수업체(AEO) 공인심사에 대한 설명이다. 괄호 안에 들어갈 내용으로 맞는 것은?

> 관세청장은 신청업체를 대상으로 공인심사를 할 때에는 (㉠)와 (㉡)의 순으로 구분하여 실시한다. 신청업체는 공인심사를 신청하기 전에 (㉢)를 희망하는 경우에는 (㉢) 신청서를 관세청장에게 제출하여야 한다. 심사를 위탁받은 기관은 (㉢) 신청서를 접수한 날부터 (㉣) 이내에 심사를 마치고, 그 결과를 관세청장에게 제출하여야 한다.

① ㉠ 예비심사, ㉡ 현장심사, ㉢ 종합심사, ㉣ 10일
② ㉠ 예비심사, ㉡ 종합심사, ㉢ 현장심사, ㉣ 20일
③ ㉠ 서류심사, ㉡ 현장심사, ㉢ 예비심사, ㉣ 10일
④ ㉠ 서류심사, ㉡ 현장심사, ㉢ 예비심사, ㉣ 20일
⑤ ㉠ 서류심사, ㉡ 예비심사, ㉢ 종합심사, ㉣ 20일

15 관세법령상 수출입 안전관리 기준에 대한 설명으로 틀린 것은?

① 「관세법」, 「자유무역협정의 이행을 위한 관세법의 특례에 관한 법률」, 「대외무역법」 등 수출입에 관련된 법령을 성실하게 준수하여야 한다.
② 관세 등 영업활동과 관련한 세금을 체납하지 않는 등 재무 건전성을 갖춰야 한다.
③ 수출입물품의 안전한 관리를 확보할 수 있는 운영시스템, 거래업체, 운송수단 및 직원교육체계 등을 갖춰야 한다.
④ 세계관세기구에서 정한 수출입 안전관리에 관한 표준 등을 반영하여 세관장이 정하는 기준을 갖춰야 한다.
⑤ 수출입 안전관리 우수업체가 공인등급 결정에 이의가 있는 경우에는 세관장을 통해 재심의를 요청할 수 있다.

Answer 14.④ 15.④

14 ㉠㉡ 관세청장은 신청업체를 대상으로 공인심사를 할 때에는 ㉠ **서류심사**와 ㉡ **현장심사**의 순으로 구분하여 실시한다〈수출입 안전관리 우수업체 공인 및 운영에 관한 고시 제7조(공인심사의 구분) 제1항〉.

　㉢ 신청업체는 공인심사를 신청하기 전에 ㉢ **예비심사**를 희망하는 경우에는 ㉢ **예비심사** 신청서를 관세청장에게 제출하여야 한다〈수출입 안전관리 우수업체 공인 및 운영에 관한 고시 제7조의2(예비심사) 제1항〉.

　㉣ 심사를 위탁받은 기관은 ㉢ **예비심사** 신청서를 접수한 날부터 ㉣ **20일** 이내에 심사를 마치고, 그 결과를 관세청장에게 제출하여야 한다〈수출입 안전관리 우수업체 공인 및 운영에 관한 고시 제7조의2(예비심사) 제4항〉.

15 ④ 세계관세기구에서 정한 수출입 안전관리에 관한 표준 등을 반영하여 관세청장이 정하는 기준을 갖추어야 한다〈관세법 시행령 제259조의2(수출입 안전관리 기준 등) 제1항 제4호〉.

　①②③ 「관세법 시행령」 제259조의2(수출입 안전관리 기준 등) 제1항

　⑤ 수출입 안전관리 우수업체가 제1항에 따른 관세청장의 공인등급 결정에 이의가 있는 경우에는 세관장을 통해 관세청장에게 재심의를 요청할 수 있다〈수출입 안전관리 우수업체 공인 및 운영에 관한 고시 제5조(공인등급) 제3항〉.

16 수출입안전관리 우수업체(AEO) 종합심사에 대한 설명으로 틀린 것은?

① 공인을 갱신하고자 하는 수출입안전관리 우수업체는 유효기간 만료 6개월 전까지 종합심사를 신청하여야 한다.

② 신청업체를 대상으로 종합심사를 할 때에는 수출입 안전관리 우수업체의 공인부문별로 서류심사와 현장심사의 순으로 구분하여 실시한다.

③ 관세청장은 종합심사 결과 법규준수도가 공인기준 미만인 경우에는 수출입안전관리 우수업체에게 종합심사 종료일로부터 30일 이내에 법규준수개선계획 제출을 요구하고, 수출입안전관리 우수업체는 요구를 받은 날로부터 90일 이내에 개선계획을 제출하여야 한다.

④ 관세청장은 수출입안전관리 우수업체심의위원회의 심의를 거쳐 종합심사 결과에 따라 수출입안전관리 우수업체의 등급을 조정한다.

⑤ 세관장은 종합심사 결과 심사대상 업체가 납부했어야 할 세액의 과부족을 발견한 경우에는 「납부업무처리에 관한 고시」에 따라 해당 업체에게 보정을 신청하도록 통지하거나 경정 등 필요한 조치를 하여야 한다.

17 보세운송업자 부문의 수출입안전관리 우수업체(AEO) 공인기준 중 안전관리 기준에 해당하지 않는 것은?

① 보세운송업자는 법규를 준수하고 안전을 관리하기 위한 조직과 인력을 확보하여야 한다.

② 보세운송업자는 거래업체가 국내·외 수출입 안전관리 우수업체 공인을 받았는지 여부를 확인하여야 한다.

③ 보세운송업자는 컨테이너와 트레일러 등에 비인가된 물품이나 사람의 침입을 방지하여야 한다

④ 보세운송업자는 운송수단 보관장소에 대한 무단침입을 무력화하고 이를 세관장에 보고하는 절차를 문서화하여야 한다.

⑤ 보세운송업자는 방문자 도착 시 사진이 부착된 신분증을 확인하고, 방문자 안내와 출입증을 패용하도록 하여야 한다.

16 ③ 수출입 안전관리 우수업체는 요구를 받은 날부터 30일 이내에 관세청장에게 공인기준 준수 개선 계획을 제출하고, 그 제출일부터 90일 이내에 개선 완료 보고서를 제출하여야 한다〈수출입 안전관리 우수업체 공인 및 운영에 관한 고시 제17조(변동사항 보고) 제4항〉.
①②⑤ 「수출입 안전관리 우수업체 공인 및 운영에 관한 고시」 제19조(종합심사)

17 ① 내부통제시스템 공인기준에 해당한다〈수출입안전관리 우수업체 공인 및 운영에 관한 고시 [별표1]수출입 안전관리 우수업체 공인기준〉.
※ 공인기준〈수출입안전관리 우수업체 공인 및 운영에 관한 고시 제4조 제1항 제4호〉… 수출입물품의 안전한 관리를 확보할 수 있는 거래업체, 운송수단, 출입통제, 인사, 취급절차, 시설과 장비, 정보 및 교육·훈련체계를 갖출 것.

18 수출입안전관리 우수업체(AEO) 공인취소의 사유가 아닌 것은?

① 관세법 제179조에 따라 특허의 효력이 상실된 경우(단, 보세구역운영부문 한정)
② 관세법 제268조의2(전자문서 위조·변조죄 등)을 위반하여 벌금형 이상을 선고받은 경우
③ 자율심사 결과를 거짓으로 작성하여 제출한 자
④ 관세청장의 시정요구 또는 개선 권고사항을 특별한 사유 없이 이행하지 않는 경우
⑤ 공인 유효기간 내에 관세청장의 혜택 적용의 정지 처분을 2회 이상 받은 경우

19 보세구역 운영인 부문의 수출입안전관리 우수업체(AEO)에 제공되는 혜택이 아닌 것은?

① 법규위반 시 과태료, 통고처분 납부금액 경감
② 법규위반 시 형벌보다 행정질서벌 우선 고려
③ 관할지세관 화물담당부서에서의 보세공장 재고조사 생략
④ 반입정지 기간을 50% 범위내에서 하향조정 가능
⑤ 특허갱신기간을 10년으로 연장

Answer 18.⑤ 19.③

18 ⑤ 수출입안전관리 우수업체가 공인의 유효기간 내에 제25조에 따른 혜택 적용의 정지 처분을 5회 이상 받은 경우 공인취소의
사유가 된다〈수출입안전관리 우수업체 공인 및 운영에 관한 고시 제25조의2(공인의 취소) 제1항 제6호〉.

19 ③ 수출입 부문에 적용되는 혜택이다.
①② 모든 부분에 적용되는 혜택이다.
④⑤ 보세구역 운영인 부문에 적용되는 혜택이다.

적용 부문	특례기준	수출입안전관리 우수업체		
		A	AA	AAA
보세 구역 운영인	「특허보세구역 운영에 관한 고시」 제7조에 따른 특허 갱신기간 연장 * 공인 수출입업체의 자가용 보세창고의 경우에도 동일혜택 적용	6년	8년	10년
	「특허보세구역 운영에 관한 고시」 제7조에 따른 특허 갱신 시 본부세관 특허심사위원 회 심사 생략 및 해당세관에서 자체 심사 * 공인 수출입업체의 자가용 보세창고의 경우에도 동일혜택 적용	○	○	○
	「보세화물관리에 관한 고시」 제16조에 따른 분기별 자체 재고조사 후 연 1회 세관장 에게 보고	○	○	○
	「자율관리보세구역운영에 관한 고시」에 따른 자율관리보세구역 운영인 이상의 혜택 (제10조에 따른 정기감사 생략 등)	○	○	○
	「특허보세구역 운영에 관한 고시」 제18조 제3항에 따른 반입정지 기간을 50% 범위 내에서 하향조정 가능	×	○	○

20 AEO 공인 관련 현장심사에 대한 설명으로 틀린 것은?

① 관세청장은 서류심사 결과 공인기준(법규준수도 80점)을 충족한 업체에 대하여 현장심사를 실시한다.

② 관세청장은 서류심사 종료일로부터 30일 이내에 현장심사 계획 통지서를 신청업체에게 송부하고 현장심사를 시작하기 최소 10일 전까지 그 계획을 통지하여야 한다.

③ 현장심사를 계획할 때에는 심사 일정, 심사 참여자, 세부 절차 및 방법 등을 미리 신청업체와 협의하여야 한다.

④ 관세청장은 중소 수출기업의 수출규모 및 법규준수도 점수 등을 고려하여 내부통제시스템 기준 중에서 위험평가 부분에 대한 공인심사를 간소하게 할 수 있다.

⑤ 관세청장은 현장심사 개시일로부터 60일 이내에 그 심사를 완료하여야 한다.

21 전 세계 수출입안전관리 우수업체(AEO) 제도의 도입과 확산에 대한 설명으로 틀린 것은?

① AEO 제도는 2001년 발생한 9.11테러 이후 미국이 공급망에 대한 보안을 강화하기 위해 도입한 무역안전 조치를 국제관세기구(WCO) 차원에서 수용하고 전체 회원국이 만장일치로 채택하면서 등장하였다.

② 국제무역의 안전과 원활화를 위한 국제관세기구(WCO)의 표준규범(SAFE Framework)은 크게 "세관과 세관 간 협력(Pillar1)"과 "세관과 민간과의 협력(Pillar2)"이라고 하는 2개의 큰 축으로 구성되어 있다.

③ AEO 상호인정협정(MRA) 체결 절차는 일반적으로 ㉠ 양국 간 AEO 공인기준 비교, ㉡ 현지방문 합동심사, ㉢ 혜택 및 공인업체 정보공유 등 운영절차 협의, ㉣ 양국 관세청장 간 서명 등 4단계로 구분된다.

④ AEO 제도는 국제관세기구(WCO) 표준규범(SAFE Framework)의 구조를 고려할 때 "세관과 세관 간 협력(Pillar1)"의 핵심에 해당된다.

⑤ 2022년 7월 말 기준으로 우리나라는 미국, 캐나다, 인도네시아 등 22개 국가와 AEO 상호인정협정(MRA)을 체결하였다.

Answer 20.① 21.④

20 ① 관세청장은 서류심사가 완료된 업체에 대해서 직원 면담, 시설 점검 및 거래업체 확인 등으로 현장심사를 실시한다〈수출입안전관리 우수업체 공인 및 운영에 관한 고시 제9조(현장심사) 제1항〉.
②③⑤ 수출입 안전관리 우수업체 공인 및 운영에 관한 고시 제9조(현장심사)
④ 수출입 안전관리 우수업체 공인 및 운영에 관한 고시 제10조(심사의 일부 생략 등) 제2항

21 ④ AEO 제도는 표준규범(SAFE Framework)의 구조를 고려할 때 세관과 민간협력(Pillar 2)의 핵심에 해당된다.

22 다음은 수출입안전관리 우수업체(AEO) 제도 중 공인유보업체 지정 및 재심사에 대한 설명이다. 괄호 안에 알맞은 것은?

> 공인유보업체는 개선계획의 이행을 완료한 경우 개선 완료보고서를 제출하고 공인기준 충족여부에 대한 재심사를 신청할 수 있으며, 공인유보업체에 대한 재심사를 그 신청한 날부터 (   ) 이내에 마쳐야 한다.

① 60일　　　　　　　　　　　　　　② 90일
③ 120일　　　　　　　　　　　　　④ 150일
⑤ 180일

23 다음은 수출입안전관리 우수업체(AEO) 공인신청 및 심사와 관련된 절차를 나열한 것이다. 순서상 가장 먼저 진행될 수 있는 절차는?

① 종합심사　　　　　　　　　　　　② 서류심사
③ 공인신청　　　　　　　　　　　　④ 현장심사
⑤ 예비심사

Answer 22.① 23.⑤

22 ① 관세청장은 재심사를 그 신청한 날부터 <u>60일</u> 이내에 마쳐야 한다〈수출입안전관리 우수업체 공인 및 운영에 관한 고시 제12조(공인유보업체에 대한 재심사 등) 제3항〉.

23 ⑤ 예비심사 → 서류심사 → 현장심사 → 공인심사 → 종합심사의 순으로 이루어진다.

24 수출입안전관리 우수업체(AEO) 제도의 자체평가서에 대한 심사자가 될 수 없는 자는?

① 관세청장이 지정한 비영리법인(관리책임자 교육기관)

② 수출입 안전관리 우수업체 공인을 받은 관세사무소 또는 관세법인 · 통관취급법인 등에 소속된 자로서 최근 3년 이내에 교육을 받은 관세사

③ 관세청장이 시행하는 수출입안전관리 우수업체제도 교육과정을 35시간 이상 수료한 관세사

④ 수출입 안전관리 우수업체로 공인을 받은 보세구역운영인 등에 소속된 자로서 최근 5년 이내에 교육을 받은 보세사(보세구역운영인 부문에 한정)

⑤ 「중소기업기본법」에 따른 중소기업의 경우 수출입 관련 업무에 1년 이상 종사한 경력이 있고 관리책임자 교육을 이수한 해당 업체 소속 관리책임자

25 다음 (   )에 들어가는 것으로 맞는 것은?

> 수출입 안전관리 우수업체는 매년 공인일자가 속하는 달에 정기 자체 평가서에 따라 공인기준을 충족하는지를 자체적으로 점검하고 다음 달 (㉠)까지 관세청장에게 그 결과를 제출하여야 한다. 수출입 안전관리 우수업체는 자체평가서를 관세사(해당 업체에 소속된 자는 제외) 등에게 확인을 받아야 한다. 확인자는 정기 자체 평가서 확인서를 (㉡)에게 제출하여야 한다.

① ㉠ 10일, ㉡ 세관장

② ㉠ 10일, ㉡ 수출입 안전관리 우수업체의 사업장

③ ㉠ 13일, ㉡ 관세사무소

④ ㉠ 15일, ㉡ 세관장

⑤ ㉠ 15일, ㉡ 관세청장

Answer 24.② 25.⑤

24 정기 자체 평가〈수출입안전관리 우수업체 공인 및 운영에 관한 고시 제18조 제3항〉 … 수출입 안전관리 우수업체는 제1항의 자체평가서를 다음어느 하나에 해당하는 자(해당 업체에 소속된 자는 제외한다)에게 확인을 받아야 한다. 다만, 「중소기업기본법」 제2조에 따른 중소기업은 수출입 관련 업무에 1년 이상 근무한 경력이 있고 제16조의2에 따른 교육을 받은 해당 업체 소속 관리책임자의 확인을 받을 수 있다.
㉠ 제16조의2 제7항에 따라 관세청장이 지정한 비영리법인
㉡ 수출입 안전관리 우수업체 공인을 받은 관세사무소 또는 관세법인 · 통관취급법인 등에 소속된 자로서 최근 5년 이내에 제16조의2 제1항 제1호의 교육을 받은 관세사
㉢ 관세청장 또는 제16조의2 제7항에 따른 교육기관이 시행하는 수출입 안전관리 우수업체 제도 교육을 최근 5년 이내에 35시간 이상을 받은 관세사
㉣ 수출입 안전관리 우수업체로 공인을 받은 보세구역운영인 등에 소속된 자로서 최근 5년 이내에 제16조의2 제1항 제1호의 교육을 받은 보세사(보세구역운영인부문에 한정한다)
㉤ 관세청장 또는 제16조의2 제7항에 따른 교육기관이 시행하는 수출입 안전관리 우수업체 제도 교육과정을 최근 5년 이내에 35시간 이상 받은 보세사(보세구역운영인부문에 한정한다)

25 수출입 안전관리 우수업체는 매년 공인일자가 속하는 달에 정기 자체 평가서에 따라 공인기준을 충족하는지를 자체적으로 점검하고 다음 달 ㉠15일까지 관세청장에게 그 결과를 제출하여야 한다. 수출입 안전관리 우수업체는 자체평가서를 관세사(해당 업체에 소속된 자는 제외한다) 등에게 확인을 받아야 한다. 확인자는 정기 자체평가서 확인서를 ㉡관세청장에게 제출하여야 한다〈수출입안전관리 우수업체 공인 및 운영에 관한 고시 제18조(정기자체평가)〉.

1 「관세법」 제275조의2(강제징수면탈죄 등)에 대한 설명으로 틀린 것은?

① 납세의무자가 체납처분의 집행을 면탈할 목적으로 그 재산을 은닉·탈루한 때에는 처벌한다.

② 납세의무자가 체납처분의 집행을 면탈할 목적으로 거짓계약을 하였을 때에는 처벌한다.

③ 강제징수면탈에 대한 사정을 알고도 이를 예비·방조하거나 거짓계약을 승낙한 자는 처벌한다.

④ 관세법 제303조 제2항에 따른 압수물건의 보관자가 그 보관한 물건을 은닉·탈루, 손괴하였을 때에는 처벌한다.

⑤ 「국세징수법」 제48조에 따른 압류물건의 보관자가 그 보관한 물건을 소비하였을 때에도 처벌한다.

2 「관세법」에서 정한 죄를 범한 자는 정상(情狀)에 따라 징역과 벌금을 병과할 수 있다. 징역과 벌금을 병과할 수 없는 법조항만으로 이루어진 것은?

> ㉠ 법 제268조의2(전자문서 위조·변조죄 등)
> ㉡ 법 제269조(밀수출입죄)
> ㉢ 법 제270조(관세포탈죄 등)
> ㉣ 법 제274조(밀수품의 취득죄 등)
> ㉤ 법 제275조의2(강제징수면탈죄 등)
> ㉥ 법 제275조의3(명의대여행위죄 등)

① ㉠㉡㉢

② ㉡㉢㉣

③ ㉢㉣㉤

④ ㉣㉤㉥

⑤ ㉠㉤㉥

Answer 1.③ 2.⑤

1 관세법 제275조의2(강제징수면탈죄 등)
㉠ 납세의무자 또는 납세의무자의 재산을 점유하는 자가 강제징수를 면탈할 목적 또는 면탈하게 할 목적으로 그 재산을 은닉·탈루하거나 거짓 계약을 하였을 때에는 3년 이하의 징역 또는 3천만 원 이하의 벌금에 처한다.
㉡ 제303조 제2항에 따른 압수물건의 보관자 또는 「국세징수법」 제48조에 따른 압류물건의 보관자가 그 보관한 물건을 은닉·탈루, 손괴 또는 소비하였을 때에도 3년 이하의 징역 또는 3천만 원 이하의 벌금에 처한다.
㉢ ㉠과 ㉡의 사정을 알고도 이를 방조하거나 거짓 계약을 승낙한 자는 2년 이하의 징역 또는 2천만 원 이하의 벌금에 처한다.

2 ⑤ 제269조(밀수출입죄), 제270조(관세포탈죄 등), 제271조(미수범 등), 제274조(밀수품의 취득죄 등)의 죄를 범한 자는 정상(情狀)에 따라 징역과 벌금을 병과할 수 있다〈관세법 제275조(징역과 벌금의 병과)〉.

3 「관세법」 제270조(관세포탈죄 등) 처벌 내용으로 맞는 것은?

① 관세포탈죄의 객체는 유세품, 무세품, 반송물품 등의 모든 외국물품이다.

② 처벌 형량은 5년 이하의 징역 또는 포탈한 관세액의 5배와 물품원가 중 높은 금액이하 벌금에 처한다.

③ 세액결정에 영향을 미치기 위해 관세율 등을 거짓으로 신고한 자를 처벌한다.

④ 관세포탈죄를 위반한 경우 몰수할 수 있고 몰수할 수 없을 때에는 국내 도매가격에 상당한 금액을 범인으로 부터 추징한다.

⑤ 관세포탈죄는 수입신고시마다 1개의 관세포탈죄가 성립되므로 특정범죄 가중처벌 등에 관한 법률에 의한 처벌 대상이 아니다.

4 관세범의 조사와 처분에 관한 내용으로 틀린 것은?

① 관세청장이나 세관장은 관세범을 조사한 결과 범죄의 확증을 얻었을 때는 그 이유를 구체적으로 밝히고 통고처분을 할 수 있다.

② 관세범인의 주소 및 거소가 분명하지 아니하거나 그 밖의 사유로 통고를 하기 곤란하다고 인정되는 경우 즉시 고발하여야 한다.

③ 관세범인이 통고서의 송달을 받고 15일이 지난 후 고발이 되기 전에 통고처분을 이행한 경우에는 고발을 하지 아니한다.

④ 관세범에 대하여는 관세청장이나 세관장의 고발은 검사가 공소제기를 위하여 반드시 갖추어야 하는 요건이다.

⑤ 통고처분의 효력은 통고서가 상대방에게 도달되어야 효력이 발생하며, 그 도달일이 공소시효의 중단이나 관세징수권 소멸시효의 정지사유 발생일이 된다.

Answer 3.③ 4.⑤

3 ① 관세포탈죄의 객체는 관세가 부과되는 유세품에 한정된다.

② 3년 이하의 징역 또는 포탈한 관세액의 5배와 물품원가 중 높은 금액 이하에 상당하는 벌금에 처한다〈관세법 제270조(관세포탈죄 등) 제1항〉.

④ 몰수 · 추징 조항에 제270조(관세포탈죄 등)는 포함되지 않는다.

⑤ 관세포탈죄는 특정범죄 가중처벌 등에 관한 법률에 의한 처벌 대상이다.

4 ⑤ 통고처분의 효력은 통고서가 상대방에게 도달되어야 효력이 발생하며, 그 도달일이 공소시효의 정지나 관세징수권 소멸시효의 중단사유 발생일이 된다.

① 「관세법」 제311조(통고처분)

② 「관세법」 제318조(무자력 고발) 제2호

③ 「관세법」 제316조(통고의 불이행과 고발)

④ 「관세법」 제284조(공소의 요건) 제1항

5 「관세법」 제279조(양벌규정)에 대한 설명으로 틀린 것은?

① 법인의 대표자가 법인의 업무와 관련하여 관세를 포탈하면 대표자의 위반행위이므로 법인은 처벌을 하지 아니한다.

② 법인의 대리인, 사용인이 법인의 업무에 관하여 위법한 밀수입 행위를 하면 그 행위자를 벌하는 외에 그 법인을 처벌한다.

③ 법인 또는 개인의 사용인이 위법한 행위를 하는 경우 법인 또는 개인에게도 벌금형을 과(科)한다.

④ 양벌규정의 적용을 받는 개인은 특허보세구역 운영인 또는 종합보세사업장의 운영인도 해당된다.

⑤ 법인이 그 종업원의 위반행위를 방지하기 위하여 해당 업무에 관하여 상당한 주의와 감독을 게을리하지 아니한 경우에는 처벌하지 아니한다.

6 「관세법」 위반행위 중 형벌 처벌 대상은?

① 국제무역선에서 물품하역시 통로위반〈법 제140조 제5항〉

② 보세운송물품 도착보고 미이행〈법 제215조〉

③ 보세사가 관할 세관장에게 미등록〈법 제165조 제2항〉

④ 보세구역 장치물품 무단 보수작업〈법 제158조 제2항〉

⑤ 보세건설장 시설 신고수리전 가동〈법 제194조〉

7 「관세법」에 규정된 형벌은?

① 징역, 벌금, 몰수

② 금고, 벌금, 몰수

③ 징역, 과료, 몰수

④ 징역, 벌금, 과료

⑤ 금고, 벌금, 과료

Answer 5.① 6.③ 7.①

5 ① 법인의 대표자나 법인 또는 개인의 대리인, 사용인, 그 밖의 종업원이 그 법인 또는 개인의 업무에 관하여 법에서 규정한 벌칙(제277조의 과태료는 제외)에 해당하는 위반행위를 하면 그 행위자를 벌하는 외에 그 법인 또는 개인에게도 해당 조문의 벌금형을 과(科)한다〈관세법 제279조(양벌규정) 제1항〉.

6 ③ 500만 원 이하의 벌금에 처한다〈관세법 제276조(허위신고죄 등) 제5항〉.
①②④⑤ 200만 원 이하의 과태료를 부과한다〈관세법 제277조(과태료) 제4항 제2호〉.

7 ① 관세법의 형벌로는 징역, 벌금, 몰수가 규정되어 있다.

8 「관세법」제269조(밀수출입죄)의 객체가 아닌 것은?

① 수입하는 유세품, 무세품, 면세품 등 모든 외국물품

② 외국의 선박 등에 의하여 공해상에서 채집 또는 포획한 수산물

③ 관세법 제241조의 규정에 의거 수출신고가 수리된 물품

④ 법령에 따라 수입에 필요한 허가 등 그 밖의 조건을 갖추지 아니하고 수입신고한 물품

⑤ 보세장치물품을 수입신고 없이 무단으로 반출한 물품

9 관세법상 법 제269조 제1항에 따른 수출입 금지 물품의 객체가 아닌 것은?

① 헌법질서를 문란하게 하는 서적   ② 국민의 건강을 해치는 비아그라

③ 풍속을 해치는 도화, 비디오물   ④ 미국 달러화의 위조품

⑤ 정부의 기밀을 누설하거나 첩보활동에 사용되는 물품

10 관세형벌에 대한 설명으로 틀린 것은?

① 부정한 방법으로 관세를 감면받으면 관세법에 의하여 처벌된다.

② 부정한 방법으로 관세를 환급받은 자를 관세법에 의하여 벌금형에 처할 경우에는 부정한 방법으로 환급받은 세액을 징수하지 않는다.

③ 수입이 제한된 사항을 회피할 목적으로 부분품으로 수입하거나 주요 특성을 갖춘 미완성·불완전한 물품이나 완제품을 부분품으로 분할하여 수입하면 관세법에 의하여 처벌된다.

④ 신고를 하였으나 해당 수입물품과 다른 물품으로 신고하여 수입한 자는 관세법에 의하여 처벌된다.

⑤ 신고를 하지 아니하고 물품을 수출하거나 반송한 자는 관세법에 의하여 처벌된다.

Answer 8.④ 9.② 10.②

8 ④ 법령에 따라 수입에 필요한 허가·승인·추천·증명 또는 그 밖의 조건을 갖추지 아니하거나 부정한 방법으로 갖추어 수입한 자는 3년 이하의 징역 또는 3천만 원 이하의 벌금에 처하는데, 이는 제270조(관세포탈죄 등)에 해당한다.

9 수출입의 금지〈관세법 제234조〉… 다음에 해당하는 물품은 수출하거나 수입할 수 없다.
㉠ 헌법질서를 문란하게 하거나 공공의 안녕질서 또는 풍속을 해치는 서적·간행물·도화, 영화·음반·비디오물·조각물 또는 그 밖에 이에 준하는 물품
㉡ 정부의 기밀을 누설하거나 첩보활동에 사용되는 물품
㉢ 화폐·채권이나 그 밖의 유가증권의 위조품·변조품 또는 모조품

10 ② 부정한 방법으로 관세를 환급받은 자는 3년 이하의 징역 또는 환급받은 세액의 5배 이하에 상당하는 벌금에 처한다. 이 경우 세관장은 부정한 방법으로 환급받은 세액을 즉시 징수한다〈관세법 제270조(관세포탈죄 등) 제5항〉.
①③ 관세법 제270조(관세포탈죄 등)
④⑤ 관세법 제269조(밀수출입죄)

11 A는 외국으로부터 대두 10톤을 수입하여 평택항 소재 보세창고에 반입한 후, 창고업자 B와 결탁하고 무단으로 반출하여 시중에 유통하였다. 이 경우 적용되는 관세법상 죄명은?

① 관세법 제269조 밀수출입죄
② 관세법 제270조 관세포탈죄
③ 관세법 제270조의2 가격조작죄
④ 관세법 제277조 과태료
⑤ 관세법 제276조 허위신고죄

12 자유무역지역에서의 반출입 즉시 세관장 보고대상 물품으로 틀린 것은?

① 헌법질서를 문란, 공공의 안녕질서 또는 풍속을 해하는 서적, 간행물, 도화, 영화 음반, 비디오물, 조각물 및 그 밖에 이에 준하는 물품
② 정부의 기밀을 누설하거나 첩보활동에 사용되는 물품
③ 자유무역지역에 반출입되는 외국물품의 원산지가 오인 표시된 물품
④ 사업장 폐기물, 총기 등 불법무기류, 마약류, 상표권 또는 저작권 침해물품
⑤ 반입예정정보와 품명, 수량이 다른 물품

Answer 11.① 12.③

11 ① A는 대두를 수입하고 무단반출하여 시중에 유통시켰으므로 「관세법」 제269조 밀수출입죄에 해당한다.

12 반출입제한물품 등 보고〈자유무역지역 반출입물품의 관리에 관한 고시 제29조〉 … 입주기업체는 다음 각 호의 어느 하나에 해당하는 물품이 반입되는 경우 즉시 세관장에게 보고하여야 한다.
  ㉠ 법 제41조 및 영 제29조에 따른 반출입 제한 대상인 경우
    1. 헌법질서를 문란하게 하거나 공공의 안녕질서 또는 풍속을 해치는 서적·간행물·도화, 영화·음반·비디오물·조각물 또는 그 밖에 이에 준하는 물품
    2. 정부의 기밀을 누설하거나 첩보활동에 사용되는 물품
    3. 화폐·채권이나 그 밖의 유가증권의 위조품·변조품 또는 모조품
    4. 사업장폐기물 등 폐기물
    5. 총기 등 불법무기류
    6. 마약류
    7. 「상표법」에 따른 상표권 또는 「저작권법」에 따른 저작권을 침해하는 물품
    8. 제5호부터 제7호까지의 규정에 따른 물품과 유사한 물품으로서 관세청장이 정하여 고시하는 물품
  ㉡ 반입예정정보와 품명, 수량이 다르거나 포장파손, 누출, 오염 등 물품에 이상이 있는 경우
  ㉢ 자유무역지역에 반출입되는 외국물품의 원산지가 허위표시된 경우
  ㉣ 자유무역지역에 반출입되는 물품이 영 제29조에 따른 상표권 및 저작권을 침해하는 물품인 경우

13 자유무역지역 반입물품의 장치기간에 대한 설명 중 괄호 안에 들어갈 말로 맞는 것은?

> 자유무역지역에 반입된 물품에 대하여는 원칙적으로 장치기간에 대한 제한이 없으나, 예외적으로 부산항, 인천항 및 인천공항의 자유무역지역 중 관세청장이 정한 지역에 대하여는 물류신속을 위하여 장치기간을 (㉠)개월로 적용하여 제한적으로 적용하고 있고, 동 지역에서 수입신고수리된 물품은 그 수리일로부터 (㉡)일 이내에 반출하도록 하여, 공·항만지역의 물류적체를 해소하도록 하고 있다.

	㉠	㉡
①	2	7
②	2	15
③	3	7
④	3	15
⑤	3	10

13 ④ 수입신고수리물품을 ㉡<u>15일</u> 이내에 반출하여야 하는 지역과 ㉠<u>3개월</u>의 장치기간이 적용되는 지역은 [별표3]과 같다〈자유무역지역 반출입물품의 관리에 관한 고시 제19조(물품의 반출 및 장치기간에 대한 특례) 제3항〉.

※ 수입신고수리물품 반출의무 및 장치기간 지정 지역〈자유무역지역 반출입물품의 관리에 관한 고시 [별표3]〉

공·항만		적용지역
부산항	북항	부산항터미널(주)신선대CY
	신항	제1부두 내지 제6부두, 다목적부두
인천항	내항	제1부두 내지 제8부두
	남항	남항컨테이너부두
인천공항	화물터미널	

14 자유무역지역 입주기업체의 재고관리 생략물품이 아닌 것은?

① 내용연수가 지나 경제적 가치를 상실한 물품으로서 관세영역으로 반입할 때 관세 징수금액의 최저한에 해당하는 물품
② 출입차량
③ 출입자의 휴대품
④ 세관장이 타당하다고 인정하는 직업상 필요한 용구로서 출입자가 휴대하여 반입하는 물품
⑤ 부가가치세 영세율 적용대상 내국물품

15 자유무역지역 물품의 매각절차에 관한 설명으로 틀린 것은?

① 세관장에게 매각을 요청하는 경우에는 반입신고서, 반출통고서, 그 밖에 매각요청 사유를 입증하기 위한 증명자료를 제출해야 한다.
② 입주기업체는 반입한 날부터 3개월이 경과한 외국물품이 화주가 부도 또는 파산한 경우 세관장에게 반출통고를 해야 한다.
③ 반출통고 후 30일이 경과한 후에 매각을 요청할 수 있다.
④ 화주가 거절의 의사표시 없이 수취하지 아니하는 외국물품이 반입한 날부터 6개월이 경과했다면 세관장에게 매각을 요청할 수 있다.
⑤ 매각요청을 받은 장기보관화물의 처리절차는 「보세화물장치기간 및 체화관리에 관한 고시」를 준용한다.

Answer 14.⑤ 15.②

14 재고관리 생략물품〈자유무역지역의 지정 및 운영에 관한 법률 시행령 제26조 제1항〉
　㉠ 해당 물품의 가격이 1만 원 이하인 물품
　㉡ 출입차량, 출입자의 휴대품, 그 밖에 자유무역지역에서 사용하거나 소비하려는 소비재 또는 소모품으로서 관세청장이 정하여 고시하는 물품
　　1. 법 제29조 제1항 제2호 각 목의 어느 하나에 해당하지 않는 물품으로서 자유무역지역에서 사용 또는 소비하기 위하여 반입된 사무용 소모품, 음식료품, 담배, 유류(전기·가스를 포함한다) 및 후생복리용 소모품 등으로 관세영역으로부터 반입되었음이 확인된 물품
　　2. 세관장이 타당하다고 인정하는 직업에 필요한 용구로서 출입자가 휴대하여 반입하는 물품
　　3. 출입자가 상시 휴대하여 사용하는 개인용 물품으로서 기호품, 신변장식용품, 취미용품 그 밖에 세관장이 타당하다고 인정하는 물품
　㉢ 내용연수가 지나 경제적 가치를 상실한 물품으로서 관세영역으로 반입할 때 관세 징수금액의 최저한에 해당하는 물품

15 ② 입주기업체는 반입한 날부터 6개월이 경과한 외국물품이 다음 각 호의 어느 하나에 해당하는 경우 세관장에게 장기보관화물 매각승인(요청)서로 매각을 요청할 수 있다. 입주기업체는 세관장에게 매각을 요청하는 경우 화주, 반입자 또는 그 위임을 받은 자에게 외국물품의 반출통고를 해야 하며, 반출통고 후 30일이 경과한 후에 매각을 요청할 수 있다〈자유무역지역 반출입 물품의 관리에 관한 고시 제19조(물품의 반출 및 장치기간 등) 제7항, 제8항〉.
　③④⑤ 「자유무역지역 반출입물품의 관리에 관한 고시」 제19조(물품의 반출 및 장치기간 등)

16 자유무역지역의 운영에 관한 설명으로 틀린 것은?

① 품명미상의 물품으로서 반입 후 6개월이 경과한 물품은 폐기할 수 있다.

② 화주 등이 물품을 국외로 반출하거나 폐기한 경우 또는 세관장이 폐기한 경우 그 비용은 화주 등이 부담한다.

③ 자유무역지역 출입차량에 대해서는 재고관리를 생략할 수 있다.

④ 입주기업체가 수출입거래 도매업종의 경우는 잉여물품 내역 기록을 생략할 수 있다.

⑤ 입주기업체는 물품관리를 위하여 재고기록에 관한 장부 또는 자료보존 매체를 5년간 보관하여야 한다.

17 자유무역지역에 입주하여 사업을 영위할 수 있는 자에 대한 설명으로 틀린 것은?

① 수입을 주목적으로 하는 제조업종의 사업을 하려는 자

② 제조업종 또는 지식서비스산업에 해당하는 업종의 사업을 하려는 외국인 투자기업

③ 수출입거래를 주목적으로 하는 도매업종의 사업을 하려는 자

④ 물품의 하역 · 운송 · 보관 · 전시 등의 사업을 하려는 자

⑤ 입주기업체의 사업을 지원하는 업종의 사업을 하려는 자

Answer 16.① 17.①

16 ① 품명미상의 물품으로서 반입 후 1년이 지난 물품을 폐기할 수 있다〈자유무역지역 반출입물품의 관리에 관한 고시 제25조(폐기대상물품) 제2항 제2호〉.

② 자유무역지역의 지정 및 운영에 관한 법률 제40조(물품의 폐기) 제3항

③ 자유무역지역의 지정 및 운영에 관한 법률 시행령 제26조(재고 기록 등) 제1항

④ 자유무역지역 반출입물품의 관리에 관한 고시 제21조(재고관리에 필요한 사항 기록 관리) 제2항

⑤ 자유무역지역 반출입물품의 관리에 관한 고시 제23조(서류의 보관)

17 입주 자격〈자유무역지역의 지정 및 운영에 관한 법률 제10조〉 … 자유무역지역에 입주할 수 있는 자는 다음 각 호의 어느 하나에 해당하는 자로 한다.

㉠ 수출을 주목적으로 하는 제조업종의 사업을 하려는 자로서 수출 비중 등이 대통령령으로 정하는 기준을 충족하는 자. 이 경우 「수출용 원재료에 대한 관세 등 환급에 관한 특례법」 제3조에 따른 수출용원재료의 공급을 주목적으로 하는 제조업종의 사업을 하려는 자로서 해당 공급을 수출로 보아 그 수출 비중 등이 대통령령으로 정하는 기준을 충족하는 자를 포함한다.

㉡ 수출을 주목적으로 하려는 국내복귀기업(「해외진출기업의 국내복귀 지원에 관한 법률」 제7조에 따라 지원대상 국내복귀기업으로 선정된 기업)으로서 복귀 이전 총매출액 대비 대한민국으로의 수출액을 제외한 매출액의 비중 등이 대통령령으로 정하는 기준을 충족하는 자

㉢ 제조업종 또는 지식서비스산업에 해당하는 업종(㉺부터 ㉆까지의 업종은 제외)의 사업을 하려는 외국인투자기업으로서 외국인투자비중 및 수출비중 등이 대통령령으로 정하는 기준을 충족하는 자. 다만, 국내 산업구조의 고도화와 국제경쟁력 강화를 위하여 대통령령으로 정하는 업종에 해당하는 외국인투자기업에 대하여는 수출비중을 적용하지 아니한다.

㉣ 지식서비스산업에 해당하는 업종(㉺부터 ㉆까지의 업종은 제외)의 사업을 하려는 자로서 수출비중 등이 대통령령으로 정하는 기준을 충족하는 자

㉤ 수출입거래를 주목적으로 하는 도매업종의 사업을 하려는 자로서 수출입거래 비중 등이 대통령령으로 정하는 기준을 충족하는 자

㉥ 물품의 하역 · 운송 · 보관 · 전시 또는 그 밖에 대통령령으로 정하는 사업을 하려는 자

㉦ 입주기업체의 사업을 지원하는 업종으로서 대통령령으로 정하는 업종의 사업을 하려는 자

㉧ 대통령령으로 정하는 공공기관

㉨ 국가기관

18 자유무역지역에 대한 설명으로 틀린 것은?

① 자유무역지역 안의 외국물품 등을 관세영역으로 반출하는 경우에는 「자유무역지역의 지정 및 운영에 관한 법률」에 규정된 사항을 제외하고는 관세법을 적용한다.

② 자유무역지역에서는 화주불분명, 화주의 부도 등 사유 발생시 세관장에게 외국물품의 매각을 요청할 수 있다.

③ 자유무역지역은 산업단지, 공항 및 배후지(背後地), 물류터미널 및 물류단지, 항만 및 배후지 등 화물 처리능력 등이 대통령령으로 정하는 기준에 적합해야 한다.

④ 자유무역지역에서 관세영역으로 반출하려는 자는 내국물품확인서, 세금계산서 등 반입사실 입증서류를 세관장에게 제출하여야 한다.

⑤ 자유무역지역은 산업통상자원부장관이 관세청장과 협의를 거쳐 자유무역지역안에 통제시설을 설치하고 그 운영시기를 공고하여야 하며, 통제시설을 유지 · 관리하여야 한다.

19 보세사의 직무 및 의무에 대한 설명으로 틀린 것은?

① 환적화물 컨테이너 적출입시 입회 · 감독

② 영업용 또는 자가용 보세창고에 근무하는 보세사는 다른 업무를 겸임할 수 없다.

③ 세관봉인대의 시봉 및 관리

④ 보세사는 자기명의를 타인에게 대여하여 그 명의를 사용하게 하여서는 아니된다.

⑤ 보수작업과 화주의 수입신고전 장치물품확인시 입회 · 감독

Answer 18.⑤ 19.②

18 ⑤ 관리권자는 관세청장과 협의를 거쳐 자유무역지역에 통제시설을 설치하고, 그 운영시기를 공고하여야 한다. 관리권자는 통제시설을 유지 · 관리하여야 한다〈자유무역지역의 지정 및 운영에 관한 법률 제27조(통제시설의 설치 등) 제1항, 제2항〉.
① 자유무역지역의 지정 및 운영에 관한 법률 제43조(「관세법」의 적용)
② 자유무역지역의 지정 및 운영에 관한 법률 제37조(물품의 반출 등) 제3항
③ 자유무역지역의 지정 및 운영에 관한 법률 제5조(자유무역지역의 지정 요건) 제1항
④ 자유무역지역의 지정 및 운영에 관한 법률 제31조(내국물품의 반출 확인) 제1항

19 ② 보세사는 다른 업무를 겸임할 수 없다. 다만, 영업용 보세창고가 아닌 경우 보세화물 관리에 지장이 없는 범위 내에서 다른 업무를 겸임 할 수 있다〈보세사제도 운영에 관한 고시 제11조(보세사의 의무) 제1항 제1호〉.

20 외국물품을 자유무역지역으로 반입하고자 하는 자는 세관장에게 신고하여야 한다. 이에 대한 설명으로 맞는 것은?

① 외국물품을 자유무역지역으로 반입하려는 자는 관세청 전자통관시스템을 통하여 관세청장에게 반입신고를 하여야 한다.

② 국제무역선 또는 국제무역기에서 사용되는 선박용품 또는 항공기용품을 일시적으로 자유무역지역에 반입하려는 자는 「자유무역지역의 지정 및 운영에 관한 법률」에서 반입신고절차를 준용하여야 한다.

③ 입주기업체 외의 자가 외국물품을 제조 및 가공하기 위하여 자유무역지역 안으로 반입하려는 경우 사용소비신고를 하여야 한다.

④ 입주기업체가 허가받은 사업의 수행을 위하여 반입하는 물품 중 기계 · 기구 · 설비 · 원재료 · 윤활유 · 사무용컴퓨터 · 건축자재 등의 물품은 세관장에게 반입신고를 하여야 한다.

⑤ 세관장은 물품이 자유무역지역에 도착 전 사용소비신고한 물품이 검사대상으로 선별되지 않은 경우 자유무역지역에 반입한 때(보세운송 물품은 보세운송 도착보고가 된 때) 신고수리한다.

21 보세사의 자격 취득 등에 관한 설명으로 틀린 것은?

① 보세사는 관세법 제175조의 결격사유에 해당되지 않아야 한다.

② 일반직 공무원으로서 5년 이상 관세행정에 종사한 경력이 있는 자는 보세사의 자격이 있다.

③ 보세화물의 관리업무에 관한 시험에 합격한 사람은 보세사의 자격이 있다.

④ 보세사로 근무하고자 하는 자는 해당 보세구역을 관할하는 세관장에게 등록하여야 한다.

⑤ 세관장은 보세사가 관세법이나 관세법에 따른 명령을 위반한 경우 1년 이내의 업무정지 조치를 할 수 있다.

Answer 20.④ 21.⑤

20 ④ 「자유무역지역의 지정 및 운영에 관한 법률」 제29조(물품의 반입 또는 수입) 제2호
　① 외국물품을 자유무역지역으로 반입하려는 자는 관세청 전자통관시스템을 통하여 세관장에게 반입신고를 하여야 한다〈자유무역지역 반출입물품의 관리에 관한 고시 제7조(외국물품의 반입신고) 제1항〉.
　② 국제무역선 또는 국제무역기에서 사용되는 선박용품 또는 항공기용품 및 그 밖의 수리용 물품을 일시적으로 자유무역지역에 반입하려는 자는 「선박용품 등 관리에 관한 고시」 또는 「항공기용품 등 관리에 관한 고시」에서 규정한 하선 또는 하기절차를 준용하여야 한다. 이 경우 허가는 신고로 보며, 반입신고는 생략한다〈자유무역지역 반출입물품의 관리에 관한 고시 제7조 제7항〉.
　③ 입주기업체가 자유무역지역에 반입한 외국물품을 자유무역지역에서 사용 또는 소비하려는 경우에는 그 사용 또는 소비 전에 세관장에게 사용소비신고를 하여야 한다〈자유무역지역 반출입물품의 관리에 관한 고시 제7조의2(외국물품의 사용소비신고) 제1항〉.
　⑤ 세관장은 도착 전 사용소비신고한 물품이 검사대상으로 선별되지 않은 경우 자유무역지역에 반입한 때(보세운송 물품은 보세운송 도착보고가 된 때를 말한다) 신고수리한다. 다만, 검사대상으로 선별된 경우에는 그 검사가 종료된 후에 수리한다〈자유무역지역 반출입물품의 관리에 관한 고시 제7조의2(외국물품의 사용소비신고) 제4항〉.

21 ⑤ 세관장은 보세사가 관세법이나 관세법에 따른 명령을 위반한 경우 6개월 이내의 업무정지 또는 그 밖에 필요한 조치를 할 수 있다〈관세법 제165조(보세사의 자격 등) 제5항〉.

22 세관장의 보세사 등록취소 사유에 대한 설명으로 틀린 것은?

① 관세법을 위반하여 징역형의 실형을 선고받고 그 집행이 끝나거나(집행이 끝난 것으로 보는 경우를 포함한다) 면제된 후 2년이 지나지 아니한 경우

② 파산선고를 받고 복권되지 아니한 경우

③ 보세구역 운영인으로부터 보세사의 퇴사 · 해임 · 교체통보를 받은 경우

④ 보세사가 교통사고 등으로 정상적인 업무수행이 곤란한 경우

⑤ 관세법을 위반하여 징역형의 집행유예를 선고받고 그 유예기간 중에 있는 경우

Answer 22.④

22 보세사의 등록취소〈보세사 제도 운영에 관한 고시 제8조〉… 등록을 한 사람이 다음 각 호의 어느 하나에 해당하는 경우에는 등록의 취소, 6개월 이내의 업무정지, 견책 또는 그 밖에 필요한 조치를 할 수 있다. 다만, 제1호 및 제2호에 해당하면 등록을 취소하여야 한다

㉠ 제175조제1호부터 제7호까지의 어느 하나에 해당하게 된 경우

　1. 미성년자

　2. 피성년후견인과 피한정후견인

　3. 파산선고를 받고 복권되지 아니한 자

　4. 이 법을 위반하여 징역형의 실형을 선고받고 그 집행이 끝나거나(집행이 끝난 것으로 보는 경우를 포함한다) 면제된 후 2년이 지나지 아니한 자

　5. 이 법을 위반하여 징역형의 집행유예를 선고받고 그 유예기간 중에 있는 자

　6. 다음 각 목의 어느 하나에 해당하는 경우에는 해당 목에서 정한 날부터 2년이 지나지 아니한 자. 이 경우 동일한 사유로 다음 각 목 모두에 해당하는 경우에는 그 중 빠른 날을 기준으로 한다.

　　가. 제178조 제2항에 따라 특허보세구역의 설치 · 운영에 관한 특허가 취소(이 조 제1호부터 제3호까지의 규정 중 어느 하나에 해당하여 특허가 취소된 경우는 제외한다)된 경우 : 해당 특허가 취소된 날

　　나. 제276조 제3항 제3호의2 또는 같은 항 제6호(제178조 제2항 제1호 · 제5호에 해당하는 자만 해당한다)에 해당하여 벌금형 또는 통고처분을 받은 경우 : 벌금형을 선고받은 날 또는 통고처분을 이행한 날

　7. 제268조의2, 제269조, 제270조, 제270조의2, 제271조, 제274조, 제275조의2 또는 제275조의3에 따라 벌금형 또는 통고처분을 받은 자로서 그 벌금형을 선고받거나 통고처분을 이행한 후 2년이 지나지 아니한 자. 다만, 제279조에 따라 처벌된 개인 또는 법인은 제외한다.

　　• 사망한 경우

　　• 이 법이나 이 법에 따른 명령을 위반한 경우

㉡ 등록취소의 징계처분을 받은 때

㉢ 보세구역 운영인으로부터 보세사의 퇴사 · 해임 · 교체통보를 받은 때

23 보세구역의 자율관리에 관한 설명으로 틀린 것은?

① 자율관리 보세구역은 운영인이 장치물품에 대한 관세를 납부할 자금능력이 없다고 인정되는 경우 지정취소 사유가 된다.
② 자율관리 보세구역의 지정을 받으려면 자율관리보세구역 지정신청서를 세관장에게 제출하여야 한다.
③ 자율관리 보세구역으로 지정받기 위해서는 물품 관리 및 세관감시에 지장이 없어야 한다.
④ 자율관리 보세구역으로 지정을 받은 경우 물품의 반출입 상황을 장부에 기록하지 아니하여도 된다.
⑤ 자율관리 보세구역으로 지정받은 후 세관감시에 지장이 있다고 인정되는 사유가 발생한 경우에는 지정 취소 될 수 있다.

24 자율관리보세구역 지정요건에 대한 설명으로 틀린 것은?

① 운영인이 자율관리보세구역의 지정을 받으려면 세관장에게 지정을 신청하여야 한다.
② 운영인 등의 법규수행능력이 우수하여 보세구역 자율관리에 지장이 없어야 한다.
③ 보세화물관리를 위한 보세사를 2인 이상 채용하여야 한다.
④ 화물의 반출입, 재고관리 등 실시간 물품관리가 가능한 전산시스템(WMS, ERP 등)을 구비하여야 한다.
⑤ 수출입안전관리 우수업체 공인 및 관리업무에 관한 고시 제5조에 해당하는 수출입안전관리 우수업체를 우수 자율관리보세구역으로 지정할 수 있다.

Answer 23.④ 24.③

23 ④ 자율관리보세구역의 지정을 받은 자는 물품의 반출입 상황을 장부에 기록하여야 한다〈관세법 제164조(보세구역의 자율관리) 제5항〉.
① 「자율관리 보세구역 운영에 관한 고시」 제5조(지정취소 사유 등) 제1항 제1호
③⑤ 「관세법」 제164조(보세구역의 자율관리) 제1항
② 「자율관리 보세구역 운영에 관한 고시」 제4조(지정신청 및 갱신) 제1항

24 ① 자율관리 보세구역 운영에 관한 고시 제4조(지정신청 및 갱신) 제1항
※ **지정요건**〈자율관리 보세구역운영에 관한 고시 제3조〉 … 자율관리보세구역은 다음의 사항을 충족하고 운영인 등의 법규수행능력이 우수하여 보세구역 자율관리에 지장이 없어야 한다.
　ⓐ 일반 자율관리보세구역
　　• 보세화물관리를 위한 보세사 채용
　　• 화물의 반출입, 재고관리 등 실시간 물품관리가 가능한 전산시스템(WMS, ERP 등) 구비
　ⓑ 우수 자율관리보세구역
　　• ⓐ의 요건 충족
　　• 「수출입안전관리 우수업체 공인 및 관리업무에 관한 고시」 제5조에 해당하는 종합인증 우수업체
　　• 보세공장의 경우 「보세공장 운영에 관한 고시」 제36조 제1항 제3호 및 제4호를 충족할 것

25 수출입물류업체에 대한 법규수행능력측정 및 평가관리에 관한 훈령상 용어 설명으로 틀린 것은?

① "수출입물류업체"란 지정장치장, 특허보세구역, 종합보세구역의 종합보세사업장, 보세운송업, 화물운송주선업, 항공사, 선박회사, 자유무역지역입주업체를 말하며, 수출입안전관리 우수업체로 공인된 업체를 포함한다.

② "법규수행능력"이란 수출입물류업체가 관세법규 등에서 정하는 사항을 준수한 정도를 측정한 점수를 말한다.

③ "통합법규수행능력"이란 개별 수출입물류업체의 측정점수와 물류공급망으로 연관된 전체 수출입물류업체의 측정점수를 반영하여 산출한 점수를 말한다.

④ "내부자율통제시스템"이란 수출입업체가 관세법령 등에서 정하는 보세화물 취급업무를 수행하기 위한 일련의 처리절차, 내부통제절차 등을 갖춘 자체시스템을 말한다.

⑤ "평가미이행업체"란 법규수행능력 평가항목 자율점검표를 세관장에게 제출하지 아니한 업체를 말한다.

Answer 25.①

25 ① "수출입물류업체"란 화물관리인, 특허보세구역 운영인, 종합보세사업장 운영인, 보세운송업자 · 화물운송주선업자, 항공사 · 선박회사와 「자유무역지역의 지정 및 운영에 관한 법률」의 규정에 따른 업체를 말한다. 다만, 「수출입안전관리 우수업체 공인 및 관리업무에 관한 고시」의 규정에 따라 수출입안전관리 우수업체로 공인된 업체는 제외한다〈수출입물류업체에 대한 법규수행능력측정 및 평가관리에 관한 훈령 제2조(정의) 제1호〉.

<제1과목> 수출입통관절차

1 관세의 성격에 대한 설명으로 틀린 것은?

① 관세는 재정수입 조달을 목적으로 한다.
② 관세는 법률 또는 조약에 의하여 강제적으로 부과·징수된다.
③ 관세는 조세분류상 소비세로서 직접세의 성격을 갖는다.
④ 관세는 관세영역을 전제로 한다.
⑤ 우리나라는 수입물품에 대하여 관세를 부과한다.

2 수입물품에 대하여 세관장이 부과·징수하는 세금이 아닌 것은?

① 지방소비세
② 담배소비세
③ 농어촌특별세
④ 지방교육세
⑤ 자동차세

Answer 1.③ 2.⑤

1 ③ 관세는 조세분류상 소비세로서 간접소비세에 해당한다.
2 「관세법」 제4조(내국세 등의 부과·징수) 제1항에 따라 수입물품에 대하여 세관장이 부과·징수하는 내국세
　㉠ 부가가치세
　㉡ 지방소비세
　㉢ 담배소비세
　㉣ 지방교육세
　㉤ 개별소비세
　㉥ 주세
　㉦ 교육세
　㉧ 교통·에너지·환경세 및 농어촌특별세

3 「관세법」상 내국물품이 아닌 것은?

① 우리나라의 선박 등이 공해에서 채집하거나 포획한 수산물

② 입항전수입신고가 수리된 물품

③ 수출신고가 수리된 물품

④ 수입신고수리전 반출승인을 받아 반출된 물품

⑤ 수입신고전 즉시반출신고를 하고 반출된 물품

4 과세물건의 확정시기에 대한 설명으로 틀린 것은?

① 보세구역에 장치된 외국물품이 멸실되거나 폐기된 때에는 해당 물품이 멸실되거나 폐기된 때

② 도난물품 또는 분실물품은 해당 물품이 도난되거나 분실된 때

③ 수입신고전 즉시반출신고를 하고 반출한 물품은 수입신고전 즉시반출신고를 한 때

④ 「관세법」에 따라 매각되는 물품은 해당 물품이 매각공고 된 때

⑤ 입항전수입신고 물품은 수입신고를 하는 때

5 보세구역 장치물품을 분실한 경우 당해 물품에 대한 관세의 납세의무자로 맞는 것은?

① 수입한 화주　　　　　　　　　　　② 수입신고인

③ 지방자치단체　　　　　　　　　　　④ 화물관리인

⑤ 세관장

Answer 3.③ 4.④ 5.④

3　내국물품〈관세법 제2조(정의) 제5호〉

ㄱ 우리나라에 있는 물품으로서 외국물품이 아닌 것

ㄴ 우리나라의 선박 등이 공해에서 채집하거나 포획한 수산물 등

ㄷ 제244조 제1항에 따른 입항전수입신고가 수리된 물품

ㄹ 제252조에 따른 수입신고수리전 반출승인을 받아 반출된 물품

ㅁ 제253조 제1항에 따른 수입신고전 즉시반출신고를 하고 반출된 물품

4　④ 「관세법」에 따라 매각되는 물품은 해당 물품이 매각된 때〈관세법 제16조(과세물건확정의 시기) 제10호〉

5　도난물품이나 분실물품인 경우에 납세의무자〈관세법 제19조 제1항 제10호〉

ㄱ 보세구역의 장치물품(藏置物品) : 그 운영인 또는 화물관리인

ㄴ 보세운송물품 : 보세운송을 신고하거나 승인을 받은 자

ㄷ 그 밖의 물품 : 그 보관인 또는 취급인

6 관세의 납세의무자에 대한 설명으로 틀린 것은?

① 수입신고를 한 물품인 경우에는 그 물품을 수입한 화주

② 수입을 위탁받아 수입업체가 대행수입한 물품인 경우에는 그 물품의 수입을 위탁한 자

③ 수입물품을 수입신고 전에 양도한 경우에는 그 양도인

④ 우편으로 수입되는 물품인 경우에는 그 수취인

⑤ 보세운송 중 도난된 물품인 경우에는 보세운송을 신고하거나 승인을 받은 자

7 관세징수권 소멸시효 정지사유가 아닌 것은?

① 관세의 분할납부기간

② 통고처분기간

③ 징수유예기간

④ 압류·매각의 ㄹ유예기간

⑤ 사해행위 취소소송기간

Answer 6.③ 7.②

6　③ 수입물품을 수입신고전에 양도한 경우에는 그 양수인이 관세의 납세의무자가 된다〈관세법 제19조(납세의무자) 제1항 제1호〉.

7　관세징수권의 소멸시효는 관세의 분할납부기간, 징수유예기간, 압류·매각의 유예기간 또는 사해행위 취소소송기간 중에는 진행하지 아니한다〈관세법 제23조(시효의 중단 및 정지) 제3항〉.

8 구매자가 지급하였거나 지급하여야 할 총금액에서 해당 금액을 명백히 구분할 수 있을 때 공제하여야 하는 요소가 아닌 것은?

① 해당 수입물품의 포장에 드는 노무비로서 구매자가 부담하는 비용
② 수입 후에 하는 해당 수입물품의 건설, 설치, 조립 비용
③ 수입항에 도착한 후 해당 수입물품을 운송하는데 필요한 운임
④ 우리나라에서 해당 수입물품에 부과된 관세
⑤ 연불조건 수입인 경우 해당 수입물품에 대한 연불이자

9 수출입신고를 생략하거나 간소한 방법으로 신고할 수 있는 물품에 해당되지 않는 것은?

① 휴대폰 또는 별송품
② 우편물
③ 소액면제 탁송품
④ 미화 150불 이하의 수출용원재료
⑤ 국제운송을 위한 컨테이너(관세율표 중 기본세율이 무세인 것에 한정한다)

Answer 8.① 9.④

8 ① 「관세법」 제30조(과세가격 결정의 원칙) 제1항
②③④⑤ 「관세법」 제30조(과세가격 결정의 원칙) 제2항

9 수출·수입 또는 반송의 신고〈관세법 제241조 제2항〉 … 다음 어느 하나에 해당하는 물품은 대통령령으로 정하는 바에 따라 제1항에 따른 신고를 생략하게 하거나 관세청장이 정하는 간소한 방법으로 신고하게 할 수 있다.
  ㉠ 휴대품·탁송품 또는 별송품
  ㉡ 우편물
  ㉢ 제91조(종교용품, 자선용품, 장애인용품 등의 면세), 제92조(정부용품 등의 면세), 제93조(특정물품의 면세 등), 제94조(소액 물품 등의 면세)까지, 제96조(여행자 휴대품 및 이사물품 등의 감면) 제1항 및 제97조조(재수출면세) 제1항에 따라 관세가 면제되는 물품
  ㉣ 제135조, 제136조, 제149조 및 제150조에 따른 보고 또는 허가의 대상이 되는 운송수단. 다만, 다음 각 목의 어느 하나에 해당하는 운송수단은 제외한다.
    1. 우리나라에 수입할 목적으로 최초로 반입되는 운송수단
    2. 해외에서 수리하거나 부품 등을 교체한 우리나라의 운송수단
    3. 해외로 수출 또는 반송하는 운송수단
  ㉤ 국제운송을 위한 컨테이너(별표 관세율표 중 기본세율이 무세인 것으로 한정한다)

10 「관세법」제94조에 따른 소액물품의 면세대상이 아닌 것은?

① 우리나라의 거주자에게 수여된 훈장 또는 이에 준하는 상패

② 물품가격이 250달러 이하의 물품으로서 자가사용 물품으로 인정되는 것

③ 과세가격이 250달러 이하인 물품으로서 견본품으로 사용될 것으로 인정되는 물품

④ 기록문서 또는 그 밖의 서류

⑤ 물품이 천공 또는 절단되거나 통상적인 조건으로 판매할 수 없는 상태로 처리되어 견본품으로 사용될 것으로 인정되는 물품

11 「관세법」제234조에 따른 수출입금지 물품이 아닌 것은?

① 헌법질서를 문란하게 하는 물품　　　② 정부의 기밀을 누설하는 물품

③ 공공의 안녕질서를 해치는 물품　　　④ 유가증권의 위조품

⑤ 상표권을 침해하는 물품

Answer 10.② 11.⑤

10 소액물품 등의 면세〈관세법 제94조〉 … 다음 어느 하나에 해당하는 물품이 수입될 때에는 그 관세를 면제할 수 있다.

㉠ 우리나라의 거주자에게 수여된 훈장 · 기장(紀章) 또는 이에 준하는 표창장 및 상패

㉡ 기록문서 또는 그 밖의 서류

㉢ 상업용견본품 또는 광고용품으로서 기획재정부령으로 정하는 물품
- 물품이 천공 또는 절단되었거나 통상적인 조건으로 판매할 수 없는 상태로 처리되어 견본품으로 사용될 것으로 인정되는 물품
- 판매 또는 임대를 위한 물품의 상품목록 · 가격표 및 교역안내서 등
- 과세가격이 미화 250달러 이하인 물품으로서 견본품으로 사용될 것으로 인정되는 물품
- 물품의 형상 · 성질 및 성능으로 보아 견본품으로 사용될 것으로 인정되는 물품

㉣ 우리나라 거주자가 받는 소액물품으로서 기획재정부령으로 정하는 물품
- 물품가격(법 제30조부터 제35조까지의 규정에 따른 방법으로 결정된 과세가격에서 법 제30조 제1항 제6호 본문에 따른 금액을 뺀 가격. 다만, 법 제30조 제1항 제6호 본문에 따른 금액을 명백히 구분할 수 없는 경우에는 이를 포함한 가격으로 한다)이 미화 150달러 이하의 물품으로서 자가사용 물품으로 인정되는 것. 다만, 반복 또는 분할하여 수입되는 물품으로서 관세청장이 정하는 기준에 해당하는 것을 제외한다.
- 박람회 기타 이에 준하는 행사에 참가하는 자가 행사장안에서 관람자에게 무상으로 제공하기 위하여 수입하는 물품(전시할 기계의 성능을 보여주기 위한 원료를 포함한다). 다만, 관람자 1인당 제공량의 정상도착가격이 미화 5달러 상당액 이하의 것으로서 세관장이 타당하다고 인정하는 것에 한한다.

11 수출입금지 물품〈관세법 제234조〉 … 다음 어느 하나에 해당하는 물품은 수출하거나 수입할 수 없다.

㉠ 헌법질서를 문란하게 하거나 공공의 안녕질서 또는 풍속을 해치는 서적 · 간행물 · 도화, 영화 · 음반 · 비디오물 · 조각물 또는 그 밖에 이에 준하는 물품

㉡ 정부의 기밀을 누설하거나 첩보활동에 사용되는 물품

㉢ 화폐 · 채권이나 그 밖의 유가증권의 위조품 · 변조품 또는 모조품

12 통관보류 사유에 해당하지 않는 것은?

① 신고서 기재사항 또는 신고 시 제출서류 등 중요한 사항이 미비되어 보완이 필요한 경우
② 「관세법」에 의한 의무사항을 위반하거나 국민보건 등을 위해할 우려가 있는 경우
③ 관세 관계 법령을 위반한 혐의로 고발되거나 조사를 받는 경우
④ 안전성 검사 결과 불법·불량·유해 물품으로 확인된 경우
⑤ 보세구역 반출에 오랜 시일이 걸리는 경우

13 「관세법」 제240조(수출입의 의제)에 해당하지 않는 것은?

① 체신관서가 수취인에게 내준 우편물
② 「관세법」에 따라 매각된 물품
③ 「관세법」에 따라 몰수된 물품
④ 여행자가 운송수단에서 소비한 휴대품
⑤ 법령에 따라 국고에 귀속된 물품

Answer 12.⑤ 13.④

12 통관의 보류〈관세법 제237조〉

㉠ 제241조 또는 제244조에 따른 수출·수입 또는 반송에 관한 신고서의 기재사항에 보완이 필요한 경우
㉡ 제245조에 따른 제출서류 등이 갖추어지지 아니하여 보완이 필요한 경우
㉢ 이 법에 따른 의무사항(대한민국이 체결한 조약 및 일반적으로 승인된 국제법규에 따른 의무를 포함한다)을 위반하거나 국민보건 등을 해칠 우려가 있는 경우
㉣ 제246조의3 제1항에 따른 안전성 검사가 필요한 경우
㉤ 제246조의3 제1항에 따른 안전성 검사 결과 불법·불량·유해 물품으로 확인된 경우
㉥ 「국세징수법」 제30조 및 「지방세징수」 제39조의2에 따라 세관장에게 강제징수 또는 체납처분이 위탁된 해당 체납자가 수입하는 경우
㉦ 관세 관계 법령을 위반한 혐의로 고발되거나 조사를 받는 경우

13 수출입의 의제〈관세법 제240조〉

㉠ 다음 각 호의 어느 하나에 해당하는 외국물품이 이 법에 따라 적법하게 수입된 것으로 보고 관세 등을 따로 징수하지 아니한다.
　1. 체신관서가 수취인에게 내준 우편물
　2. 이 법에 따라매각된 물품
　3. 이 법에 따라몰수된 물품
　4. 제269조, 제272조, 제273조 또는 제274조 제1항 제1호에 해당하여 이 법에 따른 통고처분으로 납부된 물품
　5. 법령에 따라 국고에 귀속된 물품
　6. 제282조 제3항에 따라 몰수를 갈음하여 추징된 물품
㉡ 체신관서가 외국으로 발송한 우편물은 이 법에 따라 적법하게 수출되거나 반송된 것으로 본다.

14 「관세법」상 원산지증명서 제출 생략 대상물품이 아닌 것은?

① 물품의 종류 · 형상 또는 상표, 제조자 등에 의하여 원산지를 확인할 수 있는 물품
② 우편물(관세법 제258조 제2항에 해당하는 것은 제외)
③ 과세가격이 15만 원 이하인 물품
④ 개인에게 유상으로 송부된 탁송품 · 발송품 또는 여행자 휴대품
⑤ 기타 관세청장이 관계행정기관의 장과 협의하여 정하는 물품

15 「관세법」상 가산세에 대한 설명으로 틀린 것은?

① 관세를 납부기한까지 납부하지 아니할 때 가산세를 징수한다.
② 납세자가 부정한 행위로 과소신고한 경우에는 세관장은 부족세액의 100분의 40에 상당하는 금액과 「관세법」 제42조 제1항 제2호의 금액을 합한 금액을 가산세로 징수한다.
③ 수입신고대상인 우편물은 가산세 적용제외 대상이다.
④ 국가가 직접 수입하는 물품은 물품가산세액에서 감면한다.
⑤ 담보를 제공한 납세의무자가 납부기한까지 관세를 납부하지 아니하면 담보를 해당 관세에 충당할 때에는 납부기한이 지난 후에 충당하더라도 가산세를 적용하지 아니한다.

Answer 14.④ 15.③

14 원산지증명서 제출 생략 대상물품〈관세법 시행령 제236조(원산지증명서의 제출 등) 제2항〉
ㄱ 세관장이 물품의 종류 · 성질 · 형상 또는 그 상표 · 생산국명 · 제조자 등에 의하여 원산지를 확인할 수 있는 물품
ㄴ 우편물(관세법 제258조 제2항의 규정에 해당하는 것을 제외)
ㄷ 과세가격(종량세의 경우에는 이를 법 제15조의 규정에 준하여 산출한 가격을 말한다)이 15만원 이하인 물품
ㄹ 개인에게 무상으로 송부된 탁송품 · 별송품 또는 여행자의 휴대품
ㅁ 기타 관세청장이 관계행정기관의 장과 협의하여 정하는 물품

15 ③④ 「관세법」 제42조의2(가산세의 감면) 제1항 제6호
② 「관세법」 제42조(가산세) 제2항
⑤ 「관세법」 제25조(담보의 관세충당)

16 수출입신고가 수리된 후 3개월이 경과하지 아니한 물품 중 보세구역 반입명령 대상에 해당되지 않는 것은?

① 수출신고가 수리되어 외국으로 반출된 물품
② 원산지 표시가 수입신고수리 당시와 다르게 표시되어 있는 경우
③ 의무이행요구에 따른 의무를 이행하지 아니한 경우
④ 지식재산권보호 규정에 의한 상표 및 저작권을 침해한 경우
⑤ 원산지 표시가 적법하게 표시되지 아니한 경우

17 간이수출신고 대상물품으로 적정하지 않은 것은?

① 외교행낭으로 반출되는 물품
② 신문, 녹음테이프 등 언론기관 보도용품
③ 외국원수 등이 반출하는 물품
④ 카탈로그, 기록문서와 서류
⑤ 하자 수리 목적으로 수출하는 물품

Answer 16.① 17.⑤

16 반입명령 대상물품〈관세법 시행령 제245조 제1항〉… 관세청장 또는 세관장은 수출입신고가 수리된 물품이 다음 어느 하나에 해당하는 경우에는 법 제238조 제1항에 따라 해당 물품을 보세구역으로 반입할 것을 명할 수 있다. 다만, 해당 물품이 수출입신고가 수리된 후 3개월이 지났거나 관련 법령에 따라 관계행정기관의 장의 시정조치가 있는 경우에는 그러하지 아니하다

㉠ 법 제227조에 따른 의무를 이행하지 아니한 경우
㉡ 법 제230조에 따른 원산지 표시가 적법하게 표시되지 아니하였거나 수출입신고 수리 당시와 다르게 표시되어 있는 경우
㉢ 법 제230조의2에 따른 품질 등의 표시(표지의 부착을 포함)가 적법하게 표시되지 아니하였거나 수출입신고 수리 당시와 다르게 표시되어 있는 경우
㉣ 지식재산권을 침해한 경우

17 간이수출신고 대상〈수출통관 사무처리에 관한 고시 제36조 제1항〉… 다음 각 호의 어느 하나에 해당하는 물품은 별지 제17호서식의 송품장 목록통관수출 신고(수리)서 및 송품장, 별지 제6호서식의 (검사대상)통관목록 또는 우편물목록을 세관장에게 제출하는 것으로 법 제241조 제1항의 수출신고를 생략할 수 있다. 다만, 법 제226조 제1항에 해당하는 물품은 제외한다.

㉠ 유해 및 유골
㉡ 외교행낭으로 반출되는 물품
㉢ 외교부에서 재외공관으로 발송되는 자료
㉣ 외국원수 등이 반출하는 물품
㉤ 신문, 뉴스취재 필름, 녹음테이프 등 언론기관 보도용품
㉥ 카탈로그, 기록문서와 서류
㉦ 「외국인관광객 등에 대한 부가가치세 및 개별소비세 특례 규정」에 따라 외국인 관광객이 구입한 물품
㉧ 환급대상이 아닌 물품가격 FOB 200만 원 이하의 물품. 다만, 제7조 제2항 제1호부터 제3호까지 해당하는 물품은 제외한다.
㉨ 법 제106조의2 제1항 제3호에 따른 환급대상 물품

18 외교관용 물품 등의 면세규정에 따라 관세를 면제받은 물품 중 양수가 제한되는 물품이 아닌 것은?

① 자동차　　　　　　　　　　　　　　② 선박
③ 골프 클럽　　　　　　　　　　　　　④ 피아노
⑤ 전자오르간

19 입항전수입신고에 관한 설명으로 틀린 것은?

① 입항전수입신고는 당해물품을 적재한 선박이 우리나라에 입항하기 3일전(항공기는 1일전)부터 할 수 있다.
② 세율이 인상되거나 새로운 수입요건을 갖추도록 요구하는 법령이 적용되는 물품은 당해 선박 등이 우리나라에 도착된 후에 신고하여야 한다.
③ 입항전수입신고가 된 물품은 우리나라에 도착한 것으로 본다.
④ 입항전수입신고 물품이 검사대상으로 결정된 물품은 보세구역 또는 보세구역의 장치허가 장소에 반입되어야 한다.
⑤ 검사대상으로 지정되지 아니한 물품에 대해서는 입항 전에 수입신고를 수리할 수 있다.

20 다음 문장은 「관세법」 제241조(수출·수입 또는 반송의 신고)의 내용이다. (   ) 안에 들어갈 내용을 순서대로 나열한 것은?

> 전기·유류 등 대통령령으로 정하는 물품을 그 물품의 특성으로 인하여 전선이나 배관 등 대통령령이 정하는 시설 또는 장치 등을 이용하여 수출·수입 또는 반송하는 자는 (   )을 단위로 하여 해당 물품에 대한 신고사항을 다음 날 (   )까지 신고하여야 한다.

① 1개월, 10일　　　　　　　　　　　② 2개월, 10일
③ 3개월, 5일　　　　　　　　　　　　④ 3개월, 10일
⑤ 6개월, 15일

Answer 18.③ 19.① 20.①

18 「관세법 시행규칙」 제34조 제4항이 따라 양수가 제한되는 물품은 자동차(삼륜자동차와 이륜자동차를 포함), 선박, 피아노, 전자오르간 및 파이프오르간, 엽총이다.

19 ① 법 제244조 제1항의 규정에 의한 수입신고는 당해 물품을 적재한 선박 또는 항공기가 그 물품을 적재한 항구 또는 공항에서 출항하여 우리나라에 입항하기 5일전(항공기의 경우 1일전)부터 할 수 있다〈관세법 시행령 제249조(입항전 수입신고) 제1항〉.
②③⑤ 「관세법」 제244조(입항전수입신고) 제1항
④ 「관세법」 제244조(입항전수입신고) 제3항

20 전기·유류 등 대통령령으로 정하는 물품을 그 물품의 특성으로 인하여 전선이나 배관 등 대통령령으로 정하는 시설 또는 장치 등을 이용하여 수출·수입 또는 반송하는 자는 **1개월**을 단위로 하여 해당 물품에 대한 사항을 대통령령으로 정하는 바에 따라 다음 달 **10일**까지 신고하여야 한다〈관세법 제241조(수출·수입 또는 반송의 신고) 제6항〉.

21 수입신고시 세관에 전자제출을 이용하여 통관시스템에 전송하는 서류가 아닌 것은?

① 송품장
② 선하증권(B/L)
③ 일시수입통관증서
④ 원산지증명서
⑤ 포장명세서

22 B/L분할신고 및 수리를 할 수 없는 경우는?

① B/L을 분할하여도 물품검사와 과세가격 산출에 어려움이 없는 경우
② 분할된 물품의 납부세액이 징수금액 최저한인 1만 원 미만인 경우
③ 신고물품 중 일부만 통관이 허용되고 일부는 통관이 보류되는 경우
④ 검사 · 검역결과 일부는 합격되고 일부는 불합격된 경우
⑤ 일괄사후납부 적용 · 비적용 물품을 구분하여 신고하려는 경우

Answer 21.③ 22.②

21 ③ 「수입통관 사무처리에 관한 고시」 제15조(수입신고시 제출서류) 제2항에 따라 종이서류로 제출해야 한다.

※ **수입신고시 제출서류〈수입통관 사무처리에 관한 고시 제15조 제1항〉** … 신고인은 제13조에 따라 서류제출대상으로 선별된 수입신고 건에 대하여는 수입신고서에 다음 각 호의 서류를 스캔 등의 방법으로 전자 이미지화하거나 제14조에 따른 무역서류의 전자제출을 이용하여 통관시스템에 전송하는 것을 원칙으로 한다.

　㉠ 송품장. 다만, 잠정가격으로 수입신고할 때 송품장이 해외에서 도착하지 아니한 경우에는 계약서(송품장은 확정가격신고시 제출)

　㉡ 가격신고서(해당물품에 한하며, 전산으로 확인 가능한 경우에는 서류제출대상에서 제외)

　㉢ 선하증권(B/L)사본이나 항공화물운송장(AWB)사본

　㉣ 포장명세서(포장박스별로 품명(규격) · 수량을 기재해야 하며, 세관장이 필요 없다고 인정하는 경우는 제외)

　㉤ 원산지증명서(해당물품에 한함)

　㉥ 「관세법」 제226조에 따른 세관장 확인물품 및 확인방법 지정고시」에 따른 수입요건 구비서류(해당물품에 한함)

　㉦ 관세감면(분납)/용도세율적용신청서(해당물품에 한함)

　㉧ 합의에 의한 세율적용 승인(신청)서

　㉨ 「지방세법 시행령」 제71조에 따른 담배소비세 납세담보확인서(해당물품에 한함)

　㉩ 할당 · 양허관세 및 세율추천 증명서류 및 종축(씨가축) · 치어(어린 물고기)의 번식 · 양식용 해당세율 증명서류(동 내용을 전산으로 확인할 수 없는 경우에 한함)

　㉪ 「지방세법 시행령」 제134조의2에 따른 자동차세 납세담보확인서(해당물품에 한함)

22 ② 「수입통관 사무처리에 관한 고시」 제16조(B/L분할신고 및 수리) 제2항
　①③④⑤ 「수입통관 사무처리에 관한 고시」 제16조(B/L분할신고 및 수리) 제1항

23 수출입신고의 취하 및 각하에 대한 설명으로 틀린 것은?

① 신고는 정당한 이유가 있는 경우에만 세관장의 승인을 받아 취하할 수 있다.

② 수입 및 반송의 신고는 운송수단, 관세통로, 하역통로 또는 「관세법」에 규정된 장치 장소에서 물품을 반출한 후에 취하할 수 있다.

③ 수출·수입 또는 반송의 신고를 수리한 후 세관장이 신고의 취하를 승인한 때에는 신고수리의 효력이 상실된다.

④ 세관장은 신고가 그 요건을 갖추지 못하였거나 부정한 방법으로 신고되었을 때에는 해당 수출·수입 또는 반송의 신고를 각하할 수 있다.

⑤ 세관장이 10일 이내에 신고의 승인 여부를 신청인에게 통지하지 아니하면 그 기간이 끝난 날의 다음 날에 승인을 한 것으로 본다.

Answer 23.②

23 신고의 취하 및 각하〈관세법 제250조〉
　㉠ 신고는 정당한 이유가 있는 경우에만 세관장의 승인을 받아 취하할 수 있다. 다만, 수입 및 반송의 신고는 운송수단, 관세통로, 하역통로 또는 이 법에 규정된 장치 장소에서 물품을 반출한 후에는 취하할 수 없다.
　㉡ 수출·수입 또는 반송의 신고를 수리한 후 ㉠에 따라 신고의 취하를 승인한 때에는 신고수리의 효력이 상실된다.
　㉢ 세관장은 제241조 및 제244조의 신고가 그 요건을 갖추지 못하였거나 부정한 방법으로 신고되었을 때에는 해당 수출·수입 또는 반송의 신고를 각하할 수 있다.
　㉣ 세관장은 ㉠에 따른 승인의 신청을 받은 날부터 10일 이내에 승인 여부를 신청인에게 통지하여야 한다.
　㉤ 세관장이 ㉣에서 정한 기간 내에 승인 여부 또는 민원 처리 관련 법령에 따른 처리기간의 연장을 신청인에게 통지하지 아니하면 그 기간(민원 처리 관련 법령에 따라 처리기간이 연장 또는 재연장된 경우에는 해당 처리기간을 말한다)이 끝난 날의 다음 날에 승인을 한 것으로 본다.

24 「관세법」상 서류 보관기간으로 틀린 것은?

① 수입신고필증 5년

② 수출신고필증 3년

③ 보세화물반출입에 관한 자료 3년

④ 수입물품 가격 결정에 관한 자료 5년

⑤ 반송신고필증 3년

25 ( ) 안에 들어갈 내용을 순서대로 나열한 것은?

> 수출신고가 수리된 물품은 수출신고가 수리된 날부터 ( ) 이내에 운송수단에 적재하여야 한다. 다만, 기획재정부령으로 정하는 바에 따라 ( )의 범위에서 적재기간의 연장승인을 받아 적재기간 연장이 가능하다. 세관장은 기간 내에 적재되지 아니한 물품에 대하여는 대통령령으로 정하는 바에 따라 수출신고의 수리를 ( ) 할 수 있다.

① 30일, 1년, 취소

② 60일, 6개월, 승인

③ 45일, 6개월, 각하

④ 60일, 1년, 취소

⑤ 30일, 1년, 승인

Answer 24.③ 25.①

24 신고서류의 보관기간〈관세법 시행령 제3조 제1항〉
- ㉠ 해당 신고에 대한 수리일부터 5년
  - 수입신고필증
  - 수입거래관련 계약서 또는 이에 갈음하는 서류
  - 제237조에 따른 지식재산권의 거래에 관련된 계약서 또는 이에 갈음하는 서류
  - 수입물품 가격결정에 관한 자료
- ㉡ 해당 신고에 대한 수리일부터 3년
  - 수출신고필증
  - 반송신고필증
  - 수출물품·반송물품 가격결정에 관한 자료
  - 수출거래·반송거래 관련 계약서 또는 이에 갈음하는 서류
- ㉢ 해당 신고에 대한 수리일부터 2년
  - 보세화물반출입에 관한 자료
  - 적재화물목록에 관한 자료
  - 보세운송에 관한 자료

25 수출신고수리물품의 적재 등〈관세법 제251조〉
- ㉠ 수출신고가 수리된 물품은 수출신고가 수리된 날부터 **30일** 이내에 운송수단에 적재하여야 한다. 다만, 기획재정부령으로 정하는 바에 따라 **1년**의 범위에서 적재기간의 연장승인을 받은 것은 그러하지 아니하다.
- ㉡ 세관장은 ㉠에 따른 기간 내에 적재되지 아니한 물품에 대하여는 대통령령으로 정하는 바에 따라 수출신고의 수리를 **취소**할 수 있다.

1 「관세법」 제170조 규정에 따른 지정장치장 장치기간에 대한 설명 중 (   ) 안에 들어갈 내용으로 맞는 것은?

> 지정장치장에 물품을 장치하는 기간은 (   )의 범위에서 관세청장이 정한다. 다만, 관세청장이 정하는 기준에 따라 세관장은 (   )의 범위에서 그 기간을 연장할 수 있다.

① 3개월, 3개월   ② 6개월, 6개월
③ 1년, 6개월   ④ 1년, 3개월
⑤ 6개월, 3개월

2 외국물품과 내국운송의 신고를 하려는 내국물품은 원칙적으로 보세구역이 아닌 장소에 장치할 수 없다. 다음 중 보세구역이 아닌 장소에 장치가 가능한 물품이 아닌 것은?

① 특송물품   ② 우편물품
③ 압수물품   ④ 검역물품
⑤ 수출신고수리물품

Answer 1.⑤ 2.①

1 지정장치장에 물품을 장치하는 기간은 <u>6개월</u>의 범위에서 관세청장이 정한다. 다만, 관세청장이 정하는 기준에 따라 세관장은 <u>3개월</u>의 범위에서 그 기간을 연장할 수 있다〈관세법 제170조(장치기간)〉.

2 **물품의 장치**〈관세법 제155조〉 ⋯ 외국물품과 관세법에 따른 내국운송의 신고를 하려는 내국물품은 보세구역이 아닌 장소에 장치할 수 없다. 다만, 다음에 해당하는 물품은 그러하지 아니하다.
  ㉠ 제241조 제1항에 따른 수출신고가 수리된 물품
  ㉡ 크기 또는 무게의 과다나 그 밖의 사유로 보세구역에 장치하기 곤란하거나 부적당한 물품
  ㉢ 재해나 그 밖의 부득이한 사유로 임시로 장치한 물품
  ㉣ 검역물품
  ㉤ 압수물품
  ㉥ 우편물품

3 특허보세구역의 과징금에 대한 설명 중 (   ) 안에 들어갈 내용으로 맞는 것은?

> 세관장은 물품반입의 정지처분이 그 이용자에게 심한 불편을 주거나 공익을 해칠 우려가 있는 경우에는 「관세법」 제178조 제3항 및 제4항에 따라 특허보세구역의 운영인에게 반입정지 처분을 갈음하여 해당 특허보세구역운영에 따른 매출액의 (   ) 이하의 범위에서 과징금을 부과할 수 있다.

① 100분의 3
② 100분의 10
③ 100분의 30
④ 100분의 40
⑤ 100분의 50

4 보세공장의 재고조사에 대한 설명 중 틀린 것은?

① 보세공장 운영인은 당해 연도의 보세공장 운영과 관련한 자율점검표를 작성하여 다음 연도 6월말까지 관할 세관장에게 제출하여야 한다.

② 자율점검표에는 보세공장 현황과 원재료, 재공품, 제품 및 잉여물품 등의 재고관리 방법(반입일 또는 생산일로부터 1년 이상된 장기재고물품의 처리계획 포함) 등에 대한 점검내용이 포함되어야 한다.

③ 공인회계사가 보세공장운영에 관한 고시에서 정하는 바에 따라 재고조사를 실시하고 작성한 보고서로 자율점검표를 갈음할 수 있다.

④ 세관장의 보세공장에 대한 재고조사는 실지조사 또는 서면조사의 방법으로 실시한다.

⑤ 부정유출의 혐의가 있어 세관장이 필요하다고 인정하는 경우 수시로 재고조사를 할 수 있다.

Answer 3.① 4.①

3 행정제재〈특허보세구역 운영에 관한 고시 제18조 제6항〉 ··· 세관장은 물품반입의 정지처분이 그 이용자에게 심한 불편을 주거나 공익을 해칠 우려가 있는 경우에는 법 제178조 제3항 및 제4항에 따라 특허보세구역의 운영인에게 반입정지 처분을 갈음하여 해당 특허보세구역운영에 따른 매출액의 **100분의 3**이하의 범위에서 과징금을 부과할 수 있다.

4 ① 운영인은 회계연도 종료 3개월이 지난 후 15일 이내에 보세공장 반입 원재료 및 제품 등의 관리에 대한 적정여부를 자체 점검하고, 다음 각 호의 사항을 포함하는 자율점검표를 작성하여 전산시스템으로 전송하거나 관할 세관장에게 서류로 제출하여야 한다. 이 경우 공인회계사가 이 고시에서 정하는 바에 따라 재고조사를 실시하고 작성한 보고서는 자율점검표를 갈음할 수 있다〈보세공장 운영에 관한 고시 제40조(재고조사) 제2항〉.

5 보세판매장의 판매절차에 대한 설명으로 맞는 것은?

① 운영인은 보관창고에 반입된 물품을 10근무일 이내에 관할세관장에게 반입검사를 신청하여야 한다.

② 외교관면세점에서 주류와 담배를 판매하고자 할 때에는 외교부장관이 발행한 면세통관의뢰서를 제출받아 그 승인 한도 내에서 분할판매 할 수 있다.

③ 출국장면세점과 시내면세점에서는 출국하는 내·외국인에게 물품을 판매할 수 있으며, 통과여객기(선)에 의한 임시체류인에게는 판매할 수 없다.

④ 운영인이 전사상거래방법으로 물품을 판매하는 경우에는 판매자 인적사항의 기록을 생략할 수 있다.

⑤ 보세판매장 판매물품의 인도는 구매자의 신원확인을 위해 직접인도가 원칙이며, 국제우편 또는 항공(해상)화물로 송부할 수 없다.

5　② 「보세판매장 운영에 관한 고시」 제10조(외교관면세점의 판매절차) 제1항

　　① 운영인은 보관창고에 반입된 물품을 7근무일 이내에 관할세관장에게 반입검사를 신청하여야 한다〈보세판매장 운영에 관한 고시 제6조(판매용물품의 반입신고 및 반입검사신청) 제3항〉.

　　③ 출국장면세점과 시내면세점에서는 출국인 및 외국으로 출국하는 통과여객기(선)에 의한 임시체류인에 한하여 물품을 판매할 수 있다〈보세판매장 운영에 관한 고시 제5조(구매자 및 구매총액) 제2항〉.

　　④ 시내면세점에서 판매한 물품(제11조에 따른 전자상거래방법에 의한 판매물품을 포함한다)에 대하여는 현품을 판매장에서 인도하지 아니하고 구매자가 서명한 교환권(별지 제10호서식, 전자서명에 의한 전사식 교환권을 포함한다)을 발행·교부하고, 인도장으로 운송한 후 해당 인도장에서 인도하여야 한다. 다만, 전자식 교환권을 발행한 경우에는 교환권번호를 통보한 후 인도하는 때 여권 등으로 구매자 본인여부를 확인할 수 있다〈보세판매장 운영에 관한 고시 제12조(판매물품의 보세운송) 제1항〉.

　　⑤ 구매자가 구매한 물품을 국제우편 또는 항공·해상화물로 송부를 의뢰하는 경우 운영인은 구매자가 작성한 국제우편 또는 항공·해상화물 송부의뢰서 3부 중 1부를 구매자에게 교부하고, 2부는 판매물품과 함께 구매자가 지정한 기일내에 관세법에 따른 통관우체국 또는 항공·해상화물 탁송보세구역으로 보세운송하여 세관공무원 입회하에 통관우체국 담당공무원 또는 항공·해상화물 탁송 보세구역 운영인에게 인도하여야 한다〈보세판매장 운영에 관한 고시 제14조(판매물품의 인도) 제11항〉.

6 종합보세구역의 지정요청자가 개별업체로서 종합보세기능을 수행하고자 하는 경우 해당 사업장을 종합보세구역으로 지정받을 수 있는 연간 수출금액 기준은?

① 미화 300만 불 이상
② 미화 500만 불 이상
③ 미화 1,000만 불 이상
④ 미화 2,000만 불 이상
⑤ 미화 5,000만 불 이상

7 종합보세구역의 보수작업에 대한 설명으로 틀린 것은?

① HS 품목분류의 변화를 가져오는 것은 보수작업으로 인정하지 아니한다.
② 보수작업은 종합보세사업장내의 다른 보세화물에 장애가 되지 않는 범위내에서 이루어져야 한다.
③ 세관장이 필요하다고 인정하는 경우에는 감시공무원으로 하여금 작업과정을 감독하게 할 수 있다.
④ 수입될 물품의 보수작업의 재료는 내국물품만을 사용하여야 하며, 외국물품은 수입신고 후 사용하여야 한다.
⑤ 종합보세사업장 외에서 보수작업을 하려는 경우 3월의 범위내에서 그 기간 및 장소를 지정하여 장외보수작업 신고서를 세관장에게 제출하여야 한다.

Answer 6.① 7.④

6 종합보세구역의 지정요건〈종합보세구역의 지정 및 운영에 관한 고시 제6조〉

㉠ 관세청장은 종합보세구역으로 직권지정하고자 하는 지역 또는 행정기관의 장등이 종합보세구역으로 지정요청한 지역에 종합보세기능을 수행하기 위하여 입주하였거나 입주할 업체들의 외국인투자금액·수출금액 또는 외국물품 반입물량이 다음의 하나에 해당하는 경우 당해지역을 종합보세구역으로 지정할 수 있다.
  1. 외국인투자금액이 미화 1천만 불 이상
  2. 수출금액이 연간 미화 1천만 불 이상
  3. 외국물품의 반입물량이 월 1천톤 이상

㉡ 관세청장은 ㉠의 규정에도 불구하고 종합보세구역 지정요청자가 개별업체로서 다음의 하나에 해당하는 경우 당해 사업장을 종합보세구역으로 지정할 수 있다.
  1. 자본금 10억 원 이상으로 종합보세기능을 수행하는 경우
  2. 수출금액이 연간 미화 300만 불 이상으로 종합보세기능을 수행하는 경우
  3. 위 각 호에서 정하는 자본금 또는 수출금액을 충족하는 업체로서 통관을 위한 일시 장치기능과 보관·분할·병합·재포장·분배 등 국제물류 촉진기능을 함께 수행하는 경우

7 ④ 수입될 물품의 보수작업의 재료는 내국물품만을 사용하여야 하며, 외국물품은 수입통관 후 사용하여야 한다〈종합보세구역의 지정 및 운영에 관한 고시 제19조(보수작업) 제7항〉.
  ⑤ 「종합보세구역의 지정 및 운영에 관한 고시」 제20조(장외 보수작업) 제1항

8 수입활어의 보세구역외 장치에 대한 설명으로 ( ) 안에 맞는 내용은?

> 보세구역외 장치장은 세관으로부터 (㉠) 이내에 위치하여야 한다. 다만, 세관장은 관내 보세창고의 수용능력, 반입물량, 감시단속상의 문제점 등을 고려하여 타당하다고 인정하는 경우에는 세관으로부터 (㉡)를 초과하지 아니하는 범위내에서 보세구역외 장치를 허가할 수 있다.

	㉠	㉡
①	40km	80km
②	20km	60km
③	40km	60km
④	20km	40km
⑤	60km	80km

9 화물적체 해소 및 물류신속화를 위해 주요 공·항만 항역내의 지정장치장에 반입된 물품의 장치기간은 2개월로 하여 운영하고 있는데, 이에 해당하지 않는 공·항만은?

① 인천공항

② 김해공항

③ 평택항

④ 인천항

⑤ 부산항

Answer 8.① 9.③

8 보세구역 외 장치장은 세관으로부터 ㉠40km 이내에 위치하여야 한다. 다만, 관내 보세창고의 수용능력, 반입물량, 감시단속상의 문제점 등을 고려하여 세관장이 타당하다고 인정하는 경우에는 세관으로부터 ㉡80km를 초과하지 아니하는 범위 내에서 보세구역외 장치를 허가할 수 있다〈수입활어 관리에 관한 특례고시 제6조(보세구역의 장치) 제2항〉.

9 ③ 제3조 제1호에 해당하는 물품의 장치기간은 6개월로 한다. 다만, 부산항·인천항·인천공항·김해공항 항역내의 지정장치장으로 반입된 물품과 「특송물품 수입통관 사무처리에 관한 고시」 제2조 제2호에 해당하는 물품의 장치기간은 2개월로 하며, 세관장이 필요하다고 인정할 때에는 2개월의 범위에서 그 기간을 연장할 수 있다〈보세화물 장치기간 및 체화관리에 관한 고시 제4조(장치기간) 제1항〉.

10 영업용 보세창고와 자가용 보세창고에 대한 설명으로 틀린 것은?

① 영업용 보세창고 설치 · 운영 특허신청인 요건에는 보세사 채용규정이 있으나 자가용 보세창고 설치 · 운영 특허 신청인 요건에는 없다.

② 영업용 보세창고는 일정규모 이상의 고내면적을 확보하여야 하나 자가용 보세창고는 장치하는 물품의 종류 및 특성에 따라 필요한 면적만 확보하면 된다.

③ 영업용 보세창고 특허 시에는 물동량 규정이 있으나 자가용 보세창고 특허 시에는 없다.

④ 위험물품 전용 영업용 보세창고 운영인은 위험물품 취급자격자를 채용하여야 한다.

⑤ 세관장은 2이상의 수출입업체가 공동으로 자기화물을 보관할 수 있는 공동보세구역을 자가용 보세창고로 특허할 수 있다.

11 「특허보세구역 운영에 관한 고시」에 규정된 물품 반입정지 사유가 아닌 것은?

① 장치물품에 대한 관세를 납부할 자력이 없다고 인정되는 경우

② 해당 시설의 미비 등으로 특허보세구역 설영의 목적을 달성하기 곤란하다고 인정되는 경우

③ 운영인 또는 그 종업원이 합법가장 밀수를 인지하고도 세관장에게 보고하지 아니하고 보관 또는 반출한 경우

④ 세관장의 시설 구비 명령을 미이행하거나 보관화물에 대한 중대한 관리 소홀로 보세화물의 도난, 분실이 발생한 경우

⑤ 수용능력을 초과하여 화물보관을 수탁한 때 및 야적대상이 아닌 물품을 야적한 경우

Answer 10.① 11.⑤

10 ① 특허보세구역을 설치 · 운영하려는 자는 신청인이 보세사 자격증을 취득했거나 1명 이상의 보세사를 관리자로 채용해야 한다〈특허보세구역 운영에 관한 고시 제3조(운영인의 자격) 제1항 제4호〉.
④「특허보세구역 운영에 관한 고시」제11조(특수보세구역의 요건 등) 제1항 제5호
⑤「특허보세구역 운영에 관한 고시」제15조(공동보세구역) 제1항

11 ⑤ 수용능력을 초과하여 화물보관을 수탁한 때 및 야적대상이 아닌 물품을 야적한 때는 경고처분을 할 수 있다〈특허보세구역 운영에 관한 고시 제18조(행정제재) 제2항〉.
※ 행정제재〈특허보세구역 운영에 관한 고시 제18조(행정제재) 제3항〉 … 세관장은 특허보세구역 운영인이 다음 각 호의 어느 하나에 해당하는 경우에는 기간을 정하여 보세구역에의 물품반입을 정지시킬 수 있다.
㉠ 장치물품에 대한 관세를 납부할 자력이 없다고 인정되는 경우
㉡ 본인 또는 그 사용인이 법 또는 법에 따른 명령을 위반한 경우
㉢ 해당 시설의 미비 등으로 특허보세구역 설치 목적을 달성하기 곤란하다고 인정되는 경우
㉣ 운영인 또는 그 종업원이 합법가장 밀수를 인지하고도 세관장에게 보고하지 않고 보관 또는 반출한 때
㉤ 세관장의 시설구비 명령을 미이행하거나 보관화물에 대한 중대한 관리소홀로 보세화물의 도난, 분실이 발생한 때
㉥ 운영인 또는 그 종업원의 관리소홀로 해당 보세구역에서 밀수행위가 발생한 때
㉦ 운영인이 최근 1년 동안 3회 이상 경고처분을 받은 때

12 보세공장 운영인 및 보세사의 의무가 아닌 것은?

① 보세운송의 도착 및 화물의 이상 유무 확인
② 장외작업물품의 반입과 반출
③ 보세공장의 원재료 보관·보세작업·제품보관 등 각 단계별 반입과 반출
④ 보세공장물품의 장치와 보관
⑤ 환급고시 규정에 의하여 지정된 업체가 공급하는 환급대상 내국물품의 반입확인서 발급

13 특허수수료에 대한 설명으로 틀린 것은?

① 특허수수료에는 특허신청시에 납부하는 특허신청수수료와 운영 중에 납부하는 특허수수료 2가지 종류가 있다.
② 특허신청수수료는 45,000원이다.
③ 특허수수료는 분기단위로 납부하는 것이 원칙이나 운영인이 원할 경우에는 1년 단위로 일괄하여 납부할 수 있다.
④ 모든 특허보세구역의 특허수수료는 특허 받은 연면적에 따라 부과한다.
⑤ 특허보세구역의 연면적이 특허수수료 납부 후에 변경된 경우 납부하여야 하는 특허수수료의 금액이 증가한 때에는 변경된 날로부터 5일내에 그 증가분을 납부하여야 한다.

Answer 12.⑤ 13.④

12 운영인 및 보세사의 의무〈보세공장 운영에 관한 고시 제42조의3 제1항〉
  ㉠ 보세운송의 도착 및 화물의 이상 유무 확인
  ㉡ 보세공장의 원재료 보관·보세작업·제품보관 등 각 단계별 반입과 반출
  ㉢ 장외작업물품의 반입과 반출
  ㉣ 내국작업허가 물품의 반입과 반출
  ㉤ 잉여물품의 발생과 반출입
  ㉥ 환급고시 규정에 의하여 지정된 업체가 공급하는 환급대상 내국물품의 반입
  ㉦ 반입대상이 아닌 내국물품의 반출입
  ㉧ 보세공장 물품의 장치와 보관
  ㉨ 기타 이 고시에서 정하는 확인·기록 사항

13 ④ 보세공장과 목재만 장치하는 수면의 보세창고에 대하여는 연면적에 의한 금액의 4분의 1로 한다〈관세법 시행규칙 제68조(특허수수료) 제2항〉.

14 특허보세구역 운영인이 보세구역 내 일정한 장소에 의무적으로 게시해야 할 사항이 아닌 것은?

① 특허장

② 영업용 보세창고의 경우 보관요율 및 보관규칙

③ 운영인이 법인인 경우 법인등기부등본

④ 화재보험요율

⑤ 위험물품 또는 식품류 보세구역인 경우 위험물장치허가증 등 관계기관장의 허가, 승인 또는 등록증

15 특허보세구역에 대한 설명 중 (   ) 안에 들어갈 내용으로 맞는 것은?

> 특허보세구역은 보세창고, 보세공장, (   ), 보세건설장, 보세판매장으로 구분한다.

① 보세장치장   ② 보세작업장

③ 보세제조장   ④ 보세전시장

⑤ 보세가공장

14 특허장의 게시 등〈특허보세구역 운영에 관한 고시 제16조 제1항〉··· 운영인은 보세구역내 일정한 장소에 다음 각 호의 사항을 게시하여야 한다〉.

ⓐ 별지 제2호서식의 특허장

ⓑ 보관요율(자가용 보세창고는 제외) 및 보관규칙

ⓒ 화재보험요율

ⓓ 자율관리보세구역지정서(자율관리보세구역만 해당)

ⓔ 위험물장치허가증 등 관계 행정기관의 장의 허가, 승인 또는 등록증(위험물, 식품류 보세구역에 해당)

15 ④ 특허보세구역은 보세창고, 보세공장, **보세전시장**, 보세건설장, 보세판매장이 있다〈관세법 제154조(보세구역의 종류)〉.

16 지정장치장에 대한 설명으로 틀린 것은?

① 통관을 하고자 하는 물품을 일시장치하기 위한 장소로서 세관장이 지정한다.

② 화물관리인이 화주로부터 징수하는 보관료의 요율은 관세청장의 승인을 받아야 한다.

③ 질서유지와 화물의 안전관리를 위하여 세관장은 화주에 갈음하여 보관책임을 지는 화물관리인을 지정할 수 있다.

④ 지정장치장 화물관리인 지정의 유효기간은 대통령령으로 정한다.

⑤ 화물관리인은 세관설비사용료를 세관장에게 납부하여야 한다.

17 지정장치장 화물관리인의 지정의 유효기간은?

① 1년 이내

② 2년 이내

③ 3년 이내

④ 5년 이내

⑤ 10년 이내

18 특허보세구역의 특허요건에 대한 설명으로 틀린 것은?

① 체납된 관세와 내국세가 없어야 한다.

② 「관세법」 제175조 각 호의 결격사유가 없어야 한다.

③ 위험물품을 장치·제조·전시 또는 판매하는 경우에는 위험물품의 종류에 따라 관계행정기관의 장의 허가 또는 승인을 받아야 한다.

④ 관세청장이 정하는 바에 따라 보세화물의 보관·판매·관리에 필요한 자본금, 장치면적 등에 관한 요건을 갖추어야 한다.

⑤ 특허를 받을 수 있는 자는 자연인만 가능하고 법인은 특허를 받을 수 없다.

Answer 16.② 17.④ 18.⑤

16. ② 지정장치장의 화물관리인은 화물관리에 필요한 비용(관세법에 따른 세관설비 사용료를 포함)을 화주로부터 징수할 수 있다. 다만, 그 요율에 대하여는 **세관장**의 승인을 받아야 한다〈관세법 제172조(물품에 대한 보관책임) 제3항〉.
　① 「관세법」 제169조(지정장치장)
　③④⑤ 「관세법」 제172조(물품에 대한 보관책임)

17 ④ 화물관리인 지정의 유효기간은 **5년 이내**로 한다〈관세법 시행령 제187조(화물관리인의 지정) 제4항〉.

18 ①②③⑤ 「특허보세구역 운영에 관한 고시」 제3조(운영인의 자격) 제1항
　④ 「관세법」 제174조(특허보세구역의 설치·운영에 관한 특허) 제3항

19 2개 이상의 근접한 장소에 있는 공장이 일정요건을 충족하는 경우 특허할 수 있는 보세공장의 명칭은?

① 종합보세공장   ② 단일보세공장

③ 수출보세공장   ④ 내수보세공장

⑤ 혼합보세공장

20 종합보세구역에 대한 설명 중 (   ) 안에 들어갈 내용으로 맞는 것은?

> 종합보세구역은 (㉠)이 직권 또는 관련 중앙행정기관의 장 등의 요청에 따라 (㉡)한다. 종합보세구역 안에서 종합보세기능을 수행하고자 하는 자는 종합보세사업장 설치 · 운영(변경)신고서(별지 제2호 서식)에 정해진 서류를 첨부하여 (㉢)에게 신고하여야 한다.

	㉠	㉡	㉢
①	관세청장	특허	관세청장
②	세관장	지정	세관장
③	세관장	특허	세관장
④	관세청장	지정	관세청장
⑤	관세청장	지정	세관장

Answer 19.② 20.⑤

19 단일보세공장의 특허 등〈보세공장 운영에 관한 고시 제7조 제1항〉 ··· 2개 이상 근접한 장소에 있는 공장이 동일기업체에 속하며 각 공장 간에 물품관리체계의 통합관리로 반출입 물품관리 및 재고관리에 지장이 없는 경우 다음 각 호의 어느 하나를 충족할 때에는 제6조에 따라 단일보세공장으로 특허할 수 있다. 다만, 세관관할구역을 달리하는 경우에는 통관절차의 간소화 및 세관업무의 편리를 도모하기 위하여 감시 단속에 지장이 없는 경우에만 관할지 세관장과 협의하여 주공장 관할세관에서 특허할 수 있다.

20 • 종합보세구역은 직권 또는 관세법의 규정에 의한 지정요청자의 요청에 의하여 ㉠ **관세청장**이 ㉡ **지정**한다〈종합보세구역의 지정 및 운영에 관한 고시 제4조(종합보세구역의 지정) 제1항〉.
• 종합보세구역에서 종합보세기능을 수행하고자 하는 자는 종합보세사업장 설치 · 운영(변경)신고서(별지 제2호 서식)에 다음 각호의 서류를 첨부하여 ㉢ **세관장**에게 신고하여야 한다〈종합보세구역의 지정 및 운영에 관한 고시 제7조(설치 · 운영신고) 제1항〉

21 수입활어장치장의 시설요건에 대한 설명으로 틀린 것은?

① 수조외벽은 각각의 수조가 물리적 · 영구적으로 분리되는 구조와 재질로 이루어져야 한다.

② 수조 사이는 활어가 이동할 수 있도록 적당한 높이와 넓이를 갖추어야 한다.

③ CCTV를 각각의 출입구와 2개의 수조당 1대 이상을 설치하여야 한다.

④ CCTV 영상을 상시 녹화할 수 있고 녹화된 영상을 30일 이상 보관할 수 있는 감시장비를 보유하여야 한다.

⑤ 폐사어를 장치할 수 있는 냉동 · 냉장 보관시설을 보유하여야 한다.

22 특허보세구역의 특허를 취소할 경우 의견 청취 절차에 대한 설명 중 (   ) 안에 들어갈 내용으로 맞는 것은?

> 세관장은 특허취소 등의 의견청취를 하려는 때에는 예정일 (   ) 전까지 의견청취 예정일 등을 지정하여 해당 보세구역의 운영인에게 서면으로 통지하여야 한다.

① 5일　　　　　　　　　　　　　　② 7일

③ 10일　　　　　　　　　　　　　④ 15일

⑤ 30일

Answer 21.② 22.③

21 활어장치장의 시설요건 등〈수입활어 관리에 관한 특례고시 제4조〉 … 활어장치장은 다음의 요건을 모두 갖추어야 한다.
ㄱ 수조외벽 : 각각의 수조가 물리적 · 영구적으로 분리되는 구조와 재질로 이루어 져야 하며, 수조 사이에 활어가 이동할 수 없도록 충분한 높이와 넓이를 갖추어야 한다.
ㄴ 폐쇄회로 텔레비전(CCTV) : 각각의 출입구와 2개의 수조당 1대 이상 설치하여야 하며, 활어의 검량 감시용으로 사용할 수 있는 이동식 CCTV를 1대 이상 보유하여야 한다. 다만, 세관장이 필요하다고 인정하는 경우에는 이를 가감할 수 있다
ㄷ 조명시설 : 세관장이 CCTV 영상을 통해 수조의 현황을 용이하게 식별할 수 있을 정도의 조명시설을 갖춰야 한다. 다만, 암실에 보관하여야 하는 어종을 장치하는 경우에는 적외선 카메라를 보유하여야 한다.
ㄹ 영상녹화시설 : CCTV 영상을 상시 녹화할 수 있고 녹화된 영상을 30일 이상 보관할 수 있는 감시장비를 보유하여야 한다.
ㅁ 냉동 · 냉장시설: 폐사어를 장치할 수 있는 냉동 · 냉장 보관시설을 보유하여야 한다.
ㅂ 인터넷망 구축 : 세관장이 CCTV 영상을 인터넷 망을 통해 실시간으로 확인이 가능하도록 조치(예: CCTV 인터넷망에 접속 권한 등을 부 여)하여야 한다.

22 ③ 의견청취를 하려는 때에는 의견청취 예정일 <u>10일</u> 전까지 의견청취 예정일 등을 지정하여 해당 보세구역의 운영인에게 서면으로 통지하여야 한다〈특허보세구역 운영에 관한 고시 제19조(특허취소 등의 경우 의견청취 절차) 제2항〉.

23 특허보세구역 승계에 대한 설명 중 ( ) 안에 들어갈 내용으로 맞는 것은?

> 특허보세구역의 승계신고는 피상속인 또는 피승계법인이 사망 또는 해산한 날부터 (㉠) 이내에 세관장에게 신고하여야 한다. 승계신고를 받은 세관장은 이를 심사하여 신고일로부터 (㉡) 이내에 그 결과를 신고인에게 통보하여야 한다.

	㉠	㉡
①	30일	7일
②	15일	7일
③	15일	5일
④	30일	5일
⑤	30일	10일

24 보세공장 잉여물품의 처리에 대한 설명 중 틀린 것은?

① 잉여물품을 다른 보세작업에 사용하고자 하는 경우에는 잉여물품관리대장에 그 내용을 기록한 후 사용하여야 한다.

② 잉여물품을 폐기하고자 하는 운영인은 세관장의 승인을 받아야 한다.

③ 세관장은 성실하다고 인정하는 업체 중 멸각후의 잔존물이 실질적 가치가 없는 물품은 세관장 직권으로 자체폐기대상물품으로 지정할 수 있다.

④ 세관장은 폐기 후 잔존물이 실질적인 가치가 있을 때에는 폐기 후의 물품의 성질과 수량에 의하여 관세 등을 징수하여야 한다.

⑤ 운영인이 잉여물품관리대장에 기록된 잉여물품을 수입 또는 수출하고자 하는 때에는 보세사가 확인한 잉여물품확인서를 제출하여야 한다.

Answer 23.④ 24.③

23 특허의 승계신고〈특허보세구역 운영에 관한 고시 제8조 제1항, 제2항〉

㉠ 법 제179조 제3항에 따라 특허보세구역의 운영을 계속하려는 상속인 또는 승계법인은 특허보세구역승계신고서에 다음 각 호의 서류를 첨부하여 피상속인 또는 피승계법인이 사망 또는 해산한 날부터 ㉠30일 이내에 세관장에게 신고하여야 한다.

㉡ ㉡에 따라 신고를 받은 세관장은 제3조, 제5조 제3항 제1호 및 제9조부터 제14조까지에 따라 심사하여 신고일부터 ㉡5일 이내에 그 결과를 신고인에게 통보하여야 한다.

24 ③ 세관장은 성실하다고 인정하는 업체 중 멸각후의 잔존물이 실질적 가치가 없는 물품에 대하여는 업체의 신청을 받아 사전에 자체폐기대상물품으로 지정할 수 있다〈보세공장 운영에 관한 고시 제33조(잉여물품의 처리) 제5항〉.

25 보세판매장의 특허상실에 따른 재고물품의 처리절차에 대한 설명 중 ( ) 안에 들어갈 내용으로 맞는 것은?

> 운영인은 특허가 상실된 때에는 ( ) 이내의 범위내에서 세관장이 정한 기간내에 재고물품을 판매, 다른 보세판매장에 양도, 외국으로 반출 또는 수입통관절차에 의거 통관하여야 한다.

① 6개월
② 1년
③ 2년
④ 3년
⑤ 5년

25 ① 운영인은 특허가 상실된 때에는 <u>6개월</u> 이내의 범위내에서 세관장이 정한 기간 내에 재고물품을 판매, 다른 보세판매장에 양도, 외국으로 반출 또는 수입통관절차에 의거 통관하여야 하며, 세관장이 정한 기간이 경과한 때에는 지정장치장 또는 세관장이 지정한 보세구역으로 이고하여야 한다〈보세판매장 운영에 관한 고시 제20조(특허상실에 따른 재고물품의 처리) 제2항〉.

1 수출입화물의 적하목록 작성책임자가 아닌 것은?

① 운항선사

② 항공사

③ 화물운송주선업자

④ 항공기의 선복을 용선한 항공사 대리점

⑤ 화주

2 수입적하목록의 정정기간에 대한 설명으로 틀린 것은?

① B/L 분할·합병 : 입항일로부터 60일 이내

② B/L 양수도 : 기간의 제한이 없음

③ 하선결과 이상보고서 제출화물 : 보고서 제출일로부터 15일

④ 반입결과 이상보고서 제출화물 : 보고서 제출일로부터 15일

⑤ 특수저장시설에 장치를 요하는 냉동화물 등을 하선과 동시에 컨테이너적입작업을 하는 경우 : 작업완료 다음 날까지(검수 또는 세관 직원의 확인을 받은 협정서를 첨부

Answer 1.⑤ 2.①

1 적하목록 작성책임자〈보세화물 입출항 하선 하기 및 적재에 관한 고시 제2조(정의) 제3호〉
ㄱ 입출항물품을 집하·운송하는 운항선사와 항공사
ㄴ 공동배선의 경우에는 선박 또는 항공기의 선복을 용선한 선박회사, 항공사(그 대리점을 포함)
ㄷ 혼재화물은 화물운송주선업자(그 대리점을 포함)

2 적하목록의 정정신청〈보세화물입출항 하선 하기 및 적재에 관한 고시 제12조 제3항〉 … 적하목록정정신청은 다음에서 정하는 기간 내에 신청할 수 있다. 다만, B/L 양수도 및 B/L 분할·합병의 경우에는 기간을 제한하지 아니한다.
ㄱ 하선결과 보고서 및 반입결과 이상보고서가 제출된 물품 : 보고서 제출일로부터 15일 이내
ㄴ 특수저장시설에 장치를 요하는 냉동화물 등을 하선과 동시에 컨테이너적입작업을 하는 경우 : 작업완료 다음 날까지(검수 또는 세관 직원의 확인을 받은 협정서를 첨부해야 한다)
ㄷ 그 밖의 사유로 적하목록을 정정하려는 경우 : 선박 입항일로부터 60일 이내

3 하역 및 환적에 관한 용어의 정의에 대한 설명으로 틀린 것은?

① "하역"이란 화물을 본선(기)에서 내리는 양륙 작업과 화물을 본선(기)에 올려 싣는 적재 작업을 말한다.

② "환적화물"이란 외국무역선(기)에 의하여 우리나라에 도착한 외국화물을 외국으로 반출하는 물품으로서 수출입 또는 반송신고대상 물품을 말한다.

③ "복합환적"이란 입항하는 운송수단의 물품을 다른 세관의 관할구역으로 운송하여 출항하는 운송수단으로 옮겨 싣는 것을 말한다.

④ "내국환적운송"이란 최초 입항지에서 운송수단을 국제무역선(국제무역기를 포함한다)으로 변경하여 국내 국제항 간 보세화물을 운송하는 것을 말한다.

⑤ "복합일관운송화물"이란 자동차에 적재한 상태로 해상 및 육로를 일관하여 운송하는 물품을 말한다.

4 화물운송주선업자에 대한 설명으로 틀린 것은?

① 혼재적하목록 제출을 위한 전산설비를 갖추어야 한다.

② 국제물류주선업자로 등록된 자는 세관등록절차를 생략할 수 있다.

③ 적재물품과 운송의뢰를 받은 물품과 일치하지 않을 때 그 사실을 세관장에게 지체 없이 신고하여야 한다.

④ 등록기간은 3년으로 하며, 갱신할 수 있다.

⑤ 화물운송주선업자의 변동사유가 발생한 날부터 60일 이내에 변동신고서와 신청인 제출서류를 통관지 세관장에게 제출하여야 한다.

Answer 3.② 4.②

3 ② "환적화물"이란 외국무역선(기)에 의하여 우리나라에 도착한 외국화물을 외국으로 반출하는 물품으로서 수출입 또는 반송신고 대상이 아닌 물품을 말한다〈보세화물입출항 하선 하기 및 적재에 관한 고시 제2조(정의) 제12호〉.
　① 「보세화물입출항 하선 하기 및 적재에 관한 고시」 제2조(정의)
　④⑤ 「환적화물 처리절차에 관한 특례고시」 제2조(정의)

4 ② 국제물류주선업자로 등록된 자도 세관등록절차를 거쳐야 한다〈화물운송주선업자의 등록 및 관리에 관한 고시 제3조(등록요건)〉.
　① 「화물운송주선업자의 등록 및 관리에 관한 고시」 제3조(등록요건)
　③ 「화물운송주선업자의 등록 및 관리에 관한 고시」 제7조(화물운송주선업자의 의무) 제2항
　④ 「화물운송주선업자의 등록 및 관리에 관한 고시」 제4조(등록신청 및 심사) 제5항
　⑤ 「화물운송주선업자의 등록 및 관리에 관한 고시」 제5조(갱신신청 및 변동신고) 제3항

5 「보세화물 입출항 하선 하기 및 적재에 관한 고시」와 관련된 용어의 정의 중 틀린 것은?

① "적하목록 제출의무자"란 외국무역선(기)을 운항하는 선박회사(대리점을 포함) 및 항공사(그 대리점 및 공동운항하는 항공기의 경우 운항항공사)를 말한다.

② "하역장소"란 화물을 하역하는 보세구역을 말하며, 항만의 경우에는 보세구역이 아닌 부두를 포함한다.

③ "하선장소"란 선박으로부터 하역된 화물을 반입할 수 있는 보세구역을 말한다.

④ "산물"이란 일정한 포장용기로 포장되지 않은 상태로 운송되는 물품으로서 수량관리가 가능한 물품을 말한다.

⑤ "화물관리번호"란 적하목록관리번호에 Master B/L 일련번호와 House B/L 일련번호를 합한 번호를 말한다.

6 보세화물 장치장소 결정을 위한 화물분류기준에 대한 설명으로 틀린 것은?

① 위험물, 보온·보냉물품, 검역대상물품 등은 해당 물품을 장치하기에 적합한 요건을 갖춘 보세구역에 장치한다.

② 화주 또는 그 위임을 받은 자가 별도의 의사표시가 없는 경우에는 House B/L 화물은 화물운송주선업자가 선량한 관리자로서 세관장과 협의하여 장치장소를 결정한다.

③ 보세창고, 보세공장, 보세판매장에 반입할 물품은 특허시 세관장이 지정한 장치물품의 범위에 해당하는 물품만 해당 보세구역에 장치한다.

④ 보세구역외장치의 허가를 받은 물품은 그 허가를 받은 장소에 장치한다.

⑤ 하선(기)전에 보세운송신고가 된 물품은 보세구역에 반입함이 없이 부두 또는 공항내에 서 보세운송절차를 수행하도록 하여야 한다.

7 보세운송 도착 화물에 대한 보세구역 운영인의 확인사항으로 틀린 것은?

① 세관화물정보시스템의 보세운송예정정보와 현품이 일치하는지

② 운송차량번호가 세관화물정보시스템의 내역과 일치하는지

③ 보세운송차량 기사가 세관에 등록되었는지

④ 현품의 과부족 및 포장 파손 여부

⑤ 컨테이너 봉인이 파손되었는지

Answer 5.④ 6.② 7.③

5 ④ "산물"이란 일정한 포장용기로 포장되지 않은 상태에서 운송되는 물품으로서 수량관리가 불가능한 물품을 말한다〈보세화물입출항 하선 하기 및 적재에 관한 고시 제2조(정의) 제9호〉.

6 ② 화주 또는 그 위임을 받은 자가 장치장소에 대한 별도의 의사표시가 없는 경우에는 House B/L화물은 화물운송주선업자가 선량한 관리자로서 **선사 및 보세구역 운영인과 협의**하여 장치장소를 결정한다〈보세화물관리에 관한 고시 제4조(화물분류 기준) 제1항 제2호〉.

7 반입확인 및 반입신고〈보세화물관리에 관한 고시 제9조() 제3항〉 … 운영인은 보세운송물품이 도착한 때에는 다음의 사항을 확인하여 이상이 없는 경우에만 물품을 인수한다.
ㄱ 세관화물정보시스템의 보세운송예정정보와 현품이 일치하는지
ㄴ 운송차량번호, 컨테이너번호, 컨테이너봉인번호가 세관화물정보시스템의 내역과 일치하는지
ㄷ 컨테이너 봉인이 파손되었는지
ㄹ 현품이 과부족하거나 포장이 파손되었는지

8 보세창고 운영인의 반출신고 절차에 대한 설명으로 틀린 것은?

① 수입신고수리된 물품의 반출요청을 받은 경우 반출승인정보를 확인한 후 이상이 없는 경우 물품 반출전에 반출신고서를 세관장에게 제출한다.

② 자가용 보세창고에 반입되어 수입신고수리된 화물의 반출신고를 생략한다.

③ 물품폐기를 위한 반출요청을 받은 물품이 반출승인정보와 상이한 경우 출고를 보류하고 세관장에게 그 사실을 보고하여야 한다.

④ 반출신고 내역을 정정하려는 때에는 반출신고 정정신청서를 세관장에게 제출하여야 한다.

⑤ 보세구역외장치장에 반입한 화물 중 보세운송절차에 따라 반출된 화물은 반출신고를 생략한다.

9 보세창고 내국물품 반출입신고에 대한 설명으로 틀린 것은?

① 자율관리보세구역으로 지정된 경우 내국물품 장치신고를 생략한다.

② 운영인은 외국물품이나 통관을 하려는 물품의 장치에 방해되지 아니하는 범위에서 내국물품을 장치할 수 있다.

③ 동일한 보세창고에 장치되어 수입신고가 수리된 물품을 6개월 이상 계속하여 장치하려면 세관장의 승인을 받아야 한다.

④ 1년 이상 계속하여 내국물품만을 장치하려는 자는 내국물품장치승인(신청)서를 제출하여 세관장의 승인을 받아야 한다.

⑤ 내국물품 반출입신고를 접수한 세관장은 반출입신고수리필증을 교부하지 아니한다.

Answer 8.⑤ 9.①

8 ⑤ 보세구역외장치장에 반입한 화물 중 수입신고수리된 화물은 반출신고를 생략하며 반송 및 보세운송절차에 따라 반출된 화물은 반출신고를 하여야 한다〈보세화물관리에 관한 고시 제15조(보세구역외장치물품의 반출입) 제3항〉.

9 ① 「관세법 시행령」 제176조(물품의 반출입신고) 제3항 제2호에 따라 자율관리보세구역으로 지정된 경우 내국물품의 반출입신고를 생략한다.

10 보세구역외장치 허가에 대한 설명으로 틀린 것은?

① 부패, 변질 우려 등으로 특수보관이 필요한 물품에 대해 세관장의 허가를 받아 장치할 수 있다.
② 허가기간은 6개월의 범위내에서 세관장이 인정하는 기간이다.
③ 담보제공기간은 보세구역외장치 허가신청 기간으로 한다.
④ 허가수수료는 1만 8천 원이다.
⑤ 허가장소에 물품을 반입한 즉시 세관장에게 반입신고를 하여야 한다.

11 보세구역에 장치된 외국물품의 견품 반출입 절차에 대한 설명으로 틀린 것은?

① 외국물품을 견품으로 반출하려는 자는 세관장의 허가를 받아야 한다.
② 견품의 반출은 필요한 최소한의 수량으로 제한된다.
③ 세관장은 견품채취로 인하여 장치물품의 변질, 손상, 가치감소 등으로 관세채권 확보가 어려운 경우에는 견품 반출허가를 하지 아니할 수 있다.
④ 견품반출허가를 받은 자는 반출기간 종료 전에 해당 물품을 보세구역에 반입하여야 한다.
⑤ 견품반출허가를 받으려는 자는 관세에 상당하는 담보를 제공하여야 한다.

Answer 10.③ 11.⑤

10 ③ 세관장은 보세구역외장치 허가신청(법에 따른 보세구역외장치허가기간 연장의 경우를 포함)을 받은 경우 보세구역외장치 허가기간에 1개월을 연장한 기간을 담보기간으로 하여 담보제공을 명할 수 있다〈보세화물관리에 관한 고시 제7조(보세구역외장치의 허가) 제4항〉.

11 견품 반출입 절차〈보세화물관리에 관한 고시 제30조〉
　㉠ 보세구역 등에 장치된 외국물품의 전부 또는 일부를 견품으로 반출하려는 자는 견품반출허가(신청)서를 제출하여 세관장의 허가를 받아야 한다.
　㉡ 세관장은 견품반출허가를 하는 경우에는 필요한 최소한의 수량으로 제한하여야 하며, 견품채취로 인하여 장치물품의 변질, 손상, 가치감소 등으로 관세채권의 확보가 어려운 경우에는 견품반출 허가를 하지 아니할 수 있다.
　㉢ ㉠에 따라 견품반출허가를 받은 자는 반출기간이 종료되기 전에 해당 물품이 장치되었던 보세구역에 반입하고 견품재반입보고서를 세관장에게 제출하여야 한다.
　㉣ 보세구역 운영인 또는 관리인은 ㉠에 따라 견품반출 허가를 받은 물품이 해당 보세구역에서 반출입될 때에는 견품반출 허가사항을 확인하고, 견품반출입 사항을 견품반출입대장에 기록관리하여야 한다.

12 보세구역 장치물품의 폐기에 대한 설명으로 틀린 것은?

① 폐기승인 신청인은 폐기를 완료한 즉시 폐기완료보고서를 세관장에게 제출하여 그 확인을 받아야 한다.

② 보세구역에 장치된 물품 중 다음 각 호의 어느 하나에 해당하는 것은 화주, 반입자, 화주 또는 반입자의 위임을 받은 자에게 이를 반송 또는 폐기할 것을 명하거나 화주 등에게 통고한 후 폐기할 수 있다.

③ 승인을 받은 외국물품 중 폐기 후에 남아 있는 부분에 대하여 세관장은 폐기승인 신청 시의 물품의 성질과 수량에 따라 관세를 부과한다.

④ 세관장은 화주 등의 주소나 거소를 알 수 없어 반송 및 폐기처분에 대한 통고를 할 수 없는 경우 공고로써 이를 갈음할 수 있다.

⑤ 화주 등이 물품을 폐기한 경우 그 비용은 화주 등이 부담한다.

13 신고지연가산세 적용 보세구역에 대한 설명으로 틀린 것은?

① 물품 반입일로부터 30일 이내에 수입 또는 반송신고를 하지 않으면 가산세가 부과된다.

② 정부 또는 지방자치단체가 직접 수입하는 물품은 부과 대상이 아니다.

③ 신고기한이 경과한 날부터 20일 이내에 신고한 때에는 당해 물품의 과세가격의 1천분의 5를 가산세로 징수한다.

④ 신고기한이 경과한 날부터 50일 이내에 신고한 때에는 당해 물품의 과세가격의 1천분의 10을 가산세로 징수한다.

⑤ 신고지연 가산세액은 1,000만 원을 초과할 수 없다.

Answer 12.③ 13.⑤

12 ③ 승인을 받은 외국물품 중 폐기 후에 남아 있는 부분에 대하여는 **폐기 후의** 성질과 수량에 따라 관세를 부과한다〈관세법 제160조(장치물품의 폐기) 제3항〉.
① 「보세화물관리에 관한 고시」 제29조(폐기처리)
②④⑤ 「관세법」 제160조(장치물품의 폐기)

13 ⑤ 세관장은 대통령령으로 정하는 물품을 수입하거나 반송하는 자가 기간 내에 수입 또는 반송의 신고를 하지 아니한 경우에는 해당 물품 과세가격의 100분의 2에 상당하는 금액의 범위에서 대통령령으로 정하는 금액을 가산세로 징수한다〈관세법 제241조(수출ㆍ수입 또는 반송의 신고) 제4항〉.
※ **가산세율**〈관세법 시행령 제247조 제1항, 제2항〉
  ㉠ 법 제241조 제4항의 규정에 의한 가산세액은 다음에 아래와 같이 산출한다.
    1. 법 제241조 제3항의 규정에 의한 기한(이하 이 조에서 "신고기한"이라 한다)이 경과한 날부터 20일내에 신고를 한 때에는 당해 물품의 과세가격의 1천분의 5
    2. 신고기한이 경과한 날부터 50일내에 신고를 한 때에는 당해 물품의 과세가격의 1천분의 10
    3. 신고기한이 경과한 날부터 80일내에 신고를 한 때에는 당해 물품의 과세가격의 1천분의 15
    4. 제1호 내지 제3호 외의 경우에는 당해 물품의 과세가격의 1천분의 20
  ㉡ ㉠에 따른 가산세액은 500만 원을 초과할 수 없다.

14 보세창고에서의 수입식품류 보관기준에 대한 설명으로 틀린 것은?

① 해충의 침입방지를 위한 방충시설을 갖추어야 한다.
② 악취·유해가스, 먼지 등을 배출시키는 환기시설을 갖추어야 한다.
③ 식품류는 공산품과 분리·구획하지 않고 보관한다.
④ 온도 상승으로 부패 등 변질 우려가 있는 식품은 서늘한 곳에 보관한다.
⑤ 냉장·냉동창고에는 온도유지 및 습도조절 시설을 갖추어야 한다.

15 장치기간 경과물품에 대한 반출통고의 주체가 세관장이 아닌 것은?

① 영업용보세창고
② 보세전시장
③ 보세구역외장치장
④ 자가용 보세창고
⑤ 보세공장

16 장치기간 경과물품에 대한 매각대금 충당 순서로 맞는 것은?

① 관세 → 매각 비용 → 각종 세금
② 매각 비용 → 각종 세금 → 관세
③ 관세 → 각종 세금 → 매각 비용
④ 매각 비용 → 관세 → 각종 세금
⑤ 각종 세금 → 관세 → 매각비용

Answer 14.③ 15.① 16.④

14 ③ 식품류는 공산품과 분리, 구획하여 보관하여야 한다〈보세화물관리에 관한 고시 별표4(보세구역 수입식품류 보관기준)〉.

15 ① 보세전시장, 보세건설장, 보세판매장, 보세공장, 보세구역외장치장, 자가용 보세창고에 반입한 물품에 대해서는 관할세관장이 화주나 반입자 또는 그 위임을 받은 자에게 반출통고 한다〈보세화물장치기간 및 체화관리에 관한 고시 제6조(반출통고의 주체, 대상 및 내용) 제1항〉.

16 ④ 세관장은 법에 따른 매각대금 중에서 그 물품 매각에 관한 비용, 관세, 각종 세금의 순으로 필요한 금액을 충당하고 잔금이 있을 때에는 화주에게 교부한다〈보세화물장치기간 및 체화관리에 관한 고시 제23조(공매물품 잔금처리) 제1항〉.

17 보세운송신고 및 도착물품 관리에 대한 설명으로 틀린 것은?

① 보세운송인이 보세운송목적지를 변경하려는 경우 보세운송신고(승인신청) 항목변경승인(신청)서를 발송지세관장 또는 도착지세관장에게 제출하여 승인을 받아야 한다.

② 경유지 보세구역에서도 보세운송물품의 개장, 분리 등의 작업을 할 수 있다.

③ 보세운송인은 보세운송도중 운송수단을 변경하기 위하여 경유지를 거치는 경우에는 보세운송신고 또는 승인 신청시에 이를 함께 기재하여 신고 또는 승인신청 해야 한다.

④ 보세운송인이 물품을 도착지에 도착시킨 때에는 지체 없이 보세운송승인서 2부(신청인용, 반입신고용)를 보세구역운영인 또는 화물관리인에게 제시하고 물품을 인계하여야 한다.

⑤ 도착지 보세구역 운영인은 도착된 보세운송물품에 과부족이 있는 경우 지체 없이 세관장에게 보고하여야 한다.

18 「관세법」 제158조의 보수작업의 범위에 해당하지 않는 것은?

① 해체 · 절단
② 개장(포장 바꿈)
③ 구분
④ 합병
⑤ 분할

19 간이 보세운송에 관한 설명으로 틀린 것은?

① 보세운송 담보제공의 면제
② 보세운송 신고절차의 간소화
③ 보세운송 도착보고의 생략
④ 보세운송물품의 검사의 생략
⑤ 간이보세운송업자는 물품의 성질과 형태, 보세운송업자의 신용도 등을 고려하여 세관장이 지정

Answer 17.② 18.① 19.③

17 ② 보세구역 경유지에서는 보세운송물품의 개장, 분리, 합병 등의 작업을 할 수 없다〈보세운송에 관한 고시 제40조(보세운송 경유지신고) 제3항〉.
　① 「보세운송에 관한 고시」 제38조(보세운송 목적지 등 변경) 제1항
　③ 「보세운송에 관한 고시」 제40조(보세운송 경유지 신고) 제1항
　④⑤ 「보세운송에 관한 고시」 제51조(보세운송물품 도착)

18 보세구역에 장치된 물품은 그 현상을 유지하기 위하여 필요한 보수작업과 그 성질을 변하지 아니하게 하는 범위에서 **포장을 바꾸거나 구분 · 분할 · 합병**을 하거나 그 밖의 비슷한 보수작업을 할 수 있다. 이 경우 보세구역에서의 보수작업이 곤란하다고 세관장이 인정할 때에는 기간과 장소를 지정받아 보세구역 밖에서 보수작업을 할 수 있다〈관세법 제158조(보수작업) 제1항〉

19 세관장은 보세운송을 하려는 물품의 성질과 형태, 보세운송업자의 신용도 등을 고려하여 관세청장이 정하는 바에 따라 보세운송업자나 물품을 지정하여 제213조 제2항에 따른 신고절차의 간소화, 제213조 제3항에 따른 검사의 생략, 제218조에 따른 담보제공의 면제를 할 수 있다〈관세법 제220조(간이 보세운송)〉.

20 세관의 업무시간이 아닌 때에 세관절차를 밟으려는 자는 사전에 세관장에게 통보해야 한다. 다음 중 임시개청 통보대상이 아닌 절차는?

① 입항보고   ② 하역신고

③ 수입신고   ④ 보세운송신고

⑤ 수출신고

21 장치기간 경과물품에 대한 매각처분 보류와 관련한 설명 중 틀린 것은?

① 「관세법」 위반으로 조사 중인 경우에는 매각처분을 보류할 수 있다.

② 이의신청, 심판청구, 소송 등 쟁송이 계류 중인 경우에는 매각처분을 보류할 수 있다.

③ 매각처분을 보류하고자 하는 때에는 보세구역 운영인이 장치기간 경과물품 매각처분 보류신청(승인)서를 세관장에게 제출하고 그 승인을 받아야 한다.

④ 세관장은 적하목록 정정신청한 물품에 대하여 필요하다고 인정할 때에는 화물관리 세관공무원에게 현품확인을 하게 할 수 있다.

⑤ 매각처분 보류기간은 4개월의 범위에서 필요한 기간을 세관장이 정한다.

22 항공화물의 하기절차에 관한 설명 중 틀린 것은?

① 하역된 화물을 인수받은 하기장소 보세구역 운영인은 입항 후 익일 근무시간의 오전까지 지정된 하기장소에 반입해야 한다.

② 하기결과 이상보고서는 항공사가 제출하여야 하나, 특송화물의 경우에는 특송업체가 제출할 수 있다.

③ 세관근무시간 이외의 하기작업으로 당일보고가 곤란한 경우에는 하기결과이상보고를 다음 날 12시까지 이를 보고해야 한다.

④ 포장파손이 용이한 물품으로서 과부족이 5%이내인 경우 적하목록 정정신청을 생략할 수 있다.

⑤ 하기장소로 지정한 물품에 한해 해당물품의 반입 즉시 House AWB 단위로 세관장에게 전자문서로 물품반입신고를 해야 한다.

Answer 20.②   21.③   22.①

20 ② 세관의 업무시간이 아닌 때에 통관절차, 보세운송절차 또는 입출항절차를 밟으려는 자는 대통령령으로 정하는 바에 따라 세관장에게 미리 통보하여야 한다〈관세법 제321조(세관의 업무시간 · 물품취급시간) 제2항〉.

21 ③ 매각처분을 보류하려는 자는 장치기간 경과물품 매각처분 보류신청(승인)서에 서류를 첨부하여 세관장에게 제출하고 입찰 전까지 그 승인을 받아야 한다〈보세화물장치기간 및 체화관리에 관한 고시 제10조(매각처분 보류요청) 제1항〉.
    ①② 「보세화물장치기간 및 체화관리에 관한 고시」 제9조(매각처분의 대상)
    ④⑤ 「보세화물장치기간 및 체화관리에 관한 고시」 제10조(매각처분 보류요청)

22 ① 물품을 인수받은 운영인은 입항 후 <u>24시간 이내</u>에 지정된 하기장소에 반입하여야 한다〈보세화물 입출항 하선 하기 및 적재에 관한 고시 제30조(하기장소의 물품반입) 제1항〉.
    ③ 「보세화물 입출항 하선 하기 및 적재에 관한 고시」 제29조(하기결과보고) 제1항
    ④ 「보세화물 입출항 하선 하기 및 적재에 관한 고시」 제26조(적하목록 정정생략) 제1항
    ⑤ 「보세화물 입출항 하선 하기 및 적재에 관한 고시」 제30조(하기장소의 물품반입) 제2항

23 세관장에게 보세운송의 승인을 받아야 하는 경우로 틀린 것은?

① 보세운송된 물품 중 보세공장으로 재보세운송하고자 하는 물품

② 비금속설

③ 화주 또는 화물에 대한 권리가 가진 자가 직접 보세운송하는 물품

④ 수출용원재료

⑤ 화물이 국내에 도착된 후 최초로 보세구역에 반입된 날부터 30일이 경과한 물품

24 보세운송신고(승인) 대상인 수출 또는 반송 물품을 모두 고른 것은?

> ㉠ 「반송절차에 관한 고시」에 따라 외국으로 반출하는 물품
> ㉡ 보세전시장에서 전시 후 반송하는 물품
> ㉢ 수출조건으로 판매된 몰수품
> ㉣ 보세판매장에서 판매 후 반송되는 물품

① ㉠㉡㉢㉣   ② ㉠㉡㉢

③ ㉠㉡㉣   ④ ㉡㉣

⑤ ㉠

---

23 ④ 귀석·반귀석·귀금속·한약재·의약품·향료 등 부피가 작고 고가인 물품은 수출물품 제조용 원재료 또는 세관장이 지정한 보세구역으로 운송하는 물품에만 할 수 있다〈관세법 시행령 제226조(보세운송의 신고 등) 제3항〉.

24 적용범위〈보세운송에 관한 고시 제46조 제1항〉 … 수출신고가 수리된 물품은 보세운송절차를 생략한다. 다만, 다음에 해당하는 물품은 그러하지 아니하다.
㉠ 「반송절차에 관한 고시」에 따라 외국으로 반출하는 물품
㉡ 보세전시장에서 전시 후 반송되는 물품
㉢ 보세판매장에서 판매 후 반송되는 물품
㉣ 여행자 휴대품 중 반송되는 물품
㉤ 보세공장 및 자유무역지역에서 제조·가공하여 수출하는 물품
㉥ 수출조건으로 판매된 몰수품 또는 국고귀속된 물품

25 관리대상화물(검사대상화물)의 보세운송에 관한 설명 중 틀린 것은?

① 진공포장 화물 등 특수한 장소에서만 개장이 불가피하여 해당 장소로 운송하고자 하는 경우에는 보세운송할 수 있다.

② 화주가 원거리에 소재하고 있어 검사대상화물 검사시 입회가 어려운 경우로서 세관장이 필요하다고 인정하는 경우에는 보세운송할 수 있다.

③ 검역법 등 관련 법규에 따라 지정된 보세구역으로 운송하여야 하는 경우에는 보세운송할 수 있다.

④ 검사결과 적하목록정정 대상인 경우로서 보세화물 관리에 문제가 없다고 세관장이 인정하는 경우에는 보세운송할 수 있다.

⑤ 검사결과 보수작업 대상인 경우에는 반드시 보수작업 절차를 이행한 후 보세운송할 수 있다.

Answer 25.⑤

25 ⑤ 검사결과 적하목록 정정·보수작업 대상 등 범칙조사 대상이 아닌 경우로서 보세화물 관리에 문제가 없다고 세관장이 인정하는 경우〈관리대상화물 관리에 관한 고시 제14조(보세운송) 제1항 제5호〉

1 국제항에 대한 설명 중 틀린 것은?

① 원칙적으로 국제무역선(기)은 국제항에 한정하여 운항할 수 있다.

② 국제항은 대통령령으로 지정한다.

③ 국제항의 시설기준 등에 관하여 필요한 사항은 대통령령으로 정한다.

④ 국제무역선이 국제항에 입항하였을 때에는 선장은 대통령령으로 정하는 사항이 적힌 선박용품 또는 항공기용품의 목록, 여객명부, 승무원명부, 승무원 휴대품목록과 적재화물목록을 첨부하여 지체 없이 세관장에게 입항보고를 해야 한다.

⑤ 국제무역선의 선장이나 국제무역기의 기장은 국제항의 출입 허가 수수료는 100만원을 초과하지 못한다.

2 국제무역기의 입출항 절차 등에 대한 설명으로 틀린 것은?

① 국제무역기는 관세법에 의한 입항절차를 마친 후가 아니면 물품을 하역하거나 환적할 수 없다.

② 국제무역기가 입항절차를 완료한 이후에는 여객, 승무원 또는 운전자가 아닌 자라도 세관장에게 신고하지 않고 자유롭게 승선할 수 있다.

③ 외국물품을 적재한 운송수단에서 다른 운송수단으로 물품을 환적하거나 사람을 이동시키는 경우 세관장에게 신고를 하고 현장에서 세관공무원의 확인을 받아야 한다.

④ 항공기용품을 국제무역기에 하역하거나 환적하려면 세관장의 허가를 받아야 한다.

⑤ 세관장이 감시·단속을 위하여 필요한 때에는 국제무역기에 물품을 하역하는 장소 및 통로와 기간을 제한할 수 있다.

Answer 1.⑤ 2.②

1 ⑤ 산정된 금액이 1만원에 미달하는 경우에는 1만원으로 한다. 이 경우 수수료의 총액은 50만원을 초과하지 못한다〈관세법 시행령 제62조(국제항이 아닌 지역에 대한 출입허가수수료) 제1항〉
①「관세법」제134조(국제항 등에의 출입) 제1항
②③「관세법」제133조(국제항의 지정 등)
④「관세법」제135조(입항절차) 제1항

2 외국물품의 일시양륙 등〈관세법 제141조〉… 다음 어느 하나에 해당하는 행위를 하려면 세관장에게 신고를 하고, 현장에서 세관공무원의 확인을 받아야 한다. 다만, 관세청장이 감시·단속에 지장이 없다고 인정하여 따로 정하는 경우에는 간소한 방법으로 신고 또는 확인하거나 이를 생략하게 할 수 있다.
㉠ 외국물품을 운송수단으로부터 일시적으로 육지에 내려놓으려는 경우
㉡ 해당 운송수단의 여객·승무원 또는 운전자가 아닌 자가 타려는 경우
㉢ 외국물품을 적재한 운송수단에서 다른 운송수단으로 물품을 환적 또는 복합환적하거나 사람을 이동시키는 경우

3 테러 및 위해물품 발견 시 행동요령으로 틀린 것은?

① 가루인 경우에는 밀봉된 비닐백에 별도 보관하여 관계당국에 인계한다.

② 흔들거나 떨어뜨리지 않는다.

③ 냄새를 맡지 아니한다.

④ 발견 즉시 물품을 개봉하고 격리된 곳에 보관한 뒤 가까운 세관에 신고하고 경찰, 보건당국에도 신고한다.

⑤ 피부에 접촉하였을 경우에는 접촉부위를 비누와 물로 세척한다.

4 「관세법」상 선박용품이 아닌 것은?

① 승무원들이 소비하는 음료, 식료

② 국제무역선이 항해 중 사용하기 위한 연료

③ 항해 도중 선원에 의하여 자체적으로 수리할 수 있는 수리용 예비 부분품

④ 선박이 부두 입출항 시 필요한 밧줄

⑤ 여객의 편의를 제공하기 위해 선내에서 판매되는 물품

Answer 3.④ 4.⑤

3 ④ 물품을 개봉해서는 안 된다.

4 ⑤ 음료, 식품, 연료, 소모품, 밧줄, 수리용 예비부분품 및 부속품, 집기, 그 밖에 이와 유사한 물품으로서 해당 선박에서만 사용되는 것을 말한다〈관세법 제2조(정의) 제10호〉.

5 「선박(항공기)용품 및 용역공급업 등의 등록에 관한 고시」에서 사용되는 용어의 정의에 대한 설명으로 맞는 것은?

① 항만용역업은 항만 또는 공항에서 선박 또는 항공기에 화물을 적재하거나 양하하는 업을 말한다.
② 물품공급업은 국제무역선에 선박용품을 공급하거나 국제무역기에 항공기용품을 공급하는 업을 말한다.
③ 선박연료공급업은 국제무역선의 운항에 필요한 연료를 위임받아 직접 급유하는 업을 말한다.
④ 검량업은 선적화물을 적하 또는 양하하는 경우에 그 화물의 개수의 계산 또는 인도·인수의 증명을 하는 업을 말한다.
⑤ 예선업은 선박의 입출항 시 도선사가 탑승하여 수로를 안내하는 업을 말한다.

6 관리대상화물 관리에 대한 설명으로 틀린 것은?

① 화주 또는 화주로부터 권한을 위임받은 자는선별된 검사대상화물이 원자재(수출, 내수용 포함) 및 시설재인 경우 세관장에게 검사대상화물의 해제를 신청할 수 없다.
② 총기류·도검류 등 위해물품을 은닉할 가능성이 있는 화물은 세관장이 검색기검사화물로 선별하여 검사하는 화물이다.
③ 세관장은 개장검사 입회 통보를 하여도 검사일시에 화주 또는 화주로부터 권한을 위임받은 자가 입회하지 않은 때에는 해당 보세구역의 화물관리인(운영인)이나 그 대리인의 입회하에 검사를 실시할 수 있다.
④ 세관장은 개장검사를 실시할 때 화주 또는 화주로부터 권한을 위임받은 자가 검사에 입회할 수 있도록 검사일시·검사장소·입회가능시간 등을 통보해야 한다.
⑤ 세관장은 개장검사를 실시하는 화물에 대하여 효율적인 검사업무 수행을 위하여 필요한 경우 화주 또는 화주로부터 권한을 위임받은 자에게 선하증권 부본 또는 항공화물운송장 부본 등을 제출하게 할 수 있다.

Answer 5.② 6.①

5 ① "항만용역업"은 통선으로 본선과 육지간의 연락을 중계하는 행위, 본선의 경비 또는 본선의 이안 및 접안을 보조하기 위하여 줄잡이 역무를 제공하는 행위, 선박의 청소(유창청소업 제외)·오물제거·소독·폐물수집 및 운반·화물고정·칠 등을 하는 행위, 선박에서 사용하는 맑은 물을 공급하는 행위를 행하는 업을 말한다〈선박(항공기)용품 및 용역공급업 등의 등록에 관한 고시 제3조(정의) 제3호〉.
③ "선박연료공급업"이란 국제무역선의 운항에 필요한 연료를 공급하는 업을 말한다〈선박(항공기)용품 및 용역공급업 등의 등록에 관한 고시 제3조(정의) 제6호〉.
④ "검량업"이란 선적화물을 싣거나 내릴 때 그 화물의 용적 또는 중량을 계산하거나 증명하는 업을 말한다〈선박(항공기)용품 및 용역공급업 등의 등록에 관한 고시 제3조(정의) 제15호〉.
⑤ "예선업"이란 예인선으로 선박을 끌어당기거나 밀어서 이안·접안·계류를 보조하는 업을 말한다〈선박(항공기)용품 및 용역공급업 등의 등록에 관한 고시 제3조(정의) 제18호〉.

6 ① 화주 또는 화주로부터 권한을 위임받은 자는 선별된 검사대상화물 또는 감시대상화물이 원자재(수출, 내수용 포함) 및 시설재인 경우 세관장에게 검사대상화물의 해제를 신청할 수 있으며, 신청서류는 우편, FAX, 전자우편으로 제출할 수 있다〈관리대상화물 관리에 관한 고시 제13조(검사대상화물의 해제) 제1호〉.
② 「관리대상화물 관리에 관한 고시」 제5조(검사대상화물 또는 감시대상화물의 선별) 제1항 제1호
③④⑤ 「관리대상화물 관리에 관한 고시」 제12조(검사 입회 및 서류 제출) 제2항

7 관세법령상 국제항에 지정되지 않은 곳은?

① 김해공항
② 인천항
③ 속초항
④ 무안공항
⑤ 광주공항

8 AEO 공인기준에 대한 설명으로 틀린 것은?

① 공인기준에서 세부적인 요구사항이 모든 공인대상에 동일하다.
② 법규준수도가 80점 이상이 되어야 한다.
③ 내부통제시스템은 수출입신고 등의 적정성을 유지하기 위한 기업의 영업활동, 신고 자료의 흐름 및 회계처리 등과 관련하여 부서간 상호 의사소통 및 통제 체제를 갖추는 것이다.
④ 재무건전성은 관세 등 영업활동과 관련한 세금을 체납하지 않는 등 재무 건전성을 갖추는 것이다.
⑤ 안전관리는 출입물품의 안전한 관리를 확보할 수 있는 거래업체, 운송수단, 출입통제, 인사, 취급절차, 시설과 장비, 정보 및 교육 · 훈련체계를 갖추는 것이다.

9 수출입안전관리 우수업체(AEO) 보세구역 운영인 부문에 대한 내부통제시스템 기준으로 틀린 것은?

① 최고경영자의 법규준수 및 안전관리 경영방침 수립과 세부목표 수립
② 법규준수도 재고와 안전관리를 위한 조직과 인력 확보
③ 수출입물품 취급 관련 자격증 소지자와 경험자 근무
④ 위험요소의 식별, 평가, 관리대책의 수립 및 평가결과에 따른 개선
⑤ 위험평가 절차에 따라 거래업체의 안전관리기준 충족 여부 주기적 검증

Answer 7.⑤ 8.① 9.⑤

7 「관세법 시행령」 제155조(국제항의 지정) 제1항에 따라 국제항 항구에는 인천항, 부산항, 마산항, 여수항, 목포항, 군산항, 제주항, 동해 · 묵호항, 울산항, 통영항, 삼천포항, 장승포항, 포항항, 장항항, 옥포항, 광양항, 평택 · 당진항, 대산항, 삼척항, 진해항, 완도항, 속초항, 고현항, 경인항, 보령항이 있다. 공항에는 인천공항, 김포공항, 김해공항, 제주공항, 청주공항, 대구공항, 무안공항, 양양공항이 있다.

8 ①「수출입 안전관리 우수업체 공인 및 운영에 관한 고시」 제4조(공인기준) 제1항에 따라 수출입 안전관리 우수업체의 공인기준은 4가지로 구분하며, 세부 내용은 별표 1로 공인대상별로 다르다.

9 ⑤ 위험평가 결과에 대한 관리대책을 수립하는 절차를 마련하여야 한다〈수출입 안전관리 우수업체 공인 및 운영에 관한 고시 [별표1] 관리책임자의 자격 요건〉.

10 수출입안전관리 우수업체(AEO) 보세구역 운영인 부문에 대한 안전관리 기준으로 틀린 것은?

① 운영인은 컨테이너와 트레일러 등의 이상 여부를 확인하고 손상된 컨테이너와 트레일러 등을 식별하여 세관장 및 관련 외국 관세당국에 보고하는 절차를 마련하여야 한다.

② 운영인은 손상된 봉인을 식별하여 세관장 및 관련 외국 관세당국에 보고하는 절차를 마련하여야 한다.

③ 운영인은 접근통제구역을 설정하고 회사관리자를 지정하여 직원, 방문자, 납품업자를 식별하는 표식의 발급과 회수를 관리하여야 한다.

④ 운영인은 물품 및 컨테이너와 트레일러 등에 대한 무단 접근이나 조작을 방지하기 위하여 안전한 장소에 보관한다.

⑤ 운영인은 무단침입이 확인된 경우 세관장에게 보고하는 절차를 마련하여야 한다.

11 수출입안전관리 우수업체(AEO)의 공인을 갱신하기 위하여 공인기준 충족여부를 심사하는 절차로 맞는 것은?

① 공인심사　　　　　　　　　　② 예비심사
③ 종합심사　　　　　　　　　　④ 서면심사
⑤ 현장심사

---

10 ③ 운영인은 접근통제구역을 설정하고, 직원별로 직무수행 범위에 따라 접근가능 구역과 권한을 구분하여야 하며, 접근통제장치를 발급, 회수, 변경하는 절차를 마련하여야 한다〈수출입 안전관리 우수업체 공인 및 운영에 관한 고시 [별표1] 관리책임자의 자격 요건〉.

11 ③ 수출입안전관리 우수업체는 공인을 갱신하고자 할 때에는 공인의 유효기간이 끝나기 6개월 전까지 수출입안전관리 우수업체 종합심사신청서에 제6조 제1항 각 호의 서류를 첨부하여 관세청장에게 전자문서로 제출하여야 한다. 이 경우 관세청장은 원활한 종합심사를 운영하기 위해 수출입안전관리 우수업체에게 공인의 유효기간이 끝나기 1년 전부터 종합심사를 신청하게 할 수 있다〈수출입안전관리 우수업체 공인 및 운영에 관한 고시 제19조(종합심사) 제1항〉.

12 수출입안전관리 우수업체(AEO) 보세운송업자 부문에 내부통제시스템 기준에 대한 설명으로 틀린 것은?

① 보세운송업자는 최고경영자의 법규준수와 안전관리에 대한 경영방침과 이를 이행하기 위한 세부목표를 수립하여야 한다.

② 보세운송업자는 법규준수와 안전관리를 위한 조직과 인력을 확보하고, 관세행정 관련 활동에 적극 참여하여야 한다.

③ 보세운송업자는 법규준수와 안전관리를 위하여 수출입물품 취급 관련 자격증 소지자와 경험자를 근무하도록 하여야 한다.

④ 보세운송업자는 법규준수와 안전관리 관련 업무의 이행을 위하여 수출입물품의 운송, 취급, 보관절차 등을 마련하고, 최신자료를 유지하여야 한다.

⑤ 보세운송업자는 법규준수와 안전관리를 위하여 보세사와 정기적으로 협의하여야 한다.

13 AEO 공인기준에 대한 자체평가 점수부여 기준에 따라 문서화와 실행을 동시에 평가할 때 "적용되지 않는 기준이거나, 다른 기준에서 이미 평가된 기준"일 경우의 자체평가 점수는?

① N/A(해당 없음)　　　　　　　　　　　② 0점

③ 1점　　　　　　　　　　　　　　　　④ 2점

⑤ 3점

12 ⑤ 보세운송업자는 법규준수와 안전관리를 위하여 관세행정 전문가, 거래업체와 정기적으로 협의하여야 한다〈수출입 안전관리 우수업체 공인 및 운영에 관한 고시 [별표1] 관리책임자의 자격 요건〉.

13

평가점수	문서화 및 실행 여부
N/A	적용되지 않는 기준이거나, 다른 기준에서 이미 평가된 기준
0점	문서화되지 않았거나(문서화의 형식적 요건을 갖추지 않은 경우 포함), 실행되지 않음
1점	문서화가 체계적이지 않으며, 실행이 문서화대로 이루어지고 있음
2점	문서화가 체계적이지 않으나, 실행이 문서화보다 높은 수준으로 이루어지고 있음
	문서화가 체계적이나, 실행이 문서화보다 낮은 수준으로 이루어지고 있음
3점	문서화가 체계적이고, 실행이 문서화대로 이루어지고 있음

14 수출입 안전관리 우수업체 공인 및 운영에 관한 고시에 따라 관리책임자의 공인 전 교육으로 틀린 것은?

① 무역안전과 원활화를 위한 국제 규범 및 국내외 제도
② 수출입 안전관리 우수업체 제도와 필요성
③ 법규준수 및 수출입 안전관리를 위한 내부통제시스템
④ 수출입 안전관리 우수업체 공인기준의 세부내용
⑤ 정기 자체 평가 및 종합심사 대비를 위한 준수사항

15 다음 (   ) 안에 맞는 내용은?

> 관세청장은 제25조의2에 따라 수출입 안전관리 우수업체 공인을 취소하려는 때에는 사전에 해당 업체의 의견을 청취하는 등 해명할 수 있는 기회를 주어야 한다. 의견을 청취하려는 때에는 의견 청취 예정일 (   )전까지 해당 업체에게 의견 청취 계획을 서면으로 통지하여야 하며 수출입 안전관리 우수업체가 정당한 사유 없이 의견 청취에 응하지 아니한 때에는 의견 진술을 포기한 것으로 본다.

① 3일   ② 5일
③ 10일   ④ 30일
⑤ 3개월

Answer 14.⑤ 15.③

14 ⑤ 수출입 안전관리 우수업체 공인 및 운영에 관한 고시 [별표4의2] 관리책임자 교육의 내용에 따라 공인 후 교육에 해당한다.

15 관세청장은 제25조의2에 따라 수출입 안전관리 우수업체 공인을 취소하려는 때에는 사전에 해당 업체의 의견을 청취하는 등 해명할 수 있는 기회를 주어야 한다. 의견을 청취하려는 때에는 의견 청취 예정일 10일 전까지 해당 업체에게 의견 청취 계획을 서면으로 통지하여야 하며 수출입 안전관리 우수업체가 정당한 사유 없이 의견 청취에 응하지 아니한 때에는 의견 진술을 포기한 것으로 본다〈수출입 안전관리 우수업체 공인 및 운영에 관한 고시 제26조(청문 등) 제1항, 제2항〉.

16 수출입안전관리 우수업체(AEO)에 변동사항 발생시 30일 이내에 관세청장에 반드시 보고하여야 하는 사유가 아닌 것은?

① 양도, 양수, 분할합병 등으로 인한 법적 지위 변경
② 대표자, 수출입관련 업무담당 임원 및 관리책임자의 변경
③ 소재지 이전, 사업장 신설, 증설, 확장, 축소, 폐쇄 등
④ 사업내용의 변경 또는 추가
⑤ 전년대비 매출액이 200% 이상 증가

17 AEO 공인신청 및 심사절차를 순서대로 나열한 것은?

㉠ 종합심사	㉡ 서류심사
㉢ 공인신청	㉣ 현장심사

① ㉡ - ㉢ - ㉣ - ㉠
② ㉢ - ㉠ - ㉡ - ㉣
③ ㉣ - ㉡ - ㉢ - ㉠
④ ㉢ - ㉣ - ㉡ - ㉠
⑤ ㉢ - ㉡ - ㉣ - ㉠

18 수출입안전관리 우수업체(AEO) 관리책임자 교육에 대한 설명 중 (   ) 안에 알맞은 내용은?

AEO 공인 후의 경우 총괄책임자는 격년 4시간 이상, 수출입 관리책임자는 격년 8시간 이상 교육을 받아야 한다. 다만, 관리책임자가 변경된 경우에는 변경신고 후 (   ) 이내에 해당교육을 이수하여야 한다.

① 60일
② 90일
③ 120일
④ 150일
⑤ 180일

Answer 16.⑤ 17.⑤ 18.⑤

16 변동사항 보고〈수출입안전관리 우수업체 공인 및 운영에 관한 고시 제17조 제1항〉… 아래의 변동사항이 발생한 경우 30일 이내 관세청장에게 보고하여야 한다.
㉠ 양도, 양수 등으로 인한 법적 지위의 변경
㉡ 대표자, 수출입 관련 업무 담당 임원 및 관리책임자의 변경
㉢ 소재지 이전, 사업장 신설·증설·확장·축소·폐쇄 등
㉣ 사업내용의 변경 또는 추가
㉤ 화재, 침수, 도난, 불법유출 등 수출입화물 안전관리와 관련한 특이사항

17 ⑤ 공인신청 → 서류심사 → 현장심사 → 종합심사

18 교육 이수 기간〈수출입안전관리 우수업체 공인 및 운영에 관한 고시 제16조2(관리책임자 교육 등)〉
㉠ 공인 전 교육 : 수출입관리책임자는 16시간 이상. 다만, 공인 전 교육의 유효기간은 해당 교육을 받은 날부터 5년임
㉡ 공인 후 교육 : 최초 공인 받은 경우 공인 후 1년 이내, 관리책임자가 변경된 경우 변경 후 <u>180일 이내</u>

19 우리나라의 수출입안전관리 우수업체(AEO) 공인대상 부문으로 맞게 짝지어진 것은?

> ㉠ 하역업자 ㉡ 제조업자
> ㉢ 특송업자 ㉣ 보세운송업자
> ㉤ 도선업자 ㉥ 항공사

① ㉠ - ㉡ - ㉣
② ㉠ - ㉣ - ㉥
③ ㉡ - ㉣ - ㉥
④ ㉡ - ㉢ - ㉤
⑤ ㉢ - ㉤ - ㉥

20 수출입안전관리 우수업체(AEO) 공인 등급에 대한 설명으로 틀린 것은?

① A 등급 : 법규준수도가 80점 이상인 업체
② AA 등급 : 법규준수도가 90점 이상이며 우수사례 보유
③ AAA 등급 : 법규준수도가 95점 이상이며 우수사례 보유
④ 중소수출기업은 법규준수도가 80점 미만이어도 A 등급이 부여될 수 있다.
⑤ AEO 공인 유효기간이 1년 이상 남은 경우 등급조정을 신청할 수 있다.

21 기업상담전문관(AM)의 업무가 아닌 것은?

① 수출입안전관리 우수업체의 법규준수도 개선계획 수립
② 수출입안전관리 우수업체의 법규준수도 개선계획에 대한 이행 확인
③ 수출입안전관리 우수업체의 공인기준 미충족 시 보완 요구
④ 수출입안전관리 우수업체의 공인기준 준수여부에 대한 주기적 확인
⑤ 수출입안전관리 우수업체의 변동사항 및 자체평가 확인 및 점검

Answer 19.② 20.② 21.①

19 공인부문〈수출입 안전관리 우수업체 공인 및 운영에 관한 고시 제3조(공인부문) 제1항〉… 수출업체, 수입업체, 관세사, 화물운송주선업자, 선사, 항공사, 보세운송인, 보세구역 운영인, 하역업자

20 ②「수출입 안전관리 우수업체 공인 및 운영에 관한 고시」제5조(공인등급) 제1항 제2호에 따라 AA등급은 법규준수도 평가점수가 90점 이상인 업체이다.

21 기업상담전문관의 임무〈수출입안전관리 우수업체 공인 및 운영에 관한 고시 제21조 제2항〉
　㉠ 공인기준을 충족하는지에 대한 주기적 확인
　㉡ 공인기준 준수 개선계획의 이행 확인
　㉢ 수입신고에 대한 보정심사 등 관세행정 신고사항에 대한 수정, 정정 및 그 결과의 기록유지
　㉣ 변동사항, 정기 자체평가, 세관협력도의 확인 및 점검
　㉤ 법규준수 향상을 위한 정보 제공 및 상담·자문
　㉥ 기업 프로파일 관리

22 다음은 4개의 영역으로 구성된 보세구역 운영인에 대한 AEO 공인기준 중 일부를 설명한 것이다. (   ) 안에 알맞은 내용은?

> ㉠ 수출입물품의 안전한 관리를 확보할 수 있는 거래업체, 운송수단, 출입통제, 인사, 취급절차, 시설과 장비, 정보 및 교육·훈련체계를 갖출 것
> ㉡ 관세법,「자유무역협정의 이행을 위한 관세법의 특례에 관한 법률」,「대외무역법」및「외국환거래법」등 수출입 관련 법령을 성실하게 준수하였을 것
> ㉢ 수출입신고 등의 적정성을 유지하기 위한 기업의 영업활동, 신고 자료의 흐름 및 회계처리 등과 관련하여 부서간 상호 의사소통 및 통제 체제를 갖출 것

	㉠	㉡	㉢
①	안전관리	내부통제시스템	법규준수
②	내부통제시스템	안전관리	법규준수
③	법규준수	안전관리	내부통제시스템
④	안전관리	법규준수	내부통제시스템
⑤	내부통제시스템	법규준수	안전관리

23 수출입 안전관리 우수업체의 공인심사 절차에 대한 설명으로 틀린 것은?

① 관세청장은 수출입 안전관리 우수업체가 4개 분기 연속으로 공인등급별 기준을 충족하는 경우에는 공인등급의 조정 신청을 받아 상향할 수 있다.

② 신청업체가 공인을 신청할 때에는 법인 단위(개인사업자를 포함)로 신청하여야 하며, 첨부서류는 각 사업장별로 구분하여 작성하여야 한다.

③ 신청업체는 공인 또는 종합심사를 신청하기 전에 예비심사를 희망하는 경우에는 예비심사 신청서를 관세청장에게 제출하여야 한다.

④ 관세청장은 공인심사 신청서를 접수한 날로부터 30일 이내에 서류심사를 마쳐야 한다.

⑤ 관세청장은 현장심사를 시작한 날부터 60일 이내에 그 심사를 마쳐야 하며, 신청업체의 사업장을 직접 방문하는 기간은 15일 이내로 한다.

Answer 22.④ 23.④

22 ④「수출입 안전관리 우수업체 공인 및 운영에 관한 고시」제4조(공인기준) 제1항에 따라 ㉠ 안전관리, ㉡ 법규준수, ㉢ 내부통제시스템이 된다.

23 ④ 관세청장은 제6조에 따른 공인심사 신청서를 접수한 날로부터 60일 이내에 서류심사를 마쳐야 한다〈수출입 안전관리 우수업체 공인 및 운영에 관한 고시 제8조(서류심사) 제1항〉.
① 「수출입 안전관리 우수업체 공인 및 운영에 관한 고시」제5조의2(공인등급의 조정 절차) 제1항
② 「수출입 안전관리 우수업체 공인 및 운영에 관한 고시」제6조(공인신청) 제2항
③ 「수출입 안전관리 우수업체 공인 및 운영에 관한 고시」제7조의2(예비심사) 제1항
⑤ 「수출입 안전관리 우수업체 공인 및 운영에 관한 고시」제9조(현장심사) 제5항

24 AEO 공인 취소 사유에 해당하는 것은?

① 관세법 제276조(허위신고죄 등)에 따라 벌금형을 선고받은 경우
② 관세법 제279조(양벌규정)에 따라 통고처분을 받은 경우
③ 교육이수 권고를 받은 후 특별한 사유없이 교육을 이수하지 않은 경우
④ 관세청장으로부터 공인기준에 대한 보완요구를 3회 이상 받은 경우
⑤ 정기 자체평가서를 AEO 고시에서 정한 기한 내에 제출하지 않은 경우

Answer 24.①

24 공인의 취소〈수출입안전관리 우수업체 공인 및 운영에 관한 고시 제25조의2〉 … 관세청장은 수출입안전관리 우수업체(대표자 및 관리책임자를 포함한다)가 다음에 해당하는 경우에는 즉시 제15조에 따른 혜택의 적용을 중단하고 제26조에 따른 청문 및 공인 취소 절차를 진행한다.

㉠ 수출입 관련 법령의 위반과 관련하여 다음 각 목의 어느 하나에 해당하는 경우. 다만, 각 법령의 양벌규정에 따라 처벌된 개인 또는 법인은 제외한다.
  • 법 제268조의2부터 제271조까지, 제274조, 제275조의2, 제275조의3에 따라 벌금형 이상을 선고받거나 통고처분을 이행한 경우
  • 법 제276조에 따라 벌금형을 선고받은 경우
  •「자유무역협정관세법」, 「대외무역법」, 「외국환거래법」, 「수출용 원재료에 대한 관세 등 환급에 관한 특례법」 등 관세법이 아닌 수출입 관련 법령을 위반하여 징역형이 규정된 조항에 따라 벌금형 이상을 선고받은 경우
  •「관세사법」 제5조에 따른 결격사유에 해당하거나 같은 법 제3조 또는 제12조를 위반하여 벌금형 이상을 선고받은 경우(관세사부문으로 한정한다)
  • 법 제179조에 따라 특허의 효력이 상실된 경우(보세구역 운영인 부문으로 한정한다)
㉡ 제17조, 제18조, 제18조의2, 제19조, 제20조, 제21조와 관련하여 거짓자료를 제출한 경우
㉢ 제17조 제3항, 제18조 제6항, 제19조 제5항, 제20조 제2항, 제21조 제3항에 따라 공인기준 준수 개선 또는 자료 제출을 요구(통관적법성 관련 자료 제출 요구를 포함)하였으나 정당한 사유없이 이행하지 않거나 이행하였음에도 공인기준을 충족하지 못한 것으로 판단되는 경우
㉣ 양도, 양수, 분할 및 합병 등으로 처음에 공인한 수출입안전관리 우수업체와 동일하지 않다고 판단되는 경우
㉤ 제25조 제1항 후단에 따른 관세청장의 시정요구 또는 개선 권고사항을 특별한 사유없이 이행하지 않는 경우
㉥ 공인의 유효기간 내에 제25조에 따른 혜택 적용의 정지 처분을 5회 이상 받은 경우
㉦ 수출입안전관리 우수업체가 증서를 반납하는 경우

25 AEO 제도 시행으로 발생하는 편익에 관한 설명으로 틀린 것은?

① 테러, 마약 등 불법 물품의 국내 반입 차단

② 관세장벽 해소로 세수 확보 및 경제발전

③ AEO 공인 기업은 이미지 상승으로 거래선 확보 용이

④ AEO 공인 기업은 관세행정상 혜택으로 수출경쟁력이 향상

⑤ 민관 협력관계 구축으로 수출입 물품에 대한 선제적 위험관리

Answer 25.②

25 AEO 제도 시행으로 발생하는 편익
   ㉠ 기업의 이미지 가치 상승 : AEO는 국제적으로 안정성과 신뢰성을 인정하는 기업으로 인식되어 거래선 확보와 이미지 제고에 큰 요소로 작용한다. 또한 외국의 수입업체들이 최근 자국 AEO 공인을 받기 위해 우리나라 업체에게 AEO 공인을 요구하고 있는 등 AEO 공인을 거래조건으로 활용하고 있기 때문에 이에 대응할 수 있다.
   ㉡ 수출 경쟁력 향상 : 거래 상대국에서 화물검사 축소, 신속통관, 절차 간소화 등의 혜택을 받게 되어 통관비용 및 시간에 있어 경쟁력을 갖추게 된다.
   ㉢ 관세행정상 특별한 혜택 : 공인 등급에 따라 차이가 있지만, 검사비율 향상 등 물품 검사상 혜택, 신용담보액 상향 조정 등 납부편의 제공, 신고방법 간소화 등 절차상 혜택, 여러 분야의 자율관리 혜택, 다른 형태의 심사 면제 등을 받게 된다. 특히, AAA 등급 공인업체의 경우 관세행정상 최고의 혜택을 부여받게 된다.

1 관세법 제279조(양벌규정) 적용대상인 개인에 해당하지 않는 자는?

① 국제항 안에서 물품 및 용역의 공급을 업으로 하는 사람

② 수출·수입 또는 운송을 업으로 하는 사람

③ 관세사

④ 특허보세구역 또는 자유무역지역 입주기업체의 운영인

⑤ 국가관세종합정보망 운영사업자

2 관세법상 교사범, 방조범, 미수범, 예비범에 관한 설명으로 맞는 것은?

① 밀수출입죄에 따른 행위를 예비한 자는 본죄에 준하여 처벌한다.

② 강제징수면탈죄에 따른 행위를 방조한 자는 감경하여 처벌한다.

③ 밀수품취득죄에 따른 행위를 예비한 자는 본죄에 준하여 처벌한다.

④ 전자문서 위조·변조죄에 따른 행위를 교사한 자는 감경하여 처벌한다.

⑤ 가격조작죄의 미수범은 본죄에 준하여 처벌한다.

Answer 1.④ 2.②

1 양벌 규정〈관세법 제279조〉 ··· 제1항에서 개인은 다음 각 호의 어느 하나에 해당하는 사람으로 한정한다.

　㉠ 특허보세구역 또는 종합보세사업장의 운영인

　㉡ 수출(「수출용원재료에 대한 관세 등 환급에 관한 특례법」 제4조에 따른 수출등을 포함한다)·수입 또는 운송을 업으로 하는 사람

　㉢ 관세사

　㉣ 국제항 안에서 물품 및 용역의 공급을 업으로 하는 사람

　㉤ 제327조의2 제1항에 따른 국가관세종합정보망 운영사업자 및 제327조의3 제3항에 따른 전자문서중계사업자

2 ①③④⑤ 관세법 제271조(미수범 등)

　※ 강제징수면탈죄 등〈관세법 제275조의2〉

　　㉠ 납세의무자 또는 납세의무자의 재산을 점유하는 자가 강제징수를 면탈할 목적 또는 면탈하게 할 목적으로 그 재산을 은 닉·탈루하거나 거짓 계약을 하였을 때에는 3년 이하의 징역 또는 3천만 원 이하의 벌금에 처한다.

　　㉡ 압수물건의 보관자 또는 「국세징수법」 제48조에 따른 압류물건의 보관자가 그 보관한 물건을 은닉·탈루, 손괴 또는 소 비하였을 때에도 3년 이하의 징역 또는 3천만 원 이하의 벌금에 처한다.

　　㉢ ㉠과 ㉡의 사정을 알고도 이를 방조하거나 거짓 계약을 승낙한 자는 2년 이하의 징역 또는 2천만 원 이하의 벌금에 처한다.

3 미수범으로 처벌할 수 있는 관세법상 범죄행위에 해당하지 않는 것은?

① 제268조의2(전자문서 위조 · 변조죄 등)

② 제269조(밀수출입죄)

③ 제270조(관세포탈죄)

④ 제275조의2(강제징수면탈죄 등)

⑤ 제274조(밀수품의 취득죄 등)

4 관세법 제282조의 몰수 · 추징에 대한 설명으로 틀린 것은?

① 관세법 제269조 제1항(밀수출입죄)에 해당하는 범죄와 관련된 물품은 몰수한다.

② 밀수출입죄의 대상물품을 몰수할 수 없을 때에는 그 물품의 범칙 당시의 국내도매가격에 상당한 금액을 범인으로부터 추징한다.

③ 밀수품 취득죄에 관련된 물품을 몰수할 수 없을 때에는 밀수품을 취득 · 운반 · 양도 · 알선 및 감정한 자로부터 범칙 당시의 국내도매가격 상당을 추징한다.

④ 제279조(양벌규정)의 법인 및 개인은 제282조(몰수 · 추징)에 관한 규정을 적용할 때에는 이를 범인으로 본다.

⑤ 몰수는 범죄행위에 제공하였거나 범죄로 생긴 물건 등에 대한 사회적 유통을 억제하고 범죄로 인한 재산적 이익을 회수하기 위한 재산형의 일종이다.

Answer 3.④ 4.③

3 미수범 등〈관세법 제271조〉

㉠ 그 정황을 알면서 제269조(밀수출입죄) 및 제270조(관세포탈죄 등)에 따른 행위를 교사하거나 방조한 자는 정범에 준하여 처벌한다.

㉡ 제268조의2(전자문서 위조 · 변조죄 등), 제269조(밀수출입죄) 및 제270조(관세포탈죄 등)의 미수범은 본죄에 준하여 처벌한다.

㉢ 제268조의2(전자문서 위조 · 변조죄 등), 제269조(밀수출입죄) 및 제270조(관세포탈죄 등)의 죄를 범할 목적으로 그 예비를 한 자는 본죄의 2분의 1을 감경하여 처벌한다.

4 ③ 제274조 제1항 제1호(밀수품 취득죄에 관련된 물품을 몰수할 수 없을 때에는 밀수품을 취득 · 운반 · 양도 · 알선 및 감정한 자로 같은 조 제3항에 따라 그 죄를 범할 목적으로 예비를 한 자를 포함)의 경우에는 범인이 소유하거나 점유하는 그 물품을 몰수한다〈관세법 제282조(몰수 · 추징) 제2항〉.

5 관세법 제269조 제1항의 수출입 금지품목 대상이 될 수 있는 것은?

① 미국 달러화의 위조품

② 식품위생법상 수입이 제한된 물품

③ 제약회사에서 수입하는 마약류

④ 테러 우범지역서 생산되어 수입하는 총포도검류

⑤ 일본에서 수입하는 산업폐기물

6 보세사가 보세창고에 장치한 물품을 수입신고 없이 무단 반출한 행위를 도와준 경우 적용되는 관세법상 죄명은?

① 가격조작죄　　　　　　　　　② 밀수출입죄

③ 전자문서 위조·변조죄　　　　④ 관세포탈죄

⑤ 허위신고죄

7 관세법상 밀수품 취득죄에 대한 설명 중 틀린 것은?

① 본죄의 행위는 밀수품을 취득, 양도, 운반, 보관, 알선하거나 감정하는 행위이다.

② 본죄를 범한 자는 정상에 따라 징역과 벌금을 병과할 수 있다.

③ 금지품수입물품, 부정수입물품, 관세포탈물품, 부정감면물품이 해당한다.

④ 본죄에 규정된 미수범은 본죄에 준하여 처벌한다.

⑤ 본죄를 범할 목적으로 예비한 자는 본죄의 2분의 1을 감경한다.

Answer 5.① 6.② 7.③

5 수출입의 금지〈관세법 제234조〉
　㉠ 헌법질서를 문란하게 하거나 공공의 안녕질서 또는 풍속을 해치는 서적·간행물·도화, 영화·음반·비디오물·조각물 또는 그 밖에 이에 준하는 물품
　㉡ 정부의 기밀을 누설하거나 첩보활동에 사용되는 물품
　㉢ 화폐·채권이나 그 밖의 유가증권의 위조품·변조품 또는 모조품

6 ② 관세법 제269조(밀수출입죄)에 따라 밀수출입죄에 해당한다.

7 ③ 제269조제269조(밀수출입죄)에 해당되는 물품, 제270조(관세포탈죄 등) 제1항 제3호(법령에 따라 수입이 제한된 사항을 회피할 목적으로 부분품으로 수입하거나 주요 특성을 갖춘 미완성·불완전한 물품이나 완제품을 부분품으로 분할하여 수입한 자), 같은 조 제2항 및 제3항에 해당되는 물품〈관세법 제274조(밀수품의 취득죄 등) 제1항〉.

8 관세법령에 의한 과태료에 대한 설명으로 틀린 것은?

① 과태료는 일종의 행정처분이다.
② 과태료 금액은 위반행위 차수별 개별기준을 적용한다.
③ 과태료는 법률에 근거가 있어야 하고 부과 절차 또한 법률에 의거해야 한다.
④ 관세법에 의한 과태료는 법원이 부과 · 징수한다.
⑤ 과태료의 부과 일반기준은 위반행위의 횟수에 따른 과태료의 가중된 부과기준은 최근 2년간 같은 위반행위로 과태료 부과처분을 받은 경우에 적용한다. 기간의 계산은 위반행위에 대하여 과태료 부과처분을 받은 날과 그 처분 후 다시 같은 위반행위를 하여 적발된 날을 기준으로 한다.

9 관세법상 통고처분을 할 때 작성하는 통고서의 기재내용으로 틀린 것은?

① 처분을 받을 자의 성명, 나이, 성별, 직업 및 주소
② 범죄사실, 적용 법조문
③ 벌금에 상당한 금액, 몰수에 해당하는 금액
④ 이행 장소
⑤ 통고처분 연월일

8 ④ 과태료는 대통령령으로 정하는 바에 따라 세관장이 부과 · 징수한다〈관세법 제277조(과태료) 제7항〉.
　②⑤ 관세법 시행령 [별표 5] 과태료의 부과기준

9 통고서의 작성〈관세법 제314조〉
　㉠ 처분을 받을 자의 성명, 나이, 성별, 직업 및 주소
　㉡ 벌금에 상당한 금액, 몰수에 해당하는 물품 또는 추징금에 상당한 금액
　㉢ 범죄사실
　㉣ 적용 법조문
　㉤ 이행 장소
　㉥ 통고처분 연월일

10 관세법 제311조(통고처분)에 대한 설명으로 맞는 것은?

① 통고요지를 이행하였더라도 일사부재리의 법률효과가 발생하는 것은 아니다.

② 통고처분은 형법상의 벌금을 납부해야 한다.

③ 통고처분권자는 세관장이므로 관세청장은 통고처분을 할 수 없다.

④ 세관장이 통고처분을 하면 공소시효가 정지된다.

⑤ 통고처분은 관세징수권의 소멸시효에 영향을 미치지 아니한다.

11 관세법 제304조(압수물품의 폐기)에 따른 압수물품의 폐기 사유가 아닌 것은?

① 사람의 생명이나 재산을 해칠 우려가 있는 것

② 부패하거나 변질된 것

③ 유효기간이 지난 것

④ 상품가치가 없어진 것

⑤ 보관하기가 극히 불편하다고 인정되는 경우

Answer 10.④ 11.⑤

10 ④ 관세법 제311조(통고처분) 제3항

① 관세범인이 통고의 요지를 이행하였을 때에는 동일사건에 대하여 다시 처벌을 받지 아니한다〈관세법 제317조(일사부재리)〉.

② 통고처분의 성질은 일반적으로 행정처분에 해당한다.

③ 관세청장이나 세관장은 관세범을 조사한 결과 범죄의 확증을 얻었을 때에는 그 이유를 구체적으로 밝히고 법에 해당하는 금액이나 물품을 납부할 것을 통고할 수 있다〈관세법 제317조(일사부재리) 제1항〉.

⑤ 관세징수권의 소멸시효는 통고처분으로 중단된다〈관세법 제23조(시효의 중단 및 정지) 제1항 제4호〉

11 압수물품의 폐기〈관세법 제304조〉 관세청장이나 세관장은 압수물품 중 다음의 어느 하나에 해당하는 것은 피의자나 관계인에게 통고한 후 폐기할 수 있다. 다만, 통고할 여유가 없을 때에는 폐기한 후 즉시 통고하여야 한다.

㉠ 사람의 생명이나 재산을 해칠 우려가 있는 것

㉡ 부패하거나 변질된 것

㉢ 유효기간이 지난 것

㉣ 상품가치가 없어진 것

12 다음은 자율관리보세구역에 대한 설명이다. (   ) 안에 들어갈 말로 맞는 것은?

> 자율관리보세구역이란 보세구역 중 물품의 관리 및 세관감시에 지장이 없다고 인정하여 (㉠)이 정하는 바에 따라 (㉡)이 지정하는 보세구역을 말한다. 보세구역의 화물관리인이나 운영인은 자율관리보세구역의 지정을 받으려면 (㉢)에게 지정을 신청하여야 한다.

	㉠	㉡	㉢
①	관세청장	세관장	세관장
②	관세청장	관세청장	세관장
③	세관장	세관장	관세청장
④	세관장	관세청장	관세청장
⑤	세관장	세관장	세관장

13 자율관리보세구역에 대한 관세법상 절차 생략 등의 정지에 관한 설명으로 틀린 것은?

① 보세사의 해고로 업무를 수행할 수 없을 경우 절차생략 등이 정지될 수 있다.
② 운영인 등이 보세화물관리에 관한 의무 불이행으로 경고처분을 1년에 3회 이상 받은 경우 절차생략이 정지될 수 있다.
③ 절차생략이 정지된 기간 동안 생략된 업무는 보세사가 아닌 운영인이 직접 관리한다.
④ 운영인의 경고처분에 따른 절차생략 등의 정지기간은 1개월 이내이다.
⑤ 보세사의 해고에 따른 절차생략 등의 정지기간은 보세사를 채용할 때까지이다.

Answer 12.① 13.③

12 보세구역 중 물품의 관리 및 세관감시에 지장이 없다고 인정하여 ㉠ **관세청장**이 정하는 바에 따라 ㉡ **세관장**이 지정하는 보세구역에 장치한 물품은 관세법에 따른 세관공무원의 참여와 이 법에 따른 절차 중 관세청장이 정하는 절차를 생략한다. 보세구역의 화물관리인이나 운영인은 자율관리보세구역의 지정을 받으려면 ㉢ **세관장**에게 지정을 신청하여야 한다〈관세법 제164조(보세구역의 자율관리) 제1항, 제2항〉.

13 ③ 세관장은 절차생략 등을 정지하는 기간동안 자율관리보세구역에 위탁되거나 생략된 업무는 세관공무원이 직접 관리한다〈자율관리 보세구역운영에 관한 고시 제8조(절차생략 등의 정지) 제3항〉.
①②④⑤ 「자율관리 보세구역 운영에 관한 고시」 제8조(절차생략 등의 정지)

14 영업용 보세창고인 갑을 보세창고는 자율관리보세구역으로서 보세사 A가 화물관리업무를 수행하고 있다. 갑을 보세창고의 업무 처리 중 틀린 것은?

① 운영인은 세관개청시간이 지난 야간에 보세구역내 작업이 있어 보세사 A를 작업시간에 상주시켰다.

② 운영인은 인력구조조정으로 인원이 줄자 보세사 A가 화물반출입이 적은 오전 시간에 회계처리 업무를 겸임토록 하였다.

③ 운영인은 보세사 A가 내국물품 반출입 관리대장 비치대장 작성과 확인을 하라고 하였다.

④ 운영인은 보세사 A가 출장으로 업무를 수행할 수 없게 되자, 사전에 세관장에 신고한 업무대행자 B에게 화물관리업무를 수행토록 하였다.

⑤ 보세사 A는 보수작업과 화주의 수입신고전 장치물품확인시 입회·감독을 하고 있다.

15 보세사제도의 운영에 관한 다음 설명 중 옳지 않은 것을 나열한 것은?

> ㉠ 보세사는 세관봉인대를 시봉하고 관리하여야 한다.
> ㉡ 영업용 및 자가용 보세창고 보세사의 경우 다른 업무를 겸임할 수 있다.
> ㉢ 보세사징계는 견책, 1년 범위내 업무정지, 등록취소의 3종으로 한다.
> ㉣ 경고처분을 받은 보세사가 1년을 경과한 후 3년 이내에 다시 경고처분을 받은 경우 징계사유가 된다.
> ㉤ 보세사가 연간 2회 업무정지 징계처분을 받으면 등록을 취소한다.

① ㉠㉡㉢   ② ㉡㉢㉣
③ ㉢㉣㉤   ④ ㉠㉣㉤
⑤ ㉠㉡㉤

14 ② 보세사는 다른 업무를 겸임할 수 없다. 다만, 영업용 보세창고가 아닌 경우 보세화물 관리에 지장이 없는 범위 내에서 다른 업무를 겸임 할 수 있다〈보세사제도 운영에 관한 고시 제11조(보세사의 의무) 제1항 제1호〉.

15 ㉡ 보세사는 다른 업무를 겸임할 수 없다. 다만, 영업용 보세창고가 아닌 경우 보세화물 관리에 지장이 없는 범위 내에서 다른 업무를 겸임 할 수 있다〈보세사제도 운영에 관한 고시 제11조 제1항〉.
　㉢ 보세사의 징계는 견책, 6월의 범위내 업무정지, 등록취소의 3종으로 한다〈보세사제도 운영에 관한 고시 제12조(보세사징계) 제2항〉.
　㉣ 연간 6월의 범위내 업무정지를 2회 받으면 등록취소하여야 한다〈보세사제도 운영에 관한 고시 제12조(보세사징계) 제2항〉.

16 보세사 제도에 대한 설명으로 틀린 것은?

① 보세사 시험에 응시하기 위해서는 보세화물관리 분야에 1년 이상 근무하여야 한다.

② 보세사는 환적화물 컨테이너 적출입시 입회·감독을 하여야 한다.

③ 영업용 보세창고가 아닌 경우 보세화물 관리에 지장이 없는 범위 내에서 다른 업무를 겸임할 수 있다.

④ 보세사로 근무하고자 하는 경우 한국관세물류협회장에게 등록신청을 하여야 한다.

⑤ 보세사징계의 종류에는 견책, 6월 범위내 업무정지, 등록취소가 있다.

17 법규수행능력 측정 및 평가와 관련하여 수출입물류업체가 내부자율통제시스템에 포함하여야 할 사항이 아닌 것은?

① 내부자율통제시스템을 철저히 운영하여 법규수행능력 향상을 위한 사항

② 소속직원이 보세화물 취급과정에서 불법행위에 가담하는 것을 적극 방지하기 위한 사항

③ 세관과의 긴밀한 협조를 통해 자율적인 법규수행능력 향상에 필요한 사항

④ 보세화물 안전관리 및 물류 신속화를 위한 사항

⑤ 기업경영의 합리화와 투명성 제고를 위한 사항

Answer 16.① 17.⑤

16 ① 실시하는 시험에 응시하려는 사람은 공고된 바에 따라 보세사 시험 응시원서를 시험수행기관장에게 제출하여야 한다〈보세사 제도 운영에 관한 고시 제3조(시험 신청절차) 제1항〉

17 내부자율통제시스템에 포함하여야 할 사항〈수출입물류업체에 대한 법규수행능력측정 및 평가관리에 관한 훈령 별표1〉
ㄱ 내부자율통제시스템을 철저히 운영하여 법규수행능력 향상을 위한 사항
ㄴ 소속직원이 보세화물 취급과정에서 밀수 등 불법행위에 가담하는 것을 적극 방지하기 위한 사항
ㄷ 설비, 장비가 밀수 등 불법행위에 이용되는 것을 사전에 예방하기 위한 사항
ㄹ 세관과의 긴밀한 협조를 통해 자율적인 법규수행능력 향상에 필요한 사항
ㅁ 보세화물의 안전관리 및 물류 신속화를 위한 사항

18 자유무역지역 반출입물품의 관리에 관한 고시상 자유무역지역 통제시설에 해당하지 않는 것은?

① 외곽울타리 및 외국물품의 불법유출·도난방지를 위한 과학감시장비
② 감시종합상황실과 화물차량통제소
③ 세관검사장
④ 세관공무원의 24시간 상주 근무에 필요한 사무실 및 편의시설
⑤ 화물반출입 관리를 위한 전산설비

18 통제시설〈자유무역지역 반출입물품의 관리에 관한 고시 제4조〉
  ⊙ 외곽울타리 및 외국물품의 불법유출·도난방지를 위한 과학감시장비
  ⓛ 감시종합상황실과 화물차량통제소
  ⓒ 다음 각 목의 요건을 충족하는 세관검사장
   • 물품의 장치장소, 출입문 등을 고려하여 해당 자유무역지역 내 최적의 동선을 확보할 수 있는 장소에 설치하되, 차량의 출입 및 회차 등이 자유롭도록 충분한 면적을 확보하여야 한다.
   • 검사장은 컨테이너트레일러를 부착한 차량이 3대 이상 동시에 접속하여 검사할 수 있는 규모인 400㎡ 이상의 검사대, 검사물품 보관창고 등 검사를 용이하게 할 수 있는 시설을 갖추어야 한다.
   • 컨테이너 화물을 취급하는 자유무역지역의 경우 컨테이너검색기 설치에 필요한 최소면적인 10,000㎡를 따로 확보하여야 한다.
  ⓔ 세관공무원이 24시간 상주근무에 필요한 사무실 및 편의시설

19 자유무역지역에 입주계약을 체결할 수 있는 자는?

① 밀수출입죄〈관세법 제269조〉로 징역형을 선고받고 그 집행이 끝나거나 집행이 면제된 날부터 2년이 지나지 아니한 사람

② 자유무역지역의 지정 및 운영에 관한 법률 제58조에 따라 부정하게 변경계약을 체결한 죄로 징역형의 집행유예를 선고받고 그 유예기간 종료 후 2년이 지나지 아니한 사람

③ 밀수품 취득죄〈관세법 제274조〉로 통고처분을 받은 자로서 통고처분을 이행한 후 2년이 지나지 아니한 사람(관세법 제279조에 따른 처벌 제외)

④ 내국세를 체납한 자를 임원(법인의 자유무역지역 운영업무를 직접 담당)으로 하는 법인

⑤ 입주계약 체결한 사업외의 사업을 하였다가 입주계약이 해지된 후 2년이 지나지 아니한 사람

20 자유무역지역 관리권자가 관리업무를 효율적으로 운영하기 위하여 자유무역지역을 기능 및 특성에 따라 구분할 수 있는 지구에 해당하지 않는 것은?

① 생산시설지구

② 외국인투자시설지구

③ 물류시설지구

④ 지원시설지구

⑤ 공공시설지구와 교육 · 훈련시설지구

Answer 19.② 20.②

19 결격사유〈자유무역지역의 지정 및 운영에 관한 법률 제12조〉 다음에 해당하는 자는 입주계약을 체결할 수 없다.

㉠ 피성년후견인

㉡ 이 법 또는 「관세법」을 위반하여 징역형의 실형을 선고받고 그 집행이 끝나거나(집행이 끝난 것으로 보는 경우를 포함) 집행이 면제된 날부터 2년이 지나지 아니한 사람

㉢ 이 법 또는 「관세법」을 위반하여 징역형의 집행유예를 선고받고 그 유예기간 중에 있는 사람

㉣ 제56조, 제57조, 제59조부터 제61조까지, 「관세법」 제269조부터 제271조까지 또는 같은 법 제274조에 따라 벌금형 또는 통고처분을 받은 자로서 그 벌금형 또는 통고처분을 이행한 후 2년이 지나지 아니한 자. 다만, 제68조, 「관세법」 제279조에 따라 처벌된 법인 또는 개인은 제외한다.

㉤ 관세 또는 내국세를 체납한 자

㉥ ㉠ 및 ㉡부터 ㉤까지의 규정에 해당하는 사람을 임원(해당 법인의 자유무역지역의 운영업무를 직접 담당하거나 이를 감독하는 사람으로 한정한다)으로 하는 법인

㉦ 제15조 제1항 또는 제2항에 따라 입주계약이 해지(이 조 제1호에 해당하여 입주계약이 해지된 경우는 제외한다)된 후 2년이 지나지 아니한 자

20 ② 관리권자는 관리업무를 효율적으로 운영하기 위하여 자유무역지역을 그 기능 및 특성에 따라 생산시설지구, 지식서비스시설지구, 물류시설지구, 지원시설지구, 공공시설지구와 교육 · 훈련시설지구로 구분할 수 있다〈자유무역지역의 지정 및 운영에 관한 법률 제9조(자유무역지역의 구분)〉.

21 외국물품 등을 자유무역지역에서 다른 자유무역지역 또는 관세영역 내 보세구역으로 보세운송하는 것에 대한 설명으로 틀린 것은?

① 자유무역지역에서 제조·가공한 물품의 보세운송기간은 7일이다.

② 자유무역지역에서 제조·가공한 물품의 보세운송기간은 10일의 범위에서 연장할 수 있다.

③ 동일 자유무역지역 내 입주기업체 간에 외국물품 등을 이동하려는 때에는 관세청 전자통관시스템에 의한 반출입신고로 보세운송신고를 갈음할 수 있다.

④ 관세청 전자통관시스템에 의한 반출입신고가 곤란한 업체는 입주기업체 간에 체결된 계약서 등을 제출하여 세관공무원의 확인을 받은 후 이동할 수 있다.

⑤ 수입해상화물의 보세운송기간은 10일이며, 수입항공화물의 보세운송기간은 5일이다.

22 자유무역지역에서 내국물품을 관세영역으로 반출하려는 경우 세관장에게 제출하여야 하는 내국물품 반입증명서류에 해당하지 않는 것은?

① 내국물품 반입확인서

② 수출신고수리가 취소된 물품으로서 그 증빙서류

③ 내국물품 원재료사용승인서

④ 수입신고수리된 물품은 수입신고필증

⑤ 입주업체가 발급한 물품 출고증

---

21 ② 자유무역지역에서 제조·가공한 물품인 경우 보세운송기간을 7일로 하며 7일 이내의 범위에서 연장할 수 있다〈자유무역지역 반출입물품의 관리에 관한 고시 제17조(보세운송)〉.
⑤ 보세운송에 관한 고시 제6조(보세운송기간)

22 내국물품의 반출확인〈자유무역지역 반출입물품의 관리에 관한 고시 제13조 제1항〉 ··· 법 제31조제1항에 따라 외국물품 등이 아닌 내국물품을 자유무역지역에서 관세영역으로 반출하려는 자는 다음 어느 하나에 해당하는 서류를 세관장에게 제출하여야 한다. 다만, 「보세판매장 운영에 관한 고시」에 따라 관세청장이 지정한 보세판매장 통합물류창고에서 내국물품의 반출입사항을 관세청 전자통관시스템에 실시간 전송하는 경우에는 제출을 생략할 수 있다.
㉠ 내국물품 반입확인서
㉡ 수출신고가 취하·각하되거나 수출신고수리가 취소된 물품인 경우에는 그 증빙서류
㉢ 내국물품 원재료 사용승인을 받은 물품인 경우에는 내국물품 원재료사용승인서
㉣ 수입신고수리된 물품은 수입신고필증. 다만 관세청 전자통관시스템으로 반출신고한 물품은 제출 생략
㉤ 그 밖에 세금계산서 등 내국물품으로 반입된 사실을 입증할 수 있는 서류

23 자유무역지역 입주기업체 지원사항에 대한 설명으로 틀린 것은?

① 국가나 지방자치단체는 입주기업체의 기술개발활동 촉진을 위한 자금을 지원할 수 있다.

② 자유무역지역 안에서 입주기업체 간에 공급하거나 제공하는 외국물품 등과 용역에 대해서도 부가가치세의 영세율을 적용한다.

③ 입주기업체 중 외국인투자기업체에 대하여는 조세특례제한법이 정하는 바에 따라 법인세 · 소득세 · 취득세 · 등록면허세 · 재산세 · 종합토지세 등의 조세를 감면할 수 있다.

④ 입주기업체의 공장 등에 대하여는 도시교통정비촉진법 제36조에 따른 교통유발부담금을 면제한다.

⑤ 자유무역지역에서는 입주기업체 간 물품이동 및 보수작업 등에 대한 세관장 승인(허가)을 신고로 대신한다.

24 자유무역지역 역외작업에 관한 설명이다. ( ) 안에 들어갈 내용을 순서대로 나열한 것은?

> ㉠ 입주기업체는 외국물품 등(외국으로부터 직접 반출장소에 반입하려는 물품을 포함)을 가공 또는 보수하기 위하여 관세영역으로 반출하려는 경우에는 그 가공 또는 보수 작업의 범위, 반출기간, 대상물품, 반출장소를 정하여 (   )에게 신고하여야 한다.
> ㉡ 역외작업의 범위는 해당 입주기업체가 전년도에 원자재를 가공하여 수출(「대외무역법 시행령」 제2조 제3호에 따른 수출)한 금액의 (   ) 이내로 한다.

① 세관장, 100분의 60   ② 세관장, 100분의 50

③ 관세청장, 100분의 60   ④ 관세청장, 100분의 50

⑤ 산업통상자원부장관, 100분의 50

Answer 23.⑤ 24.①

23 ⑤ 동일 자유무역지역 내 입주기업체 간에 외국물품등을 이동하려는 때에는 관세청 전자통관시스템에 의한 반출입신고로 보세운송신고를 갈음할 수 있다. 다만, 관세청 전자통관시스템에 의한 반출입신고가 곤란한 업체는 입주기업체 간에 체결된 계약서 등을 제출하여 세관공무원의 확인을 받은 후 이동할 수 있다〈자유무역지역 반출입물품의 관리에 관한 고시 제17조(보세운송) 제2항〉.

① 자유무역지역의 지정 및 운영에 관한 법률 제49조(입주기업체의 기술개발활동 지원 등) 제1항

② 자유무역지역의 지정 및 운영에 관한 법률 제45조(관세등의 면제 또는 환급 등) 제3항

③ 자유무역지역의 지정 및 운영에 관한 법률 제47조(법인세 등 조세감면)

④ 자유무역지역의 지정 및 운영에 관한 법률 제48조(교통유발부담금의 면제)

24 ㉠ 입주기업체는 외국물품 등(외국으로부터 직접 반출장소에 반입하려는 물품을 포함)을 가공 또는 보수하기 위하여 관세영역으로 반출하려는 경우에는 그 가공 또는 보수 작업의 범위, 반출기간, 대상물품, 반출장소를 정하여 **세관장**에게 신고하여야 한다〈자유무역지역의 지정 및 운영에 관한 법률 제34조(역외작업) 제1항〉

㉡ 역외작업의 범위는 해당 입주기업체가 전년도에 원자재를 가공하여 수출(「대외무역법 시행령」 제2조 제3호에 따른 수출)한 금액의 **100분의 60** 이내로 한다〈자유무역지역의 지정 및 운영에 관한 법률 시행령 제24조(역외작업의 신고 등) 제2항〉

25 자유무역지역 입주업체가 기록 · 관리하여야 하는 재고관리 내역 중 필수 사항이 아닌 것은?

① 외국물품 및 내국물품(반입신고를 한 물품)의 반출입 내역

② 부가가치 물류활동 작업내역

③ 폐기 및 잔존물 내역

④ 보수작업내역

⑤ 출입자의 휴대품 내역

25 재고관리에 필요한 사항 기록관리〈자유무역지역 반출입물품의 관리에 관한 고시 제21조 제2항〉

ㄱ 반입내역 : 내 · 외국물품의 구분, 반입일자, 반입근거(반입신고번호 · 화물관리번호 · 환급대상물품반입확인신청번호 · 공급자 등)

ㄴ 반출내역 : 내 · 외국물품의 구분, 반출일자, 반출근거(수출신고번호 · 수입신고번호 · 보세운송신고번호 · 반출신고번호 · 화물관리번호 등), 품명, 규격, 수량 또는 중량, 단가, 가격 등

ㄷ 제조공정별 원재료 등 사용 또는 소비 내역 : 내 · 외국물품의 구분, 품명, 규격, 수량 또는 중량, 반입일자, 사용 또는 소비일자, 재고수량 또는 중량 등

ㄹ 제품 및 잉여물품 내역 : 생산(발생)일자, 품명, 규격, 수량 또는 중량

ㅁ 역외작업물품 내역 : 신고번호, 신고일자, 반출입일자 및 반출입 내역(직반출입 내역 포함), 품명, 규격, 수량 또는 중량, 가격, 역외작업장소, 역외작업완료일자 등

ㅂ 부가가치 물류활동 작업내역 : 반입물품의 보관 외에 보수작업 등의 부가가치 물류활동을 하는 경우에는 화물관리번호별 관련 작업내역 및 작업일자 등

ㅅ 폐기 및 잔존물 내역

ㅇ 보수작업내역

1 「관세법」 제19조에 따른 관세의 납세의무자로 볼 수 없는 것은?

① 보세구역 밖에서 보수작업하는 물품이 기간 내에 반입되지 않은 때에는 보수작업을 승인받은 자

② 보세구역에 장치된 외국물품이 멸실 또는 폐기된 때에는 운영인 또는 보관인

③ 보세구역에 장치된 외국물품이 도난되거나 분실된 경우 그 물품을 수입한 화주

④ 보세운송 중 도난되거나 분실된 경우 보세운송을 신고하거나 승인을 받은 자

⑤ 우편으로 수입되는 물품인 경우에는 그 수취인

Answer 1.③

1 ③ 도난물품이나 분실물품인 보세구역의 장치물품(藏置物品)의 납세의무자는 그 운영인 또는 제172조 제2항에 따른 화물관리인 〈관세법 제19조(납세의무자)〉.

2 다음 문장은 「관세법」에 규정된 납부자의 권리구제에 대한 내용이다. ( ) 안에 들어갈 내용을 순서대로 나열한 것은?

> 관세법 그 밖의 관세에 관한 법률 또는 조약에 따른 처분으로서 위법 또는 부당한 처분을 받거나 필요한 처분을 받지 못하여 권리 또는 이익의 침해를 당한 자는 ( ), ( ) 또는 ( )를 하여 그 처분의 취소 또는 변경이나 처분을 청구할 수 있으며 ( )에 의해서도 권리구제가 가능하다.

① 과세전적부심사의 청구, 심사청구, 심판청구, 행정소송
② 과세전적부심사의 청구, 이의신청, 심사청구, 심판청구
③ 과세전적부심사의 청구, 심판청구, 행정소송, 감사청구
④ 이의신청, 심사청구, 심판청구, 행정소송
⑤ 이의신청, 심사청구, 감사청구, 심판청구

3 수입신고가 수리되어 반출된 물품으로서 보세구역 반입명령 대상이 아닌 것은?

① 의무이행 요구에 따른 의무를 이행하지 아니한 경우
② 원산지 표시가 적법하게 표시되지 아니하였거나 수입신고 수리 당시와 다르게 표시되어 있는 경우
③ 품질 등의 표시가 적법하게 표시되지 아니하였거나 수입신고 수리 당시와 다르게 표시되어 있는 경우
④ 지식재산권을 침해한 경우
⑤ 수입신고 수리후 3개월이 경과한 경우

Answer 2.④ 3.⑤

2 「관세법」 제119조(불복의 신청) 제8항에 따라 수입물품에 부과하는 내국세 등의 부과, 징수, 감면, 환급 등에 관한 세관장의 처분에 불복하는 자는 이 절에 따른 <u>이의신청·심사청구 및 심판청구</u>를 할 수 있다. 또한, 「관세법」 제119조(불복의 신청) 제6항에 따라 심사청구를 거친 처분에 대한 <u>행정소송</u>은 「행정소송법」 제18조 제2항·제3항 및 같은 법 제20조에도 불구하고 그 심사청구에 대한 결정을 통지받은 날부터 90일 내에 처분청을 당사자로 하여 제기하여야 한다.

3 반입명령〈관세법 시행령 제245조 제1항〉··· 관세청장 또는 세관장은 수출입신고가 수리된 물품이 다음에 해당하는 경우에는 법 제238조 제1항에 따라 해당 물품을 보세구역으로 반입할 것을 명할 수 있다. 다만, 해당 물품이 수출입신고가 수리된 후 3개월이 지났거나 관련 법령에 따라 관계행정기관의 장의 시정조치가 있는 경우에는 그러하지 아니하다.
　㉠ 제227조(의무 이행의 요구 및 조사)에 따른 의무를 이행하지 아니한 경우
　㉡ 제230조(원산지 허위표시물품 등의 통관 제한)에 따른 원산지 표시가 적법하게 표시되지 아니하였거나 수출입신고 수리 당시와 다르게 표시되어 있는 경우
　㉢ 제230조의2(품질 등 허위·오인 표시물품의 통관 제한)에 따른 품질 등의 표시가 적법하게 표시(표지의 부착을 포함한다)되지 아니하였거나 수출입신고 수리 당시와 다르게 표시되어 있는 경우
　㉣ 지식재산권을 침해한 경우

4 다음 문장은 「관세법」 제241조(수출 · 수입 또는 반송의 신고)의 내용이다. (   )안에 들어갈 내용을 순서대로 나열한 것은?

> ㉠ 수입하거나 반송하려는 물품을 지정장치장 또는 보세창고에 반입하거나 보세구역이 아닌 장소에 장치한 자는 그 반입일 또는 장치일부터 (   ) 이내에 수입신고나 반송신고를 하여야 한다.
> ㉡ 세관장은 물품의 신속한 유통이 긴요하다고 인정하여 보세구역의 종류와 물품의 특성을 감안하여 관세청장이 정하는 물품을 수입하거나 반송하려는 자가 ㉠에 따른 기간 내에 수입 또는 반송의 신고를 하지 아니한 경우에는 해당 물품 (   )의 (   )에 상당하는 금액의 범위에서 대통령령으로 정하는 금액을 가산세로 징수한다.

① 30일, 과세가격, 100분의 2
② 50일, 과세가격, 1천분의 10
③ 80일, 과세가격, 1천분의 15
④ 30일, 물품가격, 100분의 2
⑤ 50일, 물품가격, 1천분의 10

5 B/L만 제시하면 물품보관장소에서 즉시 인도되는 수입신고의 생략대상이 아닌 것은?

① 외교행낭으로 반입되는 면세대상물품
② 우리나라에 내방하는 외국의 원수와 그 가족 및 수행원에 속하는 면세대상물품
③ 장례를 위한 유해와 유체
④ 재외공관 등에서 외교통상부로 발송되는 자료
⑤ 설계도중 수입승인이 면제되는 것

Answer 4.① 5.⑤

4 ㉠ 수입하거나 반송하려는 물품을 지정장치장 또는 보세창고에 반입하거나 보세구역이 아닌 장소에 장치한 자는 그 반입일 또는 장치일부터 **30일** 이내(제243조제1항에 해당하는 물품은 관세청장이 정하는 바에 따라 반송신고를 할 수 있는 날부터 30일 이내)에 제1항에 따른 신고를 하여야 한다〈관세법 제241조(수출 · 수입 또는 반송의 신고) 제3항〉.
　㉡ 세관장은 대통령령으로 정하는 물품(가산세 대상물품)을 수입하거나 반송하는 자가 ㉠에 따른 기간 내에 수입 또는 반송의 신고를 하지 아니한 경우에는 해당 물품 **과세가격**의 **100분의 2**에 상당하는 금액의 범위에서 대통령령으로 정하는 금액을 가산세로 징수한다〈관세법 제241조(수출 · 수입 또는 반송의 신고) 제4항〉.

5 수입신고의 생략〈수입통관 사무처리에 관한 고시 제70조〉
　㉠ 다음 어느 하나에 해당하는 물품 중 관세가 면제되거나 무세인 물품은 수입신고를 생략한다.
　　1. 외교행낭으로 반입되는 면세대상물품(「관세법」 제88조. 다만, 「관세법 시행규칙」 제34조 제4항에 따른 양수제한 물품은 제외)
　　2. 우리나라에 내방하는 외국의 원수와 그 가족 및 수행원에 속하는 면세대상물(「관세법」 제93조 제9호)
　　3. 장례를 위한 유해(유골) 및 유체
　　4. 신문, 뉴스를 취재한 필름 · 녹음테이프로서 문화체육관광부에 등록된 언론기관의 보도용품
　　5. 재외공관 등에서 외교통상부로 발송되는 자료
　　6. 기록문서와 서류
　　7. 외국에서 주둔하는 국군으로부터 반환되는 공용품[군함 · 군용기(전세기를 포함한다)에 적재되어 우리나라에 도착된 경우에 한함]
　㉡ ㉠ 각 호의 물품은 B/L(제70조 제1항 제7호의 경우에는 물품목록)만 제시하면 물품보관장소에서 즉시 인도한다. 이때 B/L 원본을 확인하고 물품인수에 관한 권한 있는 자의 신분을 확인하여 인수증을 제출받은 후 인계해야 한다.

6 특수형태의 수출에 해당하지 않는 것은?

① 선상수출신고
② 컨테이너 및 항공기용 탑재용기의 수출
③ 현지수출 어패류 신고
④ 원양수산물 신고
⑤ 잠정수량신고 · 잠정가격신고 대상물품의 수출신고

7 「관세법」에서 규정한 용어의 정의 중 틀린 것은?

① "수출"이란 내국물품을 외국으로 반출하는 것을 말한다.
② "국내운항기"란 국내에서만 운항하는 항공기를 말한다.
③ "국제무역기"란 무역을 위하여 우리나라와 외국 간을 운항하는 항공기를 말한다.
④ "통관(通關)"이란 「관세법」에 따른 절차를 이행하여 물품을 수출 · 수입 · 환적 또는 반송하는 것을 말한다.
⑤ "선박용품"이란 음료, 식품, 연료, 소모품, 밧줄, 수리용 예비부분품 및 부속품, 집기, 그 밖에 이와 유사한 물품으로서 해당 선박에서만 사용되는 것을 말한다.

Answer 6.② 7.④

6 특수형태의 수출〈수출통관 사무처리에 관한 고시 제6절〉··· 제32조(선상수출신고), 제33조(현지수출 어패류신고), 제33조의2(보세판매장 수출신고), 제34조(원양수산물 신고), 제35조(잠정수량신고 · 잠정가격신고 대상물품의 수출신고)

7 ④ "통관"(通關)이란 「관세법」에 따른 절차를 이행하여 물품을 수출 · 수입 또는 반송하는 것을 말한다.

8 「관세법」상 신고 또는 제출한 자가 보관하여야 하는 서류 중 보관기간이 가장 짧은 것은?

① 적하목록에 관한 자료
② 수출신고필증
③ 반송신고필증
④ 수출물품·반송물품 가격결정에 관한 자료
⑤ 수출거래·반송거래 관련 계약서 또는 이에 갈음하는 서류

9 입항전수입신고에 대한 설명 중 틀린 것은?

① 입항전수입신고가 된 물품은 우리나라에 도착한 것으로 본다.
② 세관장은 입항전수입신고를 한 물품에 대하여 물품검사의 실시를 결정하였을 때에는 수입신고를 한 자에게 이를 통보하여야 한다.
③ 검사대상으로 결정된 물품 중 세관장이 적재상태에서 검사가 가능하다고 인정하는 물품은 해당 물품을 적재한 선박이나 항공기에서 검사할 수 있다.
④ 입항 전 수입신고는 당해물품을 적재한 선박 등이 우리나라에 입항하기 5일전(항공기는 3일전)부터 할 수 있다.
⑤ 세율이 인상되거나 새로운 수입요건을 갖추도록 요구하는 법령이 적용되거나 적용될 예정인 물품은 입항 전 수입신고를 할 수 없다.

Answer 8.① 9.④

8 신고서류의 보관기간〈관세법 시행령 제3조〉
㉠ 해당 신고에 대한 수리일부터 5년 : 수입신고필증, 수입거래관련 계약서 또는 이에 갈음하는 서류, 제237조에 따른 지식재산권의 거래에 관련된 계약서 또는 이에 갈음하는 서류, 수입물품 가격결정에 관한 자료
㉡ 해당 신고에 대한 수리일부터 3년 : 수출신고필증, 반송신고필증, 수출물품·반송물품 가격결정에 관한 자료, 수출거래·반송거래 관련 계약서 또는 이에 갈음하는 서류
㉢ 해당 신고에 대한 수리일부터 2년 : 보세화물반출입에 관한 자료, 적재화물목록에 관한 자료, 보세운송에 관한 자료

9 ④ 「관세법」 제244조 제1항의 규정에 의한 수입신고는 당해 물품을 적재한 선박 또는 항공기가 그 물품을 적재한 항구 또는 공항에서 출항하여 우리나라에 입항하기 5일전(항공기의 경우 1일전)부터 할 수 있다〈관세법 시행령 제249조(입항전 수입신고)〉.

※ 입항전수입신고〈관세법 제244조〉
㉠ 수입하려는 물품의 신속한 통관이 필요할 때에는 제243조 제2항에도 불구하고 대통령령으로 정하는 바에 따라 해당 물품을 적재한 선박이나 항공기가 입항하기 전에 수입신고를 할 수 있다. 이 경우 입항전수입신고가 된 물품은 우리나라에 도착한 것으로 본다.
㉡ 세관장은 입항전수입신고를 한 물품에 대하여 제246조에 따른 물품검사의 실시를 결정하였을 때에는 수입신고를 한 자에게 이를 통보하여야 한다.
㉢ ㉡에 따라 검사대상으로 결정된 물품은 수입신고를 한 세관의 관할 보세구역(보세구역이 아닌 장소에 장치하는 경우 그 장소를 포함한다)에 반입되어야 한다. 다만, 세관장이 적재상태에서 검사가 가능하다고 인정하는 물품은 해당 물품을 적재한 선박이나 항공기에서 검사할 수 있다.
㉣ ㉡에 따라 검사대상으로 결정되지 아니한 물품은 입항 전에 그 수입신고를 수리할 수 있다.
㉤ 입항전수입신고가 수리되고 보세구역 등으로부터 반출되지 아니한 물품에 대하여는 해당 물품이 지정보세구역에 장치되었는지 여부와 관계없이 제106조 제4항을 준용한다.
㉥ 입항전수입신고된 물품의 통관절차 등에 관하여 필요한 사항은 관세청장이 정한다.

10 관세의 부과징수 및 통관절차에 대한 설명으로 옳지 않은 것은?

① 관세의 과세표준은 수입물품의 가격 또는 수량으로 한다.

② 관세를 납부하여야 하는 물품에 대하여는 다른 조세, 그 밖의 공과금 및 채권에 우선하여 그 관세를 징수한다.

③ 보세건설장에 반입된 외국물품은 사용 전 수입신고가 수리된 날의 법령에 따라 관세를 부과한다.

④ 분실물품의 과세물건의 확정시기는 분실된 때이다.

⑤ 수입신고수리전 반출승인을 받아 반출된 물품은 외국물품이다.

11 「관세법」상 관세부과의 제척기간 등에 대한 설명으로 틀린 것은?

① 관세는 해당 관세를 부과할 수 있는 날부터 3년이 지나면 부과할 수 없다.

② 보세건설장 반입물품의 경우는 건설공사 완료보고일과 특허기간만료일(특허기간을 연장한 경우에는 연장기간을 말한다) 중 먼저 도래한 날의 다음 날이 제척기간의 기산일이다.

③ 과다환급의 사유로 관세를 징수하는 경우에는 환급한 날의 다음날이 제척기간의 기산일이다.

④ 부정환급의 사유로 관세를 징수하는 경우에는 환급한 날의 다음날이 제척기간의 기산일이다.

⑤ 의무불이행 등의 사유로 감면된 관세를 징수하는 경우에는 그 사유가 발생한 날의 다음날이 제척기간의 기산일이다.

Answer 10.⑤ 11.①

10 ⑤ 수입신고수리전 반출승인을 받아 반출된 물품은 내국물품이다〈관세법 제2조(정의) 제5호〉.
① 「관세법」 제15조(과세표준)
② 「관세법」 제3조(관세징수의 우선)
③ 「관세법」 제17조(적용 법령)
④ 「관세법」 제16조(과세물건 확정의 시기) 제9호

11 ① 관세는 해당 관세를 부과할 수 있는 날부터 **5년**이 지나면 부과할 수 없다. 다만, 부정한 방법으로 관세를 포탈하였거나 환급 또는 감면받은 경우에는 관세를 부과할 수 있는 날부터 10년이 지나면 부과할 수 없다〈관세법 제21조(관세부과 제척기간) 제1항〉.

※ 관세부과 제척기간의 기산일〈관세법 시행령 제6조〉… 「관세법」 제21조 제1항에 따른 관세부과의 제척기간을 산정할 때 수입신고한 날의 다음날을 관세를 부과할 수 있는 날로 한다. 다만, 다음 각 호의 경우에는 해당 호에 규정된 날을 관세를 부과할 수 있는 날로 한다.

㉠ 법 제16조 제1호 내지 제11호에 해당되는 경우에는 그 사실이 발생한 날의 다음날

㉡ 의무불이행 등의 사유로 감면된 관세를 징수하는 경우에는 그 사유가 발생한 날의 다음날

㉢ 보세건설장에 반입된 외국물품의 경우에는 다음 각 호의 날 중 먼저 도래한 날의 다음날

　1. 제211조의 규정에 의하여 건설공사완료보고를 한 날

　2. 「관세법」 제176조의 규정에 의한 특허기간(특허기간을 연장한 경우에는 연장기간을 말한다)이 만료되는 날

㉣ 과다환급 또는 부정환급 등의 사유로 관세를 징수하는 경우에는 환급한 날의 다음날

㉤ 「관세법」 제28조에 따라 잠정가격을 신고한 후 확정된 가격을 신고한 경우에는 확정된 가격을 신고한 날의 다음 날(다만, 법 제28조제2항에 따른 기간 내에 확정된 가격을 신고하지 아니하는 경우에는 해당 기간의 만료일의 다음날)

12 여행자 휴대품으로서 관세가 면제되는 것이 아닌 것은?

① 향수 60밀리리터 1병

② 담배(궐련) 200개비

③ 미화 600달러(1리터) 술 1병

④ 전자담배 니코틴용액 20밀리리터

⑤ 미화 600달러 핸드백 1개

13 「관세법」상 원산지의 확인 등에 대한 설명으로 틀린 것은?

① 해당 물품의 전부를 생산·가공·제조한 나라를 원산지로 한다.

② 해당 물품이 2개국 이상에 걸쳐 생산·가공 또는 제조된 경우에는 그 물품의 본질적 특성을 부여하기에 충분한 정도의 실질적인 생산·가공·제조 과정이 최종적으로 수행된 나라를 원산지로 한다.

③ 원산지 표시가 되어 있지 아니하나 그 위반사항이 경미한 경우에는 이를 보완·정정하도록 한 후 통관을 허용할 수 있다.

④ 촬영된 영화용 필름은 그 영화제작자가 속하는 국가를 원산지로 한다.

⑤ 제조·가공과정을 통하여 원재료 세번과 다른 세번(HS 6단위)의 제품을 생산하는 국가는 원산지로 인정되지 아니한다.

Answer 12.③ 13.⑤

12 관세가 면제되는 여행자 휴대품 등〈관세법 시행규칙 제48조 제3항〉··· 술·담배·향수에 대해서는 기본면세범위(미화 800달러 이하)와 관계없이 다음 표(별도면세범위)에 따라 관세를 면제하되, 19세 미만인 사람이 반입하는 술·담배에 대해서는 관세를 면제하지 않고, 법 제196조 제1항 제1호 단서 및 같은 조 제2항에 따라 구매한 내국물품인 술·담배·향수가 포함되어 있을 경우에는 별도면세범위에서 해당 내국물품의 구매수량을 공제한다. 이 경우 해당 물품이 다음 표의 면세한도를 초과하여 관세를 부과하는 경우에는 해당 물품의 가격을 과세가격으로 한다.

구분	면세한도			비고
술	2병			2병 합산하여 용량은 2리터(L) 이하이고, 가격은 미화 400달러 이하로 한다.
담배		궐련	200개비	2이상의 담배 종류를 반입하는 경우에는 한 종류로 한정한다.
		엽궐련	50개비	
	전자담배	궐련형	200개비	
		니코틴용액	20밀리리터(mL)	
		기타유형	110그램	
	그 밖의 담배		250그램	
향수	60밀리리터(mL)			

13 ⑤「관세법」제229조 제1항 제2호의 규정에 의하여 2개국 이상에 걸쳐 생산·가공 또는 제조된 물품의 원산지는 당해 물품의 생산과정에 사용되는 물품의 품목분류표상 6단위 품목번호와 다른 6단위 품목번호의 물품을 최종적으로 생산한 국가로 한다〈관세법 시행규칙 제74조(일반물품의 원산지결정기준) 제2항〉.

①②「관세법」제229조(원산지 확인 기준) 제1항

③「관세법」제230조(원산지 허위표시물품 등의 통관 제한)

④「관세법 시행규칙」제75조(특수물품의 원산지결정기준) 제1항

14 「관세법」 제253조(수입신고전의 물품 반출)의 내용이다. ( ) 안에 들어갈 내용을 순서대로 나열한 것은?

> 즉시반출신고를 하고 반출을 하는 자는 즉시반출신고를 한 날부터 ( )일 이내에 법 제241조에 따른 수입신고를 하여야 한다. 세관장은 이 기간 내에 수입신고를 하지 아니하는 경우에는 관세를 부과·징수한다. 이 경우 해당 물품에 대한 ( )에 상당하는 금액을 가산세로 징수하고, 수입신고전 즉시 반출대상자의 지정을 취소할 수 있다.

① 10, 관세의 100분의 20
② 15, 관세의 100분의 5
③ 10, 납부할 세액의 100분의 5
④ 15, 관세의 100분의 10
⑤ 15, 납부할 세액의 100분의 3

15 「관세법」상 과세전적부심사에서 과세 전 통지를 생략할 수 있는 경우가 아닌 것은?

① 「관세법」 제97조 제3항에 따라 재수출기간 내에 수출하지 아니하여 감면된 관세를 징수하는 경우
② 잠정가격으로 가격신고를 한 납세의무자가 확정가격을 신고한 경우
③ 통지하려는 날부터 6개월 이내에 관세부과의 제척기간이 만료되는 경우
④ 「관세법」 제270조에 따른 관세포탈죄로 고발되어 포탈세액을 징수하는 경우
⑤ 수입신고수리 전에 세액심사를 하는 경우로서 그 결과에 따라 부족세액을 징수하는 경우

Answer 14.① 15.③

14 수입신고전의 물품 반출〈관세법 제253조〉
㉠ 수입하려는 물품을 수입신고 전에 운송수단, 관세통로, 하역통로 또는 이 법에 따른 장치 장소로부터 즉시 반출하려는 자는 대통령령으로 정하는 바에 따라 세관장에게 즉시반출신고를 하여야 한다. 이 경우 세관장은 납부하여야 하는 관세에 상당하는 담보를 제공하게 할 수 있다.
㉡ ㉠에 따른 즉시반출을 할 수 있는 자 또는 물품은 대통령령으로 정하는 바에 따라 세관장이 지정한다.
㉢ ㉠에 따른 즉시반출신고를 하고 반출을 하는 자는 즉시반출신고를 한 날부터 <u>10일</u> 이내에 제241조에 따른 수입신고를 하여야 한다.
㉣ 세관장은 ㉠에 따라 반출을 한 자가 ㉢에 따른 기간 내에 수입신고를 하지 아니하는 경우에는 관세를 부과·징수한다. 이 경우 해당 물품에 대한 관세의 <u>100분의 20</u>에 상당하는 금액을 가산세로 징수하고, ㉡에 따른 지정을 취소할 수 있다.

15 과세전적부심사〈관세법 제118조 제1항〉 … 세관장은 제38조의3 제6항 또는 제39조 제2항에 따라 납부세액이나 납부하여야 하는 세액에 미치지 못한 금액을 징수하려는 경우에는 미리 납세의무자에게 그 내용을 서면으로 통지하여야 한다. 다만, 다음 각 호의 어느 하나에 해당하는 경우에는 통지를 생략할 수 있다
㉠ 통지하려는 날부터 3개월 이내에 제21조에 따른 관세부과의 제척기간이 만료되는 경우
㉡ 제28조 제2항에 따라 납세의무자가 확정가격을 신고한 경우
㉢ 제38조 제2항 단서에 따라 수입신고 수리 전에 세액을 심사하는 경우로서 그 결과에 따라 부족세액을 징수하는 경우
㉣ 제97조 제3항(제98조제2항에 따라 준용되는 경우를 포함한다)에 따라 면제된 관세를 징수하거나 제102조 제2항에 따라 감면된 관세를 징수하는 경우
㉤ 제270조에 따른 관세포탈죄로 고발되어 포탈세액을 징수하는 경우
㉥ 그 밖에 관세의 징수가 곤란하게 되는 등 사전통지가 적당하지 아니한 경우로서 대통령령으로 정하는 경우

16 「관세법」상 세액의 확정과 관련된 설명으로 틀린 것은?

① 납세의무자는 납세신고한 세액을 납부하기 전에 그 세액이 과부족(過不足)하다는 것을 알게 되었을 때에는 납세신고한 세액을 정정할 수 있다.

② 세관장은 납부자의 성실성 등을 참작하여 관세청장이 정하는 기준에 해당하는 불성실 신고인이 신고하는 물품은 수입신고를 수리하기 전에 세액을 심사한다.

③ 납세의무자는 신고납부한 세액이 부족하다는 것을 알게 되었을 때에는 신고납부한 날부터 6개월 이내에 대통령령으로 정하는 바에 따라 해당 세액을 보정하여 줄 것을 세관장에게 신청할 수 있다.

④ 납세의무자는 신고납부 세액에 부족한 경우에는 수정신고를 할 수 있다. 이 경우 납세의무자는 수정신고한 날까지 해당 관세를 납부하여야 한다.

⑤ 납세의무자는 신고납부한 세액이 과다한 것을 알게 되었을 때에는 최초로 납세신고를 한 날부터 5년 이내에 대통령령으로 정하는 바에 따라 신고한 세액의 경정을 세관장에게 청구할 수 있다.

17 「관세법」에 의하여 보호받는 지식재산권이 아닌 것은?

① 「디자인보호법」에 따라 설정등록된 디자인권
② 「저작권법」에 따른 저작인접권
③ 「실용신안법」에 따라 설정등록된 실용신안권
④ 「식물신품종 보호법」에 따라 설정등록된 품종보호권
⑤ 「특허법」에 따라 설정등록된 특허권

Answer 16.④ 17.③

16 ④ 납세의무자는 신고납부한 세액이 부족한 경우에는 대통령령으로 정하는 바에 따라 수정신고(보정기간이 지난 날부터 제21조 제1항에 따른 기간이 끝나기 전까지로 한정한다)를 할 수 있다. 이 경우 납세의무자는 <u>수정신고한 날의 다음 날</u>까지 해당 관세를 납부하여야 한다〈관세법 제38조의3 제1항〉.
　① 「관세법」 제38조(신고납부) 제4항
　② 「관세법 시행규칙」 제8조(수입신고수리전 세액심사 대상물품) 제1항
　③ 「관세법」 제38조의2(보정) 제1항
　⑤ 「관세법」 제38조의3(수정 및 경정) 제2항

17 지식재산권 보호〈관세법 제235조〉 … 다음의 어느 하나에 해당하는 지식재산권을 침해하는 물품은 수출하거나 수입할 수 없다.
　㉠ 「상표법」에 따라 설정등록된 상표권
　㉡ 「저작권법」에 따른 저작권과 저작인접권
　㉢ 「식물신품종 보호법」에 따라 설정등록된 품종보호권
　㉣ 「농수산물 품질관리법」에 따라 등록되거나 조약·협정 등에 따라 보호대상으로 지정된 지리적표시권 또는 지리적표시
　㉤ 「특허법」에 따라 설정등록된 특허권
　㉥ 「디자인보호법」에 따라 설정등록된 디자인권

18 관세율에 대한 설명으로 틀린 것은?

① 관세율은 조세법률주의에 의해 법률에 규정하는 것이 원칙이다.
② 관세의 세율은 「관세법」 별표 관세율표에 의한다.
③ 관세율표에는 상품에 대한 품목분류와 해당 품목의 관세율이 표시되어 있다.
④ 관세율을 적용하려면 먼저 품목분류번호를 확인하여야 한다.
⑤ 현행 관세율표상 품목 분류체계는 HS국제협약의 규범 대상인 10단위를 기본으로 한다.

19 관세징수권의 소멸시효 중단사유에 해당하지 않는 것은?

① 납부고지   ② 경정처분
③ 통관보류   ④ 고발
⑤ 교부청구

Answer 18.⑤ 19.③

18 ⑤ HS코드는 국제 협약에 의해 수출입 물품에 부여되는 상품분류 코드로, 6자리까지는 국제 공통으로 사용되며, 7자리부터는 각 나라가 6단위 범위 안에서 세분해 10자리까지 사용할 수 있다. 우리나라에서는 10자리까지 사용해 HSK라 한다.

19 시효의 중단 및 정지〈관세법 제23조 제1항〉 … 관세징수권의 소멸시효는 다음 어느 하나에 해당하는 사유로 중단된다.
㉠ 납부고지
㉡ 경정처분
㉢ 납부독촉
㉣ 통고처분
㉤ 고발
㉥ 「특정범죄 가중처벌 등에 관한 법률」 제16조에 따른 공소제기
㉦ 교부청구
㉧ 압류

20 과세가격의 공제 요소가 아닌 것은?

① 구매자가 해당 수입물품의 대가와 판매자의 채무를 상계하는 금액

② 수입 후에 하는 해당 수입물품의 건설, 설치, 조립, 정비, 유지 또는 해당 수입물품에 관한 기술지원에 필요한 비용

③ 수입항에 도착한 후 해당 수입물품을 운송하는데 필요한 운임·보험료와 그 밖에 운송과 관련되는 비용

④ 우리나라에서 해당 수입물품에 부과된 관세 등의 세금과 그 밖의 공과금

⑤ 연불조건(延拂條件)의 수입인 경우에는 해당 수입물품에 대한 연불이자

21 관세감면 산정에 대한 설명이다. ( )에 들어갈 내용을 순서대로 바르게 나열한 것은?

> ㉠ 법 기타 관세에 관한 법률 또는 조약에 따라 관세를 감면받으려는 자는 해당 물품의 (   )에 관세감면 신청서를 세관장에게 제출하여야 한다.
> ㉡ ㉠에 의한 감면신청서를 제출하지 못한 경우로서 해당 물품이 보세구역에서 반출되지 않은 때에는 해당 (   )로부터 (   ) 이내에 관세감면을 신청할 수 있다.

① 수입신고 시, 수입신고일, 15일 ② 수입신고 수리 전, 수입신고수리일, 15일

③ 수입신고 시, 수입신고일, 10일 ④ 수입신고 수리 전, 수입신고일, 15일

⑤ 수입신고 수리 전, 수입신고수리일, 10일

Answer 20.① 21.②

20 과세가격 결정의 원칙〈관세법 제30조 제2항〉… 제1항 각 호 외의 부분 본문에서 "구매자가 실제로 지급하였거나 지급하여야 할 가격"이란 해당 수입물품의 대가로서 구매자가 지급하였거나 지급하여야 할 총금액을 말하며, 구매자가 해당 수입물품의 대가와 판매자의 채무를 상계(相計)하는 금액, 구매자가 판매자의 채무를 변제하는 금액, 그 밖의 간접적인 지급액을 포함한다. 다만, 구매자가 지급하였거나 지급하여야 할 총금액에서 다음 각 호의 어느 하나에 해당하는 금액을 명백히 구분할 수 있을 때에는 그 금액을 뺀 금액을 말한다.

㉠ 수입 후에 하는 해당 수입물품의 건설, 설치, 조립, 정비, 유지 또는 해당 수입물품에 관한 기술지원에 필요한 비용

㉡ 수입항에 도착한 후 해당 수입물품을 운송하는 데에 필요한 운임·보험료와 그 밖에 운송과 관련되는 비용

㉢ 우리나라에서 해당 수입물품에 부과된 관세 등의 세금과 그 밖의 공과금

㉣ 연불조건(延拂條件)의 수입인 경우에는 해당 수입물품에 대한 연불이자

21 관세감면신청〈관세법 시행령 제112조〉

㉠ 법 기타 관세에 관한 법률 또는 조약에 따라 관세를 감면받으려는 자는 해당 물품의 **수입신고 수리 전**에 관세감면신청서를 세관장에게 제출하여야 한다. 다만, 관세청장이 정하는 경우에는 감면신청을 간이한 방법으로 하게 할 수 있다.

㉡ ㉠의 본문에도 불구하고 다음 각 호의 사유가 있는 경우에는 다음 각 호의 구분에 따른 기한까지 감면신청서를 제출할 수 있다.

1. 법 제39조 제2항에 따라 관세를 징수하는 경우 : 해당 납부고지를 받은 날부터 5일 이내

2. 그 밖에 수입신고수리전까지 감면신청서를 제출하지 못한 경우 : 해당 **수입신고수리일**부터 **15일 이내**(해당 물품이 보세구역에서 반출되지 아니한 경우로 한정한다)

22 재수입면세 대상물품의 재수입 기간으로 맞는 것은?

① 수출신고일로부터 1년 이내

② 수출신고 수리일로부터 2년 이내

③ 수출신고일로부터 2년 이내

④ 수출신고 수리일로부터 3년 이내

⑤ 수출신고일로부터 3년 이내

23 「관세법」 제226조에 따른 세관장확인대상물품 중 수출 시 세관장이 확인하여야 할 물품으로 맞는 것은?

① 「사료관리법」 해당물품

② 「문화재보호법」 해당물품

③ 「식물방역법」 해당물품

④ 「전항공기용품안전관리법」 해당물품

⑤ 「화학물질관리법」 해당물품

22 ② 우리나라에서 수출된 물품으로서 해외에서 제조·가공·수리 또는 사용되지 아니하고 **수출신고 수리일부터 2년 내**에 다시 수입되는 물품이 수입될 때에는 그 관세를 면제할 수 있다〈관세법 제99조(재수입면세) 제1호〉.

23 대상법령 및 물품의 범위〈관세법 제226조에 따른 세관장확인물품 및 확인방법 지정고시 별표1(세관장확인대상 수출물품)〉

㉠ 「마약류관리에 관한 법률」 해당물품

㉡ 「폐기물의 국가간 이동 및 그 처리에 관한 법률」 해당물품

㉢ 「외국환거래법」 해당물품

㉣ 「총포·도검·화약류 등의 안전관리에 관한 법률」해당물품 :
- 권총·소총·기관총·포, 화약·폭약
- 그외의 총 및 그 부분품, 도검, 화공품, 분사기, 전자충격기, 석궁

㉤ 「야생생물 보호 및 관리에 관한 법률」 해당물품
- 야생생물
- 멸종위기에 처한 야생생물(국제적 멸종위기종 포함)

㉥ 「문화재보호법」 해당물품

㉦ 「남북교류협력에 관한 법률」 해당물품

㉧ 「원자력안전법」해당물품
- 핵물질
- 방사성동위원소 및 방사선발생장치

㉨ 「가축전염병 예방법」 해당물품

㉩ 「농업생명자원의 보존·관리 및 이용에 관한 법률」 해당물품 중 인삼종자

㉪ 「방위사업법」 해당물품 중 군용 총포, 도검, 화약류

㉫ 「생물다양성 보전 및 이용에 관한 법률」 해당물품
- 국외반출승인대상 생물자원

㉬ 「생활주변방사선 안전관리법」 해당물품
- 원료물질·공정부산물

24 여행자 휴대품 자진신고 시 감면액으로 맞는 것은?

① 10만 원 한도 내 납부세액(관세 및 내국세 포함)의 20%

② 10만 원 한도 내 관세액의 20%

③ 15만 원 한도 내 납부세액(관세 및 내국세 포함)의 20%

④ 15만 원 한도 내 관세액의 30%

⑤ 20만 원 한도 내 관세액의 30%

25 「관세법」 제243조 제4항에 따라 보세구역에 반입한 후 수출 신고하여야 하는 물품은?

① 컨테이너에 적입하여 수출하는 중고자동차

② 중고크레인

③ 신품 자동차

④ 수산물

⑤ 어패류

Answer 24.⑤ 25.①

24 ④ 여행자가 휴대품 또는 별송품(제1항 제1호에 해당하는 물품은 제외한다)을 기획재정부령으로 정하는 방법으로 자진신고하는 경우에는 <u>20만원</u>을 넘지 아니하는 범위에서 해당 물품에 부과될 관세(제81조에 따라 간이세율을 적용하는 물품의 경우에는 간이세율을 적용하여 산출된 세액을 말한다)의 <u>100분의 30에 상당하는 금액</u>을 경감할 수 있다〈관세법 제96조(여행자 휴대품 및 이사물품 등의 감면) 제2항〉.

25 보세구역 등 반입후 수출신고 대상물품〈수출통관 사무처리에 관한 고시 별표11〉

연번	종 류	품목명	대상
1	중고자동차	87류 중 '중고차'	컨테이너에 적입하여 수출하는 중고자동차
2	플라스틱 폐기물	HS 3915호(플라스틱 스크랩)	컨테이너에 적입하여 수출하는 플라스틱 웨이스트 · 스크랩
3	생활폐기물	HS 3825호(생활폐기물 등)	컨테이너에 적입하여 수출하는 생활폐기물 등

1 지정장치장 화물관리인의 지정에 대한 설명으로 맞는 것은?

① 세관장이 화물관리인을 지정하려는 경우 지정예정일 1개월 전까지 지정 계획을 공고하여야 한다.

② 화물관리인 지정의 유효기간은 5년 이내로 한다.

③ 화물관리인 지정 시 지게차, 크레인 등의 시설 장비는 평가기준이 아니다.

④ 관세에 대한 체납이 있는 경우 화물관리인 지정취소 요건에 해당한다.

⑤ 세관장은 부정한 방법으로 지정을 받아 화물관리인 지정이 취소된 경우에는 해당 시설의 소유자 등에게 미리 그 사실을 통보하지 않아도 된다.

2 특허보세구역의 설치·운영에 관한 감독 및 효력상실 등에 대한 설명으로 틀린 것은?

① 세관장은 특허보세구역의 운영인을 감독한다.

② 세관장은 특허보세구역의 운영인에게 그 설치·운영에 관한 보고를 명할 수 있다.

③ 특허보세구역의 설치·운영에 관한 효력이 상실되었을 때에는 3개월의 범위내에서 세관장이 지정하는 기간동안 그 구역은 특허보세구역으로 본다.

④ 세관장은 특허보세구역의 운영에 필요한 시설·기계 및 기구의 설치를 명할 수 있다.

⑤ 세관장은 특허보세구역에 반입된 물품이 해당 특허보세구역의 설치목적에 합당하지 아니한 경우에는 해당 물품을 다른 보세구역으로 반출할 것을 명할 수 있다.

Answer 1.② 2.③

1 ② 「세관지정장치장 화물관리인 지정절차에 관한 고시」 제9조(지정기간)

　① 세관장이 화물관리인을 지정하려는 경우 지정예정일 3개월 전까지 지정 계획을 공고하여야 한다〈세관지정장치장 화물관리인 지정절차에 관한 고시 제8조(지정 및 재지정 절차) 제2항〉.

　③ 지게차, 크레인 등 화물관리에 필요한 시설장비 구비 현황에 대하여 관세청장이 정하는 심사기준에 따라 평가한 결과를 반영하여야 한다〈세관지정장치장 화물관리인 지정절차에 관한 고시 제10조(화물관리인 지정 심사·평가기준)〉.

　④ 세관지정장치장 화물관리인 지정절차에 관한 고시 제12조(화물관리인의 지정취소)

　⑤ 화물관리인 지정을 취소할 때에는 해당 시설의 소유자 또는 관리자에게 미리 그 사실을 통보하여야 한다〈관세법 시행령 제187조의2(화물관리인의 지정취소) 제1항〉.

2 ③ 특허보세구역의 설치·운영에 관한 특허의 효력이 상실되었을 때에는 해당 특허보세구역에 있는 외국물품의 종류와 수량 등을 고려하여 6개월의 범위에서 세관장이 지정하는 기간 동안 그 구역은 특허보세구역으로 보며, 운영인이나 그 상속인 또는 승계법인에 대해서는 해당 구역과 장치물품에 관하여 특허보세구역의 설치·운영에 관한 특허가 있는 것으로 본다〈관세법 제182조(특허의 효력상실 시 조치 등)〉.

　※ 특허보세구역의 설치·운영에 관한 감독 등〈관세법 제180조〉

　　㉠ 세관장은 특허보세구역의 운영인을 감독한다.

　　㉡ 세관장은 특허보세구역의 운영인에게 그 설치·운영에 관한 보고를 명하거나 세관공무원에게 특허보세구역의 운영상황을 검사하게 할 수 있다.

　　㉢ 세관장은 특허보세구역의 운영에 필요한 시설·기계 및 기구의 설치를 명할 수 있다.

　　㉣ 제157조에 따라 특허보세구역에 반입된 물품이 해당 특허보세구역의 설치 목적에 합당하지 아니한 경우에는 세관장은 해당 물품을 다른 보세구역으로 반출할 것을 명할 수 있다.

3 관세법령상 보세공장에서 보세작업을 하기 위하여 반입되는 원재료에 해당하지 않는 것은?

① 기계·기구 등의 작동 및 유지를 위한 연료 등 제품의 생산작업에 간접적으로 투입되어 소모되는 물품
② 당해 보세공장에서 생산하는 제품에 물리적으로 결합되는 물품
③ 당해 보세공장에서 생산하는 제품에 화학적으로 결합되는 물품
④ 해당 보세공장에서 생산하는 제품을 제조·가공하거나 이와 유사한 공정에 투입되어 소모되는 물품
⑤ 해당 보세공장에서 수리·조립·검사·포장 및 이와 유사한 작업에 직접적으로 투입되는 물품

4 보세공장 물품의 과세에 대한 설명으로 틀린 것은?

① 보세공장에서 외국물품과 내국물품을 혼용하여 원재료로 사용된 경우에 그로부터 생긴 물품은 외국물품으로 본다.
② 보세공장에서 제조·가공한 제품을 수입하는 경우에는 반입신고 시의 제품의 성질과 수량에 대하여 과세하는 것이 원칙이다.
③ 원재료가 외국물품과 내국물품이 혼용되어 만들어진 제품을 국내에 수입하게 되면 혼용된 내국물품에 대하여 관세를 부과하는 것이 원칙이다.
④ 보세공장 물품에 대한 과세는 제품과세와 원료과세가 있다.
⑤ 원료과세제도는 제품세율보다 원료세율이 낮은 경우 등 제품과세보다 유리한 경우에 이용한다.

Answer 3.① 4.②

3 보세공장원재료의 범위 등〈관세법 시행령 제199조 제1항〉 … 법 제185조에 따라 보세공장에서 보세작업을 하기 위하여 반입되는 원료 또는 재료는 다음에 해당하는 것을 말한다. 다만, 기계·기구 등의 작동 및 유지를 위한 연료, 윤활유 등 제품의 생산·수리·조립·검사·포장 및 이와 유사한 작업에 간접적으로 투입되어 소모되는 물품은 제외한다.
  ㉠ 당해 보세공장에서 생산하는 제품에 물리적 또는 화학적으로 결합되는 물품
  ㉡ 해당 보세공장에서 생산하는 제품을 제조·가공하거나 이와 비슷한 공정에 투입되어 소모되는 물품
  ㉢ 해당 보세공장에서 수리·조립·검사·포장 및 이와 유사한 작업에 직접적으로 투입되는 물품

4 원료과세〈관세법 제189조〉
  ㉠ 보세공장에서 제조된 물품을 수입하는 경우 제186조에 따른 사용신고 전에 미리 세관장에게 해당 물품의 원료인 외국물품에 대한 과세의 적용을 신청한 경우에는 제16조에도 불구하고 제186조에 따른 사용신고를 할 때의 그 원료의 성질 및 수량에 따라 관세를 부과한다.
  ㉡ 세관장은 대통령령으로 정하는 기준에 해당하는 보세공장에 대하여는 1년의 범위에서 원료별, 제품별 또는 보세공장 전체에 대하여 ㉠에 따른 신청을 하게 할 수 있다.
  ※ 제품과세〈관세법 제188조〉 … 외국물품이나 외국물품과 내국물품을 원료로 하거나 재료로 하여 작업을 하는 경우 그로써 생긴 물품은 외국으로부터 우리나라에 도착한 물품으로 본다. 다만, 대통령령으로 정하는 바에 따라 세관장의 승인을 받고 외국물품과 내국물품을 혼용하는 경우에는 그로써 생긴 제품 중 해당 외국물품의 수량 또는 가격에 상응하는 것은 외국으로부터 우리나라에 도착한 물품으로 본다.

5 「관세법」상 보세구역에 관한 설명이다. 괄호 안에 들어갈 기간을 모두합치면?

> ⊙ 지정장치장에 물품을 장치하는 기간은 (   )의 범위에서 관세청장이 정한다. 다만, 관세청장이 정하는 기준에 따라 3개월의 범위에서 그 기간을 연장할 수 있다.
> ⓛ 보세창고에 반입된 외국물품의 장치기간은 (   )의 범위에서 관세청장이 정하는 기간으로 하되, 세관장이 필요로 하다고 인정하는 경우에는 1년의 범위에서 그 기간을 연장할 수 있다.
> ⓒ 특허보세구역의 설치·운영에 관한 특허의 효력이 상실되었을 때에는 해당 특허보세구역에 있는 외국물품의 종류와 수량 등을 고려하여 (   )의 범위에서 세관장이 지정하는 기간 동안 그 구역은 특허보세구역으로 본다.

① 1년 6개월
② 2년
③ 2년 6개월
④ 3년
⑤ 3년 3개월

6 보세건설장에 대한 설명으로 틀린 것은?

① 산업시설 건설에 사용되는 외국물품인 기계류 설비품이나 공사용 장비를 반입하여 해당 건설공사를 할 수 있는 보세구역이다.
② 산업시설에 병설되는 사무소, 의료시설, 식당 등 부대시설을 건설하기 위한 물품도 보세건설장에 반입할 수 있다.
③ 보세건설장 이외의 지역에서 보세작업을 하고자 하는 때에는 세관장에게 보세건설장의 보세작업허가를 받아야 한다.
④ 산업시설용 설비품 등을 일정 규모의 과세단위로 조립한 후 완성품 상태에서 수입통관하기 때문에 통관절차 간소화의 효과도 있다.
⑤ 보세건설장의 특허기간은 3년의 범위내에서 해당 건설공사의 기간을 고려하여 세관장이 정하는 기간으로 한다.

Answer 5.② 6.⑤

5 ⊙ 지정장치장에 물품을 장치하는 기간은 **6개월**의 범위에서 관세청장이 정한다〈관세법 제170조(장치기간)〉.
ⓛ 1년의 범위에서 관세청장이 정하는 기간. 다만, 세관장이 필요하다고 인정하는 경우에는 **1년**의 범위에서 그 기간을 연장할 수 있다〈관세법 제177조(장치기간) 제1항 제1호 가목〉
ⓒ 특허보세구역의 설치·운영에 관한 특허의 효력이 상실되었을 때에는 해당 특허보세구역에 있는 외국물품의 종류와 수량 등을 고려하여 **6개월**의 범위에서 세관장이 지정하는 기간 동안 그 구역은 특허보세구역으로 본다〈관세법 제182조(특허의 효력 상실 시 조치 등) 제2항〉

6 ⑤ 특허보세구역의 특허기간은 10년 이내로 한다〈관세법 제176조(특허기간) 제1항〉.
①② 「보세건설장 관리에 관한 고시」 제6조(반입물품의 범위)
③ 「보세건설장 관리에 관한 고시」 제15조(보세건설장외 보세작업의 허가신청)

7 자율관리 보세구역의 보세사의 직무가 아닌 것은?

① 보세화물 및 내국물품의 반입 또는 반출에 대한 참관 및 확인
② 보세구역 안에 장치된 물품의 관리 및 취급에 대한 참관 및 확인
③ 보세구역에 장치된 외국물품의 견품 반출 허가 및 회수
④ 보세구역 출입문의 개폐 및 열쇠관리의 감독
⑤ 보세구역의 출입자 관리에 대한 감독

8 종합보세구역에 대한 설명으로 틀린 것은?

① 관세청장이 직권으로 종합보세구역을 지정하고자 하는 때에는 관계중앙행정기관의 장 또는 지방자치단체의 장과 협의하여야 한다.
② 외국인 투자촉진법에 의한 외국인 투자지역 및 유통산업발전법에 의한 공동집배송센터도 종합보세구역 지정이 가능한 대상 지역이다.
③ 종합보세구역은 보세창고·보세공장·보세전시장·보세건설장 및 보세판매장의 기능 중 둘 이상의 기능을 수행할 수 있다.
④ 종합보세구역에서 외국물품과 내국물품의 혼용작업에 소요되는 내국물품 원재료는 내국물품 반출입신고를 생략할 수 있다.
⑤ 종합보세구역에서 사용하거나 소비되는 물품으로서 제조·가공에 사용되는 시설기계류 및 그 수리용 물품은 수입통관 후 소비하거나 사용하여야 한다.

Answer 7.③ 8.④

7 보세사의 직무〈관세법 시행령 제185조 제1항〉
㉠ 보세화물 및 내국물품의 반입 또는 반출에 대한 참관 및 확인
㉡ 보세구역안에 장치된 물품의 관리 및 취급에 대한 참관 및 확인
㉢ 보세구역출입문의 개폐 및 열쇠관리의 감독
㉣ 보세구역의 출입자관리에 대한 감독
㉤ 견품의 반출 및 회수
㉥ 기타 보세화물의 관리를 위하여 필요한 업무로서 관세청장이 정하는 업무

8 ① 「관세법 시행령」 제214조(종합보세구역의 지정 등) 제3항
② 「관세법 시행령」 제214조(종합보세구역의 지정 등) 제1항
③ 「관세법」 제197조(종합보세구역의 지정 등) 제2항
⑤ 「관세법」 제200조(반출입물품의 범위 등) 제1항
※ 내국물품 반출입신고의 생략〈관세법 시행규칙 제70조〉 … 세관장은 다음의 하나에 해당하지 아니하는 경우에는 반출입신고를 생략하게 할 수 있다.
㉠ 세관장의 허가를 받고 내국 물품만을 원료로 하여 제조·가공 등을 하는 경우 그 원료 또는 재료
㉡ 혼용작업에 소요되는 원재료
㉢ 보세판매장에서 판매하고자 하는 물품
㉣ 당해 내국물품이 외국에서 생산된 물품으로서 종합보세구역 안의 외국물품과 구별되는 필요가 있는 물품

9 보세구역의 물품의 장치 및 보수작업 등과 관련한 설명으로 틀린 것은?

① 원칙적으로 외국물품과 내국운송의 신고를 하려는 내국물품은 보세구역이 아닌 장소에 장치할 수 없다.

② 보세구역에 장치된 물품에 대해 세관장의 승인을 받고 폐기한 외국물품은 폐기 후 잔존물의 유무에 관계없이 관세를 징수하지 아니한다.

③ 보세구역에 장치된 물품에 대해 그 현상을 유지하기 위하여 필요한 보수작업을 하려는 자는 세관장의 승인을 받아야 한다.

④ 보세구역에 장치된 물품에 대하여 세관장의 허가를 받아 그 원형을 변경하거나 해체 · 절단 등의 작업을 할 수 있다.

⑤ 보수작업으로 외국물품에 부가된 내국물품은 외국물품으로 본다.

10 특허보세구역의 설치 · 운영의 특허에 관한 설명으로 틀린 것은?

① 「관세법」을 위반하여 징역형의 집행유예를 선고받고 그 유예기간에 있는 자는 운영인의 결격사유에 해당된다.

② 운영인이 특허보세구역의 장치 물품의 종류를 변경하였을 때는 지체없이 세관장에게 통보하여야 한다.

③ 특허보세구역의 설치 · 운영에 관한 특허를 받으려는 자는 기획재정부령으로 정하는 바에 따라 수수료를 납부하여야 한다.

④ 특허보세구역을 설치 · 운영하려는 자는 세관장의 특허를 받아야 하며, 기존의 특허를 갱신하려는 경우에도 또한 같다.

⑤ 특허보세구역의 운영인은 30일 이상 계속하여 특허보세구역의 운영을 휴지하고자 할 때에는 세관장에게 통보하여야 한다.

Answer 9.② 10.②

9　② 세관장의 승인을 받은 외국물품 중 폐기 후에 남아 있는 부분에 대하여는 폐기 후의 성질과 수량에 따라 관세를 부과한다 〈관세법 제160조(장치물품의 폐기) 제3항〉.
　　① 「관세법」 제155조(물품의 장치) 제1항
　　③ 「관세법」 제158조(보수작업) 제2항
　　④ 「관세법」 제159조(해체 · 절단 등의 작업) 제2항
　　⑤ 「관세법」 제158조(보수작업) 제5항

10　② 특허보세구역의 운영인이 그 장치물품의 종류를 변경하거나 그 특허작업의 종류 또는 작업의 원재료를 변경하고자 하는 때에는 그 **사유를 기재한 신청서를 세관장에게 제출하여 그 승인을 얻어야 한다**〈관세법 시행령 제190조(업무내용 등의 변경) 제1항〉.
　　① 「관세법」 제175조(운영인의 결격사유) 제1항 제5호
　　③④ 「관세법」 제174조(특허보세구역의 설치 · 운영에 관한 특허)
　　⑤ 「관세법 시행령」 제193조(특허보세구역의 휴지 · 폐지 등의 통보) 제2항

11 아래 ( )에 들어갈 보세구역에 대한 설명으로 틀린 것은?

- 세관공무원 A는 중국에서 인천공항을 통해 입국한 여행자의 휴대품을 유치하여 (ⓐ)에 입고시켰다.
- B사는 해외로부터 기계류 설비품 등을 반입하여 산업시설을 건설하기 위해 부산세관에 (ⓑ) 설치·운영 특허를 신청하였다.
- C광역시는 2년마다 개최되는 국제전람회에 외국에서 반입되는 작품을 전시하기 위해 (ⓒ)을(를) 설치·운영 특허를 받아 운영중에 있다.

---

① ⓐ는 통관을 하려는 물품을 일시 장치하기 위한 장소로서 세관장이 지정하는 보세구역이다.

② 운영인은 ⓑ에 외국물품을 반입하였을 때에는 사용 전에 해당 물품에 대하여 수입신고를 하고 세관공무원의 검사를 받아야 한다.

③ 세관장은 필요하다고 인정되는 때에는 ⓒ안의 장치물품에 대하여 장치할 장소를 제한할 수 있다.

④ ⓑ에서는 외국물품과 내국물품을 원료 또는 재료로 하여 제조·가공하거나 그 밖에 이와 비슷한 작업을 할 수 있다.

⑤ ⓒ에서는 전람회 등의 운영을 위해 외국물품의 성질 또는 형상에 변경을 가하거나 소비하는 행위를 할 수 있다.

12 보세공장의 작업에 대한 설명으로 틀린 것은?

① 세관장은 재해 기타 부득이한 사유로 인하여 필요하다고 인정되는 때에는 신청에 의하여 보세공장 외에서의 보세작업의 기간 또는 장소를 변경할 수 있다.

② 세관장은 보세공장의 작업허가를 받아 보세작업에 사용될 물품을 공장외작업장에 직접 반입하게 할 수 있다.

③ 세관장은 보세공장 외 작업 허가기간이 지나 공장외작업장에 외국물품이 있을 경우 원보세공장으로 반입토록 명령하여야 한다.

④ 세관공무원은 보세공장 외 작업허가를 받은 물품이 보세공장에서 반출될 때에는 이를 검사할 수 있다.

⑤ 보세공장의 작업허가를 받아 공장외작업장에 반입된 외국물품은 지정된 기간이 만료될 때까지는 보세공장에 있는 것으로 본다.

Answer 11.④ 12.③

11 ⓐ 지정장치장, ⓑ 보세건설장, ⓒ 보세전시장

④ 외국물품 또는 외국물품과 내국물품을 원료로 하거나 재료로 하여 수출하는 물품을 제조·가공하거나 수리·조립·분해·검사(원재료 품질검사 등을 포함한다)·포장 또는 그 밖에 이와 유사한 작업을 하는 것을 목적으로 하는 공장〈보세공장 운영에 관한 고시 제4조(특허대상) 제1호〉

12 ③ 지정된 기간이 지난 경우 해당 공장외작업장에 허가된 외국물품이나 그 제품이 있을 때에는 해당 물품의 허가를 받은 보세공장의 운영인으로부터 그 관세를 즉시 징수한다〈관세법 제187조(보세공장 외 작업허가) 제7항〉.

13 지정장치장에 대한 설명 중 틀린 것은?

① 화물관리인은 화물관리에 필요한 비용을 화주로부터 징수할 수 있으며 그 요율은 관세청장의 승인을 받아야 한다.

② 지정장치장에 물품을 장치하는 기간은 6개월의 범위에서 관세청장이 정한다. 다만, 관세청장이 정하는 기준에 따라 세관장은 3개월의 범위에서 그 기간을 연장할 수 있다.

③ 세관장은 화주에 갈음하여 보관의 책임을 지는 화물관리인을 지정할 수 있다.

④ 지정장치장에 반입한 물품의 보관책임은 화주 또는 반입자가 진다.

⑤ 해당 시설의 관리자가 요청한 자도 화물관리인이 될 수 있다.

14 집단화지역 보세창고의 기준완화에 대한 내용이다. ( )안에 들어갈 내용을 순서대로 나열한 것은?

> 세관장은 특정 보세구역의 위치 또는 규모가 특허의 요건을 갖추지 못하였으나 그 위치가 세관 또는 다른 보
> 세구역에 근접(직선거리 (   )m 이내)하여 있는 경우에는 다음의 각 면적기준을 적용한다.
> ㉠ 영업용 보세창고인 경우에는 고내면적이 (   )㎡ 이상
> ㉡ 컨테이너전용보세창고인 경우에는 부지면적이 (   )㎡ 이상

① 300, 300, 1,000

② 300, 500, 1,000

③ 300, 500, 3,000

④ 500, 700, 3,000

⑤ 500, 700, 5,000

Answer 13.① 14.③

13 ① 지정장치장의 화물관리인은 화물관리에 필요한 비용을 화주로부터 징수할 수 있다. 다만, 그 요율에 대하여는 **세관장**의 승인을 받아야 한다〈관세법 제172조(물품에 대한 보관책임) 제3항〉.

　② 「관세법」 제170조(장치기간)

　⑤ 「관세법 시행령」 제187조(화물관리인의 지정) 제1항 제3호

14 집단화지역의 기준완화 등〈특허보세구역 운영에 관한 고시 제12조 제1항〉… 세관장은 특정 보세구역의 위치 또는 규모가 제10조 제1항 제1호 및 제11조 제3항 제1호의 요건을 갖추지는 못하였으나 그 위치가 세관 또는 다른 보세구역에 근접(직선거리 **300m** 이내)한 경우에는 다음의 면적기준을 적용한다.

　㉠ 제10조 제1항 제1호(영업용 보세창고)의 경우에는 고내면적이 **500㎡** 이상

　㉡ 제11조 제3항 제1호(컨테이너전용보세창고)의 경우에는 부지면적이 **3,000㎡** 이상

15 보세창고의 특허 요건에 대한 설명으로 맞는 것은?

① 자가용보세창고는 지붕이 있고 주위에 벽을 가진 지상건축물로서 고내면적이 1,000㎡이상이어야 한다.
② 야적전용보세창고는 창고건물에 부속된 야적장을 포함하여 4,000㎡이상의 대지로서 주위의 지면보다 높아야 한다.
③ 컨테이너전용보세창고의 부지면적은 10,000㎡ 이상이어야 한다.
④ 컨테이너전용보세창고에서 컨테이너 적입화물을 적출하는 화물조작장(CFS)의 면적은 물동량에 따라 운영인이 자율적으로 결정할 수 있다.
⑤ 액체화물전용보세창고는 고내면적이 1,000㎡ 이상이어야 한다.

16 보세창고 운영인에 대한 행정제재를 설명한 것 중 맞는 것은?

① 수용능력을 초과하여 화물보관을 수락한 경우 반입정지 처분대상이다.
② 야적대상이 아닌 물품을 야적한 경우 반입정지 처분대상이다.
③ 운영인 또는 그 종업원의 관리소홀로 해당 보세구역에서 밀수행위가 발생한 경우 반입정지 처분대상이다.
④ 보관화물에 대한 관리소홀로 보세화물의 멸실이 발생한 경우 반입정지 처분대상이다.
⑤ 「관세법」 등에서 규정한 운영인의 의무를 태만히 한 경우 반입정지 처분대상이다.

Answer 15.④ 16.③

15 ④ 「특허보세구역 운영에 관한 고시」 제11조(특수보세구역의 요건 등) 제3항 제2호
① 「특허보세구역 운영에 관한 고시」 제10조(영업용보세창고의 요건) 제1항 제1호
② 야적전용보세창고(창고건물에 부속된 야적장은 제외한다)은 <u>4,500㎡ **이상**</u>의 대지로서 주위의 지면보다 높아야 한다〈특허보세구역 운영에 관한 고시 제제11조(특수보세구역의 요건 등) 제2항〉.
③ 부지면적은 <u>15,000㎡ **이상**</u>이어야 한다〈특허보세구역 운영에 관한 고시 제11조(특수보세구역의 요건 등) 제3항〉.
⑤ 액체화물 전용 보세창고는 고내면적(㎡)기준을 적용하지 아니한다〈특허보세구역 운영에 관한 고시 제11조(특수보세구역의 요건 등) 제4항〉.

16 행정제재〈특허보세구역 운영에 관한 고시 제18조 제3항〉… 세관장은 특허보세구역 운영인이 다음에 해당하는 경우에는 기간을 정하여 보세구역에의 물품반입을 정지시킬 수 있다.
㉠ 장치물품에 대한 관세를 납부할 자력이 없다고 인정되는 경우
㉡ 본인 또는 그 사용인이 법 또는 법에 따른 명령을 위반한 경우
㉢ 해당 시설의 미비 등으로 특허보세구역 설치 목적을 달성하기 곤란하다고 인정되는 경우
㉣ 운영인 또는 그 종업원이 합법가장 밀수를 인지하고도 세관장에게 보고하지 않고 보관 또는 반출한 때
㉤ 세관장의 시설구비 명령을 미이행하거나 보관화물에 대한 중대한 관리소홀로 보세화물의 도난, 분실이 발생한 때
㉥ 운영인 또는 그 종업원의 관리소홀로 해당 보세구역에서 밀수행위가 발생한 때
㉦ 운영인이 최근 1년 동안 3회 이상 경고처분을 받은 때

17 보세공장 물품에 대한 설명으로 틀린 것은?

① 보세공장 원재료는 당해 보세공장에서 생산하는 제품에 소요되는 수량(원재료 소요량)을 객관적으로 계산할 수 있는 물품이어야 한다.

② 해당 보세공장에서 포장에 직접적으로 투입되는 물품은 원재료의 범위에 해당한다.

③ 보세운송절차로 보세공장에 반입되는 물품은 즉시 반입신고를 하여야 하며, 이 경우 반입신고는 보세운송 도착보고로 갈음할 수 있다.

④ 세관장은 운영인이 전시 등을 위하여 보세공장에서 전시장으로 이동하기 위하여 견본품반출허가신청서를 제출하는 경우 6개월의 범위 내에서 허가할 수 있다.

⑤ 다른 보세공장 일시 보세작업에 소요되는 원재료 중 다른 보세공장 운영인이 사용 신고한 물품은 원보세공장에서 관리한다.

18 보세전시장에 대한 설명으로 틀린 것은?

① 박람회 · 전람회 · 견본품 전시회 등의 운영을 위하여 외국물품을 장치 · 전시 또는 사용할 수 있는 구역을 말한다.

② 보세전시장에 물품을 반출입하고자 할 때에는 세관공무원을 입회시켜야 한다. 다만, 세관장이 입회할 필요가 없다고 인정할 때에는 예외로 한다.

③ 세관장에게 반입신고를 한 외국물품이 보세전시장에 반입된 경우 운영인은 그 물품에 대하여 세관공무원의 검사를 받아야 한다.

④ 보세전시장에서 불특정 다수의 관람자에게 판매할 것을 목적으로 반입된 외국물품은 판매 후 일괄적으로 수입신고를 하여야 한다.

⑤ 기증 · 매각됨으로써 보세전시장에 있는 외국물품을 국내로 반입하려는 자는 수입신고를 하여야 한다.

17 ⑤ 다른 보세공장 일시 보세작업에 소요되는 원재료 중 다른 보세공장 운영인이 사용 신고한 물품은 다른 보세공장에서 관리한다 〈보세공장 운영에 관한 고시 제24조(물품의 장치 및 관리) 제5항〉.
① 「보세공장 운영에 관한 고시」 제32조(원재료 소요량 관리)
② 「보세공장 운영에 관한 고시」 제12조(반입대상 물품)
③ 「보세공장 운영에 관한 고시」 제13조(물품의 반출입) 제2항
④ 「보세공장 운영에 관한 고시」 제29조(견본품 전시 등을 위한 일시반출) 제1항

18 ④ 보세전시장에 반입된 외국물품 중 판매용물품(보세전시장에서 불특정다수의 관람자에게 판매할 것을 목적으로하는 물품)은 수입신고 수리후 사용이 가능하다〈보세전시장 운영에 관한 고시 제17조(수입신고대상)〉.
① 「관세법」 제190조(보세전시장)
② 「보세전시장 운영에 관한 고시」 제10조(반출입의 신고)
③ 「보세전시장 운영에 관한 고시」 제11조(물품검사) 제1항
④ 「보세전시장 운영에 관한 고시」 제20조(수입)

19 지정면세점에 대한 내용이다. (   )안에 들어갈 내용을 순서대로 나열한 것은?

> 지정면세점에서 판매할 수 있는 면세물품은 판매가격이 미합중국 화폐 (   )에 상당하는 금액으로서 대통령령으로 정하는 금액 이하의 것으로 한다. 제주도여행객은 지정면세점에서 면세물품을 연도별로 (   )까지 구입할 수 있다.

① 400달러, 4회
② 500달러, 6회
③ 500달러, 4회
④ 600달러, 6회
⑤ 800달러, 6회

20 보세판매장의 판매절차에 대한 설명으로 틀린 것은?

① 출국장면세점은 국산 가전제품 중 여행자의 휴대반출이 곤란하거나 세관장이 필요하다고 인정하는 품목에 대하여 쿠폰으로 판매할 수 있다.
② 내국물품을 보세판매장에서 판매하고자 하는 때에는 보세판매장 물품반입 신고서에 의하여 세관장에게 반입신고하여야 한다.
③ 운영인은 입국인에게 미화 1,000달러 이하의 구매한도 범위 내에서 물품을 판매하여야 한다.
④ 보세판매장 운영인이 물품을 판매한 때에는 구매자 인적사항 및 판매사항을 구매자 관리대장에 기록 또는 전산관리하여야 한다.
⑤ 구매자가 국제우편으로 판매물품의 교환·환불요청을 받은 때에는 국제우편을 통하여 교환·환불하여 줄 수 있다.

Answer 19.⑤ 20.③

19 ⑤ 지정면세점에서 판매할 수 있는 면세물품은 판매가격이 미합중국 화폐 <u>800달러</u>에 상당하는 금액으로서 대통령령으로 정하는 금액 이하의 것으로 한다. 제주도여행객은 지정면세점에서 면세물품을 연도별로 <u>6회</u>까지 구입할 수 있다〈조세특례제한법 제121조의13 제4항, 제6항〉.

20 ③ 운영인은 입국인에게 규칙 제69조의4 제1항에 따라 미화 800달러 이하의 구매한도 범위 내에서 물품을 판매하여야 한다. 이 경우 술·담배·향수는 규칙 제48조 제3항에 따른 별도 면세범위 내에서만 판매할 수 있다〈보세판매장 운영에 관한 고시 제5조(구매자 및 구매총액) 제5항〉.
① 「보세판매장 운영에 관한 고시」 제4조(판매대상 물품) 제2항
② 「보세판매장 운영에 관한 고시」 제6조(판매용물품의 반입신고 및 반입검사신청)
④ 「보세판매장 운영에 관한 고시」 제9조(판매장 진열 및 판매) 제1항
⑤ 「보세판매장 운영에 관한 고시」 제19조(반품, 분실물 등의 처리) 제1항

21 보세판매장 판매 잔여물품 처리에 대한 설명으로 틀린 것은?

① 세관장은 현품이 대장상의 수량보다 부족한 때에 그 수량이 상관례상 불가피하다고 인정되는 경우에는 해당 세액의 추징없이 재고대장에서 공제한다.

② 운영인은 재고물품의 가치가 상당하여 폐기하는 것이 불합리하다고 판단되는 때에는 체화처리 절차에 의하여 처리할 것을 세관장에게 신청할 수 있다.

③ 운영인은 변질 등으로 판매하지 못한 재고물품의 공급자가 국내에 소재하는 경우 세관장의 승인을 받아 국내 공급자에게 반품할 수 있다.

④ 운영인은 외국물품을 변질, 고장, 재고과다 등의 사유로 판매하지 못하는 때에는 세관장의 승인을 받아 반송하거나 폐기할 수 있다.

⑤ 세관장은 현품 부족발생 사유가 고의가 있다고 인정되는 경우에는 자체조사 후 통고처분을 하여야 한다.

22 종합보세구역의 종합보세사업장에 대한 설명으로 틀린 것은?

① 운영인이 종합보세구역에서 보세창고 · 공장 · 전시장 · 건설장 · 판매장의 기능을 종합적으로 수행할 수 있는 일정한 장소를 말한다.

② 동일 종합 보세사업장내에서 종합보세기능 간에 물품을 이동하는 경우 별도의 반출입신고나 보세운송을 필요로 하지 않는다.

③ 종합보세구역에서 종합보세기능을 수행하고자 하는 자는 세관장에게 신고하여야 한다.

④ 종합보세구역에 반입된 외국물품이 사용신고 또는 수입신고되어 수리된 경우에는 반출신고를 하여야 한다.

⑤ 종합보세사업장에 물품을 반출입하고자 하는 운영인은 세관장에게 반출입신고를 하여야 한다.

Answer 21.① 22.④

21 ① 보세판매장 물품이 분실 그 밖의 사유로 현품과 대장상의 수량이 일치하지 아니한 때에는 그 부족 수량을 월간 매출액과 대비하여 상관례상 불가피하다고 인정되는 범위 이내인 때에는 범칙조사 절차없이 해당 세액을 추징하고 재고대장에서 공제 처리한다〈보세판매장 운영에 관한 고시 제19조(반품, 분실물 등의 처리) 제5항〉.
②③④ 「보세판매장 운영에 관한 고시」 제21조(미판매 재고물품의 처리)
⑤ 「보세판매장 운영에 관한 고시」 제19조(반품, 분실물 등의 처리) 제5항

22 ④ 종합보세구역에 반입된 외국물품이 사용신고 또는 수입신고되어 수리된 경우에는 반출신고를 생략한다〈종합보세구역의 지정 및 운영에 관한 고시 제13조(반출입 신고) 제4항〉.
① 「종합보세구역의 지정 및 운영에 관한 고시」 제2조(용어의 정의) 제1호
②⑤ 「종합보세구역의 지정 및 운영에 관한 고시」 제13조(반출입신고)
③ 「관세법」 제198조(종합보세사업장의 설치 · 운영에 관한 신고 등) 제3항

23 특허보세구역의 특허취소 사유에 해당하는 것은?

① 1년 이내에 3회 이상 물품반입 등의 정지처분을 받은 경우

② 운영인이 해산하거나 사망한 경우

③ 본인이나 사용인이 「관세법」 또는 이 법에 따른 명령을 위반한 경우

④ 장치물품에 대한 관세를 납부할 자금능력이 없다고 인정되는 경우

⑤ 운영인이 특허보세구역을 운영하지 아니하게 된 경우

24 보세판매장 판매물품 미인도 처리절차에 대한 설명 중 ( ) 안에 들어갈 내용으로 맞는 것은?

> 인도자는 판매물품이 (㉠)에 반입된 후 (㉡) 이상이 경과하여도 구매자에게 인도되지 아니한 때에는 미인도 물품목록을 작성하여 세관장에게 보고하여야 한다. 보세판매장에 재반입된 미인도 물품에 대하여는 반입된 날부터 (㉢)이 경과한 후 미인도물품 해제 신청을 거쳐 재판매할 수 있다.

	㉠	㉡	㉢
①	출국장	3일	15일
②	인도장	5일	15일
③	입국장	5일	10일
④	인도장	3일	10일
⑤	인도장	5일	10일

Answer 23.① 24.⑤

23 행정제재〈특허보세구역 운영에 관한 고시 제18조 제9항〉 ··· 세관장은 운영인이 다음 어느 하나에 해당하는 경우에는 그 특허를 취소할 수 있다. 다만, 제1호·제2호·제5호에 해당하는 경우에는 특허를 취소하여야 하고 제3호 및 제4호의 경우 세관장이 특허를 취소하는 것이 보세화물관리상 매우 불합리하다고 인정되고 관세채권 확보 등에 어려움이 없는 경우에는 제4조제3항에 따른 자체 특허심사위원회의 사전심사를 거친 후 취소하지 않을 수 있다.
1. 거짓이나 그 밖의 부정한 방법으로 특허를 받은 경우
2. 법 제175조 각 호의 어느 하나에 해당하게 된 경우. 다만, 법 제175조 제8호에 해당하는 경우로서 같은 조 제2호 또는 제3호에 해당하는 사람을 임원으로 하는 법인이 3개월 이내에 해당 임원을 변경한 경우에는 그러하지 아니하다.
3. 1년 이내에 3회 이상 물품반입 등의 정지처분(제6항에 따른 과징금 부과처분을 포함한다)을 받은 경우
4. 2년 이상 물품의 반입실적이 없어서 세관장이 특허보세구역의 설치 목적을 달성하기 곤란하다고 인정하는 경우
5. 법 제177조의2를 위반하여 명의를 대여한 경우

24 미인도 물품의 처리〈보세판매장 운영에 관한 고시 제18조 제1항, 제4항〉 ··· 인도자는 판매물품이 ㉠ **인도장**에 반입된 후 ㉡ **5일** 이상이 경과하여도 구매자에게 인도되지 아니하는 때에는 미인도 물품목록을 작성하여 세관장에게 보고하고, 인도자의 입회하에 현품을 세관장이 승인한 행낭에 넣은 후 세관공무원의 시건과 봉인을 받아 세관장이 지정한 장소에서 해당 물품을 판매한 운영인에게 인계하여야 한다. 보세판매장에 재반입된 미인도물품은 반입된 날부터 ㉢ **10일**이 경과한 후 미인도물품 해제 신청을 거쳐 재판매할 수 있다.

25 보세창고에 대한 설명 중 틀린 것은?

① 보세창고에 내국물품을 장치하고자 하는 경우에는 세관장에게 장치신고를 하여야 한다.

② 보세창고는 외국물품 또는 통관을 하려는 물품의 장치를 목적으로 하는 보세구역이다.

③ 수입신고가 수리된 물품은 세관장 승인 없이 보세창고에 1년 간 장치할 수 있다.

④ 세관장에게 신고 후 장치된 내국물품으로서 장치기간 경과한 물품은 장치기간 경과 후 10일 이내에 운영인 책임으로 반출하여야 한다.

⑤ 보세창고에 1년 이상 계속하여 내국물품만을 장치하고자 하는 때에는 세관장의 승인을 받아야 한다.

Answer 25.③

25 ④ 「관세법」 제184조(장치기간이 지난 내국물품) 제1항

※ 보세창고〈관세법 제183조〉

㉠ 보세창고에는 외국물품이나 통관을 하려는 물품을 장치한다.

㉡ 운영인은 미리 세관장에게 신고를 하고 ㉠에 따른 물품의 장치에 방해되지 아니하는 범위에서 보세창고에 내국물품을 장치할 수 있다. 다만, 동일한 보세창고에 장치되어 있는 동안 수입신고가 수리된 물품은 신고 없이 계속하여 장치할 수 있다.

㉢ 운영인은 보세창고에 1년(㉡ 단서에 따른 물품은 6개월) 이상 계속하여 ㉡에서 규정한 내국물품만을 장치하려면 세관장의 승인을 받아야 한다.

㉣ ㉢에 따른 승인을 받은 보세창고에 내국물품만을 장치하는 기간에는 제161조와 제177조를 적용하지 아니한다.

1 보세구역에서 이루어지는 각종 행위와 세관장에게 받아야 할 처분내용이 잘못 연결된 것은?

① 보수작업 – 승인
② 물품폐기 – 승인
③ 물품멸실 – 승인
④ 견본품반출 – 허가
⑤ 해체작업 – 허가

2 보수작업이 허용되지 않는 것은?

① 물품의 부패, 손상 등을 방지하기 위한 보존작업
② 물품의 판촉을 위해 무상 제공용 샘플을 추가 적입하여 포장하는 작업
③ 물품의 상품성 향상을 위한 포장개선, 라벨표시, 단순절단 등 개수작업
④ 선적을 위한 선별, 분류 등 준비작업
⑤ 간단한 세팅 등 단순한 조립작업

Answer 1.③ 2.②

1 ③ 보세구역에 장치된 외국물품이 멸실된 때에는 운영인, 화물관리인 또는 보관인은 품명, 규격·수량 및 장치장소, 멸실 연월일과 멸실 원인 등을 기재한 신고서를 세관장에게 제출하여야 한다〈보세화물관리에 관한 고시 제27조(멸실신고) 제1항〉
　① 「관세법」 제158조(보수작업) 제2항
　② 「관세법」 제160조(장치물품의 폐기) 제1항
　④ 「관세법」 제161조(견본품 반출) 제1항
　⑤ 「관세법」 제159조(해체·절단 등의 작업) 제2항

2 보수작업의 한계〈보세화물관리에 관한 고시 제22조 제1항〉 … 보수작업의 허용범위는 다음만 해당되며 법 제50조 제1항에 따른 별표 관세율표(HSK 10단위)의 변화를 가져오는 것은 보수작업으로 인정할 수 없다. 다만, 수출이나 반송 과정에서 부패·변질의 우려가 있는 경우 등 세관장이 타당하다고 인정하는 경우에는 그러하지 아니하다.
　㉠ 물품의 보존을 위해 필요한 작업(부패, 손상 등을 방지하기 위한 보존 작업 등)
　㉡ 물품의 상품성 향상을 위한 개수작업(포장개선, 라벨표시, 단순절단 등)
　㉢ 선적을 위한 준비작업(선별, 분류, 용기변경 등)
　㉣ 단순한 조립작업(간단한 세팅, 완제품의 특성을 가진 구성요소의 조립 등)
　㉤ ㉠부터 ㉣까지와 유사한 작업

3 화물운송주선업자의 의무에 해당하지 않는 것은?

① 적재화물목록 작성책임자로서 적재물품과 부합되게 혼재화물적하목록을 작성하여 제출하여야 한다.
② 화물운송 주선업자는 작성한 혼재화물 적하목록을 직접 세관에 제출하여야 한다.
③ 적재물품이 운송의뢰를 받은 물품과 일치하지 않을 때에는 그 사실을 세관장에게 지체 없이 신고하여야 한다.
④ 적재물품이 「관세법」 제234조에 따른 수출입 금지물품으로 확인된 때에는 그 사실을 세관장에게 지체 없이 신고하여야 한다.
⑤ 화물운송 주선업자는 다른 사람에게 자기의 성명 또는 상호를 사용하여 영업을 하게 할 수 없다.

4 보세구역 물품 반출입절차 등에 대한 설명으로 틀린 것은?

① 운영인은 하선신고서에 의한 보세화물 반입 시 세관화물정보시스템의 반입예정정보와 대조확인하고 반입 즉시 반입신고서를 세관장에게 전자문서로 제출하여야 한다.
② 운영인은 하선 반입되는 물품 중 세관봉인대 봉인물품은 반입 즉시 세관장에게 세관봉인이 이상이 있는지 등을 보고하여야 한다.
③ 운영인은 도착한 보세운송물품의 포장 또는 봉인이 파손된 경우에는 물품의 인수를 보류하고 반입물품 이상 보고서를 세관장에게 제출한 후 세관장의 지시에 따라 처리하여야 한다.
④ 자가용 보세창고에 반입되어 수입신고수리된 화물은 반출신고를 하여야 한다.
⑤ 운영인은 보세운송 수입신고가 수리된 물품의 반출요청을 받은 때에는 세관화물정보시스템의 반출승인정보를 확인한 후 이상이 없는 경우 반출 전에 반출신고서를 전자문서로 제출하여야 한다.

Answer 3.② 4.④

3 ② 혼재화물의 경우에는 운항선사가 화물운송주선업자(적출국에서 혼재화물을 취급하는 화물운송주선업자를 포함한다)로부터 혼재화물적하목록을 제출받아 최종적으로 이를 취합하여 세관장에게 제출하여야 한다〈보세화물 입출항 하선 하기 및 적재에 관한 고시 제8조(적하목록 제출) 제3항〉.
①③④⑤ 「화물운송주선업자의 등록 및 관리에 관한 고시」 제7조(화물운송주선업자의 의무)

4 ④⑤ 운영인은 수입신고수리 또는 반송신고수리된 물품의 반출요청을 받은 때에는 세관화물정보시스템의 반출승인정보를 확인한 후 이상이 없는 경우 반출 전에 별지 제7호서식의 반출신고서를 전자문서로 제출하여야 한다. 다만, 자가용보세창고에 반입되어 수입신고수리된 화물은 반출신고를 생략한다〈보세화물관리에 관한 고시 제10조(반출확인 및 반출신고) 제1항〉.
①②③ 「보세화물관리에 관한 고시」 제9조(반입확인 및 반입신고)

5 장치기간 경과물품의 매각처분 보류 사유에 해당하지 않는 것은?

① 관세법 위반으로 조사 중인 경우

② 화주의 매각처분 보류요청이 있는 경우

③ 식품 등의 수입신고확인증을 제출하지 않아 통관이 지연된 경우

④ 이의신청, 심판청구, 소송 등 쟁송이 계류 중인 경우

⑤ 외자에 의한 도입물자로서 관련 법령에 따라 기획재정부장관 및 산업통상자원부장관의 매각처분 보류요청이 있는 경우

6 다음 문장은 지정장치장 반입 물품의 장치기간에 대한 내용이다. ( ) 안에 들어갈 내용을 순서대로 나열한 것은?

> 「관세법」 제169조에 따른 지정장치장 반입물품의 장치기간은 ( )로 한다. 다만, 부산항·인천항·인천공항·김해공항 항역 내의 지정장치장으로 반입된 물품의 장치기간은 ( )로 하며, 세관장이 필요하다고 인정할 때에는 ( )의 범위에서 그 기간을 연장할 수 있다.

① 6개월, 3개월, 3개월

② 3개월, 3개월, 3개월

③ 6개월, 3개월, 2개월

④ 3개월, 2개월, 2개월

⑤ 6개월, 2개월, 2개월

Answer 5.③ 6.⑤

5 매각처분 보류 사유〈보세화물장치기간 및 체화관리에 관한 고시 제9조〉
ㄱ 법 위반으로 조사 중인 경우
ㄴ 이의신청, 심판청구, 소송 등 쟁송이 계류 중인 경우
ㄷ 화주의 의무는 다하였으나 통관지연의 귀책사유가 국가에 있는 경우
ㄹ 외자에 의한 도입물자로서 「공공차관의 도입 및 관리에 관한 법률 시행령」 제14조 및 「외국인투자 촉진법 시행령」 제37조에 따라 기획재정부장관 및 산업통상자원부장관의 매각처분 보류요청이 있는 경우
ㅁ 화주의 매각처분 보류요청이 있는 경우
ㅂ 그 밖에 세관장이 필요하다고 인정하는 경우

6 ⑤ 제3조 제1호(「관세법」 제169조에 따른 지정장치장 반입물품)에 해당하는 물품의 장치기간은 **6개월**로 한다. 다만, 부산항·인천항·인천공항·김해공항 항역내의 지정장치장으로 반입된 물품과 「특송물품 수입통관 사무처리에 관한 고시」 제2조 제2호에 해당하는 물품의 장치기간은 **2개월**로 하며, 세관장이 필요하다고 인정할 때에는 **2개월**의 범위에서 그 기간을 연장할 수 있다.〈보세화물장치기간 및 체화관리에 관한 고시 제4조(장치기간) 제1항〉.

7 세관장은 「관세법」 제160조 제4항에 따라 장치기간에도 불구하고 화주 등에게 30일의 기간을 정하여 반송 또는 폐기할 것을 명할 수 있는데, 이에 해당하지 않는 물품은?

① 부패하거나 변질된 물품

② 유효기간이 지났거나 상품가치가 없어진 물품

③ 품명미상의 물품으로서 6개월이 경과한 물품

④ 위조상품 · 모조품, 그 밖의 지식재산권 침해물품

⑤ 사람의 생명이나 재산에 해를 끼칠 우려가 있는 물품

8 항공화물의 적하목록 정정생략 사유에 해당하지 않는 것은?

① 포장파손이 용이한 물품으로서 과부족이 5% 이내인 경우

② 중량으로 거래되는 물품 중 건습에 따라 중량의 변동이 심한 물품으로서 그 중량의 과부족이 5%이내인 경우

③ 적하목록보다 실제 물품이 적은 경우로서 하기결과 이상보고서 제출이후 7일 이내에 부족화물이 도착되어 병합관리가 가능한 경우

④ 적하목록에 등재되지 아니한 화물로서 해당 항공기 도착 10일 이내에 선착화물이 있어 병합관리가 가능한 경우

⑤ 포장단위 물품으로서 중량의 과부족이 10% 이내이고 포장상태에 이상이 없는 경우

Answer 7.③ 8.④

7 폐기명령 대상〈보세화물장치기간 및 체화관리에 관한 고시 제40조〉 ··· 세관장은 법 제160조 제4항에 따라 다음 각 호의 어느 하나에 해당하는 물품은 그 장치기간에 불구하고 화주, 반입자 또는 그 위임을 받은 자에게 1개월의 기간을 정하여 별지 제9호서식으로 폐기 또는 반송을 명할 수 있다. 다만, 급박하게 통고할 여유가 없을 때에는 폐기한 후 즉시 통고하여야 한다.

ⓐ 사람의 생명이나 재산에 해를 끼칠 우려가 있는 물품

ⓑ 부패하거나 변질된 물품

ⓒ 유효기간이 지났거나 상품가치가 없어진 물품

ⓓ 의약품 등으로서 유효기간이 경과하였거나 성분이 불분명한 경우

ⓔ 위조상품, 모조품, 그 밖의 지식재산권 침해물품

ⓕ 품명미상의 물품으로서 1년이 경과된 물품

ⓖ 검사 · 검역기준 등에 부적합하여 검사 · 검역기관에서 폐기대상 물품으로 결정된 물품

8 적하목록 정정생략〈보세화물 입출항 하선 하기 및 적재에 관한 고시 제26조〉 ··· 적하목록상의 물품과 실제 물품이 다음 각 호의 어느 하나에 해당하는 때에는 적하목록 정정신청을 생략할 수 있다.

ⓐ 포장파손이 용이한 물품으로서 과부족이 5%이내인 경우

ⓑ 중량으로 거래되는 물품 중 건습에 따라 중량의 변동이 심한 물품으로서 그 중량의 과부족이 5%이내인 경우

ⓒ 적하목록보다 실제 물품이 적은 경우로서 하기결과 이상보고서 제출이후 7일 이내에 부족화물이 도착되어 병합관리가 가능한 경우

ⓓ 적하목록에 등재되지 아니한 화물로서 해당 항공기도착 7일 이내에 선착화물이 있어 병합관리가 가능한 경우

ⓔ 포장단위 물품으로서 중량의 과부족이 10%이내이고 포장상태에 이상이 없는 경우

ⓕ 적하목록 이상사유가 단순기재오류 등으로 확인되는 경우

9 「보세화물 입출항 하선 하기 및 적재에 관한 고시」에 규정된 용어의 정의에 대한 설명으로 틀린 것은?

① "Master B/L"이란 선박회사가 발행한 선하증권 또는 항공사가 발행한 항공화물운송장을 말한다.
② "House B/L"이란 화물운송주선업자가 화주에게 직접 발행한 선하증권 또는 항공화물운송장을 말한다.
③ "화물관리번호"란 적하목록상의 적하목록관리번호(Manifest Reference Number)에 Master B/L 일련번호와 House B/L 일련번호를 합한 번호를 말한다.
④ "환적화물"이란 외국무역선(기)에 의하여 우리나라에 도착한 외국화물을 외국으로 반출하는 물품으로서 수출입 또는 반송신고대상이 아닌 물품을 말한다.
⑤ "하선(기)장소"란 화물을 본선(기)에서 내리는 양륙작업과 화물을 본선(기)에 올려 싣는 적재작업을 하는 보세구역을 말한다.

10 「관세법 시행령」 제226조의 보세운송 승인 대상물품이 아닌 것은?

① 보세운송된 물품 중 다른 보세구역 등으로 재보세운송하고자 하는 물품
② 「검역법」·「식물방역법」·「가축전염병예방법」 등에 따라 검역을 요하는 물품
③ 「위험물안전관리법」에 따른 위험물
④ 「식품위생법」에 따라 식품검사를 요하는 물품
⑤ 통관이 보류되거나 수입신고수리가 불가능한 물품

Answer 9.⑤ 10.④

9 ⑤ "하선(기)장소"란 선박 또는 항공기로부터 하역된 화물을 반입할 수 있는 보세구역을 말한다.

10 보세운송 승인 대상물품〈관세법 시행령 제226조 제3항〉
㉠ 보세운송된 물품 중 다른 보세구역 등으로 재보세운송하고자 하는 물품
㉡ 「검역법」·「식물방역법」·「가축전염병예방법」 등에 따라 검역을 요하는 물품
㉢ 「위험물안전관리법」에 따른 위험물
㉣ 「화학물질관리법」에 따른 유해화학물질
㉤ 비금속설
㉥ 화물이 국내에 도착된 후 최초로 보세구역에 반입된 날부터 30일이 경과한 물품
㉦ 통관이 보류되거나 수입신고수리가 불가능한 물품
㉧ 보세구역 외 장치허가를 받은 장소로 운송하는 물품
㉨ 귀석·반귀석·귀금속·한약재·의약품·향료 등과 같이 부피가 작고 고가인 물품
㉩ 화주 또는 화물에 대한 권리를 가진 자가 직접 보세운송하는 물품
㉠ 법 제236조의 규정에 의하여 통관지가 제한되는 물품
㉡ 적재화물목록상 동일한 화주의 선하증권 단위의 물품을 분할하여 보세운송하는 경우 그 물품
㉣ 불법 수출입의 방지 등을 위하여 세관장이 지정한 물품
㉥ 법 및 법에 의한 세관장의 명령을 위반하여 관세범으로 조사를 받고 있거나 기소되어 확정판결을 기다리고 있는 보세운송업자 등이 운송하는 물품

11 다음 중 보세화물의 장치장소 분류기준에 대한 설명 중 틀린 것은?

① 입항 전 또는 하선 전에 수입신고나 보세운송신고가 된 물품은 보세구역에 반입하여 보세운송 또는 통관절차를 수행하도록 하여야 한다.

② 선사는 화주 또는 그 위임을 받은 자가 운영인과 협의하여 정하는 장소에 보세화물을 장치하는 것을 원칙으로 한다.

③ 보세창고, 보세공장, 보세전시장, 보세판매장에 반입할 물품은 특허 시 세관장이 지정한 장치물품의 범위에 해당하는 물품으로 한정한다.

④ 수입고철은 고철전용장치장에 장치하는 것을 원칙으로 한다.

⑤ 위험물, 보온·보냉물품, 검역대상물품, 귀금속 등은 해당 물품을 장치하기에 적합한 요건을 갖춘 보세구역에 장치하는 것을 원칙으로 한다.

12 보세구역에서 이루어지는 보수작업에 대한 설명 중 틀린 것은?

① 보수작업을 하기 전에 세관장의 승인을 받아야 한다.

② 보수작업을 할 때 타 물품을 부가할 필요가 있는 경우 외국물품만을 재료로 하여 보수작업을 할 수 있다.

③ HSK 10단위의 변화를 가져오는 것은 보수작업으로 인정할 수 없다.

④ 운영인이 동일 품목을 대상으로 동일한 보수작업을 반복적으로 하려는 경우에 세관장은 외국물품의 장치 및 세관 감시단속에 지장이 없을 때에는 1년 이내의 기간을 정하여 이를 포괄적으로 승인할 수 있다.

⑤ 보수작업 신청인이 보수작업을 완료한 경우에는 세관장에게 완료보고서를 제출하여야 한다.

Answer 11.① 12.②

11 ① 입항 전 또는 하선(기)전에 수입신고가 되거나 보세운송신고가 된 물품은 보세구역에 반입함이 없이 부두 또는 공항 내에서 보세운송 또는 통관절차와 검사절차를 수행하도록 하여야 한다〈보세화물관리에 관한 고시 제4조(화물분류 기준) 제2항 제1호〉.
②③④⑤ 「보세화물관리에 관한 고시」 제4조(화물분류기준)

12 ② 보수작업을 할 때 타 물품을 부가할 필요가 있는 경우 **내국물품**만을 재료로 하여 보수작업을 할 수 있다〈관세법 제158조(보수작업) 제5항〉.
① 「관세법」 제158조(보수작업) 제2항
③ 「보세화물관리에 관한 고시」 제22조(보수작업의 한계) 제1항
④ 「보세화물관리에 관한 고시」 제21조(보수작업 승인신청) 제21조 제2항
⑤ 「보세화물관리에 관한 고시」 제23조(보수작업의 감독) 제2항

13 보세구역외 장치허가에 대한 설명으로 맞는 것은?

① 보세구역외장치의 허가기간은 1년의 범위내에서 세관장이 필요하다고 인정하는 기간으로 정하며, 허가기간이 종료한 때에는 보세구역에 반입하여야 한다.

② 보세구역 외 장치허가수수료는 B/L단위로 징수한다.

③ 자가공장을 갖춘 수입대행자가 수입하는 고철 등의 물품은 보세구역외장치 허가 대상이다.

④ 제조업체가 수입하는 수출용원자재 중 농·축·수산물은 보세구역외장치 허가 시 담보를 생략할 수 있다.

⑤ 보세구역의 장치 허가기간이 종료한 때에는 담보기간동안 보세구역외장치 허가를 의제할 수 있다.

Answer 13.⑤

13 ⑤ 제8조(보세구역외장치의 허가기간 등) 제3항

① 보세구역외장치의 허가기간은 6개월의 범위내에서 세관장이 필요하다고 인정하는 기간으로 정하며, 허가기간이 종료한 때에는 보세구역에 반입하여야 한다〈보세화물관리에 관한 고시 제8조(보세구역외장치의 허가기간 등) 제1항〉.

② 보세구역외장치 허가수수료는 허가건수 단위로 징수한다〈보세화물관리에 관한 고시 제8조(보세구역외장치의 허가기간 등) 제4항〉.

③ 자가공장 및 시설(용광로 또는 전기로, 압연시설을 말한다)을 갖춘 수입대행자가 수입하는 고철 등의 물품은 보세구역외장치 허가 대상이다〈보세화물관리에 관한 고시 제7조(보세구역외장치의 허가) 제1항 제8호〉.

④ 세관장은 보세구역외장치 허가를 받으려는 물품 또는 업체가 별표3에 해당하는 경우에는 담보제공을 생략하게 할 수 있다〈보세화물관리에 관한 고시 제7조 제5항〉.

※ 보세구역외장치 담보생략 기준〈보세화물관리에 관한 고시 별표3〉

구분	내용
물품별	• 제조업체가 수입하는 수출용원자재(농·축·수산물은 제외) • 무세물품(부가가치세 등 부과대상은 제외) • 방위산업용물품 • 정부용품 • 재수입물품 중 관세가 면제될 것이 확실하다고 세관장이 인정하는 물품
업체별	• 정부, 정부기관, 지방자치단체, 「공공기관의 운영에 관한 법률」 제5조에 따른 공기업·준정부기관·그 밖의 공공기관 • 「관세 등에 대한 담보제공과 정산제도 운영에 관한 고시」에 의하여 지정된 신용담보업체, 담보제공 특례자 및 담보제공 생략자 • 그 밖에 관할구역내의 외국인투자업체, 제조업체로서 세관장이 관세채권 확보에 지장이 없다고 판단하는 업체

14 하선(기)장소 물품반입에 대한 설명으로 틀린 것은?

① 하선장소 반입기간은 컨테이너 화물은 3일이고 원목, 곡물, 원유 등 산물은 10일이다.

② 하선장소를 관리하는 보세구역 운영인은 해당 보세구역을 하선장소로 지정한 물품에 한해 해당 물품의 반입 즉시 House B/L 단위로 물품반입신고를 해야 한다.

③ LCL화물로서 해당 하선장소 내의 CFS내에서 컨테이너 적출 및 반입작업을 하지 않는 물품은 House B/L 단위로 반입신고를 하여야 한다.

④ 항공화물을 인수받은 운영인은 입항 후 24시간 이내에 지정된 하기장소에 반입해야 한다. 다만, 위험물품의 경우에는 지체없이 하기장소에 반입해야 한다.

⑤ 입항전수입신고수리 또는 하선전보세운송신고수리가 된 물품을 하선과 동시에 차상반출하는 경우에는 반출입 신고를 생략할 수 있다.

14 ③ LCL화물로서 해당 하선장소내의 CFS내에서 컨테이너 적출 및 반입작업하지 아니하는 물품 <u>Master B/L 단위</u>로 반입신고를 할 수 있다〈보세화물 입출항 하선 하기 및 적재에 관한 고시 제19조(하선장소 물품반입) 제2항 제2호〉.
①②⑤ 「보세화물 입출항 하선 하기 및 적재에 관한 고시」 제19조(하선장소 물품반입)
④ 「보세화물 입출항 하선 하기 및 적재에 관한 고시」 제30조(하기장소의 물품반입) 제1항

15 수입물품의 보세운송에 대한 다음 설명 중 맞는 것은?

① 보세운송은 반드시 등록된 운송수단으로 운송하여야 한다.

② 보세운송 목적지 또는 경유지 변경은 발송지 세관장만 승인할 수 있다.

③ 보세운송기간 연장 승인은 도착지 세관장만 할 수 있다.

④ 보세운송 경유지에서 개장, 분리, 합병 등의 작업을 할 수 있다.

⑤ 송유관을 통해 운송하는 석유제품 및 석유화학제품에 대하여는 보세운송절차를 생략할 수 있다.

16 보세화물 반입에 관한 설명으로 틀린 것은?

① 장치장소가 결정된 물품은 하선(기)절차가 완료된 후 해당 보세구역에 물품을 반입하여야 한다.

② 운영인은 반입된 물품이 반입예정 정보와 품명·수량이 상이한 경우에는 즉시 반입물품 이상보고서에 서류를 첨부하여 전자문서로 세관장에게 제출하여야 한다.

③ 세관장은 보세구역에 반입된 물품이 보세구역의 수용능력을 초과하여 추가로 물품반입이 곤란한 경우 해당 물품을 다른 보세구역으로 반출하도록 명령할 수 있다.

④ 견품을 반출입하고자 하는 자는 세관장에게 관세 등 제세 상당액으로 하는 담보를 제공하여야 한다.

⑤ 위험물, 보온·보냉물품, 귀금속 등은 해당 물품을 장치하기에 적합한 요건을 갖춘 보세구역에 장치하여야 한다.

Answer 15.⑤ 16.④

15 ⑤ 「보세운송에 관한 고시」 제44조의2(송유관을 통한 보세운송특례)

① 제1항에도 불구하고 냉장 또는 냉동화물 등 특수한 경우에는 사전에 세관장의 승인을 얻어 일반업체의 운송수단으로 운송할 수 있으며, 일반업체의 운송수단으로 보세운송(임차보세운송)을 하려는 자(관계 법령에 의하여 화물운송주선업 등의 자격을 갖춘 보세운송업자에 한한다)는 1년의 임차기간 범위 내에서 별지 제17호 서식의 보세운송수단 임차승인(신청)서를 전자문서 또는 서류로 관할지 또는 신고지세관장에게 제출해야 한다〈보세운송에 관한 고시 제37조(보세운송수단) 제2항〉.

② 보세운송인이 보세운송 목적지 또는 경유지를 변경하려는 경우 보세운송신고(승인신청) 항목변경승인(신청)서를 발송지 세관장 또는 도착지 세관장에게 전자서류 또는 서류로 제출하여 승인을 받아야 한다〈보세운송에 관한 고시 제37조(보세운송수단) 제6항〉.

③ 재해, 차량사고, 도착지 창고사정 등 그 밖에 부득이한 사유로 보세운송기간을 연장할 필요가 있을 때에는 보세운송인은 발송지 세관장 또는 도착지 세관장에게 보세운송신고(승인신청) 항목변경승인(신청)서를 전자문서 또는 서류로 제출하여야 한다〈보세운송에 관한 고시 제39조(보세운송기간 연장) 제1항〉.

④ 보세구역 경유지에서는 보세운송 물품의 개장, 분리, 합병 등의 작업을 할 수 없다〈보세운송에 관한 고시 제40조(보세운송 경유지 신고) 제3항〉.

16 ④ 보세구역 등에 장치된 외국물품의 전부 또는 일부를 견품으로 반출하려는 자는 별지 제28호서식의 견품반출허가(신청)서를 제출하여 세관장의 허가를 받아야 한다〈보세화물관리에 관한 고시 제30조(견품 반출입 절차) 제1항〉.

①② 「보세화물관리에 관한 고시」 제5조(물품의 반입)

③ 「보세화물관리에 관한 고시」 제6조(반출명령) 제1항

⑤ 「보세화물관리에 관한 고시」 제4조(화물분류기준) 제2항 제2호

17 수출화물에 대한 설명으로 틀린 것은?

① 해상화물의 적하목록 정정신청은 해당 출항물품을 적재한 선박이 출항한 날로부터 60일 내에 해야 한다.

② 항공사는 적재결과 물품이 적하목록과 상이할 때에는 적재완료 다음 날까지 적재결과보고서를 작성하여 세관장에게 제출해야 한다.

③ 반송물품을 보세구역에서 반출하고자 하는 보세구역 운영인은 세관장에게 반출신고를 하여야 한다.

④ 해상 수출화물의 적재신고는 물품목록을 선박에 적재하기 24시간 전까지 제출해야 하며 근거리인 경우에는 선박에 적재하기 전까지 제출하되 선박이 출항하기 30분 전까지 최종 마감하여 제출하여야 한다.

⑤ 선적지 보세구역에 반입한 수출물품을 부패·손상 등의 사유로 폐기하려는 자는 세관장에게 승인을 받은 후 폐기처리 할 수 있다.

18 보세운송제도에 대한 설명이다. 틀린 것은?

① 관세사는 보세운송신고를 할 수 있다.

② 자유무역지역은 보세운송하는 물품의 목적지가 될 수 있다.

③ 국가기관에 의하여 운송되는 압수물품은 보세운송 절차가 필요하지 않다.

④ 해상화물의 보세운송기간은 10일이다.

⑤ 세관장은 선박 입항 전에 보세운송신고를 하는 때에는 입항예정일 및 하선장소 반입기간을 고려하여 10일 이내의 기간을 보세운송기간에 추가할 수 있다.

Answer 17.① 18.⑤

17 ① 해상 수출화물의 적하목록 정정신청은 해당 수출물품을 적재한 선박이 출항한 날로부터 **90일** 내에 하여야 한다〈보세화물 입출항 하선 하기 및 적재에 관한 고시 제44조(적하목록의 정정신청) 제3항 제1호〉.

　② 「보세화물 입출항 하선 하기 및 적재에 관한 고시」 제42조(적재) 제2항

　③ 「보세화물 입출항 하선 하기 및 적재에 관한 고시」 제36조(보세구역반출) 제4항

　④ 「보세화물 입출항 하선 하기 및 적재에 관한 고시」 제43조(적하목록 제출) 제3항 제1호

　⑤ 「보세화물 입출항 하선 하기 및 적재에 관한 고시」 제35조(멸실·폐기 등의 처리) 제1항

18 ⑤ 보세운송물품은 신고수리(승인)일로부터 다음 각 호의 어느 하나에 정하는 기간까지 목적지에 도착 하여야 한다. 다만, 세관장은 선박 또는 항공기 입항전에 보세운송신고를 하는 때에는 입항예정일 및 하선(기)장소 반입기간을 고려하여 **5일** 이내의 기간을 추가할 수 있다〈보세운송에 관한 고시 제6조(보세운송기간)〉.

　① 「보세운송에 관한 고시」 제2조(보세운송신고) 제1항

　② 「보세운송에 관한 고시」 제3조(보세운송 목적지)

　③ 「보세운송에 관한 고시」 제4조(보세운송 절차를 요하지 않는 물품) 제1항

　④ 「보세운송에 관한 고시」 제6조(보세운송기간)

19 보세운송제도에 대한 설명이다. 틀린 것은?

① 간이보세운송업자가 보세운송 승인을 신청하는 경우 담보를 제공하여야 한다.

② 냉장 또는 냉동화물 등 특수한 경우에는 사전에 세관장의 승인을 얻어 일반업체의 운송수단으로 운송할 수 있다.

③ 보세운송인이 보세운송 목적지 또는 경유지를 변경하려는 경우 발송지 세관장 또는 도착지 세관장에게 승인을 받아야 한다.

④ 도착지 보세구역 운영인은 보세운송된 물품을 인수하였을 때에는 즉시 세관화물정보시스템에 반입신고를 하여야 한다.

⑤ 도착지 보세구역 운영인은 도착된 보세운송물품에 과부족이 있거나 컨테이너 또는 유개차의 봉인파손 등 이상이 발견된 경우에는 지체 없이 세관장에게 보고하여야 한다.

20 보세구역 장치기간 경과 물품의 국고귀속 조치를 보류할 수 있는 대상이 아닌 것은?

① 지방자치단체에서 수입하는 물품

② 동 · 식물 검역대상 물품

③ 이의신청, 심판청구, 소송 등 쟁송이 제기된 물품

④ 법 위반으로 조사 중인 물품

⑤ 특수용도에만 한정되어 있는 물품으로서 국고귀속 조치 후에도 공매낙찰 가능성이 없는 물품

Answer 19.① 20.②

19 ① 간이보세운송업자가 보세운송의 승인을 신청한 물품의 경우에는 관세 및 제세 상당액을 담보로 제공하게 하지 않는다〈보세운송에 관한 고시 제34조(담보제공)〉
② 「보세운송에 관한 고시」 제37조(보세운송수단) 제2항
③ 「보세운송에 관한 고시」 제38조(보세운송 목적지 등 변경) 제1항
④⑤ 「보세운송에 관한 고시」 제41조(보세운송물품 도착)

20 국고귀속의 보류〈보세화물장치기간 및 체화관리에 관한 고시 제38조〉
㉠ 국가기관(지방자치단체 포함)에서 수입하는 물품
㉡ 「공공기관의 운영에 관한 법률」 제5조에 따른 공기업, 준정부기관, 그 밖의 공공기관에서 수입하는 물품으로서 국고귀속 보류요청이 있는 물품
㉢ 법 위반으로 조사 중인 물품
㉣ 이의신청, 심판청구, 소송 등 쟁송이 제기된 물품
㉤ 특수용도에만 한정되어 있는 물품으로서 국고귀속 조치 후에도 공매낙찰 가능성이 없는 물품
㉥ 국고귀속 조치를 할 경우 인력과 예산부담을 초래하여 국고에 손실이 야기된다고 인정되는 물품
㉦ 부패, 손상, 실용시효가 경과하는 등 국고귀속의 실익이 없다고 인정되는 물품
㉧ 그 밖에 세관장이 국고귀속을 하지 아니하는 것이 타당하다고 인정되는 물품

21 세관장에게 미리 통보할 임시개청 대상 사무가 아닌 것은?

① 통관절차
② 보세운송절차
③ 입항절차
④ 출항절차
⑤ 국제항에서 하역작업절차

22 특허기간과 물품의 장치기간이 다른 보세구역은?

① 보세창고
② 보세공장
③ 보세전시장
④ 보세건설장
⑤ 보세판매장

23 장치기간 경과 보세화물을 매각 처분할 때 낙찰취소 시 입찰보증금을 환불하지 않는 경우는?

① 착오로 낙찰자가 지정된 기일까지 대금잔액을 납입하지 않는 경우
② 공매낙찰 전에 해당 물품이 수출된 경우
③ 공매낙찰 전에 해당 물품이 수입신고수리가 된 경우
④ 착오로 인하여 예정가격, 공매조건 등의 결정에 중대하고 명백한 하자가 있는 경우
⑤ 낙찰자가 특별한 사유 없이 공매조건을 이행하지 않는 경우

Answer 21.⑤ 22.① 23.①

21 ⑤ 「관세법 시행령」 제275조(임시개청 및 시간외 물품취급) 제2항 제5의2호에 따라 항구나 공항에서 하역작업을 하는 경우를 제외한다.

22 ②③④⑤ 보세창고를 제외한 그 밖의 특허보세구역은 해당 특허보세구역의 특허기간을 장치하는 기간으로 한다〈관세법 제177조 (장치기간) 제1항 제2호〉.

23 낙찰취소〈보세화물장치기간 및 체화관리에 관한 고시 제21조〉
　㉠ 다음과 같은 사유에 따라 낙찰이 취소된 경우에는 해당 물품에 대한 입찰보증금은 환불하지 아니한다.
　　1. 낙찰자가 지정된 기일까지 대금잔액을 납입하지 않는 경우
　　2. 낙찰자가 특별한 사유 없이 공매조건을 이행하지 않는 경우
　　3. 공매낙찰 전에 해당 물품이 수출, 반송 또는 수입신고수리가 된 경우
　　4. 착오로 인하여 예정가격, 공매조건 등의 결정에 중대하고 명백한 하자가 있는 경우
　㉡ ㉠에 따라 낙찰이 취소된 경우에는 해당 물품에 대한 입찰보증금은 환불하지 아니한다. 다만, 제1항 제3호 및 제4호에 해당하는 사유로 낙찰을 취소하거나 그 밖에 낙찰자의 책임으로 돌릴 수 없는 명백한 사유가 있는 경우에는 그러하지 아니하다.

24 다음은 용어의 정의에 대한 설명이다. (　)에 가장 적절한 용어는?

> (　)이란 입국 또는 입항하는 운송수단의 물품을 다른 세관의 관할구역으로 운송하여 출항하는 운송수단으로 옮겨 싣는 것을 말한다.

① "환적"
② "복합환적"
③ "내국환적운송"
④ "복합일관운송"
⑤ "하역"

25 세관장이 화물운송주선업자에 대하여 등록취소를 하지 않아도 되는 경우는?

① 거짓이나 그 밖의 부정한 방법으로 등록을 한 경우
② 화물운송주선업자가 파산선고를 받고 복권되지 아니한 경우
③ 관세 및 국세를 체납한 경우
④ 화물운송주선업자가 관세법을 위반하여 징역형의 집행유예를 선고받고 그 유예기간 중에 있는 경우
⑤ 화물운송주선업자가 관세법을 위반하여 징역형의 실형을 선고받고 그 집행이 끝난 후 2년이 지나지 아니한 경우

Answer 24.② 25.③

24 ①② 「관세법」 제2조(정의)
　③④ 「환적화물 처리절차에 관한 특례고시」 제2조(정의)
　⑤ 「보세화물 입출항 하선 하기 및 적재에 관한 고시」 제2조(정의)

25 행정제재〈화물운송주선업자의 등록 및 관리에 관한 고시 제10조 제2항〉
　㉠ 세관장은 화물운송주선업자 또는 그 임원, 직원, 사용인이 법 또는 법에 따른 세관장 명령사항 등을 위반한 경우 별표 1에서 정하는 바에 따라 행정제재를 할 수 있다. 다만, 관세행정 발전에 기여하였거나 관세행정 업무와 관련하여 관세청장 이상의 표창을 수상한 자로서 관세채권확보 등에 어려움이 없는 경우에는 기준일수의 50퍼센트 이내에서 업무정지기간을 하향 조정(소수점 이하는 버린다)할 수 있다. 이 경우 최소 업무정지기간은 5일 이상이어야 한다.
　㉡ 세관장은 화물운송주선업자가 다음 각 호의 어느 하나에 해당하는 경우에는 등록을 취소할 수 있다. 다만, ㉠에 해당하는 경우에는 등록을 취소해야 한다.
　　1. 법 제224조의 제1항 제1호부터 제2호에 해당하는 경우
　　　• 거짓이나 그 밖의 부정한 방법으로 등록을 한 경우
　　　• 제175조 각 호의 어느 하나에 해당하는 경우. 다만, 제175조 제8호에 해당하는 경우로서 같은 조 제2호 또는 제3호에 해당하는 사람을 임원으로 하는 법인이 3개월 이내에 해당 임원을 변경한 경우에는 그러하지 아니하다.
　　2. 「물류정책기본법」 제47조에 따른 등록이 취소된 경우
　　3. 화물운송주선업자가 제1항에 따라 최근 1년 이내에 3회 이상 업무정지처분을 받은 경우

1 관리대상화물 중 세관장이 검사대상화물 지정을 직권으로 해제할 수 없는 것은?

① 등록사유(검사 착안사항)와 관련 없는 물품

② 지방자치단체가 수입하는 물품

③ 「수출입안전관리 우수업체 공인 및 운영에 관한 고시」 제15조에 따라 종합인증우수업체(수입업체)가 수입하는 물품

④ 학술연구용 실험기자재

⑤ SOFA 관련 물품

2 관세법상 국경을 출입하는 차량에 대한 설명 중 틀린 것은?

① 관세통로는 육상국경으로부터 통관역에 이르는 철도와 육상국경으로부터 통관장에 이르는 육로 또는 수로 중에서 세관장이 지정한다.

② 통관역은 군사분계선으로부터 가장 가까운 거리에 위치한 철도역 중에서 세관장이 지정한다.

③ 국경출입차량이 통관역을 출발하고자 하는 때에는 통관역장이 출발하기 전에 세관장에게 출발보고를 하고 출발허가를 받아야 한다.

④ 통관장은 관세통로에 접속한 장소 중에서 세관장이 지정한다.

⑤ 국경을 출입하는 차량은 관세통로를 경유하여야 하며 통관장에서는 정차하여야 한다.

Answer 1.④ 2.②

1 검사대상화물의 해제〈관리대상화물 관리에 관한 고시 제13조(검사대상화물의 해제) 제3항〉 … 세관장은 검사대상화물 또는 감시대상화물 중 다음의 어느 하나에 해당하는 화물로서 우범성이 없거나 검사의 실익이 적다고 판단되는 경우 검사대상화물 또는 감시대상화물의 지정을 직권으로 해제할 수 있다.

ㄱ 등록사유(검사착안사항)와 관련 없는 물품

ㄴ 「수출입안전관리 우수업체 공인 및 운영에 관한 고시」 제15조에 따라 종합인증우수업체(수입업체)가 수입하는 물품

ㄷ 국가(지방자치단체)가 수입하는 물품 또는 SOFA 관련 물품

ㄹ 이사물품 등에 제11조에 따라 해당 고시에서 정하는 검사절차·검사방법에 따라서 처리되는 물품

ㅁ 그 밖에 세관장이 우범성이 없거나 검사의 실익이 적다고 판단되는 화물

2 ② 통관역은 국외와 연결되고 국경에 근접한 철도역 중에서 관세청장이 지정한다〈관세법 제148조(관세통로) 제3항〉.

①④⑤ 「관세법」 제148조(관세통로)

③ 「관세법」 제150조(국경출입차량의 출발절차)

3 관세법상 국제항에 관하여 잘못 설명하고 있는 것은?

① 국제항은 대통령령으로 지정한다.

② 국제항의 지정 요건 중 항구의 경우는 국제무역선인 5천톤 급 이상의 선박이 연간 50회 이상 입항하거나 입항할 것으로 예상되어야 한다.

③ 진해항, 경인항, 삼척항, 무안공항, 양양공항은 관세법상 국제항이다.

④ 국제무역기와 국제무역선은 국제항이 아닌 공항과 항만에는 어떠한 경우라도 운항할 수 없다.

⑤ 국제항이 아닌 지역에 출입하기 위하여 내야 하는 수수료의 총액은 50만 원을 초과하지 못한다.

4 관세행정에서 감시업무 수행과 관련한 설명으로 틀린 것은?

① 선장은 국제무역선(남북간 운항선박을 포함)이 국제항에 입항하는 때에는 입항보고서와 적재화물목록 등의 서류를 첨부하여 전자문서로 세관장에게 제출해야 한다.

② 세관장은 공항·항만감시의 철저한 수행과 효율적인 업무수행을 위하여 근무를 24시간을 해야 한다.

③ 인천공항, 김포공항, 제주공항 및 대구공항은 관세법상 국제항이나 광주공항은 관세법상 국제항으로 지정되어 있지 않다.

④ 세관장은 밀수정보가 있거나 밀수우려가 있다고 인정하는 선박 및 차량에 대하여 우범선박 및 우범차량으로 지정할 수 있다.

⑤ 국제무역기의 입출항 수속과 그 절차에 수반되는 모든 업무 및 국제무역기에 출무하여 여객과 승무원의 탑승·하기 및 물품의 하역과 그 밖에 항공기에 탑승하는 사람 등에 대한 감시단속 업무를 수행하기 위하여 편성한 반은 "승기반"이다.

Answer 3.④ 4.②

3 ④ 국제무역선이나 국제무역기는 국제항에 한정하여 운항할 수 있다. 다만, 대통령령으로 정하는 바에 따라 국제항이 아닌 지역에 대한 출입의 허가를 받은 경우에는 그러하지 아니하다〈관세법 제134조(국제항 등의 출입) 제1항〉.

① 「관세법」 제133조(국제항의 지정 등) 제1항

② 「관세법 시행령」 제155조의2(국제항의 지정요건 등) 제1항 제3호 가목

③ 「관세법 시행령」 제155조(국제항의 지정) 제1항에 따라 국제항 항구에는 인천항, 부산항, 마산항, 여수항, 목포항, 군산항, 제주항, 동해·묵호항, 울산항, 통영항, 삼천포항, 장승포항, 포항항, 장항항, 옥포항, 광양항, 평택·당진항, 대산항, 삼척항, 진해항, 완도항, 속초항, 고현항, 경인항, 보령항이 있다. 공항에는 인천공항, 김포공항, 김해공항, 제주공항, 청주공항, 대구공항, 무안공항, 양양공항이 있다.

⑤ 「관세법 시행규칙」 제62조(국제항이 아닌 지역에 대한 출입허가수수료) 제1항

4 ② 세관장은 공항·항만감시의 철저한 수행과 효율적인 업무수행을 위하여 세관실정에 맞게 근무인원 및 근무시간 등을 조정하여 근무편성을 해야 한다〈감시업무 수행에 관한 훈령 제3조(근무편성)〉.

① 「국제무역선의 입출항 전환 및 승선절차에 관한 고시」 제4조(입항보고 및 출항허가신청) 제1항

③ 「관세법 시행령」 제155조(국제항의 지정) 제1항

④ 「감시업무 수행에 관한 훈령」 제24조(지정 및 해제) 제1항

⑤ 「감시업무 수행에 관한 훈령」 제2조(정의) 제1호

5 국제무역선의 화물 하선 적재에 관한 설명 중 틀린 것은?

① 하역이라 함은 화물을 본선(기)에서 내리는 양륙 작업과 화물을 본선(기)에 올려 실는 적재 작업을 말한다.

② 국제무역선은 관세법상 입항절차를 마친 후가 아니면 어떠한 경우라도 물품을 하역할 수 없다.

③ 국제무역선에서 물품을 하역하려면 세관공무원이 확인할 필요가 없다고 인정한 경우를 제외하고 세관장에게 신고하고 현장에서 세관공무원의 확인을 받아야 한다.

④ 세관장은 감시 · 단속을 위하여 필요한 경우 물품을 하역하는 장소 및 통로와 기간을 제한할 수 있다.

⑤ 세관장의 허가를 받은 경우에는 국제무역선에 내국물품을 적재할 수 있다.

6 국경 감시와 관련하여 테러위해물품으로 의심되는 물품을 발견한 때 행동요령으로 잘못된 것은?

① 물품을 흔들거나 떨어뜨리지 않는다.

② 화물이 개봉되어 의심스러운 물질이 발견된 경우에는 주변을 차단하는 등 안전조치를 취한다.

③ 격리된 곳에서 물품을 개봉하여 확인한 후 가까운 세관에 신고하고 경찰, 보건당국에도 신고한다.

④ 의심되는 물품의 냄새를 맡지 않는다.

⑤ 가루를 발견한 경우에는 물품을 밀봉된 비닐백에 별도 보관하여 관계 당국에 인계한다.

7 수출입안전관리 우수업체의 공인심사를 위한 공인기준이 아닌 것은?

① 재무건전성   ② 법규준수

③ 내부통제시스템   ④ 전략관리

⑤ 안전관리

Answer 5.② 6.③ 7.④

5 ② 국제무역선이나 국제무역기는 제135조에 따른 입항절차를 마친 후가 아니면 물품을 하역하거나 환적할 수 없다. 다만, 세관장의 허가를 받은 경우에는 그러하지 아니하다〈관세법 제140조(물품의 하역) 제1항〉.
   ① 「보세화물 입출항 하선 하기 및 적재에 관한 고시」 제2조(정의) 제4호
   ③④⑤ 「관세법」 제140조(물품의 하역)

6 ③ 테러위협이 되는 물품을 발견한 경우에는 위험의 우려가 있으므로 개봉하지 않고 가까운 세관에 신고하고 경찰, 보건당국에도 신고한다.

7 공인기준〈수출입 안전관리 우수업체 공인 및 운영에 관한 고시 제4조(공인기준) 제1항〉
   ㉠ 법규준수
   ㉡ 내부통제시스템
   ㉢ 재무건전성
   ㉣ 안전관리

8 수출입안전관리 우수업체의 혜택 적용의 정지 사유에 해당하지 않는 것은?

① 수출입안전관리 우수업체가 관세법 제276조(허위신고죄 등)를 위반하여 통고처분을 받은 경우
② 수출입안전관리 우수업체가 관세법 제276조(허위신고죄 등), 제279조(양벌규정)의 규정에 따라 벌금형을 선고받은 경우
③ 분기별 법규준수도가 공인기준 미만으로 하락하여 개선계획의 제출을 3회 이상 요구받은 경우
④ 관리책임자가 변경되어 관세청장에 대한 변동사항 보고 의무가 발생하였으나 이를 신고하지 않은 경우
⑤ 관리책임자가 교육을 이수받지 않아서 교육이수 권고를 받았으나 특별한 사유 없이 교육을 이수하지 않은 경우

9 수출입 안전관리 우수업체(AEO) 제도에 대한 설명으로 틀린 것은?

① 관세청장이 수출입 안전관리 우수업체 공인의 갱신을 신청한 업체가 공인기준을 충족하는지 등(수입부문은 통관적법성 적정 여부를 포함한다)을 심사하는 것은 종합심사이다.
② AAA 등급은 법규준수도가 95점 이상이면서 수출입 안전관리와 관련하여 다른 업체에 확대하여 적용할 수 있는 우수사례가 있는 업체여야 한다.
③ AEO 공인의 유효기간은 관세청장이 증서를 교부한 날부터 3년으로 한다.
④ AEO 공인 전의 경우 수출입관리책임자는 AEO 교육기관에서 16시간 이상 교육을 이수하여야 한다.
⑤ 관세청장이 공인의 유효기간 중에 공인등급을 조정하는 경우에 공인의 유효기간은 조정 전의 유효기간으로 한다.

Answer 8.② 9.③

8 ② 법 제276조에 따라 벌금형을 선고받은 경우 즉시 제15조에 따른 혜택의 적용을 중단하고 제26조에 따른 청문 및 공인취소 절차를 진행한다.

9 ③ 수출입안전관리 우수업체 공인의 유효기간은 증서상의 발급한 날로부터 5년으로 한다. 다만, 심의위원회에서 수출입안전관리 우수업체 공인의 취소를 결정하였을 때에는 해당 결정을 한 날에 공인의 유효기간이 끝나는 것으로 본다〈수출입 안전관리 우수업체 공인 및 운영에 관한 고시 제13조(공인의 유효기간) 제1항〉.
① 「수출입 안전관리 우수업체 공인 및 운영에 관한 고시」 제2조(정의) 제5호
② 「수출입 안전관리 우수업체 공인 및 운영에 관한 고시」 제5조(공인등급) 제2항 제3호
④ 「수출입 안전관리 우수업체 공인 및 운영에 관한 고시」 제16조의2(관리책임자 교육 등) 제1항 제1호
⑤ 「수출입 안전관리 우수업체 공인 및 운영에 관한 고시」 제13조(공인의 유효기간) 제4항

10 수출입 안전관리 우수업체 관리책임자의 업무로 맞는 것은?

㉮ 수출입 관리 현황 설명서 작성　　　　　㉯ 공인기준 준수 개선 계획의 이행 확인 ㉰ 관련 직원 교육　　　　　　　　　　　　㉱ AEO 변동사항, 정기 자체평가 확인 및 점검 ㉲ 수입신고에 대한 보정심사　　　　　　　㉳ 공인기준을 충족하는지에 대한 주기적 확인 ㉴ 사내 법규준수 향상을 위한 활동

① ㉮, ㉰, ㉳　　　　　　　　　　　　　　② ㉰, ㉳, ㉴

③ ㉮, ㉰, ㉴　　　　　　　　　　　　　　④ ㉰, ㉲, ㉳

⑤ ㉯, ㉲, ㉴

11 수출입안전관리 우수업체 공인심사 시 공인의 유보 사유에 해당하는 것은?

① 현장심사 결과 신청업체가 법규준수도 기준은 충족하지 못하였으나 나머지 공인기준을 모두 충족한 경우

② 공인심사 결과 공인기준에 미달한 경우로서 보완 요구의 실익이 없는 경우

③ 관세청장의 제출서류 보완 요구에도 불구하고 천재지변 등의 특별한 사유 없이 지정기간 내 보완하지 않은 경우

④ 관세청장의 제출서류 보완 요구에 따라 보완하였음에도 불구하고 공인기준에 미달하는 경우

⑤ 공인신청 후 신청업체의 법규준수도 점수가 70점(중소수출기업의 경우 60점) 미만으로 하락한 경우

Answer 10.③　11.①

10 수출입안전관리 우수업체 관리책임자의 업무〈수출입안전관리 우수업체 공인 및 운영에 관한 고시 제16조 제3항〉
　㉠ 정기 자체평가, 변동사항 보고, 공인 또는 종합심사 수감 등 공인기준 준수관련 업무
　㉡ 직원에 대한 수출입안전관리 교육
　㉢ 정보교환, 회의 참석 등 수출입안전관리 관련 관세청 및 세관과의 협업
　㉣ 세액 등 통관적법성 준수 관리
　㉤ 그 밖에 업체의 법규준수 향상을 위한 활동

11 공인 유보 사유〈수출입안전관리 우수업체 공인 및 운영에 관한 고시 제11조 제2항〉
　㉠ 신청업체가 나머지 공인기준은 모두 충족하였으나, 법규준수도 점수 기준을 충족하지 못한 경우
　㉡ 신청업체가 수입하는 물품의 과세가격 결정방법이나 품목분류 및 원산지 결정에 이견이 있음에도 불구하고 법 제37조, 제86조 및 「자유무역협정관세법」 제31조에 따른 사전심사를 신청하지 않은 경우(수입부문에만 해당함)
　㉢ 신청업체가 공인부문별 공인기준 중에서 법규준수(공인기준 일련번호 1.1.1부터 1.1.4까지에만 해당함)의 결격에 해당하는 형사 및 사법절차가 진행 중인 경우
　㉣ 신청업체가 사회적 물의 등을 일으켰으나 해당 사안이 공인의 결격에 해당하는지를 판단하는데 추가적으로 사실을 확인하거나 심의를 위한 충분한 법리검토가 필요한 경우
　㉤ 그 밖에 심의위원회에서 공인의 유보가 필요하다고 인정하는 경우

12 수출입안전관리 우수업체의 변동사항 보고 기한이 다른 것은?

① 사업내용의 변경 또는 추가 시
② 양도, 양수, 분할, 합병 등으로 인한 법적 지위의 변경 시
③ 대표자, 수출입 관련 업무 담당 임원 및 관리책임자의 변경 시
④ 범칙행위, 부도 등 공인유지에 중대한 영향을 미치는 사실의 발생 시
⑤ 소재지 이전, 사업장 신설 · 증설 · 확장 · 축소 · 폐쇄 등의 사실 발생 시

13 수출입안전관리 우수업체 기업상담전문관에 대한 설명 중 틀린 것은?

① 관세청장은 수출입안전관리 우수업체의 법규준수도 향상을 위하여 업체별로 기업상담전문관을 지정 · 운영한다.
② 기업상담전문관은 수출입안전관리 우수업체의 공인기준 준수여부를 주기적으로 확인한다.
③ 기업상담전문관은 수출입안전관리 우수업체의 공인등급 조정이 필요한 경우 이를 심의하는 「수출입안전관리 우수업체심의위원회」에 위원 자격으로 참여한다.
④ 기업상담전문관은 수출입안전관리 우수업체의 신고사항에 대한 보정심사 등을 통해 신고내용을 수정 또는 정정하고 그 결과를 기록유지한다.
⑤ 기업상담전문관은 수출입안전관리 우수업체의 법규준수도 향상을 위한 점검, 관리 및 컨설팅을 한다.

Answer 12.④ 13.③

12 ④ 변동사항이 범칙행위, 부도 등 공인유지에 중대한 영향을 미치는 경우에는 지체 없이 보고하여야 한다〈수출입안전관리 우수업체 공인 및 운영에 관한 고시 제17조(변동사항 보고) 제1항〉.
①②③⑤ 사실이 발생한 날로부터 30일 이내에 별지 제10호서식의 수출입 관리현황 변동사항 보고서를 작성하여 관세청장에게 보고하여야 한다〈수출입안전관리 우수업체 공인 및 운영에 관한 고시 제17조(변동사항 보고) 제1항〉.

13 기업상담전문관의 업무〈수출입안전관리 우수업체 공인 및 운영에 관한 고시 제21조 제2항〉
㉠ 공인기준을 충족하는지에 대한 주기적 확인
㉡ 공인기준 준수 개선 계획의 이행 확인
㉢ 수입신고에 대한 보정심사 등 관세행정 신고사항에 대한 수정, 정정 및 그 결과의 기록유지
㉣ 변동사항, 정기 자체평가, 세관협력도의 확인 및 점검
㉤ 법규준수 향상을 위한 정보 제공 및 상담 · 자문
㉥ 기업 프로파일 관리

14 각 국의 AEO 제도에 대한 설명으로 맞는 것은?

① 미국의 C - TPAT 제도는 전세계 AEO 제도의 토대가 되는 제도로서 인증분야는 법규준수에 집중되어 있다.

② EU의 AEO 제도는 AEO S (신속통관), AEO C(안전), AEO F(신속통관+안전) 등 목적에 따라 유형을 구분하여 인증을 부여하고 있다.

③ 중국은 5등급 기업분류제도인 기업신용관리제도를 시행하여 A, B, C, D, AA등급으로 기업을 분류하고 있다.

④ 캐나다의 SES 제도는 법규준수는 제외하고 안전관리 중심의 AEO 제도를 시행하고 있다.

⑤ 싱가포르의 특례인정업자 제도는 법규준수 및 안전관리 분야를 모두 포함하고 있다.

Answer 14.③

14 ③ 중국은 세계관세기구(WCO)가 채택한 무역안전 및 원활화 표준상의 AEO 제도를 도입하기 위해 2008년 4월부터 종전에 실시하던 4등급 기업분류제도를 폐지하고 5등급 기업분류제도를 시행하였다. 5등급 기업분류제도는 종전의 4등급 기업분류제도상의 A, B, C, D류 기업 외에 세계관세기구가 채택한 국제표준 상 AEO를 최우수기업으로 선정하여 AA류 기업으로 분류한 것이다.

① C - TPAT은 2002년에 테러 등 위해물품의 국내유입을 차단키 위해 법적근거 없이 민관협력의 자발적 프로그램으로 출발하였다. 수출 프로세스 부문과 원활화 분야는 프로그램 운영 대상에서 제외하고 수입 프로세스와 안전 분야만을 강조하고 있는게 특징이다.

② 통관절차신속 C(통관절차신속), AEO S(보안), AEO F(통관절차신속+보안) 방식으로 인증제를 운영 중이다.

④ SES(Secure Exports Scheme)는 뉴질랜드의 AEO 제도이다. 캐나다의 AEO 제도는 PIP(Partners in Protection)이다.

⑤ 싱가포르의 AEO 제도인 STP(Secure Trade Partnership)는 무역원활화 및 공급망 보안의 2가지 목표를 달성하기 위해 도입된 민·관 파트너십 프로그램이다. STP 프로그램은 기업들이 준수해야 하는 8가지의 보안 요구사항을 규정하고, 그에 따르는 인증기업들에게 화물검사비율 축소, 신속통관 등의 혜택을 제공한다.

15 국제무역선의 승선신고 처리절차에 대한 설명으로 틀린 것은?

① 승선신고에 대하여 우범성 등 기준을 적용하여 관세청장은 전산심사로 수리할 수 있다.

② 업무수행 목적으로 승선하려는 때에는 선박회사가 해당 국제무역선이 정박한 지역을 관할하는 세관장에게 승선신고서를 전자문서로 제출해야 한다.

③ 최근 1년 이내 밀수전과가 있는 승무원에 대한 방문의 경우에는 승선을 제한할 수 있다.

④ 선박용품·선박내판매용품·내국물품의 하역 및 용역을 제공하기 위하여 선박용품 적재 등 허가(신청)서에 승선자 명단을 기재하여 허가를 받은 경우에는 승선신고를 한 것으로 갈음한다.

⑤ 승무원가족 또는 업무목적 등으로 승선하는 자가 국내항 간을 이동하고자 출입국·외국인청장에게 승선허가를 받은 경우에는 승선신고를 한 것으로 갈음한다.

---

15 ① **세관장**은 승선신고에 대하여 우범성 등 기준을 적용하여 전산심사로 수리할 수 있다〈국제무역선의 입출항 전환 및 승선절차에 관한 고시 제35조(승선신고 심사 및 수리) 제2항〉.
② 「국제무역선의 입출항 전환 및 승선절차에 관한 고시」 제32조(업무목적 승선신고) 제1항 제1호
③ 「국제무역선의 입출항 전환 및 승선절차에 관한 고시」 제36조(승선제한) 제1호
④⑤ 「국제무역선의 입출항 전환 및 승선절차에 관한 고시」 제37조(승선신고의 의제)

16 보세운송업자의 내부통제시스템 공인기준에 해당하지 않는 것은?

① 경영방침 수립
② 내부고발제도 등 부정방지프로그램 활성화
③ 자격증 소지자 및 경험자 근무
④ 세부목표 수립
⑤ 직원식별시스템 마련

17 보세구역 운영인의 안전관리 공인기준에 대한 설명으로 틀린 것은?

① 운영인은 물품 및 컨테이너와 트레일러 등에 무단침입이 확인된 경우 출입을 통제하는 절차를 마련하여야 한다.
② 신청업체와 신청인이 관세 등 국세와 지방세의 체납이 없어야 한다.
③ 운영인은 컨테이너와 트레일러 등에 비인가된 물품이나 사람의 침입을 방지하기 위해 봉인을 관리하고, 손상된 봉인을 식별하여 세관장 및 관련 외국 관세당국에 보고하는 절차를 마련하여야 한다.
④ 운영인은 수출입물품의 운송, 취급, 보관, 반출입과 관련된 절차를 준수하기 위해 비인가된 물품과 사람의 접근을 통제하는 안전관리조치를 하여야 한다.
⑤ 운영인은 물품 취급 및 보관 시설 주변을 둘러싸는 울타리를 설치하여야 하며, 울타리의 손상 등 이상 여부를 주기적으로 검사하여야 한다.

16 보세운송업자의 내부통제시스템 공인기준
  ㉠ 보세운송업자는 최고경영자의 법규준수와 안전관리에 대한 경영방침과 이를 이행하기 위한 세부목표를 수립하여야 한다.
  ㉡ 보세운송업자는 법규준수와 안전관리를 위한 조직과 인력을 확보하고, 관세행정 관련 활동에 적극 참여하여야 한다.
  ㉢ 보세운송업자는 법규준수와 안전관리를 위하여 수출입물품 취급 관련 자격증 소지자와 경험자를 근무하도록 하여야 한다.
  ㉣ 보세운송업자는 청렴성을 유지하기 위하여 윤리경영방침을 마련하고, 내부고발제도 등 부정방지 프로그램을 활성화하여야 한다.
  ㉤ 보세운송업자는 법규준수와 안전관리 관련 업무처리에 부정적 영향을 주는 위험요소의 식별, 평가, 관리대책의 수립, 개선 등을 포함한 절차를 마련하여야 한다.
  ㉥ 보세운송업자는 법규준수와 안전관리 관련 업무의 이행을 위하여 수출입물품의 운송, 취급, 보관절차 등을 마련하고, 최신자료를 유지하여야 한다.
  ㉦ 보세운송업자는 수출입물품의 운송 등과 관련된 자료의 관리절차를 마련하고, 관련 법령에 따라 자료를 보관하여야 한다.
  ㉧ 보세운송업자는 수출입물품의 운송내역과 이와 관련된 운송 수수료 등을 추적할 수 있는 운영체계를 구축하고, 세관장으로부터 요청받을 경우 접근을 허용하여야 한다.
  ㉨ 보세운송업자는 수출입물품 운송의 안전성을 확보하기 위한 절차를 마련하여야 한다.
  ㉩ 보세운송업자는 법규준수와 안전관리 업무에 대한 정보가 관련 부서에 공유되도록 하여야 한다.
  ㉪ 보세운송업자는 법규준수와 안전관리를 위하여 관세행정 전문가, 거래업체와 정기적으로 협의하여야 한다.
  ㉫ 보세운송업자는 내부통제활동에 대하여 주기적으로 평가하고 개선하는 절차를 마련하여야 한다.

17 ① 운영인은 물품 및 컨테이너와 트레일러 등에 대한 무단 접근이나 조작을 방지하기 위하여 안전한 장소에 보관하고, 물품 보관장소 및 컨테이너와 트레일러 등에 대하여 주기적으로 점검하는 절차를 마련하여야 한다. **운영인은 무단침입이 확인된 경우 세관장에게 보고하는 절차를 마련하여야 한다**〈[별표 1] 수출입 안전관리 우수업체 공인기준(제4조제1항 관련)〉.

18 보세운송업자의 취급절차관리 공인기준과 관계가 없는 것은?

① 보세운송업자는 수출입 물품의 운송, 취급, 보관과 관련된 절차를 준수하기 위해 비인가된 물품과 사람의 접근을 통제하는 안전관리조치를 하여야 한다.

② 보세운송업자는 보세운송 신고 시 물품의 중량, 수량 등을 정확하게 작성하여야 한다.

③ 보세운송업자는 불법사항이나 혐의사항을 식별하였을 때에는 즉시 세관장에게 보고하여야 한다.

④ 보세운송업자는 물품의 안전성을 보장하기 위하여 거래업체로부터 정확하고 시기적절하게 정보를 통보받는 절차를 마련하여야 한다.

⑤ 보세운송업자는 세관직원 등이 검사를 위하여 컨테이너를 개장한 경우에는 검사종료 시 즉시 재봉인하여야 한다.

19 AEO 공인등급 조정 절차에 관한 설명이다. ( ) 안에 들어갈 내용을 순서대로 나열한 것은?

> 관세청장은 수출입 안전관리 우수업체가 (   ) 연속으로 제5조제1항에 따른 공인등급별 기준을 충족하는 경우에는 공인등급의 조정 신청을 받아 상향할 수 있다. 다만, 수출입 안전관리 우수업체가 갱신이 아닌 때에 공인등급의 조정을 신청하고자 하는 경우에는 공인의 유효기간이 (   ) 남아 있어야 한다.

① 4개 분기, 6개월 이상
② 4개 분기, 1년 이상
③ 2개 분기, 6개월 이상
④ 2개 분기, 1년 이상
⑤ 6개 분기, 6개월 이상

Answer 18.⑤ 19.②

18 보세운송업자의 취급절차관리 공인기준

ㄱ 보세운송업자는 수출입물품의 운송, 취급, 보관과 관련된 절차를 준수하기 위해 비인가된 물품과 사람의 접근을 통제하는 안전관리조치를 하여야 한다.

ㄴ 보세운송업자는 보세운송 신고 시 물품의 중량, 수량 등을 정확하게 작성하여야 하며, 불법사항이나 혐의사항을 식별하였을 때에는 즉시 세관장에게 보고하여야 한다.

ㄷ 보세운송업자는 물품의 안전성을 보장하기 위하여 거래업체로부터 정확하고 시기적절하게 정보를 통보받는 절차를 마련하여야 한다.

19 ② 관세청장은 수출입안전관리 우수업체가 <u>4개 분기</u> 연속으로 제5조 제1항에 따른 공인등급별 기준을 충족하는 경우에는 공인등급의 조정 신청을 받아 상향할 수 있다. 다만, 수출입안전관리 우수업체가 갱신이 아닌 때에 공인등급의 조정을 신청하고자 하는 경우에는 공인의 유효기간이 <u>1년 이상</u> 남아 있어야 한다〈수출입안전관리 우수업체 공인 및 운영에 관한 고시 제5조의2(공인등급의 조정 절차) 제1항〉.

20 수출입안전관리 우수업체의 모든 부문에 공통적으로 적용되는 혜택이 아닌 것은?

① 법규위반 시 행정형벌보다 통고처분, 과태료 등 행정질서벌 우선 고려
② 「기업심사운영에 관한 훈령」에 따른 기획심사, 법인심사 제외
③ 중소기업청의 「중소기업 병역지정업체 추천」시 5점 가산
④ 「수출입신고 오류방지에 관한 고시」 제14조에 따라 오류에 대한 제재 경감
⑤ 「관세법 등에 따른 과태료 부과징수에 관한 훈령」에 따른 과태료 면제

20 통관절차 등의 혜택〈수출입 안전관리 우수업체 공인 및 운영에 관한 고시 별표4〉
㉠ 법규위반 시 행정형벌 보다 통고처분, 과태료 등 행정질서벌 등 우선 고려
㉡ 「기업심사 운영에 관한 훈령」에 따른 기획심사, 법인심사 제외(현행범, 중대·명백한 위법정보가 있는 경우 본부세관 종합심사부서와 협의 하에 심사 가능)
㉢ 「관세법 등에 따른 과태료 부과징수에 관한 훈령」에 따른 과태료 경감(적용시점은 과태료부과시점)
㉣ 「여행자정보 사전확인제도 운영에 관한 훈령」에 따른 여행자 검사대상 선별 제외
㉤ 국제공항 입출국 시 전용검사대를 이용한 법무부 입출국 심사
㉥ 국제공항 출국 시 승무원전용통로를 이용한 보안검색
㉦ 국제공항 입출국 시 CIP라운지 이용
㉧ 중소기업청의 「중소기업 병역지정업체 추천」시 5점 가산
㉨ 「관세범의 고발 및 통고처분에 관한 훈령」 제3조 제2항에 따른 통고처분금액의 경감
㉩ 「외국환거래의 검사업무 운영에 관한 훈령」에 따른 외국환 검사 제외(현행범, 중대·명백한 위법정보가 있는 경우 본부세관 종합심사부서와 협의 하에 검사 가능)
㉠ 「관세청 감사에 관한 훈령」 제12조에 따른 전산감사 확인사항 기업상담전문관을 통해 시정
㉡ 기업 ERP에 의한 수출입 및 화물 신고
㉢ 「수출입신고 오류방지에 관한 고시」 제14조에 따라 오류에 대한 제재 경감

21 수출입 안전관리 우수업체에 관리책임자의 자격 요건에 해당하지 않는 것은?

① 보세운송 부문은 보세사 자격을 소지한 사람

② 하역업 부문은 수출입 관련 업무에 3년 이상 근무한 사람(다만, 중소 수출기업은 1년 이상)

③ 관세사 부문은 수출입 통관업무를 3년 이상 담당한 관세사

④ 선박회사 부문은 「국제항해선박 및 항만시설의 보안에 관한 법률」에 따라 보안책임자로 지정된 사람

⑤ 항공사 부문은 「항공보안법」에 의해 보안책임자로 지정된 사람

Answer 21.①

21 관리책임자의 자격 요건〈수출입 안전관리 우수업체 공인 및 운영에 관한 고시 별표4〉

공인부문	자격요건
수출, 수입, 화물운송주선업, 보세운송업, 보세구역운영인, 하역업	수출입 관련 업무에 3년 이상 근무한 사람(단, 중소기업은 1년 이상) 또는 보세사 자격을 소지한 사람(보세구역운영인부문에만 해당한다)
관세사	수출입 통관업무를 3년 이상 담당한 관세사
선박회사	「국제항해선박 및 항만시설의 보안에 관한 법률」에 따라 보안책임자로 지정된 사람 또는 수출입 관련 업무에 3년 이상 근무한 사람
항공사	「항공보안법」에 의해 보안책임자로 지정된 사람 또는 수출입 관련 업무에 3년 이상 근무한 사람

22 수출입안전관리 우수업체(AEO) 보세구역 운영인 부문에 대한 내부통제시스템 공인기준이 아닌 것은?

① 법규준수와 안전관리를 위한 조직과 인력 확보
② 관세행정 관련 활동에 적극 참여
③ 화물반출입시 즉시 신고할 수 있는 체계 구축
④ 법규준수와 안전관리 업무에 대한 정보가 관련 부서에 공유
⑤ 채용 예정자에 대한 이력 점검

23 수출입안전관리 우수업체(AEO) 공인기준에 대한 설명으로 틀린 것은?

① 법규준수도가 70점 이상일 것. 다만, 중소 수출기업은 심의위원회를 개최하는 날을 기준으로 직전 2개 분기 연속으로 해당 분기단위의 법규준수도가 70점 이상인 경우도 충족한 것으로 본다.
② 출입신고 등의 적정성을 유지하기 위한 기업의 영업활동, 신고 자료의 흐름 및 회계처리 등과 관련하여 부서 간 상호 의사소통 및 통제 체제를 갖출 것
③ 「관세법」, 「자유무역협정의 이행을 위한 관세법의 특례에 관한 법률」, 「대외무역법」 및 「외국환거래법」 등 수출입 관련 법령을 성실하게 준수하였을 것
④ 관세 등 영업활동과 관련한 세금을 체납하지 않는 등 재무 건전성을 갖출 것
⑤ 안전관리 기준 중에서 충족이 권고되는 기준의 평가점수가 70점 이상일 것

Answer 22.⑤ 23.①

---

22 보세구역 운영인 부문에 대한 내부통제시스템 공인기준〈수출입 안전관리 우수업체 공인 및 운영에 관한 고시 별표1〉
- ㉠ 운영인은 최고경영자의 법규준수와 안전관리에 대한 경영방침 및 이를 이행하기 위한 세부목표를 수립하여야 한다.
- ㉡ 운영인은 법규준수와 안전관리를 위한 조직과 인력을 확보하고, 관세행정 관련 활동에 적극 참여하여야 한다.
- ㉢ 운영인은 법규준수와 안전관리를 위하여 수출입물품 취급 관련 자격증 소지자와 경험자를 근무하도록 하여야 한다.
- ㉣ 운영인은 청렴성을 유지하기 위하여 윤리경영방침을 마련하고, 내부고발제도 등 부정방지 프로그램을 활성화하여야 한다.
- ㉤ 운영인은 법규준수와 안전관리 관련 업무처리에 부정적 영향을 주는 위험요소의 식별, 평가, 관리대책의 수립, 개선 등을 포함한 절차를 마련하여야 한다.
- ㉥ 운영인은 법규준수와 안전관리 관련 업무의 이행을 위하여 수출입물품 관리 등에 대한 절차를 마련하고, 최신자료를 유지하여야 한다.
- ㉦ 운영인은 수출입물품의 이동과 물품취급 거래내역에 관한 관리절차를 마련하고, 관련 법령에 따라 보관하여야 한다.
- ㉧ 운영인은 수출입물품의 보관내역과 이와 관련된 보관 수수료 등을 추적할 수 있는 운영체계를 구축하고, 세관장으로부터 요청받을 경우 접근을 허용하여야 한다.
- ㉨ 운영인은 화물반출입시 즉시 신고할 수 있는 체계를 구축하여야 한다.
- ㉩ 운영인은 법규준수와 안전관리 업무에 대한 정보가 관련 부서에 공유되도록 하여야 한다.
- ㉪ 운영인은 법규준수와 안전관리를 위하여 관세행정 전문가, 거래업체와 정기적으로 협의하여야 한다.
- ㉫ 운영인은 내부통제활동에 대하여 주기적으로 평가하고 개선하는 절차를 마련하여야 한다.

23 ① 법규준수도가 <u>80점</u> 이상일 것. 다만, 중소 수출기업은 심의위원회를 개최하는 날을 기준으로 직전 2개 분기 연속으로 해당 분기단위의 법규준수도가 <u>80점</u> 이상인 경우도 충족한 것으로 본다〈수출입 안전관리 우수업체 공인 및 운영에 관한 고시 제4조(공인기준) 제3항 제1호〉.

24 보세구역 운영인 부문의 안전관리 공인기준에 대한 설명으로 틀린 것은?

① 봉인관리, 손상된 봉인 식별 및 세관장 보고
② 사원증, 지문인식 등 직원식별시스템 마련
③ 물품 취급 및 보관 지역을 감시하기 위한 순찰 실시
④ 출입구에 인력을 배치하거나 감시하고, 출입구는 최대한으로 유지
⑤ CCTV 녹화자료를 최소 30일 이상 보관

25 수출입안전관리 우수업체의 정기 자체 평가 실시에 대한 설명이다. ( )에 알맞은 것을 고르시오.

> 수출입 안전관리 우수업체는 매년 공인일자가 속하는 달에 정기 자체 평가서에 따라 공인기준을 충족하는지를 자체적으로 점검하고 다음 달 ( )까지 ( )에게 그 결과를 제출하여야 한다.

① 1일, 세관장   ② 5일, 관세청장
③ 15일, 관세청장   ④ 10일, 세관장
⑤ 5일, 세관장

Answer 24.④ 25.③

24 ④ 운영인은 사람과 차량이 출입하는 출입구에 인력을 배치하거나 감시하고, 적절한 출입과 안전관리를 위하여 출입구를 최소한으로 유지하여야 한다〈수출입 안전관리 우수업체 공인 및 운영에 관한 고시 별표1〉.

25 ③ 수출입 안전관리 우수업체는 매년 공인일자가 속하는 달에 정기 자체 평가서에 따라 공인기준을 충족하는지를 자체적으로 점검하고 다음 달 <u>15일</u>까지 <u>관세청장</u>에게 그 결과를 제출하여야 한다〈수출입안전관리 우수업체 공인 및 운영에 관한 고시 제18조(정기 자체 평가) 제1항〉.

1 자율관리 보세구역에 대한 설명으로 맞는 것은?

① 보세화물을 자율적으로 관리할 능력이 없거나 부적당하다고 세관장이 인정하는 경우 자율관리 보세구역의 지정을 취소할 수 있다.

② 운영인 또는 그 사용인이 관세법 또는 관세법에 따른 명령을 위반하여 관세법 제277조에 의한 과태료 처분을 받은 경우 세관장은 자율관리 보세구역의 지정을 취소할 수 있다.

③ 자율관리 보세구역은 관세법 시행령 제176조 규정에 의하여 장부를 비치하고 반출입사항을 기록관리하는 경우 외국물품의 반출입신고 절차를 생략한다.

④ 자율관리 보세구역의 특허보세구역 운영에 관한 고시 제22조 규정에 의한 보세구역운영상황의 점검은 생략하지 않는다.

⑤ 자율관리 보세구역은 관세법 시행령 규정에 의한 견품반출 신청 절차를 생략한다.

Answer 1.①

1 지정취소 사유 등〈자율관리 보세구역운영에 관한 고시 제5조〉

ⓐ 법 제178조(반입정지 등과 특허의 취소) 제1항에 해당된 때 : 세관장은 특허보세구역의 운영인이 다음 각 호의 어느 하나에 해당하는 경우에는 관세청장이 정하는 바에 따라 6개월의 범위에서 해당 특허보세구역에의 물품반입 또는 보세건설·보세판매·보세전시 등을 정지시킬 수 있다.

1. 장치물품에 대한 관세를 납부할 자금능력이 없다고 인정되는 경우
2. 본인이나 그 사용인이 이 법 또는 이 법에 따른 명령을 위반한 경우
3. 해당 시설의 미비 등으로 특허보세구역의 설치 목적을 달성하기 곤란하다고 인정되는 경우
4. 그 밖에 제1호부터 제3호까지의 규정에 준하는 것으로서 대통령령으로 정하는 사유에 해당하는 경우

ⓑ 운영인 등은 보세사가 아닌 자에게 보세화물관리 등 보세사의 업무를 수행하게 하여서는 아니 된다는 규정을 위반한 때

ⓒ 제9조 제1항 제3호에서 규정한 기간까지 보세사를 채용하지 않을 때

ⓓ 제3조의 자율관리보세구역 지정요건을 충족하지 못한 경우

ⓔ 그 밖에 보세화물을 자율적으로 관리할 능력이 없거나 부적당하다고 세관장이 인정하는 경우

2 보세사의 의무가 아닌 것은?

① 보세사는 타업무를 겸임할 수 없다. 다만, 영업용 보세창고인 경우 보세화물 관리에 지장이 없는 범위내에서 타업무를 겸임할 수 있다.

② 영업용 보세창고의 경우에 세관개청시간과 해당 보세구역내의 작업이 있는 시간에 상주하여야 한다.

③ 세관장의 업무감독에 관련된 명령을 준수하여야 하고, 세관공무원의 지휘를 받아야 한다.

④ 직무와 관련하여 부당한 금품을 수수하거나 알선 · 중개하여서는 아니된다.

⑤ 보세사는 자율관리보세구역 관리에 관한 규정을 항상 숙지하고 이를 준수하여야 한다.

Answer 2.①

2 보세사의 의무〈보세사제도 운영에 관한 고시 제11조〉

㉠ 보세사는 다음 각호의 사항과 세관장의 업무감독에 관련된 명령을 준수하여야 하고 세관공무원의 지휘를 받아야 한다.

　1. 보세사는 다른 업무를 겸임할 수 없다. 다만, 영업용 보세창고가 아닌 경우 보세화물 관리에 지장이 없는 범위 내에서 다른 업무를 겸임 할 수 있다.

　2. 해당 보세구역에 작업이 있는 시간에는 상주하여야 한다. 다만, 영업용 보세창고의 경우에는 법 제321조 제1항에 따른 세관개청시간과 해당 보세구역내의 작업이 있는 시간에 상주하여야 한다.

　3. 직무와 관련하여 부당한 금품을 수수하거나 알선 · 중개하여서는 아니된다.

㉡ 보세사는 보세구역내에 장치된 화물의 관리와 관련하여 법령 및 화물관계 제반규정과 자율관리보세구역 관리에 관한 규정을 항상 숙지하고 이를 준수하여야 한다.

3 보세사의 징계에 관한 내용으로 맞는 것은?

① 세관장은 경고처분을 받은 보세사가 1년 내에 다시 경고처분을 받게 되는 경우 보세사징계위원회의 의결없이 징계처분을 할 수 있다.

② 보세사의 징계는 견책, 6월의 범위내 업무정지, 등록취소의 3종으로 하며, 연간 6월의 범위내에 업무정지를 2회 받으면 등록을 취소한다.

③ 세관장은 보세사징계사유가 발생한 때에는 입증자료를 준비하여, 7일 이내에 징계위원회에 해당 보세사에 대한 징계의결을 요구해야 한다.

④ 위원회는 세관장으로부터 징계의결의 요구가 있을 때에는 그 요구를 받은 날로부터 60일 이내에 의결하여야 한다.

⑤ 위원회가 징계의 의결을 한 때에는 의결서에 그 이유를 명시하여 즉시 한국관세물류협회장에게 통보하여야 한다.

Answer 3.②

3 ③ 「관세법 시행령」 제185조의2(보세사징계의결의 요구)
　④ 「관세법 시행령」 제185조의4(보세사징계위원회의 운영)
　⑤ 「관세법 시행령」 제185조의5(징계의결의 통보 및 집행)

※ **보세사징계**〈보세사제도 운영에 관한 고시 제12조〉
　㉠ 세관장은 보세사가 관세법이나 이 법에 따른 명령을 위반한 경우와 다음의 어느 하나에 해당한 때에는 보세사징계위원회의 의결에 따라 징계처분을 한다.
　　• 보세사의 직무 또는 의무를 이행하지 아니하는 경우
　　• 경고처분을 받은 보세사가 1년 내에 다시 경고 처분을 받는 경우
　㉡ ㉠의 규정에 의한 징계는 다음의 3종으로 한다. 다만, 연간 6월의 범위내 업무정지를 2회 받으면 등록취소하여야 한다.
　　• 견책
　　• 6월의 범위내 업무정지
　　• 등록취소
　㉢ 영 제185조의3에 따라 구성된 보세사징계위원회에는 간사 1인을 두며, 간사는 보세사업무를 담당하는 화물주무가 된다.

4 자율관리 보세구역의 지정 관련 설명이다. 틀린 것은?

① 보세화물의 관리체계가 확립되고 운영인 등의 법규수행능력이 우수하여 보세구역 자율관리에 지장이 없어야 한다.

② 화물의 반출입, 재고관리 등 실시간 물품관리가 가능한 전산시스템(ERP, WMS 등)을 구비하여야 한다.

③ 우수 자율관리보세구역으로 지정받기 위해서는 「수출입안전관리 우수업체공인 및 운영에 관한 고시」 제5조에 해당하는 수출입안전관리 우수업체여야 한다.

④ 보세공장의 경우 우수 자율관리 보세구역으로 지정받기 위해서는 수출 비중이 60%이상이어야 한다.

⑤ 자율관리보세구역 지정기간을 갱신하고자 하는 경우에는 기간만료 1개월 전까지 관할 세관장에게 갱신신청을 하여야 한다.

5 자율관리 보세구역 제도에 대한 설명이다. ( )안에 들어갈 내용을 순서대로 나열한 것은?

> ㉠ 자율관리 보세구역 보세사가 해고 또는 업무정지 등의 사유로 업무를 수행할 수 없는 경우 (   ) 이내에 다른 보세사를 채용하지 아니한 경우에는 자율관리 보세구역 지정을 취소할 수 있다.
>
> ㉡ 자율관리 보세구역의 운영인은 보세구역에서 반출입된 화물에 대한 장부를 (   ) 그 보세구역에 비치, 보관하여야 한다.

① 1개월, 1년간

② 2개월, 2년간

③ 3개월, 3년간

④ 5개월, 5년간

⑤ 6개월, 10년간

Answer 4.④ 5.②

4 ④ 보세공장의 경우 우수 자율관리보세구역으로 지정받기 위해서는 「수출입 안전관리 우수업체 공인 및 운영에 관한 고시」 제5조에서 정한 A등급 이상인 수출입 안전관리 우수업체인 자, 반출입, 제조·가공, 재고관리 등 업무처리의 적정성을 확인·점검할 수 있는 기업자원관리(ERP)시스템 또는 업무처리시스템에 세관 전용화면을 제공하거나 해당 시스템의 열람 권한을 제공한 자에 해당해야 한다〈자율관리 보세구역 운영에 관한 고시 제3조(지정요건) 제2호 다목〉

①②③ 「자율관리 보세구역 운영에 관한 고시」 제3조(지정요건)

⑤ 「자율관리 보세구역 운영에 관한 고시」 제4조(지정신청 및 갱신)

5 ㉠ 보세사가 해고 또는 취업정지 등의 사유로 업무를 수행할 수 없는 경우에는 **2개월** 이내에 다른 보세사를 채용하여 근무하게 하여야 한다〈자율관리 보세구역운영에 관한 고시 제9조(운영인 등의 의무) 제3호〉.

㉡ 해당 보세구역에서 반출입된 화물에 대한 장부를 **2년간** 보관하여야 한다〈자율관리 보세구역운영에 관한 고시 제12조(관계서류의 보존)〉.

6 세관장은 수출입물류업체가 내부자율 통제를 위한 표준매뉴얼을 작성하고 비치하도록 할 수 있다. 내부자율통제시스템에 포함하여야 할 사항이 아닌 것은?

① 설비, 장비가 밀수 등에 이용되는 것을 사전에 예방하기 위한 사항

② 소속직원이 보세화물 취급과정에서 밀수 등에 가담을 방지하기 위한 사항

③ 내부 경영수입 극대화를 위한 업무프로세스 혁신 방안

④ 세관과의 긴밀한 협조를 통해 자율적인 법규수행능력 향상에 필요한 사항

⑤ 보세화물의 안전관리 및 물류 신속화를 위한 사항

Answer 6.③

6 내부자율 통제시스템에 포함하여야 할 사항
  ⊙ 내부자율 통제시스템을 철저히 운영하여 법규수행능력 향상을 위한 사항
  ⓒ 소속직원이 보세화물 취급과정에서 밀수 등 불법행위에 가담하는 것을 적극 방지하기 위한 사항
  ⓒ 설비, 장비가 밀수 등 불법행위에 이용되는 것을 사전에 예방하기 위한 사항
  ⓔ 세관과의 긴밀한 협조를 통해 자율적인 법규수행능력 향상에 필요한 사항
  ⓜ 보세화물의 안전관리 및 물류 신속화를 위한 사항

7 보세사의 등록이 반드시 취소하여야 하는 경우가 아닌 것은?

① 파산선고를 받고 복권되지 아니한 자
② 관세법을 위반하여 징역형의 실형을 선고받고 그 집행이 끝나지 않은 자
③ 밀수출죄로 통고처분을 이행한 후 2년이 경과하지 아니한 자
④ 관세법을 위반하여 동법 제277조의 과태료 처분을 받은 자
⑤ 관세법을 위반하여 징역형의 집행유예를 선고받고 그 유예기간 중에 있는 자

Answer 7.④

7 보세사의 자격 등〈관세법 제165조〉 ··· 세관장은 보세사 등록을 한 사람이 다음 각 호의 어느 하나에 해당하는 경우에는 등록의 취소, 6개월 이내의 업무정지, 견책 또는 그 밖에 필요한 조치를 할 수 있다. 다만, ㉠ 및 ㉡에 해당하면 등록을 취소하여야 한다.
㉠ 제175조제1호부터 제7호까지의 어느 하나에 해당하게 된 경우
  1. 미성년자
  2. 피성년후견인과 피한정후견인
  3. 파산선고를 받고 복권되지 아니한 자
  4. 이 법을 위반하여 징역형의 실형을 선고받고 그 집행이 끝나거나(집행이 끝난 것으로 보는 경우를 포함한다) 면제된 후 2년이 지나지 아니한 자
  5. 이 법을 위반하여 징역형의 집행유예를 선고받고 그 유예기간 중에 있는 자
  6. 다음 각 목의 어느 하나에 해당하는 경우에는 해당 목에서 정한 날부터 2년이 지나지 아니한 자. 이 경우 동일한 사유로 다음 각 목 모두에 해당하는 경우에는 그 중 빠른 날을 기준으로 한다.
    가. 제178조 제2항에 따라 특허보세구역의 설치·운영에 관한 특허가 취소(이 조 제1호부터 제3호까지의 규정 중 어느 하나에 해당하여 특허가 취소된 경우는 제외한다)된 경우 : 해당 특허가 취소된 날
    나. 제276조제3항 제3호의2 또는 같은 항 제6호(제178조 제2항 제1호·제5호에 해당하는 자만 해당한다)에 해당하여 벌금형 또는 통고처분을 받은 경우 : 벌금형을 선고받은 날 또는 통고처분을 이행한 날
  7. 제268조의2, 제269조, 제270조, 제270조의2, 제271조, 제274조, 제275조의2 또는 제275조의3에 따라 벌금형 또는 통고처분을 받은 자로서 그 벌금형을 선고받거나 통고처분을 이행한 후 2년이 지나지 아니한 자. 다만, 제279조에 따라 처벌된 개인 또는 법인은 제외한다.
㉡ 사망한 경우
㉢ 이 법이나 이 법에 따른 명령을 위반한 경우

8 자유무역 지역에서의 물품반출절차에 대한 설명으로 틀린 것은?

① 자유무역지역에 반입된 외국물품이 계약상이 또는 중계무역 등으로 외국으로 반출하고자 하는 경우에는 수출통관 절차에 따라 수출신고수리일로부터 30일 이내에 국제무역선 등 운송수단에 적재하여야 한다.

② 외국물품 등을 자유무역지역에서 일시 장치 후에 원상태로 관세영역으로 반출하기 위해서는 수입통관절차를 거쳐야 한다.

③ 외국물품 등은 자유무역지역과 다른 자유무역지역 또는 관세법에서 보세운송이 가능한 구역으로 정한 장소 간에 한하여 보세운송을 할 수 있다.

④ 하나의 자유무역지역이 2개 이상의 구역으로 구분되어 있는 경우 해당 구역 간에 외국물품 등을 이동하고자 하는 때에는 세관 수출입 화물시스템에 의한 반출입신고로 보세운송신고를 갈음할 수 있다.

⑤ 자유무역지역 안에서 외국물품 등의 전부 또는 일부를 사용하여 제조·가공·조립·보수 등의 과정을 거친 후 그 물품을 관세영역으로 반출하기 위해서는 수입통관절차를 거쳐야 한다.

9 자유무역지역에 있는 물품의 폐기에 관한 설명으로 틀린 것은?

① 세관장은 폐기사유에 해당하는 물품에 대하여는 화주 및 반입자와 그 위임을 받은 자에게 국외반출 또는 폐기를 명할 수 있다.

② 세관장은 화주 등에게 통보할 시간적 여유가 없는 특별한 사정이 있을 때에는 그 물품을 폐기한 후 지체 없이 화주 등에게 통보하여야 한다.

③ 폐기명령을 받은 화주 등이 그 물품을 폐기하려면 미리 품명·규격·수량 및 가격, 화주의 성명, 폐기일시 및 방법을 세관장에게 통보하여야 한다.

④ 세관장은 폐기 통보를 할 때에 화주 등의 주소 또는 거소를 알 수 없거나 부득이한 사유로 통보할 수 없는 경우에는 대통령령으로 정하는 바에 따라 공고로써 통보를 갈음할 수 있다.

⑤ 화주 등이 물품을 국외로 반출하거나 폐기한 경우 그 비용은 화주 등이 부담하고 세관장이 폐기한 경우에는 그 비용은 세관장이 부담한다.

---

8 ① 「자유무역지역의 지정 및 운영에 관한 법률」 제30조(국외로의 반출 및 수출)에 따라 외국물품 등을 자유무역지역에서 국외로 반출하는 경우 세관장에게 신고하고 반출신고 후에 반출할 수 있다.

9 ⑤ 물품을 국외로 반출하거나 폐기한 경우 또는 세관장이 폐기한 경우 그 비용은 화주 등이 부담한다〈자유무역지역의 지정 및 운영에 관한 법률 제40조(물품의 폐기) 제3항〉.

10 자유무역지역 입주기업체의 물품관리에 대한 내용으로 틀린 것은?

① 입주기업체에 부여하는 "입주기업체관리부호(장치장소 부호를 겸한다)"는 관세법상 "보세구역부호 또는 장치장부호"와 같은 기능을 한다.

② 세관장은 입주기업체관리부호를 등록할 때 세관의 물품관리를 위하여 필요하다고 인정되면 사업계획서 등 관련서류 제출을 입주기업체에게 요청할 수 있다.

③ 자유무역지역에서는 입주기업체간 물품이동 및 보수작업 등에 대한 세관신고를 생략한다.

④ 자유무역지역에 반입한 물품에 대하여는 원칙적으로 장치기간의 제한을 두지 아니한다.

⑤ 자유무역지역 중 공항 또는 항만으로서 관세청장이 지정하는 지역은 3개월의 장치기간이 있다.

11 자유무역지역 반입물품 사용소비신고에 대한 설명 중 틀린 것은?

① 입주업체가 외국으로부터 원재료를 반입하여 과세보류 상태에서 제조 · 가공 · 조립 · 보수 등의 사업행위를 할 수 있도록 관할 세관장에게 신청하는 절차이다.

② 화물의 포장 · 보수 · 가공 등 복합물류 관련 사업을 하는 입주기업체도 사용 소비신고를 할 수 있다.

③ 자유무역지역 내에서 입주기업체가 사용하려는 원재료는 사용 소비신고 대상이 아니다.

④ 자유무역지역 입주기업체가 반입하는 기계, 기구, 설비 및 장비와 그 부분품은 사용소비신고 대상이다.

⑤ 외국물품을 사용 또는 소비할 목적으로 반입하고자 하는 자는 수입통관시스템에 정한 전자문서로 세관장에게 반입신고 (사용 소비신고)를 하여야 한다.

Answer 10.② 11.③

10 ② 세관장은 외국물품등을 적정하게 관리할 수 있다고 인정하는 경우 입주기업체관리부호(장치장소부호를 겸한다)를 부여할 수 있으며 이를 관세청 전자통관시스템에 등록하여야 한다. 이때 세관장은 입주기업체 관리대장에 입주내역 등을 기록하여 관리하여야 한다〈자유무역지역 반출입물품의 관리에 관한 고시 제5조(입주기업체에 대한 관리)〉.

11 ③ 입주기업체가 자유무역지역에 반입한 외국물품을 자유무역지역에서 사용 또는 소비하려는 경우에는 그 사용 또는 소비 전에 세관장에게 사용소비신고를 하여야 한다. 사용소비신고를 하여야 하는 물품은 제29조 제4항 제2호(원재료 등) 각 목의 물품 중 입주기업체가 해당 사업의 목적을 달성하는데 필요한 물품(자체 재고관리시스템에 의한 수량단위 화물관리가 가능하다고 세관장이 인정한 입주기업체가 반입하여 분할 또는 병합하는 물품을 포함한다)으로 한다〈자유무역지역 반출입물품의 관리에 관한 고시 제7조(외국물품의 반입신고)〉.

12 관세청장 또는 세관장의 행정제재가 이용자에게 심한 불편을 주거나 공익을 해칠 우려가 있는 경우 행정제재처분에 갈음하여 과징금을 부과할 수 있다. 과징금으로 부과할 수 없는 경우는?

① 특허보세구역 운영인의 물품반입정지 처분
② 국가관세종합정보망 운영사업자 업무정지 처분
③ 보세운송업자 등의 업무정지 처분
④ 보세사 업무정지 처분
⑤ 자유무역지역 입주기업체 물품반입정지 처분

13 자유무역지역에서 국외반출 신고 시 유형별 준용규정이 바르게 연결되지 않은 것은?

	유형	준용규정
①	제조, 가공, 사용 소비신고한 물품	수출통관 사무처리에 관한 고시
②	단순반송 또는 통관보류되어 국외반출하는 물품	반송절차에 관한 고시
③	다른 운송수단으로 환적하는 물품	환적화물 처리절차에 관한 특례 고시
④	휴대품·탁송품 등 간이한 방법으로 국외반출하는 물품	특송물품 수입통관에 관한 고시
⑤	국제무역선에 선박용품의 공급	선박용품 등 관리에 관한 고시

12 과징금으로 부과할 수 있는 경우
ㄱ 특허보세구역 운영인의 물품반입정지 처분
ㄴ 국가관세종합정보망 운영사업자 업무정지 처분
ㄷ 보세운송업자 등의 업무정지 처분
ㄹ 자유무역지역 입주기업체 물품반입정지 처분

13 국외반출신고 등〈자유무역지역 반출입물품의 관리에 관한 고시 제11조〉
ㄱ 국외반출신고 시 자유무역지역이나 다른 보세구역에서 제조·가공한 물품 및 사용소비신고한 물품에 대하여는 「수출통관 사무처리에 관한 고시」를 준용한다.
ㄴ 단순반송하거나 통관보류되어 국외반출하려는 물품 등에 대하여는 「반송절차에 관한 고시」를 준용한다.
ㄷ 다른 운송수단으로 환적하는 화물에 대하여는 「환적화물 처리절차에 관한 특례 고시」를 준용한다.
ㄹ 국제무역선에 선박용품을 공급하는 경우에는 「선박용품 등 관리에 관한 고시」 중 적재절차를, 국제무역기에 항공기용품을 공급하는 경우에는 「항공기용품 등 관리에 관한 고시」 중 적재절차를 각각 준용한다.

14 세관장은 자유무역지역 입주기업체에 대하여 자유무역지역으로의 반입을 정지시킬 수 있다. 반입정지 사유에 해당하지 않는 것은?

① 정당한 사유없이 조사를 거부 · 방해 또는 기피하거나 자료제출을 거부한 경우

② 수입신고 및 관세 등의 납부를 하지 아니하고 외국물품 등을 자유무역지역에서 관세영역으로 반출한 경우

③ 법에 따른 입주계약을 체결하지 아니하거나 부정한 방법으로 입주계약을 체결하여 자유무역지역에서 사업을 한 경우

④ 국외 반출신고 시 법령에 따른 허가 · 승인 · 추천 · 증명 등을 구비하지 아니하거나 부정한 방법으로 구비한 경우

⑤ 재고기록 등의 의무를 위반한 경우

15 관세법 제304조(압수물품의 폐기) 사유에 해당하는 것은?

① 사용할 수 있는 기간이 지날 우려가 있는 경우

② 보관하기가 극히 불편하다고 인정되는 경우

③ 처분이 지연되면 상품가치가 크게 떨어질 우려가 있는 경우

④ 피의자나 관계인이 매각을 요청하는 경우

⑤ 사람의 생명이나 재산을 해칠 우려가 있는 경우

Answer 14.③ 15.⑤

14 반입정지 등〈자유무역지역의 지정 및 운영에 관한 법률 제40조의2 제1항〉
㉠ 수입신고 및 관세 등의 납부를 하지 아니하고 외국물품을 사용 · 소비하기 위하여 자유무역지역 안으로 반입한 경우
㉡ 수입신고 및 관세 등의 납부를 하지 아니하고 외국물품 등을 자유무역지역에서 관세영역으로 반출한 경우
㉢ 국외 반출신고 시 법령에 따라 국외 반출에 필요한 허가 · 승인 · 추천 · 증명 또는 그 밖의 조건을 구비하지 아니하거나 부정한 방법으로 구비한 경우
㉣ 역외작업 물품의 반출신고 및 관세 등의 납부의무를 위반한 경우
㉤ 재고기록 등의 의무를 위반한 경우
㉥ 정당한 사유없이 조사를 거부 · 방해 또는 기피하거나 자료제출을 거부한 경우
㉦ 「관세법」에 따른 위반사유에 해당하는 경우

15 압수물품의 폐기〈관세법 제304조(압수물품의 폐기)〉
㉠ 사람의 생명이나 재산을 해칠 우려가 있는 것
㉡ 부패하거나 변질된 것
㉢ 유효기간이 지난 것
㉣ 상품가치가 없어진 것

16 관세포탈죄에 대한 설명으로 맞는 것은?

① 물품을 수입하는 자가 관세를 포탈하기 위하여 수입신고를 하지 않은 경우에도 관세포탈죄로 처벌한다.

② 관세포탈죄를 범할 목적으로 예비를 한 자는 본죄에 준하여 처벌한다.

③ 관세포탈죄의 행위를 교사하거나 방조한 자는 본죄의 2분의 1을 감경하여 처벌한다.

④ 수입신고를 한 자 중 세액 결정에 영향을 미치기 위하여 관세율을 거짓으로 신고한 경우 관세포탈죄로 처벌한다.

⑤ 세액결정에 영향을 미치기 위하여 과세가격 등을 허위로 신고하여 수입한 물품에 대해서 몰수할 수 없을 때에는 몰수에 갈음한 추징을 해야 한다.

17 법령에 의하여 수입이 제한된 물품을 회피할 목적으로 부분품을 수입하거나 주요 특성을 갖춘 미완성 · 불완전한 물품 또는 완제품을 부분품으로 분할하여 수입하는 자를 처벌할 수 있는 관세법 조항은 무엇인가?

① 밀수출입죄〈제269조〉　　　　　② 관세포탈죄 등〈제270조〉

③ 타인에 대한 명의대여죄〈제275조의3〉　　④ 밀수품의 취득죄 등〈제274조〉

⑤ 허위신고죄 등〈제276조〉

18 관세법상 조사와 처분에 관한 내용 중 틀린 것은?

① 관세범에 관한 사건은 관세청장 또는 세관장의 고발이 없는 한 검사는 공소를 제기할 수 없다.

② 세관공무원은 관세범에 대하여 관세법이 정하는 바에 의하여 사법경찰관리의 직무를 행한다.

③ 관세범은 관세법 또는 관세법에 따른 명령을 위반하는 행위로서 관세법에 따라 형사처벌되거나 통고처분되는 것을 말한다.

④ 관세범에 대한 조사와 처분은 세관공무원이 행한다.

⑤ 관세범에 관한 서류는 인편 또는 등기우편으로 송달한다.

Answer 16.④　17.②　18.②

16 ②③ 관세법 제271조(미수범 등)

　　⑤ 세액결정에 영향을 미치기 위하여 과세가격 또는 관세율 등을 거짓으로 신고하거나 신고하지 아니하고 수입한 자는 3년 이하의 징역 또는 포탈한 관세액의 5배와 물품원가 중 높은 금액 이하에 상당하는 벌금에 처한다〈관세법 제270조(관세포탈죄 등) 제1항〉

17 ② 법령에 따라 수입이 제한된 사항을 회피할 목적으로 부분품으로 수입하거나 주요 특성을 갖춘 미완성 · 불완전한 물품이나 완제품을 부분품으로 분할하여 수입한 자는 관세포탈죄로 3년 이하의 징역 또는 포탈한 관세액의 5배와 물품원가 중 높은 금액 이하에 상당하는 벌금에 처한다〈관세법 제270조(관세포탈죄 등) 제1항〉

18 ② 세관공무원은 관세범에 관하여 「사법경찰관리의 직무를 수행할 자와 그 직무범위에 관한 법률」에서 정하는 바에 따라 사법경찰관리의 직무를 수행한다〈관세법 제295조(사법경찰권)〉.

19 관세법상 수출입 금지품이 아닌 것은?

① 향정신성 의약품 등 마약류

② 헌법질서를 문란하게 하는 음반 · 비디오물 · 조각물

③ 공공의 안녕질서 또는 풍속을 해치는 서적 · 간행물 · 도화

④ 정부의 기밀을 누설하거나 첩보활동에 사용되는 물품

⑤ 화폐 · 채권이나 그 밖의 유가증권의 위조품 · 변조품 또는 모조품

20 관세법 위반 범죄 물품 가운데 관세법 제282조(몰수 · 추징) 제2항의 규정에 따라 몰수하지 아니할 수 있는 것은?

① 중국으로부터 신발을 수입하는 것으로 신고하고 실제로는 참깨를 수입하였다.

② 외국 여행 중에 물품원가 2천만 원 상당의 시계를 구입하고 휴대하여 입국하면서 세관에 신고하지 아니하였다.

③ 관세법 제156조에 따라 세관장으로부터 보세구역 외 장치 허가를 받아 장치한 중국산 원피를 납기로 인해 수입신고 없이 사용하였다.

④ 귀금속 판매업자가 신고 없이 수입된 금괴라는 사실을 알면서도 취득하였다.

⑤ 창고업자가 신고 없이 수입한 담배라는 사실을 알면서도 보관하였다.

Answer 19.① 20.③

19 수출입의 금지〈관세법 제234조〉
　㉠ 헌법질서를 문란하게 하거나 공공의 안녕질서 또는 풍속을 해치는 서적 · 간행물 · 도화, 영화 · 음반 · 비디오물 · 조각물 또는 그 밖에 이에 준하는 물품
　㉡ 정부의 기밀을 누설하거나 첩보활동에 사용되는 물품
　㉢ 화폐 · 채권이나 그 밖의 유가증권의 위조품 · 변조품 또는 모조품

20 관세법 제282조(몰수 · 추징) 제2항에 따라 다음의 어느 하나에 해당하는 물품은 몰수하지 아니할 수 있다.
　㉠ 보세구역에 신고를 한 후 반입한 외국물품
　㉡ 세관장의 허가를 받아 보세구역이 아닌 장소에 장치한 외국물품
　㉢ 「폐기물관리법」 규정에 따른 폐기물
　㉣ 그 밖의 몰수의 실익이 없는 물품으로서 대통령령으로 정하는 물품

21 관세법 제279조(양벌 규정)에 대한 설명으로 틀린 것은?

① 법인의 업무와 관련하여 법인의 대표자가 관세법의 벌칙에 위반하는 행위를 하였을 때에는 대표자와 함께 법인도 처벌한다.

② 관세법 제277조의 과태료는 양벌 규정 적용 대상이 아니다.

③ 법인이 대표자나 대리인, 사용인, 종업원 등의 위반행위를 방지하기 위하여 해당업무에 관하여 상당한 주의와 감독을 하였다면 양벌규정을 적용하지 아니한다.

④ 개인의 종업원이 개인의 업무와 관련하여 관세법의 벌칙에 위반하는 행위를 하였을 때에는 종업원과 함께 개인도 처벌한다.

⑤ 양벌규정에 따른 법인 처벌 시 위반행위의 경중에 따라 징역형과 벌금형을 병과하여 부과할 수 있다.

22 밀수품 취득죄에 대한 설명 중 틀린 것은?

① 3년 이하의 징역 또는 물품원가 이하에 상당하는 벌금에 처한다.

② 밀수품을 감정한 자도 처벌한다.

③ 예비한 자는 본죄의 2분의 1을 감경하여 처벌한다.

④ 미수범은 본죄의 2분의 1을 감경하여 처벌한다.

⑤ 징역과 벌금은 병과할 수 있다.

23 통고처분에 대한 설명으로 틀린 것은?

① 통고처분을 이행하면 관세징수권의 소멸시효가 중단된다.

② 통고처분이 있는 때에는 공소의 시효가 정지된다.

③ 통고처분을 이행하면 동일사건에 대하여 다시 처벌받지 아니한다.

④ 통고처분을 이행하지 아니하였을 때에는 관세청장이나 세관장은 즉시 고발하여야 한다.

⑤ 통고처분 벌금에 상당하는 금액은 법정 벌금 최고액으로 한다.

Answer 21.⑤ 22.④ 23.⑤

21 ⑤ 법인의 대표자나 법인 또는 개인의 대리인, 사용인, 그 밖의 종업원이 그 법인 또는 개인의 업무에 관하여 제11장에서 규정한 벌칙(제277조의 과태료는 제외한다)에 해당하는 위반행위를 하면 그 행위자를 벌하는 외에 그 법인 또는 개인에게도 해당 조문의 벌금형을 과(科)한다. 다만, 법인 또는 개인이 그 위반행위를 방지하기 위하여 해당 업무에 관하여 상당한 주의와 감독을 게을리하지 아니한 경우에는 그러하지 아니하다〈관세법 제279조(양벌규정) 제1항〉.

22 ④ 미수범은 본죄에 준하여 처벌한다〈관세법 제271조(미수범 등) 제2항〉.

23 ⑤ 통고처분 벌금에 상당하는 금액은 해당 벌금 최고액의 100분의 30으로 한다〈관세법 시행령 제270조의2(통고처분) 제1항〉.
　　① 관세법 제23조(시효의 중단 및 정지) 제1항 제4호
　　② 관세법 제311조(통고처분) 제3항

24 관세법상 벌금형과 징역형이 병과될 수 없는 것은?

① 가격조작죄

② 허위신고죄

③ 관세포탈죄

④ 부정수입죄

⑤ 밀수입죄

25 관세법상 고발 대상이 아닌 것은?

① 관세범인이 통고를 이행할 수 있는 자금능력이 없다고 인정되는 경우

② 관세범인의 주소 및 거소가 분명하지 아니한 경우

③ 관세범인에게 통고를 하기 곤란하다고 인정되는 경우

④ 범죄의 정상이 징역형에 처해질 것으로 인정되는 경우

⑤ 관세범인이 통고서의 송달을 받은 때로부터 15일 이내에 이행하지 못하고, 고발되기 직전 통고처분을 이행한 경우

---

24 ② 밀수출입죄, 관세포탈죄, 미수범, 밀수품 취득죄의 죄를 저지른 자는 정상(情狀)에 따라 징역과 벌금을 병과할 수 있다〈관세법 제275조(징역과 벌금의 병과)〉.

25 ⑤ 관세범인이 통고서의 송달을 받았을 때에는 그 날부터 15일 이내에 이를 이행하여야 하며, 이 기간 내에 이행하지 아니하였을 때에는 관세청장이나 세관장은 즉시 고발하여야 한다. 다만, 15일이 지난 후 고발이 되기 전에 관세범인이 통고처분을 이행한 경우에는 그러하지 아니하다〈관세법 제316조(통고의 불이행과 고발)〉.

①②③ 관세법 제318조(무자력 고발)

<제1과목> 수출입통관절차

1 「관세법」상 원산지증명서 유효기간으로 맞는 것은?

> 세관장에게 제출하는 원산지증명서는 예외적인 경우를 제외하고 원산지증명서 제출일부터 소급하여 (   ) 이내에 발행된 것이어야 한다.

① 6개월
② 1년
③ 2년
④ 3년
⑤ 4년

2 과세전통지 및 과세전적부심사와 관련된 설명으로 틀린 것은?

① 세관장은 수입신고 수리 후에 세액심사결과 부족세액을 징수하는 경우 과세전통지를 생략할 수 있다.
② 세관장은 납부세액이나 납부하여야 하는 세액에 부족한 금액을 징수하고자 하는 때에는 미리 납세의무자에게 그 내용을 서면으로 통지 하여야 한다.
③ 납세의무자는 통지를 받은 때에는 그 통지를 받은 날부터 30일 이내에 세관장 또는 관세청장에게 과세전적부심사를 청구할 수 있다.
④ 과세전적부심사를 청구받은 세관장은 그 청구를 받은 날부터 30일 이내에 관세심사위원회의 심사를 거쳐 결정을 하고 청구인에게 통지하여야 한다.
⑤ 과세전적부심사는 이의신청이나 심사청구 또는 심판청구 전 단계의 권리구제라 할 수 있다.

Answer 1.② 2.①

1 원산지증명서에는 해당 수입물품의 품명, 수량, 생산지, 수출자 등 관세청장이 정하는 사항이 적혀 있어야 하며, 제출일부터 소급하여 **1년** 이내에 발행된 것이어야 한다〈관세법 시행령 제236조(원산지 증명서의 제출 등) 제4항〉.

2 ① '수입신고 수리 전에 세액을 심사하는 경우로서 그 결과에 따라 부족세액을 징수하는 경우' 과세전통지를 생략할 수 있다〈관세법 제118조(과세전적부심사) 제1항 제3호〉
② 「관세법」 제118조(과세전적부심사) 제1항
③ 「관세법」 제118조(과세전적부심사) 제2항
④ 「관세법」 제118조(과세전적부심사) 제3항

3 신고의 취하 및 각하에 대한 설명으로 틀린 것은?

① 신고의 취하란 신고인의 요청에 의하여 신고사항을 취하하는 것을 말한다.
② 신고는 정당한 이유가 있는 경우에만 세관장의 승인을 받아 취하할 수 있다.
③ 수입 및 반송의 신고는 운송수단, 관세통로, 하역통로 또는 이 법에 규정된 장치장소에서 물품을 반출한 후에는 취하할 수 없다.
④ 사위 기타 부정한 방법으로 신고되었을 경우에는 신고를 취하할 수 있다.
⑤ 통관보류, 통관요건 불합격, 수입금지 등의 사유로 반송하거나 폐기하려는 경우 신고취하할 수 있다.

4 관세의 부과·징수, 수출입물품의 통관 등을 위한 원산지 확인 기준에 대한 설명으로 틀린 것은?

① 완전생산기준이란 당해 물품의 전부를 생산·가공·제조한 국가를 원산지로 보는 기준으로, 광산물, 식물성 생산품 등 1차 생산품이 주로 해당된다.
② 2개국 이상에 걸쳐 생산·가공·제조된 물품의 원산지는 당해 물품의 생산과정에 사용되는 물품의 품목분류표상 4단위 품목번호와 다른 4단위 품목번호의 물품을 최종적으로 생산한 국가를 원산지로 본다.
③ 세관장은 환적 또는 복합환적되는 외국물품 중 원산지를 우리나라로 허위 표시한 물품은 유치할 수 있다.
④ 보세구역에서 포장개선, 선별작업 또는 단순 조립작업 등을 수행하여 세번변경이 발생하였다 하더라도 이들 국가를 원산지로 인정하지 아니한다.
⑤ 지리적 또는 운송상의 이유로 제3국을 단순 경유한 경우에도 직접운송원칙을 충족한 것으로 본다.

Answer 3.④ 4.②

3 ④ 세관장은 제241조 및 제244조의 신고가 그 요건을 갖추지 못하였거나 부정한 방법으로 신고되었을 때에는 해당 수출·수입 또는 반송의 신고를 <u>각하</u>할 수 있다〈관세법 제250조(신고의 취하 및 각하) 제3항〉.
　②③ 「관세법」 제250조(신고의 취하 및 각하) 제1항

4 ② 2개국 이상에 걸쳐 생산·가공 또는 제조된 물품의 원산지는 당해 물품의 생산과정에 사용되는 물품의 품목분류표상 6단위 품목번호와 다른 6단위 품목번호의 물품을 최종적으로 생산한 국가로 한다〈관세법 시행규칙 제74조 제2항(일반물품의 원산지결정기준)〉.
　④ 「관세법 시행규칙」 제74조(일반물품의 원산지결정기준) 제4항
　⑤ 「관세법 시행규칙」 제76조(직접운송원칙)

5 반송물품의 범위에 대한 설명으로 틀린 것은?

① 동일한 세관의 관할구역에서 입국 또는 입항하는 운송수단에서 출국 또는 출항하는 운송수단으로 물품을 옮겨 실어 외국으로 반출하는 물품

② 외국에 수출할 것을 목적으로 보세구역에 반입하여 다시 외국으로 반출하는 물품

③ 외국으로부터 보세구역에 반입된 물품이 계약상이, 국내시장 여건변화 등의 사유로 수입신고를 하지 아니한 상태에서 다시 외국으로 반출되는 물품

④ 해외에서 위탁가공 후 보세구역에 반입된 물품으로서 수출할 목적으로 다시 외국으로 반출되는 물품

⑤ 우리나라에서 개최하는 박람회 등을 위하여 보세전시장에 반입된 후 전시 종료 후 외국으로 반출되는 물품

6 세관장이 물품의 통관을 보류할 수 있는 경우에 대한 설명으로 틀린 것은?

① 세관장에게 체납처분이 위탁된 해당 체납자가 수입하는 경우

② 수출·수입 또는 반송에 관한 신고서의 기재사항 보완이 필요한 경우

③ 수입신고 시 제출서류 등이 미비되어 보완이 필요한 경우

④ 수출입물품에 대한 안전성 검사가 필요한 경우

⑤ 「관세법」의 규정에 의하여 필요한 사항을 확인할 필요가 있다고 인정하여 세관장이 정하는 경우

Answer 5.① 6.⑤

5 ② 중계무역물품 ③ 단순반송물품 ④ 위탁가공물품 ⑤ 보세전시장반출물품

6 통관의 보류〈관세법 제237조 제1항〉
　㉠ 제241조 또는 제244조에 따른 수출·수입 또는 반송에 관한 신고서의 기재사항에 보완이 필요한 경우
　㉡ 제245조에 따른 제출서류 등이 갖추어지지 아니하여 보완이 필요한 경우
　㉢ 이 법에 따른 의무사항(대한민국이 체결한 조약 및 일반적으로 승인된 국제법규에 따른 의무를 포함한다)을 위반하거나 국민 보건 등을 해칠 우려가 있는 경우
　㉣ 제246조의3 제1항에 따른 안전성 검사가 필요한 경우
　㉤ 제246조의3 제1항에 따른 안전성 검사 결과 불법·불량·유해 물품으로 확인된 경우
　㉥ 「국세징수법」 제30조 및 「지방세수」 제39조의2에 따라 세관장에게 강제징수 또는 체납처분이 위탁된 해당 체납자가 수입하는 경우
　㉦ 관세 관계 법령을 위반한 혐의로 고발되거나 조사를 받는 경우

7 관세의 성격으로 틀린 것은?

① 관세는 자유무역의 장벽이 된다.
② 관세는 재정수입 조달을 목적으로 한다.
③ 관세는 특별급부에 대한 반대급부가 아니다.
④ 관세는 물품을 수입신고하는 자에게 부과하는 직접세이다.
⑤ 관세의 부과·징수의 주체는 국가이다.

8 관세법령상 ( ) 안에 들어갈 내용이 순서대로 맞는 것은?

> 수출신고가 수리된 물품은 수출신고가 수리된 날부터 ( )일 이내에 운송수단에 적재하여야 한다. 다만, 기획재정부령으로 정하는 바에 따라 1년의 범위에서 적재기간의 연장승인을 받은 것은 그러하지 아니하다. 세관장은 위에서 정한 기간 내에 적재되지 아니한 물품에 대하여는 대통령령으로 정하는 바에 따라 수출신고의 수리를 ( )할 수 있다.

① 30, 각하   ② 30, 취하
③ 30, 취소   ④ 60, 취소
⑤ 60, 각하

Answer 7.④ 8.③

7 관세는 국가재정수입의 중요한 원천으로 수입억제와 국내산업보호의 목적을 위해 수출물품에 부과되는 간접세의 일종이다.

8 수출신고가 수리된 물품은 수출신고가 수리된 날부터 <u>30일</u> 이내에 운송수단에 적재하여야 한다. 다만, 기획재정부령으로 정하는 바에 따라 1년의 범위에서 적재기간의 연장승인을 받은 것은 그러하지 아니하다. 세관장은 위에서 정한 기간 내에 적재되지 아니한 물품에 대하여는 대통령령으로 정하는 바에 따라 수출신고의 수리를 <u>취소</u>할 수 있다〈관세법 제251조(수출신고수리물품의 적재 등)〉.

9 관세법령상 관세납부에 있어서 제공할 수 있는 담보의 종류로 틀린 것은?

① 국채 또는 지방채

② 보험에 가입된 등록된 차량

③ 세관장이 인정하는 보증인의 납세보증서

④ 토지

⑤ 납세보증보험증권

10 수출통관제도에 대한 설명으로 틀린 것은?

① 수출물품은 원칙적으로 보세구역에 장치한 후 수출신고를 하여야 한다.

② 수출신고는 관세사, 관세법인, 통관취급법인, 수출화주 또는 완제품 공급자 명의로 할 수 있다.

③ 수출하고자 하는 자는 당해 물품이 장치된 물품소재지를 관할하는 세관장에게 수출신고를 하고 수리를 받아야 한다.

④ 수출신고물품에 대한 검사는 당해 물품이 장치되어 있는 장소에서 행한다.

⑤ 세관장은 효율적인 물품검사를 위하여 컨테이너검색기 또는 차량이동형검색기 등을 활용하여 검사할 수 있다.

11 「관세법」상 수입의 의제는 외국물품이 적법하게 수입된 것으로 보고 관세 등을 따로 징수하지 아니하는데, 이에 해당하지 않는 것은?

① 체신관서가 수취인에게 내준 우편물

② 관세법에 따라 매각된 물품

③ 법령에 따라 국고에 귀속된 물품

④ 세관장이 타당하다고 인정하는 이사물품

⑤ 몰수를 갈음하여 추징된 물품

9 담보의 종류〈관세법 제24조 제1항〉… 금전, 국채 또는 지방채, 세관장이 인정하는 유가증권, 납세보증보험증권, 토지, 보험에 가입된 등기 또는 등록된 건물·공장재단·광업재단·선박·항공기 또는 건설기계, 세관장이 인정하는 보증인의 납세보증서

10 ①③ 수출하려는 자는 해당 물품이 장치된 물품소재지를 관할하는 세관장에게 수출신고를 하여야 한다〈수출통관 사무처리에 관한 고시 제4조(신고의 시기)〉.

② 「수출통관 사무처리에 관한 고시」 제5조(신고인)

④ 「수출통관 사무처리에 관한 고시」 제17조(물품검사) 제2항

⑤ 「수출통관 사무처리에 관한 고시」 제17조(물품검사) 제5항

11 수출입의 의제〈관세법 제240조 제1항〉

㉠ 체신관서가 수취인에게 내준 우편물

㉡ 「관세법」에 따라 매각된 물품

㉢ 「관세법」에 따라 몰수된 물품

㉣ 제269조, 제272조, 제273조 또는 제274조제1항제1호에 해당하여 「관세법」에 따른 통고처분으로 납부된 물품

㉤ 법령에 따라 국고에 귀속된 물품

㉥ 제282조 제3항에 따라 몰수를 갈음하여 추징된 물품

12 「대외무역법 시행령」 제19조에 따른 수입승인면제사유에 해당하는 수입물품으로서 「관세법」 제226조에 따른 세관장확인이 생략되는 물품은?

① 「마약류관리에 관한 법률」 해당 물품
② 「식물방역법」 해당 물품
③ 「가축전염병예방법」 해당 물품
④ 「통신비밀보호법」 해당 물품
⑤ 「의료기기법」 해당 물품

13 다음은 관세의 부과기준에 대한 설명이다. 틀린 것은?

① 종가세란 수입물품의 가격을 과세표준으로 하는 관세이다.
② 종가세의 장점은 관세부담이 상품가격에 비례함으로 공평하고, 시장가격의 등락에도 불구하고 관세부담이 균형을 이룰 수 있다는 것이다.
③ 종량세란 수입물품의 중량만을 과세표준으로 하는 관세이다.
④ 종량세의 장점은 세액 산출이 쉽고, 수출국에 따라 세액에 변화가 없다.
⑤ 종량세의 단점은 물가변동에 따는 세율적용이 불가능하고, 관세의 공평을 기할 수 없으며, 나라마다 계량단위가 동일하지 않아 적용하는데 어려움이 있다.

Answer 12.⑤ 13.③

12 확인물품 및 확인사항〈관세법 제226조에 따른 세관장확인물품 및 확인방법 지정고시 제7조 제2항 제1호〉 … 제1항에도 불구하고 「대외무역법 시행령」 제19조에 따른 수출입승인면제물품(제2호의 물품은 제외한다)에 해당되는 물품은 세관장확인을 생략한다. 다만, 다음 각 목의 법령을 적용받는 물품은 세관장이 수출입요건 구비 여부를 확인한다.
ⓐ 「마약류 관리에 관한 법률」
ⓑ 「식물방역법」
ⓒ 「야생생물 보호 및 관리에 관한 법률」
ⓓ 「총포 · 도검 · 화약류 등의 안전관리에 관한 법률」
ⓔ 「수산생물질병 관리법」
ⓕ 「가축전염병 예방법」
ⓖ 「폐기물의 국가 간 이동 및 그 처리에 관한 법률」
ⓗ 「약사법」(식품의약품안전처장이 지정하는 오 · 남용우려 의약품에 한정한다. 다만, 자가치료 목적으로 처방전을 세관장에게 제출하는 경우에는 세관장 확인을 생략한다)
ⓘ 「수입식품안전관리 특별법」(「수입식품안전관리특별법 시행규칙」 별표 9 제1호에 해당하는 식품 등은 제외한다)
ⓙ 「통신비밀보호법」
ⓚ 「화학물질관리법」(금지물질, 제한물질에 한함. 다만, 제한물질 중 시험 · 연구 · 검사용 시약은 제외)
ⓛ 「생물다양성 보전 및 이용에 관한 법률」
ⓜ 「생활화학제품 및 살생물제의 안전관리에 관한 법률」

13 종량세란 수입품의 개수 · 용적 · 면적 · 중량 등의 일정한 단위수량을 과세표준으로 하여 부과되는 관세이다.

14 「관세법」상 용어의 정의에 대한 설명으로 틀린 것은?

① 우리나라 선박이 공해에서 채집하거나 포획한 수산물은 내국물품이다.

② 선박이 입항하기 전에 입항전수입신고가 수리된 물품은 외국물품이다.

③ 수입신고전 즉시반출신고를 하고 반출된 물품은 내국물품이다.

④ 수출신고가 수리된 물품으로 국내에 있는 물품은 외국물품이다.

⑤ 외국 선박이 우리나라의 영해가 아닌 배타적경제수역(EEZ)에서 포획한 수산물은 외국물품이다.

15 「관세법」상 서류의 송달 등에 관한 설명으로 틀린 것은?

① 세관장은 관세의 납세의무자의 주소, 거소, 영업소 또는 사무소가 모두 분명하지 아니하여 관세의 납부고지서를 송달할 수 없을 때에는 해당세관의 게시판이나 그 밖의 적당한 장소에 납부고지사항을 공시할 수 있다.

② 관세의 납부고지서는 납세의무자에게 직접 발급하는 경우를 제외하고는 인편이나 우편 또는 전자송달의 방법으로 송달한다.

③ 가격신고, 납세신고, 수출입신고, 반송신고, 보세화물반출입신고, 보세운송신고를 한 자는 해당 신고자료를 신고한 날부터 5년의 범위에서 대통령령으로 정하는 기간 동안 보관하여야 한다.

④ 적하목록을 제출한 자는 해당 제출 자료를 신고 또는 제출한 날부터 5년의 범위에서 대통령령으로 정하는 기간동안 보관하여야 한다.

⑤ 납부고지사항을 공시하였을 때에는 공시일로부터 7일이 지나면 관세의 납세의무자에게 납부고지서가 송달된 것으로 본다.

Answer 14.② 15.⑤

14 ② 선박이 입항하기 전에 입항전수입신고가 수리된 물품은 내국물품이다〈관세법 제2조(정의) 제5호〉.

※ **외국물품 및 내국물품**

㉠ 외국물품〈관세법 제2조(정의) 제4호〉
- 외국으로부터 우리나라에 도착한 물품[외국의 선박 등이 공해(公海, 외국의 영해가 아닌 경제수역을 포함한다. 이하 같다)에서 채집하거나 포획한 수산물 등을 포함한다]으로서 제241조제1항에 따른 수입의 신고(이하 "수입신고"라 한다)가 수리(受理)되기 전의 것
- 제241조 제1항에 따른 수출의 신고가 수리된 물품

㉡ 내국물품〈관세법 제2조(정의) 제5호〉
- 우리나라에 있는 물품으로서 외국물품이 아닌 것
- 우리나라의 선박 등이 공해에서 채집하거나 포획한 수산물 등
- 제244조 제1항에 따른 입항전수입신고가 수리된 물품
- 제252조에 따른 수입신고수리전 반출승인을 받아 반출된 물품
- 제253조 제1항에 따른 수입신고전 즉시반출신고를 하고 반출된 물품

15 ⑤ 납부고지서를 송달받아야 할 자가 다음 각 호의 어느 하나에 해당하는 경우에는 납부고지사항을 공고한 날부터 **14일**이 지나면 제1항의 납부고지서의 송달이 된 것으로 본다〈관세법 제11조(납부고지서의 송달) 제2항〉.

③④ 「관세법」 제12조(신고 서류의 보관기간)

16 「관세법」상 법령의 적용시기에 대한 설명으로 틀린 것은?

① 원칙적으로 수입신고 당시의 법령을 적용한다.

② 입항전수입신고는 수입신고 당시의 법령을 적용한다.

③ 보세건설장에 반입된 외국물품은 사용 전 수입신고 당시의 법령을 적용한다.

④ 보세운송하는 외국물품이 지정된 기간 내에 목적지에 도착하지 아니하는 경우에는 보세운송을 신고하거나 승인받은 당시의 법령을 적용한다.

⑤ 수입신고가 수리되기 전에 소비하거나 사용하는 경우에는 해당 물품을 소비하거나 사용하는 당시의 법령을 적용한다.

17 보세구역 반입명령에 대한 설명으로 틀린 것은?

① 수출신고가 수리되어 외국으로 반출되기 전에 있는 물품이나 수입신고가 수리되어 반출된 물품이 의무사항을 위반하거나 국민보건 등을 해칠 우려가 있는 경우에는 보세구역으로 반입할 것을 명할 수 있다.

② 원산지나 품질 등의 표시가 적법하게 표시되지 아니하였거나 수출입신고수리 당시와 다르게 표시되어 있는 경우 보세구역으로 반입할 것을 명할 수 있다.

③ 세관장은 반입명령서를 화주 또는 수출입신고자에게 송달하여야 하고, 주소 등이 불분명한 때에는 반입명령사항을 공시할 수 있다.

④ 관련 법령에 따라 관계행정기관의 장의 시정조치가 있는 경우에는 보세구역 반입명령을 할 수 없다.

⑤ 해당 물품이 수출입신고가 수리된 후 6개월이 경과한 경우에도 보세구역 반입명령을 할 수 있다.

Answer 16.③ 17.⑤

16 적용 법령〈관세법 제17조〉 ··· 관세는 수입신고 당시의 법령에 따라 부과한다. 다만, 다음 각 호의 어느 하나에 해당하는 물품에 대하여는 각 해당 호에 규정된 날에 시행되는 법령에 따라 부과한다.

㉠ 제16조(과세물건 확정의 시기) 각 호의 어느 하나에 해당되는 물품 : 그 사실이 발생한 날

㉡ 제192조(사용 전 수입신고)에 따라 보세건설장에 반입된 외국물품 : 사용 전 수입신고가 수리된 날

17 ⑤ 관세청장 또는 세관장은 수출입신고가 수리된 물품이 다음 각 호의 어느 하나에 해당하는 경우에는 법 제238조 제1항에 따라 해당 물품을 보세구역으로 반입할 것을 명할 수 있다. 다만, 해당 물품이 수출입신고가 수리된 후 **3개월**이 지났거나 관련 법령에 따라 관계행정기관의 장의 시정조치가 있는 경우에는 그러하지 아니하다〈관세법 시행령 제245조(반입명령) 제1항〉.

① 「관세법」 제238조(보세구역 반입명령) 제1항

② 「관세법 시행령」 제245조(반입명령) 제2항

③ 「관세법 시행령」 제245조(반입명령) 제3항

18 납세의무자에 대한 설명으로 틀린 것은?

① 수입을 위탁받아 수입업체가 대행수입한 물품인 경우 : 그 물품의 수입을 위탁한 자

② 수입물품을 수입신고전에 양도한 경우 : 양수인

③ 보세구역의 장치물품이 도난된 경우 : 운영인 또는 화물관리인

④ 보세운송물품이 운송 중 분실된 경우 : 화주

⑤ 보세구역의 장치물품이 멸실된 경우 : 운영인 또는 보관인

19 수입물품의 과세가격은 실제지급금액에 가산요소를 더하고 공제요소를 뺀 조정한 거래가격을 말하는데, 이에 대한 설명으로 틀린 것은?

① 구매자가 부담하는 수수료와 중개료는 가산요소이나 구매수수료는 제외된다.

② 구매자가 수입물품에 결합되는 재료 · 구성요소 · 부분품 등을 무료로 수출자 등에게 공급한 경우에는 생산지원비용은 가산요소이나, 우리나라에서 개발된 기술 · 설계 · 디자인 등은 제외된다.

③ 수입물품을 수입한 후 전매 · 처분 또는 사용하여 생긴 수익금액 중 판매자에게 직접 또는 간접으로 귀속되는 금액은 가산요소이다.

④ 수입항까지의 운임 · 보험료는 가산요소이나, 수입항 도착 이후의 운임 · 보험료는 공제요소이다.

⑤ 연불조건(延拂條件)의 수입인 경우에는 해당 수입물품에 대한 연불이자는 가산요소이다.

Answer 18.④ 19.⑤

18 ④ 보세운송물품(도난 · 분실물품인 경우) : 보세운송을 신고하거나 승인을 받은 자〈관세법 제19조(납세의무자) 제1항 제10호〉

19 ⑤ 구매자가 지급하였거나 지급하여야 할 총금액에서 연불조건(延拂條件)의 수입인 경우에는 해당 수입물품에 대한 연불이자를 명백히 구분할 수 있을 때에는 그 금액을 뺀 금액을 말한다〈관세법 제30조(과세가격 결정의 원칙)〉.

20 관세법령상 합리적 기준에 의해 과세가격을 결정함에 있어서 그 기준으로 사용할 수 있는 가격은?

① 선택 가능한 가격 중 반드시 높은 가격을 과세가격으로 하여야 한다는 기준에 따라 결정하는 가격
② 우리나라에 수입되어 과세가격으로 인정된 바 있는 동종·동질물품의 과세가격
③ 우리나라에서 생산된 물품의 국내판매가격
④ 수출국의 국내판매가격
⑤ 우리나라 외의 국가에 수출하는 물품의 가격

21 관세부과 제척기간의 기산일로 틀린 것은?

① 일반 수입신고 : 수입신고 수리한 날의 다음날
② 의무불이행 등의 사유로 감면된 관세징수 : 그 사유가 발생한 날의 다음날
③ 보세건설장 반입 외국물품의 경우 : 건설공사완료보고일과 특허기간 만료일 중 먼저 도래한 날의 다음날
④ 과다환급 또는 부정환급 등의 사유로 관세징수 : 환급한 날의 다음날
⑤ 도난 또는 분실물품의 경우 : 그 사실이 발생한 날의 다음날

Answer 20.② 21.①

20 합리적 기준에 따른 과세가격의 결정〈관세법 시행령 제29조 제2항〉 ⋯ 과세가격을 결정함에 있어서는 다음의 1에 해당하는 가격을 기준으로 하여서는 아니 된다〉.
　㉠ 우리나라에서 생산된 물품의 국내판매가격
　㉡ 선택 가능한 가격 중 반드시 높은 가격을 과세가격으로 하여야 한다는 기준에 따라 결정하는 가격
　㉢ 수출국의 국내판매가격
　㉣ 동종·동질물품 또는 유사물품에 대하여 법 제34조의 규정에 의한 방법 외의 방법으로 생산비용을 기초로 하여 결정된 가격
　㉤ 우리나라 외의 국가에 수출하는 물품의 가격
　㉥ 특정수입물품에 대하여 미리 설정하여 둔 최저과세기준가격
　㉦ 자의적 또는 가공적인 가격

21 ① 일반 수입신고 : 수입신고한 날의 다음날
　※ 관세부과 제척기간의 기산일〈관세법 시행령 제6조〉 ⋯ 관세부과의 제척기간을 산정할 때 수입신고한 날의 다음날을 관세를 부과할 수 있는 날로 한다. 다만, 다음의 경우에는 해당 호에 규정된 날을 관세를 부과할 수 있는 날로 한다.
　　㉠ 법 제16조(과세물건 확정의 시기) 제1호 내지 제11호에 해당되는 경우에는 그 사실이 발생한 날의 다음날
　　㉡ 의무불이행 등의 사유로 감면된 관세를 징수하는 경우에는 그 사유가 발생한 날의 다음날
　　㉢ 보세건설장에 반입된 외국물품의 경우에는 다음 각목의 날 중 먼저 도래한 날의 다음날
　　　1. 제211조(건설공사 완료보고)의 규정에 의하여 건설공사완료보고를 한 날
　　　2. 법 제176조(특허기간)의 규정에 의한 특허기간(특허기간을 연장한 경우에는 연장기간)이 만료되는 날
　　㉣ 과다환급 또는 부정환급 등의 사유로 관세를 징수하는 경우에는 환급한 날의 다음날
　　㉤ 「관세법」 제28조에 따라 잠정가격을 신고한 후 확정된 가격을 신고한 경우에는 확정된 가격을 신고한 날의 다음 날(다만, 「관세법」 제28조(잠정가격의 신고 등) 제2항에 따른 기간 내에 확정된 가격을 신고하지 아니하는 경우에는 해당 기간의 만료일의 다음날)

22 관세감면신청서 제출기한에 대한 내용이다. ( ) 안에 들어갈 내용이 순서대로 맞는 것은?

> ⊙ 법 기타 관세에 관한 법률 또는 조약에 따라 관세를 감면받으려는 자는 해당 물품의 수입신고수리전에 관세감면신청서를 세관장에게 제출하여야 한다.
> ⓒ 법 제39조 제2항에 따라 관세를 징수하는 경우 해당 납부고지를 받은 날부터 (   )에 감면신청서를 제출할 수 있다.
> ⓒ 수입신고수리전까지 감면신청서를 제출하지 못한 경우 해당 수입신고수리일부터 (   )에 감면신청이 가능하다. (해당 물품이 보세구역에서 반출되지 아니한 경우로 한정한다)

① 3일 이내, 10일 이내   ② 3일 이내, 15일 이내
③ 5일 이내, 10일 이내   ④ 5일 이내, 15일 이내
⑤ 7일 이내, 15일 이내

23 「관세법」상 납부세액의 확정과 관련된 설명 중 틀린 것은?

① 납세의무자는 납세신고한 세액을 납부하기 전에 당해 세액에 과부족이 있는 것을 안 때에는 납세신고한 세액을 정정할 수 있으며 이 경우 납부기한은 세액의 정정일이다.
② 납세의무자는 신고납부한 세액에 부족이 있는 것을 안 때에는 신고 납부한 날부터 6개월 이내에 당해 세액의 보정을 세관장에게 신청할 수 있다.
③ 납세의무자의 성실성 등을 참작하여 관세청장이 정하는 기준에 해당하는 불성실 신고인이 수입신고하는 물품은 수입신고를 수리하기 전에 심사를 한다.
④ 신고납부한 세액의 부족 등에 대하여 납세의무자에게 대통령령으로 정하는 정당한 사유가 있는 경우 세액의 보정을 하는 경우 이자성격의 가산금 문제는 발생하지 않는다.
⑤ 납세의무자는 신고납부한 세액이 과다한 것을 안 때에는 신고한 세액의 경정을 세관장에게 청구할 수 있다.

Answer 22.④ 23.①

22 ⊙ 법 기타 관세에 관한 법률 또는 조약에 따라 관세를 감면받으려는 자는 해당 물품의 수입신고 수리 전에 다음 각 호의 사항을 적은 신청서를 세관장에게 제출하여야 한다〈관세법 시행령 제112조 제1항〉.
  ⓒ 법 제39조 제2항에 따라 관세를 징수하는 경우 : 해당 납부고지를 받은 날부터 <u>5일</u> 이내〈관세법 시행령 제112조 제2항 제1호〉
  ⓒ 그 밖에 수입신고수리전까지 감면신청서를 제출하지 못한 경우 : 해당 수입신고수리일부터 <u>15일</u> 이내(해당 물품이 보세구역에서 반출되지 아니한 경우로 한정한다)〈관세법 시행령 제112조 제2항 제2호〉

23 ① 납세의무자는 납세신고한 세액을 납부하기 전에 그 세액이 과부족(過不足)하다는 것을 알게 되었을 때에는 납세신고한 세액을 정정할 수 있다. 이 경우 납부기한은 <u>당초의 납부기한</u>(제9조에 따른 납부기한을 말한다)으로 한다〈관세법 제38조(신고납부) 제4항〉.
  ② 「관세법」 제38조의2(보정) 제1항
  ③ 「관세법」 제38조(신고납부) 제2항
  ④ 「관세법」 제38조의2(보정) 제5항
  ⑤ 「관세법」제38조의3(수정 및 경정) 제2항

24 다음 ( )에 들어갈 내용이 순서대로 맞는 것은?

> 세관장은 납세의무자가 납부하여야 하는 세액이 ( )인 때에는 이를 징수하지 아니한다. 이 경우 ( )을 그 납부일로 본다.

① 3천 원 이하, 수입신고일
② 8천 원 미만, 수입신고일
③ 1만 원 이하, 수입신고수리일
④ 1만 원 미만, 수입신고일
⑤ 1만 원 미만, 수입신고수리일

25 통관지세관이 제한되는 특정 수입물품이 아닌 것은?

① 고철
② 활어(HS 0301호, 관상용 및 양식용은 제외)
③ 고급모피
④ 귀석과 반귀석(HS 7103호 내지 7104호의 물품. 다만, 원석은 제외)
⑤ 쌀(HS 1006.20호, 1006.30호 해당 물품)

Answer 24.⑤ 25.③

24 징수금액의 최저한〈관세법 시행령 제37조〉
㉠ 법 제40조(징수금액의 최저한)의 규정에 의하여 세관장이 징수하지 아니하는 금액은 **1만원 미만**으로 한다.
㉡ ㉠의 규정에 따라 관세를 징수하지 아니하게 된 경우에는 당해 물품의 **수입신고수리일**을 그 납부일로 본다.

25 특정물품의 통관지세관 지정〈수입통관 사무처리에 관한 고시 별표5〉

특정물품	특정세관
1. 한약재(원료에 한함)	인천, 서울, 부산, 김해공항, 용당세관과 한약재 보관에 적합한 보세구역으로 지정받은 저온 냉장창고가 있는 세관
2. 귀석과 반귀석(HS 7103호 내지 7104호의 물품. 다만, 원석은 제외)	인천, 서울, 인천공항국제우편, 김해공항, 용당, 전주세관, 익산세관비즈니스센터, 부산국제우편세관비즈니스센터
3. 고철	수입물품의 입항지 세관, 관할지 세관장이 인정하는 고철창고가 있는 내륙지 세관. 다만, 제75조에 따라 고철화작업의 특례를 적용받는 실수요자 관할세관에서도 통관가능
4. 해체용 선박	관할지 세관장이 인정하는 선박해체작업 시설을 갖춘 입항지 세관
5. 수산물(HS 0302호, 0303호, 0305호 단, HS 0305호는 염수장한 것에 한함)	수입물품의 입항지 세관, 보세구역으로 지정받은 냉장ㆍ냉동창고가 있는 내륙지 세관. 다만, 수출용원자재는 관할지 세관장이 인정하는 냉장ㆍ냉동시설이 있는 수산물제조ㆍ가공업체 관할세관에서도 통관가능
6. 수입쇠고기 및 관련제품 (별표18 해당물품에 한함)	관할구역내 축산물검역시행장 및 보세구역으로 지정받은 냉장ㆍ냉동창고가 있는 세관
7. 활어(HS 0301호, 관상용 및 양식용은 제외)	관할구역내 활어장치장이 있는 세관
8. 쌀(HS 1006.20호, 1006.30호 해당물품)	인천, 부산, 평택직할, 마산, 울산, 동해, 광양, 목포, 군산세관
9. 중고승용차	인천, 서울, 부산, 평택직할, 용당, 마산세관

1 보세구역에 대한 설명으로 틀린 것은?

① 지정장치장은 통관을 하려는 물품을 일시 장치하기 위한 장소로서 관세청장이 지정하는 구역으로 한다.

② 보세창고에는 외국물품이나 통관을 하려는 물품을 장치한다.

③ 보세공장에서는 외국물품을 원료 또는 재료로 하거나 외국물품과 내국물품을 원료 또는 재료로 하여 제조·가공하는 작업을 할 수 있다.

④ 보세전시장에서는 박람회, 전람회, 견본품 전시회 등의 운영을 위하여 외국물품을 장치·전시하거나 사용할 수 있다.

⑤ 보세건설장에서는 산업시설의 건설에 사용되는 외국물품인 기계류 설비품이나 공사용 장비를 장치·사용하여 해당 건설공사를 할 수 있다.

2 보세창고 운영인이 세관장에게 지체 없이 보고해야 할 사항으로 틀린 것은?

① 도난, 화재, 침수, 기타사고가 발생한 때

② 보세창고의 화재보험요율을 변경한 때

③ 보세구역에 장치한 물품이 보세운송신고필증에 표기된 물품과 상이한 때

④ 보세구역에 종사하는 직원을 면직한 때

⑤ 보세구역의 시설 등에 관하여 소방서로부터 시정명령을 받은 때

Answer 1.① 2.②

1 ① 지정장치장은 통관을 하려는 물품을 일시 장치하기 위한 장소로서 **세관장**이 지정하는 구역으로 한다〈관세법 제169조(지정장치장)〉.

② 「관세법」 제183조(보세창고) 제1항

③ 「관세법」 제185조(보세공장) 제1항

④ 「관세법」 제190조(보세전시장)

⑤ 「관세법」 제191조(보세건설장)

2 운영인의 의무〈특허보세구역 운영에 관한 고시 제17조 제2항〉 … 운영인은 다음의 사유가 발생한 때에는 지체 없이 세관장에게 보고 하여야 한다.

㉠ 법 제175조 및 제179조 제1항 각 호의 사유가 발생한 때

㉡ 도난, 화재, 침수, 기타사고가 발생한 때

㉢ 보세구역에 장치한 물품이 선적서류, 보세운송신고필증 또는 포장 등에 표기된 물품과 상이한 사실을 발견한 때

㉣ 보세구역에 종사하는 직원을 채용하거나 면직한 때

㉤ 보세구역의 건물, 시설 등에 관하여 소방서 등 행정관청으로부터 시정명령을 받은 때

3 특허보세구역의 운영인이 다른 사람에게 자신의 성명·상호를 사용하여 특허보세구역을 운영하게 한 경우 이에 대한 세관장의 행정제재는?

① 특허취소　　　　　　　　　　　　② 반입정지
③ 과징금 부과　　　　　　　　　　　④ 과태료 부과
⑤ 경고처분

4 수입활어의 검량방법 및 절차에 관한 설명으로 틀린 것은?

① 세관장은 검량과정에서 필요하다고 판단되는 경우 운영인에게 이동식 CCTV의 배치를 요구할 수 있다.
② 세관장은 검량과정에서 CCTV 영상 전송이 단절된 경우 운영인에게 재검량을 요구할 수 있다.
③ 활어의 수량과 중량에서 과부족이 현저하다고 의심되는 경우 등 재검량이 필요하다고 판단되는 경우 세관장은 화주에게 재검량을 요구할 수 있다.
④ 검역 불합격물품을 반송하는 때에는 검량을 생략할 수 있다.
⑤ 세관장은 수입활어와 검량방법 및 절차에 관한 표준을 제정할 수 있다.

5 보세공장 운영에 관한 설명 중 틀린 것은?

① 운영인은 보세공장에 반입된 물품을 그 사용 전에 세관장에게 사용신고를 하여야 한다.
② 보세공장 외 작업 허가를 받은 장소에 반입된 외국물품은 지정된 기간이 만료될 때까지는 보세공장에 있는 것으로 본다.
③ 보세공장 외 작업 허가 기간이 지난 경우 해당 공장의 작업장에 허가된 외국물품이 있을 때에는 운영인으로부터 그 관세를 즉시 징수한다.
④ 외국물품이나 외국물품과 내국물품을 원재료로 하여 작업을 하는 경우 그로써 생긴 물품은 외국으로부터 우리나라에 도착한 물품으로 본다.
⑤ 보세공장에서 내국물품만을 원재료로 하여 제조·가공을 하고자 하는 자는 세관장에게 신고하여야 한다.

Answer 3.① 4.④ 5.⑤

3 ① 특허보세구역의 운영인은 다른 사람에게 자신의 성명·상호를 사용하여 특허보세구역을 운영하게 한 경우 세관장은 특허를 취소하여야 한다〈관세법 제178조(반입정지 등과 특허취소) 제2항 제5호〉.

4 ④ 불합격품을 폐기 또는 반송하는 때에는 반드시 검량을 실시하여야 한다〈수입활어 관리에 관한 특례고시 제10조(검량) 제4항〉.

5 ⑤ 보세공장에서는 세관장의 허가를 받지 아니하고는 내국물품만을 원료로 하거나 재료로 하여 제조·가공하거나 그 밖에 이와 비슷한 작업을 할 수 없다〈관세법 제185조(보세공장) 제2항〉.
①「관세법」 제186조(사용신고 등)
②③「관세법」 제187조(보세공장 외 작업 허가)
④「관세법」 제188조(제품과세)

6 보세공장 잉여물품의 처리에 대한 설명 중 틀린 것은?

① 잉여물품이란 보세작업으로 인하여 발생하는 부산물과 불량품, 제품생산 중단 등의 사유로 사용하지 않은 원재료와 제품 등을 말한다.

② 보세공장에서 제조·가공한 물품에 전용되는 포장·운반용품의 경우 잉여물품에 포함되지 아니한다.

③ 세관장은 성실하다고 인정하는 업체 중 멸각 후의 잔존물의 가치가 없는 물품에 대하여 업체의 신청을 받아 자체 폐기대상물품으로 지정할 수 있다.

④ 운영인은 잉여물품이 발생한 때에는 잉여물품관리대장에 잉여물품의 형태, 품명, 규격, 수량 및 발생사유를 기록하여야 한다.

⑤ 잉여물품을 폐기하고자 하는 운영인은 세관장의 승인을 받아야 한다.

7 보세판매장 특허상실에 따른 재고물품의 처리에 대한 설명 중 틀린 것은?

① 특허가 상실되었을 때에는 세관장은 즉시 재고조사를 실시하고 현품을 확정하여야 한다.

② 운영인은 특허가 상실된 때에는 6개월 이내의 범위내에서 세관장이 정한 기간내에 재고물품을 판매, 다른 보세판매장에 양도 등을 해야 한다.

③ 상기 "②"항의 세관장이 정한 기간이 경과한 때에는 운영인이 지정한 보세구역으로 이고하여야 한다.

④ 보세판매장 특허상실에 따라 이고한 물품을 운영인은 이고한 날부터 6개월 이내에 타 보세판매장으로 양도하거나 외국으로 반출하여야 한다.

⑤ 보세판매장 특허상실에 따라 이고한 물품을 이고한 날로부터 6개월 이내에 반출하지 아니한 때에는 장치기간 경과물품 처리 절차에 의거 처리한다.

Answer 6.② 7.③

6 ①② "잉여물품"이란 보세작업으로 인하여 발생하는 부산물과 불량품, 제품 생산 중단 등의 사유로 사용하지 않은 원재료와 제품 등을 말하며, 보세공장 반입물품 또는 보세공장에서 제조·가공한 물품에 전용되는 포장·운반용품을 포함한다〈보세공장 운영에 관한 고시 제3조 제5호〉
 ③ 「보세공장 운영에 관한 고시」 제33조(잉여물품의 처리) 제5항
 ④ 「보세공장 운영에 관한 고시」 제33조(잉여물품의 처리) 제1항
 ⑤ 「보세공장 운영에 관한 고시」 제33조(잉여물품의 처리) 제2항

7 특허상실에 따른 재고물품의 처리〈보세판매장 운영에 관한 고시 제20조〉
 ㉠ 보세판매장의 설치·운영특허가 상실되었을 때에는 세관장은 즉시 재고조사를 실시하고 현품을 확정하여야 한다.
 ㉡ 운영인은 특허가 상실된 때에는 6개월 이내의 범위내에서 세관장이 정한 기간내에 재고물품을 판매, 다른 보세판매장에 양도, 외국으로 반출 또는 수입통관절차에 의거 통관하여야 하며, 세관장이 정한 기간이 경과한 때에는 지정장치장 또는 세관장이 지정한 보세구역으로 이고하여야 한다.
 ㉢ ㉡ 후단에 따라 지정장치장 또는 세관장이 지정한 보세구역으로 이고한 물품을 운영인이 이고한 날부터 6개월 이내에 타 보세판매장에 양도하지 않거나 외국으로 반출하지 아니하는 때에는 장치기간경과물품 처리 절차에 의거 처리한다.

8 보세판매장에 대한 설명 중 틀린 것은?

① "출국장면세점"이란 출국장에서 출국인 및 통과여객기(선)에 의한 임시 체류인에게 판매하는 보세판매장을 말한다.

② "운영인"이란 세관장으로부터 보세판매장 설치·운영특허를 받은 자를 말한다.

③ "출국장"이란 공항·항만 보세구역 내에서 출국인 또는 통과여객기(선)에 의한 임시체류인이 항공기 또는 선박을 탑승하기 위하여 대기하는 장소를 말한다.

④ "외교관면세점"이란 「관세법」 제88조 제1항 제1호부터 제4호까지에 따라 관세의 면제를 받을 수 있는 자에게 판매하는 보세판매장을 말한다.

⑤ "판매장"이란 판매물품을 실제로 판매하는 장소인 매장을 말하는 것으로, 물품판매와 직접 관련이 없는 계단·화장실·사무실 등 공용시설은 제외한다.

9 보수작업에 대한 설명 중 틀린 것은?

① 보수작업을 하려는 자는 세관장의 승인을 받아야 한다.

② 외국물품은 수입될 물품의 보수작업의 재료로 사용할 수 있다.

③ 보수작업으로 외국물품에 부가된 내국물품은 외국물품으로 본다.

④ 세관장은 보수작업 신청을 받은 날로부터 10일 이내에 승인 여부를 신청인에게 통지하여야 한다.

⑤ 보세구역에서의 보수작업이 곤란하다고 세관장이 인정할 때에는 보세구역 밖에서 보수작업을 할 수 있다.

10 보세구역 장치물품의 폐기에 대한 설명 중 틀린 것은?

① 부패, 손상 등으로 상품가치를 상실한 경우 보세구역에 장치된 물품을 폐기하려는 자는 세관장의 승인을 받아야 한다.

② 보세구역에 장치된 외국물품이 멸실되거나 폐기되었을 때에는 그 운영인이나 보관인으로부터 즉시 그 관세를 징수한다.

③ 외국물품 중 폐기 후에 남아 있는 부분에 대하여는 폐기 후의 성질과 수량에 따라 관세를 부과한다.

④ 재해로 멸실된 때에는 그 운영인이나 보관인으로부터 즉시 그 관세를 징수한다.

⑤ 세관장은 급박하여 화주에게 폐기 통고할 여유가 없는 경우에는 폐기한 후 즉시 통고하여야 한다.

Answer 8.⑤ 9.② 10.④

8　⑤ "판매장"이란 판매물품을 실제로 판매하는 장소인 매장과 계단·에스컬레이터·화장실·사무실 등 물품판매와 직접 관련이 없는 공용시설을 말한다〈보세판매장 운영에 관한 고시 제2조 제5호〉.

9　② 외국물품은 수입될 물품의 보수작업의 재료로 사용할 수 없다〈관세법 제158조(보수작업) 제6항〉.

10　④ 보세구역에 장치된 외국물품이 멸실되거나 폐기되었을 때에는 그 운영인이나 보관인으로부터 즉시 그 관세를 징수한다. 다만, 재해나 그 밖의 부득이한 사유로 멸실된 때와 미리 세관장의 승인을 받아 폐기한 때에는 예외로 한다〈관세법 제160조(장치물품의 폐기) 제2항〉.

11 종합보세구역 지정 및 운영에 관한 설명으로 틀린 것은?

① 관세청장은 직권으로 또는 관계 중앙행정기관의 장 등의 요청에 따라 무역진흥에의 기여 정도, 외국물품의 반입·반출 물량 등을 고려하여 일정한 지역을 종합보세구역으로 지정할 수 있다.

② 종합보세구역에서는 보세창고·보세공장·보세전시장·보세건설장 또는 보세판매장의 기능 중 둘 이상의 기능을 수행할 수 있다.

③ 종합보세구역에서 종합보세기능을 수행하려는 자는 그 기능을 정하여 세관장에게 종합보세사업장의 설치·운영에 관한 신고를 하여야 한다.

④ 종합보세사업장의 운영인은 그가 수행하는 종합보세기능을 변경하려면 관세청장에게 이를 신고하여야 한다.

⑤ 종합보세구역에 물품을 반입하거나 반출하려는 자는 대통령령으로 정하는 바에 따라 세관장에게 신고하여야 한다.

12 보세구역외 장치허가수수료에 대한 설명으로 틀린 것은?

① 보세구역외 장치허가수수료는 1만 8천 원으로 한다.

② 서로 다른 선박으로 수입된 동일한 화주의 화물을 동일한 장소에 반입하는 때에는 1건의 보세구역외 장치허가수수료를 징수한다.

③ 국가 또는 지방자치단체가 수입하거나 협정에 의하여 관세가 면제되는 물품을 수입하는 때에는 보세구역외 장치허가수수료를 면제한다.

④ 보세구역외 장치허가수수료를 납부하여야 하는 자가 관세청장이 정하는 바에 의하여 이를 따로 납부한 때에는 그 사실을 증명하는 증표를 허가신청서에 첨부하여야 한다.

⑤ 세관장은 전산처리설비를 이용하여 보세구역외 장치허가를 신청하는 때에는 보세구역외 장치허가수수료를 일괄고지하여 납부하게 할 수 있다.

Answer 11.④ 12.②

11 ④ 종합보세사업장의 운영인은 그가 수행하는 종합보세기능을 변경하려면 **세관장**에게 이를 신고하여야 한다〈관세법 제198조(종합보세사업장의 설치·운영에 관한 신고 등)〉
①② 「관세법」 제197조(종합보세구역의 지정 등)
③ 「관세법」 제202조(설비의 유지의무 등)
⑤ 「관세법」 제199조(종합보세구역에의 물품의 반입·반출 등)

12 ② 동일한 선박 또는 항공기로 수입된 동일한 화주의 화물을 동일한 장소에 반입하는 때에는 1건의 보세구역외 장치허가신청으로 보아 허가수수료를 징수한다〈관세법 시행규칙 제65조(보세구역외 장치허가 수수료) 제1항〉.
①③④⑤ 「관세법 시행규칙」 제65조(보세구역외 장치허가 수수료)

13 특허보세구역의 설치 · 운영에 관한 설명으로 틀린 것은?

① 특허보세구역을 설치 운영하려는 자는 체납된 관세 및 내국세가 없어야 한다.

② 보세구역 특허를 받으려는 자는 관할 세관장에게 특허신청 수수료를 납부하여야 한다.

③ 관세청장은 보세구역의 종류별로 특허요건을 정하여 운영할 수 있다.

④ 특허를 갱신하려는 자는 특허신청서에 운영인의 자격을 증명하는 서류와 보세구역운영에 필요한 시설 및 장비의 구비서류를 첨부하여야 한다.

⑤ 운영인이 장치물품의 종류를 변경하고자 하는 때에는 세관장에게 통보하여야 한다.

14 세관장이 공동보세구역으로 특허할 수 있는 경우로서 틀린 것은?

① 정부 또는 정부투자기관이 관리하는 보관 · 비축시설에 관련업체의 수입물품을 일괄 보관하는 경우

② 정부기관 또는 「공공기관의 운영에 관한 법률」 제5조에 따른 공기업, 준정부기관 등이 수입하는 물품을 일괄하여 보관하는 경우

③ 2 이상의 수출입업체가 공동으로 타인화물을 보관하려는 경우

④ 「물류시설의 개발 및 운영에 관련 법률」에 따라 물류단지를 운영하는 자가 입주업체의 수입품을 일괄하여 보관하는 경우

⑤ 수출입업을 영위할 수 있는 중소기업협동조합에서 회원사의 수입원자재를 수입하여 보관하려는 경우

Answer 13.⑤ 14.③

13 ⑤ 특허보세구역의 운영인이 그 장치물품의 종류를 변경하거나 그 특허작업의 종류 또는 작업의 원재료를 변경하고자 하는 때에는 그 사유를 기재한 신청서를 세관장에게 제출하여 그 **승인**을 얻어야 한다〈관세법 시행령 제190조(업무내용 등의 변경) 제1항〉
①「관세법 시행령」 제189조(특허보세구역의 설치 · 운영의 특허의 기준)
②③「관세법」 제174조(특허보세구역의 설치 · 운영에 관한 특허)
④「관세법 시행령」 제188조(특허보세구역의 설치 · 운영에 관한 특허의 신청)

14 공동보세구역〈특허보세구역 운영에 관한 고시 제15조 제1항〉 … 세관장은 다음의 어느 하나에 해당하는 경우에는 공동 보세구역을 특허할 수 있다.
㉠ 2이상의 수출입업체가 공동으로 자가화물을 보관하려는 경우
㉡ 정부기관 또는 「공공기관의 운영에 관한 법률」 제5조에 따른 공기업, 준정부기관, 그 밖의 공공기관 등이 수입하는 물품을 일괄하여 보관하는 경우
㉢ 수출입업을 영위할 수 있는 중소기업협동조합에서 회원사의 수입원자재를 수입하여 보관하려는 경우
㉣ 「물류시설의 개발 및 운영에 관한 법률」에 따라 물류단지를 운영하는 자가 입주업체의 수입품을 일괄하여 보관하는 경우
㉤ 관광산업진흥 및 외화획득을 위하여 (주)한국관광호텔용품센타가 회원사에 공급할 물품을 일괄 수입하여 보관하는 경우
㉥ 정부 또는 정부투자기관이 관리하는 보관 · 비축시설에 관련 업체의 수입물품을 일괄 보관하는 경우

15 특허보세구역에 대한 설명으로 틀린 것은?

① 보세판매장 특허를 받은 중소기업은 3회에 한정하여 특허를 갱신할 수 있다.

② 특허보세구역의 설치·운영에 관한 특허를 받으려는 자, 이미 받은 특허를 갱신하려는 자는 기획재정부령으로 정하는 바에 따라 수수료를 납부하여야 한다.

③ 보세창고의 특허기간은 10년의 범위내에서 신청인이 신청한 기간으로 한다.

④ 보세판매장 특허갱신 신청기간은 5년의 범위내이다.

⑤ 특허보세구역을 설치·운영하려는 자는 세관장의 특허를 받아야 한다. 기존의 특허를 갱신하려는 경우에도 또한 같다.

16 시내면세점 및 전자상거래에 의하여 판매된 외국물품을 구매자에게 인도하기 위한 인도장이 아닌 곳은?

① 출국장 보세구역내 설치한 장소
② 외국무역선 및 외국여객선박의 선내
③ 통관우체국내 세관통관장소
④ 항공화물탁송 보세구역
⑤ 시내면세점 매장

17 특허보세구역 장치기간에 대한 설명으로 틀린 것은?

① 보세창고에 장치된 외국물품(정부비축용물품 등 제외) — 1년의 범위에서 관세청장이 정하는 기간. 다만, 세관장이 필요하다고 인정하는 경우에는 1년의 범위에서 그 기간을 연장할 수 있다.

② 보세창고에 장치된 내국물품(정부비축용물품 등 제외) — 1년의 범위에서 관세청장이 정하는 기간

③ 보세창고에 장치된 정부비축용물품, 정부와의 계약이행을 위하여 비축하는 방위산업용물품 — 비축에 필요한 기간

④ 보세창고외 그 밖의 특허보세구역 — 해당 특허보세구역의 특허기간

⑤ 세관장은 물품관리에 필요하다고 인정될 때에는 특허보세구역에 물품을 장치하는 기간에도 화주에게 그 물품의 반출을 명할 수 있다.

Answer 15.① 16.⑤ 17.⑤

15 ① 제1항에 따라 특허를 받은 자는 **두 차례에 한정**하여 대통령령으로 정하는 바에 따라 특허를 갱신할 수 있다. 이 경우 갱신기간은 한 차례당 5년 이내로 한다〈관세법 제176조의2(특허보세구역의 특례) 제6항〉.

②⑤「관세법」제174조(특허보세구역의 설치·운영에 관한 특허)

③「관세법 시행령」제192조(특허기간)

④ 보세판매장의 특허기간은 10년의 범위내(갱신의 경우에는 5년의 범위내)에서 해당 보세구역의 특허(갱신) 신청기간으로 한다. 다만, 임차시설에서 보세판매장을 운영하거나 국제행사 등을 위하여 한시적으로 특허를 신청하는 경우에는 10년의 범위내(갱신의 경우에는 5년의 범위내)에서 해당 임차기간, 한시적 기간 등을 특허기간으로 할 수 있다〈보세판매장 특허에 관한 고시」제17조(특허기간) 제1항〉

16 ⑤ 인도장〈보세판매장 운영에 관한 고시 제2조 제6호〉 … 출국장 보세구역내 설치한 장소, 외국무역선 및 외국여객선박의 선내, 통관우체국내 세관통관장소, 항공화물탁송 보세구역, 세관장이 지정한 보세구역(자유무역지역을 포함), 입국장 보세구역내 설치한 장소(입국장 인도장)

17 ⑤ 세관장은 물품관리에 필요하다고 인정될 때에는 특허보세구역에 물품을 장치하는 기간에도 **운영인**에게 그 물품의 반출을 명할 수 있다〈관세법 제177조(장치기관) 제2항〉.

18 세관장이 보세작업의 종류 및 특수성을 감안하여 보세공장의 설치·운영 특허를 제한할 수 있는 사유로서 틀린 것은?

① HS상 품목분류의 변화를 가져오는 조립작업을 하려는 경우
② 폐기물을 원재료로 하여 제조·가공하려는 경우
③ 손모율이 불안정한 농·수·축산물을 원재료로 하여 제조·가공하려는 경우
④ 보세작업의 전부를 장외작업에 의존할 경우
⑤ 포장개선, 라벨표시 등 물품의 상품성 향상을 위한 개수작업만을 목적으로 하는 경우

19 세관장이 운영인에게 특허보세구역에 물품반입을 정지시킬수 있는 사유에 해당하는 것은?

> ㉠ 거짓이나 그 밖의 부정한 방법으로 특허를 받은 경우
> ㉡ 장치물품에 대한 관세를 납부할 자금능력이 없다고 인정되는 경우
> ㉢ 특허보세구역에 반입된 물품이 해당 보세구역의 설치목적에 합당하지 않은 경우
> ㉣ 해당 시설의 미비 등으로 특허보세구역의 설치목적을 달성하기 곤란한 경우

① ㉠㉡
② ㉠㉣
③ ㉡㉣
④ ㉢㉣
⑤ ㉠㉢

Answer 18.① 19.③

18 특허의 제한〈보세공장 운영에 관한 고시 제8조 제2항〉 ··· 다음의 어느 하나에 해당하는 경우에는 보세작업의 종류 및 특수성을 감안하여 설치·운영특허를 제한할 수 있다.
㉠ 제25조 제1항 각 호의 어느 하나에 해당하는 보수작업만을 목적으로 하는 경우
㉡ 폐기물을 원재료로 하여 제조·가공하려는 경우
㉢ 손모율이 불안정한 농·수·축산물을 원재료로 하여 제조·가공하려는 경우
㉣ 보세작업의 전부를 장외작업에 의존할 경우

19 행정제재〈특허보세구역 운영에 관한 고시 제18조 제3항〉 ··· 세관장은 특허보세구역의 운영인이 다음의 어느 하나에 해당하는 경우에는 관세청장이 정하는 바에 따라 6개월의 범위에서 해당 특허보세구역에의 물품반입 또는 보세건설·보세판매·보세전시 등을 정지시킬 수 있다.
㉠ 장치물품에 대한 관세를 납부할 자금능력이 없다고 인정되는 경우
㉡ 본인 또는 그 사용인이 법 또는 법에 따른 명령을 위반한 경우
㉢ 해당 시설의 미비 등으로 특허보세구역의 설치 목적을 달성하기 곤란하다고 인정되는 경우
㉣ 운영인 또는 그 종업원이 합법가장 밀수를 인지하고도 세관장에게 보고하지 아니하고 보관 또는 반출한 때
㉤ 세관장의 시설구비 명령을 미이행하거나 보관화물에 대한 중대한 관리소홀로 보세화물의 도난, 분실이 발생한 때
㉥ 운영인 또는 그 종업원의 관리소홀로 해당 보세구역에서 밀수행위가 발생한 때
㉦ 운영인이 최근 1년 동안 3회 이상 경고처분을 받은 때

20 특수보세구역의 요건에 관한 설명으로 틀린 것은?

① 위험물품 전용 보세창고의 경우 위험물품 취급자격자를 채용하여야 한다.

② 컨테이너전용보세창고의 경우 부지면적은 15,000㎡이상이어야 한다.

③ 액체화물전용보세창고의 고내면적은 500㎡이상이어야 한다.

④ 복합물류 보세창고는 수량단위 화물관리가 가능한 재고관리시스템을 구비하여야 한다.

⑤ 야적전용보세창고(창고건물에 부속된 야적장은 제외)는 4,500㎡이상의 대지를 구비하여야 한다.

21 보세공장에 반입된 물품으로서 반입신고시의 원재료 원상태로 국외반출을 허용할 수 있는 물품에 대한 설명으로 틀린 것은?

① 국외에서 제조·가공공정의 전부를 이행하기 위하여 필요한 원재료

② 계약내용과 다른 원재료(다만, 사용신고가 수리된 경우에는 사용신고 당시의 성질이나 형태가 변경되지 아니한 경우에 한한다)

③ 보세공장의 해외 현지공장에서 제조·가공·수리 그 밖에 유사한 작업에 사용할 원재료

④ 생산계획 변경, 제조품목의 사양변경 또는 보세작업과정에서 발생하는 잉여 원재료

⑤ 임가공을 의뢰한 해외 공급자가 계약수량 변경, 품질검사 등의 사유로 반환을 요구하는 원재료

Answer 20.③ 21.①

20 ③ 제10조 제1항 제1호(지붕이 있고 주위에 벽을 가진 지상건축물로서 고내면적이 1,000㎡ 이상)의 고내면적(㎡)기준을 적용하지 않으며 세관장이 관할구역 내 액체화물물동량과 액체화물 전용장치장의 수용능력을 감안하여 보세구역특허가 필요하고 관할구역 내 다른 액체화물전용보세창고와 비교하여 보세구역으로 특허하기에 충분하다고 인정되는 저장용적(㎥)을 적용한다 〈특허보세구역 운영에 관한 고시 제11조(특수보세구역의 요건 등) 제4항 제1호〉.
①②④⑤ 특허보세구역 운영에 관한 고시 제11조(특수보세구역의 요건 등)

21 국외가공 등 원재료 원상태 반출〈보세공장 운영에 관한 고시 제14조 제1항〉… 다음의 어느 하나에 해당하는 물품은 반입신고 시의 원재료 원상태로 국외반출을 허용할 수 있다.
㉠ 국외에서 제조·가공공정의 일부를 이행하기 위하여 필요한 원재료
㉡ 보세공장에서 수출한 물품의 하자보수 등 추가적인 제조·가공·수리에 필요한 원재료
㉢ 보세공장의 해외 현지공장에서 제조·가공·수리 그 밖에 유사한 작업에 사용할 원재료
㉣ 생산계획 변경, 제조품목의 사양변경 또는 보세작업과정에서 발생하는 잉여 원재료
㉤ 계약내용과 다른 원재료. 다만, 사용신고가 수리된 경우에는 사용신고 당시의 성질이나 형태가 변경되지 아니한 경우에 한한다.
㉥ 임가공을 의뢰한 해외 공급자가 계약수량 변경, 품질검사 등의 사유로 반환을 요구하는 원재료

22 보세건설장에 관한 설명으로 틀린 것은?

① 세관장은 외국인투자지역에 입주하는 외국인투자기업체에 대하여 보세건설장을 특허할 수 있다.

② 산업시설 건설에 사용되는 외국물품인 기계류 설비품은 수입신고 후 사용하여야 한다.

③ 산업시설에 병설되는 사무소, 식당 등 부대시설을 건설하기 위한 외국물품은 수입신고가 수리된 후 사용하여야 한다.

④ 세관장의 승인을 받은 경우 보세건설장에서 건설된 시설을 시험목적으로 일시 가동할 수 있다.

⑤ 산업시설 건설에 사용되는 외국물품인 공사용 장비는 수입신고 후 사용하여야 한다.

23 보세전시장에 관한 설명으로 맞는 것은?

① 보세전시장에서는 반입된 외국물품의 성질 또는 형상에 변경을 가하는 행위를 할 수 없다.

② 박람회의 관람자는 당해 보세전시장 안에서 외국물품을 소비하는 행위를 할 수 없다.

③ 보세전시장에 장치된 판매용 외국물품은 수입신고가 수리되기 전이라도 이를 사용할 수 있다.

④ 보세전시장에 장치된 전시용 외국물품을 현장에서 직매하는 경우 수입신고가 수리되기 전에는 인도할 수 없다.

⑤ 보세전시장에서 관람자에게 무상제공할 목적으로 수입하고, 관람자 1명당 증여품의 가액이 미화 10달러 상당액 이하인 소액물품은 관세를 면제한다.

Answer 22.⑤ 23.④

22 ②③⑤ 보세건설장 운영인은 제6조 제1호(산업시설 건설에 사용되는 외국물품인 기계류 설비품)의 외국물품은 수입신고 후 사용하여야 하며, 제6조 제2호(산업시설 건설에 사용되는 외국물품인 공사용 장비), 제3호(산업시설에 병설되는 사무소, 의료시설, 식당, 공원, 숙사 등 부대시설을 건설하기 위한 물품), 제4호(그 밖에 해당 산업시설 건설의 형편상 필요하다고 인정되는 물품)에 해당하는 외국물품은 수입신고 수리 전에 사용할 수 없다〈보세건설장 관리에 관한 고시 제12조(신고수리전 사용제한 및 외국물품의 통관)〉.
① 「보세건설장 관리에 관한 고시」 제4조(특허) 제1항 제3호
④ 「보세건설장 관리에 관한 고시」 제14조(보세건설물품의 가동제한)

23 ①② 보세전시장에서 외국물품의 사용은 그 물품의 성질 또는 수량에 변경을 가하거나 전시장에서 소비하는 행위를 포함한다〈보세전시장 운영에 관한 고시 제16조(사용의 범위)〉.
③ 보세전시장에 반입된 외국물품 중 수입신고 수리후 사용이 가능한 물품은 판매용품(보세전시장에서 불특정다수의 관람자에게 판매할 것을 목적으로하는 물품), 오락용품(보세전시장에서 불특정다수의 관람자에게 오락용으로 관람케하거나 사용하게 할 물품 중 유상으로 제공될 물품), 증여용품(보세전시장에서 불특정다수의 관람자에세 증여할 목적으로 한 물품)과 같다〈보세전시장 운영에 관한 고시 제17조(수입신고대상)〉.
⑤ 제17조 제3호에 규정된 증여용품 중 관세가 면제되는 물품은 주최자 또는 출품자가 전시장에서 관람자에게 무상으로 제공할 목적으로 수입하고 관람자 1명당 증여품의 가액이 미화 5달러 상당액 이하인 소액물품으로서 세관장이 타당하다고 인정하는 물품에 한정한다. 이 경우 소액증여품이 전시된 기계류의 성능실연 과정에서 제조되는 것 일 때에는 그 제조용 원료도 포함된다〈보세전시장 운영에 관한 고시 제18조(소액증여품의 면세)〉.

24 보세공장제도의 원활한 운영을 위하여 보세공장에 반입할 수 있는 물품이 아닌 것은?

① 보세공장에서 제조되어 반출된 제품의 하자보수용 물품

② 보세공장에서 제조·가공하여 반출한 후 구매자의 인수거절 등으로 인하여 반송된 물품과 성능개선 목적으로 보세공장에 재반입되는 물품

③ 보세공장에서 건조·수리되는 선박(항공기)에 적재하고자 하는 환급대상선(기)용품

④ 보세공장 반입물품 또는 보세공장에서 제조·가공한 물품에 전용되는 포장·운반용품

⑤ 보세공장의 특허받은 품목의 제조·가공에 소요되는 물품과 동일한 물품으로 위탁가공계약에 의해 보세작업을 위하여 반입되는 타인소유물품

25 보세판매장 협의 단체장이 회원사의 원활한 보세화물관리와 물류지원을 위하여 보세판매장의 보관창고와 동일한 기능을 수행하기 위해 설치한 곳은?

① 단일보세창고　　　　　　　　　　　② 복합물류창고

③ 통합물류창고　　　　　　　　　　　④ 자가용 보세창고

⑤ 면세물류창고

Answer 24.③　25.③

24 반입대상 물품〈보세공장 운영에 관한 고시 제12조 제3항〉 ··· 다음의 어느 하나에 해당하는 물품은 보세공장제도의 원활한 운영을 위하여 보세공장에 반입할 수 있다.

㉠ 보세공장에서 제조되어 반출된 제품의 하자보수용 물품

㉡ 보세공장에서 제조·가공하여 반출한 후 하자발생, 불량, 구매자의 인수거절 등으로 인하여 반송된 물품과 하자보수, 성능개선 등 목적으로 보세공장에 재반입되는 물품

㉢ 해당 보세공장의 생산품목과 동일품목을 보세작업 또는 보수작업을 거쳐 재수출하거나 다른 보세공장에 원재료로 공급할 물품

㉣ 해당 보세공장에서 건조·수리되는 선박(항공기)에 적재하고자 하는 선(기)용품(환급대상물품은 제외)

㉤ 해당 보세공장에서 외국으로 원재료 등을 반출하여 제조·가공한 후 국내 보세공장에서 마무리작업, 성능검사, 조립, 재포장, 상표(LABEL)부착의 작업을 하거나 해당 보세공장에 반입 후 양수도 또는 통관절차를 수행하고자 하는 완성품

㉥ 해당 보세공장에서 생산하는 제품의 연구개발을 위하여 해당 보세공장의 시설을 이용하여 연구·시험용 제품의 제조·가공에 사용하는 원재료

㉦ 보세공장 반입물품 또는 보세공장에서 제조·가공한 물품과 세트를 구성하거나 함께 거래되는 물품

㉧ 보세공장 반입물품 또는 보세공장에서 제조·가공한 물품에 전용되는 포장·운반용품

㉨ 해당 보세공장의 특허받은 품목의 제조·가공에 소요되는 물품과 동일한 물품으로 위탁가공계약에 의해 보세작업을 위하여 반입되는 타인소유 물품

㉩ 해당 보세공장에서 제조되어 수출된 물품의 마무리 작업, 유지보수 또는 수리 등을 위해 추가로 수출하는 물품으로서 해당 보세공장에서 보세작업이 필요한 물품

㉪ 수리를 위해 반입되는 선박 또는 항공기에 적재되어 있는 연료

㉫ 해당 보세공장 생산품과 함께 보관·관리하고자 하는 해외 현지법인 생산품

25 ③ "통합물류창고"란 보세판매장 협의단체장이 회원사의 원활한 보세화물관리와 물류지원을 위하여 법 제196조에 따른 보세판매장의 보관창고와 동일한 기능을 수행하기 위해 설치한 곳을 말한다〈보세판매장 운영에 관한 고시 제2조(정의) 제15호〉.

1 보세구역에 장치된 물품을 견품으로 반출하는 경우에 대한 설명으로 틀린 것은?

① 보세구역 등에 장치된 외국물품의 전부 또는 일부를 견품으로 반출하려는 자는 견품반출허가(신청)서를 제출하여 세관장의 허가를 받아야 한다.

② 세관장은 견품반출허가를 하는 경우에는 필요한 최소한의 수량으로 제한하여야 한다.

③ 세관장은 견품채취로 인하여 장치물품의 변질, 손상, 가치감소 등으로 관세채권의 확보가 어려운 경우에 견품 반출 허가를 하여야 한다.

④ 견품반출허가를 받은 자는 반출기간이 종료되기 전에 해당 물품이 장치되었던 보세구역에 반입하고 견품재반입 보고서를 세관장에게 제출하여야 한다.

⑤ 보세구역 운영인 또는 관리인은 견품반출 허가를 받은 물품이 해당 보세구역에서 반출입될 때에는 견품반출 허 가사항을 확인하고, 견품반출입 사항을 견품반출입 대장에 기록관리하여야 한다.

2 보세구역별 장치기간에 대한 설명으로 틀린 것은?

① 지정장치장 반입물품의 장치기간을 6개월로 한다.

② 부산항·인천항·인천공항·김해공항 항역내의 지정장치장으로 반입된 물품의 장치기간은 2개월로 하며, 세 관장이 필요하다고 인정할 때에는 2개월의 범위에서 그 기간을 연장할 수 있다.

③ 여행자 또는 승무원의 휴대품으로서 유치물품 및 습득물의 장치기간은 1개월로 한다.

④ 보세창고 반입물품의 장치기간은 6개월로 하되 세관장이 필요하다고 인정할 때에는 6개월의 범위에서 그 기간을 연장할 수 있다.

⑤ 보세창고에 반입된 정부비축물품의 장치기간은 6개월로 하되 세관장이 필요하다고 인정할 때에는 6개월의 범 위에서 그 기간을 연장할 수 있다.

Answer 1.③ 2.⑤

1 ③ 세관장은 견품반출허가를 하는 경우에는 필요한 최소한의 수량으로 제한하여야 하며, 견품채취로 인하여 장치물품의 변질, 손상, 가치감소 등으로 관세채권의 확보가 어려운 경우에는 견품반출 허가를 하지 아니할 수 있다〈보세화물관리에 관한 고시 제30조(견품 반출입 절차) 제2항〉.
①②④⑤ 「보세화물관리에 관한 고시」 제30조(견품 반출입 절차)

2 ⑤ 정부비축물품의 장치기간은 비축에 필요한 기간으로 한다〈보세화물장치기간 및 체화관리에 관한 고시 제4조(장치기간) 제5항 제1호〉.
①②③④ 보세화물장치기간 및 체화관리에 관한 고시 제4조(장치기간)

3 세관장이 보세화물의 매각절차를 중지할 수 있는 경우로 틀린 것은?

① 매각처분이 공익에 반하는 경우라고 판단되는 경우
② 검사 · 검역기관에서 검사 · 검역기준 등에 부적합 물품으로 판명된 경우
③ 해당 물품이 이미 통관되었거나 예정가격, 공매조건 그 밖의 매각절차에 중대한 하자가 발생된 경우
④ 살아있는 동식물이나 부패하거나 부패할 우려가 있는 것
⑤ 공매공고에 의해 1차 매각절차가 완료된 후, 매각되지 아니한 물품으로서 화주의 요청이 있고, 1개월 내에 수출입 또는 반송할 것이 확실하다고 인정되는 경우

4 세관장이 국고귀속 조치를 보류할 수 있는 물품으로 틀린 것은?

① 「관세법」 위반으로 조사 중인 물품
② 중소기업, 공기업, 준정부기관의 국고귀속 보류요청이 있는 물품
③ 부패, 손상, 실용시효가 경과하는 등 국고귀속의 실익이 없다고 인정되는 물품
④ 특수용도에만 한정되어 있는 물품으로서 국고귀속 조치 후에도 공매낙찰 가능성이 없는 물품
⑤ 이의신청, 심판청구, 소송 등 쟁송이 제기된 물품

Answer 3.④ 4.②

3 매각절차의 중지〈보세화물장치기간 및 체화관리에 관한 고시 제27조〉 … 세관장은 다음의 어느 하나에 해당하는 사유가 발생된 때에는 매각절차를 중지할 수 있다.
  ㉠ 매각처분이 공익에 반하는 경우라고 판단되는 경우
  ㉡ 이의신청, 심판청구, 소송 등 쟁송이 제기된 경우
  ㉢ 해당 물품이 이미 통관되었거나 예정가격, 공매조건 그 밖의 매각절차에 중대한 하자가 발생된 경우
  ㉣ 공매공고에 의해 1차 매각절차가 완료된 후, 매각되지 아니한 물품으로서 화주의 요청이 있고, 1개월 내에 수출입 또는 반송할 것이 확실하다고 인정되는 경우
  ㉤ 검사 · 검역기관에서 검사 · 검역기준 등에 부적합 물품으로 판명된 경우
  ㉥ 그 밖에 세관장이 필요하다고 인정하는 경우

4 국고귀속의 보류〈보세화물장치기간 및 체화관리에 관한 고시 제38조〉 … 세관장은 다음의 어느 하나에 해당하는 물품에 대하여 국고귀속 조치를 보류할 수 있다.
  ㉠ 국가기관(지방자치단체 포함)에서 수입하는 물품
  ㉡ 「공공기관의 운영에 관한 법률」 제5조에 따른 공기업, 준정부기관, 그 밖의 공공기관에서 수입하는 물품으로서 국고귀속 보류요청이 있는 물품
  ㉢ 법 위반으로 조사 중인 물품
  ㉣ 이의신청, 심판청구, 소송 등 쟁송이 제기된 물품
  ㉤ 특수용도에만 한정되어 있는 물품으로서 국고귀속 조치 후에도 공매낙찰 가능성이 없는 물품
  ㉥ 국고귀속 조치를 할 경우 인력과 예산부담을 초래하여 국고에 손실이 야기된다고 인정되는 물품
  ㉦ 부패, 손상, 실용시효가 경과하는 등 국고귀속의 실익이 없다고 인정되는 물품
  ㉧ 그 밖에 세관장이 국고귀속을 하지 아니하는 것이 타당하다고 인정되는 물품

5 복합환적화물에 해당하지 않는 것은?

① 선박으로 반입한 화물을 공항으로 운송하여 반출하는 물품

② 항공기로 반입한 화물을 항만으로 운송하여 반출하는 물품

③ 선박으로 반입한 화물을 다른 항만으로 운송하여 반출하는 물품

④ 항공기로 반입한 화물을 다른 공항으로 운송하여 반출하는 물품

⑤ 선박 또는 항공기로 반입한 화물을 차량 또는 철도로 반출하는 물품

6 보세운송업자의 등록 및 취소에 대한 설명으로 틀린 것은?

① 세관장은 보세운송업자가 관세 등 국세를 체납하고 납부할 가능성이 없는 것으로 인정하는 때에 보세운송업자의 등록을 취소할 수 있다.

② 세관장은 간이보세운송업자가 간이보세운송업자 지정기간 중 업무정지 처분을 2회 받은 때에는 간이보세운송업자 지정을 취소할 수 있다.

③ 세관장은 간이보세운송업자 지정기간 중 영업실적이 극히 적어 간이보세운송업자 지정이 불필요하다고 인정하는 때에는 그 지정을 취소할 수 있다.

④ 세관장은 행정제재를 하려는 경우 세관장 또는 국장을 위원장으로 위원회를 구성하여 심의한 후 결정하여야 한다.

⑤ 한국관세물류협회장은 보세운송업자 등록에 관한 서류를 3년간 보관하여야 한다.

---

5 복합환적절차〈환적화물 처리절차에 관한 특례고시 제8조〉… 다음 어느 하나에 해당하는 복합환적화물은 적재화물목록에 보세운송인과 목적지를 기재하여 제출하는 것으로 보세운송신고(승인)를 갈음할 수 있다.

㉠ 선박으로 반입한 화물을 공항으로 운송하여 반출하는 물품

㉡ 항공기로 반입한 화물을 항만으로 운송하여 반출하는 물품

㉢ 선박 또는 항공기로 반입한 화물을 차량 또는 철도로 반출하는 물품

㉣ 차량 또는 철도로 반입한 화물을 항만 또는 공항으로 운송하여 선박 또는 항공기로 반출하는 물품

㉤ 항공기로 반입한 화물을 다른 공항으로 운송하여 반출하는 물품

6 ⑤ 한국관세물류협회장은 보세운송업자 등록에 관한 서류를 <u>5년간</u> 보관하여야 한다〈보세운송에 관한 고시 제62조(관계서류의 보관)〉.

① 「보세운송에 관한 고시」 제59조(보세운송업자의 등록취소) 제1항

②③ 「보세운송에 관한 고시」 제60조(간이보세운송업자 지정취소)

④ 「보세운송에 관한 고시」 제58조(행정제재) 제3항

7 보세운송관리에 대한 설명 중 틀린 것은?

① 출발지 보세구역 운영인 또는 화물관리인은 보세운송업자가 운송하는 경우 보세운송수단의 등록여부를 확인한 후 반출해야 한다.

② 보세운송인이 보세운송신고 또는 승인신청 후 운송수단을 변경하려는 경우 이를 신청한 세관장에게 전자문서 또는 서류로 제출해야 한다.

③ 보세운송인이 보세운송 목적지 또는 경유지 변경을 하려는 경우 발송지세관장 또는 도착지세관장에게 승인을 받아야 한다.

④ 보세구역 경유지에서는 보세운송물품의 개장, 분리, 합병 등의 작업을 할 수 있다.

⑤ 국내 국제항간에 항공기로 보세운송하려는 경우 보세운송물품 도착보고는 도착지세관에 전자문서로 입항적하목록을 제출하는 것으로 갈음할 수 있다.

8 보세화물의 장치장소 결정을 위한 화물분류기준에 대한 설명 중 틀린 것은?

① 위험물, 보온·보냉물품, 검역대상물품 등은 해당 물품을 장치하기에 적합한 요건을 갖춘 보세구역에 장치하여야 한다.

② 화주가 장치장소에 대한 별도의 의사표시가 없는 경우 House B/L화물은 세관장이 장치장소를 결정한다.

③ 화주가 장치장소에 대한 별도의 의사표시가 없는 경우 Master B/L화물은 선사가 선량한 관리자로서 장치장소를 결정한다.

④ 입항전 또는 하선(기)전에 수입신고가 되거나 보세운송신고가 된 물품은 보세구역에 반입함이 없이 부두 또는 공항내에서 보세운송 또는 통관절차와 검사절차를 수행하도록 하여야 한다.

⑤ 보세창고, 보세공장, 보세전시장, 보세판매장에 반입할 물품은 특허 시 세관장이 지정한 장치물품의 범위에 해당하는 물품만 해당 보세구역에 장치한다.

Answer 7.④ 8.②

7 ④ 보세구역 경유지에서는 보세운송물품의 개장, 분리, 합병 등의 작업을 할 수 없다〈보세운송에 관한 고시 제40조(보세운송 경유지 신고) 제3항〉.
①② 「보세운송에 관한 고시」 제37조(보세운송수단)
③ 「보세운송에 관한 고시」 제38조(보세운송 목적지 등 변경) 제1항
⑤ 「보세운송에 관한 고시」 제41조(보세운송물품 도착) 제9항

8 ①③④⑤ 「보세화물관리에 관한 고시」 제4조(화물분류기준)
※ 화물분류기준〈보세화물관리에 관한 고시 제4조 제1항 제2호〉 … 화주 또는 그 위임을 받은 자가 장치장소에 대한 별도의 의사표시가 없는 경우에는 다음에 따른다.
㉠ Master B/L화물은 선사가 선량한 관리자로서 장치장소를 결정한다.
㉡ House B/L화물은 화물운송주선업자가 선량한 관리자로서 선사 및 보세구역 운영인과 협의하여 장치장소를 결정한다.

9 보세운송의 신고 또는 승인신청을 할 수 있는 자가 아닌 것은?

① 화주
② 환적화물의 경우에는 그 화물에 대한 권리를 가진 자
③ 관세사
④ 등록한 보세운송업자
⑤ 보세사

10 보세구역 반입일로부터 30일 이내에 수입 또는 반송신고를 하지 않아 부과되는 가산세에 대한 설명 중 맞는 것은?

① 신고기한이 경과한 날부터 초과된 기한에 따라 각각 다른 가산세율을 적용하며, 이 경우 최대 가산세율은 과세가격의 1천분의 15이다.
② 최대 가산세율이 적용되더라도 가산세액은 500만 원을 초과할 수 없다.
③ 환적화물 및 여행자 휴대품과 수출용원재료로 사용되는 물품의 경우 가산세를 징수하지 않는다.
④ 부산항의 부두내와 부두밖의 지정장치장 및 보세창고에 반입된 물품을 대상으로 한다.
⑤ 보세구역 간을 이동하는 물품에 대한 장치기간은 현 보세구역의 장치기간만을 대상으로 한다.

Answer 9.⑤ 10.②

9 보세운송 신고〈보세운송에 관한 고시 제2조 제1항〉… 보세운송의 신고 또는 승인신청을 할 수 있는 자는 다음과 같다.
　㉠ 화주. 다만, 전매된 경우에는 그 취득자, 환적화물의 경우에는 그 화물에 대한 권리를 가진 자
　㉡ 「관세법」 제222조에 따라 등록한 보세운송업자
　㉢ 관세사 등

10 ① 「관세법 시행령」 제247조(가산세율) 제1항에 따라 최대 가산세율은 당해 물품의 과세가격의 1천분의 20이다.
　③ 수출용원재료로 사용되는 물품은 신용장 등 관련서류에 의하여 수출용원재료로 확인되는 경우에만 해당된다〈보세화물관리에 관한 고시 제34조(가산세) 제2항〉.
　④ 부산항의 부두내 지정장치장 및 보세창고에 반입된 물품은 반입일로부터 30일 이내에 수입 또는 반송 신고하여야 한다〈보세화물관리에 관한 고시 제34조 제1항〉.
　⑤ 보세구역 간을 이동하는 물품에 대한 장치기간은 종전 보세구역의 장치기간을 합산한다〈보세화물관리에 관한 고시 제34조 제4항〉.

11 보세구역외장치 허가대상이 아닌 물품은?

① 수출신고수리를 받은 물품
② 물품이 크기 또는 무게의 과다로 보세구역에 장치하기 곤란한 물품
③ 다량의 산물로서 보세구역에 장치후 다시 운송하는 것이 불합리하다고 인정하는 물품
④ 보세구역이 아닌 검역시행장에 반입할 검역물품
⑤ 보세구역과의 교통이 불편한 지역에 양륙된 물품으로서 보세구역으로 운반하는 것이 불합리한 물품

12 보세화물의 장치에 대한 설명으로 틀린 것은?

① 보세화물은 원칙적으로 보세구역에 장치하여야 하지만, 화물의 성질상 보세구역에 장치할 수 없거나 보세구역에 반입할 실익이 없는 경우에는 보세구역이 아닌 장소에 반입할 수 있다.
② 수출신고수리를 받고자 하는 물품과 수출신고수리를 받은 물품에 대한 보세구역 장치의무는 폐지되어 수출물품을 생산공장에 둔 상태로 수출신고가 가능하다.
③ 「관세법」 위반으로 압수된 물품은 관세법 위반 조사를 위해 세관 보세구역에 장치하여야 한다.
④ 동식물 등 전염병을 옮기기 쉬운 물품을 수입 또는 수출하는 경우에는 「검역법」 등 관계법에 의하여 검역을 받도록 되어 있는 바, 이러한 검역대상물품은 검역을 받아야 할 장소에 따로 장치할 수 있다.
⑤ 장치장소가 결정된 물품은 하선(기)절차가 완료된 후 해당보세구역에 물품을 반입하여야 한다.

Answer 11.① 12.③

11 보세구역외장치의 허가〈보세화물관리에 관한 고시 제7조 제1항〉
　㉠ 물품이 크기 또는 무게의 과다로 보세구역의 고내(庫內)에 장치하기 곤란한 물품
　㉡ 다량의 산물로서 보세구역에 장치 후 다시 운송하는 것이 불합리하다고 인정하는 물품
　㉢ 부패, 변질의 우려가 있거나, 부패, 변질하여 다른 물품을 오손할 우려가 있는 물품과 방진, 방습 등 특수보관이 필요한 물품
　㉣ 귀중품, 의약품, 살아있는 동·식물 등으로서 보세구역에 장치하는 것이 곤란한 물품
　㉤ 보세구역이 아닌 검역시행장에 반입할 검역물품
　㉥ 보세구역과의 교통이 불편한 지역에 양륙된 물품으로서 보세구역으로 운반하는 것이 불합리한 물품
　㉦ 「대외무역관리규정」 제2조제11호에 따른 중계무역물품으로서 보수작업이 필요한 경우 시설미비, 장소협소 등의 사유로 인하여 보세구역내에서 보수 작업이 곤란하고 감시단속상 문제가 없다고 세관장이 인정하는 물품
　㉧ 자가 공장 및 시설(용광로 또는 전기로, 압연시설을 말한다)을 갖춘 실수요자가 수입하는 고철 등 물품
　㉨ 그 밖에 세관장이 보세구역 외 장치를 허가할 필요가 있다고 인정하는 물품

12 ③ 「관세법」 제155조(물품의 장치) 제1항 제5호에 따라 압수물품은 보세구역이 아닌 장소에 장치할 수 있다.
　④ 「관세법」 제155조(물품의 장치)
　⑤ 「보세화물관리에 관한 고시」 제5조(물품의 반입) 제1항

13 보세구역외장치물품의 허가기간을 연장할 수 있는 사유로 틀린 것은?

① 보세구역외장치 허가신청 업체의 구역내에 해당화물을 반입할 장소가 없는 경우
② 품목분류 사전심사의 지연으로 수입신고할 수 없는 경우
③ 인지부서의 자체조사, 고발의뢰 등의 결정에 따른 조치를 위하여 필요한 경우
④ 「관세법」 제226조에 따른 수입요건·선적서류 등 수입신고 또는 신고수리 요건을 구비하지 못한 경우
⑤ 재해 그 밖에 부득이한 사유로 생산지연·반송대기 등 세관장이 인정하는 사유가 있는 경우

14 보세화물 반출통고에 관한 설명으로 틀린 것은?

① 영업용 보세창고에 반입한 물품의 반출통고는 보세구역 운영인이 화주 등에게 한다.
② 지정장치장에 반입한 물품의 반출통고는 세관장이 화주 등에게 하여야 한다.
③ 지정장치장, 보세창고에 반입한 물품의 반출통고는 장치기간 만료 30일 전까지 하여야 한다.
④ 장치기간이 2개월 미만인 물품(유치·예치물품 등)의 반출통고는 장치기간 만료시점에 하여야 한다. 다만, 법에 따라 유치 또는 예치할 때 매각한다는 것을 통고한 경우에는 생략할 수 있다.
⑤ 화주 등이 분명하지 않거나 그 소재가 분명하지 않아 반출통고를 할 수 없을 때에는 게시공고로 반출통고를 대신할 수 있다.

Answer 13.① 14.②

13 보세구역외장치의 허가기간 등〈보세화물관리에 관한 고시 제8조 제1항〉 … 다음의 어느 하나에 해당하는 사유가 있는 때에는 세관장은 허가기간을 연장할 수 있으나, 그 기간은 최초의 허가일로부터 법에서 정하는 기간을 초과할 수 없다.
　㉠ 동일세관 관할구역내에 해당 화물을 반입할 보세구역이 없는 경우
　㉡ 품목분류 사전심사의 지연으로 수입신고할 수 없는 경우
　㉢ 인지부서의 자체조사, 고발의뢰, 폐기, 공매·경매낙찰, 몰수확정, 국고귀속 등의 결정에 따른 조치를 위하여 필요한 경우
　㉣ 법 제226조에 따른 수입요건·선적서류 등 수입신고 또는 신고수리 요건을 구비하지 못한 경우
　㉤ 재해 그 밖에 부득이한 사유로 생산지연·반송대기 등 세관장이 인정하는 사유가 있는 경우

14 ①② 영업용보세창고에 반입한 물품의 반출통고는 보세구역 운영인이 화주 등에게 하며, 지정장치장에 반입한 물품의 반출통고는 화물관리인이 화주 등에게 하여야 한다〈보세화물장치기간 및 체화관리에 관한 고시 제6조(반출통고의 주체, 대상 및 내용) 제2항〉.

※ 반출통고의 시기 및 방법〈보세화물장치기간 및 체화관리에 관한 고시 제7조〉
　㉠ 지정장치장, 보세창고에 반입한 물품에 대한 반출통고는 장치기간 만료 30일 전까지 하여야 한다.
　㉡ 보세공장, 보세판매장, 보세건설장, 보세전시장, 보세구역외장치장에 반입한 물품에 대한 반출통고는 보세구역 설영특허기간 만료시점에 반출통고하여야 한다.
　㉢ 장치기간이 2개월 미만인 물품(유치·예치물품 등)의 반출통고는 장치기간 만료시점에 하여야 한다. 다만, 법 제207조 제3항에 따라 유치 또는 예치할 때 매각한다는 것을 통고한 경우에는 생략할 수 있다.
　㉣ 반출통고의 방법은 제6조 제3항에 따른 별지 제3호 또는 제3-1호 서식을 등기우편으로 송부하는 방법으로 하며, 다만, 화주등이 분명하지 않거나 그 소재가 분명하지 않아 반출통고를 할 수 없을 때에는 게시공고로 갈음할 수 있다.

15 물품의 하역에 대한 설명으로 틀린 것은?

① 국제무역선이나 국제무역기는 원칙적으로 입항절차를 마친 후가 아니면 물품을 하역하거나 환적할 수 없다.

② 세관장은 감시 · 단속을 위하여 필요한 때에는 물품을 하역하는 장소 및 통로와 기간을 제한할 수 있다.

③ 국제무역선이나 국제무역기에는 내국물품을 세관장의 허가 없이 외국물품을 적재할 수 없다.

④ 국내운항선이나 국내운항기에는 세관장의 허가 없이 외국물품을 적재할 수 없다.

⑤ 수출물품을 국제무역선이나 국제무역기에 하역하려면 세관장이 정하는 바에 따라 물품목록의 제출로서 물품의 하역 등의 허가신청을 갈음할 수 있다.

16 세관장이 공매대상물품에 대하여 수의계약할 수 있는 사유에 대한 설명으로 맞는 것은?

① 3회 이상 경쟁입찰에 붙여도 매각되지 아니한 경우로서 다음 회의 입찰에 체감될 예정가격 이상의 응찰자가 있을 때

② 공매절차가 종료된 물품을 국고귀속 예정통고 전에 최초예정가격 이상의 가격으로 매수하려는 자가 있을 때

③ 부패, 손상, 변질 등의 우려가 있는 물품으로서 즉시 매각되지 아니하면 상품가치가 저하될 우려가 있을 때

④ 1회 공매의 매각예정가격이 100만 원 미만인 때

⑤ 경쟁입찰 방법의 공매 참여자가 없을 때

Answer 15.⑤ 16.③

15 ⑤ 법 제140조 제4항에 따라 물품을 하역하려는 자는 신고서를 세관장에게 제출하고 그 신고필증을 현장세관공무원에게 제시하여야 한다. 다만, 수출물품의 경우에는 **관세청장**이 정하는 바에 따라 물품목록의 제출로써 이에 갈음할 수 있다〈관세법 시행령 제161조(물품의 하역 등의 허가신청) 제2항〉.
①②③④「관세법」제140조(물품의 하역)

16 수의계약〈보세화물장치기간 및 체화관리에 관한 고시 제22조〉 … 세관장은 다음 각 호의 어느 하나에 해당하는 경우에만 수의계약 할 수 있다.
㉠ 2회 이상 경쟁입찰에 붙여도 매각되지 아니한 경우(단독 응찰한 경우를 포함한다)로서 다음 회의 입찰에 체감될 예정가격 이상의 응찰자가 있을 때
㉡ 공매절차가 종료된 물품을 국고귀속 예정통고 전에 최종예정가격 이상의 가격으로 매수하려는 자가 있을 때
㉢ 부패, 손상, 변질 등의 우려가 있는 물품으로서 즉시 매각되지 아니하면 상품가치가 저하될 우려가 있을 때
㉣ 1회 공매의 매각예정가격이 50만원 미만인 때
㉤ 경쟁입찰 방법으로 매각함이 공익에 반하는 때

17 체화물품의 폐기 및 재활용에 대한 설명으로 틀린 것은?

① 원상변형작업이란 체화물품의 해체, 절단, 분쇄와 같이 형상의 변화를 가져오는 작업을 말한다.
② 원상변형작업 대상물품은 「자원의 절약과 재활용촉진에 관한 법률」에 따라 재활용이 가능한 물품으로 한다.
③ 사료화작업이란 체화를 사료제조 시설에서 사료로 제조하는 작업을 말한다.
④ 사료화작업의 대상물품은 사료제조용으로 사용이 가능한 것으로 관련 규정에 따른 검사에서 합격한 물품으로 한다.
⑤ 퇴비화작업의 대상물품은 퇴비제조용으로 사용이 가능한 것으로 「비료관리법」에 따라 관세청장이 고시한 물품으로 한정한다.

17 ⑤ 퇴비화작업의 대상물품은 퇴비제조용으로 사용이 가능한 것으로 「비료관리법」에 따라 **농촌진흥청장**이 고시한 물품으로 한정한다〈보세화물 장치기간 및 체화관리에 관한 고시 제47조(퇴비화 작업) 제2항〉.

※ **원상변형작업**〈보세화물장치기간 및 체화관리에 관한 고시 제45조〉
　㉠ 원상변형작업이란 체화의 해체, 절단, 분쇄와 같이 형상의 변화를 가져오는 작업을 말한다.
　㉡ 원상변형작업 대상물품은 「자원의 절약과 재활용촉진에 관한 법률」에 따라 재활용이 가능한 물품으로 한다.
　㉢ 원상변형작업의 장소는 폐기처분을 신청한 자가 지정한 장소 중 세관장의 승인을 받은 장소로 한다.

※ **사료화작업**〈보세화물장치기간 및 체화관리에 관한 고시 제46조〉
　㉠ 사료화작업이란 체화를 사료제조 시설에서 사료로 제조하는 작업을 말한다.
　㉡ 사료화작업의 대상물품은 사료제조용으로 사용이 가능한 것으로 관련 규정에 따른 검사에서 합격한 물품으로 한다.
　㉢ 사료화작업의 장소는 사료 제조업체의 제조시설 중 폐기처분을 신청한 자가 지정한 장소로 하되 세관장의 승인을 받은 장소로 한정한다.

※ **퇴비화작업**〈보세화물장치기간 및 체화관리에 관한 고시 제47조〉
　㉠ 퇴비화작업이란 체화를 퇴비 제조시설에서 퇴비로 제조하는 작업을 말한다.
　㉡ 퇴비화작업의 대상물품은 퇴비제조용으로 사용이 가능한 것으로 「비료관리법」에 따라 농촌진흥청장이 고시한 물품으로 한정한다.
　㉢ 퇴비화작업의 장소는 퇴비 제조업체로서 등록된 업체의 제조시설 중 폐기처분을 신청한 자가 지정한 장소로 하되 세관장의 승인을 받은 장소로 한정한다.

18 국내 국제항간 국제무역선으로 운송할 수 있는 화물이 아닌 것은?

① 반송화물
② 환적화물
③ 수출신고가 수리된 물품
④ 내국물품인 공컨테이너
⑤ 우리나라로 수입하려는 외국물품으로 최초 입항지에서 선하증권(항공화물운송장을 포함한다)에 기재된 최종 목적지로 운송하려는 화물

19 보세화물의 반출입에 대한 설명으로 틀린 것은?

① 컨테이너 보세창고에서 반출입되는 컨테이너 화물에 대하여는 B/L단위로 반출입신고를 하여야 한다.
② 운영인이 보세창고의 일정구역에 일정기간 동안 내국물품을 반복적으로 장치하려는 경우 세관장은 외국물품의 장치 및 세관감시단속에 지장이 없다고 인정하는 때에는 보관장소, 내국물품의 종류, 기간 등에 대하여 포괄적으로 허용할 수 있다.
③ 운영인은 보세창고에 1년 이상 계속하여 내국물품만을 장치하려면 내국물품장치승인(신청)서를 제출하여 세관장의 승인을 받아야 한다.
④ B/L 제시 인도물품을 반출하려는 자는 화물관리공무원에게 B/L 원본을 제시하여 반출승인을 받아야 한다.
⑤ FCL컨테이너 화물로 통관우체국까지 운송하는 국제우편물의 경우에는 국제우편물 보세구역 반출승인 신청을 생략할 수 있다.

Answer 18.① 19.①

18 내국환적운송〈환적화물 처리절차에 관한 특례 고시 제9조〉 … 국내 국제항 간 국제무역선으로 화물을 운송할 수 있는 경우는 다음 어느 하나와 같다.
  ㉠ 우리나라로 수입하려는 외국물품으로서 최초 입항지에서 선하증권(항공화물운송장을 포함한다)에 기재된 최종 목적지로 운송하려는 화물
  ㉡ 환적화물
  ㉢ 수출신고가 수리된 물품
  ㉣ 내국물품인 공컨테이너

19 ① 컨테이너 보세창고에서 반출입되는 컨테이너화물에 대하여는 **컨테이너 단위**로 컨테이너 반출입신고서를 세관장에게 전자문서로 제출하여야 한다〈보세화물관리에 관한 고시 제11조(컨테이너화물의 반출입신고)〉.
  ②③ 「보세화물관리에 관한 고시」 제12조(보세창고 내국물품반출입신고 등)
  ④ 「보세화물관리에 관한 고시」 제13조(B/L제시 인도물품 반출승인) 제1항
  ⑤ 「보세화물관리에 관한 고시」 제13조의2(선편 국제우편물의 반출입) 제1항

20 보세화물의 관리 · 감독에 대항 설명으로 틀린 것은?

① 보세화물의 화주는 장치물품을 수입신고 이전에 확인할 때에는 수입신고전 물품확인승인(신청)서를 제출하여 세관장의 승인을 받아야 한다.

② 장치물품의 수입신고전 물품확인은 화물관리 세관공무원 또는 보세사의 입회하에 실시하여야 한다.

③ 재해 기타 부득이한 사유로 인하여 멸실된 때와 미리 세관장의 승인을 얻어 폐기하였을 때에는 그 물품의 관세를 보세구역의 운영인, 보관인(지정보세구역은 화물관리인)으로부터 즉시 징수한다.

④ 보세구역에 장치된 물품이 도난 또는 분실된 때에는 그 물품의 관세를 보세구역의 운영인, 보관인(지정보세구역은 화물관리인)으로부터 즉시 징수한다.

⑤ 보세구역에 장치된 외국물품이 멸실된 때에는 운영인, 화물관리인, 또는 보관인은 세관장에게 멸실신고서를 제출하여야 한다.

21 선사가 물품을 하선할 수 있는 장소에 대한 설명으로 틀린 것은?

① 컨테이너화물 : 컨테이너를 취급할 수 있는 시설이 있는 부두내 또는 부두밖 컨테이너보세장치장(다만, 부두사정상 컨테이너화물과 산물을 함께 취급하는 경우에는 보세구역 중 세관장이 지정한 장소)

② 냉동컨테이너화물 : 컨테이너화물 하선장소를 준용하되 화주가 냉동컨테이너로부터 화물을 적출하여 반입을 원하는 경우 냉동시설을 갖춘 보세구역

③ 산물 등 기타화물 : 부두내 보세구역

④ 액체, 분말 등의 형태로 본선에서 탱크, 사이로 등 특수저장시설로 직송되는 물품 : 해당 저장시설을 갖춘 보세구역

⑤ 부두내에 보세구역이 없는 세관의 경우 : 관할구역내에 보세구역 중 선사가 지정하는 장소

Answer 20.③ 21.⑤

20 ③ 보세구역에 장치된 외국물품이 멸실되거나 폐기되었을 때에는 그 운영인이나 보관인으로부터 즉시 그 관세를 징수한다. 다만, 재해나 그 밖의 부득이한 사유로 멸실된 때와 미리 세관장의 승인을 받아 폐기한 때에는 예외로 한다〈관세법 제160조 (장치물품의 폐기) 제2항〉.
①③ 「보세화물관리에 관한 고시」 제17조(장치물품의 수입신고전 확인) 제1항
④ 「관세법」 제19조(납세의무자) 제1항 제10호
⑤ 「보세화물관리에 관한 고시」 제27조(멸실신고) 제1항

21 하선신고〈보세화물 입출항 하선 하기 및 적재에 관한 고시 제15조〉 ··· 선사가 물품을 하선할 수 있는 장소는 다음 각 호의 장소로 한정한다. 다만, 부두내에 보세구역이 없는 세관의 경우에는 관할구역내 보세구역(보세구역외 장치허가 받은 장소를 포함한다)중 세관장이 지정하는 장소로 한다.
㉠ 컨테이너화물 : 컨테이너를 취급할 수 있는 시설이 있는 부두내 또는 부두밖 컨테이너 보세장치장(CFS를 포함) 다만, 부두사정상 컨테이너화물과 산물을 함께 취급하는 부두의 경우에는 보세구역 중 세관장이 지정한 장소
㉡ 냉동컨테이너화물 : ㉠을 준용하되 화주가 냉동컨테이너로부터 화물을 적출하여 반입을 원하는 경우 냉동시설을 갖춘 보세구역
㉢ 산물 등 기타화물 : 부두내 보세구역
㉣ 액체, 분말 등의 형태로 본선에서 탱크, 사이로 등 특수저장시설로 직송되는 물품 : 해당 저장시설을 갖춘 보세구역

22 환적화물관리에 대한 설명으로 틀린 것은?

① 보세구역 운영인은 환적화물을 반출입할 때 반입예정정보 또는 반출승인정보와 물품의 상이 여부를 확인한 후 세관장에게 반입 즉시 반입신고를 하고, 반출 전에 반출신고를 해야 한다.

② 「보세화물 입출항 하선 하기 및 적재에 관한 고시」에 따라 세관장이 하선 또는 하기장소로 지정한 보세구역에 환적화물을 하선 또는 하기하여 장치할 수 있다.

③ 비가공증명서를 발급받으려는 자는 보세구역운영인 또는 자유무역지역 입주기업체가 발행하는 사항을 기재한 일시장치 확인서와 비가공증명 신청서를 세관장에게 제출해야 한다.

④ 환적화물을 보세운송하려는 자는 입항 선박 또는 항공기의 Master B/L 단위로 세관장에게 보세운송신고를 하여야 한다.

⑤ 선박을 통해 입항지에 반입된 화물을 공항으로 운송한 후 외국으로 반출하려는 환적화물(보세운송목적지가 공항항역 내 1개 이상인 경우를 포함한다)은 모선단위 1건으로 일괄하여 신고할 수 있다.

---

22 ① 「환적화물 처리절차에 관한 특례고시」 제5조(반출입신고) 제1항
　② 「환적화물 처리절차에 관한 특례고시」 제4조(하선신고 등) 제2항 제1호
　③ 「환적화물 처리절차에 관한 특례고시」 제12조(비가공증명서 발급) 제2항

※ 보세운송〈환적화물 처리절차에 관한 특례고시 제7조 제1항〉… 환적화물을 보세운송하려는 자는 입항 선박 또는 항공기의 House B/L 단위로 세관장에게 보세운송 신고를 해야 한다. 다만, 다음 각 호의 어느 하나에 해당하는 경우에는 그렇지 않다.
　㉠ 선박을 통해 입항지에 반입된 화물을 공항으로 운송한 후 외국으로 반출하려는 환적화물(보세운송목적지가 공항항역 내 1개 이상인 경우를 포함한다)은 모선단위 1건으로 일괄하여 신고할 수 있다.
　㉡ 다음 각 목의 어느 하나에 해당하는 화물은 Master B/L 단위로 신고할 수 있다.
　　1. 단일화주의 FCL화물
　　2. 컨테이너에서 적출하지 아니하고 동일한 목적지로 보세운송하는 LCL화물
　　3. 체신관서가 「우편법」 및 「우정사업 운영에 관한 특례법」에 따라 AEO인 보세운송업자와 위탁운송 계약을 체결하고, 항공으로 반입된 환적 화물을 경유지 없이 통관우체국에서 부두내 보세구역으로 보세운송하거나 해상으로 반입된 환적 화물을 경유지 없이 부두내 보세구역에서 통관우체국으로 보세운송하는 경우

23 화물운송주선업자에 대한 설명으로 틀린 것은?

① 화물운송주선업자가 「관세법」 또는 세관장 명령사항 등 위반으로 2회 이상 업무정지 처분을 받은 경우 화물운송
주선업자 등록을 취소하여야 한다.

② 「물류정책기본법」 제47조에 따른 등록이 취소된 경우 화물운송주선업자 등록을 취소하여야 한다.

③ 관세 및 국세를 체납하고 이를 납부할 가능성이 없는 것으로 세관장이 인정하는 경우 화물운송주선업자 등록을
취소할 수 있다.

④ 세관장은 화물운송주선업자에 대하여 업무정지 또는 등록취소를 하려는 경우 세관장(본부세관은 국장)을 위원
장으로 하는 5명 이상의 위원회를 구성하여 심의한 후 결정하여야 한다.

⑤ 세관장은 화물운송주선업자에 대하여 행정제재를 한 경우에는 즉시 세관 화물정보시스템에 등록하여야 하며,
등록취소를 한 경우에는 관세청장에게 보고하여야 한다.

Answer 23.①

23 행정제재〈화물운송주선업자의 등록 및 관리에 관한 고시 10조〉

ⓒ 세관장은 화물운송주선업자 또는 그 임원, 직원, 사용인이 법 또는 법에 따른 세관장 명령사항 등을 위반한 경우 별표 1에서
정하는 바에 따라 행정제재를 할 수 있다. 다만, 관세행정 발전에 기여하였거나 관세행정 업무와 관련하여 관세청장 이상의
표창을 수상한 자로서 관세채권확보 등에 어려움이 없는 경우에는 기준일수의 50퍼센트 이내에서 업무정지기간을 하향 조정
(소수점 이하는 버린다)할 수 있다. 이 경우 최소 업무정지기간은 5일 이상이어야 한다.

ⓒ 세관장은 화물운송주선업자가 다음 각 호의 어느 하나에 해당하는 경우에는 등록을 취소할 수 있다. 다만, 제1호에 해당하는
경우에는 등록을 취소해야 한다.
1. 법 제224조의 제1항 제1호부터 제2호에 해당하는 경우
2. 「물류정책기본법」 제47조에 따른 등록이 취소된 경우
3. 화물운송주선업자가 제1항에 따라 최근 1년 이내에 3회 이상 업무정지처분을 받은 경우

ⓒ 세관장은 ⓒ 및 ⓒ에 따라 업무정지 또는 등록취소를 하려는 경우 세관장(본부세관은 국장)을 위원장으로 하는 5명 이상의
위원회를 구성하여 심의한 후 결정하여야 한다.

ⓒ 세관장은 ⓒ 단서에 따라 업무정지기간을 하향 조정한 경우에는 위원회의 심의결과를 첨부하여 관세청장에게 보고하여야 한다.

ⓒ 세관장은 화물운송주선업자에 대하여 행정제재를 한 경우에는 즉시 세관화물정보시스템에 등록하여야 하며, 등록취소를 한
경우에는 관세청장에게 보고하여야 한다.

24 보세운송 하는 물품의 목적지로서 해당 물품을 장치할 수 있는 곳으로 맞는 것은?

> ㉠ 국제항   ㉡ 세관관서
> ㉢ 자유무역지역   ㉣ 우체국
> ㉤ 경제자유구역   ㉥ 통관역
> ㉦ 외국인투자지역

① ㉠㉡㉢㉥   ② ㉡㉢㉣㉦
③ ㉠㉡㉢㉣   ④ ㉠㉢㉤㉦
⑤ ㉠㉣㉤㉦

25 장치기간 경과물품의 매각처분에 대한 설명으로 틀린 것은?

① 화주의 의무는 다하였으나 통관지연의 귀책사유가 국가에 있는 경우 매각처분을 보류할 수 있다.

② 창고나 다른 외국물품을 해할 우려가 있는 물품은 장치기간 경과 전이라도 공고한 후 매각할 수 있으며, 급박하여 공고할 여유가 없다고 판단되는 경우에는 매각한 후 공고할 수 있다.

③ 세관장은 관련 규정에 따라 매각하려는 때에는 경쟁입찰에 의하는 것을 원칙으로 한다.

④ 매각된 물품에 대한 과세가격은 최종 예정가격을 기초로 하여 과세가격을 산출한다.

⑤ 세관장은 「관세법」 제210조에 따른 매각대금 중에서 그 물품 매각에 대한 비용, 관세, 각종 세금의 순으로 필요한 금액을 충당하고 잔금이 있을 때에는 화주에게 교부한다.

Answer 24.① 25.④

24 보세운송 하는 물품의 목적지는 「관세법」 제213조 제1항에 따른 지역 또는 자유무역지역으로서 해당 물품을 장치할 수 있는 곳이어야 한다〈보세운송에 관한 고시 제3조(보세운송 목적지)〉.

　※ **보세운송의 신고**〈관세법 제213조 제1항〉… 외국물품은 다음 장소 간에 한정하여 외국물품 그대로 운송할 수 있다. 국제항, 보세구역, 제156조(보세구역 외 장치의 허가)에 따라 허가된 장소, 세관관서, 통관역, 통관장, 통관우체국이다.

25 ④ 매각된 물품에 대한 과세가격은 제30조부터 제35조까지의 규정에도 불구하고 제2항에 따른 **최초 예정가격**을 기초로 하여 과세가격을 산출한다〈관세법 제210조(매각방법) 제5항〉.

　① 「보세화물장치기간 및 체화관리에 관한 고시」 제9조(매각처분의 대상) 제1항
　② 「보세화물장치기간 및 체화관리에 관한 고시」 제14조(긴급공매) 제1항
　③ 「보세화물장치기간 및 체화관리에 관한 고시」 제16조(매각처분의 방법) 제1항
　⑤ 「보세화물장치기간 및 체화관리에 관한 고시」 제23조(공매물품 잔금처리) 제1항

1 수출입안전관리 우수업체 공인을 위한 심사 절차에 대한 설명으로 맞는 것은?

① 관세청장은 개선이행을 완료한 공인유보업체가 재심사를 요청했을 경우에 재심사를 신청일로부터 90일 이내에 마쳐야 한다.

② 신청업체가 공인기준을 모두 충족하였으나 결격사유에 해당하는 형사절차가 진행 중인 경우에 관세청장은 검찰 처분 또는 법원 판결이 현장 심사 종료일로부터 6개월을 초과하는 경우에는 심의상정을 하여야 한다.

③ 공인심사 결과 공인기준에 미달한 경우로서 관세청장이 요구한 개선계획을 제출하지 않은 경우에는 특례적용을 중단할 수 있다.

④ 관세청장은 현장심사 결과 신청업체가 안전관리 기준은 충족하지 못하였으나 나머지 공인기준을 모두 충족한 경우에는 수출입안전관리 우수업체 심의위원회의 심의를 거쳐 신청업체를 공인유보업체로 지정할 수 있다.

⑤ 공인유보업체는 지정일로부터 30일 이내에 관세청장에게 공인기준(법규준수) 개선계획을 제출하고 제출일로부터 180일 내에 개선 완료 보고서를 제출하여야 한다.

Answer 1.⑤

1 ① 관세청장은 개선이행을 완료한 공인유보업체가 재심사를 요청했을 경우에 재심사를 신청일로부터 60일 이내에 마쳐야 한다〈수출입안전관리 우수업체 공인 및 운영에 관한 고시 제12조(공인유보업체에 대한 재심사 등) 제3항〉.

② 관세청장은 신청업체가 별표 1의 공인부문별 공인기준 중에서 법규준수(공인기준 일련번호 1.1.1부터 1.1.4까지에만 해당한다)의 결격에 해당하는 형사 및 사법절차가 진행 중인 경우 심의위원회의 심의를 거쳐 공인을 유보할 수 있다. 공인이 유보된 업체는 그 결정을 받은 날부터 30일 이내에 관세청장에게 별지 제7호서식의 공인기준 준수 개선 계획서를 제출하고 그 제출한 날부터 180일 내에 별지 제7호의2서식의 공인기준 준수 개선 완료 보고서를 제출하여야 한다〈수출입안전관리 우수업체 공인 및 운영에 관한 고시 제11조(공인 및 공인의 유보) 제2항, 제3항〉.

③ 관세청장이 보완을 요구하였으나, 천재지변 등 특별한 사유 없이 보완 요구기간 내에 보완하지 않거나(통관적법성 검증과 관련한 자료제출 및 보완 요구도 포함한다) 보완을 하였음에도 불구하고 공인기준을 충족하지 못한 경우 관세청장은 공인신청을 기각할 수 있다〈수출입안전관리 우수업체 공인 및 운영에 관한 고시 제12조의2(공인신청의 기각) 제3호〉.

④ 관세청장은 신청업체가 나머지 공인기준은 모두 충족하였으나, 법규준수도 점수 기준을 충족하지 못한 경우 심의위원회의 심의를 거쳐 공인을 유보할 수 있다〈수출입안전관리 우수업체 공인 및 운영에 관한 고시 제11조 제2항 제1호〉.

2 수출입 안전관리 우수업체 공인 유효기간에 대한 설명으로 틀린 것은?

① 종합심사 결과에 따른 새로운 유효기간은 당초 유효기간 만료일부터 시작한다.

② 공인등급을 조정하는 경우에도 공인의 유효기간은 조정 전의 유효기간으로 한다.

③ 공인의 유효기간은 관세청장이 증서를 교부한 날부터 5년으로 한다.

④ 수출입안전관리 우수업체 심의위원회에서 수출입 안전관리 우수업체 공인의 취소를 결정하였을 때에는 해당 결정을 한 날에 공인의 유효기간이 끝나는 것으로 본다.

⑤ 종합심사 실시 중 또는 종합심사에 의한 공인 갱신 전에 유효기간이 만료하는 경우에도 해당 공인은 유효한 것으로 본다.

3 다음은 무엇에 대한 설명인가?

> 상대국의 AEO제도를 자국의 AEO제도와 동등하게 받아들여 각 국가의 수출입통관절차 상에서 상대국 AEO업체에 대하여 신속통관 혜택 등을 부여하기로 한 관세당국 간의 합의를 말한다. 통상 공인기준 비교 → 상호방문 합동심사 → 혜택 및 공인업체 정보공유 등 운영절차 논의 → 관세당국최고책임자간 서명의 순으로 진행된다.

① 상호인정약정(Mutual Recognition Arrangement)

② 세관상호지원협정(Cooperation and Mutual Assistance Agreement)

③ 자유무역협정(Free Trade Agreement)

④ WTO관세평가협정(WTO Customs Valuation Agreement)

⑤ 개정 교토협약(Revised Kyoto Convention)

Answer 2.① 3.①

2 ① 종합심사 결과에 따른 새로운 유효기간은 **당초 유효기간 만료일의 다음날**부터 시작한다〈수출입안전관리 우수업체 공인 및 운영에 관한 고시 제13조(공인의 유효기간) 제3항〉.
②③④⑤ 제13조(공인의 유효기간)

3 ① 상호인정약정(Mutual Recognition Arrangement)이란 상대국의 AEO 제도를 자국의 AEO 제도와 동등하게 받아들이는 것을 의미한다. 즉, AEO 제도를 시행 중인 국가 간에 상호인정약정을 체결할 경우, 자국의 AEO 업체는 상대국 세관에서도 상대국 AEO 업체와 동일한 수준의 통관상의 혜택을 받게 된다.

4 수출입 안전관리 우수업체 공인심사시 적용되는 보세운송업자 부문 안전관리 공인기준에 대한 설명으로 틀린 것은?

① 보세운송업자는 사람과 차량이 출입하는 출입구에 인력을 배치하거나 감시하고 적절한 출입과 안전관리를 위하여 출입구를 최소한으로 유지하여야 한다.

② 보세운송업자는 수출입물품의 운송, 취급, 보관, 반출입가 관련된 절차를 준수하기 위해 비인가된 물품과 사람의 접근을 통제하는 안전관리조치를 하여야 한다.

③ 보세운송업자는 거래업체가 국내 · 외 수출입안전관리 우수업체 공인을 받았는지 여부를 확인하여야 한다.

④ 보세운송업자는 여러 수출입업체의 물품을 적재해서는 안 된다.

⑤ 보세운송업자는 회사정보에 대한 부적절한 접근, 조작 및 교환을 포함한 정보기술의 오 · 남용을 확인할 수 있는 시스템을 마련하여야 한다.

5 수출입안전관리 우수업체 공인심사시 적용되는 보세구역 운영인 부문 내부통제시스템 공인기준에 대한 설명으로 틀린 것은?

① 운영인은 최고경영자의 법규준수와 안전관리에 대한 경영방침과 이를 이행하기 위한 세부목표를 수립하여야 한다.

② 운영인은 법규준수와 안전관리를 위한 조직과 인력을 확보하고, 관세행정 관련 활동에 적극 참여하여야 한다.

③ 운영인은 법규준수와 안전관리를 위하여 수출입물품 취급 관련 자격증 소지자와 경험자를 근무하도록 하여야 한다.

④ 운영인은 청렴성을 유지하기 위하여 윤리경영방침을 마련하고, 내부고발제도 등 부정방지 프로그램을 활성화하여야 한다.

⑤ 운영인은 직원을 식별하고, 접근을 통제하기 위하여 직원식별시스템을 마련하고, 회사 관리자를 지정하여 직원, 방문자, 납품업자를 식별하는 표식의 발급과 회수를 관리하여야 한다.

Answer 4.④ 5.⑤

4 ④ 보세운송업자는 여러 수출입업체의 물품을 적재하는 경우에는 안전이 강화된 자물쇠를 사용하여야 한다〈수출입안전관리 우수업체 공인 및 운영에 관한 고시 [별표1]수출입 안전관리 우수업체 공인기준(제4조제1항 관련)〉.

5 ⑤ 운영인은 직원을 명확히 식별하고 접근을 통제하기 위하여 직원식별시스템을 마련하여야 한다. 운영인은 직원에게 그들의 직무 수행을 위하여 필요한 지역에만 접근하도록 하여야 한다. 운영인은 관리자 또는 관리책임자로 하여금 직원, 방문자, 납품업자를 식별하는 표식의 발급과 회수를 적절히 통제하여야 한다〈수출입안전관리 우수업체 공인 및 운영에 관한 고시 [별표1] 수출입 안전관리 우수업체 공인기준(제4조제1항 관련)〉.

6 수출입안전관리 우수업체 공인을 위한 심사절차에 대한 설명으로 틀린 것은?

① 공인심사는 신청업체가 제출한 서류에 대한 심사와 신청업체의 본사 및 관련 사업장 등에 대한 방문심사로 구분하여 실시한다.

② 신청업체는 공인 심사 신청 전에 제출 서류의 적정성 등에 관하여 사전 확인을 받고자 하는 경우에는 예비심사신청서를 관세청장에게 제출하여야 한다.

③ 관세청장은 공인 심사 신청서를 접수한 날로부터 90일 이내에 서류심사를 완료하여야 한다.

④ 관세청장은 서류심사가 완료된 업체에 대하여 직원면담, 현장방문 등을 통해 수출입 관리 현황이 신청업체가 제출한 자료와 일치하는지 등을 현장심사를 실시한다.

⑤ 관세청장은 현장심사 결과 공인기준을 충족한 업체에 대해서는 수출입안전관리 우수업체 심의위원회의 심의를 거쳐 수출입안전관리 우수업체로 공인한다.

7 수출입안전관리 우수업체의 관리책임자에 대한 설명으로 틀린 것은?

① 관리책임자는 총괄책임자와 수출입관리책임자로 구분된다.

② 관리책임자는 수출입 관리 현황 설명서 및 정기 자체평가서를 작성하고, 관련 직원 교육을 실시하며, 세관 등 유관기관과 수출입관리 관련 정보의 교류 및 그 밖에 사내 법규준수고 향상을 위한 지원을 한다.

③ 보세구역 운영인 또는 보세운송업자의 수출입관리책임자는 수출입 관련 업무를 3년(중소수출기업은 1년) 이상 종사한 자 또는 보세사 자격증을 소지한 자(사업장이 보세구역인 경우에 한정)여야 한다.

④ 관리책임자는 수출입안전관리 우수업체로 공인된 후 관세청장이 정하는 바에 따라 매년 일정 교육을 받아야 한다.

⑤ 관세청장은 관리책임자가 공인 후 교육을 이수하지 않을 경우에는 다음 회 교육이수를 권고하여야 한다.

6 ③ 관세청장은 공인 심사 신청서를 접수한 날로부터 <u>60일</u> 이내에 신청업체의 수출입 관리 현황이 공인기준에 적합한지 등에 대하여 서류심사를 하여야 한다〈수출입안전관리 우수업체 공인 및 운영에 관한 고시 제8조(서류심사) 제1항〉.
① 「수출입안전관리 우수업체 공인 및 운영에 관한 고시」 제7조(공인심사의 구분)
② 「수출입안전관리 우수업체 공인 및 운영에 관한 고시」 제7조의2(예비심사)
④ 「수출입안전관리 우수업체 공인 및 운영에 관한 고시」 제9조(현장심사)
⑤ 「수출입안전관리 우수업체 공인 및 운영에 관한 고시」 제11조(공인 및 공인의 유보)

7 ④ 관리책임자는 수출입 안전관리 우수업체에 공인 후 교육은 매 2년마다 총괄책임자는 4시간 이상, 수출입관리책임자는 8시간 이상(처음 교육은 공인일자를 기준으로 1년 이내 받아야 함). 다만, 관리책임자가 변경된 경우에는 변경된 날부터 180일 이내에 해당 교육을 받아야 한다〈수출입안전관리 우수업체 공인 및 운영에 관한 고시 제16조의2(관리책임자 교육 등) 제1항 제2호〉.
①② 「수출입안전관리 우수업체 공인 및 운영에 관한 고시」 제16조(관리책임자의 지정 및 역할)
③ 「수출입안전관리 우수업체 공인 및 운영에 관한 고시」 [별표 4] 관리책임자의 자격 요건(제16조제4항 관련)
⑤ 「수출입안전관리 우수업체 공인 및 운영에 관한 고시」 제16조의2(관리책임자 교육 등) 제4항

8 수출입 안전관리 우수업체의 공인취소 및 청문절차에 대한 설명으로 틀린 것은?

① 관세청장은 수출입안전관리 우수업체 공인을 취소하려는 때에는 사전에 해당업체에 통보하여 의견을 청취하는 등 해명할 수 있는 기회를 주어야 한다.

② 업체의 의견을 청취하려는 때에는 의견 청취 예정일 10일 전까지 해당 업체에게 의견 청취 계획을 서면으로 통지하여야 하며 정당한 사유없이 의견 청취에 응하지 아니한 때에는 의견 진술을 포기한 것으로 본다.

③ 의견 청취 계획의 통지를 받은 수출입안전관리 우수업체의 대표 또는 그 대리인은 지정된 날에 반드시 출석하여 의견을 진술하여야 하며, 서면으로는 의견을 제출할 수 없다.

④ 수출입안전관리 우수업체의 대표 또는 그 대리인이 출석하여 의견을 진술한 때에는 담당 공무원은 그 요지를 서면으로 작성하여 출석자로 하여금 확인하게 한 후 서명 날인하게 하여야 한다.

⑤ 관세청장이 수출입안전관리 우수업체에 대한 공인을 취소하려는 때에는 수출입안전관리 우수업체 심의위원회의 심의를 거쳐야 한다.

9 수출입 안전관리 우수업체의 종합심사에 관한 설명으로 틀린 것은?

① 공인을 갱신하고자 하는 수출입안전관리 우수업체는 유효기간 만료 6개월 전까지 관세청장에게 종합심사를 신청하여야 한다.

② 수출입안전관리 우수업체가 공인부문별로 공인일자가 다른 경우에는 공인일자가 가장 빠른 적용대상을 기준으로 함께 종합심사를 신청할 수 있다.

③ 종합심사 신청업체를 대상으로 종합심사를 할 때에는 최초 공인심사 시 서류심사는 통과하였으므로 현장심사만 실시한다.

④ 세관장은 종합심사 결과, 수출입 안전관리 우수 업체가 납부하였거나 납부하여야 할 세액에 과부족이 있음을 안 때에는 「납세업무 처리에 관한 고시」에 따라 해당 업체에게 보정을 신청하도록 통지하거나 경정 등 필요한 조치를 하여야 한다.

⑤ 관세청장은 종합심사 결과 수출입 안전관리 우수업체가 공인기준을 충족하지 못하거나 법규준수도의 하락으로 공인등급의 하향 조정이 예상되는 경우에는 현장심사 결과를 보고한 날에 공인기준 준수 개선을 요구하여야 한다.

Answer 8.③ 9.③

8 ③ 의견 청취 계획의 통지를 받은 수출입안전관리 우수업체의 대표 또는 그 대리인은 지정된 날에 출석하여 의견을 진술하거나 지정된 날까지 서면으로 의견을 제출할 수 있다〈수출입안전관리 우수업체 공인 및 운영에 관한 고시 제26조(청문 등) 제3항〉.
①②④ 「수출입안전관리 우수업체 공인 및 운영에 관한 고시」 제26조(청문 등)
⑤ 「수출입안전관리 우수업체 공인 및 운영에 관한 고시」 제25조의2(공인의 취소)

9 ③ 종합심사신청이 있는 때에는 수출입안전관리 우수업체의 공인 분야에 따라 서류심사와 현장심사를 구분하여 실시한다〈수출입안전관리 우수업체 공인 및 운영에 관한 고시 제19조(종합심사) 제3항〉.
①② 「수출입안전관리 우수업체 공인 및 운영에 관한 고시」 제19조(종합심사)
④⑤ 「수출입안전관리 우수업체 공인 및 운영에 관한 고시」 제20조(종합심사 결과의 처리 등)

10 수출입안전관리 우수업체의 공인취소 사유에 해당하지 않는 것은?

① 관세법 제268조의2부터 제271조까지, 제274조, 제275조의2, 제275조의3에 따라 벌금형 이상을 선고받거나 통고처분을 이행한 경우

② 「자유무역협정의 이행을 위한 관세법의 특례에 관한 법률」, 「대외무역법」, 「외국환거래법」, 「수출용원재료에 대한 관세 등 환급에 관한 특례법」등 수출입에 관련된 법령의 벌칙조항 중 징역형이 규정된 조항에 따라 벌금형 이상을 선고받은 경우

③ 수출입안전관리 우수업체가 분할·합병 등으로 처음에 공인한 수출입 안전관리 우수업체와 동일하지 않다고 판단되는 경우

④ 종합심사 결과에 따라 공인기준 준수 개선 또는 자료 제출을 요구(통관적법성 관련 자료 제출 요구를 포함)하였으나 정당한 사유 없이 이행하지 않거나 이행하였음에도 공인기준을 충족하지 못한 것으로 판단되는 경우

⑤ 특별한 사유 없이 공인 후 변동사항을 신고하지 않거나 정기 자체 평가서를 제출기한 경과일로부터 30일 이내에 제출하지 아니한 경우

Answer 10.⑤

10 공인의 취소〈수출입안전관리 우수업체 공인 및 운영에 관한 고시 제25조의2〉
ㄱ 관세청장은 수출입안전관리 우수업체(대표자 및 관리책임자를 포함한다)가 다음의 어느 하나에 해당하는 경우
　1. 수출입 관련 법령의 위반과 관련하여 다음 각 목의 어느 하나에 해당하는 경우. 다만, 각 법령의 양벌규정에 따라 처벌된 개인 또는 법인은 제외한다.
　2. 법 제268조의2부터 제271조까지, 제274조, 제275조의2, 제275조의3에 따라 벌금형 이상을 선고받거나 통고처분을 이행한 경우
　3. 법 제276조에 따라 벌금형을 선고받은 경우
　4. 「자유무역협정관세법」, 「대외무역법」, 「외국환거래법」, 「수출용 원재료에 대한 관세 등 환급에 관한 특례법」 등 관세법이 아닌 수출입 관련 법령을 위반하여 징역형이 규정된 조항에 따라 벌금형 이상을 선고받은 경우
　5. 「관세사법」 제5조에 따른 결격사유에 해당하거나 같은 법 제3조 또는 제12조를 위반하여 벌금형 이상을 선고받은 경우(관세사부문으로 한정한다)
　6. 법 제179조에 따라 특허의 효력이 상실된 경우(보세구역 운영인부문으로 한정한다)
ㄴ 제17조, 제18조, 제18조의2, 제19조, 제20조, 제21조와 관련하여 거짓자료를 제출한 경우
ㄷ 제17조 제3항, 제18조 제6항, 제19조 제5항, 제20조 제2항, 제21조 제3항에 따라 공인기준 준수 개선 또는 자료 제출을 요구(통관적법성 관련 자료 제출 요구를 포함)하였으나 정당한 사유없이 이행하지 않거나 이행하였음에도 공인기준을 충족하지 못한 것으로 판단되는 경우
ㄹ 양도, 양수, 분할 및 합병 등으로 처음에 공인한 수출입안전관리 우수업체와 동일하지 않다고 판단되는 경우
ㅁ 제25조제1항 후단에 따른 관세청장의 시정요구 또는 개선 권고사항을 특별한 사유 없이 이행하지 않는 경우
ㅂ 공인의 유효기간 내에 제25조에 따른 혜택 적용의 정지 처분을 5회 이상 받은 경우
ㅅ 수출입안전관리 우수업체가 증서를 반납하는 경우

11 다음은 무엇에 대한 설명인가?

> • 수출입안전관리 우수업체의 내부통제시스템을 개선하고 법규준수도를 제고하기 위하여 지정된 관세청 소속 공무원을 의미함.
> • 수출입안전관리 우수업체별로 배치되며, 해당 업체의 공인기준 이행실태를 확인하고, 내부통제시스템을 분석하여 미진한 부문에 대해서 개선하도록 지원하며, 법규준수도를 제고하기 위한 종합적인 컨설팅을 담당함.

① 수출입관리책임자

② 기업상담전문관

③ 법규준수도 담당자

④ 공인심사자

⑤ 종합심사자

12 수출입안전관리 우수업체 공인심사시 적용되는 보세구역 운영인의 출입통제 관리 공인기준에 대한 설명으로 틀린 것은?

① 운영인은 접근통제구역을 설정하고 직원별로 직무수행 범위에 따라 접근가능 구역과 권한을 구분하여야 한다.

② 운영인은 보세구역에서 밀항자 등을 발견하였을 경우에는 관할 해군 부대장 및 국가 경찰관서의 장에게 즉시 보고하여야 한다.

③ 운영인은 방문자 도착시 사진이 부착된 신분증을 확인하고 출입증을 패용하도록 하여야 한다.

④ 운영인은 권한이 없거나 신원이 확인되지 않은 사람에 대하여 검문과 대응하는 절차를 마련하여야 한다.

⑤ 운영인은 물품 취급 및 보관지역을 감시하기 위하여 순찰하여야 한다.

Answer 11.② 12.②

11 ② 관세청 및 세관 소속 공무원으로서 관세청장이 수출입 안전관리 우수업체가 공인기준과 통관적법성을 충족하는지를 점검하고 지원하기 위하여 제21조(기업상담전문관의 지정·운영)에 따라 지정한 사람을 말한다〈수출입 안전관리 우수업체 공인 및 운영에 관한 고시 제2조(정의) 제10호〉.

※ 기업상담전문관(AM, Account Manager)의 업무〈수출입안전관리 우수업체 공인 및 운영에 관한 고시 제21조 제2항〉
　㉠ 수출입안전관리 우수업체의 공인기준 준수여부에 대한 주기적 확인
　㉡ 수출입안전관리 우수업체의 법규준수도 개선 계획의 이행 확인
　㉢ 수출입안전관리 우수업체의 신고사항에 대한 보정심사 등을 통한 신고내용의 수정, 정정 및 그 결과의 기록유지
　㉣ 수출입안전관리 우수업체의 변동사항 및 자체평가의 확인 및 점검
　㉤ 법규준수 향상을 위한 정보 제공 및 상담·자문
　㉥ 기업 프로파일 관리

12 ② 운영인은 권한이 없거나 신원이 확인되지 않은 사람의 신원을 확인하고 검문 및 대응하는 절차를 마련하여야 한다. 운영인은 선박에서 밀항자 등을 발견하였을 경우에는 세관장에게 즉시 보고하여야 한다〈수출입안전관리 우수업체 공인 및 운영에 관한 고시 [별표 1] 수출입 안전관리 우수업체 공인기준(제4조제1항 관련)〉.

13 수출입 안전관리 우수업체에 대한 혜택 적용의 정지 사유에 해당하는 것은?

① 관세법 제179조(특허의 효력상실 및 승계)에 따라 보세구역 운영인의 특허효력이 상실된 경우

② 관세법 제276조(허위신고죄 등)의 규정에 따라 벌금형을 선고받은 경우

③ 수출입안전관리 우수업체가 증서를 반납하는 경우

④ 분기별 법규준수도가 공인기준 미만으로 하락하여 개선계획의 제출을 3회 이상 요구받은 경우

⑤ 관세법 제279조(양벌규정)에 따라 벌금형을 선고 받은 경우

14 수출입안전관리 우수업체 공인신청의 기각 사유에 해당하지 않는 것은?

① 공인심사 결과 공인기준에 미달한 경우로서 보완 요구의 실익이 없는 경우

② 천재지변 등 특별한 사유없이 지정기간 내에 서류심사 및 현장심사 보완을 이행하지 아니한 경우

③ 공인유보업체에 대하여 재심사한 결과 공인기준을 충족하지 못한 것으로 확인된 경우

④ 수출입안전관리 우수업체(공인, 종합) 심사신청서 등 공인신청 제출서류가 허위로 판명된 경우

⑤ 공인신청 후 신청업체의 법규준수도 점수가 80점 미만으로 하락한 경우. 단, 중소 수출기업의 경우는 70점 미만으로 하락한 경우

Answer 13.④ 14.⑤

13 ④ 「수출입안전관리 우수업체 공인 및 운영에 관한 고시」 제25조(혜택 적용의 정지) 제3호
①②③ 「수출입안전관리 우수업체 공인 및 운영에 관한 고시」 제25조의2(공인의 취소)
⑤ 관세법이 아닌 수출입 관련 법령을 위반하여 징역형이 규정된 조항에 따라 벌금형 이상을 선고받은 경우 즉시 제15조에 따른 혜택의 적용을 중단하고 제26조에 따른 청문 및 공인취소 절차를 진행한다〈수출입안전관리 우수업체 공인 및 운영에 관한 고시 제25조의2(공인의 취소) 제2항 제1호 다목〉.

14 공인신청의 기각〈수출입안전관리 우수업체 공인 및 운영에 관한 고시 제12조의2〉
㉠ 서류심사 또는 현장심사 결과, 공인기준을 충족하지 못하였으며 보완 요구의 실익이 없는 경우
㉡ 공인심사를 할 때에 제출한 자료가 거짓으로 작성된 경우
㉢ 제8조 제2항 또는 제9조 제10항에 따라 관세청장이 보완을 요구하였으나, 천재지변 등 특별한 사유 없이 보완 요구기간 내에 보완하지 아니하거나, 보완을 하였음에도 불구하고 공인기준을 충족하지 못한 경우
㉣ 제11조 제2항 제3호의 사유가 현장심사를 마친 날로부터 1년을 넘어서도 확정되지 않고 계속 진행되는 경우. 다만, 이 경우 최소한 1심 판결이 유죄로 선고되어야 한다.
㉤ 제11조 제3항 및 제4항에 따른 공인기준 준수 개선계획을 제출하지 않거나, 공인기준 준수 개선 완료 보고를 하지 않은 경우
㉥ 제12조에 따라 공인유보업체를 재심사한 결과 공인기준을 충족하지 못한 것으로 확인된 경우
㉦ 공인신청 후 신청업체의 법규준수도 점수가 70점 미만(중소 수출기업은 60점 미만)으로 하락한 경우
㉧ 제6조 제1항 제7호에 따른 교육이수 확인서를 제출하지 않은 경우

15 수출입안전관리 우수업체가 변동사항 발생시 관세청장에게 지체 없이 보고하여야 하는 것으로 맞는 것은?

① 양도, 양수, 분할, 합병 등으로 인한 법적 지위의 변경
② 범칙행위, 부도 등 공인유지에 중대한 영향을 미치는 사실의 발생
③ 대표자, 수출입 관련 업무 담당 임원 및 관리책임자의 변경
④ 소재지 이전, 사업장 신설 · 증설 · 확장 · 축소 · 폐쇄 등 발생
⑤ 사업내용의 변경 또는 추가

16 수출입안전관리 우수업체의 정기 자체평가 실시에 대한 설명으로 틀린 것은?

① 수출입안전관리 우수업체는 공인 후 매년 공인일자가 속하는 달에 정기 자체평가서를 자체적으로 점검한다.
② 수출입안전관리 우수업체는 공인받은 달의 다음달 15일까지 정기 자체평가서를 관세청장에게 제출하여야 한다.
③ 수출입안전관리 우수업체 적용대상별로 공인일자가 다른 경우 공인일자가 가장 늦은 적용대상을 기준으로 정기 자체평가를 할 수 있다.
④ 관세청장은 수출입안전관리 우수업체가 종합심사를 신청한 경우 공인의 유효기간이 끝나는 날이 속하는 연도에 실시하는 정기 자체평가를 생략하게 할 수 있다.
⑤ 관세청장은 공인기준 충족여부 등의 확인이 필요한 경우에는 심사자에게 관련 자료를 요청하거나 수출입안전관리 우수업체의 사업장 등을 방문하여 확인할 수 있다.

Answer 15.② 16.③

15 변동사항 보고〈수출입안전관리 우수업체 공인 및 운영에 관한 고시 제17조 제1항〉 ··· 수출입안전관리 우수업체는 다음의 어느 하나에 해당하는 사유가 발생한 경우에는 30일 이내에 수출입 관리 현황 변동사항을 작성하여 관세청장에게 보고하여야 한다. 다만, 변동사항이 범칙행위, 부도 등 공인유지에 중대한 영향을 미치는 경우에는 지체 없이 보고하여야 한다.
　㉠ 양도, 양수, 분할, 합병 등으로 인한 법적 지위의 변경
　㉡ 대표자, 수출입 관련 업무 담당 임원 및 관리책임자의 변경
　㉢ 소재지 이전, 사업장 신설 · 증설 · 확장 · 축소 · 폐쇄 등
　㉣ 사업내용의 변경 또는 추가
　㉤ 화재, 침수, 도난, 불법유출 등 수출입화물 안전관리와 관련한 특이사항

16 ③ 수출입안전관리 우수업체가 여러 공인부문에서 걸쳐 공인을 받은 경우에는 공인일자가 **가장 빠른 공인부문을 기준**으로 자체평가서를 함께 제출할 수 있다〈수출입안전관리 우수업체 공인 및 운영에 관한 고시 제18조(정기 자체 평가) 제1항〉.

17 다음은 수출입안전관리 우수업체에 적용되는 통관절차 혜택이다. (   ) 안에 들어갈 내용을 ㉠부터 ㉣까지 순서대로 나열한 것은?

적용부문	특례기준	수출입안전관리 우수업체		
		A	AA	AAA
모든 부문	「관세법 등에 따른 과태료 부과징수에 관한 훈령」에 따른 과태료 경감	20%	30%	(㉠)
	「관세범의 고발 및 통고처분에 관한 훈령」 제3조 제2항에 따른 통고처분금액의 경감	15%	30%	(㉡)
보세구역 운영인	「특허보세구역 운영에 관한 고시」 제7조에 따른 특허 갱신기간 연장	6년	(㉢)	10년
	「특허보세구역 운영에 관한 고시」 제18조 제3항에 따른 반입정지 기간을 (㉣) 범위내에서 하향조정 가능	×	○	○

① ㉠ 50%, ㉡ 50%, ㉢ 8년, ㉣ 50%
② ㉠ 40%, ㉡ 45%, ㉢ 8년, ㉣ 40%
③ ㉠ 50%, ㉡ 45%, ㉢ 9년, ㉣ 30%
④ ㉠ 40%, ㉡ 50%, ㉢ 7년, ㉣ 50%
⑤ ㉠ 50%, ㉡ 50%, ㉢ 7년, ㉣ 40%

17 통관절차 등의 혜택

적용부문	특례기준	수출입안전관리 우수업체		
		A	AA	AAA
모든 부문	「관세법 등에 따른 과태료 부과징수에 관한 훈령」에 따른 과태료 경감 *적용시점은 과태료부과시점	20%	30%	㉠<u>50%</u>
	「관세범의 고발 및 통고처분에 관한 훈령」 제3조 제2항에 따른 통고처분금액의 경감	15%	30%	㉡<u>50%</u>
보세구역 운영인	「특허보세구역 운영에 관한 고시」 제7조에 따른 특허 갱신기간 연장 *공인 수출입업체의 자가용 보세창고의 경우에도 동일혜택 적용	6년	㉢<u>8년</u>	10년
	「특허보세구역 운영에 관한 고시」 제18조 제3항에 따른 반입정지 기간을 ㉣<u>50%</u> 범위 내에서 하향조정 가능	×	○	○

18 다음은 수출입안전관리 우수업체 공인심사시 적용되는 보세구역 운영인부문의 재무건전성 기준에 대한 설명이다. (   ) 안에 들어갈 내용을 순서대로 나열한 것은?

> • 신청업체와 신청인이 (㉠)의 체납이 없어야 한다.
> • 운영인은 부채비율이 동종업종의 평균 부채비율의 (㉡)% 이하이거나 외부신용평가기관의 신용평가 등급이 투자적격 이상 또는 매출 증가등으로 성실한 법규준수의 이행이 가능할 정도의 재정을 유지하여야 한다.

① ㉠ 관세 등 국세, ㉡ 200
② ㉠ 지방세, ㉡ 300
③ ㉠ 관세 등 국세와 지방세, ㉡ 200
④ ㉠ 관세 등 국세와 지방세, ㉡ 300
⑤ ㉠ 관세 등 국세, ㉡ 150

19 보세창고를 운영하는 A社는 수출입안전관리 우수업체 공인 후 다음과 같은 활동을 수행하였다. 관련 법령 및 공인기준 적용시 틀린 것은?

① 2014년 9월 1일 수출입안전관리 우수업체 공인을 받고 2019년 2월 20일에 종합심사를 신청하였다.
② 2015년 5월 1일에 수출입안전관리 우수업체 공인이 갱신된 후 상위등급기준을 충족하여 2017년 4월 30일에 공인등급 조정 신청을 하였다.
③ 2017년 2월 1일 사내 인사이동으로 수출입관리책임자가 교체되어 2017년 3월 20일에 관세청장에게 보고하였다.
④ 2018년 1월 1일 관세청장에게 수출입관리책임자 변경신고를 하고 2018년 5월 20일에 공인 후 교육을 이수하였다.
⑤ 2019년 3월 15일에 기업상담전문관의 법규준수 개선계획 제출 요청을 받고 2019년 4월 1일에 제출하였다.

Answer 18.③ 19.③

18 • 신청업체와 신청인이 ㉠ **관세 등 국세와 지방세**의 체납이 없어야 한다.
  • 부채비율이 동종업종의 평균 부채비율의 ㉡ **200%** 이하이거나 외부 신용평가기관의 신용평가 등급이 투자적격 이상 또는 매출 증가 등으로 성실한 법규준수의 이행이 가능할 정도의 재정을 유지하여야 한다.

19 ③ 수출입안전관리 우수업체는 대표자, 수출입 관련 업무 담당 임원 및 관리책임자의 변경한 경우에는 30일 이내에 수출입 관리 현황 변동사항을 작성하여 관세청장에게 보고하여야 한다〈수출입안전관리 우수업체 공인 및 운영에 관한 고시 제17조(변동사항 보고) 제1항 제2호〉.

20 관세법령상 국제항의 지정요건에 대한 설명으로 틀린 것은?

① 국제항은 관세청장이 지정한다.

② 「선박의 입항 및 출항 등에 관한 법률」 또는 「공항시설법」에 의하여 국제무역선(기)이 상시 입출항할 수 있어야 한다.

③ 국내선과 구분되는 국제선 전용통로 및 그 밖에 출입국업무를 처리하는 행정기관의 업무수행에 필요한 인력·시설·장비를 확보할 수 있어야 한다.

④ 공항의 경우에는 정기여객기가 주 6회 이상 입항하거나 입항할 것으로 예상되거나 또는 여객기로 입국하는 여객수가 연간 4만명 이상이어야 한다.

⑤ 항구의 경우에는 국제무역선인 5천톤급 이상의 선박이 연간 50회 이상 입항하거나 입항할 것으로 예상되어야 한다.

21 관세법상 국제무역선(기)의 입항보고 시 첨부해야 하는 서류 중 세관장이 감시·단속에 지장이 없다고 인정될 경우에 생략 가능한 서류로 맞는 것은?

① 선박용품 목록, 항공기용품 목록, 승무원 휴대품 목록

② 여객명부, 승무원명부

③ 선박용품 목록, 항공기용품 목록, 적하목록

④ 승무원 휴대품 목록, 승무원 명부

⑤ 선박국적증서, 최종 출발항의 출항면장

Answer 20.① 21.①

20 ① 국제항(開港)은 **대통령령**으로 지정한다〈관세법 제133조(국제항의 지정 등) 제1항〉.
②③④⑤ 「관세법 시행령」 제155조의2(국제항의 지정요건 등)

21 ① 국제무역선이나 국제무역기가 국제항(제134조 제1항 단서에 따라 출입허가를 받은 지역을 포함한다. 이하 같다)에 입항하였을 때에는 선장이나 기장은 대통령령으로 정하는 사항이 적힌 선박용품 또는 항공기용품의 목록, 여객명부, 승무원명부, 승무원 휴대품목록과 적재화물목록을 첨부하여 지체 없이 세관장에게 입항보고를 하여야 하며, 국제무역선은 선박국적증서와 최종 출발항의 출항허가증이나 이를 갈음할 서류를 제시하여야 한다. 다만, **세관장은 감시·단속에 지장이 없다고 인정될 때에는 선박용품 또는 항공기용품의 목록이나 승무원 휴대품목록의 첨부를 생략**하게 할 수 있다〈관세법 제135조(입항절차) 제1항〉.

22 「관리대상화물 관리에 관한 고시」에 규정된 용어의 정의에 대한 설명으로 틀린 것은?

① "검색기검사화물"이란 세관장이 선별한 검사대상화물 중 검색기로 검사를 실시하는 화물을 말한다.

② "즉시검사화물"이란 세관장이 선별한 검사대상화물 중 검색기검사를 하지 않고 바로 개장검사를 실시하는 화물을 말한다.

③ "반입후검사화물"이란 세관장이 선별한 검사대상화물 중 세관지정장치장으로 반입토록 하여 검사하는 화물을 말한다.

④ "하선(기)감시화물"이란 세관장이 선별하여 부두 또는 계류장 내에서 하역과정을 감시하거나 하역즉시 검사하는 화물(공컨테이너를 포함한다)을 말한다.

⑤ "운송추적감시화물"이란 세관장이 선별한 감시대상화물 중 하선(기)장소 또는 장치예정장소까지 추적감시하는 화물을 말한다.

23 「관리대상화물 관리에 관한 고시」에 규정된 화물의 장치 및 관리 절차에 대한 설명으로 틀린 것은?

① 검색기검사화물의 경우에는 검사를 마친 경우에만 하선장소에 반입할 수 있다.

② 세관지정장치장의 화물관리인과 세관지정 보세창고의 운영인은 관리대상화물을 일반화물과 구분하여 장치하여야 한다.

③ 세관장은 감시대상화물에 이상이 있다고 판단되는 경우 검색기검사화물 또는 반입후 검사화물로 변경하여 검사할 수 있다.

④ 세관장은 개장검사 시 검사입회 통보를 하여도 검사일시에 화주 또는 화주로부터 권한을 위임받은 자가 입회하지 않은 때에는 해당 보세구역의 화물관리인(운영인)이나 그 대리인의 입회하에 검사를 실시할 수 있다.

⑤ 반송 후 재수입되는 컨테이너 화물로 밀수입 등이 의심되는 경우에는 '수입신고후검사화물'로 선별하여 검사한다.

Answer 22.③ 23.⑤

22 ③ "반입 후 검사화물"이란 세관장이 선별한 검사대상화물 중 하선(기)장소 또는 장치예정장소에서 이동식검색기로 검사하거나 컨테이너적출 시 검사하는 화물을 말한다.

23 ⑤ 반송 후 재수입되는 컨테이너 화물로 밀수입 등이 의심되는 화물은 '즉시검사화물'로 선별하여 검사한다〈관리대상화물 관리에 관한 고시 제5조(검사대상화물 또는 감시대상화물의 선별) 제2항〉.
① 「관리대상화물 관리에 관한 고시」 제6조(검사대상화물의 하선(기) 장소)
② 「관리대상화물 관리에 관한 고시」 제7조(특송물품 등의 장치) 제2항
③ 「관리대상화물 관리에 관한 고시」 제7조(특송물품 등의 장치) 제8조(검사대상화물 또는 감시대상화물의 관리절차) 제3항
④ 「관리대상화물 관리에 관한 고시」 제7조(특송물품 등의 장치) 제12조(검사 입회 및 서류 제출) 제2항

24 세관장이 선박회사 또는 항공사에 열람 또는 제출을 요구할 수 있는 승객예약자료에 해당하지 않는 것은?

① 예약 및 탑승수속 시점

② 동반탑승자 및 좌석번호

③ 도착국가 내 소재지 주소 및 전화번호

④ 여행경로 및 여행사

⑤ 수하물 자료

25 선박용품과 항공기용품의 반출입 및 하역에 대한 설명으로 틀린 것은?

① 공급자 등이 외국 선박용품등을 보세구역에 반입한 때에는 관할지 세관장에게 반입등록서를 제출해야 한다. 다만, 공급자 등이 하선완료보고 하였거나 보세운송하여 도착보고한 물품은 반입등록한 것으로 갈음한다.

② 국제무역기에 용품을 적재하고자 하는 공급자 등은 적재 전에 국제무역기의 계류장을 관할하는 세관장에게 항공편별로 구분하여 외국용품 적재허가(신청)서 또는 내국용품 적재허가(신청)서를 제출해야 한다.

③ 선박회사(대리점 포함)는 자사 소속 국제무역선에 한정하여 선박용품 등을 직접 적재 등을 하거나 보세운송 할 수 있다.

④ 보세운송신고인은 물품이 목적지에 도착한 때에는 보세구역 운영인의 입회하에 인수자에게 인계해야 한다.

⑤ 선박용품의 하선허가를 받은 자는 허가일부터 7일 이내에 하선허가 받은 물품을 보세구역에 반입해야 한다.

Answer 24.③ 25.④

24 승객예약자료〈관세법 제137조의2(승객예약 자료의 요청) 제2항〉

㉠ 국적, 성명, 생년월일, 여권번호 및 예약번호

㉡ 주소 및 전화번호

㉢ 예약 및 탑승수속 시점

㉣ 항공권 또는 승선표의 번호 · 발권일 · 발권도시 및 대금결제방법

㉤ 여행경로 및 여행사

㉥ 동반탑승자 및 좌석번호

㉦ 수하물 자료

㉧ 항공사 또는 선박회사의 회원으로 가입한 경우 그 회원번호 및 등급과 승객주문정보

25 ④ 보세운송신고인은 물품이 도착한 때 보세구역 운영인의 입회하에 인수자에게 인계해야 하며, 인수자는 물품을 인수하는 즉시 도착지세관장에게 별지 제22호서식으로 외국용품 보세운송도착보고를 해야 한다〈선박용품 등 관리에 관한 고시 제20조(도착보고) 제1항 / 항공기용품 등 관리에 관한 고시 제22조(도착보고) 제1항〉.

① 「선박용품 등 관리에 관한 고시」 제4조(반입등록)

② 「항공기용품 등 관리에 관한 고시」 제5조(용품의 적재 신청 등) 제1항

③ 「선박용품 등 관리에 관한 고시」 제7조(외국 선박용품등) 제3항

⑤ 「선박용품 등 관리에 관한 고시」 제12조(이행기간) 제2항

1 자율관리보세구역에 장치하는 물품은 관세법에 따른 절차 중 관세청장이 정하는 절차를 생략할 수 있다. 이에 해당되지 않는 것은?

① 「보세화물 관리에 관한 고시」에 따른 재고조사 및 보고의무

② 벌크화물의 사일로(silo)적입을 위한 포장제거작업의 경우 관세법에 따른 보수작업 신청(승인)

③ 「특허보세구역 운영에 관한 고시」에 따른 보세구역운영상황의 점검

④ 「보세화물 관리에 관한 고시」에 따른 장치물품의 수입신고전 확인 승인신청

⑤ 「의료기기법」, 「약사법」, 「화장품법」 및 「전항공기용품 및 생활용품 안전 관리법」에 따른 표시작업(원산지표시 제외)의 보수작업 신청(승인)

2 보세사의 직무에 해당되는 않는 것은?

① 보세구역 장치물품의 폐기시 입회 및 확인

② 보수작업과 화주의 수입신고전 장치물품확인시 입회 · 감독

③ 환적화물 컨테이너 적출입시 입회 · 감독

④ 내국물품 반출입관리대장 작성과 확인

⑤ 세관봉인대의 시봉 및 관리

Answer 1.① 2.①

1 ① 「보세화물 관리에 관한 고시」에 따른 재고조사 및 보고의무를 분기별 1회에서 년 1회로 완화한다〈자율관리 보세구역운영에 관한 고시 제7조(절차생략 등) 제1항 제1호〉.

2 보세사의 직무〈보세사제도 운영에 관한 고시 제10조 제1항〉

　㉠ 보수작업과 화주의 수입신고전 장치물품 확인 시 입회 · 감독

　㉡ 세관봉인대의 시봉 및 관리

　㉢ 환적화물 컨테이너 적출입시 입회 · 감독

　㉣ 다음 아래의 비치대장 작성과 확인. 다만, 전산신고 등으로 관리되는 경우에는 생략할 수 있다.

　• 내국물품 반출입 관리대장

　• 보수작업 관리대장

　• 환적화물 컨테이너 적출입 관리대장

　• 장치물품 수입신고전 확인대장

　• 세관봉인대 관리대장

　• 그 밖에 보세화물 관련규정에서 보세사의 직무로 정한 각종 대장

3 자율관리 보세구역 운영인의 의무사항에 대한 설명으로 틀린 것은?

① 절차생략 등에 따른 물품 반출입 상황 등을 보세사로 하여금 기록관리하게 하여야 한다.

② 보세사가 이탈하고 1개월 이내에 보세사가 아닌 자를 업무대행자로 지정하면 보세사 업무를 수행할 수 있다.

③ 보세사를 채용, 해고 또는 교체하였을 때에는 세관장에게 즉시 통보하여야 한다.

④ 보세사가 해고 등의 사유로 업무를 수행할 수 없는 경우에는 2개월 이내에 다른 보세사를 채용하여 근무하게 하여야 한다.

⑤ 보세구역 반출입 물품과 관련한 생산, 판매, 수입 및 수출 등에 관한 세관공무원의 자료요구 또는 현장 확인 시 협조하여야 한다.

4 「수출입물류업체에 대한 법규수행능력측정 및 평가관리에 관한 훈령」상 법규수행능력측정 및 평가 대상자가 아닌 것은?

① 지정장치장 화물관리인

② 특허보세구역 운영인

③ 종합보세사업장 운영인

④ 수출입안전관리 우수업체

⑤ 화물운송주선업자

Answer 3.② 4.④

3 운영인 등의 업무〈자율관리 보세구역운영에 관한 고시 제9조 제1항〉

ㄱ 운영인 등은 보세사가 아닌 자에게 보세화물관리 등 보세사의 업무를 수행하게 하여서는 아니 된다. 다만, 업무대행자를 지정하여 사전에 세관장에게 신고한 경우에는 보세사가 아닌 자도 보세사가 이탈 시 보세사 업무를 수행할 수 있다.

ㄴ 운영인 등은 당해 보세구역에 작업이 있을 때는 보세사를 상주근무하게 하여야 하며 보세사를 채용, 해고 또는 교체하였을 때에는 세관장에게 즉시 통보하여야 한다.

ㄷ 보세사가 해고 또는 취업정지 등L의 사유로 업무를 수행할 수 없는 경우에는 2개월 이내에 다른 보세사를 채용하여 근무하게 하여야 한다.

ㄹ 운영인 등은 절차생략 등에 따른 물품 반출입 상황 등을 보세사로 하여금 기록·관리하게 하여야 한다.

ㅁ 운영인 등은 해당 보세구역 반출입 물품과 관련한 생산, 판매, 수입 및 수출 등에 관한 세관공무원의 자료요구 또는 현장 확인 시에 협조하여야 한다.

4 화물관리인, 특허보세구역 운영인, 종합보세사업장 운영인, 보세운송업자·화물운송주선업자, 항공사·선박회사와 「자유무역지역의 지정 및 운영에 관한 법률」에 따른 업체를 말한다. 다만, 「수출입안전관리 우수업체 공인 및 운영에 관한 고시」의 규정에 따라 수출입안전관리 우수업체로 공인된 업체는 제외한다〈수출입물류업체에 대한 법규수행능력측정 및 평가관리에 관한 훈령 제2조(정의) 제1호〉.

5 보세사 시험 정지 또는 무효 사유에 해당하지 않는 것은?

① 미성년자

② 피성년후견인과 피한정후견인

③ 관세법을 위반하여 징역형의 실형을 선고받고 그 집행이 끝나거나 면제된 후 2년이 지나지 아니한 자

④ 파산선고를 받고 복권되지 아니한 자

⑤ 관세법을 위반하여 과태료 처분을 이행한 후 2년이 지나지 아니한 자

Answer 5.⑤

5 보세사의 자격 등〈관세법 제165조(보세사의 자격 등) 제5항〉… 관세청장은 다음 각 호의 어느 하나에 해당하는 사람에 대하여는 해당 시험을 정지시키거나 무효로 하고, 그 처분이 있는 날부터 5년간 시험 응시자격을 정지한다.

㉠ 미성년자

㉡ 피성년후견인과 피한정후견인

㉢ 파산선고를 받고 복권되지 아니한 자

㉣ 이 법을 위반하여 징역형의 실형을 선고받고 그 집행이 끝나거나(집행이 끝난 것으로 보는 경우를 포함한다) 면제된 후 2년이 지나지 아니한 자

㉤ 이 법을 위반하여 징역형의 집행유예를 선고받고 그 유예기간 중에 있는 자

㉥ 다음 각 목의 어느 하나에 해당하는 경우에는 해당 목에서 정한 날부터 2년이 지나지 아니한 자. 이 경우 동일한 사유로 다음 각 목 모두에 해당하는 경우에는 그 중 빠른 날을 기준으로 한다.

   1. 제178조제2항에 따라 특허보세구역의 설치 · 운영에 관한 특허가 취소(이 조 제1호부터 제3호까지의 규정 중 어느 하나에 해당하여 특허가 취소된 경우는 제외한다)된 경우 : 해당 특허가 취소된 날

   2. 제276조제3항제3호의2 또는 같은 항 제6호(제178조제2항제1호 · 제5호에 해당하는 자만 해당한다)에 해당하여 벌금형 또는 통고처분을 받은 경우 : 벌금형을 선고받은 날 또는 통고처분을 이행한 날

㉦ 제268조의2, 제269조, 제270조, 제270조의2, 제271조, 제274조, 제275조의2 또는 제275조의3에 따라 벌금형 또는 통고처분을 받은 자로서 그 벌금형을 선고받거나 통고처분을 이행한 후 2년이 지나지 아니한 자. 다만, 제279조에 따라 처벌된 개인 또는 법인은 제외한다.

㉧ 사망한 경우

㉨ 이 법이나 이 법에 따른 명령을 위반한 경우

6 다음은 각각의 보세창고에 소속된 보세사 갑, 을, 병, 정, 무 5명의 대화 내용이다. 틀린 것은?

> 갑 : 특허보세구역 「ABC」 냉동창고 법인의 보세창고 운영을 감독하는 임원이 지난주에 관세를 회피할 목적으로 타인에게 자신의 명의를 사용하여 납부신고를 하도록 허락한 사실이 있어 벌금형 처분을 받았다고 합니다. 이런 경우는 특허보세구역을 운영할 수 없는 사유에 해당됩니다.
>
> 을 : 「ABC」 보세창고 임원이 보세사 자격이 있는 사람으로 보세화물관리업무를 이행하고 있었고 해당 규정 위반 사실은 보세사의 징계처분 중 보세사 등록취소의 사유에 해당됩니다.
>
> 병 : 「ABC」 보세창고는 최근 6개월동안 물품반입 실적이 없었다고 하던데 그러한 상태로 1년 이상 지속되면 특허가 취소될 수 있는 사유에 해당됩니다.
>
> 정 : 만약, 「ABC」 보세창고의 특허효력이 상실되었다 하여도 6개월의 범위에서 세관장이 지정하는 기간동안은 그 구역은 특허보세구역으로 보며, 운영인에 대해서도 해당 구역과 장치물품에 관하여 특허보세구역의 설치·운영에 관한 특허가 있는 것으로 봅니다.
>
> 무 : 「ABC」 보세창고는 자율관리보세구역으로 운영되고 있으나 소속임원의 관세법 위반 사실은 자율관리보세구역 지정취소의 사유에 해당됩니다.

① 갑
② 을
③ 병
④ 정
⑤ 무

7 자율관리보세구역 지정취소사유를 설명한 것이다. 틀린 것은?

① 장치물품에 대한 관세를 납부할 자금능력이 없는 경우
② 본인이나 그 사용인이 관세법 또는 관세법에 따른 명령을 위반한 경우
③ 보세사가 해고되어 업무를 수행할 수 없는 경우에 1개월 내에 다른 보세사를 채용하지 않는 경우
④ 보세화물을 자율적으로 관리할 능력이 없거나 부적당하다고 세관장이 인정한 경우
⑤ 자율관리보세구역의 지정요건을 충족하지 못한 경우

Answer 6.③ 7.③

6 ③ 2년 이상 물품의 반입실적이 없는 경우 특허가 취소될 수 있다〈특허보세구역 운영에 관한 고시 제18조(행정제재) 제9항 제4호〉.

7 ③ 보세사가 해고되어 업무를 수행할 수 없는 경우에 2개월 내에 다른 보세사를 채용하지 않는 경우〈자율관리 보세구역운영에 관한 고시 제5조(지정취소 사유 등) 제1항 제3호〉

8 자유무역지역에 반입한 외국물품의 매각 요청에 대한 설명이다. ( ) 안에 들어갈 내용을 순서대로 나열한 것은?

> 입주기업체는 반입한 날부터 ( )이 경과한 외국물품이 다음 각 호의 어느 하나에 해당하는 경우 세관장에게 장기보관화물 매각승인(요청)서로 매각을 요청할 수 있다. 이 경우 입주기업체는 세관장에게 매각을 요청하는 경우 화주, 반입자 또는 그 위임을 받은 자에게 외국물품의 반출통고를 해야 하며, 반출통고 후 ( )이 경과한 후에 매각을 요청할 수 있다.

① 6개월, 15일
② 3개월, 30일
③ 3개월, 15일
④ 6개월, 30일
⑤ 6개월, 45일

9 자유무역지역 반입물품 역외작업에 대한 설명으로 틀린 것은?

① 역외작업의 범위는 해당 입주기업체가 전년도에 원자재를 가공하여 수출한 금액의 100분의 60 이내로 한다.
② 역외작업의 대상물품은 원자재 또는 원자재의 제조·가공에 전용되는 시설재(금형을 포함한다)만 해당한다.
③ 시설재의 경우 반출기간은 입주기업체와 역외작업 수탁업체 간에 체결된 계약기간의 범위로 하되, 그 기간은 1년을 초과할 수 없다.
④ 역외작업의 반출장소는 역외작업 수탁업체의 공장 또는 그에 부속된 가공장소로 한다.
⑤ 원자재의 경우 반출기간은 1년 이내로 한다.

Answer 8.④ 9.③

8 입주기업체는 반입한 날부터 **6개월**이 경과한 외국물품이 다음 각 호의 어느 하나에 해당하는 경우 세관장에게 별지 제18호서식의 장기보관화물 매각승인(요청)서로 매각을 요청할 수 있다. 세관장에게 매각을 요청하는 경우 화주, 반입자 또는 그 위임을 받은 자에게 외국물품의 반출통고를 해야 하며, 반출통고 후 **30일**이 경과한 후에 매각을 요청할 수 있다〈자유무역지역 반출입물품의 관리에 관한 고시 제19조(물품의 반출 및 장치기간 등) 제7항, 제8항〉.

9 ③ 시설재의 경우 반출기관은 같은 품목에 대하여 입주기업체와 역외작업 수탁업체 간에 체결된 계약기간의 범위로 하되, 그 기간은 3년을 초과할 수 없다. 다만, 세관장은 역외작업이 계약기간 내에 끝나지 아니하는 등 부득이한 사유로 반출기간을 연장할 필요가 있다고 인정할 때에는 3년의 범위에서 그 기간을 연장할 수 있다〈자유무역지역의 지정 및 운영에 관한 법률 시행령 제24조(역외작업의 신고 등) 제3항 제2호〉.
①②④⑤ 「자유무역지역의 지정 및 운영에 관한 법률 시행령」 제24조(역외작업의 신고 등)

10 자유무역지역에서 내국물품을 관세영역으로 반출하는 절차에 대한 설명으로 틀린 것은?

① 내국물품을 관세영역으로 반출하려는 자는 내국물품 반입증명서류를 세관장에게 제출하여야 한다.

② 내국물품 반출목록신고서를 제출하는 것으로 반입증명서류 제출을 갈음할 수 있다.

③ 내국물품 반출목록신고서를 제출한 날부터 2년간 내국물품 반입증명서류를 보관하여야 한다.

④ 수출신고수리가 취소된 물품인 경우에는 그 증빙서류를 제출하고 반출하여야 한다.

⑤ 내국물품 반입증명서류를 제출하지 아니하고 반출하였을 경우 100만 원 이하의 과태료 부과 대상이다.

11 자유무역지역 입주기업체의 재고관리 상황 조사에 대한 설명이다. ( ) 안에 들어갈 내용을 순서대로 나열한 것은?

> 입주기업체는 회계연도 종료 (   )이 경과한 후 (   ) 이내에 입주기업체의 반출입물품의 관리에 대한 적정 여부를 자체 점검하고 자율점검표 또는 공인회계사가 「자유무역지역 반출입물품 관리에 관한 고시」에서 정하는 바에 따라 재고조사를 실시하고 작성한 보고서를 관할 세관장에게 제출하여야 한다.

① 3개월, 15일

② 2개월, 15일

③ 6개월, 10일

④ 3개월, 10일

⑤ 1개월, 10일

---

10 ⑤ 내국물품 반입증명서류를 제출하지 아니하고 반출하였을 경우 200만 원 이하의 과태료 부과 대상이다〈자유무역지역의 지정 및 운영에 관한 법률 제70조(과태료) 제2항〉.

11 입주기업체는 회계연도 종료 **3개월**이 경과한 후 **15일** 이내에 입주기업체의 반출입물품의 관리에 대한 적정여부를 자체 점검하고 다음의 사항을 포함하는 자율점검표 또는 공인회계사가 이 고시에서 정하는 바에 따라 재고조사를 실시하고 작성한 보고서를 관할 세관장에게 제출하여야 한다〈자유무역지역 반출입물품의 관리에 관한 고시 제22조(재고관리상황의 조사) 제2항〉.

12 자유무역지역의 관리권자에 대한 내용이다. 바르게 연결된 것은?

> ㉠ 산업단지 – 국토교통부장관
> ㉡ 물류터미널 및 물류단지 – 산업통상자원부장관
> ㉢ 공항 및 배후지 – 국토교통부장관
> ㉣ 항만 및 배후지 – 해양수산부장관

① ㉠㉡　　　　　　　　　　　② ㉡㉢
③ ㉠㉢　　　　　　　　　　　④ ㉢㉣
⑤ ㉠㉡㉢

13 자유무역지역에 반입된 외국물품등의 일시반출절차에 관한 내용으로 틀린 것은?

① 자유무역지역에 반입된 외국물품 등을 관세영역으로 일시반출하려는 자는 세관장의 허가를 받아야 한다.
② 자유무역지역에 반입된 외국물품 등이 수리, 전시, 검사 또는 불가피한 포장작업 등이 필요한 경우 일시반출절차를 따른다.
③ 수리를 목적으로 관세영역으로 일시 반출된 물품이 구성품의 일부나 전부가 교체된 경우 수리된 물품과 교체된 물품 모두 폐기처분한다.
④ 일시반출절차를 거친 물품에 대해 수출상담이 지속되거나 기타 부득이한 사유로 일시반출기간을 연장하려는 때에는 기간이 만료되기 전에 신청하여야 하며 세관장은 6개월의 범위에서 연장승인을 할 수 있다.
⑤ 세관장은 반출허가를 할 때는 6개월의 범위에서 기간을 정해야 하며 반출목적을 고려하여 물품의 수량 및 장소 등을 제한할 수 있다.

Answer 12.④　13.③

12 관리권자〈자유무역지역의 지정 및 운영에 관한 법률 제8조 제1항〉
　㉠ 산업단지 : 산업통상자원부장관
　㉡ 공항 및 배후지 : 국토교통부장관
　㉢ 물류터미널 및 물류단지 : 국토교통부장관
　㉣ 항만 및 배후지 : 해양수산부장관

13 ③ 수리를 목적으로 관세영역으로 일시 반출된 물품이 구성품의 일부나 전부가 교체된 경우 수리된 물품과 교체된 물품 모두 자유무역지역으로 재반입하여야 하고 교체된 물품은 잉여물품으로 관리하여야 한다. 다만, 교체된 물품이 실질적 가치가 없다고 세관장이 인정하는 경우에는 재반입하지 않고 폐기처분하게 할 수 있다〈자유무역지역 반출입물품의 관리에 관한 고시 제14조(외국물품 등의 일시반출입허가) 제4항〉.

14 자유무역지역의 반출입물품 관리에 관한 내용으로 틀린 것은?

① 외국물품 등이 아닌 물품을 자유무역지역에서 국외로 반출하려는 자는 수출신고를 하여야 한다.

② 세관장은 반입신고를 하지 아니하고 자유무역지역 안으로 반입된 내국물품에 대해서는 내국물품 확인서를 발급할 수 없다.

③ 세관장은 자유무역지역에 장치되어있는 물품 중 품명미상의 물품으로서 반입 후 1년 지난 경우 국외 반출 또는 폐기를 명할 수 있다.

④ 입주기업체는 자유무역지역에 반출입되는 외국물품의 원산지가 허위로 표시된 경우 즉시 세관장에게 보고하여야 한다.

⑤ 입주기업체는 반입한 날로부터 6개월이 경과한 외국물품으로 화주가 분명하지 않은 경우 장기보관화물 매각 요청을 할 수 있다.

15 관세형벌 중 법정 징역형이 가장 중한 죄는?

① 전자문서 위조 · 변조죄　　　　　　　② 밀수출죄

③ 밀수품 취득죄　　　　　　　　　　　④ 관세포탈죄

⑤ 밀수입죄

16 관세법상 과태료에 대한 설명으로 맞는 것은?

① 관세법 제277조에 따라 부과할 수 있는 과태료 최고 금액은 2억 원이다.

② 과태료는 금전적 제재로서 형벌에 해당된다.

③ 과태료 처분에 불복하는 자는 그 처분의 고지를 받은 날부터 90일 내에 이의를 제기할 수 있다.

④ 과태료 처분에 이의제기가 있을 경우 관할법원은 「비송사건절차법」에 의한 과태료 재판을 한다.

⑤ 과태료 처분 시에는 금액 감경을 할 수 없다.

Answer 14.②　15.①　16.④

14 ② 세관장은 반입신고를 하지 아니하고 자유무역지역 안으로 반입된 내국물품에 대하여 그 물품을 반입한 자가 신청한 경우에는 내국물품 확인서를 발급할 수 있다〈자유무역지역의 지정 및 운영에 관한 법률 제29조(물품의 반입 또는 수입) 제2항〉.

15 ① 1년 이상 10년 이하의 징역〈관세법 제268조의2(전자문서 위조 · 변조죄 등) 제1항〉
②⑤ 7년 이하의 징역〈관세법 제269조(밀수출입죄) 제1항〉
③ 3년 이하의 징역〈관세법 제274조(밀수품의 취득죄 등) 제1항〉
④ 3년 이하의 징역〈관세법 제270조(관세포탈죄 등) 제1항〉

16 ① 2억원 이하의 과태료를 부과한다〈관세법 제277조(과태료) 제2항〉.
② 과태료는 금전적 제재이다.
③ 과태료 부과에 불복하는 당사자는 과태료 부과 통지를 받은 날부터 60일 이내에 해당 행정청에 서면으로 이의제기를 할 수 있다.
⑤ 과태료를 감경 받을 수 있다.

17 관세범의 조사와 처분에 관한 설명 중 맞는 것은?

① 관세범에 관한 사건이더라도 범죄의 정상이 징역형에 처해질 것으로 인정될 때에는 세관장의 고발이 없어도 검사는 공소를 제기할 수 있다.

② 세관장은 압수물품이 부패하거나 변질된 경우 피의자나 관계인에게 통고한 후 매각하여 그 대금을 보관하거나 공탁할 수 있다.

③ 경찰, 검찰 등 다른 기관이 관세범에 관한 사건을 발견하거나 피의자를 체포하였을 때에는 즉시 관세청이 세관에 인계하여야 한다.

④ 세관장은 관세범인이 통고를 이행할 수 있는 자금능력이 없다고 인정되더라도 절차적 정당성 확보를 위해 일단 통고처분을 하여야 한다.

⑤ 관세범에 대해서는 관세법 규정과 상관없이 형사소송법을 우선 준용한다.

18 관세법 제303조(압수와 보관) 제2항에 따른 압수물건의 보관자가 그 보관한 물품을 은닉·탈루, 손괴 또는 소비하였을 때 처벌하는 조항은?

① 관세법 제269조(밀수출입죄)

② 관세법 제270조(관세포탈죄 등)

③ 관세법 제270조의2(가격조작죄)

④ 관세법 제275조의2(강제징수면탈죄 등)

⑤ 관세법 제275조의3(명의대여행위죄 등)

Answer 17.③ 18.④

17 ③ 「관세법」 제284조(공소의 요건) 제2항

① 관세청장이나 세관장은 범죄의 정상이 징역형에 처해질 것으로 인정될 때에는 즉시 고발하여야 한다〈관세법 제312조(즉시고발)〉.

② 관세청장이나 세관장은 압수물품 중 다음의 어느 하나에 해당하는 것은 피의자나 관계인에게 통고한 후 폐기할 수 있다. 다만, 통고할 여유가 없을 때에는 폐기한 후 즉시 통고하여야 한다〈관세법 제304조(압수물품의 폐기)〉.

④ 관세청장이나 세관장은 관세범인이 통고를 이행할 수 있는 자금능력이 없다고 인정되는 경우에는 즉시 고발하여야 한다〈관세법 제318조(무자력 고발)〉.

⑤ 관세범에 관하여는 이 법에 특별한 규정이 있는 것을 제외하고는 「형사소송법」을 준용한다〈관세법 제319조(준용)〉.

18 ④ 제303조 제2항에 따른 압수물건의 보관자 또는 「국세징수법」 제48조에 따른 압류물건의 보관자가 그 보관한 물건을 은닉·탈루, 손괴 또는 소비하였을 때에도 3년 이하의 징역 또는 3천만 원 이하의 벌금에 처한다〈관세법 제275조의2(강제징수면탈죄) 제2항〉.

19 관세법 제275조에 따라 징역과 벌금을 병과할 수 있는 대상이 아닌 것은?

① 부정한 방법으로 관세를 환급받은 자

② 체납처분의 집행을 면탈할 목적으로 그 재산을 은닉한 자

③ 세액결정에 영향을 미치기 위해 과세가격을 거짓으로 신고하여 수입한 자

④ 세관에 신고를 하지 아니하고 물품을 수입한 자

⑤ 밀수품을 취득하려다 미수에 그친 자

20 관세법상 과태료 부과 대상자가 아닌 경우로만 짝지어진 것은?

> ㉠ 특허보세구역의 특허사항을 위반한 운영인
> ㉡ 관세법 제240조의2 제1항을 위반하여 유통이력을 신고하지 아니하거나 거짓으로 신고한 자
> ㉢ 적재물품과 일치하지 아니하는 적재화물목록을 작성하였거나 제출한 자
> ㉣ 관세법 제266조 제1항에 따른 세관공무원의 장부 또는 자료의 제시요구 또는 자료제출 요구를 거부한 자
> ㉤ 관세법 제238조에 따른 보세구역 반입명령에 대하여 반입대상물품의 전부 또는 일부를 반입하지 아니한 자

① ㉠㉡

② ㉠㉢

③ ㉡㉣

④ ㉢㉤

⑤ ㉣㉤

Answer 19.② 20.⑤

19 밀수출입죄, 관세포탈죄, 미수범, 밀수품의 취득죄의 죄를 저지른 자는 정상(情狀)에 따라 징역과 벌금을 병과할 수 있다〈관세법 제275조(징역과 벌금의 병과)〉.

20 ㉣ 1천만 원 이하의 벌금에 처한다〈관세법 제276조(허위신고죄 등) 제4항〉.
㉤ 물품원가 또는 2천만 원 중 높은 금액 이하의 벌금에 처한다〈관세법 제276조(허위신고죄 등) 제2항〉.
㉠ 200만원 이하의 과태료를 부과〈관세법 제277조(과태료) 제5항〉
㉡ 500만원 이하의 과태료〈관세법 제277조(과태료) 제4항〉
㉢ 100만원 이하의 과태료를 부과〈관세법 제277조(과태료) 제6항〉

21 관세법상 벌칙에 관한 설명으로 틀린 것은?

① 제269조(밀수출입죄)에 해당되는 물품이 다른 물품 중에 포함되어 있는 경우 그 물품이 범인의 소유일 때에는 그 다른 물품도 몰수할 수 있다.

② 제276조(허위신고죄 등)의 죄를 범한 자는 벌금형이 부과된다.

③ 밀수출입죄에 전용되는 선박은 그 소유자가 범죄에 사용된다는 정황을 알고 있고, 범죄물품을 운반한 경우에는 몰수한다.

④ 그 정황을 알면서 제269조(밀수출입죄) 및 제270조(관세포탈죄 등)에 따른 행위를 교사하거나 방조한 자는 정범에 준하여 처벌한다.

⑤ 관세법상 몰수할 물품의 전부 또는 일부를 몰수할 수 없을 때에는 그 몰수할 수 없는 물품의 범칙 당시의 정상거래가격에 상당한 금액을 범인으로부터 추징한다.

22 제275조의3(타인에 대한 명의대여죄)에 대한 내용이다. (   ) 안에 들어갈 내용을 순서대로 나열한 것은?

> 관세(세관장이 징수하는 내국세 등을 포함한다)의 회피 또는 강제집행의 면탈을 목적으로 하거나 재산상 이득을 취할 목적으로 다음 각 호의 행위를 한 자는 (㉠) 이하의 징역 또는 (㉡) 이하의 벌금에 처한다.
> ㉠ 타인에게 자신의 명의를 사용하여 제38조에 따른 (㉢)을(를) 하도록 허락한 자
> ㉡ 타인의 명의를 사용하여 제38조에 따른 (㉢)을(를) 한 자

① ㉠ 1년, ㉡ 1천만 원, ㉢ 납세신고

② ㉠ 1년, ㉡ 1천만 원, ㉢ 수정신고

③ ㉠ 2년, ㉡ 5백만 원, ㉢ 납세신고

④ ㉠ 2년, ㉡ 5백만 원, ㉢ 수정신고

⑤ ㉠ 1년, ㉡ 5백만 원, ㉢ 수입신고

Answer 21.⑤ 22.①

21 ⑤ 몰수할 물품의 전부 또는 일부를 몰수할 수 없을 때에는 그 몰수할 수 없는 물품의 범칙 당시의 국내 도매가격에 상당한 금액을 범인으로부터 추징한다〈관세법 제282조(몰수·추징) 제3항〉.

22 명의대여행위죄 등〈관세법 제275조의3〉 … 관세(세관장이 징수하는 내국세 등을 포함한다)의 회피 또는 강제집행의 면탈을 목적으로 하거나 재산상 이득을 취할 목적으로 다음 각 호의 행위를 한 자는 ㉠1년 이하의 징역 또는 ㉡1천만 원 이하의 벌금에 처한다.
㉠ 타인에게 자신의 명의를 사용하여 제38조에 따른 ㉢납세신고를 하도록 허락한 자
㉡ 타인의 명의를 사용하여 제38조에 따른 ㉢납세신고를 한 자

23 제270조(관세포탈죄 등)에 대한 내용이다. (   ) 안에 들어갈 내용을 순서대로 나열한 것은?

> 부정한 방법으로 관세를 환급받은 자는 (   ) 이하의 징역 또는 환급받은 세액의 (   ) 이하에 상당하는 벌금에 처한다. 이 경우 세관장은 부정한 방법으로 환급받은 세액을 즉시 (   )한다.

① 2년, 3배, 독촉
② 2년, 3배, 몰수
③ 3년, 5배, 징수
④ 3년, 5배, 몰수
⑤ 5년, 5배, 징수

24 관세법상 형벌에 대한 설명으로 틀린 것은?

① 전자문서 등 관련 정보를 위조 · 변조 · 행사한 자는 1년 이상 10년 이하의 징역 또는 1억 원 이하의 벌금에 처한다.
② 관세청장으로부터 지정을 받지 않고 국가관세종합정보망을 운영한 자는 5년 이하의 징역 또는 5천만 원 이하의 벌금에 처한다.
③ 수출입의 정부의 기밀을 누설하거나 첩보활동에 사용되는 물품을 밀수입한 자는 7년 이하의 징역 또는 7천만 원 이하의 벌금에 처한다.
④ 신고를 하지 아니하고 물품을 수입한 자는 5년 이하의 징역 또는 관세액의 5배와 물품원가 중 높은 금액 이하에 상당하는 벌금에 처한다.
⑤ 세액결정에 영향을 미치기 위하여 과세가격 또는 관세율 등을 거짓으로 신고하거나 신고하지 아니하고 수입한 자는 3년 이하의 징역 또는 물품원가 이하에 상당하는 벌금에 처한다.

Answer 23.③ 24.④

23 부정한 방법으로 관세를 환급받은 자는 **3년** 이하의 징역 또는 환급받은 세액의 **5배** 이하에 상당하는 벌금에 처한다. 이 경우 세관장은 부정한 방법으로 환급받은 세액을 즉시 **징수**한다〈관세법 제270조(관세포탈죄 등) 제5항〉.

24 ④ 신고를 하지 아니하고 물품을 수입한 자는 5년 이하의 징역 또는 관세액의 10배와 물품원가 중 높은 금액 이하에 상당하는 벌금에 처한다〈관세법 제269조(밀수출입죄) 제2항〉.
①② 「관세법」 제268조의2(전자문서 위조 · 변조죄 등)
③ 「관세법」 제269조(밀수출입죄) 제1항
⑤ 「관세법」 제270조(관세포탈죄 등) 제1항 제1호

25 관세질서벌에 대한 설명으로 틀린 것은?

① 관세법상의 의무위반에 대한 제재로서 형법상에 형명이 없는 과태료를 부과하는 벌이다.

② 질서위반행위규제법에는 질서위반행위가 종료된 날부터 3년이 경과한 경우에는 과태료를 부과할 수 없다.

③ 관세행정질서를 문란하게 하는 행위에 대한 제재로 과하여 지는 것으로 관세법과 질서위반행위규제법을 적용한다.

④ 질서위반행위규제법에서 행위자가 행정법규상 의무위반을 하지 않기 위하여 최선의 노력을 하였다면 과태료를 부과할 수 없다.

⑤ 하나의 행위가 2 이상의 질서위반행위에 해당하면 각 질서위반행위에 대하여 정한 과태료 중 가장 중한 것을 부과한다.

---

25 ② 행정청은 질서위반행위가 종료된 날(다수인이 질서위반행위에 가담한 경우에는 최종행위가 종료된 날을 말한다)부터 5년이 경과한 경우에는 해당 질서위반행위에 대하여 과태료를 부과할 수 없다〈질서위반행위규제법 제19조(과태료 부과의 제척기간) 제1항〉

<제1과목> 수출입통관절차

1 다음 설명 중 틀린 것은?

① 입항전수입신고가 수리된 물품은 우리나라에 도착된 것으로 보아 이를 외국으로 반출하는 경우에는 수출에 해당된다.

② 외국물품과 내국물품을 혼용하여 만든 제품은 모두 외국으로부터 우리나라에 도착한 외국물품으로 본다.

③ 보세구역 장치기간을 경과하여 매각한 물품은 수입신고수리 절차를 거치지 아니하였지만 관세법상 내국물품으로 간주한다.

④ 보수작업으로 외국물품에 부가된 내국물품은 외국물품으로 본다.

⑤ 잠정가격신고 후에 확정가격 신고시 세액이 증가하는 경우에는 가산세를 면제한다.

Answer 1.②

1 ② 외국물품이나 외국물품과 내국물품을 원료로 하거나 재료로 하여 작업을 하는 경우 그로써 생긴 물품은 외국으로부터 우리나라에 도착한 물품으로 본다. 다만, 대통령령으로 정하는 바에 따라 세관장의 승인을 받고 외국물품과 내국물품을 혼용하는 경우에는 그로써 생긴 제품 중 해당 외국물품의 수량 또는 가격에 상응하는 것은 외국으로부터 우리나라에 도착한 물품으로 본다〈관세법 제188조(제품과세)〉.

 ※ 내국물품〈관세법 제2조(정의)〉
  ㉠ 우리나라에 있는 물품으로서 외국물품이 아닌 것
  ㉡ 우리나라의 선박 등이 공해에서 채집하거나 포획한 수산물 등
  ㉢ 제244조 제1항에 따른 입항전수입신고가 수리된 물품
  ㉣ 제252조에 따른 수입신고수리전 반출승인을 받아 반출된 물품
  ㉤ 제253조 제1항에 따른 수입신고전 즉시반출신고를 하고 반출된 물품

2 「관세법」상 신고서류 보관기간을 나열한 것으로 틀린 것은?

① 수입신고필증 : 5년
② 수출신고필증 : 3년
③ 보세화물반출입에 관한 자료 : 3년
④ 수입물품 과세가격 결정에 관한 자료 : 5년
⑤ 보세운송에 관한 자료 : 2년

3 수출입 금지 물품이 아닌 것은?

① 헌법질서를 문란하게 하는 물품
② 세액을 허위로 기재한 물품
③ 공공의 안녕질서 또는 풍속을 해치는 물품
④ 정부의 기밀을 누설하거나 첩보활동에 사용되는 물품
⑤ 화폐·채권이나 그 밖에 유가증권의 위조품·변조품 또는 모조품

Answer 2.③ 3.②

2 신고서류의 보관기간〈관세법 시행령 제3조〉
㉠ 해당 신고에 대한 수리일부터 5년
 • 수입신고필증
 • 수입거래관련 계약서 또는 이에 갈음하는 서류
 • 제237조에 따른 지식재산권의 거래에 관련된 계약서 또는 이에 갈음하는 서류
 • 수입물품 가격결정에 관한 자료
㉡ 해당 신고에 대한 수리일부터 3년
 • 수출신고필증
 • 반송신고필증
 • 수출물품·반송물품 가격결정에 관한 자료
 • 수출거래·반송거래 관련 계약서 또는 이에 갈음하는 서류
㉢ 해당 신고에 대한 수리일부터 2년
 • 보세화물반출입에 관한 자료
 • 적재화물목록에 관한 자료
 • 보세운송에 관한 자료

3 수출입의 금지〈관세법 제234조〉 ⋯ 다음 어느 하나에 해당하는 물품은 수출하거나 수입할 수 없다.
㉠ 헌법질서를 문란하게 하거나 공공의 안녕질서 또는 풍속을 해치는 서적·간행물·도화, 영화·음반·비디오물·조각물 또는 그 밖에 이에 준하는 물품
㉡ 정부의 기밀을 누설하거나 첩보활동에 사용되는 물품
㉢ 화폐·채권이나 그 밖의 유가증권의 위조품·변조품 또는 모조품

4 도난물품이나 분실물품에 대하여 관세법에서 정한 납세의무자가 아닌 자는?

① 보세구역 운영인　　　　　　　　　　② 보세운송신고인
③ 물품보관인　　　　　　　　　　　　　④ 물품점유자
⑤ 물품취급인

5 서류제출대상으로 선별된 수입신고건에 대하여는 제출서류를 스캔 등의 방법으로 전자 이미지화하거나 무역서류의 전자제출을 이용하여 통관시스템에 전송하는 것이 원칙이다. 그럼에도 불구하고 종이서류로 제출하여야 하는 것은?

① 송품장　　　　　　　　　　　　　　　② 가격신고서
③ 선하증권(B/L)사본이나 항공화물운송장(AWB)사본　　④ 킴벌리프로세스증명서
⑤ 원산지증명서

6 수출입물품 검사에 대한 설명으로 틀린 것은?

① 세관공무원은 수출입물품에 대하여 검사할 수 있다.
② 화주는 수입신고하려는 물품에 대하여 수입신고 전에 확인할 수 있다.
③ 세관장은 적법한 물품검사로 인하여 물품에 손실이 발생한 경우 그 손실을 입은 자에게 보상하여야 한다.
④ 세관장은 다른 법령에서 정한 물품의 성분, 품질 등에 대한 안전성 검사를 할 수 있다.
⑤ 세관장은 물품의 화주 및 신고인이 검사에 참여할 것을 신청할 경우 화중에 한하여 참여를 허용할 수 있다.

Answer 4.④ 5.④ 6.⑤

4 납세의무자〈관세법 제19조 제1항 제10호〉… 도난물품이나 분실물품인 경우에는 다음에 규정된 자
　㉠ 보세구역의 장치물품(藏置物品) : 그 운영인 또는 제172조 제2항에 따른 화물관리인
　㉡ 보세운송물품 : 보세운송을 신고하거나 승인을 받은 자
　㉢ 그 밖의 물품 : 그 보관인 또는 취급인

5 ①②③⑤ 신고인은 제13조에 따라 서류제출대상으로 선별된 수입신고 건에 대하여는 수입신고서에 다음 각 호의 서류를 스캔 등의 방법으로 전자 이미지화하거나 제14조에 따른 무역서류의 전자제출을 이용하여 통관시스템에 전송하는 것을 원칙으로 한다〈수입통관 사무처리에 관한 고시 제15조(수입신고시 제출서류) 제1항〉.
　※ 수입신고시 제출서류〈수입통관 사무처리에 관한 고시 제15조 제2항〉… 다음 어느 하나에 해당하는 경우에는 종이서류를 제출하여야 한다.
　　㉠ 킴벌리프로세스증명서 제출대상물품(원본)
　　㉡ 일시수입통관증서(A.T.A Carnet)에 의한 일시수입물품(원본)
　　㉢ SOFA 협정 적용대상물품(원본 또는 주한미군에서 전자서명하여 교부한 증명서)

6 물품의 검사〈관세법 제246조〉
　㉠ 세관공무원은 수출·수입 또는 반송하려는 물품에 대하여 검사를 할 수 있다.
　㉡ 관세청장은 검사의 효율을 거두기 위하여 검사대상, 검사범위, 검사방법 등에 관하여 필요한 기준을 정할 수 있다.
　㉢ 화주는 수입신고를 하려는 물품에 대하여 수입신고 전에 관세청장이 정하는 바에 따라 확인을 할 수 있다.

7 「관세법」상 심사청구에 관한 설명으로 틀린 것은?

① 심사청구는 해당 처분을 한 것을 안 날부터 120일 이내에 제기하여야 한다.

② 심사청구는 불복하는 사유를 심사청구서에 적어 해당 처분을 하였거나 하였어야 하는 세관장을 거쳐 관세청장에게 하여야 한다.

③ 이의신청을 거친 후 심사청구를 하려는 경우에는 이의신청에 대한 결정을 통지받은 날부터 90일 이내에 하여야 한다.

④ 해당 심사청구서를 제출받은 세관장은 이를 받은 날부터 7일 내에 그 심사청구서에 의견서를 첨부하여 관세청장에게 보내야 한다.

⑤ 우편으로 기한 내에 제출한 심사청구서가 청구기간이 지나 세관장 또는 관세청장에게 도달한 경우에는 그 기간의 만료일에 청구된 것으로 본다.

8 고액 · 상습체납자의 명단 공개에 대한 설명이다. (   )안에 들어갈 내용을 맞게 나열한 것은?

> 관세청장은 체납발생일부터 (   )이 지난 관세 및 내국세 등이 (   )이상인 체납자에 대하여는 그 인적사항과 체납액 등을 공개할 수 있다. 다만, 체납관세 등에 대하여 이의신청 · 심사청구 등 불복청구가 진행 중이거나 체납액의 일정금액 이상을 납부한 경우 등 대통령령으로 정하는 사유에 해당하는 경우에는 그러하지 아니하다.

① 6개월, 1억 원   ② 6개월, 2억 원
③ 1년, 2억 원   ④ 1년, 1억 원
⑤ 3년, 3억 원

Answer 7.① 8.③

7 ① 심사청구는 해당 처분을 한 것을 안 날(처분하였다는 통지를 받았을 때에는 통지를 받은 날을 말한다)부터 90일 이내에 제기하여야 한다〈관세법 제121조(심사청구기간) 제1항〉.
② 관세법 제122조(심사청구절차) 제1항
③ 관세법 제121조(심사청구기간) 제2항
④ 관세법 제122조(심사청구절차) 제3항
⑤ 관세법 제121조(심사청구기간) 제3항

8 고액 · 상습체납자의 명단 공개〈관세법 제116조의2 제1항〉 … 관세청장은 체납발생일부터 <u>1년</u>이 지난 관세 및 내국세 등이 <u>2억 원</u> 이상인 체납자에 대하여는 그 인적사항과 체납액 등을 공개할 수 있다. 다만, 체납관세 등에 대하여 이의신청 · 심사청구 등 불복청구가 진행 중이거나 체납액의 일정금액 이상을 납부한 경우 등 대통령령으로 정하는 사유에 해당하는 경우에는 그러하지 아니하다.

9 「관세법」 제231조 규정에 의한 환적물품 등의 원산지 허위표시물품 유치에 대한 설명으로 틀린 것은?

① 세관장은 원산지표시 수정 등 필요한 조치사항이 이행된 경우에는 물품의 유치를 즉시 해제하여야 한다.

② 세관장은 유치사실을 통지할 때에는 이행기간을 정하여 원산지 표시의 수정 등 필요한 조치를 명할 수 있다. 이 경우 지정한 이행기간 내에 명령을 이행하지 아니하면 매각한다는 뜻을 함께 통지하여야 한다.

③ 세관장은 외국물품을 유치할 때에는 그 사실을 그 물품의 화주나 그 위임을 받은 자에게 통지하여야 한다.

④ 유치하는 외국물품은 세관장이 관리하는 장소에 보관하여야 한다. 다만, 세관장이 필요하다고 인정할 때에는 그러하지 아니하다.

⑤ 일시적으로 육지에 내려지거나 다른 운송수단으로 환적 또는 복합환적되는 외국물품 중 원산지를 최종 수입국으로 허위 표시한 물품은 유치할 수 있다.

10 외국에 거주하는 친인척이 국내거주자에게 무상으로 기증하는 수입물품이 있을 때, 이에 대하여 세관장이 부과·징수할 수 있는 조세가 아닌 것은?

① 개별소비세   ② 주세

③ 증여세   ④ 교육세

⑤ 농어촌특별세

Answer 9.⑤   10.③

9 환적물품 등에 대한 유치 등〈관세법 제231조〉
　㉠ 세관장은 제141조에 따라 일시적으로 육지에 내려지거나 다른 운송수단으로 환적 또는 복합환적되는 외국물품 중 원산지를 우리나라로 허위 표시한 물품은 유치할 수 있다.
　㉡ ㉠에 따라 유치하는 외국물품은 세관장이 관리하는 장소에 보관하여야 한다. 다만, 세관장이 필요하다고 인정할 때에는 그러하지 아니하다.
　㉢ 세관장은 ㉠에 따라 외국물품을 유치할 때에는 그 사실을 그 물품의 화주나 그 위임을 받은 자에게 통지하여야 한다.
　㉣ 세관장은 ㉢에 따른 통지를 할 때에는 이행기간을 정하여 원산지 표시의 수정 등 필요한 조치를 명할 수 있다. 이 경우 지정한 이행기간 내에 명령을 이행하지 아니하면 매각한다는 뜻을 함께 통지하여야 한다.
　㉤ 세관장은 ㉣ 전단에 따른 명령이 이행된 경우에는 제1항에 따른 물품의 유치를 즉시 해제하여야 한다.
　㉥ 세관장은 ㉣ 전단에 따른 명령이 이행되지 아니한 경우에는 이를 매각할 수 있다. 이 경우 매각 방법 및 절차에 관하여는 제160조 제4항부터 제6항까지 및 제210조를 준용한다.

10 내국세 등의 부과·징수〈관세법 제4조 제1항〉… 수입물품에 대하여 세관장이 부과·징수하는 부가가치세, 지방소비세, 담배소비세, 지방교육세, 개별소비세, 주세, 교육세, 교통·에너지·환경세 및 농어촌특별세(이하 "내국세 등"이라 하되, 내국세 등의 가산세 및 강제징수비를 포함한다)의 부과·징수·환급 등에 관하여 「국세기본법」, 「국세징수법」, 「부가가치세법」, 「지방세법」, 「개별소비세법」, 「주세법」, 「교육세법」, 「교통·에너지·환경세법」 및 「농어촌특별세법」의 규정과 이 법의 규정이 상충되는 경우에는 이 법의 규정을 우선하여 적용한다.

11 세관장이 수입신고서 심사결과 해당 물품을 통관보류할 수 있는 경우가 아닌 것은?

① 수입신고서 기재사항 중 중요한 사항이 미비되어 보완이 필요한 경우

② 해당 물품에 대한 가격신고서 내용 중 일부사항이 기재누락된 경우

③ 관세벌칙 혐의로 고발되거나 조사를 받는 경우

④ 「관세법」 제246조의3 제1항에 따른 안전성 검사가 필요한 경우

⑤ 「국세징수법」 제30조의2에 따라 세관장에게 체납처분이 위탁된 해당 체납자가 수입하는 경우

12 세관장이 수입신고수리전 반출을 승인할 수 있는 경우가 아닌 것은?

① 「조달사업에 관한 법률」에 따른 비축물자로 신고 된 물품으로 실수요자가 결정되지 아니한 경우

② 해당 물품에 대한 품목분류 또는 세액결정에 오랜 시간이 걸리는 경우

③ 완성품의 세 번으로 수입신고수리를 받고자 하는 물품이 미조립상태로 분할선적 수입된 경우

④ 특혜세율을 적용받기 위한 원산지 확인에 필요한 원산지증명서를 세관장에게 제출하지 못한 경우

⑤ 수입통관 시 법령에 따른 허가·승인·표시 또는 그 밖의 조건 등 구비조건을 증명하는데 오랜 시간이 걸리는 경우

Answer 11.② 12.⑤

11 통관의 보류〈관세법 제237조 제1항〉
㉠ 제241조 또는 제244조에 따른 수출·수입 또는 반송에 관한 신고서의 기재사항에 보완이 필요한 경우
㉡ 제245조에 따른 제출서류 등이 갖추어지지 아니하여 보완이 필요한 경우
㉢ 이 법에 따른 의무사항(대한민국이 체결한 조약 및 일반적으로 승인된 국제법규에 따른 의무를 포함한다)을 위반하거나 국민보건 등을 해칠 우려가 있는 경우
㉣ 제246조의3 제1항에 따른 안전성 검사가 필요한 경우
㉤ 제246조의3 제1항에 따른 안전성 검사 결과 불법·불량·유해 물품으로 확인된 경우
㉥ 「국세징수법」 제30조 및 「지방세징수법」 제39조의2에 따라 세관장에게 강제징수 또는 체납처분이 위탁된 해당 체납자가 수입하는 경우
㉦ 관세 관계 법령을 위반한 혐의로 고발되거나 조사를 받는 경우

12 신고수리전 반출〈수입통관 사무처리에 관한 고시 제38조 제1항〉 ··· 수입통관에 곤란한 사유가 없는 물품으로서 다음 어느 하나에 해당하는 경우에는 법 제252조에 따라 세관장이 신고수리 전 반출을 승인할 수 있다.
㉠ 완성품의 세번으로 수입신고수리 받고자 하는 물품이 미조립상태로 분할선적 수입된 경우
㉡ 「조달사업에 관한 법률」에 따른 비축물자로 신고 된 물품으로서 실수요자가 결정되지 아니한 경우
㉢ 사전세액심사 대상물품(부과고지물품을 포함한다)으로서 세액결정에 오랜 시간이 걸리는 경우
㉣ 품목분류나 세율결정에 오랜 시간이 걸리는 경우
㉤ 수입신고 시 「관세법 시행령」 제236조 제1항 제1호에 따라 원산지증명서를 세관장에게 제출하지 못한 경우

13 관세에 대한 설명으로 틀린 것은?

① 「관세법」상 납세의무자와 실질적인 조세부담자가 다른 간접세에 해당한다.

② 국가가 일정한 과세기간에 따라 일정시점에 조세를 부과하는 정기세에 해당한다.

③ 납세의무자의 의사와 관계없이 「관세법」 또는 조약에 의거하여 강제적으로 부과징수하는 조세이다.

④ 자유무역의 장애요소가 될 수 있다.

⑤ 부가가치세 등과 같은 소비세적 성격이 있다.

14 간이세율 적용에 대한 설명으로 틀린 것은?

① 외국을 오가는 운송수단의 승무원이 휴대하여 수입하는 물품은 간이세율을 적용할 수 있다.

② 탁송품은 간이세율을 적용할 수 있다.

③ 종량세가 적용되는 물품은 간이세율을 적용하지 아니한다.

④ 관세율이 무세인 물품은 간이세율을 적용하지 아니한다.

⑤ 우편물은 모두 간이세율을 적용할 수 있다.

15 「관세법」의 목적에 대한 설명이다. (   )안에 들어갈 용어를 맞게 나열한 것은?

> 이 법은 관세의 부과·징수 및 수출입물품의 통관을 (   )하게 하고 (   )수입을 확보함으로써 (   )경제의 발전에 이바지함을 목적으로 한다.

① 신속, 관세, 국가   ② 신속, 관세, 국민

③ 적정, 조세, 국민   ④ 적정, 관세, 국민

⑤ 정확, 조세, 국가

Answer 13.② 14.⑤ 15.④

---

13 ② 과세대상이 수입물품, 물품이 관세영역을 통과하는 경우에만 부과되며, 수입행위가 이루어질 때마다 부과되는 특수한 성격을 지닌다.

14 간이세율의 적용〈관세법 제81조〉

㉠ 다음에 해당하는 물품 중 대통령령으로 정하는 물품에 대하여는 다른 법령에도 불구하고 간이세율을 적용할 수 있다.
  1. 여행자 또는 외국을 오가는 운송수단의 승무원이 휴대하여 수입하는 물품
  2. 우편물. 다만, 제258조 제2항에 따라 제241조 제1항에 따른 수입신고를 하여야 하는 우편물은 제외한다.
  3. 탁송품 또는 별송품

㉡ 간이세율은 수입물품에 대한 관세, 임시수입부가세 및 내국세의 세율을 기초로 하여 대통령령으로 정한다.

㉢ ㉠ 제1호에 해당하는 물품으로서 그 총액이 대통령령으로 정하는 금액 이하인 물품에 대하여는 일반적으로 휴대하여 수입하는 물품의 관세, 임시수입부가세 및 내국세의 세율을 고려하여 ㉡에 따른 세율을 단일한 세율로 할 수 있다.

15 목적〈관세법 제1조〉 … 이 법은 관세의 부과·징수 및 수출입물품의 통관을 **적정**하게 하고 **관세**수입을 확보함으로써 **국민**경제의 발전에 이바지함을 목적으로 한다.

16 보세구역에 반입된 수입물품의 수입신고의무에 관한 설명으로 틀린 것은?

① 신고의무기간의 미준수에 따른 가산세 대상물품은 보세구역의 종류와 물품의 특성을 감안하여 관할 세관장이 정한다.

② 신고의무기간은 보세구역 반입일부터 30일 이내이다.

③ 신고의무기간 내에 수입의 신고를 하지 아니한 경우에는 해당 물품의 과세가격의 100분의 2에 상당하는 금액의 범위에서 가산세를 징수한다.

④ 신고지연가산세는 500만 원을 초과할 수 없다.

⑤ 「관세법」 별표 관세율표상 관세가 무세인 국제운송을 위한 컨테이너는 수입신고를 생략한다.

17 수출 심사 및 검사에 대한 설명으로 틀린 것은?

① 전자통관심사란 수출신고를 하면 세관 직원의 심사 없이 수출통관시스템에서 전자적 방식으로 심사하는 것을 말한다.

② 심사란 신고된 세번과 신고가격 등 신고사항의 적정여부, 법령에 의한 수출요건의 충족여부 등을 확인하기 위하여 관련서류(전자이미지 포함)나 분석결과를 검토하는 것을 말한다.

③ 자율정정이란 심사나 검사대상으로 선별되지 아니한 신고건에 대하여 화주 또는 신고인이 자율적으로 통관시스템을 이용하여 정정하는 것을 말한다.

④ 물품검사란 수출신고된 물품 이외에 은닉된 물품이 있는지 여부와 수출신고사항과 현품의 일치여부를 확인하는 것을 말한다.

⑤ 적재지검사란 수출신고를 한 물품의 소재지에 방문하여 검사하는 것을 말한다.

---

16 ① 세관장은 대통령령으로 정하는 물품을 수입하거나 반송하는 자가 기간 내에 수입 또는 반송의 신고를 하지 아니한 경우에는 해당 물품 과세가격의 100분의 2에 상당하는 금액의 범위에서 대통령령으로 정하는 금액을 가산세로 징수한다〈관세법 제241조(수출·수입 또는 반송의 신고)〉.

17 ⑤ 적재지검사란 수출물품이 선적(이하 기적을 포함)되는 적재지 보세구역 또는 적재지 관할 세관장이 별도로 정하는 장소에서 검사하는 것을 말한다〈수출통관 사무처리에 관한 고시 제2조(정의)〉.

18 첨부서류 없이 신고서에 수입신고사항을 기재하는 간이신고 대상물품이 아닌 것은?

① 국내거주자가 수취하는 해당 물품의 총 가격이 미화 150달러 이하의 물품으로서 자가사용물품으로 인정되는 면세대상물품

② 외교행낭으로 반입되는 면세대상물품

③ 해당물품의 총 과세가격이 미화 250불이하의 면세되는 상용견품

④ 설계도중 수입승인이 면제되는 것

⑤ 「외국환거래법」에 따라 금융기관이 외환업무를 영위하기 위하여 수입하는 지급수단

Answer 18.②

18 신고서에 의한 간이신고〈수입통관 사무처리에 관한 고시 제71조〉
  ㉠ 국내거주자가 수취하는 해당 물품의 총 가격이 미화 150달러 이하의 물품으로서 자가사용물품으로 인정되는 면세대상물품
  ㉡ 해당물품의 총 과세가격이 미화 250불 이하의 면세되는 상용견품
  ㉢ 설계도중 수입승인이 면제되는 것
  ㉣ 「외국환거래법」에 따라 금융기관이 외환업무를 영위하기 위하여 수입하는 지급수단

19 과세물건 확정의 시기에 대한 설명으로 틀린 것은?

① 수입신고가 수리되기 전에 소비하거나 사용하는 물품(관세법 제239조에 따라 소비 또는 사용을 수입으로 보지 않는 물품은 제외한다) : 해당 물품을 소비하거나 사용한 때

② 도난물품 또는 분실물품 : 해당 물품이 도난되거나 분실된 때

③ 보세운송 신고를 하거나 승인을 받아 보세운송하는 외국물품이 지정된 기간내에 목적지에 도착하지 아니하여 관세를 징수하는 물품 : 수입된 때

④ 우편으로 수입되는 물품(정식 수입신고 대상물품은 제외한다) : 통관 우체국에 도착한 때

⑤ 관세법 제253조 제1항에 따른 수입신고전 즉시반출신고를 하고 반출한 물품 : 수입신고전 즉시반출신고를 한 때

Answer 19.③

19 ③ 보세운송 신고를 하거나 승인을 받아 보세운송하는 외국물품이 지정된 기간내에 목적지에 도착하지 아니하여 관세를 징수하는 물품은 '보세운송을 신고하거나 승인받은 때'가 과세물건 확정의 시기이다.

※ 과세물건 확정의 시기〈관세법 제16조〉

㉠ 제143조 제6항(제151조 제2항에 따라 준용되는 경우를 포함한다)에 따라 관세를 징수하는 물품 : 하역을 허가받은 때

㉡ 제158조 제7항에 따라 관세를 징수하는 물품 : 보세구역 밖에서 하는 보수작업을 승인받은 때

㉢ 제160조 제2항에 따라 관세를 징수하는 물품 : 해당 물품이 멸실되거나 폐기된 때

㉣ 제187조 제7항(제195조 제2항과 제202조 제3항에 따라 준용되는 경우를 포함한다)에 따라 관세를 징수하는 물품 : 보세공장 외 작업, 보세건설장 외 작업 또는 종합보세구역 외 작업을 허가받거나 신고한 때

㉤ 제217조에 따라 관세를 징수하는 물품 : 보세운송을 신고하거나 승인받은 때

㉥ 수입신고가 수리되기 전에 소비하거나 사용하는 물품(제239조에 따라 소비 또는 사용을 수입으로 보지 아니하는 물품은 제외한다) : 해당 물품을 소비하거나 사용한 때

㉦ 제253조제1항에 따른 수입신고전 즉시반출신고를 하고 반출한 물품 : 수입신고전 즉시반출신고를 한 때

㉧ 우편으로 수입되는 물품(제258조 제2항에 해당하는 우편물은 제외한다) : 통관우체국에 도착한 때

㉨ 도난물품 또는 분실물품 : 해당 물품이 도난되거나 분실된 때

㉩ 이 법에 따라 매각되는 물품 : 해당 물품이 매각된 때

㉪ 수입신고를 하지 아니하고 수입된 물품(제1호부터 제10호까지에 규정된 것은 제외한다) : 수입된 때

20 원산지표시 보수작업에 대한 설명으로 틀린 것은?

① 수입자 등은 수입물품의 원산지표시 보수작업을 하고자 하는 때에는 보수작업승인(신청)서를 세관장에게 제출하여야 한다.

② 원산지가 표시되지 않은 물품의 원산지표시 보수작업을 신청 받은 세관장은 원산지증명서 또는 원산지증빙서류에 의하여 원산지를 확인한 뒤 이를 승인하여야 한다.

③ 수입자등은 보수작업을 완료한 경우 세관공무원 또는 관세사의 확인을 받아야 한다.

④ 보수작업을 확인한 세관공무원 등은 보수작업 완료 후에 상태를 촬영하여 전자통관시스템에 등록하고 통보하여야 한다.

⑤ 보수작업신청, 승인, 작업완료 확인내역 등록 및 통보는 전자통관시스템에 의하여 할 수 있다.

21 「관세법」상 용어에 대한 설명으로 맞는 것은?

① 「관세법」제244조 제1항에 따라 입항전수입신고가 수리된 물품은 외국물품이다.

② 외국의 선박 등이 공해상에서 채집한 수산물로서 수입신고가 수리된 것은 외국물품이다.

③ 수출신고가 수리되었으나 선박에 적재되지 않은 물품은 내국물품이다.

④ 복합환적이란 입국 또는 입항하는 운송수단의 물품을 다른 세관의 관할구역으로 운송하여 출국 또는 출항하는 운송수단으로 옮겨 싣는 것을 말한다.

⑤ 통관이란 관세법에 따른 절차를 이행하여 물품을 수출·수입하는 것을 말하며 반송은 포함되지 않는다.

Answer 20.③ 21.④

20 원산지표시 보수작업〈원산지표시제도 운영에 관한 고시 제17조〉

㉠ 수입자 등은 다음 각 호에 해당하여 수입물품의 원산지표시 보수작업을 하고자 하는 때에는 별지 제5호서식의 보수작업승인(신청)서를 세관장에게 제출하여야 한다.

　1. 수입신고 전 : 법 제158조에 따른 원산지표시 보수작업

　2. 수입신고 후 : 법 제230조 단서에 따른 원산지표시 시정명령

　3. 환적물품 및 복합환적물품 : 법 제231조에 따른 원산지표시 수정명령

㉡ 세관장은 원산지가 표시되지 않은 물품이거나 표시된 원산지와 다르게 수입자가 원산지표시 보수작업을 신청하는 경우에는 원산지증명서 또는 원산지증빙서류에 의하여 원산지를 확인한 뒤 이를 승인하여야 한다.

㉢ 수입자 등은 보수작업을 완료한 경우 세관공무원 또는 보세사의 확인을 받아야 한다. 보수작업을 확인한 세관공무원 등은 보수작업 완료 후의 상태를 촬영하여 전자통관시스템에 등록하고 통보하여야 한다. 다만 보세사가 보수작업 완료 확인내역을 등록 및 통보한 경우 세관공무원은 보세사 확인내역의 적정성을 재확인 할 수 있다.

㉣ ㉠부터 ㉢까지의 보수작업신청, 승인, 작업완료 확인내역 등록 및 통보는 전자통관시스템에 의하여 할 수 있으며 구체적인 절차는 「보세화물관리에 관한 고시」 제20조부터 제23조까지를 준용한다.

21 ①③ 「관세법」제244조 제1항에 따라 입항전수입신고가 수리된 물품은 내국물품이다.

② 외국으로부터 우리나라에 도착한 물품(외국의 선박 등이 공해에서 채집하거나 포획한 수산물 등을 포함한다)으로서 수입의 신고가 수리되기 전의 것이 외국물품이다.

⑤ 통관이란 이 법에 따른 절차를 이행하여 물품을 수출·수입 또는 반송하는 것을 말한다.

22 과세가격을 결정하는 경우 외국통화로 표시된 가격을 내국통화로 환산할 때 기준으로 하는 환율은?

① 대고객 전신환 매입율
② 대고객 현찰 매입율
③ 은행간 전신환율
④ 대고객 전신환 매도율
⑤ 재정환율

23 관세의 과세표준 및 과세물건 확정의 시기에 대한 설명이다. (　　)안에 들어갈 용어를 순서대로 나열한 것은?

> • 관세의 관세표준은 수입물품의 (　　) 또는 (　　)으로 한다.
> • 관세는 수입신고(입항전수입신고를 포함한다)하는 때의 물품의 (　　)과 (　　)에 따라 부과한다.

① 가격, 수량, 가격, 수량
② 수량, 중량, 수량, 중량
③ 가격, 수량, 성질, 수량
④ 수량, 중량, 가격, 수량
⑤ 가격, 수량, 규격, 수량

Answer 　22.⑤　23.③

22 관세청장은 「외국환거래법」 제9조 제2항에 따른 외국환중개회사가 「관세법」 제17조에 따른 날(보세건설장에 반입된 물품의 경우에는 수입신고를 한 날을 말한다)이 속하는 주의 전주(前週) 월요일부터 금요일까지 매일 최초 고시하는 기준환율 또는 재정환율을 평균하여 「관세법」 제18조에 따른 과세환율을 결정한다〈관세법 시행규칙 제1조의2(과세환율) 제1항〉.

23 ㉠ 관세의 과세표준은 수입물품의 **가격** 또는 **수량**으로 한다〈관세법 제15조(과세표준)〉.
　㉡ 관세는 수입신고(입항전수입신고를 포함한다)를 하는 때의 물품의 **성질**과 그 **수량**에 따라 부과한다〈관세법 제16조(과세물건 확정의 시기)〉.

24 수입신고 각하 사유에 해당되지 않은 것은?

① 거짓이나 기타 부정한 방법으로 신고한 경우
② 재해 기타 부득이한 사유로 수입물품이 멸실되었거나 세관의 승인을 얻어 폐기하려는 경우
③ 멸각, 폐기, 공매, 국고귀속이 결정된 경우
④ 출항전신고나 입항전신고의 요건을 갖추지 못한 경우
⑤ 출항전신고나 입항전신고한 화물이 도착하지 아니한 경우

25 특송물품에 대한 신고구분 및 수입신고 등의 설명으로 틀린 것은?

① 국내거주자가 수취하는 자가사용물품 또는 면세되는 상업용 견본품 중 물품가격이 미화 150달러(대한민국과 미합중국 간의 자유무역협정에 따른 특송물품 통관의 특례에 해당하는 물품은 미화 200달러) 이하에 해당하는 물품은 목록통관특송물품이다.
② 물품가격이 미화 150달러(대한민국과 미합중국 간의 자유무역협정에 따른 특송물품 통관의 특례에 해당하는 물품은 미화 200달러)를 초과하고 2,000달러 이하인 물품은 간이신고특송물품이다.
③ 물품가격이 미화 2,000달러를 초과하는 물품은 일반수입신고특송물품이다.
④ 우리나라가 체결한 자유무역협정에 따른 원산지증명 면제대상물품에 대하여 협정관세를 적용받고자 하는 자는 구매처(국가), 가격 정보가 담긴 구매영수증 등을 세관장에게 제출하여야 한다.
⑤ 목록통관특송물품을 수입통관 하려는 때에는 관세사, 관세법인, 통관취급법인이나 수입화주는 통관목록을 세관장에게 제출하여야 한다.

24 ※ 신고의 각하〈수입통관 사무처리에 관한 고시 제19조〉
 ㉠ 거짓이나 그밖의 기타 부정한 방법으로 신고한 경우
 ㉡ 멸각, 폐기, 공매・경매낙찰, 몰수확정, 국고귀속이 결정된 경우
 ㉢ 제7조에 따른 출항전신고나 입항전신고의 요건을 갖추지 아니한 경우
 ㉣ 출항전신고나 입항전신고한 화물이 도착하지 아니한 경우
 ㉤ 기타 수입신고의 형식적 요건을 갖추지 못한 경우

25 ①⑤ 국내거주자가 수취하는 자가사용물품 또는 면세되는 상업용 견본품 중 물품가격이 미화 150달러(대한민국과 미합중국 간의 자유무역협정에 따른 특송물품 통관의 특례에 해당하는 물품은 미화 200달러) 이하에 해당하는 물품은 **특송업체**가 통관목록을 세관장에게 제출함으로써 법 제241조 제1항의 수입신고를 생략할 수 있다〈특송물품 수입통관 사무처리에 관한 고시 제8조(신고구분) 제1항 제1호〉
 ② 「특송물품 수입통관 사무처리에 관한 고시」 제8조(신고구분) 제1항 제2호
 ③ 「특송물품 수입통관 사무처리에 관한 고시」 제8조(신고구분) 제1항 제3호
 ④ 「특송물품 수입통관 사무처리에 관한 고시」 제9조(수입신고 등) 제4항

1 특허보세구역의 수용능력 증감에 대한 설명 중 틀린 것은?

① 운영인은 수용능력을 증감할 필요가 있는 경우 세관장의 승인을 얻어야 한다.

② 특허작업 능력을 변경할 운영시설의 관계도면과 공사내역서를 세관장에게 제출하여야 한다.

③ 운영시설의 증축은 수용능력 증감에 해당하지만, 수선은 해당하지 않는다.

④ 특허를 받은 면적의 범위내에서 수용능력 변경은 신고로써 승인을 얻은 것으로 본다.

⑤ 수용능력에 대한 공사를 준공한 운영인은 그 사실을 지체 없이 세관장에게 통보하여야 한다.

2 (   )안에 들어갈 내용으로 맞는 것은?

보세구역은 지정보세구역·특허보세구역 및 (㉠)으로 구분하고, 지정보세구역은 지정장치장 및 (㉡)(으)로 구분하며, 특허보세구역은 (㉢)·보세공장·보세전시장·(㉣) 및 보세판매장으로 구분한다.

	㉠	㉡	㉢	㉣
①	종합보세구역	세관검사장	보세창고	보세건설장
②	합동보세구역	세관검사장	보세장치장	보세건설장
③	종합장치구역	세관장치장	보세창고	보세건설장
④	종합보세구역	보세건설장	보세창고	세관검사장
⑤	합동보세구역	보세창고	세관검사장	보세건설장

Answer 1.③ 2.①

1 **수용능력증감 등의 변경〈관세법 시행령 제191조〉**
㉠ 특허보세구역의 운영인이 그 장치물품의 수용능력을 증감하거나 그 특허작업의 능력을 변경할 설치·운영시설의 증축, 수선 등의 공사를 하고자 하는 때에는 그 사유를 기재한 신청서에 공사내역서 및 관계도면을 첨부하여 세관장에게 제출하여 그 승인을 얻어야 한다. 다만, 특허받은 면적의 범위내에서 수용능력 또는 특허작업능력을 변경하는 경우에는 신고함으로써 승인을 얻은 것으로 본다.
㉡ ㉠의 공사를 준공한 운영인은 그 사실을 지체없이 세관장에게 통보하여야 한다.

2 **보세구역의 종류〈관세법 제154〉** … 보세구역은 지정보세구역·특허보세구역 및 ㉠**종합보세구역**으로 구분하고, 지정보세구역은 지정장치장 및 ㉡**세관검사장**으로 구분하며, 특허보세구역은 ㉢**보세창고**·보세공장·보세전시장·㉣**보세건설장** 및 보세판매장으로 구분한다.

3 보세구역 물품의 반출입에 관한 설명 중 틀린 것은?

① 보세구역에 물품을 반입하거나 반출하려는 자는 대통령으로 정하는 바에 따라 세관장에게 신고하여야 한다.

② 보세구역에 물품을 반입하거나 반출하려는 경우, 세관공무원은 해당 물품을 검사할 수 있다.

③ 세관장은 보세구역에 반입할 수 있는 물품의 종류를 제한할 수 있다.

④ 관세청장이 정하는 보세구역에 반입되어 수입신고가 수리된 물품은 장치기간에도 불구하고 수입신고 수리일부터 15일 이내에 해당 물품을 보세구역으로부터 반출하여야 한다.

⑤ 수입신고가 수리된 물품이 보세구역의 외국물품 장치에 방해가 되지 않는 경우 세관장의 반출기간 연장승인을 받지 않아도 반출기한이 연장된다.

4 특허보세구역 물품반입 정지사유가 아닌 것은?

① 운영인 또는 그 종업원의 관리소홀로 해당 보세구역에서 밀수행위가 발생한 때

② 운영인 또는 그 종업원이 합법가장 밀수를 인지하고도 세관장에게 보고하지 아니하고 보관 또는 반출할 때

③ 운영인이 특허보세구역을 운영하지 아니하거나 30일 이상 계속하여 운영을 휴지하고자 한 때에 세관장에게 통보하지 않은 경우

④ 장치물품에 대한 관세를 납부할 자력이 없다고 인정되는 경우

⑤ 운영인은 최근 1년 동안 3회 이상 경고처분을 받은 때

Answer 3.⑤ 4.③

3 ⑤ 수입신고수리물품의 반출〈관세법 제157조의2〉 … 관세청장이 정하는 보세구역에 반입되어 수입신고가 수리된 물품의 화주 또는 반입자는 제177조에도 불구하고 그 수입신고 수리일부터 15일 이내에 해당 물품을 보세구역으로부터 반출하여야 한다. 다만, <u>외국물품을 장치하는 데에 방해가 되지 아니하는 것으로 인정되어 세관장으로부터 해당 반출기간의 연장승인을 받았을 때에는 그러하지 아니하다.</u>

※ 물품의 반입 · 반출〈관세법 제157조〉

  ㉠ 보세구역에 물품을 반입하거나 반출하려는 자는 대통령령으로 정하는 바에 따라 세관장에게 신고하여야 한다.

  ㉡ ㉠에 따라 보세구역에 물품을 반입하거나 반출하려는 경우에는 세관장은 세관공무원을 참여시킬 수 있으며, 세관공무원은 해당 물품을 검사할 수 있다.

  ㉢ 세관장은 보세구역에 반입할 수 있는 물품의 종류를 제한할 수 있다.

4 행정제재〈특허보세구역 운영에 관한 고시 제18조 제3항〉 … 세관장은 특허보세구역 운영인이 다음의 어느 하나에 해당하는 경우에는 기간을 정하여 보세구역에의 물품반입을 정지하여야 한다.

  ㉠ 장치물품에 대한 관세를 납부할 자력이 없다고 인정되는 경우

  ㉡ 본인 또는 그 사용인이 법 또는 법에 따른 명령을 위반한 경우

  ㉢ 해당 시설의 미비 등으로 특허보세구역 설영의 목적을 달성하기 곤란하다고 인정되는 경우

  ㉣ 운영인 또는 그 종업원이 합법가장 밀수를 인지하고도 세관장에게 보고하지 아니하고 보관 또는 반출한 때

  ㉤ 세관장의 시설구비 명령을 미이행하거나 보관화물에 대한 중대한 관리소홀로 보세화물의 도난, 분실이 발생한 때

  ㉥ 운영인 또는 그 종업원의 관리소홀로 해당 보세구역에서 밀수행위가 발생한 때

  ㉦ 운영인이 최근 1년 동안 3회 이상 경고처분을 받은 때

5 보세전시장에 반입이 허용되는 외국물품의 범위에 해당하지 않은 것은?

① 보세전시장에 설치될 전시관, 사무소, 창고, 건조물의 건설유지 또는 철거를 위하여 사용될 물품
② 박람회 등의 주최자 또는 국내 대행자가 보세전시장에서 그 업무수행을 위하여 사용할 물품
③ 보세전시장에서 불특정다수의 관람자에게 오락용으로 관람시키거나 사용하게 할 물품
④ 보세전시장에서 불특정다수의 관람자에게 판매할 것을 목적으로 하는 물품
⑤ 보세전시장에서 불특정다수의 관람자에게 증여할 것을 목적으로 하는 물품

Answer 5.②

5 반입물품의 범위〈보세전시장 운영에 관한 고시 제9조(반입물품의 범위)〉… 법 제157조 제3항에 따라 보세전시장에 반입이 허용되는 외국물품의 범위는 다음과 같다.

㉠ **건설용품** : 해당 보세전시장에 설치될 전시관, 사무소, 창고, 그 밖의 건조물의 건설유지 또는 철거를 위하여 사용될 물품을 말하며, 여기에는 시멘트, 도료류, 접착제, 볼트, 합판 등의 건축자재와 토목기계, 건축기계, 각종공구 및 이에 사용될 연료나 기계류 등이 포함된다.

㉡ **업무용품** : 해당 박람회 등의 주최자 또는 출품자가 보세전시장에서 그 업무수행을 위하여 사용할 물품을 말하며 여기에는 사무소 또는 전시관에 비치된 가구, 장식품, 진열용구, 사무용비품 및 소모품 등이 포함된다.

㉢ **오락용품** : 해당 보세전시장에서 불특정다수의 관람자에게 오락용으로 관람시키거나 사용하게 할 물품을 말하며 영화필름, 슬라이드, 회전목마 등이 포함된다.

㉣ **전시용품** : 해당 보세전시장에서 전시할 물품을 말한다.

㉤ **판매용품** : 해당 보세전시장에서 불특정다수의 관람자에게 판매할 것을 목적으로 하는 물품을 말하며, 판매될 물품이 전시할 기계류의 성능실연을 거쳐서 가공·제조되는 것인 때에는 이에 사용될 원료도 포함된다.

㉥ **증여물품** : 해당 보세전시장에서 불특정다수의 관람자에게 증여할 것을 목적으로 하는 물품을 말하며, 다음과 같은 것이 이에 포함된다.
  • 광고용의 팸플릿(pamphlet), 카탈로그(catalog), 포스터(poster) 또는 이와 유사한 인쇄물
  • 법 제94조 제3호에서 관세가 면제될 진정견본
  • 법 제94조 제4호에서 관세가 면제될 소액 증여품

6 보세구역 운영인이 세관장에게 지체 없이 보고해야 할 사유에 해당하지 않는 것은?

① 「관세법」 제175조 및 제179조 제1항에 의거 운영인의 결격사유와 특허의 효력상실 사유가 발생한 때
② 도난, 화재, 침수, 기타사고가 발생할 우려가 있을 때
③ 보세구역에 장치한 물품이 선적서류, 보세운송신고필증 또는 포장 등에 표기된 물품과 상이한 사실을 발견한 때
④ 보세구역에 종사하는 직원을 채용하거나 면직한 때
⑤ 보세구역의 건물, 시설 등에 관하여 소방서 등 행정관청으로부터 시정명령을 받은 때

7 보세공장의 설치 · 운영 특허 제한사유에 대한 설명으로 틀린 것은?

① 위험물품을 취급하는 경우 관세청장의 별도 승인을 받지 아니한 자
② 라벨표시, 용기변경, 단순조립 등 보수작업만을 목적으로 하는 경우
③ 폐기물을 원재료로 하여 제조 · 가공하려는 경우
④ 손모율이 불안정한 농 · 수 · 축산물을 원재료로 하여 제조 · 가공하려는 경우
⑤ 보세작업의 전부를 장외작업에 의존할 경우

---

6 운영인의 의무〈특허보세구역 운영에 관한 고시 제17조 제2항〉 ··· 운영인은 다음의 사유가 발생한 때에는 지체 없이 세관장에게 보고 하여야 한다.
ㄱ 「관세법」 제175(운영인의 결격사유)조 및 제179조(특허의 효력상실 및 승계) 제1항 각 호의 사유가 발생한 때
ㄴ 도난, 화재, 침수, 기타사고가 발생한 때
ㄷ 보세구역에 장치한 물품이 선적서류, 보세운송신고필증 또는 포장 등에 표기된 물품과 상이한 사실을 발견한 때
ㄹ 보세구역에 종사하는 직원을 채용하거나 면직한 때
ㅁ 보세구역의 건물, 시설 등에 관하여 소방서 등 행정관청으로부터 시정명령을 받은 때

7 특허의 제한〈보세공장 운영에 관한 고시 제8조 제2항〉 ··· 다음에 해당하는 경우에는 보세작업의 종류 및 특수성을 고려하여 설치 · 운영특허를 제한할 수 있다.
ㄱ 제25조 제1항 각 호의 어느 하나에 해당하는 보수작업만을 목적으로 하는 경우
ㄴ 폐기물을 원재료로 하여 제조 · 가공하려는 경우
ㄷ 손모율이 불안정한 농 · 수 · 축산물을 원재료로 하여 제조 · 가공하려는 경우
ㄹ 보세작업의 전부를 장외작업에 의존할 경우

8 영업용 보세창고 특허요건으로 틀린 것은?

① 지붕이 있고 주의에 벽을 가진 지상건축물로서 고내면적이 500㎡ 이상이어야 한다.
② 건물의 용도가 「건축법」상 보관하려는 보세화물의 보관에 적합하여야 한다.
③ 해당 창고시설을 임차하고 있는 경우, 신청일 현재 잔여 임차기간이 중장기적 사업계획을 추진할 수 있을 만큼 충분하여야 한다.
④ 특허신청인은 내부 화물관리 규정을 작성하여 세관장에게 제출하여야 한다.
⑤ 화물반출입, 통관절차 이행 및 화물관리업무를 위하여 필요한 장비와 설비를 갖추어야 한다.

9 영업용 보세창고 신규특허와 관련하여 세관장이 관할 지역의 수출입 물동량 요건을 적용해야 하는 경우에 해당하는 것은?

① 국가 산업의 일환으로 조성되는 공항만 및 물류단지
② 다른 세관 관할로 보세창고 소재지를 이동하는 경우
③ 해당 지역 최초로 특수화물을 장치하기 위한 경우
④ 기존 보세창고를 인수하는 경우
⑤ 집단화 물류시설에 입주하는 경우

Answer 8.① 9.②

8 ① 지붕이 있고 주위에 벽을 가진 지상건축물로서 고내면적이 <u>1,000㎡ 이상</u>이어야 한다〈특허보세구역 운영에 관한 고시 제10조 (영업용 보세창고의 요건) 제1항〉.

9 영업용 보세창고의 요건〈특허보세구역 운영에 관한 고시 제10조 제4항〉 … 세관장은 다음 각 호의 어느 하나에 해당하는 경우에는 제3항 전단의 규정을 적용하지 않을 수 있다.
㉠ 법 제179조 제3항에 따른 승계신고 대상인 상속인 또는 승계법인
㉡ 제12조 제2항 또는 제3항에 해당하는 경우
㉢ 국가 산업의 일환으로 조성되는 공항만, 물류단지
㉣ 동일세관 관할 내에서 보세창고 소재지를 단순 이동(변경)하는 경우
㉤ 수출입안전관리 우수 공인업체(보세구역운영인) 공인기준에 준하는 요건 등을 본부세관별로 설정·운영하는 경우
㉥ 해당 지역 최초로 특수화물을 장치하기 위한 경우
㉦ 기존 보세창고를 인수하는 경우
㉧ 집단화 물류시설에 입주하는 경우
㉨ 수출입화물의 유통구조 개선 및 물류비 절감 등을 위해 조성된 컨테이너 내륙물류기지(ICD)

10 세관장이 특허보세구역 운영인에게 주의처분할 수 있는 경우로 틀린 것은?

① 도난, 화재, 침수, 그 밖의 사고 발생과 관련하여 지체 없이 보고하지 아니한 때
② 보세구역 수용능력 증감 관련 세관장에게 승인을 받지 아니한 때
③ 특허보세구역 특허수수료를 납부하지 아니한 때
④ 보세화물 반입 즉시 반입신고서를 제출하지 아니한 때
⑤ 보세창고 운영상황을 다음 해 2월말까지 세관장에게 보고하지 아니한 때

11 수입활어장치장의 시설요건에 대한 설명으로 틀린 것은?

① 수조외벽은 각각의 수조가 물리적·영구적으로 분리되는 구조이어야 하며 수조사이에 활어가 이동할 수 없도록 충분한 높이를 갖추어야 한다.
② 폐쇄회로 텔레비전(CCTV)은 각각의 출입구와 2개의 수조당 1대 이상 설치하여야 하며 활어의 검량 감시용 이동식 폐쇄회로 텔레비전(CCTV)을 1대 이상 보유하여야 한다.
③ 영상녹화시설은 폐쇄회로 텔레비전(CCTV) 영상을 상시 녹화할 수 있고 녹화된 영상을 30일 이상 보관할 수 있는 감시장비를 보유하여야 한다.
④ 폐사어를 장치할 수 있는 냉동·냉장 보관시설은 필요시 설치하여 보유할 수 있다.
⑤ 세관장이 폐쇄회로 텔레비전(CCTV) 영상을 인터넷 망을 통해 실시간으로 확인할 수 있도록 폐쇄회로 텔레비전(CCTV) 인터넷망에 접속권한 부여 등의 조치를 하여야 한다.

Answer 10.② 11.④

10 행정제재〈특허보세구역 운영에 관한 고시 제18조 제1항〉 … 세관장은 다음의 어느 하나에 해당하는 경우에는 주의처분을 할 수 있으며, 1년 이내에 주의처분을 3회 받은 때에는 경고 1회로 한다. 다만, 현장점검, 감사 등의 결과에 따라 적발된 수개의 동일 위반사항에 대해서는 1건으로 처분할 수 있다.
ㄱ 제17조 제2항 제2호·제3호·제4호·제5호, 제4항, 제20조 제1항을 위반한 경우
ㄴ 「보세화물관리에 관한 고시」 제5조 제4항, 제9조 제1항·제3항·제5항, 제10조 제1항·제2항·제3항·제5항, 제11조, 제12조 제5항, 제13조 제3항, 제17조 제2항, 제32조를 위반한 경우

11 ④ 운영인 등은 폐사어를 별도의 냉동·냉장시설에 B/L별로 구분하여 보관하여야 한다〈수입활어 관리에 관한 특례고시 제12조(폐사어의 관리) 제2항〉.
① 「수입활어 관리에 관한 특례고시」 제4조(활어장치장의 시설요건 등) 제1항 제1호
② 「수입활어 관리에 관한 특례고시」 제4조(활어장치장의 시설요건 등) 제1항 제2호
③ 「수입활어 관리에 관한 특례고시」 제4조(활어장치장의 시설요건 등) 제1항 제4호
⑤ 「수입활어 관리에 관한 특례고시」 제4조(활어장치장의 시설요건 등) 제1항 제6호

12 보세건설장 물품관리에 관한 설명으로 틀린 것은?

① 운영인은 보세건설장에 외국물품을 반입하였을 때에는 사용 전에 해당 물품의 수입신고를 하여야 한다.

② 운영인은 수입신고한 물품을 사용한 건설공사가 완료된 때에는 보세건설장 완료보고서를 세관장에게 제출하여야 한다.

③ 운영인이 보세건설장에 물품을 반출입하려는 경우 세관장에게 반출입신고를 하여야 한다.

④ 운영인은 보세건설장 작업이 종료한 때에는 수입신고한 물품 중 잉여물품을 세관장에게 보고하여야 하며, 세관장은 잉여물품에 대하여 관세와 내국세 징수 등 해당 세액을 경정하여야 한다.

⑤ 운영인은 보세건설장에서 건설된 시설의 전부 또는 일부를 수입신고 후 가동할 수 있다.

13 「보세판매장 운영에 관한 고시」에서 규정하는 용어의 정의로 틀린 것은?

① 출국장면세점이란 출국장에서 출국인 및 통과여객기(선)에 의한 임시체류인에게 판매하는 보세판매장을 말한다.

② 판매장이란 판매물품을 실제로 판매하는 장소인 매장을 말하며 계단·에스컬레이터·사무실 등 물품판매와 직접 관련 없는 공용시설은 제외한다.

③ 인도장이란 시내면세점 및 전자상거래에 의하여 판매한 물품을 구매자에게 인도하기 위한 곳으로 출국장 보세구역내 설치한 장소, 항공화물탁송보세구역 등을 말한다.

④ 보세판매장 협의단체란 운영인의 공정한 상거래질서를 자율적으로 확립하고 보세판매장제도의 발전을 위하여 설립된 비영리법인을 말한다.

⑤ 통합물류창고란 보세판매장 협의단체장이 회원사의 원활한 보세화물관리와 물류지원을 위하여 보세판매장의 보관창고와 동일한 기능을 수행하기 위해 설치한 곳을 말한다.

Answer 12.⑤ 13.②

12 ⑤ 운영인은 보세건설장에서 건설된 시설의 전부 또는 일부를 법에 따른 **수입신고가 수리되기 전에** 가동할 수 없다. 다만, 세관장의 승인을 받고 시험목적으로 일시 가동한 경우에는 그러하지 아니하다〈보세건설장 관리에 관한 고시 제14조(보세건물물품의 가동제한)〉.
  ① 「보세건설장 관리에 관한 고시」 제10조(수입신고) 제1항
  ② 「보세건설장 관리에 관한 고시」 제10조(수입신고) 제2항
  ③ 「보세건설장 관리에 관한 고시」 제7조(물품의 반출입신고) 제1항
  ④ 「보세건설장 관리에 관한 고시」 제13조(잉여물품의 처리)

13 ② "판매장"이란 판매물품을 실제로 판매하는 장소인 매장과 계단·에스컬레이터·화장실·사무실 등 물품판매와 직접 관련이 없는 공용시설을 말한다〈보세판매장 운영에 관한 고시 제2조(정의) 제5호〉.

14 세관장이 지정보세구역으로 지정할 수 있는 구역이 아닌 것은?

① 국가가 소유하거나 관리하는 토지
② 지방자치단체가 소유하거나 관리하는 건물
③ 공공기관이 소유하거나 관리하는 토지나 건물
④ 공항시설을 관리하는 법인이 소유하거나 관리하는 토지나 건물
⑤ 항만시설을 관리하는 법인이 소유하거나 관리하는 토지나 건물

15 특허보세구역의 특허취소 사유에 대한 설명으로 틀린 것은?

① 세관장은 특허보세구역 운영인이 거짓이나 그 밖의 부정한 방법으로 특허를 받은 경우에는 특허를 취소하여야 한다.
② 세관장은 특허보세구역 운영인이 1년 이내에 3회 이상 물품반입 등의 정지처분을 받은 경우 특허를 취소할 수 있다.
③ 세관장은 특허보세구역 운영인이 2년 이상 물품의 반입실적이 없어서 세관장이 특허보세구역의 설치 목적을 달성하기 곤란하다고 인정하는 경우 특허를 취소할 수 있다.
④ 세관장은 특허보세구역 운영인이 관세법 제177조의2를 위반하여 명의를 대여한 경우 특허를 취소하여야 한다.
⑤ 세관장은 해당시설의 미비 등으로 특허보세구역의 설치 목적을 달성하기 곤란하다고 인정되는 경우 특허를 취소할 수 있다.

Answer 14.③ 15.⑤

14 지정보세구역의 지정〈관세법 제166조 제1항〉… 세관장은 다음의 어느 하나에 해당하는 자가 소유하거나 관리하는 토지·건물 또는 그 밖의 시설을 지정보세구역으로 지정할 수 있다.
㉠ 국가
㉡ 지방자치단체
㉢ 공항시설 또는 항만시설을 관리하는 법인

15 반입정지 등과 특허의 취소〈관세법 제178조 제2항〉… 세관장은 특허보세구역의 운영인이 다음 각 호의 어느 하나에 해당하는 경우에는 그 특허를 취소할 수 있다. 다만, 제1호, 제2호 및 제5호에 해당하는 경우에는 특허를 취소하여야 한다.
㉠ 거짓이나 그 밖의 부정한 방법으로 특허를 받은 경우
㉡ 제175조 각 호의 어느 하나에 해당하게 된 경우. 다만, 제175조 제8호에 해당하는 경우로서 같은 조 제2호 또는 제3호에 해당하는 사람을 임원으로 하는 법인이 3개월 이내에 해당 임원을 변경한 경우에는 그러하지 아니하다.
㉢ 1년 이내에 3회 이상 물품반입 등의 정지처분(제3항에 따른 과징금 부과처분을 포함한다)을 받은 경우
㉣ 2년 이상 물품의 반입실적이 없어서 세관장이 특허보세구역의 설치 목적을 달성하기 곤란하다고 인정하는 경우

16 특허보세구역 특허의 효력 상실에 대한 설명으로 틀린 것은?

① 운영인이 특허보세구역을 운영하지 아니하게 된 경우 그 효력은 상실한다.

② 특허보세구역의 특허기간이 만료한 경우 특허의 효력은 상실한다.

③ 운영인이 해산하거나 사망한 경우 특허의 효력은 상실한다.

④ 특허보세구역 특허의 효력이 상실되었을 때에는 운영인은 해당 특허보세구역에 있는 외국물품을 지체 없이 수입통관 하여야 한다.

⑤ 특허보세구역의 특허가 취소된 경우에는 특허의 효력은 상실한다.

16 특허의 효력상실 및 승계〈관세법 제179조 제1항〉… 특허보세구역의 설치·운영에 관한 특허는 다음의 어느 하나에 해당하면 그 효력을 상실한다.

㉠ 운영인이 특허보세구역을 운영하지 아니하게 된 경우

㉡ 운영인이 해산하거나 사망한 경우

㉢ 특허기간이 만료한 경우

㉣ 특허가 취소된 경우

17 보세공장에 대한 설명으로 틀린 것은?

① 보세공장에서 내국물품만을 원료로 하거나 재료로 하여 제조·가공하거나 그 밖에 이와 비슷한 작업을 하고자 하는 자는 세관장의 허가를 받아야 한다.

② 세관장은 내국작업 허가의 신청을 받은 날부터 10일 이내에 허가 여부를 신청인에게 통지하여야 한다.

③ 세관장이 내국작업 허가의 신청을 받은 날부터 10일 이내에 신청인에게 허가 여부 또는 민원 처리 관련 법령에 따른 처리기간의 연장을 통지하지 아니하면 그 기간이 끝난 날의 다음 날에 허가한 것으로 본다.

④ 보세공장 중 수입하는 물품을 제도·가공하는 것을 목적으로 하는 보세공장의 업종은 기획재정부령으로 정하는 바에 따라 제한할 수 있다.

⑤ 보세공장에 반입되어 사용신고한 외국물품은 다른 법령에 따라 허가·승인·표시를 갖출 필요가 있는 물품임을 증명하지 않아도 된다.

Answer 17.⑤

---

17 ⑤ 사용신고를 한 외국물품이 다음 각 호의 법률에 따라 수입요건을 갖출 필요가 있는 물품인 경우에는 세관장에게 그 요건을 갖춘 것임을 증명하여야 한다〈보세공장 운영에 관한 고시 제18조(사용신고 및 검사) 제2항〉.

① 운영인은 보세공장에서 내국작업(세공장에서 내국물품만을 원료로 하거나 재료로 하여 제조·가공하거나 그 밖에 이와 비슷한 작업)을 하고자 하는 경우 별지 제11호서식의 보세공장 내 내국작업허가신청서를 세관장에게 제출하여야 한다〈보세공장 운영에 관한 고시 제26조(내국작업)〉.

⑤ 「보세공장 운영에 관한 고시」 제18조(사용신고 및 검사) 제1항

※ **보세공장**〈관세법 제185조〉

㉠ 보세공장에서는 외국물품을 원료 또는 재료로 하거나 외국물품과 내국물품을 원료 또는 재료로 하여 제조·가공하거나 그 밖에 이와 비슷한 작업을 할 수 있다.

㉡ 보세공장에서는 세관장의 허가를 받지 아니하고는 내국물품만을 원료로 하거나 재료로 하여 제조·가공하거나 그 밖에 이와 비슷한 작업을 할 수 없다.

㉢ 세관장은 ㉡에 따른 허가의 신청을 받은 날부터 10일 이내에 허가 여부를 신청인에게 통지하여야 한다.

㉣ 세관장이 ㉢에서 정한 기간 내에 허가 여부 또는 민원 처리 관련 법령에 따른 처리기간의 연장을 신청인에게 통지하지 아니하면 그 기간(민원 처리 관련 법령에 따라 처리기간이 연장 또는 재연장된 경우에는 해당 처리기간을 말한다)이 끝난 날의 다음 날에 허가를 한 것으로 본다.

㉤ 보세공장 중 수입하는 물품을 제조·가공하는 것을 목적으로 하는 보세공장의 업종은 기획재정부령으로 정하는 바에 따라 제한할 수 있다.

㉥ 세관장은 수입통관 후 보세공장에서 사용하게 될 물품에 대하여는 보세공장에 직접 반입하여 수입신고를 하게 할 수 있다. 이 경우 제241조 제3항을 준용한다.

18 보세판매장 판매한도에 대한 설명이다. (   )안에 들어갈 내용을 순서대로 나열한 것은?

> 보세판매장의 운영인은 입국인에게 규칙 제69조의4 제1항에 따라 (㉠   ) 이하의 구매한도 범위 내에서 물품을 판매하여야 한다. 이 경우 (㉡   )는 규칙 제48조 제3항에 따른 별도 면세범위 내에서만 판매할 수 있다.

	㉠	㉡
①	미화 800달러	담배 · 향수 · 술
②	미화 500달러	담배 · 향수 · 술
③	미화 800달러	화장품 · 향수 · 술
④	미화 600달러	화장품 · 향수 · 술
⑤	미화 1,000달러	담배 · 향수 · 술

19 보세구역에 장치된 물품에 대한 해체 · 절단 등의 작업에 관한 설명으로 맞는 것은?

① 보세구역에 장치된 물품은 그 현상을 유지하기 위하여 필요한 작업과 그 성질을 변하지 아니하게 하는 범위에서 분할 · 합병 등을 할 수 있다.

② 해체 · 절단 등의 작업을 하려는 자는 세관장에게 신고하여야 한다.

③ 세관장은 해체 · 절단 등의 신청을 받은 날로부터 7일 이내에 허가여부를 신청인에게 통지하여야 한다.

④ 해체 · 절단 등의 작업을 할 수 있는 물품의 종류는 세관장이 정한다.

⑤ 세관장은 수입신고한 물품에 대하여 필요하다고 인정될 때에는 화주 또는 그 위임을 받은 자에게 해체 · 절단 등의 작업을 명할 수 있다.

Answer 18.① 19.⑤

18 운영인은 입국인에게 규칙 제69조의4 제1항에 따라 ㉠**미화 800달러** 이하의 구매한도 범위 내에서 물품을 판매하여야 한다. 이 경우 ㉡**술 · 담배 · 향수**는 규칙 제48조 제3항에 따른 별도 면세범위 내에서만 판매할 수 있다〈보세판매장 운영에 관한 고시 제5조(구매자 및 구매총액) 제5항〉.

19 해체 · 절단 등의 작업〈관세법 제159조〉

㉠ 보세구역에 장치된 물품에 대하여는 그 원형을 변경하거나 해체 · 절단 등의 작업을 할 수 있다.

㉡ ㉠에 따른 해체 · 절단 등의 작업을 하려는 자는 세관장의 허가를 받아야 한다.

㉢ 세관장은 ㉡에 따른 허가의 신청을 받은 날부터 10일 이내에 허가 여부를 신청인에게 통지하여야 한다.

㉣ 세관장이 ㉢에서 정한 기간 내에 허가 여부 또는 민원 처리 관련 법령에 따른 처리기간의 연장을 신청인에게 통지하지 아니하면 그 기간(민원 처리 관련 법령에 따라 처리기간이 연장 또는 재연장된 경우에는 해당 처리기간을 말한다)이 끝난 날의 다음 날에 허가를 한 것으로 본다.

㉤ ㉠에 따라 해체 · 절단 등의 작업을 할 수 있는 물품의 종류는 관세청장이 정한다.

㉥ 세관장은 수입신고한 물품에 대하여 필요하다고 인정될 때에는 화주 또는 그 위임을 받은 자에게 해체 · 절단 등의 작업을 명할 수 있다.

20 보세판매장의 운영인이 외국에서 국내로 입국하는 사람에게 물품(술 · 담배 · 향수는 제외한다)을 판매한도 금액은?

① 미화 500달러
② 미화 600달러
③ 미화 700달러
④ 미화 800달러
⑤ 미화 1,000달러

21 종합보세구역에서 세관장이 내국물품 반출입신고를 생략하게 할 수 있는 물품이 아닌 것은?

① 「관세법」 제185조 제2항의 규정에 의하여 세관장의 허가를 받고 내국물품만을 원료로 하여 제조 · 가공 등을 하는 경우 그 원료 또는 재료
② 「관세법」 제188조 단서의 규정에 의한 혼용작업에 소요되는 원재료
③ 「관세법」 제196조의 규정에 의한 보세판매장에서 판매하고자 하는 물품
④ 「관세법」 제190조의 규정에 의한 보세전시장에서 판매하고자 하는 물품
⑤ 당해 내국물품이 외국에서 생산된 물품으로서 종합보세구역안의 외국물품과 구별되는 필요가 있는 물품(보세전시장의 기능을 수행하는 경우에 한한다)

Answer 20.④ 21.④

20 보세판매장 판매한도〈관세법 시행규칙 제69조의4〉
　㉠ 법 제196조 제2항에 따라 설치된 보세판매장의 운영인이 외국에서 국내로 입국하는 사람에게 물품(술 · 담배 · 향수는 제외한다)을 판매하는 때에는 **미화 800달러**의 한도에서 판매해야 하며, 술 · 담배 · 향수는 제48조 제3항에 따른 별도면세범위에서 판매할 수 있다.
　㉡ 법 제196조제1항 제1호 단서에 따라 입국장 인도장에서 인도하는 것을 조건으로 보세판매장의 운영인이 판매할 수 있는 물품의 한도는 제1항과 같다.
　㉢ ㉠ 및 ㉡에도 불구하고 ㉠에 따른 입국장 면세점과 ㉡에 따른 입국장 인도장이 동일한 입국경로에 함께 설치된 경우 보세판매장의 운영인은 입국장 면세점에서 판매하는 물품(술 · 담배 · 향수는 제외한다)과 입국장 인도장에서 인도하는 것을 조건으로 판매하는 물품(술 · 담배 · 향수는 제외한다)을 합하여 미화 800달러의 한도에서 판매해야 하며, 술 · 담배 · 향수는 제48조 제3항에 따른 별도면세범위에서 판매할 수 있다.

21 내국물품 반출입신고의 생략〈관세법 시행규칙 제70조〉
　㉠ 법 제185조 제2항의 규정에 의하여 세관장의 허가를 받고 내국물품만을 원료로 하여 제조 · 가공 등을 하는 경우 그 원료 또는 재료
　㉡ 법 제188조 단서의 규정에 의한 혼용작업에 소요되는 원재료
　㉢ 법 제196조의 규정에 의한 보세판매장에서 판매하고자 하는 물품
　㉣ 당해 내국물품이 외국에서 생산된 물품으로서 종합보세구역안의 외국물품과 구별되는 필요가 있는 물품(보세전시장의 기능을 수행하는 경우에 한한다)

22 보세판매장 운영인의 의무에 대한 설명으로 틀린 것은?

① 시내면세점 운영인은 해당 보세판매장에 중소 · 중견기업 제품 매장을 설치하여야 한다.

② 운영인은 면세물품의 교환 · 환불절차 및 유의사항을 팸플릿, 인터넷홈페이지와 게시판 등을 통하여 홍보하여야 한다.

③ 외화로 표시된 물품을 표시된 외화 이외의 통화로 판매하는 때에는 해당 물품을 판매하는 날의 전일의 「관세법」에 의한 기준환율 또는 재정환율을 적용한다.

④ 운영인은 해당 월의 보세판매장의 업무사항을 다음 달 7일까지 보세판매장 반출입물품 관리를 위한 전산시스템을 통하여 세관장에게 보고하여야 한다.

⑤ 보세판매장에 근무하는 소속직원과 판촉사원 등이 보세판매장 협의단체에서 주관하는 교육을 연 1회 이상 이수하도록 하여야 한다.

23 보세구역에 장치된 물품에 이상이 있는 경우 세관장에게 제출해야 하는 이상신고서에 기재할 내용이 아닌 것은?

① 해당 물품의 품명 · 규격 · 수량 및 가격

② 당해 물품의 포장의 종류 · 번호 및 개수

③ 장치장소 및 장치사유

④ 장치하는 물품의 종류 및 수용능력

⑤ 발견연월일, 이상의 원인 및 상태

Answer 22.③ 23.④

22 ③ 운영인이 외화로 표시된 물품을 표시된 외화이외의 통화로 판매하는 때에는 해당 물품을 판매하는 날의 전일(최종 고시한 날을 말한다)의 **「외국환거래법」**에 의한 기준환율 또는 재정환율을 적용하여야 한다〈보세판매장 운영에 관한 고시 제3조(운영인의 의무) 제4항 제1호〉.

① 「보세판매장 운영에 관한 고시」 제3조(운영인의 의무) 제1항
② 「보세판매장 운영에 관한 고시」 제3조(운영인의 의무) 제5항
④ 「보세판매장 운영에 관한 고시」 제3조(운영인의 의무) 제8항
⑤ 「보세판매장 운영에 관한 고시」 제3조(운영인의 의무) 제10항

23 물품이상의 신고〈관세법 시행령 제182조 제1항〉 ··· 보세구역이 아닌 장소에 장치된 물품에 이상이 있는 때에는 다음 각 호의 사항을 기재한 신고서를 세관장에게 제출하여야 한다.

㉠ 제175조 각호의 사항 : 장치장소 및 장치사유, 수입물품의 경우 당해 물품을 외국으로부터 운송하여 온 선박 또는 항공기의 명칭 또는 등록기호 · 입항예정연월일 · 선하증권번호 또는 항공화물운송장번호, 해당 물품의 내외국물품별 구분과 품명 · 규격 · 수량 및 가격, 당해 물품의 포장의 종류 · 번호 및 개수

㉡ 장치장소

㉢ 발견연월일

㉣ 이상의 원인 및 상태

24 지정장치장에 반입한 물품의 보관책임에 대한 설명 중 틀린 것은?

① 반입한 물품은 지정장치장의 소유자가 보관 책임을 진다.

② 세관장은 지정장치장의 질서유지와 화물의 안전관리를 위하여 필요하다고 인정할 때는 화물관리인을 지정할 수 있다.

③ 세관장이 관리하는 시설이 아닌 경우에는 시설의 소유자나 관리자와 협의하여 화물관리인을 지정하여야 한다.

④ 화물관리인은 화물관리에 필요한 비용을 화주로부터 징수할 수 있다.

⑤ 화물관리인이 화주로부터 징수하는 비용의 요율에 대하여는 세관장의 승인을 받아야 한다.

25 보세공장의 제품과세와 원료과세에 대한 설명 중 틀린 것은?

① 외국물품이나 외국물품과 내국물품을 원료로 하거나 재료로 하여 작업하는 경우 그로써 생긴 물품은 외국으로부터 우리나라에 도착한 것을 본다.

② 세관장의 승인을 받고 외국물품과 내국물품을 혼용하는 경우에는 그로써 생긴 제품 중 해당 외국물품의 수량 또는 가격에 상응하는 것은 외국으로부터 우리나라에 도착한 물품으로 본다.

③ 보세공장에서 제조된 물품을 수입하는 경우 사용신고 전에 미리 세관장에게 물품의 원료인 외국물품의 과세 적용을 신청한 경우에는 사용신고를 할 때의 그 원료의 성질과 수량에 따라 관세를 부과한다.

④ 보세공장에 대하여는 1년의 범위에서 원료별, 제품별 또는 보세공장 전체에 대하여 원료과세 신청을 할 수 있다.

⑤ 원료과세는 최근 2년간 생산되어 판매된 물품 중 수출된 물품의 가격비율이 100분의 50 미만인 경우에만 적용할 수 있다.

---

24 ① 지정장치장에 반입한 물품은 **화주 또는 반입자**가 그 보관의 책임을 진다〈관세법 제172조(물품에 대한 보관책임) 제1항〉.
②③ 「관세법」 제172조(물품에 대한 보관책임) 제2항
④⑤ 「관세법」 제172조(물품에 대한 보관책임) 제3항

25 ⑤ 원료과세는 최근 2년간 생산되어 판매된 물품 중 수출된 물품의 가격비율이 <u>100분의 50 이상</u>인 경우에만 적용할 수 있다
〈보세공장 운영에 관한 고시 제12조의2(원료과세) 제2항 제1호〉.
①② 「관세법」 제188조(제품과세)
③ 「관세법」 제189조(원료과세) 제1항
④ 「관세법」 제189조(원료과세) 제2항

1 환적화물의 처리절차에 대한 설명으로 틀린 것은?

① 컨테이너에서 적출하지 않고 동일한 목적지로 보세운송하는 LCL화물은 House B/L 단위로 보세운송 신고를 하여야 한다.

② 환적화물을 보세운송하려는 자는 입항 선박 또는 항공기의 House B/L단위로 세관장에게 보세운송 신고를 하여야 한다.

③ 보세운송 물품이 컨테이너화물(LCL화물을 포함한다)인 경우에는 최초도착지 보세구역 운영인(보세사를 포함한다)의 확인을 받아 컨테이너를 개장하여야 한다.

④ 복합환적화물의 운송기한은 운송기한은 하선신고일부터 7일로 한다.

⑤ 보수작업 신청인이 보수작업을 완료할 때에는 보수작업 완료보고서를 세관장에게 제출하고 그 확인을 받아야 한다.

2 적하목록 정정신청을 생략할 수 있는 대상으로 틀린 것은?

① 산물(예 : 광물과 원유 등)로서 그 중량의 과부족이 5%이내인 경우

② 용적물품(예 : 원목 등)으로서 그 용적의 과부족이 5%이내인 경우

③ 포장파손이 용이한 물품(예 : 비료 등) 및 건습에 따라 중량의 변동이 심한 물품(예 : 펄프 등)으로서 그 중량의 과부족이 5%이내인 경우

④ 포장단위 물품으로서 수량의 과부족이 10%이내이고 포장상태에 이상이 없는 경우

⑤ 적하목록 이상사유가 단순 기재오류 등으로 확인되는 경우

Answer 1.① 2.④

1 ① 컨테이너에서 적출하지 아니하고 동일한 목적지로 보세운송하는 LCL화물은 <u>Master B/L</u> 단위로 신고할 수 있다〈환적화물 처리절차에 관한 특례고시 제7조(보세운송) 제1항 제2호〉.
②③「환적화물 처리절차에 관한 특례고시」제7조(보세운송)
④「환적화물 처리절차에 관한 특례고시」제8조(복합환적절차) 제5항
⑤「환적화물 처리절차에 관한 특례고시」제10조(보수작업) 제3항

2 적하목록 정정생략〈보세화물 입출항 하선 하기 및 적재에 관한 고시 제13조 제1항〉… 적하목록상의 물품과 실제 물품이 다음 각 호의 어느 하나에 해당하는 때에는 적하목록 정정신청을 생략할 수 있다.
㉠ 산물(예 : 광물, 원유, 곡물, 염, 원피 등)로서 그 중량의 과부족이 5%이내인 경우
㉡ 용적물품(예 : 원목 등)으로서 그 용적의 과부족이 5%이내인 경우
㉢ 포장파손이 용이한 물품(예 : 비료, 설탕, 시멘트 등) 및 건습에 따라 중량의 변동이 심한 물품(예 : 펄프, 고지류 등)으로서 그 중량의 과부족이 5%이내인 경우
㉣ 포장단위 물품으로서 중량의 과부족이 10%이내이고 포장상태에 이상이 없는 경우
㉤ 적하목록 이상사유가 단순기재오류 등으로 확인되는 경우

3 보세화물 반출통고의 주체에 대한 설명으로 틀린 것은?

① 자가용 보세창고에 반입한 물품의 반출통고는 화물관리인이 화주 등에게 한다.
② 보세공장에 반입한 물품의 반출통고는 관할세관장이 화주 등에게 한다.
③ 보세구역외장치장에 반입한 물품의 반출통고는 관할세관장이 화주 등에게 한다.
④ 영업용보세창고에 반입한 물품의 반출통고는 보세구역 운영인이 화주 등에게 한다.
⑤ 지정장치장에 반입한 물품의 반출통고는 화물관리인이 화주 등에게 한다.

4 「관세법」상 운송수단에 대한 설명으로 틀린 것은?

① 국제무역선이나 국제무역기는 국제항에 한정하여 운항할 수 있다. 다만, 대통령령으로 정하는 바에 따라 국제항이 아닌 지역에 출입의 허가를 받은 경우에는 그러하지 아니한다.
② 세관장은 국제무역선이 국제항에 입항하여 입항절차를 마친 후 다시 우리나라의 다른 국제항에 입항할 때에는 서류제출의 생략 등 간소한 절차로 입출항하게 할 수 있다.
③ 세관장은 국제항이 아닌 지역에 대한 출입허가의 신청을 받은 날부터 14일 이내에 허가 여부를 신청인에게 통지하여야 한다.
④ 국제무역선이나 국제무역기가 국제항을 출항하려면 선장이나 기장은 출항하기 전에 세관장에게 출항허가를 받아야 한다.
⑤ 국제무역선의 선장 또는 국제무역기의 기장은 국제항이 아닌 지역에 출입허가를 받으려면 허가수수료를 납부하여야 한다.

Answer 3.① 4.③

3 반출통고의 주체, 대상 및 내용〈보세화물장치기간 및 체화관리에 관한 고시 제6조〉
　㉠ 보세전시장, 보세건설장, 보세판매장, 보세공장, 보세구역외장치장, 자가용보세창고에 반입한 물품에 대해서는 관할세관장이 화주나 반입자 또는 그 위임을 받은 자에게 반출통고 한다.
　㉡ 영업용보세창고에 반입한 물품의 반출통고는 보세구역운영인이 화주 등에게 하며, 지정장치장에 반입한 물품의 반출통고는 화물관리인이 화주 등에게 하여야 한다.

4 ③ 세관장은 국제항이 아닌 지역에 대한 출입허가의 신청을 받은 날부터 <u>10일 이내</u>에 허가 여부를 신청인에게 통지하여야 한다〈관세법 제134조(국제항 등에 출입) 제3항〉.
　① 「관세법」 제134조(국제항 등에 출입) 제1항
　② 「관세법」 제137조(간이 입출항절차) 제2항
　④ 「관세법」 제136조(출항절차) 제1항
　⑤ 「관세법」 제134조(국제항 등에의 출입) 제2항

5 외국물품의 장치기간 경과물품 매각처분 등에 대한 설명으로 틀린 것은?

① 세관장은 수출입 또는 반송할 것이 확실하다고 인정하는 경우에만 4개월의 범위에서 필요한 기간을 정하여 매각처분을 보류할 수 있다.

② 세관장은 매각처분 보류사유의 해소여부를 수시로 확인하여 그 사유가 해제된 때에는 즉시 매각처분을 하여야 한다.

③ 세관장은 매각처분 보류결정을 한 경우에는 세관화물정보시스템에 공매보류등록을 하여야 한다.

④ 매각처분을 보류하려는 자는 장치기간 경과물품 매각처분 보류신청서를 세관장에게 제출하고 반출 전까지 제출하여 그 승인을 받아야 한다.

⑤ 화주의 의무는 다하였으나 통관지연의 귀책사유가 국가에 있는 경우 세관장은 매각처분을 보류할 수 있다.

6 세관장이 매각물품에 대하여 수의계약을 할 수 있는 것은?

① 2회 이상 경쟁입찰에 붙여도 매각되지 아니하는 경우(단독 응찰한 경우를 포함한다)로서 다음 회의 입찰에 체감될 예정가격 이상의 응찰자가 없을 때

② 1회 공매의 매각예정가격이 100만 원 미만일 때

③ 경쟁입찰 방법으로 매각함이 공익에 반하는 때

④ 공매절차가 종료된 물품을 국고귀속 예정통고 후에 최종예정가격 이상으로 매수하려는 자가 있을 때

⑤ 부패 등의 우려 물품으로서 5일 이내에 매각되지 아니하면 상품가치가 저하될 우려가 있을 때

Answer 5.④ 6.③

5 ④ 매각처분을 보류하려는 자는 장치기간 경과물품 매각처분 보류신청(승인)서에 다음의 서류를 첨부하여 세관장에게 제출하고 **입찰 전까지** 그 승인을 받아야 한다〈보세화물장치기간 및 체화관리에 관한 고시 제10조(매각처분 보류요청) 제1항〉.
①③ 「보세화물장치기간 및 체화관리에 관한 고시」 제10조(매각처분 보류요청) 제2항
②⑤ 「보세화물장치기간 및 체화관리에 관한 고시」 제9조(매각처분의 대상)

6 수의계약〈보세화물장치기간 및 체화관리에 관한 고시 제22조〉
㉠ 2회 이상 경쟁입찰에 붙여도 매각되지 아니한 경우(단독 응찰한 경우를 포함한다)로서 다음 회의 입찰에 체감될 예정가격 이상의 응찰자가 있을 때
㉡ 공매절차가 종료된 물품을 국고귀속 예정통고 전에 최종예정가격 이상의 가격으로 매수하려는 자가 있을 때
㉢ 부패, 손상, 변질 등의 우려가 있는 물품으로서 즉시 매각되지 아니하면 상품가치가 저하될 우려가 있을 때
㉣ 1회 공매의 매각예정가격이 50만 원 미만인 때
㉤ 경쟁입찰 방법으로 매각함이 공익에 반하는 때

7 보세운송 물품검사에 대한 설명으로 틀린 것은?

① 세관장은 보세운송신고한 물품의 감시단속을 위하여 필요하다고 인정하면 화물관리공무원에게 검사하게 할 수 있다.

② 세관장은 물품검사시 신고인 또는 화주의 입회가 필요한 경우 입회하게 할 수 있다.

③ 세관장은 신고인 또는 화주로부터 입회요청을 받은 때에는 입회하게 할 수 있다.

④ 세관장은 개장검사를 실시한 경우 그 결과를 세관화물정보시스템에 등록하여야 한다.

⑤ 개장검사결과 이상화물이 발견되었을 때에는 인지한 부서에서 즉시 조사전담부서로 고발의뢰를 하여야 한다.

8 보세구역에 장치된 물품의 보수작업에 대한 설명으로 틀린 것은?

① 외국물품은 수입될 물품의 보수작업 재료로 사용할 수 있다.

② 관세가 무세인 외국물품은 수입될 물품의 보수재료로 사용할 수 없다.

③ 운영인이 동일 품목을 대상으로 동일한 보수작업을 할 때에는 1년 이내의 기간을 정하며 포괄적으로 승인하는 제도가 있다.

④ 세관장은 보수작업의 승인신청을 받은 날부터 10일 이내에 승인 여부를 신청인에게 통지하여야 한다.

⑤ 간단한 세팅과 같은 단순한 조립작업은 보수작업이 허용된다.

9 해상수입화물의 하선절차에 대한 설명으로 틀린 것은?

① 하기장소가 계류장과 직접 접속하지 않은 보세구역인 경우에는 등록된 보세운송차량으로 운송하여야 한다.

② 세관장은 신속한 화물처리를 위해 세관화물정보시스템에서 자동으로 하선신고를 수리할 수 있다.

③ 원목, 곡물, 원유 등 산물은 입항일로부터 15일 이내에 하선장소에 반입하여야 한다.

④ 적하목록에 기재하지 아니하고 하선한 화물은 잘못 반입된 화물로 처리한다.

⑤ 하선장소 보세구역 운영인(화물관리인)은 하선기한내 공컨테이너가 반입되지 않은 경우 세관장에게 즉시 보고한다.

Answer 7.⑤ 8.① 9.③

7 ⑤ 세관장은 제1항 제3호에 따라 개장검사를 실시한 경우, 그 결과를 세관화물정보시스템에 등록해야 하며, 이상화물이 발견되었을 때에는 인지한 부서에서 즉시 자체조사와 통고처분 등 적절한 조치를 취해야 한다. 이때 「관세범칙 등에 대한 통고처분 및 고발에 관한 시행세칙」 별표1에서 고발하도록 정한 경우에는 즉시 조사전담부서로 고발의뢰해야 한다. 다만, 이상이 없는 것으로 나타난 경우에는 신속한 보세운송 등을 위하여 필요한 조치를 해야 한다〈보세운송에 관한 고시 제28조(물품검사) 제4항〉.

8 ① 외국물품은 수입될 물품의 보수작업의 재료로 사용할 수 없다〈관세법 제158조(보수작업) 제6항〉.
②④ 「관세법」 제158조(보수작업)
③ 「보세화물관리에 관한 고시」 제21조(보수작업 승인신청) 제2항
⑤ 「보세화물관리에 관한 고시」 제22조(보수작업의 한계) 제1항

9 ③ 원목, 곡물, 원유 등 산물은 <u>10일 이내에</u> 하선장소에 반입하여야 한다〈보세화물 입출항 하선 하기 및 적재에 관한 고시 제19조 제1항(하선장소 물품반입)〉.
① 「보세화물 입출항 하선 하기 및 적재에 관한 고시」 제28조(하기신고) 제6항
② 「보세화물 입출항 하선 하기 및 적재에 관한 고시」 제17조(하선신고수리) 제1항
④ 「보세화물 입출항 하선 하기 및 적재에 관한 고시」 제20조(잘못 반입된 화물의 처리)
⑤ 「보세화물 입출항 하선 하기 및 적재에 관한 고시」 제19조(하선장소 물품반입) 제5항

10 보세운송 절차에 대한 설명으로 틀린 것은?

① 항공사가 국제항간 입항적하목록 단위로 일괄하여 항공기로 보세운송하려는 수입화물은 세관장에게 신고하여야 한다.

② 보세운송 중에 물품이 도난 등으로 멸실된 경우 정해진 관세를 징수할 수 있다.

③ 송유관을 통해 운송하는 석유제품 및 석유화학제품에 대하여는 보세운송절차를 생략할 수 있다.

④ 보세운송신고를 하려는 자는 화물관리번호가 부여된 이후에 할 수 있다.

⑤ 여행자 휴대품 중 반송되는 물품의 보세운송절차는 「반송절차에 관한 고시」에서 정하는 바에 따른다.

11 보세운송 승인기준에 대한 설명으로 틀린 것은?

① 비금속설은 도착지가 실화주의 자가용 창고로서 비금속설을 처리할 수 있는 용광로 또는 압연실을 갖추고 있고, 수입화주가 보세운송 승인신청을 하는 경우에만 승인할 수 있다.

② 통과나 보류되거나 수입신고 수리를 할 수 없는 물품은 반송을 위하여 선적지 하선장소로 보세운송하는 경우에만 승인할 수 있다.

③ 귀석·반귀석·귀금속·한약재·의약품·향료 등 부피가 작고 고가인 물품은 수출품목 제조용 원재료 또는 세관장이 지정한 보세구역으로 운송하는 물품에만 승인을 할 수 있다.

④ 해체용 선박, 활어, 중고자동차 등 특정물품은 통관지 세관으로 보세운송하는 경우에만 승인을 할 수 있다.

⑤ 보세운송된 물품 중 다른 보세구역 등으로 재보세운송하려는 물품은 세관장이 부득이 하다고 인정하는 경우에만 승인을 할 수 있다.

Answer 10.⑤ 11.①

10 ⑤ 여행자 휴대품 중 반송되는 물품의 보세운송절차는 **「여행자 및 승무원 휴대품 통관에 관한 고시」**에서 정하는 바에 따른다 〈보세운송에 관한 고시 제47조(보세운송 절차) 제3항〉.
① 「보세운송에 관한 고시」 제24조(신고대상)
② 「보세운송에 관한 고시」 5조(보세운송물품의 폐기 및 멸실처리)
③ 「보세운송에 관한 고시」 제44조의2(송유관을 통한 보세운송특례)
⑤ 「보세운송에 관한 고시」 제25조(신고시기)

11 승인기준〈보세운송에 관한 고시 제31조 제1항 제4호〉 … 비금속설은 다음 각 목의 어느 하나에 해당하는 경우에만 할 수 있다.
㉠ 도착지가 비금속설만을 전용으로 장치하는 영업용 보세창고로서 간이보세운송업자가 승인신청하는 경우
㉡ 도착지가 실화주의 자가용 보세창고로서 비금속설을 처리할 수 있는 용광로 또는 압연시설을 갖추고 있고 간이보세운송업자가 보세운송 승인신청을 하는 경우
㉢ 도착지가 비금속설을 장치할 수 있도록 보세구역외장치허가를 받은 장소로서 간이보세운송업자가 승인신청하는 경우
㉣ 컨테이너로 운송하는 경우로서 보세화물 관리상 문제가 없다고 세관장이 인정하는 경우

12 보세화물의 관리 · 감독에 대한 설명으로 틀린 것은?

① 수입신고수리물품 반출의무 보세구역에 반입된 물품은 수입신고 수리일로부터 15일 이내에 해당 보세구역에서 반출하여야 하며, 이를 위반한 경우에는 해당 보세구역 운영인에게 과태료가 부과된다.

② 장치물품을 수입신고 이전에 확인하고자 하는 화주는 세관장의 승인을 받아야 하며, 물품확인은 화물관리 세관공무원 또는 보세사 입회하에 실시하여야 한다.

③ 보세판매장에서 판매할 물품을 공급하기 위하여 제품검사, 선별, 기능보완 등 이와 유사한 작업이 필요한 경우에는 세관장에게 보수작업 승인신청을 할 수 있다.

④ 수입고철의 해체, 절단 등의 작업을 하려는 자는 세관장에게 허가를 받아야 한다.

⑤ 보세구역에 장치된 외국물품이 멸실된 경우 운영인, 화물관리인 또는 보관인은 품명, 규격 · 수량 및 장치장소, 멸실 연월일과 멸실 원인 등을 기재한 신고서를 세관장에게 제출하여야 한다.

13 화물운송주선업자 등록기간으로 맞는 것은?

① 1년
② 2년
③ 3년
④ 4년
⑤ 5년

12 ① 수입신고수리물품 반출의무 보세구역에 반입된 물품이 수입신고가 수리된 때에는 그 수리일로부터 15일 이내에 해당 보세구역에서 반출하여야 하며 이를 위반한 경우에는 법에 따라 해당 수입화주를 조사한 후 과태료를 부과한다〈보세화물관리에 관한 고시 제19조(수입신고수리물품의 반출의무)〉.

② 「보세화물관리에 관한 고시」 제17조(장치물품의 수입신고전 확인)

③ 「보세화물관리에 관한 고시」 제20조(보수작업 대상) 제3호

④ 「보세화물관리에 관한 고시」 제24조(수입고철의 해체, 절단 등 작업) 제1항

⑤ 「보세화물관리에 관한 고시」 제27조(멸실신고) 제1항

13 화물운송주선업자의 등록기간은 **3년**으로 하며, 갱신할 수 있다〈화물운송주선업자의 등록 및 관리에 관한 고시 제4조(등록 신청 및 심사) 제5항〉.

14 보세구역에 반입되는 물품 중 장치기간 규정을 적용받지 않는 물품은?

① 여행자 또는 승무원의 휴대품으로서 유치 또는 예치된 물품 및 습득물

② 검역물품

③ 보세창고 반입물품

④ 보세판매장 반입물품

⑤ 지정장치장 반입물품

15 세관장이 국고귀속 조치를 보류할 수 있는 물품이 아닌 것은?

① 특수용도에만 한정되어 있는 물품으로서 국고귀속 조치 후에도 공매낙찰 가능성이 없는 물품

② 폐기 또는 반송대상 물품

③ 법 위반으로 조사 중인 물품

④ 국고귀속 조치를 할 경우 인력과 예산부담을 초래하여 국거에 손실이 야기된다고 인정되는 물품

⑤ 국가기관에서 수입하는 물품

Answer 14.② 15.②

14 물품의 장치〈관세법 제155조〉… 외국물품과 제221조 제1항에 따른 내국운송의 신고를 하려는 내국물품은 보세구역이 아닌 장소에 장치할 수 없다. 다만, 다음 어느 하나에 해당하는 물품은 그러하지 아니하다.
ㄱ 제241조 제1항에 따른 수출신고가 수리된 물품
ㄴ 크기 또는 무게의 과다나 그 밖의 사유로 보세구역에 장치하기 곤란하거나 부적당한 물품
ㄷ 재해나 그 밖의 부득이한 사유로 임시로 장치한 물품
ㄹ 검역물품
ㅁ 압수물품
ㅂ 우편물품

15 국고귀속의 보류〈보세화물장치기간 및 체화관리에 관한 고시 제38조〉… 세관장은 다음의 어느 하나에 해당하는 물품에 대하여 국고귀속 조치를 보류할 수 있다〉.
ㄱ 국가기관(지방자치단체 포함)에서 수입하는 물품
ㄴ 「공공기관의 운영에 관한법률」 제5조에 따른 공기업, 준정부기관, 그밖의 공공기관에서 수입하는 물품으로서 국고귀속 보류 요청이 있는 물품
ㄷ 법 위반으로 조사 중인 물품
ㄹ 이의신청, 심판청구, 소송 등 쟁송이 제기된 물품
ㅁ 특수용도에만 한정되어 있는 물품으로서 국고귀속 조치 후에도 공매낙찰 가능성이 없는 물품
ㅂ 국고귀속 조치를 할 경우 인력과 예산부담을 초래하여 국고에 손실이 야기된다고 인정되는 물품
ㅅ 부패, 손상, 실용시효가 경과하는 등 국고귀속의 실익이 없다고 인정되는 물품
ㅇ 그 밖에 세관장이 국고귀속을 하지 아니하는 것이 타당하다고 인정되는 물품

16 해상수입화물의 하선장소 물품반입에 대한 설명으로 틀린 것은?

① LCL화물을 하선장소의 CFS내에 컨테이너 적출 및 반입작업을 하려는 때에는 당해 컨테이너의 내장화물 적출사실을 세관장에게 신고하고 Master B/L 단위로 물품반입 신고를 하여야 한다.

② 컨테이너 화물의 하선신고를 한 자는 입항일(외항에서 입항수속을 한 경우 접안일)로부터 3일 이내에 해당 물품을 하선장소에 반입하여야 한다.

③ 입항전수입신고수리 또는 하선전보세운송신고수리가 된 물품을 하선과 동시에 차상반출하는 경우에는 반출입 신고를 생략할 수 있다.

④ 하선장소 보세구역운영인(화물관리인)은 하선기한내 공컨테이너가 반입되지 않은 경우 세관장에게 즉시 보고하여야 한다.

⑤ 부득이한 사유로 하선장소의 물품반입 지정기간 이내에 반입이 곤란할 때에는 반입지연사유, 반입예정일자 등을 기재한 하선장소 반입기간 연장(신청)서를 세관장에게 제출하여 승인을 받아야 한다.

17 항공사가 공항내 현도장 보세구역을 하기장소로 결정하는 물품이 아닌 것은?

① 입항 전 또는 하기장소 반입 전에 수입신고가 수리된 물품

② 화물의 관리자가 즉시 반출을 요구하는 물품

③ 하기장소 반입 전에 보세운송 신고가 수리되었거나 타세관 관할 보세구역으로 보세운송할 물품

④ 검역대상물품(검역소에서 인수하는 경우)

⑤ 수입신고절차가 생략되는 B/L제시인도물품

Answer 16.① 17.②

16 ① LCL화물이 Master B/L 단위로 반입신고된 후 사정변경 등의 사유로 해당 하선장소의 CFS내에 컨테이너 적출 및 반입작업을 하려는 때에는 당해 컨테이너의 내장화물 적출사실을 세관장에게 신고하고 <u>House B/L</u> 단위로 물품반입신고를 하여야 한다〈보세화물 입출항 하선 하기 및 적재에 관한 고시 제19조(하선장소 물품반입) 제3항〉.

17 하기신고〈보세화물 입출항 하선 하기 및 적재에 관한 고시 제28조 제3항 제2호〉… 다음 각 목의 어느 하나에 해당하는 물품은 즉시 반출을 위하여 공항내 현도장 보세구역으로 한다. 다만, 세관장이 계류장 인도대상 물품으로 지정한 물품과 화물의 권리자가 즉시 반출을 요구하는 물품은 현도장 보세구역에 반입하지 않고 계류장내에서 직접 반출할 수 있다.
ⓐ 입항 전 또는 하기장소 반입 전에 수입신고가 수리된 물품
ⓑ 하기장소 반입 전에 보세운송 신고가 수리되었거나 타세관 관할 보세구역으로 보세운송할 물품으로 화물분류가 결정된 물품
ⓒ 검역대상물품(검역소에서 인수하는 경우)
ⓓ 「수입통관 사무처리에 관한 고시」에 따른 B/L제시인도물품(수입신고생략물품)

18 적하목록 정정신청 기간과 관련하여 (   )안에 들어갈 내용으로 맞는 것은?

> ㉠ 하선결과 보고서 및 반입결과 이상보고서가 제출된 물품은 보고서 제출일로부터 (   )일 이내
> ㉡ 그 밖의 사유로 수입화물의 적하목록을 정정신청하려는 경우는 선박 입항일로부터 (   )일 이내
> ㉢ 수출화물의 적하목록을 정정신청하려는 경우 해당 수출물품을 적재한 선박, 항공기가 출항한 날로부터 해
>   상화물은 (   )일 이내, 항공화물은 (   )일 이내

① ㉠ 15 ㉡ 30 ㉢ 60,90

② ㉠ 7   ㉡ 60 ㉢ 90,60

③ ㉠ 7   ㉡ 30 ㉢ 60,90

④ ㉠ 10 ㉡ 30 ㉢ 90,60

⑤ ㉠ 15 ㉡ 60 ㉢ 90,60

19 보세구역외장치 등에 대한 설명으로 틀린 것은?

① 보세구역외장치 허가수수료는 허가건수 단위로 징수한다. 이 경우 동일모선으로 수입된 동일화주의 화물을 동일장소에 반입하는 때에는 1건의 보세구역외 장치로 허가할 수 있다.

② 보세구역외장치의 허가기간은 원칙적으로 1년의 범위내에서 세관장이 필요하다고 인정하는 기간으로 정한다.

③ 다량의 산물로서 보세구역에 장치 후 다시 운송하는 것이 불합리하다고 인정하는 물품은 보세구역외장치를 할 수 있다.

④ 세관장은 보세구역외장치 허가를 받으려는 물품(환적화물도 포함)이 담보생략 기준에 해당하는 경우 담보제공을 생략하게 할 수 있다.

⑤ 보세구역외장치 담보액은 수입통관시 실제 납부하여야 할 관세 등 제세 상당액으로 한다.

Answer 18.⑤ 19.②

18 ㉠ 하선결과 보고서 및 반입결과 이상보고서가 제출된 물품은 보고서 제출일로부터 <u>15일</u> 이내〈보세화물 입출항 하선 하기 및 적재에 관한 고시 제12조(적하목록 정정신청) 제3항 제1호〉

② 그 밖의 사유로 적하목록을 정정하려는 경우 선박 입항일로부터 <u>60일</u> 이내〈보세화물 입출항 하선 하기 및 적재에 관한 고시 제12조(적하목록 정정신청) 제3항 제3호〉

㉢ 적하목록 정정신청은 해당 출항물품을 적재한 선박, 항공기가 출항한 날로 해상화물 <u>90일</u>, 항공화물 <u>60일</u> 기간 내에 해야 한다〈보세화물 입출항 하선 하기 및 적재에 관한 고시 제44조(적하목록의 정정신청) 제3항〉.

19 ② 보세구역외장치의 허가기간은 6개월의 범위내에서 세관장이 필요하다고 인정하는 기간으로 정하며, 허가기간이 종료한 때에는 보세구역에 반입하여야 한다〈보세화물관리에 관한 고시 제8조(보세구역외장치의 허가기간 등) 제1항〉.

①③④⑤ 「보세화물관리에 관한 고시」 제8조(보세구역외장치의 허가기간 등)

20 보세화물관리에 관한 고시에서 정한 보세구역외 장치물품의 담보생략 기준에 해당하지 않는 것은?

① 제조업체가 수입하는 수출용원자재(농·축·수산물은 제외)

② 무세물품(부가가치세 등 부과대상은 제외)

③ 재수출물품 중 관세가 면제될 것이 확실하다고 세관장이 인정하는 물품

④ 정부용품

⑤ 방위산업용물품

21 수출물품의 적재신고에 따른 적하목록 제출시기에 대한 설명으로 틀린 것은?

① 해상화물은 해당물품을 선박에 적재하기 24시간 전까지 제출하여야 한다.

② 근거리 지역의 경우 해당물품을 선박에 적재하기 전까지 제출하되 선박이 출항하기 30분 전까지 최종 마감하여 제출해야 한다.

③ 공컨테이너의 경우 출항하기 전까지 제출하여야 한다.

④ 선상수출신고 물품의 경우 출항 익일 12시까지 제출하여야 한다.

⑤ 공항의 화물터미널에서 B/L상의 중·수량을 확정하는 경우 항공기의 출항 익일 세관 근무시간까지 1회에 한하여 물품목록의 해당항목을 정정할 수 있다.

Answer 20.③ 21.④

20 보세구역외장치 담보생략 기준〈보세화물관리에 관한 고시 별표3〉

구분	내용
물품별	• 제조업체가 수입하는 수출용원자재(농·축·수산물은 제외) • 무세물품(부가가치세 등 부과대상은 제외) • 방위산업용물품 • 정부용품 • 재수입물품 중 관세가 면제될 것이 확실하다고 세관장이 인정하는 물품
업체별	• 정부, 정부기관, 지방자치단체, 「공공기관의 운영에 관한 법률」 제5조에 따른 공기업·준정부기관·그 밖의 공공기관 • 「관세 등에 대한 담보제공과 정산제도 운영에 관한 고시」에 의하여 지정된 신용담보업체, 담보제공 특례자 및 담보제공 생략자 • 그 밖에 관할구역 내의 외국인투자업체, 제조업체로서 세관장이 관세채권 확보에 지장이 없다고 판단하는 업체

21 ④ 「수출통관 사무처리에 관한 고시」 제32조(선상수출신고)에 해당하는 물품의 경우에는 출항 다음 날 자정까지 제출할 수 있다〈보세화물 입출항 하선 하기 및 적재에 관한 고시 제43조(적하목록 제출) 제3항 제1호〉.

①②③⑤ 「보세화물 입출항 하선 하기 및 적재에 관한 고시」 제43조(적하목록 제출) 제3항

※ 적재신고〈보세화물 입출항 하선 하기 및 적재에 관한 고시 제37조〉

㉠ 출항(반송물품을 포함)하려는 물품을 선박이나 항공기에 적재하려는 자(제2조 제2호에 따른 적하목록 제출의무자)는 물품을 적재하기 전 「관세법」 제140조 제4항 및 「관세법 시행령」 제161조 제2항 단서에 따른 적재신고를 해야 한다.

㉡ ㉠의 적재신고는 제43조에 따른 출항적하목록 제출로 갈음한다.

22 일반간이보세운송업자 지정 등에 대한 설명으로 맞는 것은?

① 지정요건 중 자본금은 5천만 원 이상인 법인이다.
② 지정요건 중 법규수행능력평가는 직전 A등급 이상인 법인이다.
③ 지정요건 중 담보(부동산은 제외)는 5천만 원 이상 제공한 자이다.
④ 지정기간은 2년으로 하되 갱신할 수 있다.
⑤ 갱신신청은 지정기간 만료 10일 전까지 하여야 한다.

23 체화물품의 폐기비용 및 대집행 등에 대한 설명으로 틀린 것은?

① 폐기명령을 받은 화주, 반입자 또는 그 위임을 받은 자는 동 물품을 자기비용으로 폐기 또는 반송하여야 한다.
② 폐기명령 대상물품에 대한 공시송달은 공고한 날부터 7일을 경과함으로써 그 효력이 발생한다.
③ 폐기처분은 소각(열에너지화 작업 등으로 소각하는 것을 포함한다) 또는 매몰 등의 방법으로 처리하여야 한다.
④ 세관장은 예산편성시 폐기처분 대집행에 소요되는 연간 예상비용을 예산에 계상하여야 한다.
⑤ 「행정대집행법」에 따라 비용납부명령서를 받은 자가 납기내에 납부하지 아니하는 때에는 「행정절차법」에 따라 징수한다.

Answer 22.③ 23.⑤

22 ④ 일반간이보세운송업자 지정기간은 3년으로 하되 갱신할 수 있다〈보세운송에 관한 고시 제14조(지정신청)〉
　⑤ 일반간이보세운송업자 지정을 갱신하려는 자는 지정기간 만료 15일 전까지 간이보세운송업자지정(갱신)신청서에 제14조제1항 각 호의 서류와 종전의 지정서를 첨부하여 세관장에게 제출하여야 한다〈보세운송에 관한 고시 제15조(갱신신청)〉

　※ **지정요건**〈보세운송에 관한 고시 제13조〉… 세관장은 제10조에 따라 등록한 보세운송업자 중 다음 각 호의 요건을 모두 갖춘 자에 대하여는 법 제220조에 따른 보세운송물품의 검사생략 및 담보제공의 면제를 받을 수 있는 자(이하 일반간이보세운송업자)로 지정할 수 있다.
　　㉠ 자본금이 1억원 이상인 법인
　　㉡ 5천만원 이상의 인·허가 보증보험에 가입한 자이거나, 법 제24조에 따른 담보(부동산은 제외)를 5천만원 이상 제공한 자. 다만, 다음 각 목의 요건을 모두 갖춘 일반간이보세운송업자 2인 이상의 연대보증으로 담보를 갈음할 수 있다.
　　　1. 일반간이보세운송업자로 지정된 날로부터 2년이 경과한 자
　　　2. 이 법의 규정 또는 명령을 위반하여 처벌 받은 사실이 없거나, 위반사항이 경미하여 세관장이 감시단속상 문제가 없다고 인정하는 자 또는 처벌종료 또는 집행유예 기간이 만료된 후 5년이 경과한 자.
　　　3. 총 보증액이 1억 5천만원을 초과하지 않은 자
　　㉢ 「수출입 안전관리 우수업체 운영에 관한 고시」에 따라 공인된 수출입 안전관리 우수업체(AEO : Authorized Economic Operator) 또는 직전 법규수행능력평가 B등급 이상인 법인. 다만, 일반간이보세운송업자 지정 신청을 하려는 업체가 직전 연도 법규수행능력평가를 받지 않은 경우에는 지정신청 전에 세관장에게 법규수행능력평가를 요청할 수 있다.

23 ⑤ 비용납부명령서를 받은 자가 납기내에 납부하지 아니하는 때에는 「국세징수법」에 따라 징수하며, 그 비용을 징수하였을 때에는 국고수입으로 한다〈보세화물장치기간 및 체화관리에 관한 고시 제41조(폐기비용 및 대집행) 제6항〉.
　①②④ 「보세화물장치기간 및 체화관리에 관한 고시」 제41조(폐기비용 및 대집행)
　③ 「보세화물장치기간 및 체화관리에 관한 고시」 제42조(폐기처분)

24 화물운송주선업자의 등록요건에 대한 설명으로 틀린 것은?

① 관세 및 국세의 체납이 없을 것
② 화물운송주선업자 등록이 취소된 후 1년이 지났을 것
③ 자본금 3억 원 이상을 보유한 법인(법인이 아닌 경우에는 자산평가액이 6억 원 이상)일 것
④ 「물류정책기본법」에 따른 국제물류주선업의 등록을 하였을 것
⑤ 혼재화물적하목록 제출 등을 위한 전산설비를 갖추고 있을 것

25 공매물품의 낙찰취소 사유에 대한 설명으로 틀린 것은?

① 낙찰자가 지정된 기일까지 대금잔액을 납입하지 않는 경우
② 낙찰자가 특별한 사유 없이 공매조건을 이행하지 않는 경우
③ 공매낙찰 전에 해당 물품이 수출, 반송 또는 수입신고수리가 된 경우
④ 부패, 손상, 변질 등의 우려가 있는 물품으로서 즉시 매각되지 아니하면 상품가치가 저하될 우려가 있는 경우
⑤ 착오로 인하여 예정가격, 공매조건 등의 결정에 중대하고 명백한 하자가 있는 경우

Answer 24.② 25.④

24 화물운송주선업자의 등록요건〈화물운송주선업자의 등록 및 관리에 관한 고시 제3조〉
　㉠ 「관세법」 제175조(운영인의 결격사유)의 어느 하나에 해당하지 아니할 것
　㉡ 「물류정책기본법」 제43조에 따른 국제물류주선업의 등록을 하였을 것
　㉢ 관세 및 국세의 체납이 없을 것
　㉣ 화물운송주선업자 등록이 취소(「관세법」 제175조 제1호부터 제3호까지의 어느 하나에 해당하여 등록이 취소된 경우는 제외한다)된 후 2년이 지났을 것
　㉤ 자본금 3억 원 이상을 보유한 법인(법인이 아닌 경우에는 자산평가액이 6억 원 이상)일 것
　㉥ 법 또는 법에 따른 세관장의 명령에 위반하여 관세범으로 조사받고 있거나 기소 중에 있지 아니할 것
　㉦ 혼재화물적하목록 제출 등을 위한 전산설비를 갖추고 있을 것

25 낙찰취소〈보세화물장치기간 및 체화관리에 관한 고시 제21조 제1항〉 … 세관장은 다음 각 호의 어느 하나에 해당하는 사유가 발생한 때에는 해당 낙찰을 취소할 수 있다.
　㉠ 낙찰자가 지정된 기일까지 대금잔액을 납입하지 않는 경우
　㉡ 낙찰자가 특별한 사유 없이 공매조건을 이행하지 않는 경우
　㉢ 공매낙찰 전에 해당 물품이 수출, 반송 또는 수입신고수리가 된 경우
　㉣ 착오로 인하여 예정가격, 공매조건 등의 결정에 중대하고 명백한 하자가 있는 경우

1 수출입 안전관리 우수업체 관리책임자의 공인 전·후 교육에 대한 설명으로 틀린 것은?

① 공인 전에 수출입관리책임자는 16시간 이상의 교육을 받아야 한다.

② 공인 전 교육의 유효기간은 해당 교육을 받은 날로부터 5년이다.

③ 공인 후에 총괄책임자는 매 2년 마다 4시간 이상의 교육을 받아야 한다.

④ 관리책임자가 변경된 경우에는 변경된 날로부터 1년 이내에 해당 교육을 받아야 한다.

⑤ 관세청장이 별도로 지정하는 수출입 안전관리 우수업체 제도 관련 행사 등에 참석하는 경우에는 해당 교육시간을 인정할 수 있다.

2 수출입 안전관리 우수업체 공인신청시 제출해야 하는 서류가 아닌 것은?

① 수출입안전관리 우수업체 공인 심사 신청서

② 공인기준을 충족하는지를 자체적으로 평가한 수출입 관리 현황 자체평가표

③ 자체 측정한 법규준수도 평가표

④ 법인등기부등본

⑤ 대표자 및 관리책임자의 인적사항 명세서

Answer 1.④ 2.③

1 ④ 관리책임자가 변경된 경우에는 변경된 날로부터 <u>180일</u> 이내에 해당 교육을 받아야 한다〈수출입안전관리 우수업체 공인 및 운영에 관한 고시 제16조의2(관리책임자 교육 등)〉.

2 공인신청〈수출입안전관리 우수업체 공인 및 운영에 관한 고시 제6조〉… 수출입안전관리 우수업체로 공인을 받고자 심사를 신청하는 업체는 수출입안전관리 우수업체 공인 심사 신청서에 다음의 서류를 첨부하여 전자문서로 관세청장에게 제출하여야 한다. 다만, 첨부서류 중에서 「전자정부법」에 따라 행정기관간 공동이용이 가능한 서류는 신청인이 정보의 확인에 동의하는 경우에는 그 제출을 생략할 수 있다.
㉠ 공인기준을 충족하는지를 자체적으로 평가한 수출입 관리 현황 자체평가표(법규준수도를 제외한다)
㉡ 별지 제2호서식의 수출입 관리현황 설명서와 그 증빙서류
㉢ 사업자등록증 사본
㉣ 법인등기부등본
㉤ 별지 제3호서식의 대표자 및 관리책임자의 인적사항 명세서
㉥ 수출입안전관리와 관련한 우수사례(우수사례가 있는 경우에만 해당한다)
㉦ 제16조의2 제7항에 따라 지정된 교육기관이 발행한 관리책임자 교육이수 확인서. 다만, 관리책임자의 교체, 사업장 추가 등 불가피한 경우에는 현장심사를 시작하는 날까지 제출할 수 있다.
㉧ 별지 제1호의2서식의 상호인정의 혜택관련 영문 정보(제23조에 따라 국가간 상호인정의 혜택을 받기를 희망하는 경우에만 해당한다)
㉨ 신청일을 기준으로 최근 2년 이내에 세관장으로부터 관세조사를 받은 경우에 법 제115조에 따른 관세조사 결과통지서(수입부문에만 해당한다). 다만, 해당 관세조사가 진행 중인 경우에는 법 제114조에 따른 관세조사 계획통지서

3 보세구역 운영인의 수출입안전관리 우수업체 공인기준에 대한 설명으로 틀린 것은?

① 운영인은 부채비율이 동종업종의 평균 부채비율의 300% 이하로 성실한 법규준수의 이행이 가능할 정도의 재정을 유지하여야 한다.

② 운영인은 법령에 허용하는 범위내에서 채용예정자에 대한 이력을 점검하여야 한다.

③ 운영인은 컨테이너에 밀항자를 은닉하는 것으로 알려진 외국의 항구로부터 선박 및 컨테이너가 반입되었을 경우에는 정밀검색하는 절차를 마련하여야 한다.

④ 운영인은 회사정보에 대한 부적절한 접근, 조작 및 교환을 포함한 정보기술의 오·남용을 확인할 수 있는 시스템을 마련하여야 한다.

⑤ 운영인은 법규준수와 안전관리를 위하여 수출입물류업무에 대한 교육을 실시하여야 한다.

4 수출입 안전관리 우수업체의 사후관리 등에 대한 설명으로 틀린 것은?

① 수출입안전관리 우수업체의 수출입관리책임자는 공인 후 매 2년마다 8시간 이상의 교육을 받아야 한다.

② 총괄책임자는 수출입안전관리를 총괄하며, 의사 결정 권한이 있는 대표자 또는 임원으로 한다.

③ 수출입안전관리 우수업체는 범칙행위, 부도 등 공인유지에 중대한 영향을 미치는 변동사항이 발생한 경우에는 지체 없이 관세청장에게 보고하여야 한다.

④ 수출입안전관리 우수업체가 여러 공인부분에 걸쳐 공인을 받은 경우에는 공인일자가 가장 늦은 공인부분을 기준으로 자체 평가서를 함께 제출할 수 있다.

⑤ 「중소기업기본법」에 따른 중소기업은 수출입 관련 업무에 1년 이상 근무한 경력이 있고 관세청장이 정한 교육을 받은 해당 업체 소속 관리책임자의 확인을 받아 자체평가서를 제출할 수 있다.

Answer 3.① 4.④

3 ① 부채비율이 동종업계 평균의 <u>200%</u> 이내이거나 투자적격 업체이어야 한다〈수출입 안전관리 우수업체 공인 및 운영에 관한 고시 [별표1] 수출입 안전관리 우수업체 공인기준(제4조제1항 관련)〉.

4 ④ 수출입안전관리 우수업체가 여러 공인부문에서 걸쳐 공인을 받은 경우에는 공인일자가 가장 빠른 공인부문을 기준으로 자체 평가서를 함께 제출할 수 있다〈수출입안전관리 우수업체 공인 및 운영에 관한 고시 제18조(정기자체평가) 제1항〉.
  ① 「수출입 안전관리 우수업체 공인 및 운영에 관한 고시」 제16조의2(관리책임자 교육 등) 제1항
  ② 「수출입 안전관리 우수업체 공인 및 운영에 관한 고시」 제16조(관리책임자의 지정 및 역할)
  ③ 「수출입 안전관리 우수업체 공인 및 운영에 관한 고시」 제17조(변동사항 보고) 제1항
  ⑤ 「수출입 안전관리 우수업체 공인 및 운영에 관한 고시」 제18조(정기 자체 평가) 제3항

5 수출입 안전관리 우수업체 공인 심사 신청에 대한 각하 사유가 맞게 나열된 것은?

> ⊙ 공인기준을 충족하는지를 자체적으로 평가한 수출입 관리 현황 자체평가표(법규준수도를 제외한다)를 제출하지 않은 경우
> ⓛ 관세조사 결과로 법규준수도 점수가 하락하여 법인단위 법규준수도가 70점 미만(중소 수출기업은 60점 미만)인 경우
> ⓒ 지방세의 체납이 있는 경우
> ⓔ 공인부문별 공인기준 중에서 안전관리 기준을 충족하지 못한 경우
> ⓜ 대표자 및 관리책임자의 인적사항 명세서를 제출하지 않은 경우

① ⊙ⓒⓔ   ② ⓛⓔⓜ
③ ⓛⓒⓜ   ④ ⊙ⓒⓜ
⑤ ⊙ⓛⓔⓜ

6 수출입 안전관리 우수업체는 변동사항보고 점검 결과에 따라 공인기준준수 개선 완료보고서를 제출하여야 한다. 관세청장이 이를 검토한 후 취할 수 있는 조치가 아닌 것은?

① 공인등급 조정
② 현장 심사
③ 공인의 유보
④ 공인신청의 기각
⑤ 혜택의 정지

Answer 5.④ 6.②

5 공인신청〈수출입안전관리 우수업체 공인 및 운영에 관한 고시 제6조 제4항〉 ··· 관세청장은 신청업체가 공인심사를 신청하였을 때에 다음의 어느 하나에 해당하는 경우에는 그 신청을 각하한다.
ⓒ 제1항에서 정한 서류를 제출하지 않은 경우
ⓛ [별표 1]의 공인부문별 공인기준 중에서 법규준수 기준(공인기준 일련번호 1.1.1부터 1.1.4까지만 해당한다)을 충족하지 못한 경우
ⓒ [별표 1]의 공인부문별 공인기준 중에서 재무건전성 기준(공인기준 일련번호 3.1.1에만 해당한다)을 충족하지 못한 경우

6 변동사항 보고〈수출입 안전관리 우수업체 공인 및 운영에 관한 고시 제17조 제1항, 제2항〉 ··· 수출입 안전관리 우수업체는 정해진 사항이 발생한 경우에는 그 사실이 발생한 날로부터 30일 이내에 수출입 관리현황 변동사항 보고서를 작성하여 관세청장에게 보고하여야 한다. 다만, 변동사항이 범칙행위, 부도 등 공인유지에 중대한 영향을 미치는 경우에는 지체 없이 보고하여야 한다. 변동보고를 받은 관세청장은 법적지위 등이 변경된 이후에도 기업의 동일성이 유지되는지와 공인기준을 충족하는지 등을 점검하여야 하며, 필요한 경우에는 현장을 방문하여야 한다.

7 보세구역 운영인의 수출입 안전관리 우수업체 공인기준 중 내부통제시스템 기준에 대한 설명으로 틀린 것은?

① 운영인은 법규준수와 안전관리를 위하여 수출입물품 취급 관련 자격증소지자와 경험자를 근무하도록 하여야 한다.

② 운영인은 법규준수와 안전관리 관련 업무처리에 부정적 영향을 주는 위험요소의 식별, 평가, 관리대책의 수립, 개선 등을 포함한 절차를 마련하여야 한다.

③ 운영인은 수출입물품의 보관내역과 이와 관련된 보관 수수료 등을 추적할 수 있는 운영체계를 구축하고, 세관장으로부터 요청받을 경우 접근을 허용하여야 한다.

④ 운영인은 법규준수와 안전관리 업무에 대한 정보가 관련 부서에 공유되지 않도록 보안에 최선을 다해야 한다.

⑤ 운영인은 내부통제활동에 대하여 주기적으로 평가하고 개선하는 절차를 마련하여야 한다.

8 보세구역 운영인의 수출입 안전관리 우수업체 공인기준 중 안전관리 기준에 대한 설명으로 틀린 것은?

① 운영인은 컨테이너와 트레일러 등의 이상 여부를 확인하고, 손상된 컨테이너와 트레일러 등을 식별하여 세관장 및 관련 외국 관세당국에 보고하는 절차를 마련하여야 한다.

② 운영인은 컨테이너와 트레일러 등에 비인가된 물품이나 사람의 침입을 방지하기 위해 봉인을 관리하고, 손상된 봉인을 식별하여 세관장 및 관련 외국 관세당국에 보고하는 절차를 마련하여야 한다.

③ 운영인은 물품 보관장소 및 컨테이너와 트레일러 등에 대하여 주기적으로 점검하는 절차를 마련하여야 한다.

④ 운영인은 권한이 없거나 신원이 확인되지 않은 사람에 대하여 검문과 대응하는 절차를 마련하여야 한다.

⑤ 운영인은 물품을 수하인 등에게 인계할 때 검수하여야 하며, 물품의 불일치 또는 부적절한 인계 등이 발생하였을 경우 세관장 및 관련 외국관세당국에 보고하는 절차를 마련하여야 한다.

Answer 7.④ 8.⑤

7 ④ 수입업체는 법규준수와 안전관리 업무에 대한 정보가 관련 부서에 공유되도록 하여야 한다〈수출입 안전관리 우수업체 공인 및 운영에 관한 고시 [별표1] 수출입 안전관리 우수업체 공인기준(제4조 제1항 관련)〉.

8 ⑤ 운영인은 물품을 수하인 등에게 인계할 때 검수하여야 하며, 물품의 불일치 또는 부적절한 인계 등이 발생하였을 때에는 즉시 세관장에게 보고하여야 한다〈수출입 안전관리 우수업체 공인 및 운영에 관한 고시 [별표1] 수출입 안전관리 우수업체 공인기준(제4조 제1항 관련)〉.

9 수출입 안전관리 우수업체 공인 및 운영에 관한 설명으로 틀린 것은?

① 관세청장은 통관절차 등의 혜택을 효과적으로 제공하기 위하여 수출입안전관리 우수업체의 대표자 또는 수출입관리책임자를 대상으로 수출입안전관리 우수업체 카드를 발급할 수 있다.

② 관세청장은 수출입안전관리 우수업체가 국가간 상호인정 혜택을 받을 수 있도록 업체 명단, 유효기간 등 공인정보를 상대국 관세당국에 제공할 수 있다.

③ 수출입 안전관리 우수업체는 공인이 취소된 경우에 지체 없이 관세청장에게 공인증서를 반납하여야 한다.

④ 관세청장은 종합심사 결과 공인이 유보된 경우에도 공인 유보의 사유가 경미하다고 판단되는 경우에는 혜택을 부여할 수 있다.

⑤ 관세청장은 수출입안전관리 우수업체가 공인의 유효기간 중에 보완요구를 3회 이상 받은 경우에는 혜택의 전부 또는 일부의 적용을 정지할 수 있다.

10 수출입 안전관리 우수업체의 공인을 유보할 수 있는 사유에 해당하지 않는 것은?

① 신청업체가 나머지 공인기준은 모두 충족하였으나 재무건전성 기준을 충족하지 못한 경우

② 신청업체가 수입하는 물품의 과세가격 결정방법에 이견이 있음에도 불구하고 사전심사를 신청하지 않은 경우 (수입부분에만 해당)

③ 신청업체가 공인기준 중에서 법규준수의 결격에 해당하는 형사 및 사법절차가 진행중인 경우

④ 신청업체가 사회적 물의 등을 일으켰으나 사실확인 등 심의를 위한 충분한 법리검토가 필요한 경우

⑤ 수출입안전관리 우수업체 심의위원회에서 공인유보가 필요하다고 인정하는 경우

Answer 9.① 10.①

9 ① 관세청장은 통관절차 등의 혜택을 효과적으로 제공하기 위하여 수출입안전관리 우수업체의 **대표자 또는 총괄책임자**를 대상으로 수출입안전관리 우수업체 카드를 발급할 수 있다〈수출입안전관리 우수업체 공인 및 운영에 관한 고시 제30조(수출입안전관리 우수업체 카드) 제1항〉.
② 「수출입안전관리 우수업체 공인 및 운영에 관한 고시」 제29조(공인정보 활용 및 공개) 제2항
③ 「수출입안전관리 우수업체 공인 및 운영에 관한 고시」 제28조(증서의 반납)
④⑤ 「수출입안전관리 우수업체 공인 및 운영에 관한 고시」 제25조(혜택 적용의 정지)

10 증인 및 공인의 유보〈수출입안전관리 우수업체 공인 및 운영에 관한 고시 제11조 제2항〉 … 관세청장은 신청업체가 다음의 어느 하나에 해당하는 경우에는 심의위원회의 심의를 거쳐 공인을 유보할 수 있다.
㉠ 신청업체가 나머지 공인기준은 모두 충족하였으나, 법규준수도 점수 기준을 충족하지 못한 경우
㉡ 신청업체가 수입하는 물품의 과세가격 결정방법이나 품목분류 및 원산지 결정에 이견이 있음에도 불구하고 법 제37조, 제86조 및 「자유무역협정의 이행을 위한 관세법의 특례에 관한 법률」 제31조에 따른 사전심사를 신청하지 않은 경우(수입부문에만 해당한다)
㉢ 신청업체가 공인부문별 공인기준 중에서 법규준수의 결격에 해당하는 형사 및 사법절차가 진행 중인 경우
㉣ 신청업체가 사회적 물의 등을 일으켰으나 해당 사안이 공인의 결격에 해당하는지를 판단하는데 추가적으로 사실을 확인하거나 심의를 위한 충분한 법리검토가 필요한 경우
㉤ 그 밖에 심의위원회에서 공인의 유보가 필요하다고 인정하는 경우

11 수출입 안전관리 우수업체 공인신청에 대한 기각 사유에 해당하지 않은 것은?

① 예비심사 결과 공인기준을 충족하지 못하였으며 보완 요구의 실익이 없는 경우

② 공인심사를 할 때에 제출한 자료가 거짓으로 작성된 경우

③ 관세청장이 보완을 요구하였으나, 천재지변 등 특별한 사유없이 보완 요구기간 내에 보완하지 아니하거나(통관적법성 검증과 관련한 자료제출 및 보완 요구도 포함한다) 보완을 하였음에도 불구하고 공인기준을 충족하지 못한 경우

④ 공인이 유보된 업체가 정해진 기간내에 공인기준 준수 개선계획을 제출하지 않거나, 공인기준 준수 개선 완료 보고를 하지 않은 경우

⑤ 공인신청 후 법규준수도 점수가 70점 미만(중소 수출기업은 60점 미만)으로 하락한 경우

11 공인신청의 기각〈수출입안전관리 우수업체 공인 및 운영에 관한 고시 제12조의2〉

㉠ 서류심사 또는 현장심사 결과, 공인기준을 충족하지 못하였으며 보완 요구의 실익이 없는 경우

㉡ 공인심사를 할 때에 제출한 자료가 거짓으로 작성된 경우

㉢ 관세청장이 보완을 요구하였으나, 천재지변 등 특별한 사유없이 보완 요구기간 내에 보완하지 아니하거나(통관적법성 검증과 관련한 자료제출 및 보완 요구도 포함한다) 보완을 하였음에도 불구하고 공인기준을 충족하지 못한 경우

㉣ 현장심사를 마친 날로부터 1년을 넘어서도 확정되지 않고 계속 진행되는 경우. 다만, 이 경우 최소한 1심 판결이 유죄로 선고되어야 한다.

㉤ 공인기준 준수 개선계획을 제출하지 않거나, 공인기준 준수 개선 완료 보고를 하지 않은 경우

㉥ 공인유보업체를 재심사한 결과, 공인기준을 충족하지 못한 것으로 확인된 경우

㉦ 공인신청 후 신청업체의 법규준수도 점수가 70점 미만(중소 수출기업은 60점 미만)으로 하락한 경우

㉧ 교육이수 확인서를 제출하지 않은 경우

12 수출입 안전관리 우수업체 공인표지에 대한 설명으로 틀린 것은?

① 수출입안전관리 우수업체 공인표지는 1개의 디자인으로 되어 있다.

② 수출입안전관리 우수업체 공인의 유효기간동안 관세청장이 정한 공인표지를 서류 또는 홍보물 등에 표시할 수 있다.

③ 수출입안전관리 우수업체는 공인표지를 홍보물에 표시하는 경우 공인표지를 임의로 변경할 수 없다.

④ 수출입안전관리 우수업체 공인 신청업체는 공인표지를 사용할 수 없다.

⑤ 수출입안전관리 우수업체가 아닌 자가 공인표지를 사용하고자 할 때에는 관세청장의 사전승인을 받아야 한다.

13 수출입 안전관리 우수업체 관리책임자의 업무에 해당하지 않는 것은?

① 직원에 대한 수출입안전관리 교육

② 정보교환, 회의참석 등 수출입안전관리 관련 관세청 및 세관과의 협업

③ 세액 등 통관적법성 준수 관리

④ 정기 자체평가, 변동사항 보고 등 공인기준 준수 관련 업무

⑤ 기업 프로파일 관리

Answer 12.① 13.⑤

12 ① 수출입안전관리 우수업체의 공인표지는 1개의 기본 디자인과 3개의 응용 디자인으로 되어있다〈수출입 안전관리 우수업체 공인 및 운영에 관한 고시 [별표 7] 공인표지의 사용(제24조제2항 관련)〉.
②⑤ 「수출입 안전관리 우수업체 공인 및 운영에 관한 고시」 제24조(공인표지의 사용)
③④ 「수출입 안전관리 우수업체 공인 및 운영에 관한 고시」 [별표 7] 공인표지의 사용(제24조제2항 관련)

13 관리책임자의 지정 및 역할〈수출입안전관리 우수업체 공인 및 운영에 관한 고시 제16조 제3항〉 … 관리책임자는 다음에 해당하는 업무를 담당한다.
㉠ 정기 자체평가, 변동사항 보고, 공인 또는 종합심사 수감 등 공인기준 준수관련 업무
㉡ 직원에 대한 수출입안전관리 교육
㉢ 정보 교환, 회의 참석 등 수출입안전관리 관련 관세청 및 세관과의 협업
㉣ 세액 등 통관적법성 준수 관리
㉤ 그 밖에 업체의 법규준수 향상을 위한 활동

14 수출입 안전관리 우수업체의 변동사항 보고에 관한 설명으로 틀린 것은?

① 양도, 양수, 분할, 합병 등에 의한 법적지위의 변경이 있으면 수출입 관리 현황 변동사항 보고서를 작성하여 관세청장에게 보고하여야 한다.

② 소재지 이전, 사업장 신설 등이 발생한 경우 수출입 관리 현황 변동사항 보고서를 작성하여 관세청장에게 보고하여야 한다.

③ 관세청장은 변동사항 점검 결과 법규준수도 하락으로 공인등급 하향조정이 예상되는 경우에는 공인기준 준수 개선을 요구하여야 한다.

④ 공인기준 준수 개선을 요구받은 수출입안전관리 우수업체는 요구받은 날로부터 30일 이내에 공인기준 준수 개선 계획을 제출하여야 한다.

⑤ 관세청장은 공인기준을 충족하지 못한 사항이 경미한 경우에는 공인기준 준수 완료 보고서의 제출을 생략하게 할 수 있다.

15 수출입 안전관리 우수업체의 공인 취소에 대한 설명으로 맞는 것은?

① 수출입안전관리 우수업체가 수출입 관련 법령을 위반한 경우 처벌의 확정 여부를 구분하지 않고 공인취소 절차를 진행한다.

② 관세법 제276조(허위신고죄 등)에 따라 통고처분을 받은 경우 공인취소 절차를 진행한다.

③ 수출입안전관리 우수업체가 정기 자체평가와 관련하여 거짓자료를 제출한 경우 공인취소 절차를 진행한다.

④ 종합심사 결과 공인기준을 충족하지 못하는 수출입안전관리 우수업체에게 공인기준 준수 개선 또는 자료제출을 요구(통관적법성 관련 자료 제출을 요구하는 경우는 제외)하였으나 정당한 이유 없이 이행하지 않는 경우 공인취소 절차를 진행한다.

⑤ 수출입안전관리 우수업체가 최근 2년 이내에 혜택 적용의 정지 처분을 3회 이상 받은 경우 공인취소 절차를 진행한다.

Answer 14.⑤ 15.③

14 ⑤ 관세청장은 공인기준을 충족하지 못한 사항이 경미한 경우에는 공인기준 준수 개선계획의 제출을 생략하고, 해당 요구를 받은 날로부터 30일 이내에 공인기준 준수 개선 완료 보고서를 제출하게 할 수 있다〈수출입안전관리 우수업체 공인 및 운영에 관한 고시 제17조(변동사항보고) 제5항〉.

15 ③ 「수출입 안전관리 우수업체 공인 및 운영에 관한 고시」 제25조의2(공인의 취소) 제1항 제2호

① 수출입 안전관리 우수업체가 수출입 관련 법령을 위반한 경우 처벌의 확정 여부를 구분하지 않고 혜택의 전부 또는 일부의 적용을 정지할 수 있다〈수출입 안전관리 우수업체 공인 및 운영에 관한 고시 제25조(혜택 적용의 정지)〉.

② 관세법 제276조에 따라 통고처분을 받은 경우 혜택의 전부 또는 일부의 적용을 정지할 수 있다〈수출입 안전관리 우수업체 공인 및 운영에 관한 고시 제25조(혜택 적용의 정지)〉.

④ 관세청장은 공인기준 준수 개선 완료 보고서를 검토한 후 공인등급의 조정, 공인의 취소, 공인의 유보, 공인신청의 기각, 혜택의 정지 등 필요한 조치를 할 수 있다〈수출입 안전관리 우수업체 공인 및 운영에 관한 고시 제17조(변동사항 보고) 제6항〉.

⑤ 공인의 유효기간 내에 혜택 적용의 정지 처분을 5회 이상 받은 경우 공인취소 절차를 진행한다〈수출입 안전관리 우수업체 공인 및 운영에 관한 고시 제25조의2(공인의 취소) 제1항 제6호〉.

16 수출입 안전관리 우수업체의 혜택 적용의 정지 사유에 해당하지 않는 것은?

① 수출입 관련 법령의 양벌규정에 따라 벌금 또는 통고처분을 받은 경우
② 공인의 유효기간 중에 공인기준 미충족 등으로 보완요구를 3회 이상 받은 경우
③ 관리책임자가 교육을 받도록 권고받은 이후에 특별한 사유없이 교육을 받지 않은 경우
④ 정기 자체평가서를 제출기한으로부터 1개월 이내에 제출하지 아니한 경우
⑤ 수출입안전관리 우수업체가 공인증서를 반납하는 경우

17 수출입 안전관리 우수업체 공인심사에 대한 설명으로 틀린 것은?

① 종합심사 대상 업체는 종합심사를 신청하기 전에 예비심사를 신청할 수 있다.
② 관세청장은 수출입안전관리 우수업체 공인심사 시 서류심사를 지정된 기관에 위탁할 수 있다.
③ 중소 수입기업이 예비심사를 신청할 경우에는 다른 신청업체에 우선하여 예비심사를 할 수 있다.
④ 관세청장은 국제선박보안증서를 발급받은 국제항해선박소유자에 대하여 별도의 확인절차를 받아 공인기준을 충족한 부분에 대해서는 심사를 생략할 수 있다.
⑤ 관세청장은 중소 수출기업의 규모 및 법규준수도 점수 등을 고려하여 내부통제시스템 기준 중에서 위험평가 부분에 대한 공인심사를 간소하게 할 수 있다.

Answer 16.⑤ 17.③

16 ⑤ 수출입안전관리 우수업체가 공인증서를 반납하는 경우 공인을 취소한다〈수출입안전관리 우수업체 공인 및 운영에 관한 고시 제 25조의2(공인의 취소) 제1항 제7호〉.
①②③④ 「수출입 안전관리 우수업체 공인 및 운영에 관한 고시」 제25조(혜택 적용의 정지)

17 ③ 관세청장은 중소 수출기업이 예비심사를 신청한 경우에는 다른 신청업체에 우선하여 예비심사를 할 수 있다〈수출입안전관리 우수업체 공인 및 운영에 관한 고시 제7조의2(예비심사) 제3항〉.
①② 「수출입 안전관리 우수업체 공인 및 운영에 관한 고시」 제7조의2(예비심사) 제1항
④⑤ 「수출입 안전관리 우수업체 공인 및 운영에 관한 고시」 제10조(심사의 일부 생략 등)

18 수출입 안전관리 우수업체로 공인을 신청할 수 없는 자는?

① 「관세법」 제241조에 따른 수입자(수입부분)

② 「관세법」 제172조에 따른 지정장치장의 화물을 관리하는 자(보세구역 운영인부문)

③ 「관세법」 제222조 제1항 제2호에 해당하는 화물운송주선업자(화물운송주선업부문)

④ 「관세법」 제222조 제1항 제3호에 해당하는 자(하역업부문)

⑤ 「관세법」 제199조의2에 따른 환급창구운영사업자(수출부문)

19 수출입 안전관리 우수업체의 종합심사에 대한 설명으로 틀린 것은?

① 수출입안전관리 우수업체가 공인을 갱신하고자 할 때에는 공인의 유효기간이 끝나기 6개월 전까지 수출입안전관리 우수업체 종합심사신청서를 관세청장에게 제출하여야 한다.

② 수출입안전관리 우수업체가 여러 공인부문에 걸쳐 공인을 받은 경우에는 공인일자가 가장 빠른 공인부문을 기준으로 종합심사를 함께 신청할 수 있다.

③ 관세청장은 종합심사를 할 때에는 수출입안전관리 우수업체의 공인부문별로 서류심사와 현장심사의 순으로 구분하여 실시한다.

④ 수입업체의 종합심사 범위에는 통관적법성 확인대상 분야(법규준수와 관련된 과세가격, 품목분류, 원산지, 환급, 감면, 외환, 보세화물 관리, 사후관리 및 통관요건에 대한 세관장 확인업무 등)를 포함할 수 있다.

⑤ 종합심사 중 현장심사를 할 때에 통관적법성 검증을 위하여 수출입안전관리 우수업체의 사업장을 직접 방문하는 기간은 방문을 시작한날로부터 30일 이내로 한다.

Answer 18.⑤ 19.⑤

18 공인부분〈수출입안전관리 우수업체 공인 및 운영에 관한 고시 제3조 제1항〉… 수출입안전관리 우수업체(AEO)로 공인을 신청할 수 있는 자는 다음과 같다.

㉠ 「관세법」 제241조에 따른 수출자(수출부문)

㉡ 「관세법」 제241조에 따른 수입자(수입부문)

㉢ 「관세사법」 제2조 또는 제3조에 따른 통관업을 하는 자(관세사부문)

㉣ 「관세법」 제2조 제16호에 해당하는 자 또는 「관세법」 제172조에 따른 지정장치장의 화물을 관리하는 자(보세구역 운영인부문)

㉤ 「관세법」 제222조 제1항 제1호에 해당하는 자(보세운송업부문)

㉥ 「관세법」 제222조 제1항 제2호 및 제6호에 해당하는 자(화물운송주선업부문)

㉦ 「관세법」 제222조 제1항 제3호에 해당하는 자(하역업부문)

㉧ 「관세법」 제2조 제6호에 따른 외국무역선을 소유하거나 운항하여 법 제225조에 따른 보세화물을 취급하는 자(선박회사부문)

㉨ 「관세법」 제2조 제7호에 따른 외국무역기를 소유하거나 운항하여 법 제225조에 따른 보세화물을 취급하는 자(항공사부문)

19 ⑤ 관세청장은 종합심사 중 현장심사를 할 때에 통관적법성 검증을 위하여 수출입안전관리 우수업체의 사업장을 직접 방문하는 기간은 방문을 시작한 날로부터 15일 이내로 한다〈수출입안전관리 우수업체 공인 및 운영에 관한 고시 제19조(종합심사) 제6항〉.

20 「수출입 안전관리 우수업체 공인 및 운영에 관한 고시」상 용어에 대한 정의로 틀린 것은?

① 공인부문이란 수출입물품의 제조·운송·보관 또는 통관 등 무역과 관련된 자 중에서 수출입 안전관리 우수업체 공인의 대상이다.

② 공인기준이란 「관세법」에 따라 관세청장이 수출입 안전관리 우수업체를 공인할 때에 심사하는 법규준수, 내부통제시스템, 재무건전성 및 안전관리 기준을 말한다.

③ 공인심사란 관세청장이 수출입 안전관리 우수업체 공인의 갱신을 신청한 업체가 공인기준을 충족하는지 등(수입부문은 통관적법성 적정 여부를 포함한다)을 심사하는 것을 말한다.

④ 예비심사란 공인 또는 종합심사를 신청하기 전에 업체가 희망하여 관세청장이 공인을 신청할 때에 준비하여야 하는 서류의 종류와 내용을 안내하고, 공인기준 중에서 일부를 정해서 업체의 수출입 관리 현황이 이를 충족하는지를 검증하는 등 예비적으로 심사하는 것을 말한다.

⑤ 현장심사란 관세청장이 공인 또는 종합심사를 할 때에 업체의 본사, 사업장 및 거래업체를 방문하여 심사하는 것을 말한다.

21 국제항에 대한 설명으로 틀린 것은?

① 국제항이란 국제무역선이나 국제무역기가 자유로이 출입할 수 있는 항구 또는 공항으로서 대통령이 지정한다.

② 국제항의 시설기준은 관세청장이 정한다.

③ 물품의 하역이나 환적이 용이한 항구 및 하역시설이 갖추어져 있다.

④ 국제무역선이나 국제무역기가 국제항을 출입하는 경우에는 출입허가수수료가 없어 경제적으로 부담이 적다.

⑤ 국제무역선이나 국제무역기는 국제항에 한정하여 운항할 수 있으며, 국제항이 아닌 지역에 출입하고자 하는 경우에는 세관장의 허가를 받아야 한다.

Answer 20.③ 21.②

20 ③ 공인심사란 관세청장이 수출입 안전관리 우수업체로 공인을 받고자 신청한 업체가 공인기준을 충족하는지 등(수입부문은 통관적법성 적정 여부를 포함한다)을 심사하는 것을 말한다〈수출입안전관리 우수업체 공인 및 운영에 관한 고시 제2조(정의) 제4호〉.

21 ② 국제항의 시설기준 등에 관하여 필요한 사항은 대통령령으로 정한다〈관세법 제133조(국제항의 지정 등) 제2항〉.

22 국제무역선(기)의 입항절차에 대한 설명으로 틀린 것은?

① 기장은 국제무역기가 공항에 착륙한 때에는 지체 없이 세관장에게 입항보고를 하여야 한다. 다만, 여객명부는 항공기 입항 30분 전까지 세관장에게 제출하여야 한다.

② 선장 등은 외국에서 선박을 수리하였거나 선박용품을 구입하였을 때에는 입항보고를 할 때에 그 사실을 세관장에게 제출하여야 한다.

③ 선장 등은 선박이 입항하기 24시간 전까지 입항예정(최초)보고서를 세관장에게 제출하여야 한다.

④ 직전 출항국가 출항부터 입항까지 운항 소요시간이 24시간 이하인 경우에는 직전 출항국가에서 출항하는 즉시 입항예정(최초)보고서를 제출하여야 한다.

⑤ 국제항에 입항하여 입항절차를 마친 후 다시 우리나라의 다른 국제항에 입항할 때에는 서류제출의 생략 등 간소한 절차로 입·출항할 수 있으며 항내의 다른 장소로 별도의 신고없이 이동할 수 있다.

23 선박용품에 대한 설명 중 틀린 것은?

① 보세구역 운영인은 외국 선박용품등을 보세구역에 반입한 때에는 관할지 세관장에게 반입한 때에는 관할지 세관장에게 반입등록서를 제출하여야 한다. 다만, 공급자등이 하선완료 보고하였거나 보세운송하여 도착보고한 물품은 반입 등록한 것으로 갈음한다.

② 선내판매품이란 여객선에서 여행자 및 승무원에게 판매되는 물품을 말한다.

③ 선박용품 등의 적재 등은 해당 허가를 받은 자가 직접 이행하여야 한다.

④ 공급자등은 적재등을 완료한 때에는 다음날 12시까지 관할 세관장에게 보고하여야 한다. 다만, 보고 기한 내에 해당 선박이 출항하는 때에는 출항허가 전까지 보고하여야 한다.

⑤ 선박용품 보세운송기간은 보세운송신고수리(승인)일로부터 15일 이내에서 실제 운송에 필요한 기간으로 한다.

Answer 22.⑤ 23.①

22 ⑤ 세관장은 국제무역선이나 국제무역기가 국제항에 입항하여 법에 따른 절차를 마친 후 다시 우리나라의 다른 국제항에 입항할 때에는 서류제출의 생략 등 간소한 절차로 입출항하게 할 수 있다〈관세법 제137조(간이입출항 절차) 제2항〉.
　　① 「국제무역기의 입출항절차 등에 관한 고시」 제6조(입항보고 및 출항허가신청 시기) 제1항
　　② 「국제무역선의 입출항 전환 및 승선절차에 관한 고시」 제4조(입항보고 및 출항허가신청)
　　③④ 「국제무역선의 입출항 전환 및 승선절차에 관한 고시」 제5조(입항보고서 제출시기)

23 ① 공급자 등이 외국 선박용품 등을 보세구역에 반입한 때에는 관할지 세관장에게 별지 제1호 서식의 반입등록서를 제출하여야 한다. 다만, 공급자등이 하선완료보고 하였거나 보세운송하여 도착보고한 물품은 반입등록한 것으로 갈음한다〈선박용품 등 관리에 관한 고시 제4조(반입등록)〉.
　　② 「선박용품 등 관리에 관한 고시」 제2조(정의)
　　③ 「선박용품 등 관리에 관한 고시」 제11조(이행의무자)
　　④ 「선박용품 등 관리에 관한 고시」 제14조(완료보고)
　　⑤ 「선박용품 등 관리에 관한 고시」 제19조(보세운송기간)

24 관리대상화물 검사에 대한 설명으로 틀린 것은?

① 세관장은 화주가 요청하는 경우 검색기검사화물로 선별된 화물의 검사방법을 즉시검사화물로 변경할 수 있다.

② 세관장은 검사대상화물에 대하여 적재화물목록 심사가 완료된 때에 적재화물목록제출자에게 검사대상으로 선별된 사실을 통보하여야 한다.

③ 세관장은 검색기검사를 실시한 결과 이상이 없는 것으로 판단된 경우에는 선사가 지정하는 하선장소로 신속히 이동될 수 있도록 조치하여야 한다.

④ 세관장은 검사대상화물 중 우범성이 없거나 검사의 실익이 적다고 판단되는 화물은 검사대상화물 지정을 직권으로 해제할 수 있다.

⑤ 세관장이 검색기검사 결과 정밀 검사가 필요하다고 인정하는 때에는 화주가 요청하는 보세창고에서 정밀검사를 실시하여야 한다.

25 관세통로, 통관역, 통관장의 지정권자를 나열한 것으로 맞는 것은?

① 관세통로 – 관세청장,　　통관역 – 세관장,　　통관장 – 세관장

② 관세통로 – 세관장,　　통관역 – 관세청장,　　통관장 – 세관장

③ 관세통로 – 세관장,　　통관역 – 관세청장,　　통관장 – 관세청장

④ 관세통로 – 관세청장,　　통관역 – 관세청장,　　통관장 – 세관장

⑤ 관세통로 – 세관장,　　통관역 – 세관장,　　통관장 – 관세청장

---

24 ⑤ 검색기검사화물, 반입후검사화물, 수입신고후검사화물 및 감시대상화물의 하선(기)장소는 「보세화물 입출항 하선 하기 및 적재에 관한 고시」에 따라 선사(항공사)가 지정한 장소로 한다〈관리대상화물 관리에 관한 고시 제6조(검사대상화물의 하선(기) 장소) 제1항〉.

① 「관리대상화물 관리에 관한 고시」 제9조(검사대상화물 또는 감시대상화물의 검사 및 조치) 제3항

② 「관리대상화물 관리에 관한 고시」 제8조(검사대상화물 또는 감시대상화물의 관리절차) 제2항, 제3항

③ 「관리대상화물 관리에 관한 고시」 제9조(검사대상화물 또는 감시대상화물의 검사 및 조치) 제1항

④ 「관리대상화물 관리에 관한 고시」 제13조(검사대상화물의 해제) 제2항

25 관세통로〈관세법 제148조〉

㉠ 국경을 출입하는 차량(국경출입차량)은 관세통로를 경유하여야 하며, 통관역이나 통관장에 정차하여야 한다.

㉡ ㉠에 따른 관세통로는 육상국경(陸上國境)으로부터 통관역에 이르는 철도와 육상국경으로부터 통관장에 이르는 육로 또는 수로 중에서 **세관장**이 지정한다.

㉢ 통관역은 국외와 연결되고 국경에 근접한 철도역 중에서 **관세청장**이 지정한다.

㉣ 통관장은 관세통로에 접속한 장소 중에서 **세관장**이 지정한다.

1 자율관리 보세구역의 감독에 관한 내용으로 틀린 것은?

① 자율점검표에는 자율관리 보세구역 지정요건 충족여부를 포함하여야 한다.

② 자율점검표에는 관세청장이 정하는 절차생략 준수 여부를 포함하여야 한다.

③ 자율점검표에는 운영인 등의 의무사항 준수 여부를 포함하여야 한다.

④ 자율점검표를 미제출하는 경우에는 정기검사를 하여야 한다.

⑤ 자율점검표 제출기한은 회계연도 종료 3개월이 지난 후 20일 이내이며, 보세구역운영상황 및 재고조사 결과와 함께 제출하려는 경우 다음해 2월말까지 제출할 수 있다.

2 자율관리 보세구역운영에 관한 내용 중 틀린 것은?

① 운영인 등은 해당보세구역에서 반출입된 화물에 대한 장부를 2년간 보관하여야 한다.

② 세관장은 운영인 등과 보세사가 보세화물관리에 관한 의무사항을 불이행한 때에는 사안에 따라 경고처분 등의 조치를 할 수 있다.

③ 세관장은 보세사에게 경고처분 하였을 때에는 관세청장에게 보고하여야 한다.

④ 세관장은 자율관리 보세구역의 운영실태 및 보세사의 관계법령 이행여부 등을 확인하기 위하여 연 1회 정기감사를 실시하여야 한다.

⑤ 세관장은 정기감사 결과 이상이 있을 경우에는 시정명령 등 필요한 조치를 하고 그 결과를 관세청장에게 보고하여야 한다.

Answer 1.⑤ 2.③

1 ⑤ 운영인은 회계연도 종료 3개월이 지난 후 15일 이내에 자율관리 보세구역운영 등의 적정여부를 자체 점검하고, 다음의 사항을 포함하는 자율점검표를 작성하여 세관장에게 제출하여야 한다. 다만, 운영인이 자율점검표를 「특허보세구역 운영에 관한 고시」에 의한 보세구역운영상황 및 「보세화물 관리에 관한 고시」에 의한 재고조사 결과와 함께 제출하려는 경우, 자율점검표를 다음해 2월말까지 제출할 수 있다〈자율관리 보세구역운영에 관한 고시 제10조(자율관리 보세구역에 대한 감독) 제1항〉.

①②③④ 「자율관리 보세구역운영에 관한 고시」 제10조(자율관리 보세구역에 대한 감독)

2 ③ 세관장은 보세사에게 경고처분을 하였을 때에는 한국관세물류협회장에게 통보하여야 한다〈자율관리 보세구역운영에 관한 고시 제11조(행정제재) 제2항〉.

① 「자율관리 보세구역 운영에 관한 고시」 제12조(관계서류의 보존)

② 「자율관리 보세구역 운영에 관한 고시」 제11조(행정제재) 제1항

④⑤ 「자율관리 보세구역 운영에 관한 고시」 제10조(자율관리 보세구역에 대한 감독)

3 일반 자율관리 보세구역에 부여하는 혜택으로 틀린 것은?

① 단일 보세공장 소재지 관할구역에 보관창고 증설 허용
② 벌크화물의 사일로(silo) 적입을 위한 포장제거 작업의 경우 보수작업 신청(승인) 생략
③ 재고조사 및 보고의무를 분기별 1회에서 연 1회로 완화
④ 보세구역 운영상황에 대한 세관공무원의 점검 생략
⑤ 보세구역 반입물품에 대해 세관장에게 수입신고전 확인 신청 생략

4 자율관리 보세구역 운영인의 의무를 설명한 것으로 틀린 것은?

① 보세구역에 작업이 있을 때에는 보세사를 상주근무하게 하여야 한다.
② 보세사를 해고하였을 때에는 세관장에게 즉시 통보하여야 한다.
③ 운영인은 절차생략에 따른 물품 반출입 상황 등을 보세사로 하여금 기록·관리하게 하여야 한다.
④ 보세사가 보세구역을 이탈한 경우에는 업무대행자를 지정하여 보세사 업무를 수행할 수 있으며 이 경우 지체 없이 세관장에게 보고하여야 한다.
⑤ 보세구역 반출입물품과 관련한 수입 및 수출 등에 관해 세관공무원의 자료요구가 있으면 협조하여야 한다.

Answer 3.① 4.④

3 일반 자율관리 보세구역에 부여하는 혜택〈자율관리 보세구역운영에 관한 고시 제7조 제1항〉
   ㉠ 「식품위생법」 제10조, 「건강기능식품에 관한 법률」 제17조 및 「축산물 위생관리법」 제6조, 「의료기기법」 제20조 및 「약사법」 제56조, 「화장품법」 제10조 및 「전항공기용품 및 생활용품 안전관리법」 제9조·제18조·제25조·제29조에 따른 표시작업(원산지표시 제외)과 벌크화물의 사일로(silo)적입을 위한 포장제거작업의 경우 법 제158조에 따른 보수작업 신청(승인) 생략
   ㉡ 「보세화물 관리에 관한 고시」 제16조에 따른 재고조사 및 보고의무를 분기별 1회에서 년 1회로 완화
   ㉢ 「특허보세구역 운영에 관한 고시」 제22조에 따른 보세구역운영상황의 점검생략
   ㉣ 「보세화물 관리에 관한 고시」 제17조에 따른 장치물품의 수입신고전 확인신청(승인) 생략

4 ④ 운영인 등은 보세사가 아닌 자에게 보세화물관리 등 보세사의 업무를 수행하게 하여서는 아니 된다. 다만, 업무대행자를 지정하여 사전에 세관장에게 신고한 경우에는 보세사가 아닌 자도 보세사가 이탈시 보세사 업무를 수행할 수 있다〈자율관리 보세구역운영에 관한 고시 제9조(운영인 등의 의무) 제1항 제1호〉.

5 자율관리 보세구역의 지정신청과 갱신에 관한 내용 중 틀린 것은?

① 자율관리 보세구역으로 지정을 받으려는 사람은 자율관리 보세구역 지정신청서를 세관장에게 제출하여야 한다.

② 신청서류는 우편 또는 FAX 등 정보통신망 등을 이용하여 제출할 수 있다.

③ 지정 신청을 받은 세관장은 자율관리 보세구역 관련 규정에 따른 지정 요건을 검토하여 보세화물관리 및 세관 감시감독에 지장이 없다고 판단되는 경우 해당 보세구역의 특허기간을 지정기간으로 하여 자율관리 보세구역을 지정한다.

④ 특허의 갱신과 자율관리 보세구역 갱신을 통합하여 신청한 경우 자율관리 보세구역 갱신 심사기간은 특허보세구역 갱신 심사기간에 따른다.

⑤ 세관장은 자율관리 보세구역 운영인 등에게 갱신 신청과 절차에 관한 사항을 지정기간 만료 1개월 전에 문서, 전자메일, 전화, 휴대폰 문자 전송 방법 등으로 미리 알려야 한다.

6 자율관리 보세구역 지정취소 사유에 해당하지 않는 것은?

① 보세화물을 자율적으로 관리할 능력이 없거나 부적당하다고 세관장이 인정하는 경우

② 보세화물 관리를 위한 보세사를 채용하지 않은 때

③ 화물의 반출입, 재고관리 등 실시간 물품관리가 가능한 전산시스템이 구비되지 않은 경우

④ 장치물품에 대한 관세를 납부할 자금 능력이 없어 물품 반입이 정지된 때

⑤ 운영인 등이 보세구역 반출입 물품과 관련한 생산, 판매, 수입 및 수출 등에 관한 세관공무원의 자료요구 또는 현장 확인 시에 협조하지 않는 경우

Answer 5.⑤ 6.⑤

5 ⑤ 세관장은 자율관리보세구역 운영인 등에게 다음의 사항을 지정기간 만료 2개월 전에 문서, 전자메일, 전화, 휴대폰 문자전송 방법 등으로 미리 알려야 한다〈자율관리 보세구역 운영에 관한 고시 제4조(지정신청 및 갱신) 제4항〉.

6 자율관리 보세구역 지정취소 사유〈자율관리 보세구역 운영에 관한 고시 제5조〉
　　㉠ 법 제178조 제1항에 해당된 때 … 세관장은 특허보세구역의 운영인이 다음 각 호의 어느 하나에 해당하는 경우에는 관세청장이 정하는 바에 따라 6개월의 범위에서 해당 특허보세구역에의 물품반입 또는 보세건설·보세판매·보세전시 등을 정지시킬 수 있다
　　　1. 장치물품에 대한 관세를 납부할 자금능력이 없다고 인정되는 경우
　　　2. 본인이나 그 사용인이 이 법 또는 이 법에 따른 명령을 위반한 경우
　　　3. 해당 시설의 미비 등으로 특허보세구역의 설치 목적을 달성하기 곤란하다고 인정되는 경우
　　　4. 그 밖에 제1호부터 제3호까지의 규정에 준하는 것으로서 대통령령으로 정하는 사유에 해당하는 경우
　　㉡ 제9조 제1항 제1호(운영인 등은 보세사가 아닌 자에게 보세화물관리 등 보세사의 업무를 수행하게 하여서는 아니 된다. 다만, 업무대행자를 지정하여 사전에 세관장에게 신고한 경우에는 보세사가 아닌 자도 보세사가 이탈시 보세사 업무를 수행할 수 있다)를 위반한 때
　　㉢ 제9조 제1항 제3호에서 규정한 기간까지 보세사를 채용하지 않을 때
　　㉣ 제3조의 자율관리보세구역 지정요건을 충족하지 못한 경우
　　㉤ 그 밖에 보세화물을 자율적으로 관리할 능력이 없거나 부적당하다고 세관장이 인정하는 경우

7 보세사의 징계에 대한 내용으로 틀린 것은?

① 보세사가 관세법이나 이 법에 따른 명령을 위반한 경우에는 징계사유에 해당된다.

② 보세사가 직무 또는 의무를 이행하지 아니하는 경우에는 징계사유에 해당된다.

③ 경고처분을 받은 보세사가 1년내에 다시 경고처분을 받는 경우에는 징계사유에 해당된다.

④ 징계의 종류에는 견책, 감봉, 6월의 범위내 업무정지가 있다.

⑤ 세관장은 보세사가 연간 6월의 범위내 업무정지를 2회 받으면 등록취소하여야 한다.

8 보세사의 직무 및 의무에 대한 내용으로 틀린 것은?

① 보세사는 세관봉인대의 시봉 및 관리 업무를 수행한다.

② 보세사는 보세구역의 종류에 관계없이 관세법 제321조(세관의 업무시간 및 물품취급시간) 제1항에 따른 세관개청시간과 해당 보세구역내의 작업이 있는 시간에 해당 보세구역에 상주하여야 한다.

③ 보세사는 영업용 보세창고가 아닌 경우 보세화물 관리에 지장이 없는 범위 내에서 다른 업무를 겸임할 수 있다.

④ 보세사는 환적화물 컨테이너 적출입시 입회 · 감독 업무를 수행한다.

⑤ 보세사는 보수작업과 화주의 수입신고전 장치물품 확인시 입회 · 감독 업무를 수행한다.

9 자유무역지역 반출입물품의 관리에 관한 고시상의 용어에 대한 설명 중 틀린 것은?

① 반입신고란 물품을 자유무역지역으로 반입하기 위한 신고로서 관세법 제157조의 보세구역 반입신고(사용소비신고를 포함한다)를 의미한다.

② 사용소비신고란 외국물품을 고유한 사업의 목적 또는 용도에 사용 또는 소비하기 위하여 「자유무역지역의 지정 및 운영에 관한 법률 시행령」에서 정한 사항을 「관세법 시행령」에 따른 수입신고서 서식으로 신고하는 것을 말한다.

③ 국외반출신고란 외국물품 등을 자유무역지역에서 국외로 반출하기 위한 신고를 말한다.

④ 보수란 해당 물품의 HS품목분류의 변화를 가져오는 보존작업, 선별, 분류, 용기변경, 포장, 상표부착, 단순조립, 검품, 수선 등의 활동을 말한다.

⑤ 잉여물품이란 제조 · 가공작업으로 인하여 발생하는 부산물과 불량품, 제품생산 중단 등의 사유로 사용하지 아니하는 원재료와 제품 등을 말한다.

Answer 7.④ 8.② 9.④

7 ④ 징계의 종류에는 견책, 6월의 범위내 업무정지, 등록취소가 있다〈보세사제도 운영에 관한 고시 제12조(보세사징계) 제2항〉.

8 ② 해당 보세구역에 작업이 있는 시간에는 상주하여야 한다. 다만, 영업용 보세창고의 경우에는 법에 따른 세관개청시간과 해당 보세구역내의 작업이 있는 시간에 상주하여야 한다〈보세사제도 운영에 관한 고시 제11조(보세사의 의무) 제1항 제2호〉.

9 ④ 보수란 해당 물품의 HS품목분류의 변화를 가져오지 아니하는 보존 작업, 선별, 분류, 용기변경, 포장, 상표부착, 단순조립, 검품, 수선 등의 활동(원산지를 허위로 표시하거나, 지식재산권을 침해하는 행위는 제외한다)을 말한다〈자유무역지역 반출입물품의 관리에 관한 고시 제2조(정의) 제4호〉.

10 자유무역지역의 물품 반입 · 반출에 대한 내용으로 틀린 것은?

① 입주기업체 외의 자가 외국물품을 자유무역지역 안으로 반입하려는 경우 수입신고를 하고 관세 등을 내야 한다.

② 자유무역지역에서 외국물품 등의 전부 또는 일부를 원재료로 하여 제조 · 가공 · 조립 · 보수 등의 과정을 거친 후 그 물품을 관세영역으로 반출하려는 경우 수입신고를 하고 관세 등을 내야 한다.

③ 외국물품 등이 아닌 내국물품을 자유무역지역에서 관세영역으로 반출하려는 자는 내국물품 반출확인서를 세관장에게 제출하여야 한다.

④ 외국물품 등을 자유무역지역에서 국외로 반출하려는 자는 국외반출신고서를 세관장에게 수출통관시스템을 이용하여 전자문서로 제출하여야 한다.

⑤ 외국물품 등이 아닌 물품을 자유무역지역에서 국외로 반출하려는 자는 수출신고를 하여야 한다.

11 보세화물의 안전관리를 위한 자유무역지역의 통제시설의 기준으로 틀린 것은?

① 외곽울타리 및 외국물품의 불법유출 · 도난방지를 위한 과학감시장비

② 감시종합상황실과 화물차량통제소

③ 세관공무원이 24시간 상주근무에 필요한 사무실 및 편의시설

④ 컨테이너트레일러를 부착한 차량이 1대 이상 동시에 접속하여 검사할 수 있는 검사대

⑤ 차량의 출입 및 회차 등이 자유로울 수 있는 충분한 면적

Answer 10.③ 11.④

10 ③ 법 제30조 제4항에 따라 외국물품 등이 아닌 물품을 자유무역지역에서 국외로 반출하려는 자는 「관세법」 제241조에 따라 수출신고하여야 하며, 수출신고서의 처리 및 선(기)적 절차 등에 관하여는 「수출통관 사무처리에 관한 고시」를 준용한다〈자유무역지역 반출입물품의 관리에 관한 고시 제12조(수출신고)〉.
①② 「자유무역지역의 지정 및 운영에 관한 법률」 제29조(물품의 반입 또는 수입)
④ 「자유무역지역 반출입물품의 관리에 관한 고시」 제11조(국외반출신고 등) 제1항
⑤ 「자유무역지역 반출입물품의 관리에 관한 고시」 제12조(수출신고)

11 ④ 검사장은 컨테이너트레일러를 부착한 차량이 3대 이상 동시에 접속하여 검사할 수 있는 규모인 400㎡ 이상의 검사대, 검사물품 보관창고 등 검사를 용이하게 할 수 있는 시설을 갖추어야 한다〈자유무역지역 반출입물품의 관리에 관한 고시 제4조(통제시설의 기준) 제2호 나목〉.

12 자유무역지역에 반출입이 금지 또는 제한되는 물품이 아닌 것은?

① 품명미상 물품으로 1년이 지난 물품
② 원산지 미표시 물품
③ 사업장 폐기물
④ 검역기관에서 폐기대상으로 결정된 물품
⑤ 저작권을 침해하는 물품

13 자유무역지역 통제시설에 대한 설명이다. (　　)안에 들어갈 내용을 순서대로 나열한 것은?

> 관리권자는 (　　)과 협의를 거쳐 자유무역지역에 통제시설을 설치하고, 그 운영시기를 공고하여야 한다. 또한
> 자유무역지역을 출입하는 사람 및 자동차에 대한 기록을 (　　)일 동안 관리하여야 하고 (　　)이 출입기록을 요
> 청하는 경우 특별한 사유가 없으면 이에 따라야 한다.

① 국토교통부장관, 60, 세관장
② 관세청장, 60, 관세청장
③ 관세청장, 90, 세관장
④ 세관장, 90, 관세청장
⑤ 국토교통부장관, 90, 관세청장

Answer 12.② 13.③

12 물품의 반입 · 반출의 금지 등〈자유무역지역 지정 및 운영에 관한 법률 제41조〉
　㉠ 누구든지 「관세법」 제234조 각 호의 어느 하나에 해당하는 물품을 자유무역지역 안으로 반입하거나 자유무역지역 밖으로 반
　　출할 수 없다.
　　1. 헌법질서를 문란하게 하거나 공공의 안녕질서 또는 풍속을 해치는 서적 · 간행물 · 도화, 영화 · 음반 · 비디오물 · 조각물
　　　또는 그 밖에 이에 준하는 물품
　　2. 정부의 기밀을 누설하거나 첩보활동에 사용되는 물품
　　3. 화폐 · 채권이나 그 밖의 유가증권의 위조품 · 변조품 또는 모조품
　㉡ 세관장은 국민보건 또는 환경보전에 지장을 초래하는 물품이나 그 밖에 대통령령으로 정하는 물품에 대하여는 자유무역지역
　　안으로의 반입과 자유무역지역 밖으로의 반출을 제한할 수 있다.
　　1. 사업장폐기물 등 폐기물
　　2. 총기 등 불법무기류
　　3. 마약류
　　4. 「상표법」에 따른 상표권 또는 「저작권법」에 따른 저작권을 침해하는 물품
　　5. 관세청장이 정하여 고시하는 물품

13 ③ 관리권자는 **관세청장**과 협의를 거쳐 자유무역지역에 통제시설을 설치하고, 그 운영시기를 공고하여야 한다. 또한 자유무역지
　　역을 출입하는 사람 및 자동차에 대한 기록을 **90일** 동안 관리하여야 한다. **세관장**이 출입기록을 요청하는 경우 특별한 사유
　　가 없으면 이에 따라야 한다〈자유무역지역 지정 및 운영에 관한 법률 제27조(통제시설의 설치)〉.

14 자유무역지역 업무 절차 중에 청문을 하여야 하는 경우는?

① 물품 반입정지 시
② 물품 폐기 시
③ 장치기간 경과 물품 통보 시
④ 역외작업 허가 기각 시
⑤ 재고가 부족한 물품의 관세 등 징수 시

15 법규수행능력 우수업체의 우대조치에 대한 설명으로 틀린 것은?

① 보세화물에 대한 재고조사 면제 등 자율관리 확대
② 화물 C/S에 의한 검사비율의 축소
③ 관세 등 납부기한 연장
④ 관세 등에 대한 담보제공의 면제
⑤ 세관장 권한의 대폭적 위탁

16 관세법 제282조(몰수 · 추징)에 대한 설명으로 틀린 것은?

① 금지품 밀수출입죄의 경우에는 그 물품을 몰수한다.
② 세관장의 허가를 받아 보세구역이 아닌 장소에 장치한 외국물품을 밀수입한 경우에는 몰수를 하지 않을 수 있다.
③ 보세구역에 반입신고를 한 후 반입한 외국물품을 밀수입한 경우에는 몰수를 하지 않을 수 있다.
④ 밀수입 물품 중 몰수의 실익이 없는 물품으로서 대통령령으로 정하는 물품은 몰수를 하지 않을 수 있다.
⑤ 밀수출죄의 경우에는 범인이 소유하거나 점유하는 그 물품을 몰수해야 하난 예비범은 몰수를 하지 않을 수 있다.

Answer 14.① 15.③ 16.⑤

14 청문〈자유무역지역 지정 및 운영에 관한 법률 제54조〉
 ㉠ 관리권자는 입주계약을 해지하려면 청문을 하여야 한다.
 ㉡ 세관장이 반입정지를 하려면 청문을 하여야 한다.

15 업체별 등급에 따른 관리〈수출입물류업체에 대한 법규수행능력측정 및 평가관리에 관한 훈령 제16조 제1항〉 … 세관장은 법규수행능력우수업체에 대하여는 다음과 같은 우대 등의 조치를 취할 수 있다.
 ㉠ 세관장 권한의 대폭적 위탁
 ㉡ 관세 등에 대한 담보제공의 면제
 ㉢ 보세화물에 대한 재고조사 면제 등 자율관리 확대
 ㉣ 화물C/S에 의한 검사비율의 축소 및 검사권한 위탁
 ㉤ 기타 관세청장이 정하는 사항

16 ⑤ 밀수출입죄(그 죄를 범할 목적으로 예비를 한 자를 포함)의 경우에는 그 물품을 몰수한다〈관세법 제282조(몰수 · 추징) 제1항〉.

17 관세법상 통고처분에 대한 설명으로 맞는 것은?

① 벌금에 상당하는 금액은 해당 벌금 최고액의 100분의 10으로 한다.

② 형법상의 벌금을 통고하는 것이다.

③ 통고처분을 하면 공소의 시효는 정지된다.

④ 통고의 요지를 이행하였어도 동일사건에 대하여 다시 조사 후 처벌을 받을 수 있다.

⑤ 벌금 50만 원 미만인 경우 관세범칙조사심의위원회의 심의 · 의결을 거쳐 통고처분 면제를 할 수 있다.

18 관세법의 조사와 처분에 관한 내용으로 맞는 것은?

① 관세법에 관한 사건에 대하여는 관세청장이나 세관장의 고발이 없으면 검사는 공소를 제기할 수 없다.

② 다른 수사기관이 관세범의 현행범인을 체포하였을 때에는 조사 후 세관에 인도하여야 한다.

③ 관세범의 현행범인이 그 장소에 있을 때에는 반드시 세관공무원만 체포할 수 있다.

④ 관세범에 관한 조사 · 처분은 관세청장 또는 세관장이 한다.

⑤ 세관장은 관세범이 있다고 인정할 때에는 범인, 범죄사실 및 증거를 조사하여야 한다.

Answer 17.③ 18.①

17 ③ 「관세법」 제311조(통고처분) 제3항

① 벌금에 상당하는 금액은 해당 벌금 최고액의 100분의 30으로 한다. 다만, 별표 4에 해당하는 범죄로서 해당 물품의 원가가 해당 벌금의 최고액 이하인 경우에는 해당 물품 원가의 100분의 30으로 한다〈관세법 시행령 제270조의2(통고처분) 제1항〉.

② 관세범에 관하여는 이 법에 특별한 규정이 있는 것을 제외하고는 「형사소송법」을 준용한다〈관세법 제319조(준용)〉.

④ 관세범인이 통고의 요지를 이행하였을 때에는 동일사건에 대하여 다시 처벌을 받지 아니한다〈관세법 제317조(일사부재리)〉

⑤ 「관세법」 제311조(통고처분) 제9항

18 ① 「관세법」 제284조(공소의 요건) 제1항

② 다른 기관이 관세범에 관한 사건을 발견하거나 피의자를 체포하였을 때에는 즉시 관세청이나 세관에 인계하여야 한다〈관세법 제284조(공소의 요건) 제2항〉

③ 관세범의 현행범인이 그 장소에 있을 때에는 누구든지 체포할 수 있다〈관세법 제298조(현행범의 인도) 제1항〉

④⑤ 세관공무원은 관세범이 있다고 인정할 때에는 범인, 범죄사실 및 증거를 조사하여야 한다〈관세법 제290조(관세범의 조사)〉.

19 세관장이 피의자나 관계인에게 통고한 후 매각하여 그 대금을 보관하거나 공탁할 수 있는 압수물이 아닌 것은?

① 부패 또는 손상되거나 그 밖에 사용할 수 있는 기간이 지날 우려가 있는 경우

② 보관하기가 극히 불편하다고 인정되는 경우

③ 처분이 지연되면 상품가치가 크게 떨어질 우려가 있는 것

④ 피의자나 관계인이 매각을 요청하는 경우

⑤ 유효기간이 지난 것

20 관세범 제275조에 따라 징역과 벌금을 병과할 수 있는 대상이 아닌 것은?

① 밀수품을 취득하려다 미수에 그친 자

② 관세의 회피 또는 강제집행의 면탈을 목적으로 타인에게 자신의 명의를 사용하여 납부신고를 할 것을 허락한 자

③ 세액결정에 영향을 미치기 위하여 과세가격을 거짓으로 신고하여 수입하려다 예비에 그친 자

④ 부정한 방법으로 관세의 감면을 받은 자

⑤ 관세법 제241조 제1항에 따라 신고를 하지 아니하고 물품을 수입한 행위를 방조한 자

Answer 19.⑤ 20.②

19 압수와 보관〈관세법 제303조 제3항〉… 관세청장이나 세관장은 압수물품이 다음의 어느 하나에 해당하는 경우에는 피의자나 관계인에게 통고한 후 매각하여 그 대금을 보관하거나 공탁할 수 있다. 다만, 통고할 여유가 없을 때에는 매각한 후 통고하여야 한다.

㉠ 부패 또는 손상되거나 그 밖에 사용할 수 있는 기간이 지날 우려가 있는 경우

㉡ 보관하기가 극히 불편하다고 인정되는 경우

㉢ 처분이 지연되면 상품가치가 크게 떨어질 우려가 있는 경우

㉣ 피의자나 관계인이 매각을 요청하는 경우

20 ② 타인에 대한 명의대여죄에 해당한다.

①③④⑤ 관세법 제275조에 따라 징역과 벌금을 병과할 수 있는 범죄는 밀수출입죄, 관세포탈죄, 미수범, 밀수품의 취득죄이다.

21 관세법상 그 위반행위에 대한 처벌이 과태료 부과 대상이 아닌 것은?

① 특허보세구역의 특허사항을 위반한 운영인

② 크기 또는 무게의 과다와 그밖의 사유로 보세구역에 장치하기 곤란하거나 부적당한 물품을 세관장의 허가를 받지 않고 보세구역외의 장치한 경우

③ 보세구역에 장치된 물품을 세관장의 허가없이 그 원형을 절단하거나 해체, 절단 작업을 한 경우

④ 밀수출 등 불법 행위 발생 우려가 높거나 감시단속상 필요하다고 인정하여 대통령령으로 정하는 물품을 관세청장이 정하는 장소에 반입하지 않고 제241조 제1항에 따른 수출의 신고를 한 경우

⑤ 세관공무원이 관세법 제265조에 의거 물품, 운송수단, 장치장소 및 관계장부 서류를 검사 또는 봉쇄하려는 조치를 거부한 자

22 다음 중 (   ) 안에 들어갈 말은?

> 관세법상 몰수할 물품의 전부 또는 일부를 몰수할 수 없을 때에는 그 몰수할 수 없는 물품의 범칙 당시의 (   )에 상당한 금액을 범인으로부터 추징한다.

① 국내도매가격   ② 과세가격
③ 국내소매가격   ④ 실제지급가격
⑤ 법정기준가격

Answer 21.⑤ 22.①

21 ⑤ 관세법 제265조에 따른 세관장 또는 세관공무원의 조치를 거부 또는 방해한 자 1천만원 이하의 벌금에 처한다. 다만, 과실로 제2호부터 제4호까지의 규정에 해당하게 된 경우에는 200만원 이하의 벌금에 처한다〈관세법 제276조(허위신고죄 등) 제4항 제7호〉.

22 몰수할 물품의 전부 또는 일부를 몰수할 수 없을 때에는 그 몰수할 수 없는 물품의 범칙 당시의 **국내도매가격**에 상당한 금액을 범인으로부터 추징한다〈관세법 제282조(몰수 · 추징) 제3항〉.

23 관세법 제279조(양벌규정)는 개인의 대리인, 사용인, 그 밖의 종업원이 그 개인의 업무와 관련하여 관세법을 위반한 경우 행위자를 처벌하는 이외에 개인에게도 해당 조문의 벌금형을 과하도록 규정하고 있다. 개인의 양벌규정에 해당하지 않는 사람은?

① 종합보세사업장의 운영인
② 관세사
③ 보세사
④ 국제항장안에서 물품 및 용역의 공급을 업으로 하는 사람
⑤ 보세판매장의 운영인

24 관세법 제276조(허위신고죄 등)에 해당하지 않는 것은?

① 보세구역 반입명령에 대하여 반입대상 물품의 전부 또는 일부를 반입하지 아니한 자
② 세관공무원의 질문에 대하여 거짓 진술을 한 자
③ 종합보세사업장의 설치 · 운영에 관한 신고를 하지 아니하고 종합보세 기능을 수행한 자
④ 체납처분의 집행을 면탈할 목적으로 그 재산을 은닉 · 탈루한 납세의무자
⑤ 부정한 방법으로 적하목록을 작성하였거나 제출한 자

23 양벌규정〈관세법 제279조 제2항〉 … 개인은 다음 각 호의 어느 하나에 해당하는 사람으로 한정한다.
ㄱ 특허보세구역 또는 종합보세사업장의 운영인
ㄴ 수출 · 수입 또는 운송을 업으로 하는 사람
ㄷ 관세사
ㄹ 국제항 안에서 물품 및 용역의 공급을 업으로 하는 사람
ㅁ 국가관세종합정보망 운영사업자 및 전자문서중계사업자

24 ④ 강제징수면탈죄에 해당한다. 납세의무자 또는 납세의무자의 재산을 점유하는 자가 강제징수를 면탈할 목적 또는 면탈하게 할 목적으로 그 재산을 은닉 · 탈루하거나 거짓 계약을 하였을 때에는 3년 이하의 징역 또는 3천만 원 이하의 벌금에 처한다〈관세법 제275조의2(강제징수면탈죄) 제1항〉

25 밀수입죄에 대한 설명으로 맞는 것은?

① 수입신고를 하였으나 해당수입물품과 다른 물품으로 신고하여 수입한 자는 밀수입죄로 처벌한다.

② 밀수입죄를 방조한 자는 본죄의 2분의1을 감경하여 처벌한다.

③ 밀수입죄를 범할 목적으로 그 예비를 한 자는 본죄에 준하여 처벌한다.

④ 법령에 따라 수입이 제한된 사항을 회피할 목적으로 부분품으로 수입하는 경우 밀수입죄를 적용한다.

⑤ 밀수입죄의 경우 범인이 소유한 물품은 몰수 대상이 아니다.

Answer 25.①

25 ② 그 정황을 알면서 밀수입죄를 교사하거나 방조한 자는 정범(正犯)에 준하여 처벌한다〈관세법 제271조(미수범 등) 제1항〉.

③ 밀수입죄를 범할 목적으로 그 예비를 한 자는 본죄의 2분의 1을 감경하여 처벌한다〈관세법 제271조 제3항〉.

④ 법령에 따라 수입이 제한된 사항을 회피할 목적으로 부분품으로 수입하거나 주요 특성을 갖춘 미완성·불완전한 물품이나 완제품을 부분품으로 분할하여 수입한 자는 관세포탈죄를 적용한다〈관세법 제270조(관세포탈죄 등)〉.

⑤ 밀수입죄에 사용하기 위하여 특수한 가공을 한 물품은 누구의 소유이든지 몰수하거나 그 효용을 소멸시킨다. 밀수입죄에 해당되는 물품이 다른 물품 중에 포함되어 있는 경우 그 물품이 범인의 소유일 때에는 그 다른 물품도 몰수할 수 있다〈관세법 제273조(범죄에 사용된 물품의 몰수 등)〉.

<제1과목> 수출입통관절차

1 수입물품에 대하여 세관장이 부과 · 징수할 수 없는 조세가 포함된 것은?

① 부가가치세, 교통 · 에너지 · 환경세 및 농어촌특별세

② 지방소비세, 담배소비세

③ 지방교육세, 개별소비세

④ 담배소비세, 주세

⑤ 개별소비세, 법인세

Answer 1.⑤

1 내국세 등의 부과 · 징수〈관세법 제4조 제1항〉 ··· 수입물품에 대하여 세관장이 부과 · 징수하는 부가가치세, 지방소비세, 담배소비세, 지방교육세, 개별소비세, 주세, 교육세, 교통 · 에너지 · 환경세 및 농어촌특별세(이하 "내국세 등"이라 하되, 내국세 등의 가산세 및 강제징수비를 포함한다)의 부과 · 징수 · 환급 등에 관하여 「국세기본법」, 「국세징수법」, 「부가가치세법」, 「지방세법」, 「개별소비세법」, 「주세법」, 「교육세법」, 「교통 · 에너지 · 환경세법」 및 「농어촌특별세법」의 규정과 이 법의 규정이 상충되는 경우에는 이 법의 규정을 우선하여 적용한다.

2   관세법상 법령의 적용시기와 과세물건 확정의 시기에 대한 설명으로 틀린 것은?

① 「관세법」에 따라 매각되는 물품은 해당 물품이 매각된 날의 법령을 적용한다.

② 「관세법」 제192조에 따라 보세건설장에 반입된 외국물품은 당해 물품이 보세건설장에 반입된 날의 법령을 적용한다.

③ 도난물품 또는 분실물품의 과세물건확정시기는 해당 물품이 도난되거나 분실된 때이다.

④ 보세구역 장치물품의 멸실 · 폐기로 관세를 징수하는 물품의 과세물건 확정시기는 해당물품이 멸실되거나 폐기된 때이다.

⑤ 수입신고전 즉시반출신고를 하고 반출한 물품의 과세물건확정시기는 수입신고전 즉시반출신고를 한 때이다.

2   적용 법령〈관세법 제17조〉 … 관세는 수입신고 당시의 법령에 따라 부과한다. 다만, 다음 각 호의 어느 하나에 해당하는 물품에 대하여는 각 해당 호에 규정된 날에 시행되는 법령에 따라 부과한다.

㉠ 제16조 각 호의 어느 하나에 해당되는 물품 : 그 사실이 발생한 날

㉡ 제192조에 따라 보세건설장에 반입된 외국물품 : 사용 전 수입신고가 수리된 날

※ 과세물건 확정의 시기〈관세법 제16조〉 … 관세는 수입신고(입항전수입신고를 포함)를 하는 때의 물품의 성질과 그 수량에 따라 부과한다. 다만, 다음 각 호의 어느 하나에 해당하는 물품에 대하여는 각 해당 호에 규정된 때의 물품의 성질과 그 수량에 따라 부과한다.

구분	적용법령 시기
원칙	수입 신고 당시
선박용품 또는 항공기용품과 국제무역선 또는 국제무역기 안에서 판매할 물품이 하역허가의 내용 위반	하역을 허가받은 때
보세구역 외 보수작업 할 때	보세구역 외 보수작업 승인을 받은 때
보세구역에 장치된 외국물품이 멸실되거나 폐기되었을 때	해당 물품이 멸실되거나 폐기된 때
보세공장, 보세건설장, 종합보세구역 외 작업기간이 경과 하였을 때	보세공장 외 작업, 보세건설장 외 작업 또는 종합보세구역 외 작업을 허가받거나 신고한 때
보세운송물품이 지정된 기간 내에 목적지에 도착하지 아니한 경우	보세운송을 신고하거나 승인받은 때
수입신고가 수리되기 전에 소비하거나 사용하는 물품	해당 물품을 소비하거나 사용한 때
수입신고전 즉시반출신고를 하고 반출한 물품	수입신고전 즉시반출신고를 한 때
우편으로 수입되는 물품	통관우체국에 도착한 때
도난물품 또는 분실물품	도난되거나 분실된 때
매각 물품	매각 된 때
수입신고를 하지 아니하고 수입된 물품	수입된 때
보세건설장에 반입된 외국물품	수입신고가 수리된 때

3 「관세법」 제30조(과세가격 결정의 원칙) 제1항에 근거하여 우리나라에 수출하기 위하여 판매되는 물품으로 맞는 것은?

① 수입 후 경매 등을 통하여 판매가격이 결정되는 위탁판매수입물품

② 수출자의 책임으로 국내에서 판매하기 위하여 수입하는 물품

③ 별개의 독립된 법적 사업체가 아닌 지점 등에서 수입하는 물품

④ 수입자가 국내에서 국가기관에 판매하기 위하여 유상으로 수입하는 물품

⑤ 임대차계약에 따라 수입하는 물품

3 과세가격 결정의 원칙〈관세법 제30조 제1항〉 … 수입물품의 과세가격은 우리나라에 수출하기 위하여 판매되는 물품에 대하여 구매자가 실제로 지급하였거나 지급하여야 할 가격에 다음의 금액을 더하여 조정한 거래가격으로 한다. 다만, 다음의 금액을 더할 때에는 객관적이고 수량화할 수 있는 자료에 근거하여야 하며, 이러한 자료가 없는 경우에는 이 조에 규정된 방법으로 과세가격을 결정하지 아니하고 제31조부터 제35조까지에 규정된 방법으로 과세가격을 결정한다.

㉠ 구매자가 부담하는 수수료와 중개료. 다만, 구매수수료는 제외한다.

㉡ 해당 수입물품과 동일체로 취급되는 용기의 비용과 해당 수입물품의 포장에 드는 노무비와 자재비로서 구매자가 부담하는 비용

㉢ 구매자가 해당 수입물품의 생산 및 수출거래를 위하여 대통령령으로 정하는 물품 및 용역을 무료 또는 인하된 가격으로 직접 또는 간접으로 공급한 경우에는 그 물품 및 용역의 가격 또는 인하차액을 해당 수입물품의 총생산량 등 대통령령으로 정하는 요소를 고려하여 적절히 배분한 금액

㉣ 특허권, 실용신안권, 디자인권, 상표권 및 이와 유사한 권리를 사용하는 대가로 지급하는 것으로서 대통령령으로 정하는 바에 따라 산출된 금액

㉤ 해당 수입물품을 수입한 후 전매 · 처분 또는 사용하여 생긴 수익금액 중 판매자에게 직접 또는 간접으로 귀속되는 금액

㉥ 수입항(輸入港)까지의 운임 · 보험료와 그 밖에 운송과 관련되는 비용으로서 대통령령으로 정하는 바에 따라 결정된 금액. 다만, 기획재정부령으로 정하는 수입물품의 경우에는 이의 전부 또는 일부를 제외할 수 있다.

※ 우리나라에 수출하기 위하여 판매되는 물품에 포함되지 않는 물품〈관세법 시행령 제17조〉 … 법 제30조 제1항 본문의 규정에 의한 우리나라에 수출하기 위하여 판매되는 물품에는 다음 각호의 물품은 포함되지 아니하는 것으로 한다.

㉠ 무상으로 수입하는 물품

㉡ 수입 후 경매 등을 통하여 판매가격이 결정되는 위탁판매수입물품

㉢ 수출자의 책임으로 국내에서 판매하기 위하여 수입하는 물품

㉣ 별개의 독립된 법적 사업체가 아닌 지점 등에서 수입하는 물품

㉤ 임대차계약에 따라 수입하는 물품

㉥ 무상으로 임차하는 수입물품

㉦ 산업쓰레기 등 수출자의 부담으로 국내에서 폐기하기 위하여 수입하는 물품

4 관세법상 수입물품의 경정청구에 대한 설명이다. ( )안에 들어갈 내용을 순서대로 나열한 것은?

> 납세의무자는 신고납부한 세액이 과다한 것을 안 때에는 최초로 납부 신고한 날부터 (   ) 이내에 신고한 세액의 경정을 세관장에게 청구할 수 있다. 다만, 다음의 경우에는 각 호에서 정하는 바에 따른다.
> 1. 법 제38조의3 제3항에 따라 소송에 대한 판결 결과 납부한 세액이 과다한 것을 알게 되었을 때 : 그 사유가 발생한 것을 안 날부터 (   ) 이내
> 2. 법 제38조의4(수입물품의 과세가격 조정에 따른 경정)의 경우 : 그 결정·경정 처분이 있음을 안 날(처분의 통지를 받은 경우에는 그 받은 날)부터 (   ) 또는 최초로 납세신고를 한 날부터 5년 이내

① 5년, 2개월, 2개월
② 5년, 2개월, 3개월
③ 5년, 3개월, 3개월
④ 3년, 3개월, 6개월
⑤ 3년, 6개월, 6개월

Answer 4.②

4   ㉠ 납세의무자는 신고납부한 세액, 제38조의2 제1항에 따라 보정신청한 세액 및 이 조 제1항에 따라 수정신고한 세액이 과다한 것을 알게 되었을 때에는 최초로 납세신고를 한 날부터 **5년** 이내에 대통령령으로 정하는 바에 따라 신고한 세액의 경정을 세관장에게 청구할 수 있다〈관세법 제38조의3(수정 및 경정) 제2항〉.
   ㉡ 납세의무자는 최초의 신고 또는 경정에서 과세표준 및 세액의 계산근거가 된 거래 또는 행위 등이 그에 관한 소송에 대한 판결(판결과 같은 효력을 가지는 화해나 그 밖의 행위를 포함한다)에 의하여 다른 것으로 확정되는 등 대통령령으로 정하는 사유가 발생하여 납부한 세액이 과다한 것을 알게 되었을 때에는 제2항에 따른 기간에도 불구하고 그 사유가 발생한 것을 안 날부터 **2개월** 이내에 대통령령으로 정하는 바에 따라 납부한 세액의 경정을 세관장에게 청구할 수 있다〈관세법 제38조의3(수정 및 경정) 제3항〉.
   ㉢ 납세의무자는 「국제조세조정에 관한 법률」 제7조 제1항에 따라 관할 지방국세청장 또는 세무서장이 해당 수입물품의 거래가격을 조정하여 과세표준 및 세액을 결정·경정 처분하거나 같은 법 제14조 제3항(일방적 사전승인의 대상인 경우에 한정한다)에 따라 국세청장이 해당 수입물품의 거래가격과 관련하여 소급하여 적용하도록 사전승인을 함에 따라 그 거래가격과 이 법에 따라 신고납부·경정한 세액의 산정기준이 된 과세가격 간 차이가 발생한 경우에는 그 결정·경정 처분 또는 사전승인이 있음을 안 날(처분 또는 사전승인의 통지를 받은 경우에는 그 받은 날)부터 **3개월** 또는 최초로 납세신고를 한 날부터 5년 내에 대통령령으로 정하는 바에 따라 세관장에게 세액의 경정을 청구할 수 있다〈관세법 제38조의4(수입물품의 과세가격 조정에 따른 경정) 제1항〉.

5 수입물품에 대한 B/L분할신고 및 수리 등에 대한 설명으로 틀린 것은?

① 신고물품 중 일부만 통관이 허용되고 일부는 통관이 보류되는 경우 B/L분할신고 및 수리를 할 수 있다.

② 검사·검역결과 일부는 합격되고 일부는 불합격된 경우이거나 일부만 검사·검역신청하여 통관하려는 경우 B/L분할신고 및 수리를 할 수 있다.

③ 일괄사후납부 적용·비적용 물품을 구분하여 신고하려는 경우 B/L분할신고 및 수리를 할 수 있다.

④ B/L을 분할하여도 물품검사와 과세가격 산출에 어려움이 없는 경우 분할된 물품의 납부세액에 상관없이 B/L 분할신고 및 수리를 할 수 있다.

⑤ 보세창고에 입고된 물품으로서 세관장이 보세화물관리에 지장이 없다고 인정하는 경우에는 여러 건의 B/L에 관련되는 물품을 1건으로 수입신고할 수 있다.

5 B/L분할신고 및 수리 등〈수입통관 사무처리에 관한 고시 제16조〉

㉠ 수입신고는 B/L 1건에 대하여 수입신고서 1건으로 한다. 다만, 다음에 해당하는 경우에는 B/L분할신고 및 수리를 할 수 있으며, 보세창고에 입고된 물품으로서 세관장이 「보세화물관리에 관한 고시」에 따른 보세화물관리에 지장이 없다고 인정하는 경우에는 여러 건의 B/L에 관련되는 물품을 1건으로 수입신고할 수 있다.

1. B/L을 분할하여도 물품검사와 과세가격 산출에 어려움이 없는 경우
2. 신고물품 중 일부만 통관이 허용되고 일부는 통관이 보류되는 경우
3. 검사·검역결과 일부는 합격되고 일부는 불합격된 경우이거나 일부만 검사·검역 신청하여 통관하려는 경우
4. 일괄사후납부 적용·비적용 물품을 구분하여 신고하려는 경우

㉡ ㉠에 1호에 해당하는 물품으로서 분할된 물품의 납부세액이 영 제37조 제1항에 따른 징수금액 최저한인 1만원 미만이 되는 경우에는 B/L을 분할하여 신고할 수 없다.

㉢ ㉠ 단서에 따른 수입물품이 물품검사 대상인 경우 처음 수입신고할 때 분할 전 B/L물품 전량에 대하여 물품검사를 하여야 하며 이후 분할 신고 되는 물품에 대하여는 물품검사를 생략할 수 있다.

6 아래 설명에 해당하는 관세는?

> 교역상대국이 우리나라의 수출물품 등에 대하여 관세 또는 무역에 관한 국제협정이나 양자 간의 협정 등에 규정된 우리나라의 권익을 부인하거나 제한하는 행위를 하여 우리나라의 무역이익이 침해되는 경우에는 그 나라로부터 수입되는 물품에 대하여 피해상당액의 범위에서 관세를 부과할 수 있다.

① 덤핑방지관세
② 보복관세
③ 상계관세
④ 조정관세
⑤ 특별긴급관세

Answer 6.②

6 보복관세의 부과대상〈관세법 제63조〉
　㉠ 교역상대국이 우리나라의 수출물품 등에 대하여 다음의 어느 하나에 해당하는 행위를 하여 우리나라의 무역이익이 침해되는 경우에는 그 나라로부터 수입되는 물품에 대하여 피해상당액의 범위에서 관세(이하 "보복관세")를 부과할 수 있다.
　　1. 관세 또는 무역에 관한 국제협정이나 양자 간의 협정 등에 규정된 우리나라의 권익을 부인하거나 제한하는 경우
　　2. 그 밖에 우리나라에 대하여 부당하거나 차별적인 조치를 하는 경우
　㉡ 보복관세를 부과하여야 하는 대상 국가, 물품, 수량, 세율, 적용시한, 그 밖에 필요한 사항은 대통령령으로 정한다.

7   수출신고에 대한 설명으로 맞는 것은?

① 「관세법」 제243조 제4항에 따른 밀수출 우려가 높은 물품은 자유무역지역에 반입하여 수출신고를 할 수 없다.

② 수출신고의 효력발생시점은 전송된 신고자료가 담당자에게 배부된 시점으로 한다.

③ 수출신고물품에 대한 신고서의 처리방법은 전자통관심사, 화면심사, 서류심사, 물품검사 등으로 구분한다.

④ 수출하려는 자는 해당 물품을 적재할 부두 또는 보세구역을 관할하는 세관장에게 수출신고를 하여야 한다.

⑤ 수출신고는 관세사, 관세법인, 통관취급법인, 운송인 또는 수출 화주의 명의로 하여야 한다.

Answer **7.③**

---

7   ① 밀수출 등 불법행위가 발생할 우려가 높거나 감시단속을 위하여 필요하다고 인정하여 대통령령으로 정하는 물품은 관세청장이 정하는 장소에 반입한 후 제241조 제1항에 따른 수출의 신고를 하게 할 수 있다〈관세법 제243조(신고의 요건) 제4항〉.

② 수출신고의 효력발생시점은 전송된 신고자료가 통관시스템에 접수된 시점으로 한다〈수출통관 사무처리에 관한 고시 제8조(수출신고의 효력발생시점)〉.

④ 수출하려는 자는 해당 물품이 장치된 물품소재지를 관할하는 세관장에게 수출신고를 하여야 한다. 다만 제32조부터 제35조까지 별도로 정한 특수형태의 수출인 경우에는 해당 규정을 따른다〈수출통관 사무처리에 관한 고시 제4조(신고의 시기)〉.

⑤ 수출신고는 관세사, 관세법인, 통관취급법인 또는 수출 화주의 명의로 하여야 한다〈수출통관 사무처리에 관한 고시 제5조(신고인)〉.

※ 신고서처리방법〈수출통관 사무처리에 관한 고시 제10조〉
  ㉠ 수출신고물품에 대한 신고서의 처리방법은 다음 각 호의 구분에 따른다.
    1. 전자통관심사
    2. 심사(화면심사, 서류심사)
    3. 물품검사
  ㉡ 수출업무담당과장은 ㉠에 따라 결정된 처리방법을 변경할 수 있으며, 이 경우 변경된 사항을 시스템에 정정등록한다.
  ㉢ 수출업무담당과장은 서류제출 없는 신고물품의 신고사항을 검토한 결과 심사 또는 물품검사가 필요하다고 판단되는 경우에는 서류제출대상으로 선별하고, 제7조 제2항에 따른 서류의 제출을 요구할 수 있다. 다만, 제7조 제2항에 따른 서류를 제7조의2에 따라 전자제출 하였거나 전자이미지 전송한 경우에는 서류제출을 생략할 수 있다.

8 관세의 납부기한 등에 관한 규정으로 틀린 것은?

① 납세신고를 한 경우의 관세의 납부기한은 납세신고 수리일부터 15일 이내이다.

② 월별납부 승인의 유효기간은 승인일부터 그 후 2년이 되는 날이 속하는 달의 마지막 날까지로 한다.

③ 관세의 납부기한이 토요일에 해당하는 경우에는 그날을 기한으로 한다.

④ 국가관세종합전산망이 정전, 프로그램 오류 등으로 관세의 납부를 기한 내에 할 수 없게 된 경우에는 그 장애가 복구된 날의 다음 날을 기한으로 한다.

⑤ 수입신고수리전 반출승인을 받은 경우에는 그 승인일을 수입신고의 수리일로 본다.

---

8 ③ 토요일 및 일요일, 「공휴일에 관한 법률」에 따른 공휴일 및 대체공휴일, 「근로자의 날 제정에 관한 법률」에 따른 근로자의 날, 그 밖에 대통령령으로 정하는 날에 해당하는 경우에는 그 다음 날을 기한으로 한다〈관세법 제8조(기간 및 기한의 계산) 제3항〉.

① 납세신고를 한 경우의 관세의 납부기한은 납세신고 수리일부터 15일 이내이다〈관세법 제9조(관세의 납부기한 등) 제1항 제1호〉.

② 세관장은 월별납부의 승인을 신청한 자가 관세청장이 정하는 요건을 갖춘 경우에는 세액의 월별납부를 승인하여야 한다. 이 경우 승인의 유효기간은 승인일부터 그 후 2년이 되는 날이 속하는 달의 마지막 날까지로 한다〈관세법 시행령 제1조의5(월별납부) 제2항〉.

④ 국가관세종합정보망, 연계정보통신망 또는 전산처리설비가 대통령령으로 정하는 장애로 가동이 정지되어 이 법에 따른 기한까지 이 법에 따른 신고, 신청, 승인, 허가, 수리, 교부, 통지, 통고, 납부 등을 할 수 없게 되는 경우에는 그 장애가 복구된 날의 다음 날을 기한으로 한다〈관세법 제8조(기간 및 기한의 계산) 제4항〉.

⑤ 관세법에 따른 기간을 계산할 때 제252조에 따른 수입신고수리전 반출승인을 받은 경우에는 그 승인일을 수입신고의 수리일로 본다〈관세법 제8조(기간 및 기한의 계산) 제1항〉.

※ 관세의 납부기한〈관세법 제9조〉

㉠ 관세의 납부기한은 이 법에서 달리 규정하는 경우를 제외하고는 다음 각 호의 구분에 따른다.

1. 제38조 제1항에 따른 납세신고를 한 경우 : 납세신고 수리일부터 15일 이내
2. 제39조 제3항에 따른 납부고지를 한 경우 : 납부고지를 받은 날부터 15일 이내
3. 제253조 제1항에 따른 수입신고전 즉시반출신고를 한 경우 : 수입신고일부터 15일 이내

㉡ 납세의무자는 ㉠에도 불구하고 수입신고가 수리되기 전에 해당 세액을 납부할 수 있다.

㉢ 세관장은 납세실적 등을 고려하여 관세청장이 정하는 요건을 갖춘 성실납세자가 대통령령으로 정하는 바에 따라 신청을 할 때에는 ㉠ 제1호 및 제3호에도 불구하고 납부기한이 동일한 달에 속하는 세액에 대하여는 그 기한이 속하는 달의 말일까지 한꺼번에 납부하게 할 수 있다. 이 경우 세관장은 필요하다고 인정하는 경우에는 납부할 관세에 상당하는 담보를 제공하게 할 수 있다

9 관세의 납세의무자에 관한 규정으로 틀린 것은?

① 수입신고하는 때의 화주가 불분명할 때로서 수입물품을 수입신고전에 양도한 경우에는 그 양수인이 납세의무자가 된다.

② 보세구역에 장치된 물품이 도난되거나 분실된 경우에는 그 운영인 또는 화물관리인이 그 도난물품이나 분실물품에 대한 납세의무자가 된다.

③ 「관세법」 제143조 제6항(제151조 제2항에 따라 준용되는 경우를 포함한다)에 따라 관세를 징수하는 물품인 경우에는 하역허가를 받은 자가 납세의무자가 된다.

④ 수입신고물품이 공유물인 경우에는 그 공유자가 해당 물품에 관계되는 관세 등에 대해서는 수입화주와 연대하여 납부할 의무를 가진다.

⑤ 납세의무자가 관세 등을 체납한 경우 그 납세의무자에게 「국세기본법」 제42조 제3항에 따른 양도담보재산이 있을 때에는 우선적으로 그 재산으로써 관세 등을 징수한다.

Answer 9.⑤

9 ⑤ 납세의무자(관세의 납부를 보증한 자와 제2차 납세의무자를 포함한다. 이하 이 조에서 같다)가 관세·가산세 및 강제징수비를 체납한 경우 그 납세의무자에게 「국세기본법」 제42조 제3항에 따른 양도담보재산이 있을 때에는 그 납세의무자의 다른 재산에 대하여 강제징수를 하여도 징수하여야 하는 금액에 미치지 못한 경우에만 「국세징수법」 제7조를 준용하여 그 양도담보재산으로써 납세의무자의 관세·가산세 및 강제징수비를 징수할 수 있다. 다만, 그 관세의 납세신고일(제39조에 따라 부과고지하는 경우에는 그 납부고지서의 발송일을 말한다) 전에 담보의 목적이 된 양도담보재산에 대해서는 그러하지 아니하다〈관세법 제19조(납세의무자) 제10항〉.

① 수입신고를 한 물품인 경우에는 그 물품을 수입신고하는 때의 화주(화주가 불분명할 때에는 다음 표의 어느 하나에 해당하는 자를 말한다. 이하 이 조에서 같다). 다만, 수입신고가 수리된 물품 또는 제252조에 따른 수입신고수리전 반출승인을 받아 반출된 물품에 대하여 납부하였거나 납부하여야 할 관세액이 부족한 경우 해당 물품을 수입신고하는 때의 화주의 주소 및 거소가 분명하지 아니하거나 수입신고인이 화주를 명백히 하지 못하는 경우에는 그 신고인이 해당 물품을 수입신고하는 때의 화주와 연대하여 해당 관세를 납부하여야 한다〈관세법 제19조(납세의무) 제1항 제1호〉.

구분	납부기한
수입을 위탁받아 수입업체가 대행수입한 물품인 경우	그 물품의 수입을 위탁한 자
수입을 위탁받아 수입업체가 대행수입한 물품이 아닌 경우	대통령령으로 정하는 상업서류(송품장, 선하증권, 항공화물운송장)에 적힌 수하인
수입물품을 수입신고 전에 양도한 경우	그 양수인

② 도난물품이나 분실물품인 경우 보세구역의 장치물품(藏置物品)은 그 운영인 또는 제172조제2항에 따른 화물관리인이 납세의무자이다〈관세법 제19조(납세의무자) 제1항 제10호〉.

③ 제143조 제6항(제151조 제2항에 따라 준용되는 경우를 포함한다)에 따라 관세를 징수하는 물품인 경우에는 하역허가를 받은 자〈관세법 제19조(납세의무자) 제1항 제2호〉.

④ 물품에 관계되는 관세·가산세 및 강제징수비에 대해서는 다음 각 호에 규정된 자가 연대하여 납부할 의무를 진다. 수입신고물품이 공유물이거나 공동사업에 속하는 물품인 경우는 그 공유자 또는 공동사업자인 납세의무자이다〈관세법 제19조(납세의무자) 제5항 제1호〉.

10 수입업자 김한국님이 세관장에게 지출한 해당 수입물품과 관련한 다음의 과세가격결정 관련자료에 기초한 과세가격은 얼마인가?(각 항목의 가격 등은 별도 지급됨)

ㄱ 송품장가격 : 1,000$(연불이자 10$, 수입 후 해당물품의 조립비용 100$ 포함함)
ㄴ 구매수수료 : 20$
ㄷ 수출국 특수포장비용 : 20$
ㄹ 상표권 사용료 : 40$
ㅁ 복제권 사용료 : 30$
ㅂ 구매자가 판매자의 채무를 변제하는 금액 300$
ㅅ 해상운송비용 : 50$
ㅇ 보험료 : 20$
ㅈ 수입국 통관비용 : 10$
ㅊ 수입국 물품양하비용 : 10$

---

① 1,500$

② 1,340$

③ 1,320$

④ 1,020$

⑤ 1,000$

10 ㄱ 송품장가격 – 연불이자 – 수입 후 조립비용(연불이자와 수입 후 수행된 비용은 공제요소이다)
ㄴ 구매수수료 : 가산요소가 아니다. (유일하게 수수료 중 구매수수료만 가산요소가 아니다)
ㄷ 수출국 특수포장비 : 포장비, 용기비는 가산요소이다.
ㄹ 상표관 사용료 : 권리사용료로서 가산요소이다.
ㅁ 복제권 사용료 : 공허한 권리로 가산요소가 아니다.
ㅅ 채무 변제금, 상계금 등 : 가산요소이다.
ㅇ 수입항까지 해상 운송비 : 가산요소이다.
ㅈ 수입항까지 보험료 : 가산요소이다.
ㅊ 수입국에 양하준비완료 된 이후에 발생한 비용 : 가산요소가 아니다.

11 수입물품 통관 후 유통이력 신고 등에 관한 규정으로 틀린 것은?

① 외국물품을 수입하는 자와 수입물품을 국내에서 거래하는 자(소비자에 대한 판매를 주된 영업으로 하는 사업자는 제외한다)는 통관 후 유통이력을 관세청장에게 신고하여야 한다.

② 유통이력 신고물품은 사회안전 또는 국민보건을 해칠 우려가 현저한 물품 등으로서 관세청장이 지정하는 물품이다.

③ 유통이력 신고의무자는 유통단계별 거래명세를 장부에 기록하거나 전자적 기록방식으로 기록하여야 한다.

④ 유통이력 신고의무자는 그 자료를 거래일로부터 2년간 보관하여야 한다.

⑤ 세관공무원은 유통이력신고의무자의 사업장에 출입하여 영업관계 장부나 서류를 열람하여 조사할 수 있다.

Answer 11.④

11 ④ 유통이력 신고의무자는 유통이력을 장부에 기록(전자적 기록방식을 포함한다)하고, 그 자료를 거래일부터 1년간 보관하여야 한다〈관세법 제240조의2(통관 후 유통이력 신고) 제2항〉.

① 외국물품을 수입하는 자와 수입물품을 국내에서 거래하는 자(소비자에 대한 판매를 주된 영업으로 하는 사업자는 제외한다)는 사회안전 또는 국민보건을 해칠 우려가 현저한 물품 등으로서 관세청장이 지정하는 유통이력 신고물품에 대한 유통이력을 관세청장에게 신고하여야 한다〈관세법 제240조의2(통관 후 유통이력 신고) 제1항〉.

② 사회안전·국민보건 등을 해칠 우려가 있어 시급하게 지정할 필요성이 있다고 판단하여 관계 행정기관 등의 요청이 있는 물품이 관세청장이 지정하는 물품에 해당한다〈수입물품 유통이력관리에 관한 고시 제3조(유통이력대상물품 지정기준) 제5항〉

⑤ 세관장은 「관세법」 제240조의3 제1항에 따라 유통이력 신고의무자 사업장에 출입하여 영업관계 장부나 서류를 열람하는 등의 방법으로 다음 각 호의 사항을 조사할 수 있다〈수입물품 유통이력관리에 관한 고시 제10조(유통이력조사 등) 제1항〉.

12 관세의 담보에 관한 규정으로 틀린 것은?

① 세관장은 천재지변 등으로 인하여 과세의 납부기한을 연장하는 경우에는 납부할 관세에 상당하는 담보를 제공할 수 있다.

② 납세의무자는 「관세법」에 따라 계속하여 담보를 제공하여야 하는 이유가 있는 경우에는 일정기간에 제공하여야 하는 담보를 포괄하여 미리 세관장에게 제공할 수 있다.

③ 관세담보를 제공하고자 하는 자가 담보액 확정일로부터 10일 이내에 담보를 제공하지 아니하는 경우에는 세관장은 납부고지를 할 수 있다.

④ 세관장은 담보를 관세에 충당하고 남은 금액이 있을 때에는 담보를 제공한 자에게 이를 돌려주어야 하며, 돌려줄 수 없는 경우에는 이를 즉시 국고에 귀속한다.

⑤ 담보물이 납세보증보험증권인 경우 담보의 관세충당은 그 보증인에게 담보한 관세에 상당하는 금액을 납부할 것을 즉시 통보하는 방법에 따른다.

Answer 12.④

12 ④ 세관장은 제1항에 따라 담보를 관세에 충당하고 남은 금액이 있을 때에는 담보를 제공한 자에게 이를 돌려주어야 하며, 돌려줄 수 없는 경우에는 이를 공탁할 수 있다〈관세법 제25조(담보의 관세충당) 제2항〉.

① 세관장은 천재지변 등으로 인하여 과세의 납부기한을 연장하는 경우에는 납부할 관세에 상당하는 담보를 제공할 수 있다〈관세법 제10조(천재지변 등으로 인한 기한의 연장)〉.

② 납세의무자는 관세법에 따라 계속하여 담보를 제공하여야 하는 사유가 있는 경우에는 관세청장이 정하는 바에 따라 일정 기간에 제공하여야 하는 담보를 포괄하여 미리 세관장에게 제공할 수 있다〈관세법 제24조(담보의 종류 등) 제4항〉.

③ 관세담보를 제공하고자 하는 자가 담보액 확정일로부터 10일 이내에 담보를 제공하지 아니하는 경우에는 세관장은 납부고지를 할 수 있다〈관세법 시행령 제10조(담보의 제공절차 등) 제9항 제1호〉.

⑤ 담보의 관세충당 등〈관세 등에 대한 담보제도 운영에 관한 고시 제20조 제2항〉 … 세관장은 납세담보로 관세 등을 징수하려는 경우에는 납세담보가 금전인 경우에는 그 금전을, 납세담보가 금전 이외의 것인 경우에는 다음에 따라 징수하거나 환가한 금전을 해당 관세 등에 충당한다.

   ⊙ 국채·지방채 그 밖의 유가증권, 토지, 건물, 공장재단, 광업재단, 선박, 항공기, 또는 건설기계인 경우 :「국세징수법」이 정하는 공매절차에 따라 매각

   ⓛ 납세보증보험증권 또는 납세보증서인 경우 : 그 보증인에게 담보한 관세에 상당하는 금액을 납부할 것을 즉시 통보

※ 납세담보의 종류〈관세법 제24조 제1항〉

   ⊙ 금전　　　　　　　　　　　　　　　　ⓛ 국채 또는 지방채

   ⓒ 세관장이 인정하는 유가증권　　　　　ⓔ 납세보증보험증권

   ⓜ 토지

   ⓗ 보험에 가입된 등기 또는 등록된 건물·공장재단·광업재단·선박·항공기 또는 건설기계

   ⓢ 세관장이 인정하는 보증인의 납세보증서

※ 담보의 관세충당〈관세법 제25조〉

   ⊙ 세관장은 담보를 제공한 납세의무자가 그 납부기한까지 해당 관세를 납부하지 아니하면 기획재정부령으로 정하는 바에 따라 그 담보를 해당 관세에 충당할 수 있다. 이 경우 담보로 제공된 금전을 해당 관세에 충당할 때에는 납부기한이 지난 후에 충당하더라도 가산세를 적용하지 아니한다.

   ⓛ 세관장은 ⊙에 따라 담보를 관세에 충당하고 남은 금액이 있을 때에는 담보를 제공한 자에게 이를 돌려주어야 하며, 돌려줄 수 없는 경우에는 이를 공탁할 수 있다.

   ⓒ 세관장은 관세의 납세의무자가 아닌 자가 관세의 납부를 보증한 경우 그 담보로 관세에 충당하고 남은 금액이 있을 때에는 그 보증인에게 이를 직접 돌려주어야 한다.

13 「관세법」 제94조(소액물품 등의 면세)에 따라 관세를 면제할 수 있는 수입물품에 해당하지 않는 것은?

① 우리나라의 거주자에게 수여된 훈장·기장 또는 이에 준하는 표창장 및 상패

② 판매 또는 임대를 위한 물품의 상품목록·가격표 및 교역안내서

③ 과세가격이 미화 250달러 이하의 물품으로서 견본품으로 사용될 것으로 인정되는 물품

④ 물품가격이 미화 150달러 이하여 물품으로서 자가사용 물품으로 인정되는 것

⑤ 우리나라를 방문하는 외국의 원수와 그 가족 및 수행원의 물품

13 소액물품 등의 면세〈관세법 제94조〉 ··· 다음 어느 하나에 해당하는 물품이 수입될 때에는 그 관세를 면제할 수 있다.

㉠ 우리나라의 거주자에게 수여된 훈장·기장(紀章) 또는 이에 준하는 표창장 및 상패

㉡ 기록문서 또는 그 밖의 서류

㉢ 상업용견본품 또는 광고용품으로서 기획재정부령으로 정하는 물품

    1. 물품이 천공 또는 절단되었거나 통상적인 조건으로 판매할 수 없는 상태로 처리되어 견본품으로 사용될 것으로 인정되는 물품

    2. 판매 또는 임대를 위한 물품의 상품목록·가격표 및 교역안내서 등

    3. 과세가격이 미화 250달러 이하인 물품으로서 견본품으로 사용될 것으로 인정되는 물품

    4. 물품의 형상·성질 및 성능으로 보아 견본품으로 사용될 것으로 인정되는 물품

㉣ 우리나라 거주자가 받는 소액물품으로서 기획재정부령으로 정하는 물품

    1. 물품가격(법 제30조부터 제35조까지의 규정에 따른 방법으로 결정된 과세가격에서 법 제30조 제1항 제6호 본문에 따른 금액을 뺀 가격. 다만, 법 제30조 제1항 제6호 본문에 따른 금액을 명백히 구분할 수 없는 경우에는 이를 포함한 가격으로 한다)이 미화 150달러 이하의 물품으로서 자가사용 물품으로 인정되는 것. 다만, 반복 또는 분할하여 수입되는 물품으로서 관세청장이 정하는 기준에 해당하는 것을 제외한다.

    2. 박람회 기타 이에 준하는 행사에 참가하는 자가 행사장안에서 관람자에게 무상으로 제공하기 위하여 수입하는 물품(전시할 기계의 성능을 보여주기 위한 원료를 포함한다). 다만, 관람자 1인당 제공량의 정상도착가격이 미화 5달러 상당액 이하의 것으로서 세관장이 타당하다고 인정하는 것에 한한다.

14 관세법상 입항전 수입신고에 관한 규정으로 맞는 것은?

① 입항전 수입신고는 해당 물품을 적재한 선박 등이 우리나라에 입항하기 전에는 언제든지 할 수 있다.

② 입항전 수입신고의 수리는 해당 물품을 적재한 선박 등이 우리나라에 입항한 후에 하여야 한다.

③ 세율이 인상되는 법령이 적용될 예정인 물품은 해당 물품을 적재한 선박 등이 우리나라에 도착한 후에 수입 신고하여야 한다.

④ 입항전 수입신고한 물품이 검사대상으로 결정된 경우에는 신고를 취하고, 해당 물품을 적재한 선박 등이 입항한 후에 다시 수입신고하여야 한다.

⑤ 입항전 수입신고 시 입항은 최종 입항보고를 한 후 해당 물품을 적재한 선박 등이 하역준비를 완료한 때를 기준으로 한다.

Answer 14.③

14 입항전 수입신고〈관세법 시행령 제249조〉

㉠ 「관세법」 제244조 제1항의 규정에 의한 수입신고는 당해 물품을 적재한 선박 또는 항공기가 그 물품을 적재한 항구 또는 공항에서 출항하여 우리나라에 입항하기 5일전(항공기의 경우 1일전)부터 할 수 있다.

㉡ 출항부터 입항까지의 기간이 단기간인 경우 등 당해 선박 등이 출항한 후에 신고하는 것이 곤란하다고 인정되어 출항하기 전에 신고하게 할 필요가 있는 때에는 관세청장이 정하는 바에 따라 그 신고시기를 조정할 수 있다.

㉢ ㉠에도 불구하고 다음 각 호의 어느 하나에 해당하는 물품은 해당 물품을 적재한 선박 등이 우리나라에 도착된 후에 수입신고하여야 한다.

1. 세율이 인상되거나 새로운 수입요건을 갖추도록 요구하는 법령이 적용되거나 적용될 예정인 물품
2. 수입신고하는 때와 우리나라에 도착하는 때의 물품의 성질과 수량이 달라지는 물품으로서 관세청장이 정하는 물품

※ 입항전수입신고〈관세법 제244조〉

㉠ 수입하려는 물품의 신속한 통관이 필요할 때에는 제243조제2항에도 불구하고 대통령령으로 정하는 바에 따라 해당 물품을 적재한 선박이나 항공기가 입항하기 전에 수입신고를 할 수 있다. 이 경우 입항전수입신고가 된 물품은 우리나라에 도착한 것으로 본다.

㉡ 세관장은 입항전수입신고를 한 물품에 대하여 제246조에 따른 물품검사의 실시를 결정하였을 때에는 수입신고를 한 자에게 이를 통보하여야 한다.

㉢ ㉡에 따라 검사대상으로 결정된 물품은 수입신고를 한 세관의 관할 보세구역(보세구역이 아닌 장소에 장치하는 경우 그 장소를 포함한다)에 반입되어야 한다. 다만, 세관장이 적재상태에서 검사가 가능하다고 인정하는 물품은 해당 물품을 적재한 선박이나 항공기에서 검사할 수 있다.

㉣ ㉡에 따라 검사대상으로 결정되지 아니한 물품은 입항 전에 그 수입신고를 수리할 수 있다.

㉤ 입항전수입신고가 수리되고 보세구역 등으로부터 반출되지 아니한 물품에 대하여는 해당 물품이 지정보세구역에 장치되었는지 여부와 관계없이 제106조 제4항을 준용한다.

㉥ 입항전수입신고된 물품의 통관절차 등에 관하여 필요한 사항은 관세청장이 정한다.

※ 입항전신고의 정의〈수입통관 사무처리에 관한 고시 제3조〉 … 수입물품을 선(기)적한 선박 등이 물품을 적재한 항구나 공항에서 출항한 후 입항「관세법」 제135조에 따라 최종 입항보고를 한 후 하선(기) 신고하는 시점을 기준으로 한다. 다만, 입항보고를 하기 전에 하선(기) 신고하는 경우에는 최종 입항보고 시점을 기준으로 한다. 이하 같다)하기 전에 수입신고하는 것을 말한다.

15 「관세법」제99조(재수입면세)로 관세면제를 신청한 수입물품에 대한 통관 심사한 내용이다. 이 중 통관심사방법으로 맞는 것은?

① 우리나라에서 3년전 해외시험 및 연구목적으로 수출된 후 재수입된 물품에 대하여 재수입기간 2년을 경과하여 수입하였으므로 면세를 불허하였다.

② 재수입면세 신청한 금형(「법인세법」에 따른 내용연수가 2년 이상)이 장기간에 걸쳐 사용할 수 있는 물품으로서 임대차계약 또는 도급계약 등에 따라 해외에서 일시 사용하고 재수입되어 면세해 주었다.

③ 보세공장에서 보세가공수출된 장비가 해외 바이어의 구매거절로 다시 국내로 반입되어 재수입면세 신청한 정밀기기를 현품검사 결과 해외에서 사용되지 않아 면세해 주었다.

④ 재수입면세 신청한 자동차가 미국으로 수출된 후 미국에서 HSK10단위의 변경이 없는 수리·가공을 거쳐 면세해 주었다.

⑤ 재수입면세 신청한 한산모시제품이 제품보증서 등 수입자가 제시한 자료로 보아 국산품이 수출된 후 재수입된 사실이 확인되나, 수출신고필증이나 반송신고필증이 없어 면세를 불허하였다.

Answer 15.②

---

15 재수입면세〈관세법 제99조〉… 다음 하나에 해당하는 물품이 수입될 때에는 그 관세를 면제할 수 있다.

㉠ 우리나라에서 수출(보세가공수출을 포함한다)된 물품으로서 해외에서 제조·가공·수리 또는 사용(장기간에 걸쳐 사용할 수 있는 물품으로서 임대차계약 또는 도급계약 등에 따라 해외에서 일시적으로 사용하기 위하여 수출된 물품이나 박람회, 전시회, 품평회, 국제경기대회, 그 밖에 이에 준하는 행사에 출품 또는 사용된 물품 등 기획재정부령으로 정하는 물품의 경우는 제외한다)되지 아니하고 수출신고 수리일부터 2년 내에 다시 수입되는 물품. 다만, 다음 각 목의 어느 하나에 해당하는 경우에는 관세를 면제하지 아니한다.

1. 해당 물품 또는 원자재에 대하여 관세를 감면받은 경우
2. 이 법 또는 「수출용원재료에 대한 관세 등 환급에 관한 특례법」에 따른 환급을 받은 경우
3. 이 법 또는 「수출용 원재료에 대한 관세 등 환급에 관한 특례법」에 따른 환급을 받을 수 있는 자 외의 자가 해당 물품을 재수입하는 경우. 다만, 재수입하는 물품에 대하여 환급을 받을 수 있는 자가 환급받을 권리를 포기하였음을 증명하는 서류를 재수입하는 자가 세관장에게 제출하는 경우는 제외한다.
4. 보세가공 또는 장치기간경과물품을 재수출조건으로 매각함에 따라 관세가 부과되지 아니한 경우

㉡ 수출물품의 용기로서 다시 수입하는 물품

㉢ 해외시험 및 연구를 목적으로 수출된 후 재수입되는 물품

※ 관세가 면제되는 재수입 물품 등〈관세법 시행규칙 제54조〉

㉠ 「관세법」제99조 제1호에서 "기획재정부령으로 정하는 물품"이란 다음 각 호의 물품을 말한다.

1. 장기간에 걸쳐 사용할 수 있는 물품으로서 임대차계약 또는 도급계약 등에 따라 해외에서 일시적으로 사용하기 위하여 수출된 물품 중 「법인세법 시행규칙」제15조에 따른 내용연수가 3년(금형의 경우에는 2년) 이상인 물품
2. 박람회, 전시회, 품평회, 「국제경기대회 지원법」제2조 제1호에 따른 국제경기대회, 그 밖에 이에 준하는 행사에 출품 또는 사용된 물품
3. 수출물품을 해외에서 설치, 조립 또는 하역하기 위해 사용하는 장비 및 용구
4. 수출물품을 운송하는 과정에서 해당 물품의 품질을 유지하거나 상태를 측정 및 기록하기 위해 해당 물품에 부착하는 기기
5. 결함이 발견된 수출물품
6. 수입물품을 적재하기 위하여 수출하는 용기로서 반복적으로 사용되는 물품

㉢ 「관세법」제99조 제1호부터 제3호까지의 규정에 따라 관세를 감면받으려는 자는 그 물품의 수출신고필증·반송신고필증 또는 이를 갈음할 서류를 세관장에게 제출하여야 한다. 다만, 세관장이 다른 자료에 의하여 그 물품이 감면대상에 해당한다는 사실을 인정할 수 있는 경우에는 그러하지 아니하다.

16 수입신고 취하 및 각하에 대한 설명으로 틀린 것은?

① 수입신고취하신청은 수입신고가 수리된 이후에 할 수 없다.

② 세관장이 신고취하를 승인하면 당초 신고납부한 관세는 환급받을 수 있다.

③ 수입계약과 상이한 물품으로 해외공급자에게 반송하는 경우에는 취하승인 대상이다.

④ 통관요건 불합격의 사유로 폐기하는 경우에는 취하승인 대상이다.

⑤ 신고의 요건을 갖추지 못하였을 경우에는 세관장이 직권으로 각하할 수 있다.

Answer 16.①

16 신고의 취하 및 각하〈관세법 제250조〉

㉠ 신고는 정당한 이유가 있는 경우에만 세관장의 승인을 받아 취하할 수 있다. 다만, 수입 및 반송의 신고는 운송수단, 관세통로, 하역통로 또는 이 법에 규정된 장치 장소에서 물품을 반출한 후에는 취하할 수 없다.

㉡ 수출·수입 또는 반송의 신고를 수리한 후 제1항에 따라 신고의 취하를 승인한 때에는 신고수리의 효력이 상실된다.

㉢ 세관장은 제241조 및 제244조의 신고가 그 요건을 갖추지 못하였거나 부정한 방법으로 신고되었을 때에는 해당 수출·수입 또는 반송의 신고를 각하할 수 있다.

㉢ 세관장은 ㉠에 따른 승인의 신청을 받은 날부터 10일 이내에 승인 여부를 신청인에게 통지하여야 한다.

㉣ 세관장이 ㉠에서 정한 기간 내에 승인 여부 또는 민원 처리 관련 법령에 따른 처리기간의 연장을 신청인에게 통지하지 아니하면 그 기간(민원 처리 관련 법령에 따라 처리기간이 연장 또는 재연장된 경우에는 해당 처리기간을 말한다)이 끝난 날의 다음 날에 승인을 한 것으로 본다.

※ 신고의 취하〈수입통관 사무처리에 관한 고시 제18조〉

㉠ 「관세법」 제250조 제1항에 따라 수입신고를 취하하려는 자는 "수입신고취하승인(신청)서(별지 제6-2호 서식)"에 수입신고 취하신청내용을 기재하여 통관지세관장에게 전송하여야 한다.

㉡ ㉠에 따른 수입신고취하승인(신청)서를 접수한 세관장은 다음 각 호의 어느 하나에 해당하는 경우에 한하여 수입신고취하를 승인해야 하며, 접수일로부터 10일 이내에 승인 여부를 신청인에게 통지해야 한다.

　　1. 수입계약 내용과 상이한 물품, 오송물품, 변질·손상물품 등을 해외공급자 등에게 반송하기로 한 경우

　　2. 재해 기타 부득이한 사유로 수입물품이 멸실되거나 세관의 승인을 얻어 폐기하려는 경우

　　3. 통관보류, 통관요건 불합격, 수입금지물품 등의 사유로 반송하거나 폐기하려는 경우

　　4. 그 밖에 제1호부터 제3호에 준하는 정당한 사유가 있다고 인정되는 경우

㉢ ㉡에 따른 수입신고취하 승인으로 수입신고나 수입신고 수리의 효력은 상실한다.

㉣ 세관장이 ㉡에서 정한 기간 내에 승인 여부 또는 민원 처리 관련 법령에 따른 처리기간의 연장을 신청인에게 통지하지 아니하면 그 기간(민원 처리 관련 법령에 따라 처리기간이 연장 또는 재연장된 경우에는 해당 처리기간을 말한다)이 끝난 날의 다음 날에 승인을 한 것으로 본다.

※ 신고의 각하〈수입통관 사무처리에 관한 고시 제19조〉

㉠ 세관장은 다음 각 호의 어느 하나에 해당하는 경우 법 제250조 제3항에 따라 수입신고를 각하할 수 있다.

　　1. 거짓이나 그밖의 기타 부정한 방법으로 신고한 경우

　　2. 멸각, 폐기, 공매·경매낙찰, 몰수확정, 국고귀속이 결정된 경우

　　3. 제7조에 따른 출항전신고나 입항전신고의 요건을 갖추지 아니한 경우

　　4. 출항전신고나 입항전신고한 화물이 도착하지 아니한 경우

　　5. 기타 수입신고의 형식적 요건을 갖추지 못한 경우

㉡ 세관장은 ㉠에 따라 신고를 각하한 때에는 즉시 그 사실을 신고인에게 "별지 제6-4호 서식"에 따라 통보하고 통관시스템에 등록하여야 한다.

17 「관세법」상 용어의 정의에 대한 설명 중 틀린 것은?

① 수출이란 내국물품을 외국으로 반출하는 것을 말한다.

② 반송이란 국내에 도착한 외국물품이 수입통관절차를 거쳐 보세구역에서 반출된 상태에서 당해물품의 수출자에게 원상태로 다시 재반출하는 것을 말한다.

③ 수입이라 함은 외국물품을 우리나라에 반입(보세구역을 경유하는 것은 보세구역으로부터 반입하는 것을 말한다)하거나 우리나라에서 소비 또는 사용하는 것을 말한다.

④ 환적이라 함은 동일한 세관의 관할구역 안에서 입국 또는 입항하는 운송수단에서 출국 또는 출항하는 운송수단으로 물품을 옮겨 싣는 것을 말한다.

⑤ 통관이란 관세법에 따른 절차를 이행하여 물품을 수출·수입 또는 반송하는 것을 말한다.

17 ② **반송** : 국내에 도착한 외국물품이 수입통관절차를 거치지 아니하고 다시 외국으로 반출되는 것을 말한다.

① **수출** : 내국물품을 외국으로 반출하는 것을 말한다.

③ **수입** : 외국물품을 우리나라에 반입(보세구역을 경유하는 것은 보세구역으로부터 반입하는 것을 말한다)하거나 우리나라에서 소비 또는 사용하는 것(우리나라의 운송수단 안에서의 소비 또는 사용을 포함하며, 제239조 각 호의 어느 하나에 해당하는 소비 또는 사용은 제외한다)을 말한다.

④ **환적(換積)** : 동일한 세관의 관할구역에서 입국 또는 입항하는 운송수단에서 출국 또는 출항하는 운송수단으로 물품을 옮겨 싣는 것을 말한다.

⑤ **통관(通關)** : 이 법에 따른 절차를 이행하여 물품을 수출·수입 또는 반송하는 것을 말한다.

18 「관세법」 제238조 규정에 의한 보세구역 반입명령 제도에 관련한 조치 및 설명으로 맞는 것은?

① 세관장은 수출신고가 수리되어 외국으로 반출된 물품에 대해 수출신고수리일로부터 6개월 이내에 보세구역 반입명령을 하였다.

② 수입신고가 수리되어 반출된 물품에 대해 세관장은 국민보건을 해칠 우려가 있어 수입신고수리일로부터 3개월 이내에 보세구역 반입명령을 하였다.

③ 지식재산권을 침해한 물품은 보세구역 반입명령 대상이 아니다.

④ 한-미 FTA 세율 심사결과 FTA세율적용이 취소된 경우 보세구역 반입명령을 하여 원산지 표시를 변경하여야 한다.

⑤ 반입명령 수령인의 주소나 거소가 분명하지 아니한 때에는 반입명령 수령인에 대해 소재수사 후 송달하여야 한다.

---

18 ①③ 반입명령⟨관세법 시행령 제245조 제1항⟩ … 관세청장 또는 세관장은 수출입신고가 수리된 물품이 다음 각 호의 어느 하나에 해당하는 경우에는 「관세법」 제238조 제1항에 따라 해당 물품을 보세구역으로 반입할 것을 명할 수 있다. 다만, 해당 물품이 수출입신고가 수리된 후 3개월이 지났거나 관련 법령에 따라 관계행정기관의 장의 시정조치가 있는 경우에는 그러하지 아니하다.

㉠ 세관장의 의무 이행 요구에 따른 의무를 이행하지 아니한 경우

㉡ 원산지 표시가 적법하게 표시되지 아니하였거나 수출입신고 수리 당시와 다르게 표시되어 있는 경우

㉢ 품질 등의 표시(표지의 부착을 포함)가 적법하게 표시되지 아니하였거나 수출입신고 수리 당시와 다르게 표시되어 있는 경우

㉣ 지식재산권을 침해한 경우

④ FTA 세율 적용이 취소된 경우 협정세율을 적용 받기 위해서는 보수작업을 해야하나, 협정세율적용을 받지 않고 통관도 가능하다.(원산지표기가 잘못 된 것은 아니기 때문에 원산지표시 변경을 하지는 않는다)

⑤ 관세청장 또는 세관장은 명령서를 받을 자의 주소 또는 거소가 불분명한 때에는 관세청 또는 세관의 게시판 및 기타 적당한 장소에 반입명령사항을 공시할 수 있다. 이 경우 공시한 날부터 2주일이 경과한 때에는 명령서를 받을 자에게 반입명령서가 송달된 것으로 본다⟨관세법 시행령 제245조(반입명령) 제3항⟩.

※ 보세구역 반입명령⟨관세법 제238조⟩

㉠ 관세청장이나 세관장은 다음 각 호의 어느 하나에 해당하는 물품으로서 이 법에 따른 의무사항을 위반하거나 국민보건 등을 해칠 우려가 있는 물품에 대해서는 대통령령으로 정하는 바에 따라 화주(화주의 위임을 받은 자를 포함한다) 또는 수출입 신고인에게 보세구역으로 반입할 것을 명할 수 있다.

　1. 수출신고가 수리되어 외국으로 반출되기 전에 있는 물품

　2. 수입신고가 수리되어 반출된 물품

㉡ ㉠에 따른 반입명령을 받은 자는 해당 물품을 지정받은 보세구역으로 반입하여야 한다.

㉢ 관세청장이나 세관장은 반입의무자에게 ㉡에 따라 반입된 물품을 국외로 반출 또는 폐기할 것을 명하거나 반입의무자가 위반사항 등을 보완 또는 정정한 이후 국내로 반입하게 할 수 있다. 이 경우 반출 또는 폐기에 드는 비용은 반입의무자가 부담한다.

㉣ ㉡에 따라 반입된 물품이 ㉢에 따라 국외로 반출 또는 폐기되었을 때에는 당초의 수출입 신고 수리는 취소된 것으로 본다. 이 경우 해당 물품을 수입할 때 납부한 관세는 제46조 및 제48조에 따라 환급한다.

㉤ ㉠에도 불구하고 관세청장이나 세관장은 법 위반사항이 경미하거나 감시·단속에 지장이 없다고 인정되는 경우에는 반입의무자에게 해당 물품을 보세구역으로 반입하지 아니하고 필요한 조치를 하도록 명할 수 있다.

19 「관세법」 제237조의 규정에 근거하여 수입신고한 물품을 통관보류한 다음 사례 중 맞게 처리된 것을 모두 나열한 것은?

> ㉠ 미국에서 반입하여 수입신고한 기계에 대해 신고서상의 기재사항에 보완이 필요하여 통관보류하였다.
> ㉡ 중국에서 반입하여 수입신고한 수출용원재료인 직물에 대해 가격신고서를 제출하지 않아 통관보류하였다.
> ㉢ 체코에서 반입하여 수입신고한 모터에 대해 전항공기용품 및 생활용품 안전관리법상 안전인증서를 제출하지 아니하여 통관보류하였다.
> ㉣ 중국에서 반입하여 수입신고한 뱀(CITES종)에 대해 「야생생물보호 및 관리에 관한 법률」상의 허가서와 특정 연구목적에 사용한다는 계획서 등을 제출하지 않아 통관보류하였다.
> ㉤ 프랑스에서 반입하여 수입신고한 병행수입이 허용된 가방에 대해 상표권자보호를 위해 통관보류하였다.

① ㉠㉡
② ㉠㉡㉢
③ ㉡㉢
④ ㉠㉢㉣
⑤ ㉠㉢㉤

19 ㉡ 수출용원재료에 대하여는 가격신고를 생략할 수 있다〈관세법 시행규칙 제2조(가격신고의 생략) 제1항 제6호〉.
㉤ 병행수입이란 해외 상표권자에 의해 적법하게 생산·유통된 진정상품(위조품이 아닌 상품)을 국내 사업자가 판매를 목적으로 해외대리점 등으로부터 직접수입(직수입)하는 형태이다〈한국병행수입협회〉. 병행수입이 허용된 물품은 상표권을 침해하지 않는다.

※ **통관의 보류**〈관세법 제237조〉
㉠ 세관장은 다음 각 호의 어느 하나에 해당하는 경우에는 해당 물품의 통관을 보류할 수 있다.
　1. 제241조 또는 제244조에 따른 수출·수입 또는 반송에 관한 신고서의 기재사항에 보완이 필요한 경우
　2. 제245조에 따른 제출서류 등이 갖추어지지 아니하여 보완이 필요한 경우
　3. 이 법에 따른 의무사항(대한민국이 체결한 조약 및 일반적으로 승인된 국제법규에 따른 의무를 포함한다)을 위반하거나 국민보건 등을 해칠 우려가 있는 경우
　4. 제246조의3 제1항에 따른 안전성 검사가 필요한 경우·불량·유해 물품으로 확인된 경우
　5. 「국세징수법」 제30조 및 「지방세징수법」 제39조의2에 따라 세관장에게 강제징수 또는 체납처분이 위탁된 해당 체납자가 수입하는 경우
　6. 관세 관계 법령을 위반한 혐의로 고발되거나 조사를 받는 경우
㉡ 세관장은 ㉠에 따라 통관을 보류할 때에는 즉시 그 사실을 화주(화주의 위임을 받은 자를 포함한다) 또는 수출입 신고인에게 통지하여야 한다.
㉢ 세관장은 ㉡에 따라 통지할 때에는 이행기간을 정하여 통관의 보류 해제에 필요한 조치를 요구할 수 있다.
㉣ ㉡에 따라 통관의 보류 사실을 통지받은 자는 세관장에게 ㉠ 각 호의 통관 보류사유에 해당하지 아니함을 소명하는 자료 또는 ㉢에 따른 세관장의 통관 보류 해제에 필요한 조치를 이행한 사실을 증명하는 자료를 제출하고 해당 물품의 통관을 요청할 수 있다. 이 경우 세관장은 해당 물품의 통관 허용 여부(허용하지 아니하는 경우에는 그 사유를 포함한다)를 요청받은 날부터 30일 이내에 통지하여야 한다.

20 수입물품에 대한 세율적용의 우선순위를 순서대로 나열한 것은?

> ㉠ 덤핑방지관세
> ㉡ 조정관세(국내에서 개발된 물품을 일정 기간 보호할 필요가 있는 경우)
> ㉢ 일반특혜(최빈특혜)관세
> ㉣ 다른 세율보다 낮은 국제협력관세
> ㉤ 기본세율

① ㉠㉡㉢㉣㉤
② ㉡㉠㉢㉤㉣
③ ㉢㉤㉠㉡㉣
④ ㉠㉣㉡㉢㉤
⑤ ㉠㉣㉢㉡㉤

20 세율 적용의 우선순위〈관세법 제50조〉

구분	내용
1순위	−덤핑방지관세, 상계관세, 보복관세, 긴급관세, 특정국 물품 긴급관세, 농림축산물에 대한 특별긴급관세, 조정관세(제69조 제2호) −세율의 높낮이에 관계없이 최우선하여 적용
2순위	−국제협력관세, 편익관세 −2순위의 세율은 3, 4, 5, 6순위의 세율보다 낮은 경우에 한하여 우선 적용
3순위	−조정관세(제69조 제1호・제2호・제4호), 할당관세, 계절관세 −할당관세는 4순위의 세율보다 낮은 경우에 한하여 우선 적용
4순위	일반특혜관세
5순위	잠정세율
6순위	기본세율

㉠ 기본세율과 잠정세율은 별표 관세율표에 따르되, 잠정세율을 기본세율에 우선하여 적용한다.

㉡ 제49조 제3호의 세율은 다음 각 호의 순서에 따라 별표 관세율표의 세율에 우선하여 적용한다.

1. 제51조(덤핑방지관세의 부과대상), 제57조(상계관세의 부과대상), 제63조(보복관세의 부과대상), 제65조(긴급관세의 부과대상 등), 제67조의2(특정국물품 긴급관세의 부과), 제68조(농림축산물에 대한 특별긴급관세) 및 제69조(조정관세의 부과대상) 제2호(공중도덕 보호, 인간・동물・식물의 생명 및 건강 보호, 환경보전, 한정된 천연자원 보존 및 국제평화와 안전보장 등을 위하여 필요한 경우)에 따른 세율

2. 제73조(국제협력관세) 및 제74조(편익관세의 적용기준 등)에 따른 세율

3. 제69조(조정관세의 부과대상) 제1호(산업구조의 변동 등으로 물품 간의 세율 불균형이 심하여 이를 시정할 필요가 있는 경우)・제3호(국내에서 개발된 물품을 일정 기간 보호할 필요가 있는 경우)・제4호(농림축수산물 등 국제경쟁력이 취약한 물품의 수입증가로 인하여 국내시장이 교란되거나 산업기반이 붕괴될 우려가 있어 이를 시정하거나 방지할 필요가 있는 경우), 제71조(할당관세) 및 제72조(계절관세)에 따른 세율

4. 제76조(일반특혜관세의 적용기준)에 따른 세율

21 「관세법」상 내국물품을 모두 나열한 것은?

> ㉠ 외국의 선박 등이 공해에서 채집하거나 포획한 수산물
> ㉡ 입항전수입신고가 수리된 물품
> ㉢ 수입신고전 즉시반출신고를 하고 반출된 물품
> ㉣ 수출신고수리전 국제무역선에 적재된 물품
> ㉤ 보세구역에서 보수작업결과 외국물품에 부가된 내국물품

① ㉠㉡㉢
② ㉠㉡㉣
③ ㉡㉢㉣
④ ㉡㉢㉤
⑤ ㉢㉣㉤

21 ㉣ 제1항에 따른 보수작업으로 외국물품에 부가된 내국물품은 외국물품으로 본다〈관세법 제158조(보수작업)〉.

※ 내국물품〈관세법 제2조(정의) 제5항〉… 다음 각 목의 어느 하나에 해당하는 물품을 말한다.
  ㉠ 우리나라에 있는 물품으로서 외국물품이 아닌 것
  ㉡ 우리나라의 선박 등이 공해에서 채집하거나 포획한 수산물 등
  ㉢ 제244조 제1항에 따른 입항전수입신고가 수리된 물품
  ㉣ 제252조에 따른 수입신고수리전 반출승인을 받아 반출된 물품
  ㉤ 제253조 제1항에 따른 수입신고전 즉시반출신고를 하고 반출된 물품

※ 외국물품〈관세법 제2조(정의) 제4항〉
  ㉠ 외국으로부터 우리나라에 도착한 물품[외국의 선박 등이 공해(公海, 외국의 영해가 아닌 경제수역을 포함)에서 채집하거나 포획한 수산물 등을 포함한다]으로서 제241조 제1항에 따른 수입의 신고가 수리(受理)되기 전의 것
  ㉡ 외국의 선박 등이 공해(공해, 외국의 영해가 아닌 경제수역을 포함)에서 채집하거나 포획한 수산물 등으로서 수입신고가 수리되기 전의 것
  ㉢ 제241조(수출·수입 또는 반송의 신고) 제1항에 따른 수출의 신고가 수리된 물품

22 관세징수권 소멸시효의 정지사유로 틀린 것은?

① 관세의 분할납부기간
② 징수유예기간
③ 「특정범죄 가중처벌 등에 관한 법률」제16조에 따른 공소제기
④ 압류·매각의 유예기간
⑤ 사해행위 취소소송기간

22 시효의 중단 및 정지〈관세법 제23조 제3항〉

　㉠ 관세징수권의 소멸시효는 다음 각 호의 어느 하나에 해당하는 사유로 중단된다.
　　1. 납부고지
　　2. 경정처분
　　3. 납부독촉
　　4. 통고처분
　　5. 고발
　　6. 「특정범죄 가중처벌 등에 관한 법률」제16조에 따른 공소제기
　　7. 교부청구
　　8. 압류
　㉡ 환급청구권의 소멸시효는 환급청구권의 행사로 중단된다.
　㉢ 관세징수권의 소멸시효는 관세의 분할납부기간, 징수유예기간, 압류·매각의 유예기간 또는 사해행위(詐害行爲) 취소소송기간 중에는 진행하지 아니한다.
　㉣ ㉢에 따른 사해행위 취소소송으로 인한 시효정지의 효력은 소송이 각하, 기각 또는 취하된 경우에는 효력이 없다.
　㉤ 관세징수권과 환급청구권의 소멸시효에 관하여 이 법에서 규정한 것을 제외하고는 「민법」을 준용한다.

23 「관세법」상 수출입물품의 지식재산권보호에 대한 설명으로 맞는 것은?

① 세관장은 지식재산권을 침해하였음이 명백한 경우에도 지식재산권자의 통관보류 요청이 없으면 직권으로 해당 물품의 통관을 보류하거나 해당 물품을 유치할 수 없다.

② 세관장은 통관보류 등을 요청한 자가 해당 물품에 대한 통관보류 등의 사실을 통보받은 후 15일(휴일 및 공휴일은 제외한다) 이내에 법원에 제소사실을 입증하였을 때에는 해당 통관보류 등을 계속할 수 있다.

③ 통관 보류나 유치를 요청하려는 자와 통관 또는 유치 해제를 요청하려는 자는 세관장에게 해당 물품의 과세가격의 100분의 125에 상당하는 금액의 담보를 제공하여야 한다.

④ 담보를 제공해야 하는 자가 「조세특례제한법」에 따른 중소기업인 경우에는 해당 물품의 과세가격의 100분의 50에 상당하는 금액의 담보를 제공하여야 한다.

⑤ 상업적 목적이 아닌 개인용도에 사용하기 위한 여행자휴대품으로서 소량으로 수출입되는 물품에 대하여는 적용하지 아니한다.

Answer 23.⑤

23 ⑤ 관세법 시행령 제243조(적용의 배제)
① 세관장은 수출입 등 신고 된 물품이 다음의 어느 하나에 해당되어 지식재산권을 침해하였음이 명백한 경우에는 통관보류등을 하고, 지식재산권 권리자와 수출입자등에게 지식재산권 침해물품 직권통관보류 등 통보서로 즉시 통보하여야 한다〈지식재산권 보호를 위한 수출입통관 사무처리 제18조(침해가 명백한 물품 통관보류)〉.
② 세관장은 통관보류 등을 요청한 자가 해당 물품에 대한 통관보류 등의 사실을 통보받은 후 10일(휴일 및 공휴일 제외) 이내에 법원에의 제소사실 또는 무역위원회에의 조사신청사실을 입증하였을 때에는 해당 통관보류등을 계속할 수 있다. 이 경우 통관보류 등을 요청한 자가 부득이한 사유로 인하여 10일 이내에 법원에 제소하지 못하거나 무역위원회에 조사신청을 하지 못하는 때에는 상기 입증기간은 10일간 연장될 수 있다〈관세법 시행령 제239조(통관보류 등) 제3항〉.
③ 통관 보류나 유치를 요청하려는 자와 통관 또는 유치 해제를 요청하려는 자는 세관장에게 해당 물품의 과세가격의 100분의 120에 상당하는 금액의 담보를 제공하여야 한다〈관세법 시행령 제241조(담보제공 등) 제1항〉.
④ 담보를 제공해야 하는 자가 「조세특례제한법」 6조 제1항에 따른 중소기업인 경우에는 해당 물품의 과세가격의 100분의 40에 상당하는 금액으로 한다〈관세법 시행령 제241조(담보제공 등) 제2항〉.

24 수입신고에 대한 설명으로 틀린 것은?

① 수입하려는 자는 출항전신고, 입항전신고, 보세구역 도착전신고, 보세구역 장치후신고 중에서 필요에 따라 신고방법을 선택하여 수입신고할 수 있다.

② 수입신고는 관세사, 관세법인, 통관취급법인 등이나 수입화주의 명의로 하여야 한다.

③ 수입신고 하려는 자는 인터넷통관포탈서비스 이용신청을 하고 세관장의 승인을 받아야 한다.

④ 수입신고의 효력발생시점은 원칙적으로 전송된 신고자료가 통관시스템에 접수된 시점으로 한다.

⑤ 수입신고서 제출서류 대상으로 지정된 신고건 중 일시수입통관증서(A.T.A Carnet)에 의한 일시수입물품은 전자적 방식으로 서류를 제출할 수 있다.

Answer 24.⑤

24 ① 수입통관 사무처리에 관한 고시 제6조(신고의 시기)
　② 수입통관 사무처리에 관한 고시 제9조(신고인)
　③ 수입통관 사무처리에 관한 고시 제10조(수입신고 방법)
　④ 수입통관 사무처리에 관한 고시 제11조(신고의 효력발생시점)

※ 수입신고시 제출서류〈수입통관 사무처리에 관한 고시 제15조〉
　㉠ 신고인은 제13조에 따라 서류제출대상으로 선별된 수입신고 건에 대하여는 수입신고서에 다음 각 호의 서류를 스캔 등의 방법으로 전자 이미지화하거나 제14조에 따른 무역서류의 전자제출을 이용하여 통관시스템에 전송하는 것을 원칙으로 한다.
　　1. 송품장. 다만, 잠정가격으로 수입신고 할 때 송품장이 해외에서 도착하지 아니한 경우에는 계약서(송품장은 확정가격 신고 시 제출)
　　2. 가격신고서(해당물품에 한하며, 전산으로 확인 가능한 경우에는 서류제출대상에서 제외한다)
　　3. 선하증권(B/L)사본이나 항공화물운송장(AWB)사본
　　4. 포장명세서(포장박스별로 품명(규격) · 수량을 기재해야 하며, 세관장이 필요 없다고 인정하는 경우는 제외한다)
　　5. 원산지증명서(해당물품에 한한다)
　　6. 「관세법 제226조에 따른 세관장 확인물품 및 확인방법 지정고시」 제3조에 따른 수입요건 구비서류(해당물품에 한한다)
　　7. 관세감면(분납)/용도세율적용신청서(별지 제9호 서식)(해당물품에 한한다)
　　8. 합의에 의한 세율적용 승인(신청)서(별지 제29호 서식)
　　9. 「지방세법 시행령」 제71조에 따른 담배소비세 납세담보확인서(해당물품에 한한다)
　　10. 할당 · 양허관세 및 세율추천 증명서류 및 종축(씨가축) · 치어(어린 물고기)의 번식 · 양식용 해당세율 증명서류(동 내용을 전산으로 확인할 수 없는 경우에 한한다)
　　11. 「지방세법 시행령」 제134조의2에 따른 자동차세 납세담보확인서(해당물품에 한한다)
　㉡ ㉠에도 불구하고 다음 각 호의 어느 하나에 해당하는 경우에는 종이서류를 제출하여야 한다.
　　1. 킴벌리프로세스증명서 제출대상물품(원본)
　　2. 일시수입통관증서(A.T.A Carnet)에 의한 일시수입물품(원본)
　　3. SOFA 협정 적용대상물품(원본 또는 주한미군에서 전자 서명하여 교부한 증명서)

25 수출물품의 적재 이행관리에 대한 설명으로 틀린 것은?

① 수출자는 수출신고가 수리된 물품을 수출신고가 수리된 날로부터 30일 이내에 우리나라와 외국간을 왕래하는 운송수단에 적재하여야 한다.

② 세관장은 적재 일정변경 등 부득이한 사유가 타당하다고 인정하는 경우에는 수출신고수리일로부터 2년의 범위내에서 적재기간 연장을 승인할 수 있다.

③ 적재지검사 대상물품의 경우에는 물품검사가 완료된 후 운송수단에 적재하여야 한다.

④ 통관지 세관장은 수출신고수리물품의 적재기간이 경과한 물품에 대하여 신고인 등에게 적재기간 내에 적재확인이 되지 않는 경우 수출신고수리를 취소한다는 수출신고수리취소 예정통보를 하여야 한다.

⑤ 수출신고수리취소 예정통보를 받은 신고인은 취소예정통보일로부터 14일내에 적재된 화물이 있는지 여부에 대하여 원인규명을 하여야 하며 원인규명의 결과 이미 적재된 물품이 있는 경우에는 정정 등의 조치를 취하여야 한다.

---

25 ② 세관장은 적재기간연장승인(신청)서를 접수한 때에는 연장승인신청사유 등을 심사하여 타당하다고 인정하는 경우에는 수출신고수리일로부터 **1년**의 범위내에서 적재기간 연장을 승인할 수 있다〈수출통관 사무처리에 관한 고시 제45조(수출물품의 적재) 제4항〉.

① 수출통관 사무처리에 관한 고시 제45조(수출물품의 적재) 제1항

③ 수출통관 사무처리에 관한 고시 제45조(수출물품의 적재) 제6항

④ 수출통관 사무처리에 관한 고시 제52조(수출신고수리의 취소·관리) 제1항

⑤ 수출통관 사무처리에 관한 고시 제52조(수출신고수리의 취소·관리) 제2항

※ **수출물품의 적재〈수출통관 사무처리에 관한 고시 제45조〉**

　㉠ 수출자는 수출신고가 수리된 물품을 법 제251조 제1항에 따라 수출신고가 수리된 날부터 30일 이내에 우리나라와 외국간을 왕래하는 운송수단에 적재하여야 한다.

　㉡ 수출자 및 국제무역선(기)의 선(기)장은 제32조부터 제34조까지의 특수형태의 수출을 제외하고는 법 제140조 제6항에 따라 수출신고 수리전에 수출하려는 물품을 국제무역선(기)에 적재해서는 안된다.

　㉢ ㉠에도 불구하고 출항 또는 적재 일정변경 등 부득이한 사유로 인하여 적재기간을 연장하려는 자는 변경전 적재기간내에 통관지 세관장에게 별지 제5호서식의 적재기간 연장승인(신청)서를 제출하여야 한다. 다만, 전자문서로 신청할 경우에는 별지 제2호서식을 사용하여야 한다.

　㉣ 세관장은 ㉢에 따라 적재기간연장승인(신청)서를 접수한 때에는 연장승인신청사유 등을 심사하여 타당하다고 인정하는 경우에는 수출신고수리일로부터 1년의 범위내에서 적재기간 연장을 승인할 수 있다.

　㉤ 세관장은 ㉣에 따라 적재기간 연장을 승인한 때에는 즉시 통관시스템에 연장사유 및 연장기간을 기록하여야 한다.

　㉥ 적재지검사 대상물품의 경우에는 제1항부터 제5항까지의 규정에도 불구하고 물품검사가 완료된 후 운송수단에 적재하여야 한다.

1 보세공장의 원료과세에 관한 설명으로 맞는 것은?

① 사용신고 전에 원료과세 신청을 한 경우에는 제조된 물품을 수입신고하는 때의 원료 성질과 수량에 따라 관세를 부과한다.

② 최근 1년간 생산되어 판매된 물품 중 수출된 물품의 가격비율이 100분의 60 이상인 경우 1년의 범위내에서 원료과세 포괄적용 신청을 할 수 있다.

③ 원료과세 적용물품에 대해 FTA 협정관세를 적용받으려면 제품 수입신고 시에 원산지증명서 구비여부, FTA 관세율을 신고하며, 사용신고서 제출은 생략할 수 있다.

④ 내·외국 원재료별 품명, 규격, 소요량, 재고 등이 전산시스템에 의하여 명확하게 기록·관리되는 경우에는 1년의 범위에서 원료과세의 적용을 신청할 수 있다.

⑤ 원료과세의 적용을 받으려는 자는 해당원료로 제조된 물품의 수입신고 전까지 원료과세 적용신청(승인)서로 세관장에게 신청하여야 한다.

Answer 1.④

1 ④ 「보세공장 운영에 관한 고시」 제12조의2(원료과세) 제2항
① 보세공장에서 제조된 물품을 수입하는 경우 제186조에 따른 사용신고 전에 미리 세관장에게 해당 물품의 원료인 외국물품에 대한 과세의 적용을 신청한 경우에는 제16조에도 불구하고 제186조에 따른 사용신고를 할 때의 그 원료의 성질 및 수량에 따라 관세를 부과한다〈관세법 제189조(원료과세) 제1항〉.
② 최근 2년간 생산되어 판매된 물품 중 수출된 물품의 가격비율이 100분의 50 이상인 경우 1년의 범위에서 원료별, 제품별 또는 보세공장 전체에 대하여 원료과세의 적용을 신청할 수 있다〈보세공장 운영에 관한 고시 제12조의2(원료과세) 제2항 제1호〉.
③ 원료과세 적용신청 물품에 대해 FTA 협정관세를 적용받으려는 자는 사용신고를 할 때 해당 원산지와 원산지증명서 구비여부(Y), 세율란(FTA 관세율)을 기재하여 사용신고 하여야 하며, 제품 수입신고를 할 때 협정관세적용신청서와 함께 해당 사용신고서를 첨부하여야 한다〈보세공장 운영에 관한 고시 제12조의2(원료과세) 제4항〉.
⑤ 원료과세의 적용을 받으려는 자는 사용신고 전에 원료과세 적용 신청(승인)서로 세관장에게 신청하여야 한다. 이 경우 세관공무원은 신청된 물품을 검사할 수 있다〈보세공장 운영에 관한 고시 제12조의2(원료과세) 제1항〉.

2 단일보세공장의 특허 관련 설명으로 틀린 것은?

① 근접한 장소에 있는 2개 이상의 공장이 동일기업체에 속해야 한다.

② 2개 이상 공장 간에 물품관리체계의 통합관리로 반출입 물품관리 및 재고관리에 지장이 없어야 한다.

③ 2개 이상의 공장이 세관 관할을 달리하는 경우 세관별로 특허를 받아야 한다.

④ 제조·가공의 공정상 일괄작업에 각 공장이 필요한 경우에 특허할 수 있다.

⑤ 기존 보세공장으로부터 15Km 기준거리 이내에 신규 공장을 증설하는 경우 특허할 수 있다. 다만, 세관장은 세관감시의 단속에 지장이 없는 경우 동일세관 관할구역 내에서는 거리기준을 적용하지 않을 수 있다.

Answer 2.③

2 단일보세공장의 특허〈보세공장 운영에 관한 고시 제7조〉

㉠ 2개 이상 근접한 장소에 있는 공장이 동일기업체에 속하며 각 공장 간에 물품관리체계의 통합관리로 반출입 물품관리 및 재고관리에 지장이 없는 경우 다음 각 호의 어느 하나를 충족할 때에는 제6조에 따라 단일보세공장으로 특허할 수 있다. 다만, 세관관할구역을 달리하는 경우에는 통관절차의 간소화 및 세관업무의 편리를 도모하기 위하여 감시 단속에 지장이 없는 경우에만 관할지 세관장과 협의하여 주공장 관할세관에서 특허할 수 있다.

• 제조·가공의 공정상 일괄작업에 각 공장이 필요한 경우

• 기존 보세공장으로부터 직선거리 15Km 이내에 신규 공장을 증설하는 경우. 다만, 세관장은 세관감시의 단속에 지장이 없는 경우 동일세관 관할구역 내에서는 거리기준을 적용하지 않을 수 있다.

㉡ 세관장은 「수출입 안전관리 우수업체 공인 및 운영에 관한 고시」 제5조 제1항에 해당하는 보세공장 또는 「수출입물류업체에 대한 법규수행능력 측정 및 평가관리에 관한 훈령」 제12조 제1항 제1호에 해당하는 보세공장으로서 해당 보세공장에 원재료 및 제품 등의 추가 보관이 곤란하다고 인정되고 다음 각 호의 요건을 충족시키는 경우에는 영 제191조에 따라 동일세관 관할구역에 보관창고를 증설하게 할 수 있다.

• 보관창고 : 해당 보세공장의 원재료 및 생산제품을 보관하는 전용 창고일 것

• 물품관리 : 보세공장과 보관창고 물품의 통합관리로 반출입 물품관리 및 재고관리에 지장이 없을 것

㉢ ㉡에도 불구하고 세관장은 감시단속에 지장이 없다고 판단하는 경우 관할구역을 벗어나는 경우에도 보세공장으로부터 직선거리 15Km 이내에 보관창고를 증설하게 할 수 있다. 이 때 세관장은 보관창고 관할지 세관장과 협의하여야 하며, 물품관리는 보세공장 관할지 세관장이 수행하는 것을 원칙으로 한다.

3 보세공장 특허에 관한 설명 중 틀린 것은?

① 외국물품 또는 외국물품과 내국물품을 원료로 하거나 재료로 하여 수출하는 물품을 제조·가공하는 경우에는 특허를 받을 수 있다.

② 폐기물을 원재료로 하여 제조·가공하는 경우에는 보세공장의 설치·운영 특허를 제한할 수 있다.

③ 수입하는 물품을 제조·가공하는 것을 목적으로 하는 업종은 특허를 받을 수 없다.

④ 국내외 가격차에 상당하는 율로 양허한 농산물을 원재료로 하는 물품을 제조·가공하는 업종의 경우에는 특허를 제한할 수 있다.

⑤ 보세작업의 전부를 장외작업에 의존할 경우에는 보세작업의 종류 및 특수성을 감안하여 설치·운영 특허를 제한할 수 있다.

Answer 3.③

3 ③ 세관장은 수입을 목적으로 하는 물품을 제조·가공하는 공장으로 법 제185조 제5항에 따라 제한되지 않는 업종에 해당하는 경우에는 보세공장 설치·운영특허를 할 수 있다〈보세공장 운영에 관한 고시 제4조(특허대상)〉.
①「보세공장 운영에 관한 고시」 제4조(특허대상)
②⑤「보세공장 운영에 관한 고시」 제8조(특허의 제한) 제2항
④「관세법 시행규칙」 제69조(보세공장업종의 제한)

※ **특허대상**〈보세공장 운영에 관한 고시 제4조〉··· 세관장은 다음 각 호의 어느 하나에 해당하는 경우에는 보세공장 설치·운영특허를 할 수 있다.
　㉠ 외국물품 또는 외국물품과 내국물품을 원료로 하거나 재료로 하여 수출하는 물품을 제조·가공하거나 수리·조립·분해·검사(원재료 품질검사 등을 포함한다)·포장 또는 그 밖에 이와 유사한 작업을 하는 것을 목적으로 하는 공장
　㉡ 수입을 목적으로 하는 물품을 제조·가공하는 공장으로 법 제185조제5항에 따라 제한되지 않는 업종

※ **특허의 제한**〈보세공장 운영에 관한 고시 제8조〉
　㉠ 다음 각 호의 어느 하나에 해당하는 경우에는 보세공장의 설치·운영 특허를 할 수 없다.
　　1. 법 제175조 각 호의 어느 하나에 해당되는 자
　　2. 관세 및 내국세를 체납하고 있는 자
　　3. 위험물품을 취급하는 경우에는 위험물품의 종류에 따라 관계행정기관의 장의 허가나 승인을 받지 아니한 자
　㉡ 다음 각 호의 어느 하나에 해당하는 경우에는 보세작업의 종류 및 특수성을 고려하여 설치·운영특허를 제한할 수 있다.
　　1. 제25조 제1항 각 호의 어느 하나에 해당하는 보수작업만을 목적으로 하는 경우
　　2. 폐기물을 원재료로 하여 제조·가공하려는 경우
　　3. 손모율이 불안정한 농·수·축산물을 원재료로 하여 제조·가공하려는 경우
　　4. 보세작업의 전부를 장외작업에 의존할 경우

4 보세공장 보세운송 특례절차의 적용 해제 사유로 틀린 것은?

① 운영인이 보세공장 보세운송 특례적용 정정(해제)신청서를 제출한 때
② 운영인이 경고처분을 받을 때
③ 수출입안전관리 우수업체 또는 법규수행능력 우수업체에 해당하지 아니한 때
④ 보세공장간 반출입 횟수가 최근 3개월의 월평균 10회 미만인 때
⑤ FTA형 특별보세공장의 기준에 부합하지 아니한 때

5 보세공장에서 원상태 국외반출이 허용되는 원재료가 아닌 것은?

① 생산계획 변경, 제조품목의 사양변경 또는 보세작업과정에서 발생하는 잉여 원재료
② 보세공장에서 수출한 물품의 하자보수 등 추가적인 제조 · 가공 · 수리에 필요한 원재료
③ 계약내용과 동일한 원재료(다만, 사용신고가 수리된 경우에는 사용신고 당시의 성질이나 형태가 변경된 것도 포함한다)
④ 국외에서 제조 · 가공공정의 일부를 이행하기 위하여 필요한 원재료
⑤ 보세공장의 해외 현지공장에서 제조 · 가공 · 수리 그 밖에 유사한 작업에 사용할 원재료

Answer 4.② 5.③

4 보세공장 보세운송의 특례〈보세공장 운영에 관한 고시 제30조 제5항〉 … 세관장은 다음에 해당하는 경우에는 보세공장 보세운송 특례절차의 적용을 해제할 수 있다.
㉠ 운영인이 별지 제22호의2 서식의 보세공장 보세운송 특례적용 정정(해제)신청서를 제출한 때
㉡ 제16조에 따라 반입정지처분을 받은 때
㉢ 수출입 안전관리 우수업체 또는 법규수행능력 우수업체에 해당하지 아니한 때
㉣ 보세공장 간 반출입 횟수가 최근 3개월의 월평균 10회 미만인 때
㉤ 제35조의2 제1항에 따른 FTA형 특별보세공장의 기준에 부합하지 아니할 때

5 국외가공 등 원재료 원상태 반출〈보세공장 운영에 관한 고시 제14조 제1항〉 … 다음에 해당하는 물품은 반입신고 시의 원재료 원상태로 국외반출을 허용할 수 있다.
㉠ 국외에서 제조 · 가공공정의 일부를 이행하기 위하여 필요한 원재료
㉡ 보세공장에서 수출한 물품의 하자보수 등 추가적인 제조 · 가공 · 수리에 필요한 원재료
㉢ 보세공장의 해외 현지공장에서 제조 · 가공 · 수리 그 밖에 유사한 작업에 사용할 원재료
㉣ 생산계획 변경, 제조품목의 사양변경 또는 보세작업과정에서 발생하는 잉여 원재료
㉤ 계약내용과 다른 원재료(다만, 사용신고가 수리된 경우에는 사용신고 당시의 성질이나 형태가 변경되지 아니한 경우에 한한다)
㉥ 임가공을 의뢰한 해외 공급자가 계약수량 변경, 품질검사 등의 사유로 반환을 요구하는 원재료

6 보세판매장에 관한 설명으로 맞는 것은?

① 시내면세점 운영인은 해당 보세판매장에 「보세판매장 특허에 관한 고시」 제4조(시설요건)에 따른 중소·중견 기업 제품 매장을 설치하여야 한다.

② 출국장면세점은 국산 가전제품 중 여행자의 휴대반출이 곤란하거나 세관장이 필요하다고 인정하는 품목이라도 쿠폰으로 판매할 수 없다.

③ 보세판매장 운영인은 출국하는 내국인에게 미화 6,000달러 이하의 구매한도 범위내에서 물품을 판매하여야 한다.

④ 보세판매장 운영인이 물품을 판매할 때에는 구매자 인적사항 및 판매사항을 전산관리하고, 세관에 전자문서로 24시간 이내에 전송하여야 한다.

⑤ 보세판매장 운영인은 보세판매장의 물품을 전자상거래의 방법에 의하여 판매할 수 없다.

Answer 6.①

6　① 「보세판매장 운영에 관한 고시」 제3조(운영인의 의무) 제1항
　② 출국장면세점은 국산 가전제품 중 여행자의 휴대반출이 곤란하거나 세관장이 필요하다고 인정하는 품목에 대하여는 쿠폰으로 판매할 수 있으며, 쿠폰으로 판매한 상품은 관할세관장이 지정하는 보세구역에 반입하여 수출신고 수리 후 선적하여야 한다 〈보세판매장 운영에 관한 고시 제4조(판매대상 물품) 제2항〉.
　③ 「관세법 시행규칙」 제63조의3이 삭제되면서 해당 규제는 삭제되었다.
　④ 운영인이 물품을 판매한 때에는 구매자 인적사항 및 판매사항을 전산관리하고, 세관에 전자문서로 실시간 전송(시내면세점에서 판매된 물품을 보세운송 하는 경우 보세운송 신고 시)하여야 한다〈보세판매장 운영에 관한 고시 제9조(판매장 진열 및 판매) 제1항〉.
　⑤ 운영인은 보세판매장의 물품을 전자상거래의 방법에 의하여 판매할 수 있다〈보세판매장 운영에 관한 고시 제11조(전자상거래에 의한 판매) 제1항〉.

7 다음 보기의 ( ) 안에 들어갈 내용은?

> 보세판매장 운영인은 입국인에게 미화 ( )달러 이하의 구매한도 범위 내에서 물품을 판매하여야 한다. 이 경우 술·담배·향수는 규칙 제48조 제3항에 따른 별도 면세범위 내에서만 판매할 수 있다.

① 500   ② 600
③ 700   ④ 800
⑤ 900

8 보세판매장의 특허상실에 따른 재고물품의 처리에 대한 설명이다. ( ) 안에 들어갈 내용을 순서대로 나열한 것은?

> 운영인은 특허가 상실된 때에는 ( ) 이내의 범위내에서 세관장이 정한 기간내에 재고물품을 판매, 다른 보세판매장에 양도, 외국으로 반출 또는 수입통관절차에 의거 통관하여야 하며, 지정장치장 또는 세관장이 지정한 보세구역으로 이고한 물품의 운영인이 이고한 날부터 ( ) 이내에 타 보세판매장에 양도하지 않거나 외국으로 반출하지 아니하는 때에는 장치기간경과물품 처리 절차에 의거 처리한다.

① 2개월, 3개월   ② 3개월, 3개월
③ 3개월, 6개월   ④ 6개월, 3개월
⑤ 6개월, 6개월

Answer 7.④ 8.⑤

7 운영인은 입국인에게 규칙 제69조의4 제1항에 따라 미화 **800달러** 이하의 구매한도 범위 내에서 물품을 판매하여야 한다. 이 경우 술·담배·향수는 규칙 제48조 제3항에 따른 별도 면세범위 내에서만 판매할 수 있다〈보세판매장 운영에 관한 고시 제5조 (구매자 및 구매총액) 제5항〉.

8 보세판매장의 특허상실에 따른 재고물품의 처리〈보세판매장 운영에 관한 고시 제20조〉
  ㉠ 보세판매장의 설치·운영특허가 상실되었을 때에는 세관장은 즉시 재고조사를 실시하고 현품을 확정하여야 한다.
  ㉡ 운영인은 특허가 상실된 때에는 **6개월** 이내의 범위내에서 세관장이 정한 기간내에 재고물품을 판매, 다른 보세판매장에 양도, 외국으로 반출 또는 수입통관절차에 의거 통관하여야 하며, 세관장이 정한 기간이 경과한 때에는 지정장치장 또는 세관장이 지정한 보세구역으로 이고하여야 한다.
  ㉢ ㉡ 후단에 따라 지정장치장 또는 세관장이 지정한 보세구역으로 이고한 물품을 운영인이 이고한 날부터 **6개월** 이내에 타 보세판매장에 양도하지 않거나 외국으로 반출하지 아니하는 때에는 장치기간경과물품 처리 절차에 의거 처리한다.

9 「관세법」에 근거하여 특허한 보세구역이 아닌 것은?

① 입국장면세점
② 지정면세점
③ 외교관면세점
④ 시내면세점
⑤ 출국장면세점

Answer 9.②

9 ② "지정면세점"은 「조세특례제한법」에 근거한 보세구역이다.
  ① 입국장면세점 : 법 제196조 제2항에 따라 외국에서 국내로 입국하는 자에게 물품을 판매할 목적으로 공항, 항만 등의 입국경로에 설치된 보세판매장을 말한다〈보세판매장 운영에 관한 고시 제2조(정의)〉.
  ③ 외교관면세점 : 관세법 제88조 제1항 제1호부터 제4호까지에 따라 관세의 면제를 받을 수 있는 자에게 판매하는 보세판매장을 말한다〈보세판매장 운영에 관한 고시 제2조(정의)〉.
  ④ 시내면세점 : 공항 및 항만의 보세구역 이외의 장소에서 출국인 및 통과여객기(선)에 의한 임시체류인에게 판매하는 보세판매장을 말한다〈보세판매장 운영에 관한 고시 제2조(정의)〉.
  ⑤ 출국장면세점 : 출국장에서 출국인 및 통과여객기(선)에 의한 임시체류인에게 판매하는 보세판매장을 말한다〈보세판매장 운영에 관한 고시 제2조(정의)〉.

10 보세건설장 관리에 대한 설명으로 틀린 것은?

① 세관장은 「산업발전법」 제2조에 따른 업종에 해당하는 물품을 수입하는 경우 보세건설장을 특허할 수 있다.

② 운영인은 수용능력 증감공사를 완료한 때에는 지체없이 그 사실을 세관장에게 통보하여야 한다.

③ 보세건설장에 반입하는 외국물품이 분할되어 신고되었을 때에는 품목분류 등 수입통관에 관한 사항은 「수입통관사무처리에 관한 고시」를 준용한다.

④ 산업시설 건설에 사용되는 외국물품인 공사용 장비는 수입신고수리전에 사용할 수 있다.

⑤ 운영인은 보세건설장에 외국물품을 반입하였을 때에는 사용 전에 「수입통관사무처리에 관한 고시」에 따라 해당 물품의 수입신고를 하여야 한다.

10 ① 「보세건설장 관리에 관한 고시」 제4조(특허) 제1항 제1호
② 「보세건설장 관리에 관한 고시」 제5조(특허의 갱신 등) 제5항
③ 「보세건설장 관리에 관한 고시」 제11조(분할신고 물품의 처리)
⑤ 「보세건설장 관리에 관한 고시」 제10조(수입신고) 제1항

※ 신고수리전 사용제한 및 외국물품의 통관〈보세건설장 관리에 관한 고시 제12조〉 제1항 … 보세건설장 운영인은 제6조 제1호 (산업시설 건설에 사용되는 외국물품인 기계류 설비품)의 외국물품은 수입신고 후 사용하여야 하며, 제6조 제2호부터 제4호 (산업시설 건설에 사용되는 외국물품인 공사용 장비, 산업시설에 병설되는 사무소·의료시설·식당·공원·숙사 등 부대시설을 건설하기 위한 물품, 그 밖에 해당 산업시설 건설의 형편상 필요하다고 인정되는 물품)까지에 해당하는 외국물품은 수입신고수리전에 사용할 수 없다.

11 보세전시장에 대한 설명 중 맞는 것은?

① 박람회, 전시회, 견본품 전시회 등의 운영을 위하여 외국물품을 장치·전시할 목적의 보세구역이며 보세전시장내 사용, 소비행위는 금지된다.

② 보세전시장에 장치된 판매용 외국물품은 수입신고 후에 사용할 수 있다.

③ 보세전시장에 전시된 외국물품은 판매할 수 없다.

④ 보세전시장의 특허기간은 해당 박람회 등의 회기기간으로 한다.

⑤ 박람회 등의 운영을 위한 외국물품의 사용에는 외국물품의 성질 또는 형상에 변경을 가하는 행위가 포함된다.

Answer 11.⑤

11 ①⑤ 보세전시장에서 외국물품의 사용은 그 물품의 성질 또는 수량에 변경을 가하거나 전시장 에서 소비하는 행위를 포함한다〈보세전시장 운영에 관한 고시 제16조(사용의 범위)〉.

②③ 보세전시장에 반입된 외국물품 중 다음의 물품들은 수입신고 수리 후 사용이 가능하다〈보세전시장 운영에 관한 고시 제17조(수입신고대상)〉.

    ㉠ 판매용품 : 보세전시장에서 불특정다수의 관람자에게 판매할 것을 목적으로 하는 물품을 말한다.

    ㉡ 오락용품 : 보세전시장에서 불특정다수의 관람자에게 오락용으로 관람케하거나 사용하게 할 물품 중 유상으로 제공될 물품을 말한다.

    ㉢ 증여용품 : 보세전시장에서 불특정다수의 관람자에게 증여할 목적으로 한 물품을 말한다.

④ 보세전시장의 특허기간은 해당 박람회 등의 회기와 그 회기의 전후에 박람회 등의 운영을 위한 외국물품의 반입과 반출 등에 필요하다고 인정되는 기간을 고려해서 세관장이 정한다. 다만, 부득이한 사유로 특허기간의 연장이 필요하다고 세관장이 인정하는 경우에는 그 기간을 연장할 수 있다〈보세전시장 운영에 관한 고시 제5조(특허기간)〉.

12 종합보세사업장에 반입된 물품의 보관·관리에 대한 설명으로 틀린 것은?

① 운영인은 종합보세사업장에 반입된 물품을 내·외국물품별 및 수행하는 기능별로 구분하여 보관·관리하여야 한다.

② 종합보세사업장에 반입한 물품의 장치기간은 2년의 범위에서 관세청장이 정한다.

③ 운영인은 외국물품의 반출통고 후 30일이 경과한 후에 매각을 요청할 수 있다.

④ 운영인은 종합보세사업장에 반입한 날부터 6개월이 경과한 외국물품으로서 화주가 수취를 거절하는 경우에는 세관장에게 장기보관화물 매각승인(요청)서로 매각을 요청할 수 있다.

⑤ 매각요청을 받은 장기보관화물의 처리절차는 「보세화물장치기간 및 체화처리에 관한 고시」를 준용한다.

Answer 12.②

12 ② 종합보세사업장에 반입한 물품의 장치기간은 **종합보세사업장의 설치·운영신고기간**으로 한다. 다만, 설치·운영변경신고를 한 때에는 그 설치·운영기간을 장치기간에 합산한다〈종합보세구역의 지정 및 운영에 관한 고시 제33조(물품의 보관·관리) 제3항〉.

① 「종합보세구역의 지정 및 운영에 관한 고시」 제33조(물품의 보관·관리) 제1항

③ 운영인은 세관장에게 매각을 요청하려는 경우 화주, 반입자 또는 그 위임을 받은 자에게 외국물품의 반출통고를 해야 하며, 반출통고 후 30일이 경과한 후에 매각을 요청할 수 있다〈종합보세구역의 지정 및 운영에 관한 고시 제33조(물품의 보관·관리) 제5항〉.

④ 운영인의 물품관리〈관세법 제201조 제5항〉 … 운영인은 종합보세구역에 장치된 물품 중 반입한 날부터 6개월 이상의 범위에서 관세청장이 정하는 기간이 지난 외국물품이 다음에 해당하는 경우에는 관세청장이 정하여 고시하는 바에 따라 세관장에게 그 외국물품의 매각을 요청할 수 있다.

ㄱ 화주가 분명하지 아니한 경우

ㄴ 화주가 부도 또는 파산한 경우

ㄷ 화주의 주소·거소 등 그 소재를 알 수 없는 경우

ㄹ 화주가 수취를 거절하는 경우

ㅁ 화주가 거절의 의사표시 없이 수취하지 아니한 경우

⑤ 「종합보세구역의 지정 및 운영에 관한 고시」 제33조(물품의 보관·관리) 제7항

13 수입활어장치의 시설요건 및 화물관리 등에 관한 설명으로 틀린 것은?

① CCTV 영상을 상시 녹화할 수 있고 녹화된 영상을 30일 이상 보관할 수 있는 감시장비를 보유하여야 한다.

② 폐사어는 별도의 냉동·냉장시설에 반입일자별로 구분하여 보관하여야 한다.

③ 세관장이 CCTV 영상을 인터넷 망을 통해 실시간으로 확인이 가능하도록 CCTV 인터넷 망 접속 권한을 부여하는 등의 조치를 하여야 한다.

④ 암실에 보관하여야 하는 어종을 장치하는 경우에는 적외선 카메라를 보유하여야 한다.

⑤ 통관되지 않은 활어가 장치되어 있는 수조에는 이미 통관된 활어와 명확히 구분할 수 있도록 표식을 하여야 한다.

Answer 13.②

13 ② 운영인 등은 폐사어를 별도의 냉동·냉장시설에 <u>**B/L별**</u>로 구분하여 보관하여야 한다〈수입활어 관리에 관한 특례고시 제12조 (폐사어의 관리) 제2항〉.
① 수입활어 관리에 관한 특례고시 제4조(활어장치장의 시설요건 등) 제1항 제4호
③ 수입활어 관리에 관한 특례고시 제4조(활어장치장의 시설요건 등) 제1항 제6호
④ 세관장이 CCTV 영상을 통해 수조의 현황을 용이하게 식별할 수 있을 정도의 조명시설을 갖춰야 한다. 다만, 암실에 보관하여야 하는 어종을 장치하는 경우에는 적외선 카메라를 보유하여야 한다〈수입활어 관리에 관한 특례고시 제4조(활어장치장의 시설요건 등) 제1항 제3호〉.
⑤ 수입활어 관리에 관한 특례고시 제11조(미통관 표식) 제1항

※ 활어장치장의 시설요건 등〈수입활어 관리에 관한 특례고시 제4조〉
　㉠ 활어장치장은 다음의 요건을 모두 갖추어야 한다.
　　1. 수조외벽 : 각각의 수조가 물리적·영구적으로 분리되는 구조와 재질로 이루어 져야 하며, 수조 사이에 활어가 이동할 수 없도록 충분한 높이와 넓이를 갖추어야 한다.
　　2. 폐쇄회로 텔레비전(CCTV) : 각각의 출입구와 2개의 수조당 1대 이상 설치하여야 하며, 활어의 검량 감시용으로 사용할 수 있는 이동식 CCTV를 1대 이상 보유하여야 한다. 다만, 세관장이 필요하다고 인정하는 경우에는 이를 가감할 수 있다.
　　3. 조명시설 : 세관장이 CCTV영상을 통해 수조의 현황을 용이하게 식별할 수 있을 정도의 조명시설을 갖춰야 한다. 다만, 암실에 보관하여야 하는 어종을 장치하는 경우에는 적외선 카메라를 보유하여야 한다.
　　4. 영상녹화시설 : CCTV영상을 상시 녹화할 수 있고 녹화된 영상을 30일 이상 보관할 수 있는 감시장비를 보유하여야 한다.
　　5. 냉동·냉장시설 : 폐사어를 장치할 수 있는 냉동·냉장 보관시설을 보유하여야 한다.
　　6. 인터넷망 구축 : 세관장이 CCTV영상을 인터넷 망을 통해 실시간으로 확인이 가능하도록 조치(예 CCTV인터넷망에 접속 권한 등을 부여) 하여야 한다.
　㉡ 운영인 등은 활어장치장의 수조와 CCTV의 배치 도면을 세관장에게 제출하여야 한다.

14 지정장치장 화물관리인에 대한 설명으로 틀린 것은?

① 화물관리인이 관세에 대한 체납이 있는 경우, 화물관리인 지정 취소요건에 해당한다.

② 세관장이나 해당 시설의 소유자 또는 관리자는 화물관리인을 지정하려는 경우에는 지정 예정일 3개월 전까지 지정 계획을 공고하여야 한다.

③ 화물관리인으로 재지정을 받으려는 자는 유효기간이 끝나기 1개월 전까지 세관장에게 재지정 신청을 하여야 한다.

④ 화물관리인이 화주로부터 징수하는 비용의 요율에 관하여는 세관장의 승인을 받아야 한다.

⑤ 화물관리인은 화주로부터 징수한 화물관리비용 중 세관설비 사용료에 해당하는 금액을 세관장에게 납부하여야 한다.

Answer 14.①

14 ① 화물관리인의 지정 취소〈관세법 시행령 제187조의2 제1항 … 세관장은 다음의 어느 하나에 해당하는 사유가 발생한 경우에는 화물관리인의 지정을 취소할 수 있다.

　ㄱ 거짓이나 그 밖의 부정한 방법으로 지정을 받은 경우

　ㄴ 화물관리인이 운영인의 결격사유 중 어느 하나에 해당하는 경우

　ㄷ 화물관리인이 세관장 또는 해당 시설의 소유자·관리자와 맺은 화물관리업무에 관한 약정을 위반하여 해당 지정장치장의 질서유지 및 화물의 안전관리에 중대한 지장을 초래하는 경우

　ㄹ 화물관리인이 그 지정의 취소를 요청하는 경우

② 「관세법 시행규칙」 제69조의2(화물관리인의 지정절차 및 지정기준) 제1항

③ 「관세법 시행령」 제187조(화물관리인의 지정) 제5항

④ 지정장치장의 화물관리인은 화물관리에 필요한 비용(제323조에 따른 세관설비 사용료를 포함한다)을 화주로부터 징수할 수 있다. 다만, 그 요율에 대하여는 세관장의 승인을 받아야 한다〈관세법 제172조(물품에 대한 보관책임) 제3항〉.

⑤ 화물관리인은 화주로부터 징수한 화물관리비용 중 세관설비 사용료에 해당하는 금액을 세관장에게 납부하여야 한다〈관세법 제172조(물품에 대한 보관책임) 제4항〉.

15 세관검사장에 대한 설명으로 틀린 것은?

① 중소기업의 컨테이너 화물로서 대통령령으로 정하는 조건을 충족하는 경우 세관검사장에 반입된 물품의 채취·운반 등에 필요한 비용을 예산의 범위에서 국가로부터 지원받을 수 있다.

② 세관장은 보세화물의 안전관리를 위하여 세관검사장에 화주를 갈음하여 보관의 책임을 지는 화물관리인을 지정하여야 한다.

③ 세관장은 관세청장이 정하는 바에 따라 검사를 받을 물품의 전부 또는 일부를 세관검사장에 반입하여 검사할 수 있다.

④ 세관검사장은 「관세법」상 지정보세구역의 한 종류이다.

⑤ 세관청사, 국제공항의 휴대품검사장이 세관검사장으로 지정될 수 있다.

Answer 15.②

15 ② 세관장은 지정장치장의 질서유지와 화물의 안전관리를 위하여 필요하다고 인정할 때에는 화주를 갈음하여 보관의 책임을 지는 화물관리인을 지정할 수 있다. 다만, 세관장이 관리하는 시설이 아닌 경우에는 세관장은 해당 시설의 소유자나 관리자와 협의하여 화물관리인을 지정하여야 한다〈관세법 제172조(물품에 대한 보관책임) 제2항〉.

① 중소기업의 컨테이너 화물로서 대통령령으로 정하는 조건을 충족하는 경우 세관검사장에 반입된 물품의 채취·운반 등에 필요한 비용을 예산의 범위에서 국가로부터 지원받을 수 있다〈관세법 제173조(세관검사장) 제3항〉.

③ 세관장은 관세청장이 정하는 바에 따라 검사를 받을 물품의 전부 또는 일부를 세관검사장에 반입하여 검사할 수 있다〈관세법 제173조(세관검사장) 제2항〉.

④ 보세구역은 지정보세구역·특허보세구역 및 종합보세구역으로 구분하고, 지정보세구역은 지정장치장 및 세관검사장으로 구분하며, 특허보세구역은 보세창고·보세공장·보세전시장·보세건설장 및 보세판매장으로 구분한다〈관세법 제154조(보세구역의 종류)〉.

⑤ 세관검사장은 통관하려는 물품을 검사하기 위한 장소로서 세관장이 지정하는 지역으로 한다〈관세법 제173조(세관검사장) 제1항〉.

16 「관세법」상 보세구역에 대한 설명이다. (   ) 안의 숫자를 모두 더하면?

⊙ 지정장치장 화물관리인 지정의 유효기간은 (   )년 이내로 한다.

ⓛ 지정장치장에 물품을 장치하는 기간은 (   )개월의 범위내에서 관세청장이 정한다.

ⓒ 특허보세구역의 특허기간은 (   )년 이내로 한다.

ⓒ 보세판매장의 특허기간은 (   )년 이내로 한다.

---

① 18

② 21

③ 26

④ 31

⑤ 40

16 ⊙ 지정장치장 화물관리인 지정의 유효기간은 **5년** 이내로 한다〈관세법 시행령 제187조(화물관리인의 지정) 제4항〉.

ⓛ 지정장치장에 물품을 장치하는 기간은 **6개월**의 범위에서 관세청장이 정한다. 다만, 관세청장이 정하는 기준에 따라 세관장은 3개월의 범위에서 그 기간을 연장할 수 있다〈관세법 제170조(장치기간)〉.

ⓒ 특허보세구역의 특허기간은 **10년** 이내로 한다〈관세법 제176조(특허기간) 제1항〉.

ⓒ 보세판매장의 특허기간은 **10년**의 범위내(갱신의 경우에는 5년의 범위내)에서 해당 보세구역의 특허(갱신) 신청기간으로 한다. 다만, 임차시설에서 보세판매장을 운영하거나 국제행사 등을 위하여 한시적으로 특허를 신청하는 경우에는 10년의 범위내(갱신의 경우에는 5년의 범위내)에서 해당 임차기간, 한시적 기간 등을 특허기간으로 할 수 있다〈보세판매장 특허에 관한 고시 제17조(특허기간) 제1항〉.

17 특허보세구역의 특허수수료에 대한 설명으로 틀린 것은?

① 특허신청 수수료는 4만 5천원이다.

② 우리나라에 있는 외국공관이 직접 운영하는 보세전시장에 대하여는 특허보세구역의 설치·운영에 관한 특허수수료를 면제한다.

③ 보세건설장의 설치·운영에 관한 특허수수료는 분기단위로 매 분기말까지 다음 분기분을 납부한다.

④ 보세공장에 외국물품이 없는 상태에서 더 이상 보세공장을 운영하지 않게 된 경우 이미 납부한 해당 분기분의 특허수수료는 환급한다.

⑤ 보세판매장의 설치·운영에 관한 특허수수료는 연단위로 납부한다.

Answer 17.④

---

17 ⑤ 보세판매장 특허수수료는 연단위로 해당 연도분을 다음 연도 3월 31일까지 납부하여야 한다. 다만, 해당 연도 중간에 특허의 기간 만료, 취소 및 반납 등으로 인하여 특허의 효력이 상실된 경우에는 그 효력이 상실된 날부터 3개월 이내에 납부하여야 한다〈관세법 시행규칙 제68조의2(보세판매장 특허수수료)〉

※ **특허수수료**〈관세법 시행규칙 제68조〉

㉠ 법 제174조 제2항의 규정에 의하여 납부하여야 하는 특허신청의 수수료는 4만 5천원으로 한다.

㉡ 법 제174조 제2항의 규정에 의하여 납부하여야 하는 특허보세구역의 설치·운영에 관한 수수료는 다음 각 호의 구분에 의한 금액으로 한다. 다만, 보세공장과 목재만 장치하는 수면의 보세창고에 대하여는 각호의 구분에 의한 금액의 4분의 1로 한다.
1. 특허보세구역의 연면적이 1천제곱미터 미만인 경우 : 매 분기당 7만2천원
2. 특허보세구역의 연면적이 1천제곱미터 이상 2천제곱미터 미만인 경우 : 매 분기당 10만 8천원
3. 특허보세구역의 연면적이 2천제곱미터 이상 3천5백제곱미터 미만인 경우 : 매 분기당 14만 4천원
4. 특허보세구역의 연면적이 3천5백제곱미터 이상 7천제곱미터 미만인 경우 : 매 분기당 18만원
5. 특허보세구역의 연면적이 7천제곱미터 이상 1만5천제곱미터 미만인 경우 : 매 분기당 22만 5천원
6. 특허보세구역의 연면적이 1만5천제곱미터 이상 2만5천제곱미터 미만인 경우 : 매 분기당 29만 1천원
7. 특허보세구역의 연면적이 2만5천제곱미터 이상 5만제곱미터 미만인 경우 : 매 분기당 36만원
8. 특허보세구역의 연면적이 5만제곱미터 이상 10만제곱미터 미만인 경우 : 매 분기당 43만 5천원
9. 특허보세구역의 연면적이 10만제곱미터 이상인 경우 : 매 분기당 51만원

㉢ 특허수수료는 분기단위로 매분기말까지 다음 분기분을 납부하되, 특허보세구역의 설치·운영에 관한 특허가 있은 날이 속하는 분기분의 수수료는 이를 면제한다. 이 경우 운영인이 원하는 때에는 1년 단위로 일괄하여 미리 납부할 수 있다.

㉣ 특허수수료를 계산함에 있어서 특허보세구역의 연면적은 특허보세구역의 설치·운영에 관한 특허가 있은 날의 상태에 의하되, 특허보세구역의 연면적이 변경된 때에는 그 변경된 날이 속하는 분기의 다음 분기 첫째 달 1일의 상태에 의한다.

㉤ 특허보세구역의 연면적이 수수료납부 후에 변경된 경우 납부하여야 하는 특허수수료의 금액이 증가한 때에는 변경된 날부터 5일내에 그 증가분을 납부하여야 하고, 납부하여야 하는 특허수수료의 금액이 감소한 때에는 그 감소분을 다음 분기 이후에 납부하는 수수료의 금액에서 공제한다.

㉥ 영 제193조의 규정에 의한 특허보세구역의 휴지 또는 폐지의 경우에는 당해 특허보세구역안에 외국물품이 없는 때에 한하여 그 다음 분기의 특허수수료를 면제한다. 다만, 휴지 또는 폐지를 한 날이 속하는 분기분의 특허수수료는 이를 환급하지 아니한다.

㉦ 우리나라에 있는 외국공관이 직접 운영하는 보세전시장에 대하여는 특허수수료를 면제한다.

㉧ ㉠ 및 ㉡의 규정에 의한 수수료를 납부하여야 하는 자가 관세청장이 정하는 바에 의하여 이를 따로 납부한 때에는 그 사실을 증명하는 증표를 특허신청서 등에 첨부하여야 한다.

18 「관세법」 제175조의 특허보세구역 운영인 결격사유에 해당되지 않는 것은?

① 피성년후견인과 피한정후견인

② 「관세법」 제279조(양벌규정)에 따라 벌금형 또는 통고처분을 받은 자로서 그 벌금형을 선고받거나 통고처분을 이행한 후 2년이 지나지 않은 개인 또는 법인

③ 「관세법」을 위반하여 징역형의 집행유예를 선고받고 그 유예기간 중에 있는 자

④ 「관세법」을 위반하여 징역형의 실형을 선고받고 그 집행이 끝나거나 면제된 후 2년이 지나지 아니한 자

⑤ 파산선고를 받고 복권되지 아니한 자

18 ② 전자문서 위조·변조죄 등(제268조의2), 밀수출입죄(제269조), 관세포탈죄 등(제270조), 가격조작죄(제270조의2), 미수범등(제271조), 밀수품의 취득죄 등(제274조), 강제징수면탈죄 등(제275조의2) 또는 타인에 대한 명의대여죄(제275조의3)에 따라 벌금형 또는 통고처분을 받은 자로서 그 벌금형을 선고받거나 통고처분을 이행한 후 2년이 지나지 아니한 자. **다만, 양벌규정(제279조)에 따라 처벌된 개인 또는 법인은 제외한다**〈관세법 제175조(운영인의 결격사유) 제7항〉.

※ 운영인의 결격사유〈관세법 제175조(운영인의 결격사유)〉

㉠ 미성년자

㉡ 피성년후견인과 피한정후견인

㉢ 파산선고를 받고 복권되지 아니한 자

㉣ 이 법을 위반하여 징역형의 실형을 선고받고 그 집행이 끝나거나(집행이 끝난 것으로 보는 경우를 포함한다) 면제된 후 2년이 지나지 아니한 자

㉤ 이 법을 위반하여 징역형의 집행유예를 선고받고 그 유예기간 중에 있는 자

㉥ 다음 각 목의 어느 하나에 해당하는 경우에는 해당 목에서 정한 날부터 2년이 지나지 아니한 자. 이 경우 동일한 사유로 다음 각 목 모두에 해당하는 경우에는 그 중 빠른 날을 기준으로 한다.

　1. 제178조 제2항에 따라 특허보세구역의 설치·운영에 관한 특허가 취소(이 조 제1호부터 제3호까지의 규정 중 어느 하나에 해당하여 특허가 취소된 경우는 제외한다)된 경우 : 해당 특허가 취소된 날

　2. 제276조 제3항 제3호의2 또는 같은 항 제6호(제178조 제2항 제1호·제5호에 해당하는 자만 해당한다)에 해당하여 벌금형 또는 통고처분을 받은 경우 : 벌금형을 선고받은 날 또는 통고처분을 이행한 날

㉦ 전자문서 위조·변조죄 등(제268조의2), 밀수출입죄(제269조), 관세포탈죄 등(제270조), 가격조작죄(제270조의2), 미수범 등(제271조), 밀수품의 취득죄 등(제274조), 강제징수면탈죄 등(제275조의2) 또는 타인에 대한 명의대여죄(제275조의3)에 따라 벌금형 또는 통고처분을 받은 자로서 그 벌금형을 선고받거나 통고처분을 이행한 후 2년이 지나지 아니한 자. 다만, 양벌규정(제279조)에 따라 처벌된 개인 또는 법인은 제외한다.

㉧ ㉡ ~ ㉦까지 해당하는 자를 임원(보세구역의 운영업무를 직접 담당하거나 이를 감독하는 자로 한정)으로 하는 법인

19 특허보세구역 운영인의 명의대여 금지에 대한 설명으로 틀린 것은?

① 특허보세구역 운영인이 명의대여를 한 경우, 동 운영인이 특허받은 모든 특허보세구역을 설치·운영할 수 없다.

② 특허보세구역 운영인은 운영인이 아닌 자에게 자신의 성명·상호를 사용하여 특허보세구역을 운영하게 해서는 아니 된다.

③ 특허보세구역 운영인의 명의를 대여한 자와 명의를 차용한 자는 관세법 위반으로 처벌받을 수 있다.

④ 특허보세구역 명의대여 금지 위반으로 통고처분을 받은 자가 통고처분을 이행한 날로부터 2년이 지나지 아니한 경우에는 관세법 제175조 규정에 의한 운영인의 결격사유에 해당된다.

⑤ 보세창고 운영인이 명의를 대여하였는지 여부는 임대인과 임차인이 체결한 임대차 계약서 내용 및 보관료 세금계산서 발행주체 등 제반 사실관계에 따라 객관적으로 판단하여야 한다.

20 「관세법」상 보세구역에 대한 설명으로 틀린 것은?

① 보세구역은 지정보세구역, 특허보세구역 및 종합보세구역으로 구분한다.

② 지정장치장은 통관을 하기 위한 물품을 일시 장치하기 위한 장소로서 세관장이 지정한다.

③ 세관검사장은 통관하려는 물품을 검사하기 위한 장소로 세관장이 지정하는 지역으로 한다.

④ 종합보세구역의 지정요건, 지정절차 등에 관하여 필요한 사항은 세관장이 정한다.

⑤ 보세공장에서는 세관장의 허가를 받지 아니하고는 내국물품만을 원료로 하여 제조·가공하거나 그 밖의 이와 비슷한 직업을 할 수 없다.

Answer 19.① 20.④

19 ② 「관세법」 제177조의2(특허보세구역 운영인의 명의대여 금지)

※ 반입정지 등과 특허의 취소〈관세법 제178조〉 … 세관장은 특허보세구역의 운영인이 다음 각 호의 어느 하나에 해당하는 경우에는 그 특허를 취소할 수 있다. 다만, ㉠, ㉡ 및 ㉤에 해당하는 경우에는 특허를 취소하여야 한다.

㉠ 거짓이나 그 밖의 부정한 방법으로 특허를 받은 경우

㉡ 제175조 각 호의 어느 하나에 해당하게 된 경우. 다만, 제175조 제8호에 해당하는 경우로서 같은 조 제2호 또는 제3호에 해당하는 사람을 임원으로 하는 법인이 3개월 이내에 해당 임원을 변경한 경우에는 그러하지 아니하다.

㉢ 1년 이내에 3회 이상 물품반입 등의 정지처분(㉣에 따른 과징금 부과처분을 포함한다)을 받은 경우

㉤ 2년 이상 물품의 반입실적이 없어서 세관장이 특허보세구역의 설치 목적을 달성하기 곤란하다고 인정하는 경우

㉤ 제177조의2를 위반하여 명의를 대여한 경우

20 ④ 종합보세구역의 지정요건, 지정절차 등에 관하여 필요한 사항은 **대통령령**으로 정한다〈관세법 제197조(종합보세구역의 지정 등) 제3항〉.

① 보세구역은 지정보세구역·특허보세구역 및 종합보세구역으로 구분하고, 지정보세구역은 지정장치장 및 세관검사장으로 구분하며, 특허보세구역은 보세창고·보세공장·보세전시장·보세건설장 및 보세판매장으로 구분한다〈관세법 제154조(보세구역의 종류)〉.

② 「관세법」 제169조(지정장치장)

③ 「관세법」 제173조(세관검사장) 제1항

⑤ 「관세법」 제185조(보세공장) 제2항

21 특허보세구역 중 보세창고 운영인에 대한 행정제재로 맞는 것은?

① 보세구역의 건물에 관하여 소방서로부터 시정명령을 받았으나 세관장에게 보고하지 않은 경우 경고처분 대상이다.

② 특허보세구역 특허수수료를 납부하지 않은 경우 경고처분 대상이다.

③ 세관장이 정한 수용능력을 초과하여 물품을 장치한 경우 경고처분 대상이다.

④ 장치물품에 대한 관세를 납부할 자력이 없는 경우 물품반출을 정지한다.

⑤ 세관장의 시설구비 명령을 미이행하여 보세화물의 도난이 발생한 경우 경고처분한다.

21 ③ 세관장이 정한 수용능력을 초과하여 물품을 장치한 경우 경고처분 대상이다〈특허보세구역 운영에 관한 고시 제18조(행정제재) 제2항 제1호〉.

① 보세구역의 건물에 관하여 소방서로부터 시정명령을 받았으나 세관장에게 보고하지 않은 경우 주의처분을 할 수 있으며, 1년 이내에 주의처분을 3회 받은 때에는 경고 1회로 한다. 다만, 현장점검, 감사 등의 결과에 따라 적발된 수개의 동일 위반사항에 대해서는 1건으로 처분할 수 있다〈특허보세구역 운영에 관한 고시 제18조(행정제재) 제1항 제1호〉.

② 특허보세구역 특허수수료를 납부하지 않은 경우 주의처분 대상이며, 1년 이내에 주의처분을 3회 받은 때에는 경고 1회로 한다. 다만, 현장점검, 감사 등의 결과에 따라 적발된 수개의 동일 위반사항에 대해서는 1건으로 처분할 수 있다〈특허보세구역 운영에 관한 고시 제18조(행정제재) 제1항 제1호〉.

④ 장치물품에 대한 관세를 납부할 자력이 없다고 인정되는 경우 기간을 정하여 보세구역에의 물품반입을 정지하여야 한다〈특허보세구역 운영에 관한 고시 제18조(행정제재) 제3항 제1호〉.

⑤ 세관장의 시설구비 명령을 미이행하여 보세화물의 도난이 발생한 경우 기간을 정하여 보세구역에의 물품반입을 정지하여야 한다〈특허보세구역 운영에 관한 고시 제18조(행정제재) 제3항 제5호〉.

22 특허보세구역 운영인의 의무에 대한 설명으로 틀린 것은?

① 운영인은 장치화물에 대한 각종 장부와 보관서류를 2년간 보관하여야 한다.

② 보세구역에 종사하는 직원을 채용하거나 면직한 때에는 지체 없이 세관장에게 보고하여야 한다.

③ 운영인이 야적장에 야적대상이 아닌 화물을 장치하기 위해서는 침수를 방지할 수 있는 구조와 시설을 갖추어야 한다.

④ 운영인은 특허보세구역 특허수수료를 납부하여야 한다.

⑤ 운영인은 도난, 화재, 침수, 기타 사고가 발생한 때에는 지체 없이 세관장에게 보고하여야 한다.

Answer 22.③

22 ③ 운영인은 야적대상이 아닌 물품을 야적장에 장치할 수 없다〈특허보세구역 운영에 관한 고시 제17조(운영인의 의무) 제7항〉.

※ 운영인의 의무〈특허보세구역 운영에 관한 고시 제17조〉

㉠ 운영인은 「보세화물 관리에 관한 고시」에서 정한 확인 및 보고사항을 성실하게 이행하여야 하며, 장치화물에 관한 각종 장부와 보고서류(전산화되어 있는 경우에는 전산자료를 포함한다)는 2년간 보관하여야 한다.

㉡ 운영인은 다음의 사유가 발생한 때에는 지체 없이 세관장에게 보고 하여야 한다.
  • 운영인의 결격사유 발생 및 특허구역의 특허가 상실된 때
  • 도난, 화재, 침수, 기타사고가 발생한 때
  • 보세구역에 장치한 물품이 선적서류, 보세운송신고필증 또는 포장 등에 표기된 물품과 상이한 사실을 발견한 때
  • 보세구역에 종사하는 직원을 채용하거나 면직한 때
  • 보세구역의 건물, 시설 등에 관하여 소방서 등 행정관청으로부터 시정명령을 받은 때

㉢ 운영인 다음에 해당하는 사유가 발생한 때에는 지체 없이 세관장에게 보고하거나 승인을 받아야 한다.
  • 영 제190조 제1항에 따른 업무내용의 변경 승인신청(별지 제5호서식)
  • 영 제190조 제2항에 따른 법인등기 사항의 변경통보(별지 제5호의2서식)
  • 영 제191조에 따른 수용능력 증감 승인신청 또는 신고(별지 제6호서식) 및 수용능력 증감공사 준공 신고
  • 영 제193조에 따른 폐업 등의 사항 보고 · 신고(별지 제7호서식)

㉣ 운영인은 법 제174조 제2항 및 「관세법 시행규칙」 제68조에서 정하는 바에 따라 특허보세구역 특허수수료를 납부하여야 한다.

㉤ 세관장은 ㉡ 및 ㉢에 따라 운영인 또는 임원이나 그 밖의 법인등기사항의 변경에 관한 보고를 받은 경우 즉시 결격 여부를 확인하여야 한다. 다만, 동일법인이 전국에 다수의 사업장을 보세구역으로 운영하고 있는 경우 해당법인의 본사 또는 주사무소를 관할하는 세관에서 법인등기 변경사항을 접수한 후 결격 여부를 확인하고 그 결과를 전국 해당 세관장에게 통보하여야 한다.

㉥ 운영인은 제6조 제3항에서 정한 장치물품 및 수용능력의 범위 내에서 물품을 장치하여야 한다.

㉦ 운영인은 야적대상이 아닌 물품을 야적장에 장치할 수 없다.

㉧ 운영인은 부패 · 변질되었거나 부패 · 변질의 우려가 있는 등 다른 장치물품을 해할 우려가 있는 물품은 신속하게 격리 · 폐기 등의 조치를 취하여야 한다.

㉨ 공동보세구역 운영인은 창고내 장치한 화물이 섞이지 않도록 칸막이 등을 설치하여 구분하여 장치하여야 한다.

㉩ 운영인은 보세사가 퇴사, 업무정지 등의 사유로 보세사 업무를 수행할 수 없는 경우에는 2개월 이내에 다른 보세사를 채용하여 보세사 업무를 수행하게 하여야 한다.

23 컨테이너전용보세창고와 야적전용보세창고에 대한 설명으로 틀린 것은?

① 컨테이너전용보세창고의 부지면적은 $15,000m^2$ 이상이어야 한다.

② 컨테이너전용보세창고에는 컨테이너 장치에 지장이 없는 최소한의 면적 범위에서 컨테이너로 반입된 거대 · 중량 또는 장척화물을 장치할 수 있는 야적장을 설치할 수 있다.

③ 컨테이너전용보세창고는 컨테이너 적입화물을 적출하는 화물조작장(CFS)을 설치하여야 하며, CFS면적은 물동량에 따라 세관장의 승인을 받아야 한다.

④ 컨테이너전용보세창고는 컨테이너를 차량에 적재한 상태로 건물에 접속시켜 2대 이상 동시에 개장검사할 수 있는 컨테이너검사장과 컨테이너차량이 2대 이상 동시에 검사대기할 수 있는 장소를 갖추어야 한다.

⑤ 야적전용보세창고(창고건물 부속 야적장 제외)는 $4,500m^2$ 이상의 대지로서 주위의 지면보다 높아야 하며, 침수를 방지할 수 있는 구조와 시설을 갖추어야 한다.

Answer 23.③

23 ①②③④ 특수보세구역의 요건 등〈특허보세구역 운영에 관한 고시 제11조 제3항〉… 컨테이너전용보세창고는 다음의 요건을 갖추어야 한다.
　　㉠ 부지면적은 15,000㎡ 이상이어야 한다.
　　㉡ 보세화물을 보관하고 컨테이너 적입화물을 적출하는 화물조작장(CFS)을 설치하여야 하나, CFS면적은 물동량에 따라 운영인이 자율적으로 결정할 수 있다.
　　㉢ 건물 및 주변의 시설요건에 관하여는 제10조를 준용한다.
　　㉣ 컨테이너보세창고에는 컨테이너 장치에 지장이 없는 최소한의 면적 범위에서 컨테이너로 반입된 거대 · 중량 또는 장척화물을 장치할 수 있는 야적장을 설치할 수 있다.
　　㉤ 컨테이너를 차량에 적재한 상태로 건물에 접속시켜 2대 이상 동시에 개장검사할 수 있는 컨테이너검사장(컨테이너에서 물품을 적출할 수 있는 이동식 컨테이너 검사대를 구비한 경우를 포함한다)과 컨테이너차량이 2대 이상 동시에 검사대기할 수 있는 장소를 갖추어야 한다. 다만, 제2호에 따른 창고의 일부를 컨테이너검사장으로 대체하려는 경우에는 그 시설이 이 호의 기준을 충족하고 보세화물 보관장소와 구분되어야 한다.

　⑤ 특수보세구역의 요건 등〈특허보세구역 운영에 관한 고시 제11조 제2항〉… 야적전용보세창고(창고건물에 부속된 야적장은 제외한다)은 4,500㎡ 이상의 대지로서 주위의 지면보다 높아야 하며, 침수를 방지할 수 있는 구조와 시설을 갖추어야 한다. 다만, 엔진블록 등 원상태 유출의 우려가 있는 성질의 고철을 장치하는 야적장은 물품을 매몰하거나 그 밖의 방법으로 은닉할 수 없도록 바닥을 단단히 하여야 한다.

24 영업용 보세창고와 자가용 보세창고의 특허요건에 대한 설명으로 틀린 것은?

① 영업용 보세창고 특허 시에는 해당 시설이 소재하는 세관 관할지역의 수출입 물동량이 세관장이 지정하는 범위 이상이어야 하나, 자가용 보세창고 특허 시에는 이러한 물동량 기준을 적용받지 아니한다.

② 영업용 보세창고는 화물반입, 통관절차 이행 및 화물관리를 위하여 필요한 장비와 설비를 갖추어야 한다.

③ 영업용 보세창고 특허신청인은 내부 화물관리 규정을 작성하여 세관장에게 제출하여야 한다.

④ 자가용 보세창고 특허를 신청하려는 자는 신청인이 보세사 자격증을 취득했거나 1명 이상의 보세사를 관리자로 채용하여야 한다.

⑤ 자가용 보세창고의 특허를 신청하려는 자는 자본금 2억 원 이상의 법인이거나, 특허를 받으려는 토지 및 건물(2억 원 이상)을 소유하고 있는 개인이어야 한다.

Answer 24.⑤

---

24 ⑤ <u>특허보세구역</u>을 설치 · 운영하려는 자는 자본금 2억원 이상의 법인이거나 특허를 받으려는 토지 및 건물(2억원 이상)을 소유하고 있는 개인(다만, 자가용보세창고는 제외한다)이어야 한다〈특허보세구역 운영에 관한 고시 제3조(운영인의 자격) 제1항 제3호〉.

① 영업용 보세창고의 특허신청일 전월 기준 최근 1년간 해당시설이 소재하는 세관 관할지역의 수출입 물동량이 세관장이 정하는 범위 이상 증가하여야 하며, 특허갱신의 경우에는 해당 보세구역의 보세화물 취급 실적이 세관장이 정하는 범위 이상을 유지하여야 한다〈특허보세구역 운영에 관한 고시 제10조(영업용보세창고의 요건) 제3항〉.

② 영업용보세창고는 화물 반출입, 통관절차 이행 및 화물관리업무를 위하여 필요한 장비와 설비를 갖추어야 한다〈특허보세구역 운영에 관한 고시 제10조(영업용보세창고의 요건) 제5항〉.

③ 특허신청인은 다음 각 호의 사항을 포함한 내부 화물관리 규정을 작성하여 세관장에게 제출하여야 하며, 특허기간 중 내부 화물관리 규정을 개정한 경우에도 또한 같다〈특허보세구역 운영에 관한 고시 제10조(영업용보세창고의 요건) 제2항〉.

④ 자가용 보세창고 특허를 신청하려는 자는 신청인이 보세사 자격증을 취득했거나 1명 이상의 보세사를 관리자로 채용하여야 한다〈특허보세구역 운영에 관한 고시 제3조(운영인의 자격) 제1항 제4호〉.

※ 자가용 보세창고 특허요건〈특허보세구역 운영에 관한 고시 제13조〉

㉠ 세관장은 자가화물을 장치하려는 경우 자가용보세창고로 특허할 수 있다. 다만, 다음 각 호의 어느 하나에 해당하는 물품으로서 보세화물 감시단속 관련 문제가 있다고 판단하는 경우에는 특허하지 않을 수 있다.
　　1. 소량 · 고가물품(귀금속 등)
　　2. 고세율 물품(농산물 등)
　　3. 제1호 또는 제2호와 유사한 물품

㉡ 자가용보세창고 운영인은 「관세법 시행령」 제190조에 따라 장치물품의 종류를 변경하려는 경우 제17조 제3항 제1호에 따라 세관장의 승인을 받아야 한다.

㉢ 자가용보세창고 운영인은 제2조 제7호의 위험물품을 장치하고자 하는 경우 제5조 제1항 제1호 마목에 따른 허가(승인)를 받고 위험물품취급자를 채용하여야 한다.

25 특허보세구역 중 보세창고 운영인이 매년(2월 말) 관할세관장에게 보고해야 할 보세구역운영 상황이 아닌 것은?

① 특허 또는 특허기간 갱신 시 구비한 시설요건 등의 변동 여부

② 임대차기간의 연장 여부(임대시설의 경우에만 해당된다)

③ 종업원명단(보세사를 포함한다)

④ 일일화물반출입사항의 전산입력 여부

⑤ 장치기간 경과화물 보관 상세내역(12월 31일 기준으로 한다)

Answer 25.④

25 보세구역 운영상황의 보고〈특허보세구역 운영에 관한 고시 제20조 제1항〉 ··· 특허보세구역의 운영인은 매년 다음의 사항을 기재한 보세구역 운영상황을 다음 해 2월 말까지 관할세관장에게 보고하여야 한다.
   ㉠ 특허 또는 특허기간 갱신 시 구비한 시설요건 등의 변동 여부
   ㉡ 임대차기간의 연장 여부(임대시설의 경우에만 해당)
   ㉢ 종업원명단(보세사 포함)
   ㉣ 장치기간 경과화물 보관 상세내역(12월 31일 기준)
   ㉤ 그 밖에 세관장이 보세구역 등의 운영과 관련하여 필요하다고 인정한 사항

1 「관세법」 제156조에 의한 보세구역 외 장치의 허가에 관한 설명으로 맞는 것은?

① 보세구역 외 장치의 허가기간은 1년 범위내에서 세관장이 필요하다고 인정하는 기간으로 정한다.

② 보세구역의 장치 허가기간이 종료한 때에는 반송하여야 한다.

③ 부패, 변질되어 다른 물품을 오손할 우려가 있는 물품은 보세구역 외 장치를 할 수 있다.

④ 품목분류 사전심사의 지연으로 수입신고를 할 수 없는 경우는 보세구역 외 장치 허가기간의 연장 사유에 해당하지 아니한다.

⑤ 보세구역 외 장치 담보액은 수입통관시 실제 납부하여야 할 관세 등 제세 상당액의 110%로 한다.

Answer 1.③

1 ③ 부패, 변질되어 다른 물품을 오손할 우려가 있는 물품을 보세구역이 아닌 장소에 장치하려는 자는 세관장의 허가를 받아야 한다〈보세화물관리에 관한 고시 제7조(보세구역외장치의 허가) 제1항 제3호〉.

① 보세구역 외 장치의 허가기간은 6개월의 범위내에서 세관장이 필요하다고 인정하는 기간으로 정한다〈보세화물관리에 관한 고시 제8조(보세구역외장치의 허가기간) 제1항〉.

② 보세구역 외 장치의 허가기간이 종료한 때에는 보세구역에 반입하여야 한다〈보세화물관리에 관한 고시 제8조(보세구역외장치의 허가기간) 제1항〉.

④ 품목분류 사전심사의 지연으로 수입신고를 할 수 없는 경우는 보세구역 외 장치 허가기간의 연장 사유에 해당한다〈보세화물관리에 관한 고시 제8조(보세구역외장치의 허가기간 등) 제1항 제2호〉.

⑤ 보세구역 외 장치 담보액은 수입통관 시 실제 납부하여야 할 관세 등 제세 상당액으로 한다. 다만, 관세 등 제세의 면제나 감면이 보세구역 외 장치 허가시점에 객관적인 자료로서 확인되지 않은 경우에는 면제나 감면되지 않은 경우의 관세 등 제세 상당액의 담보를 제공하여야 한다〈보세화물관리에 관한 고시 제7조(보세구역외장치의 허가) 제6항〉.

2 보세화물반출입절차 등에 관한 설명으로 틀린 것은?

① B/L제시 인도물품을 반출하려는 자는 화물관리공무원에게 B/L 원본을 제시하여 반출승인을 받아야 한다.

② B/L을 분할·합병하려는 자는 세관장의 승인을 받아야 한다.

③ 「관세법」 제156조에 의한 보세구역 외 장치장에 반입한 화물 중 보세운송절차에 따라 반출된 화물은 반출신고를 생략한다.

④ 동일사업장내 보세구역간 장치물품의 이동은 물품반출신고로 보세운송신고를 갈음할 수 있다.

⑤ 컨테이너장치장(CY)에 반입한 물품을 다시 컨테이너 화물조작장(CFS)에 반입할 때에는 CY에서는 반출신고를 CFS에서는 반입신고를 각각 하여야 한다.

2 ③ 보세구역외장치장에 반입한 화물중 수입신고수리된 화물은 반출신고를 생략하며 반송 및 보세운송절차에 따라 반출된 화물은 반출신고를 하여야 한다〈보세화물관리에 관한 고시 제15조(보세구역외장치물품의 반출입) 제3항〉.

① B/L제시 인도물품을 반출하려는 자는 화물관리공무원에게 B/L 원본을 제시하여 반출승인을 받아야 한다〈보세화물관리에 관한 고시 제13조(B/L제시 인도물품 반출승인) 제1항〉.

② B/L을 분할·합병하려는 자는 B/L 분할·합병신고서를 전자문서로 세관장에게 제출하여 세관장의 승인을 받아야 한다. 다만, B/L분할·합병신고서를 전자문서로 제출할 수 없는 경우에는 서류로 제출할 수 있다〈보세화물관리에 관한 고시 제14조(B/L분할·합병) 제1항〉.

④ 동일사업장내 보세구역간 장치물품의 이동은 물품반출입신고로 보세운송신고를 갈음할 수 있다〈보세화물관리에 관한 고시 제9조(반입확인 및 반입신고) 제8항〉.

⑤ 컨테이너장치장(CY)에 반입한 물품을 다시 컨테이너 화물조작장(CFS)에 반입한 때에는 CY에서는 반출신고를 CFS에서는 반입신고를 각각 하여야 한다〈보세화물관리에 관한 고시 제9조(반입확인 및 반입신고) 제7항〉.

3 보세구역별 보세화물장치기간 경과화물의 반출통고 주체로서 맞는 것은?

① 보세공장 - 보세구역 운영인 ② 자가용 보세창고 - 보세구역 운영인
③ 지정장치장 - 수입화주 ④ 영업용보세창고 - 관할세관장
⑤ 보세판매장 - 관할세관장

4 보세구역에 장치된 물품의 폐기·멸실에 관한 설명으로 맞는 것은?

① 보세구역에 장치된 물품 중 유효기간이 지난 물품은 폐기대상이 아니다.
② 보세구역에 장치된 외국물품이 재해나 그 밖의 부득이한 사유로 멸실된 때에는 관세를 징수하지 아니한다.
③ 세관장의 외국물품 폐기승인을 받은 경우에는 폐기 후에 남아 있는 부분에 대하여는 관세를 부과하지 아니한다.
④ 부패하거나 변질이 예상되는 물품에 대하여 세관장은 화주 등에게 통고한 후 폐기할 수 있다.
⑤ 세관장이 물품을 폐기한 경우에는 세관장이 그 비용을 부담하고, 화주 등이 물품을 폐기한 경우 그 비용은 화주 등이 부담한다.

Answer 3.⑤ 4.②

3 반출통고의 주체, 대상 및 내용〈보세화물장치기간 및 체화관리에 관한 고시 제6조〉
⊙ 보세전시장, 보세건설장, 보세판매장, 보세공장, 보세구역외장치장, 자가용 보세창고에 반입한 물품에 대해서는 관할세관장이 화주나 반입자 또는 그 위임을 받은 자에게 반출통고 한다.
ⓛ 영업용보세창고에 반입한 물품의 반출통고는 보세구역 운영인이 화주 등에게 하며, 지정장치장에 반입한 물품의 반출통고는 화물관리인이 화주 등에게 하여야 한다.

4 장치물품의 폐기〈관세법 제160조〉
⊙ 부패·손상되거나 그 밖의 사유로 보세구역에 장치된 물품을 폐기하려는 자는 세관장의 승인을 받아야 한다.
ⓛ 보세구역에 장치된 외국물품이 멸실되거나 폐기되었을 때에는 그 운영인이나 보관인으로부터 즉시 그 관세를 징수한다. 다만, 재해나 그 밖의 부득이한 사유로 멸실된 때와 미리 세관장의 승인을 받아 폐기한 때에는 예외로 한다.
ⓒ ⊙에 따른 승인을 받은 외국물품 중 폐기 후에 남아 있는 부분에 대하여는 폐기 후의 성질과 수량에 따라 관세를 부과한다.
ⓔ 세관장은 ⊙에도 불구하고 보세구역에 장치된 물품 중 다음의 어느 하나에 해당하는 것은 화주, 반입자, 화주 또는 반입자의 위임을 받은 자나 「국세기본법」 제38조부터 제41조까지의 규정에 따른 제2차 납세의무자(화주 등)에게 이를 반송 또는 폐기할 것을 명하거나 화주 등에게 통고한 후 폐기할 수 있다. 다만, 급박하여 통고할 여유가 없는 경우에는 폐기한 후 즉시 통고하여야 한다.
  1. 사람의 생명이나 재산에 해를 끼칠 우려가 있는 물품
  2. 부패하거나 변질된 물품
  3. 유효기간이 지난 물품
  4. 상품가치가 없어진 물품
  5. 제1호부터 제4호까지에 준하는 물품으로서 관세청장이 정하는 물품
ⓜ ⓔ에 따른 통고를 할 때 화주 등의 주소나 거소를 알 수 없거나 그 밖의 사유로 통고할 수 없는 경우에는 공고로써 이를 갈음할 수 있다.
ⓗ ⊙과 ⓔ에 따라 세관장이 물품을 폐기하거나 화주 등이 물품을 폐기 또는 반송한 경우 그 비용은 화주 등이 부담한다.

5 보세화물 장치기간에 관한 설명으로 맞는 것은?

① 보세판매장에 반입된 보세화물의 장치기간은 보세판매장 특허기간으로 한다.

② 동일 B/L 물품이 수차에 걸쳐 반입되는 경우에는 그 B/L물품의 최초 반입일로부터 장치기간을 계산한다.

③ 보세창고 반입물품의 장치기간은 1년으로 하되 세관장이 필요하다고 인정할 때에는 6개월 범위에서 그 기간을 연장할 수 있다.

④ 여행자 휴대품으로서 6개월 범위에서 그 기간을 연장할 수 있다.

⑤ 보세구역외장치허가를 받은 물품은 장치기간은 30일로 한다.

---

5 ① 특허보세구역에 반입된 물품의 장치기간은 그 밖의 특허보세구역은 해당 특허보세구역의 특허기간이다〈관세법 제177조(장치기간) 제1항 제2호〉.

② 동일 B/L물품이 수차에 걸쳐 반입되는 경우에는 그 B/L물품의 반입이 완료된 날부터 장치기간을 기산한다〈보세화물장치기간 및 체화관리에 관한 고시 제5조(장치기간의 기산) 제2항〉.

③ 제3조 제5호(법 제183조에 따른 보세창고 반입물품)에 해당하는 장치기간은 6개월로 하되 세관장이 필요하다고 인정할 때에는 6개월의 범위에서 그 기간을 연장할 수 있다. 다만, 다음에 해당하는 물품의 장치기간은 비축에 필요한 기간으로 한다〈보세화물장치기간 및 체화관리에 관한 고시 제4조(장치기간) 제5항〉.

④ 제3조 제4호(법 제206조에 따른 여행자 또는 승무원의 휴대품으로서 유치 또는 예치된 물품 및 습득물)에 해당하는 물품 중 유치물품 및 습득물의 장치기간은 1개월로 하며, 예치물품의 장치기간은 예치증에 기재된 출국예정시기에 1개월을 가산한 기간으로 한다. 다만, 유치물품은 화주의 요청이 있거나 세관장이 필요하다고 인정하는 경우 1개월의 범위에서 그 기간을 연장할 수 있다〈보세화물장치기간 및 체화관리에 관한 고시 제4조(장치기간) 제4항〉.

⑤ 보세구역외장치의 허가기간은 6개월의 범위 내에서 세관장이 필요하다고 인정하는 기간으로 정하며, 허가기간이 종료한 때에는 보세구역에 반입하여야 한다〈보세화물관리에 관한 고시 제8조(보세구역외장치의 허가기간 등) 제1항〉.

6 「환적화물 처리절차에 관한 특례고시」에 따라 국내 국제항 간 국제무역선에 의한 운송을 할 수 있는 화물로서 틀린 것은?

① 환적화물
② 수출화물
③ 압수화물
④ 내국물품 공컨테이너
⑤ 우리나라로 수입하려는 외국물품으로서 최초 입항지에서 선하증권(B/L)에 기재된 최종 목적지로 운송하려는 화물

7 수입화물 중 보세운송 승인대상으로 맞는 것은?

① 특정물품간이보세운송업자가 「관리대상화물 관리에 관한 고시」에 따른 검사대상화물을 하선(기)장소에서 최초 보세운송하려는 물품
②「관세 등에 대한 담보제도 운영에 관한 고시」에 따른 신용담보업체 또는 포괄담보제공업체인 화주가 자기 명의로 보세운송하려는 물품
③ 항공사가 개항간 입항적하목록 단위로 일괄하여 항공기로 보세운송하려는 물품
④ 국내에 도착된 후 최초로 보세구역에 반입된 날부터 30일이 경과한 물품을 간이보세운송업자가 보세운송하는 경우로서 별도의 서류제출이 필요없다고 인정되는 물품
⑤「관세법」 제236조의 규정에 의하여 통관지가 제한되는 물품

---

6 국내 개항 간 외국무역선에 의한 화물운송〈환적화물 처리절차에 관한 특례고시 제9조 제1항〉 … 국내 개항 간 외국무역선으로 화물을 운송할 수 있는 경우는 우리나라로 수입하려는 외국물품으로서 최초 입항지에서 선하증권(항공화물운송장을 포함한다)에 기재된 최종 목적지로 운송하려는 화물, 환적화물, 수출화물, 내국물품인 공컨테이너 중 어느 하나와 같다.

7 ①②③④ 「보세운송에 관한 고시」 제24조(신고대상)에 따라 보세운송 신고대상이다.

※ 보세운송의 신고 등〈관세법 시행령 제226조 제3항〉 … 법 제213조 제2항 단서에 따라 보세운송의 승인을 받아야 하는 경우는 다음 각 호의 어느 하나에 해당하는 물품을 운송하려는 경우를 말한다.
　　㉠ 보세운송된 물품중 다른 보세구역 등으로 재보세운송하고자 하는 물품
　　㉡ 「검역법」·「식물방역법」·「가축전염병예방법」 등에 따라 검역을 요하는 물품
　　㉢ 「위험물안전관리법」에 따른 위험물
　　㉣ 「화학물질관리법」에 따른 유해화학물질
　　㉤ 비금속설
　　㉥ 화물이 국내에 도착된 후 최초로 보세구역에 반입된 날부터 30일이 경과한 물품
　　㉦ 통관이 보류되거나 수입신고수리가 불가능한 물품
　　㉧ 법 제156조의 규정에 의한 보세구역외 장치허가를 받은 장소로 운송하는 물품
　　㉨ 귀석·반귀석·귀금속·한약재·의약품·향료 등과 같이 부피가 작고 고가인 물품
　　㉩ 화주 또는 화물에 대한 권리를 가진 자가 직접 보세운송하는 물품
　　㉪ 법 제236조의 규정에 의하여 통관지가 제한되는 물품
　　㉫ 적재화물목록상 동일한 화주의 선하증권 단위의 물품을 분할하여 보세운송하는 경우 그 물품
　　㉬ 불법 수출입의 방지 등을 위하여 세관장이 지정한 물품
　　㉭ 「관세법」 및 「관세법」에 의한 세관장의 명령을 위반하여 관세범으로 조사를 받고 있거나 기소되어 확정판결을 기다리고 있는 보세운송업자등이 운송하는 물품

8 보세구역 외 장치의 허가기간 연장대상으로 틀린 것은?

① 동일세관 관할구역내에 해당 화물을 반입할 보세구역이 없는 경우

② 국내판로가 결정되지 아니한 경우

③ 품목분류 사전심사의 지연으로 수입신고할 수 없는 경우

④ 「관세법」 제226조에 따른 수입요건·선적서류 등 수입신고 또는 신고수리 요건을 구비하지 못한 경우

⑤ 공매, 경매낙찰, 몰수확정, 국고귀속 등의 결정에 따른 조치를 위하여 필요한 경우

---

8 보세구역외장치의 허가기간 등〈보세화물관리에 관한 고시 제8조 제1항〉 … 보세구역외장치의 허가기간은 6개월의 범위내에서 세관장이 필요하다고 인정하는 기간으로 정하며, 허가기간이 종료한 때에는 보세구역에 반입하여야 한다. 다만, 다음 각 호의 어느 하나에 해당하는 사유가 있는 때에는 세관장은 허가기간을 연장할 수 있으나, 그 기간은 최초의 허가일로부터 법 제177조 제1항 제1호 가목에서 정하는 기간을 초과할 수 없다.

㉠ 동일세관 관할구역내에 해당 화물을 반입할 보세구역이 없는 경우

㉡ 품목분류 사전심사의 지연으로 수입신고할 수 없는 경우

㉢ 인지부서의 자체조사, 고발의뢰, 폐기, 공매·경매낙찰, 몰수확정, 국고귀속 등의 결정에 따른 조치를 위하여 필요한 경우

㉣ 「관세법」 제226조에 따른 수입요건·선적서류 등 수입신고 또는 신고수리 요건을 구비하지 못한 경우

㉤ 재해 그 밖에 부득이한 사유로 생산지연·반송대기 등 세관장이 인정하는 사유가 있는 경우

9 출항(반송물품 포함)하려는 물품의 적재신고 및 적재에 관한 설명으로 틀린 것은?

① 출항하려는 물품을 선박이나 항공기에 적재하려는 자는 물품을 적재하기 전에 적재신고를 하여야 한다.

② 출항화물의 적재신고는 출항 적자목록(적재화물목록)제출로 갈음한다.

③ 출항화물의 적재신고가 수리되기 전에 선박 또는 항공기에 물품을 적재할 수 없다. 다만, 내국물품적재허가를 받은 경우 예외로 한다.

④ 선사 또는 항동사는 적재물품이 적하목록(적재화물목록)과 다를 때에는 출항한 다음날까지 적재결과보고서를 세관장에게 제출해야 한다.

⑤ 선사가 출항 목정이 아닌 하역 작업상의 필요 등에 의하여 보세화물을 일시적재하려는 경우 세관장에게 일시 적재신고를 하여야 한다.

9 ①② 「보세화물 입출항 하선 하기 및 적재에 관한 고시」 제37조(적재신고)

※ **적재**〈보세화물 입출항 하선 하기 및 적재에 관한 고시 제42조〉

ⓐ 출항하려는 물품은 적재신고가 수리되기 전에 선박 또는 항공기에 적재할 수 없다. 다만, 법 제140조 제6항에 따른 내국 물품적재허가를 받아 직접 본선에 적재 후 수출신고하려는 물품은 그러하지 아니하다.

ⓑ 선사 또는 항공사는 적재결과 물품이 적하목록과 상이할 때에는 적재완료 다음 날까지 별지 제14호서식(해상화물의 경우에 해당한다) 또는 제19호서식(항공화물의 경우에 해당한다)의 적재결과보고서를 작성하여 세관장에게 제출해야 한다. 이 경우 선사와의 계약에 따라 검수(검정)업자가 물품검수(검정)를 한 경우에는 검수(검정)업자가 적재결과보고서를 세관장에게 제출해야 한다. 다만, 세관근무시간 이외의 적재작업으로 당일보고가 곤란한 때에는 다음 날 12시까지 이를 보고해야 한다.

ⓒ ⓑ에 따른 검수업자의 검수대상 범위, 검수방법 등에 대하여는 제18조 제4항을 준용한다.

ⓓ 선사가 출항 목적이 아닌 하역 작업 상의 필요 등에 의하여 보세화물을 일시적재하려는 경우에는 적재 전에 별지 제22호 서식에 따라 세관장에게 일시적재 신고를 해야 한다. 이 경우 보세화물 반출신고는 일시적재신고서에 필요항목을 기재하는 것으로 갈음한다.

ⓔ ⓓ에 따라 일시적재한 화물은 동일 선박이 접안한 부두에서 떠나기 전 별지 제23호서식에 따라 일시하역물품 재하선 신고서를 제출하고 하선해야 한다. 이 경우 보세화물반입신고는 일시하역물품 재하선 신고서에 필요 항목을 기재하는 것으로 갈음한다.

10 보수작업에 대한 설명으로 틀린 것은?

① 보수작업을 하려는 자는 세관장의 승인을 받아야 한다.

② 세관장은 보수작업 승인신청을 받은 날부터 10일 이내에 승인 여부를 신청인에게 통지하여야 한다.

③ 세관장이 정한 기간 내에 승인 여부 또는 처리기간 연장을 신청인에게 통지하지 아니하면 그 기간이 끝난 날 승인을 한 것으로 본다.

④ 보수작업으로 외국물품에 부가된 내국물품은 외국물품으로 본다.

⑤ 외국물품은 수입될 물품의 보수작업의 재료로 사용할 수 없다.

Answer 10.③

10 보수작업〈관세법 제158조(보수작업)〉

ㄱ 보세구역에 장치된 물품은 그 현상을 유지하기 위하여 필요한 보수작업과 그 성질을 변하지 아니하게 하는 범위에서 포장을 바꾸거나 구분·분할·합병을 하거나 그 밖의 비슷한 보수작업을 할 수 있다. 이 경우 보세구역에서의 보수작업이 곤란하다고 세관장이 인정할 때에는 기간과 장소를 지정받아 보세구역 밖에서 보수작업을 할 수 있다.

ㄴ ㄱ에 따른 보수작업을 하려는 자는 세관장의 승인을 받아야 한다.

ㄷ 세관장은 ㄴ에 따른 승인의 신청을 받은 날부터 10일 이내에 승인 여부를 신청인에게 통지하여야 한다

ㄹ 세관장이 ㄷ에서 정한 기간 내에 승인 여부 또는 민원 처리 관련 법령에 따른 처리기간의 연장을 신청인에게 통지하지 아니하면 그 기간(민원 처리 관련 법령에 따라 처리기간이 연장 또는 재연장된 경우에는 해당 처리기간을 말한다)이 끝난 날의 다음 날에 승인을 한 것으로 본다.

ㅁ ㄱ에 따른 보수작업으로 외국물품에 부가된 내국물품은 외국물품으로 본다.

ㅂ 외국물품은 수입될 물품의 보수작업의 재료로 사용할 수 없다.

ㅅ ㄱ 후단에 따라 보수작업을 하는 경우 해당 물품에 관한 반출검사 등에 관하여는 제187조 제4항·제5항 및 제7항을 준용한다.

11 견본품(견품) 반출입에 대한 설명으로 틀린 것은?

① 보세구역에 장치된 외국물품의 전부 또는 일부를 견품으로 반출하려는 자는 견품반출허가(신청)서를 제출하여 세관장의 허가를 받아야 한다.

② 세관장은 견품반출허가를 하는 경우에는 필요한 최소한의 수량으로 제한하여야 한다.

③ 견품채취로 인하여 장치물품의 변질, 손상, 가치감소 등으로 관세채권의 확보가 어려운 경우에는 견품반출 허가를 하지 아니할 수 있다.

④ 보세구역 운영인 또는 관리인은 견품반출 허가를 받은 물품이 해당 보세구역에서 반출입될 때에는 견품반출 허가사항을 확인하고 견품반출입 대장에 기록하여야 한다.

⑤ 수입신고인은 세관공무원이 검사상 필요에 따라 견본품으로 채취된 물품을 사용·소비한 경우 해당물품의 관세를 납부하여야 한다.

Answer 11.⑤

11 ⑤ 세관공무원은 보세구역에 반입된 물품에 대하여 검사상 필요하면 그 물품의 일부를 견품으로 채취된 물품이 사용·소비된 경우에는 수입신고를 하여 관세를 납부하고 수리된 것으로 본다〈관세법 제161조(견본품 반출) 제5항〉.

※ 견품 반출입 절차〈보세화물관리에 관한 고시 제30조〉

ㄱ 보세구역 등에 장치된 외국물품의 전부 또는 일부를 견품으로 반출하려는 자는 별지 제28호서식의 견품반출허가(신청)서를 제출하여 세관장의 허가를 받아야 한다.

ㄴ 세관장은 견품반출허가를 하는 경우에는 필요한 최소한의 수량으로 제한하여야 하며, 견품채취로 인하여 장치물품의 변질, 손상, 가치감소 등으로 관세채권의 확보가 어려운 경우에는 견품반출 허가를 하지 아니할 수 있다.

ㄷ ㄱ에 따라 견품반출허가를 받은 자는 반출기간이 종료되기 전에 해당 물품이 장치되었던 보세구역에 반입하고 별지 제29호서식의 견품재반입보고서를 세관장에게 제출하여야 한다.

ㄹ 보세구역 운영인 또는 관리인은 ㄱ에 따라 견품반출 허가를 받은 물품이 해당 보세구역에서 반출입될 때에는 견품반출 허가사항을 확인하고, 견품반출입 사항을 별지 제30호서식의 견품반출입 대장에 기록관리 하여야 한다.

12 장치기간 경과물품의 매각에 대한 설명으로 틀린 것은?

① 세관장은 보세구역에 반입한 외국물품의 장치기간이 지나면 그 사실을 공고한 후 해당물품을 매각할 수 있다.

② 살아있는 동식물, 부패하거나 부패할 우려가 있는 물품의 경우 그 기간이 지나기 전이라도 공고한 후 매각할 수 있다.

③ 기간이 지나면 사용할 수 없게 되거나 상품가치가 현저히 떨어질 우려가 있는 물품의 경우 급박하여 공고할 여유가 없을 때에는 매각한 후 공고할 수 있다.

④ 매각된 물품의 질권자나 유치권자는 다른 법령에도 불구하고 그 물품을 매수인에게 인도하지 않을 수 있다.

⑤ 세관장은 특수한 사정이 있어 직접 매각하기에 적당하지 아니하다고 인정되는 경우 매각대행기관에 이를 대행하게 할 수 있다.

Answer 12.④

12 매각대상 및 매각절차〈관세법 제208조〉

ㄱ 세관장은 보세구역에 반입한 외국물품의 장치기간이 지나면 그 사실을 공고한 후 해당 물품을 매각할 수 있다. 다만, 다음 각 호의 어느 하나에 해당하는 물품은 기간이 지나기 전이라도 공고한 후 매각할 수 있다.

1. 살아 있는 동식물

2. 부패하거나 부패할 우려가 있는 것

3. 창고나 다른 외국물품에 해를 끼칠 우려가 있는 것

4. 기간이 지나면 사용할 수 없게 되거나 상품가치가 현저히 떨어질 우려가 있는 것

5. 관세청장이 정하는 물품 중 화주가 요청하는 것

6. 제26조에 따른 강제징수, 「국세징수법」 제30조에 따른 강제징수 및 「지방세징수법」 제39조의2에 따른 체납처분을 위하여 세관장이 압류한 수입물품(제2조 제4호 가목의 외국물품으로 한정한다)

ㄴ 장치기간이 지난 물품이 ㄱ의 어느 하나에 해당하는 물품으로서 급박하여 공고할 여유가 없을 때에는 매각한 후 공고할 수 있다.

ㄷ 매각된 물품의 질권자나 유치권자는 다른 법령에도 불구하고 그 물품을 매수인에게 인도하여야 한다.

ㄹ 세관장은 매각을 할 때 다음의 어느 하나에 해당하는 경우에는 대통령령으로 정하는 기관(매각대행기관)에 이를 대행하게 할 수 있다.

1. 신속한 매각을 위하여 사이버몰 등에서 전자문서를 통하여 매각하려는 경우

2. 매각에 전문지식이 필요한 경우

3. 그 밖에 특수한 사정이 있어 직접 매각하기에 적당하지 아니하다고 인정되는 경우

ㅁ ㄹ에 따라 매각대행기관이 매각을 대행하는 경우(제211조 제6항에 따라 매각대금의 잔금처리를 대행하는 경우를 포함한다)에는 매각대행기관의 장을 세관장으로 본다.

ㅂ 세관장은 ㄹ에 따라 매각대행기관이 매각을 대행하는 경우에는 매각대행에 따른 실비 등을 고려하여 기획재정부령으로 정하는 바에 따라 수수료를 지급할 수 있다.

ㅅ ㄹ에 따라 매각대행기관이 대행하는 매각에 필요한 사항은 대통령령으로 정한다.

13 세관장이 국고귀석을 보류할 수 있는 물품으로 틀린 것은?

① 특수용도에만 한정되어 있는 물품으로서 국고귀속 조치 후에도 공매낙찰 가능성이 있는 물품
② 공기업, 준정부기관, 그 밖의 공공기관에서 수입하는 물품으로서 국고 귀속 보류요청이 있는 물품
③ 「관세법」 위반으로 조사 중인 물품
④ 이의신청, 심판청구, 소송 등 쟁송이 제기된 물품
⑤ 국고귀속 조치를 할 경우 인력과 예산부담을 초래하여 국고에 손실이 야기된다고 인정되는 물품

14 해상입항화물의 적하목록(적재화물목록) 정정신청을 생략할 수 있는 물품으로 맞는 것은?

① 광물, 원유 등 산물로서 그 중량의 과부족이 10% 이내인 경우
② 원목 등 용적물품으로서 그 용적의 과부족이 10% 이내인 경우
③ 포장단위 물품으로서 중량의 과부족이 10% 이내이고 포장상태에 이상이 없는 경우
④ 비료, 설탕, 시멘트 등 포장파손이 용이한 물품으로서 그 중량의 과부족이 10% 이내인 경우
⑤ 펄프, 고지류 등 건습에 따라 중량의 변동이 심한 물품으로서 그 중량의 과부족이 10% 이내인 경우

Answer 13.① 14.③

13 국고귀속의 보류〈보세화물장치기간 및 체화관리에 관한 고시 제38조〉 ··· 세관장은 다음에 해당하는 물품에 대하여 국고귀속 조치를 보류할 수 있다.
㉠ 국가기관(지방자치단체 포함)에서 수입하는 물품
㉡ 「공공기관의 운영에 관한법률」 제5조에 따른 공기업, 준정부기관, 그 밖의 공공기관에서 수입하는 물품으로서 국고귀속 보류요청이 있는 물품
㉢ 법 위반으로 조사 중인 물품
㉣ 이의신청, 심판청구, 소송 등 쟁송이 제기된 물품
㉤ 특수용도에만 한정되어 있는 물품으로서 국고귀속 조치 후에도 공매낙찰 가능성이 없는 물품
㉥ 국고귀속 조치를 할 경우 인력과 예산부담을 초래하여 국고에 손실이 야기된다고 인정되는 물품
㉦ 부패, 손상, 실용시효가 경과하는 등 국고귀속의 실익이 없다고 인정되는 물품
㉧ 그 밖에 세관장이 국고귀속을 하지 아니하는 것이 타당하다고 인정되는 물품

14 적하목록 정정생략〈보세화물 입출항 하선 하기 및 적재에 관한 고시 제13조 제1항〉 ··· 적하목록상의 물품과 실제 물품이 다음에 해당하는 때에는 적하목록 정정신청을 생략할 수 있다.
㉠ 산물(에 광물, 원유, 곡물, 염, 원피 등)로서 그 중량의 과부족이 5% 이내인 경우
㉡ 용적물품(에 원목 등)으로서 그 용적의 과부족이 5% 이내인 경우
㉢ 포장파손이 용이한 물품(에 비료, 설탕, 시멘트 등) 및 건습에 따라 중량의 변동이 심한 물품(에 펄프, 고지류 등)으로서 그 중량의 과부족이 5% 이내인 경우
㉣ 포장단위 물품으로서 중량의 과부족이 10% 이내이고 포장상태에 이상이 없는 경우
㉤ 적하목록 이상사유가 단순기재오류 등으로 확인되는 경우

15 해상입항화물의 하선장소 물품반입에 대한 설명으로 틀린 것은?

① 하선장소 보세구역 운영인(화물관리인)은 하선기한내 공컨테이너가 반입되지 않은 경우 세관장에게 즉시 보고 해야 한다.

② Master B/L단위의 FCL화물은 Master B/L단위로 반입신고할 수 있다.

③ 컨테이너화물의 하선장소 반입기간은 입항일로부터 3일이다.

④ LCL화물로서 해당 하선장소내의 CFS내에서 컨테이너 적출 및 반입작업을 하려는 때에는 Master B/L단위로 반입신고를 하여야 한다.

⑤ 입항전수입신고수리 또는 하선전보세운송신고수리가 된 물품을 하선과 동시에 차상반출하는 경우에는 반출입 신고를 생략할 수 있다.

Answer 15.④

15 하선장소 물품반입〈보세화물 입출항 하선 하기 및 적재에 관한 고시 제19조〉

㉠ 제15조에 따라 하선신고를 한 자는 입항일(외항에서 입항수속을 한 경우 접안일)로부터 다음 각 호의 어느 하나에 해당하는 기간내에 해당물품을 하선장소에 반입해야 한다. 다만, 부득이한 사유로 지정기한(「관리대상화물 관리에 관한 고시」 제6조 제2항에 따라 검색기검사를 마치고 하선장소에 반입하는 경우에는 지정기한 경과일수를 산출할 때 세관근무일자가 아닌 일수를 제외한다.) 이내에 반입이 곤란할 때에는 반입지연사유, 반입예정일자 등을 기재한 별지 제20호서식의 하선장소 반입기간 연장(신청)서를 세관장에게 제출하여 승인을 받아야 한다.

1. 컨테이너화물 : 3일
2. 원목, 곡물, 원유 등 산물 : 10일

㉡ 하선장소를 관리하는 보세구역 운영인은 해당 보세구역을 하선장소로 지정한 물품에 한해 해당 물품의 반입 즉시 House B/L 단위로 세관장에게 전자문서로 물품반입신고를 해야 하며, 창고 내에 물품이 입고되는 과정에서 실물이 적하목록상의 내역과 상이함을 발견하였을 때에는 반입사고화물로 분류하여 신고해야 한다. 다만, 다음에 해당하는 물품은 Master B/L 단위로 반입신고를 할 수 있다.

1. Master B/L 단위의 FCL화물
2. LCL화물로서 해당 하선장소내의 CFS내에서 컨테이너 적출 및 반입작업하지 아니하는 물품

㉢ ㉡ 제2호에 따른 LCL화물이 Master B/L 단위로 반입신고된 후 사정변경 등의 사유로 해당 하선장소의 CFS내에 컨테이너 적출 및 반입작업을 하려는 때에는 당해 컨테이너의 내장화물 적출사실을 세관장에게 신고하고 House B/L 단위로 물품반입 신고를 해야 한다.

㉣ 입항전수입신고수리 또는 하선전보세운송신고수리가 된 물품을 하선과 동시에 차상반출하는 경우에는 반출입 신고를 생략할 수 있다.

㉤ 하선장소 보세구역 운영인(화물관리인)은 하선기한내 공컨테이너가 반입되지 않은 경우 세관장에게 즉시 보고해야 한다.

㉥ 화물관리 세관공무원은 하선장소 보세구역 운영인으로부터 반입신고가 있을 때에는 하선신고물품의 전량반입완료 및 반입사고여부를 확인하고 기한까지 반입되지 아니한 물품이 있거나 반입사고가 있는 물품에 대하여는 그 사유를 조사한 후 그 결과에 따라 처리한다.

16 항공입항화물 적하목록(적재화물목록) 및 하기결과보고에 관한 설명으로 틀린 것은?

① 항공사는 하기결과 물품이 적하목록과 상이할 때에는 하기결과보고서를 세관장에게 제출하여야 한다.

② 항공사는 하기결과보고서를 제출한 때에는 적하목록 작성책임자에게 즉시 통보하여 적하목록 정정에 필요한 조치를 하여야 한다.

③ 항공사는 하기결과보고서 화물 중 적하목록에 등재되지 아니한 물품, 적하목록보다 과다하거나 적게 반입된 물품은 이상사유가 확인될 때까지 항공사가 지정한 하기장소 보세구역내의 일정한 장소에 별도 관리한다.

④ 적하목록 제출의무자 또는 적성책임자는 별도 보관중인 물품에 대해 하기결과보고일로부터 15일 이내 적하목록 이상사유를 규명하여야 한다.

⑤ 세관장은 별도관리 대상물품에 대해 15일이 경과할 때까지 적하목록 정정신청 또는 별도관리해제신청이 없는 경우 외국으로 반송조치하여야 한다.

16 ③④⑤ 「보세화물 입출항 하선 하기 및 적재에 관한 고시」 제32조(하기결과 이상물품에 대한 적용특례)
　　①② 「보세화물 입출항 하선 하기 및 적재에 관한 고시」 제29조(하기결과보고)

※ 하기결과보고〈보세화물 입출항 하선 하기 및 적재에 관한 고시 제29조〉
　　㉠ 항공사(특송화물의 경우에는 특송업체인 화물운송주선업자를 말한다)는 하기결과 물품이 적하목록과 상이할 때에는 하기결과보고서를 세관장에게 전자문서로 제출해야 한다. 이 경우 추가 제출 화물에 대하여는 하기결과보고를 생략할 수 있다. 다만, 세관근무시간 이외의 하기작업으로 당일보고가 곤란한 경우에는 다음 날 12시까지(특송화물은 다음 날 18시까지로 한다) 이를 보고해야 한다.
　　㉡ 세관장이 하기결과보고서를 접수한 때에는 필요한 경우 화물관리 세관공무원에게 상이내역 및 그 사유를 조사한 후 적하목록 정정 등 필요한 조치를 취하게 할 수 있다. 다만, 제26조 제1항에 해당하는 경우에는 그러하지 아니하다.
　　㉢ 항공사는 ㉠에 따른 하기결과보고서를 제출한 때에는 적하목록 작성책임자에게 동 내용을 즉시 통보하여 적하목록정정에 필요한 조치를 취해야 한다.

※ 하기결과 이상물품에 대한 적용특례〈보세화물 입출항 하선 하기 및 적재에 관한 고시 제32조 제1항, 제2항〉
　　㉠ 운항 항공사는 하기결과 이상화물중 다음의 어느 하나에 해당하는 물품은 이상사유가 확인될 때까지 항공사가 지정한 하기장소 보세구역내의 일정한 장소에 별도 관리한다.
　　　　1. 적하목록에 등재되지 아니한 물품
　　　　2. 적하목록보다 과다하게 반입된 물품
　　　　3. 적하목록보다 적게 반입된 물품
　　㉡ 적하목록 제출의무자 또는 작성책임자는 별도 보관중인 물품에 대해 하기결과보고일로부터 15일 이내에 적하목록 이상사유를 규명하여 적하목록정정 등의 절차를 거쳐 하기장소 보세구역에 반입해야 한다.
　　㉢ 적하목록 제출의무자 또는 작성책임자는 적하목록 이상사유가 항공기 운항사정상 전량 미적재 또는 동일 AWB의 물품을 분할기적한 경우로서 화물도착후 15일 이내에 잔여화물이 도착된 경우(후착화물이 적하목록에 등재되지 아니하고 도착된 경우로 한정한다)에는 제2항에 불구하고 후착화물과 병합하여 별지 제18호서식의 별도관리 물품 해제 신청서를 세관장에게 제출하여 승인을 받은 후 하기장소 보세구역에 반입해야 한다.
　　㉣ ㉠ 제1호의 물품으로서 그 사유가 외국에서 착오로 잘못 반입된 화물일 경우에는 적하목록 화물구분란에 환적화물로 표시하여 등재하도록 적하목록 정정신청절차를 거쳐 하기장소 보세구역에 반입해야 한다.
　　㉤ 하기장소 보세구역 운영인은 제1항 각 호의 물품에 대하여는 적하목록정정 또는 별도관리 해제절차가 완료된 경우에 한하여 반입신고를 한 후 일반화물과 같이 보관 관리해야 한다.
　　㉥ 세관장은 ㉠ 각 호에 따른 별도관리 대상물품에 대한 관리대장을 비치하고, 15일이 경과할 때까지 적하목록 정정신청 또는 별도관리해제신청이 없는 경우에는 법 위반여부를 조사 처분한 후 직권으로 적하목록을 정정해야 한다.

17 다음 (   ) 안에 들어갈 내용을 순서대로 나열한 것은?

> ㉠ 적하목록(적재화물목록)의 정정신청은 해당 출항물품을 적재한 선박, 항공기가 출항한 날로부터 해상화물은
>   (   ), 항공화물은 (   )내에 하여야 한다.
> ㉡ 보세운송물품은 신고수리(승인)일로부터 해상화물은 (   ), 항공화물은 (   )까지 목적지에 도착하여야
>   한다. 다만, 세관장을 선박 또는 항공기 입항전에 보세운송신고를 하는 때에는 입항예정일 및 하선(기) 장
>   소 반입기간을 고려하여 (   ) 이내의 기간을 추가할 수 있다.

① 120일, 100일, 15일, 10일, 10일 　　　　② 120일, 80일, 15일, 10일, 5일

③ 90일, 70일, 10일, 7일, 5일 　　　　④ 90일, 60일, 10일, 5일, 5일

⑤ 60일, 30일, 5일, 5일, 5일

18 환적화물에 대한 설명으로 틀린 것은?

① 선사, 항공사 또는 그 위임을 받은 하역업체가 환적화물을 하선 또는 하기하려는 때에는 「보세화물 입출항 하
  선 하기 및 적재에 관한 고시」에 따라 하선 또는 하기신고서를 세관장에게 제출해야 한다.
② 복합환적화물의 운송기한은 하선 또는 하기신고일부터 10일로 한다.
③ 보세운송의 목적지는 물품을 적재하려는 공항 및 항만의 하선장소로 한정한다. 다만, 컨테이너 적출입작업 및
  보수작업이 필요한 경우 등 세관장이 필요하다고 인정하는 경우에는 그러하지 아니한다.
④ 보세운송물품이 컨테이너 화물인 경우에는 최초 도착지 보세구역 운영인의 확인을 받아 컨테이너를 개장하여
  야 한다.
⑤ 환적화물을 외국으로 반출하기 위하여 출항지에서 적재하려는 선사 또는 항공사는 입항할 때 제출한 화물정
  보와 비교하여 컨테이너봉인번호 상이 등 이상이 있는 경우 적재결과이상보고서를 선박 출항 전까지 세관장
  에게 제출해야 한다.

Answer　17.④　18.②

17 ㉠ 적하목록 정정신청은 해당 출항물품을 적재한 선박, 항공기가 출항한 날로부터 다음에서 정하는 기간 내에 해야 한다. 해상
화물은 **90일**이고, 항공화물은 **60일**이다〈보세화물 입출항 하선 하기 및 적재에 관한 고시 제44조(적하목록의 정정신청) 제3
항 제1호, 제2호〉.
㉡ 보세운송물품은 신고수리(승인)일로부터 다음의 어느 하나에 정하는 기간까지 목적지에 도착 하여야 한다. 다만, 세관장은 선박
또는 항공기 입항전에 보세운송신고를 하는 때에는 입항예정일 및 하선(기)장소 반입기간을 고려하여 **5일** 이내의 기간을 추가할
수 있다. 해상화물은 **10일**이고, 항공화물은 **5일**이다〈보세운송에 관한 고시 제6조(보세운송기간)〉.

18 ② 복합환적화물의 운송기한은 하선 또는 하기신고일부터 7일로 한다〈환적화물 처리절차에 관한 특례고시 제8조(복합환적절차)
제5항〉.
① 〈환적화물 처리절차에 관한 특례고시 제4조(하선신고 등) 제1항〉
③ 〈환적화물 처리절차에 관한 특례고시 제7조(보세운송) 제2항〉
④ 〈환적화물 처리절차에 관한 특례고시 제7조(보세운송) 제3항〉
⑤ 〈환적화물 처리절차에 관한 특례고시 제11조(적재)〉

19 화물운송주선업자에 대한 설명으로 틀린 것은?

① 화물운송주선업자는 혼재화물의 적하목록(적재화물목록)을 작성한다.
② 화물운송주선업자의 등록기간은 3년으로 한다.
③ 화물운송주선업자가 폐업한 때에는 등록의 효력이 상실된다.
④ 화물운송주선업자에 대한 등록취소 또는 업무정지를 하려는 경우 청문을 실시한다.
⑤ 「물류정책기본법」에 따라 국제물류주선업의 등록을 한 자는 화물운송주선업자 등록을 생략한다.

Answer 19.⑤

19 ⑤ **등록요건**〈화물운송주선업자의 등록 및 관리에 관한 고시 제3조〉…「관세법」제222조 및 제223조에 따른 화물운송주선업자의 등록요건은 다음과 같다.
  ㉠ 「관세법」제175조(운영인의 결격사유)의 어느 하나에 해당하지 아니할 것
  ㉡ 「물류정책기본법」에 따른 국제물류주선업의 등록을 하였을 것
  ㉢ 관세 및 국세의 체납이 없을 것
  ㉣ 화물운송주선업자 등록이 취소된 후 2년이 지났을 것
  ㉤ 자본금 3억 원 이상을 보유한 법인(법인이 아닌 경우에는 자산평가액이 6억 원 이상)일 것
  ㉥ 「관세법」또는 「관세법」에 따른 세관장의 명령에 위반하여 관세범으로 조사받고 있거나 기소 중에 있지 아니할 것
  ㉦ 혼재화물적하목록 제출 등을 위한 전산설비를 갖추고 있을 것

① **화물운송주선업자의 의무**〈화물운송주선업자의 등록 및 관리에 관한 고시 제7조 제1항〉… 화물운송주선업자는 「보세화물 입출항 하선 하기 및 적재에 관한 고시」에 따른 적하목록 작성책임자로서 적재물품과 부합되게 혼재화물적하목록을 작성하여 제출하여야 한다.

② **등록신청 및 심사**〈화물운송주선업자의 등록 및 관리에 관한 고시 제4조 제5항〉… 화물운송주선업자의 등록기간은 3년으로 하며, 갱신할 수 있다.

③ **등록의 효력상실**〈화물운송주선업자의 등록 및 관리에 관한 고시 제6조〉… 화물운송주선업자가 다음에 해당하는 경우에는 그 등록의 효력이 상실된다.
  ㉠ 화물운송주선업을 폐업한 때
  ㉡ 화물운송주선업자가 사망하거나 법인이 해산된 때
  ㉢ 등록기간이 만료된 때
  ㉣ 등록이 취소된 때

④ **청문절차**〈화물운송주선업자의 등록 및 관리에 관한 고시 제11조〉
  ㉠ 세관장은 화물운송주선업자에 대하여 등록취소 또는 업무정지를 하려는 때에는 사전에 화물운송주선업자에게 통보하여 의견을 청취하여야 한다.
  ㉡ ㉠에 따라 의견청취를 하려는 때에는 의견청취 예정일 10일전까지 해당 화물운송주선업자에게 서면으로 통지하여야 한다. 이 경우 정당한 사유 없이 의견청취에 응하지 않을 때에는 의견진술의 기회를 포기한 것으로 본다는 뜻을 분명하게 밝혀야 한다.
  ㉢ ㉡에 따른 통지를 받은 화물운송주선업자 또는 그 대리인은 지정된 날에 출석하여 의견을 진술하거나 지정된 날까지 서면으로 의견을 제출할 수 있다.
  ㉣ ㉢에 따라 화물운송주선업자 또는 그 대리인이 출석하여 의견을 진술한 때에는 세관공무원은 그 요지를 서면으로 작성하여 출석자 본인으로 하여금 이를 확인하게 한 후 서명날인하게 하여야 한다.

20 보세운송절차를 거쳐야만 하는 물품을 맞게 나열한 것은?

> ㉠ 보세전시장에서 전시 후 반송되는 물품
> ㉡ 국가기관에 의하여 운송되는 압수물품
> ㉢ 「우편법」에 따라 체신관서의 관리하에 운송되는 물품
> ㉣ 「검역법」 등에 따라 검역관서가 인수하여 검역소 구내계류장 또는 검역 시행장소로 운송하는 검역대상물품
> ㉤ 보세공장에서 제조 · 가공하여 수출하는 물품

① ㉠㉡
② ㉠㉤
③ ㉡㉢
④ ㉢㉣
⑤ ㉣㉤

Answer 20.②

20 적용범위〈보세운송에 관한 고시 제46조〉
　㉠ 수출신고가 수리된 물품은 보세운송 절차를 생략한다. 다만, 다음의 어느 하나에 해당하는 물품은 그러하지 아니하다.
　　1. 「반송절차에 관한 고시」에 따라 외국으로 반출하는 물품
　　2. 보세전시장에서 전시 후 반송되는 물품
　　3. 보세판매장에서 판매 후 반송되는 물품
　　4. 여행자 휴대품 중 반송되는 물품
　　5. 보세공장 및 자유무역지역에서 제조 · 가공하여 수출하는 물품
　　6. 수출조건으로 판매된 몰수품 또는 국고귀속 된 물품
　㉡ ㉠에도 불구하고 「선박법」 제6조에 따라 외국무역선의 국내항간 허가를 받은 경우에 한하여 수출화주가 효율적인 선적 관리를 위해 외국무역선으로 수출신고가 수리된 물품을 운송(동일개항내)하고자 할 때에는 보세운송하게 할 수 있다.
　※ 보세운송 절차를 요하지 않는 물품〈보세운송에 관한 고시 제4조 제1항〉
　　㉠ 「우편법」에 따라 체신관서의 관리하에 운송되는 물품
　　㉡ 「검역법」 등에 따라 검역관서가 인수하여 검역소 구내계류장 또는 검역시행 장소로 운송하는 검역대상 물품
　　㉢ 국가기관에 의하여 운송되는 압수물품

21 특정물품간이보세운송업자에 대한 설명으로 틀린 것은?

① 특정물품간이보세운송업자는 「관리대상화물 관리에 관한 고시」에 따른 검사 대상화물 등 특정물품을 보세운송할 수 있다.

② 특정물품간이보세운송업자는 자본금 1억 원 이상인 법인이어야 한다.

③ 특정물품간이보세운송업자의 지정기간은 3년으로 하되 갱신할 수 있다.

④ 특정물품간이보세운송업자가 귀석·반귀석·한약제 등 부피가 작고 고가인 물품을 세관지정장치장 등 세관장이 지정한 보세구역으로 운송하고자 하는 경우 유개차 또는 이에 준하는 시봉조치를 한 후 운송하여야 한다.

⑤ 특정물품간이보세운송업자의 지정이 취소되었을 때에는 그 지정의 효력이 소멸된다.

21 ③ 특정물품간이보세운송업자의 지정기간은 3년으로 하되 갱신할 수 있다. 다만, 그 지정기간은 보세운송업자의 등록기간 범위에서 한다〈보세운송에 관한 고시 제19조(지정신청) 제2항〉.

④ 특정물품간이보세운송업자가 제1항 제1호의 물품을 운송하려는 경우에는 유개(有蓋)차 또는 이에 준하는 시봉조치를 한 후 운송하여야 하며, 내국물품과 혼적하여 운송하여서는 아니 된다〈보세운송에 관한 고시 제23조(업무범위) 제2항〉.

⑤ 「보세운송에 관한 고시」 제22조(지정의 소멸)

※ **지정요건**〈보세운송에 관한 고시 제18조 제1항〉… 세관장은 등록한 보세운송업자 중 다음의 요건을 갖춘 자에 대하여는 「관리대상화물 관리에 관한 고시」 규정에 의한 검사대상화물 등 특정 물품을 보세운송할 수 있는 자(특정물품간이보세운송업자)로 지정할 수 있다.

㉠ 자본금 3억 원 이상인 법인

㉡ 2억 원 이상의 인·허가 보증보험에 가입한 자이거나 담보(부동산은 제외)를 2억 원 이상 제공한 자

㉢ 유개(有蓋)화물자동차 10대 이상과 트랙터 10대 이상 보유한 자

㉣ 임원 중 관세사 1명 이상 재직하고 있는 업체

22 보세화물에 대한 신고지연 가산세 및 장치기간에 대한 설명으로 틀린 것은?

① 수출용원재료(신용장 등 관련 서류에 의하여 수출용원재료로 확인되는 경우에만 해당한다)인 경우 신고지연 가산세를 징수하지 아니한다.

② 보세구역에 반입된 물품의 장치기간은 해당 보세구역 반입일 기준으로 기산하는 것을 원칙으로 한다.

③ 장치장소의 특허변경으로 장치기간을 다시 기산하는 물품은 종전에 산정한 장치기간을 합산하지 않는다.

④ 이전 보세구역에서 장치기간이 경과한 뒤 보세운송으로 다른 보세구역에 반입된 물품의 장치기간은 종전에 산정한 장치기간을 합산한다.

⑤ 동일 B/L물품이 수차에 걸쳐 반입되는 경우에는 B/L물품의 반입이 완료된 날부터 장치기간을 기산한다.

Answer 22.③

22 ②③④⑤ 「보세화물장치기간 및 체화관리에 관한 고시」 제5조(장치기간의 기산)
① 「보세화물관리에 관한 고시」 제34조(가산세) 제2항

※ **장치기간의 기산**〈보세화물장치기간 및 체화관리에 관한 고시 제5조〉
  ㉠ 보세구역에 반입된 물품의 장치기간은 해당 보세구역 반입일(제3조 제4호에 해당하는 물품 중 「여행자 및 승무원 휴대품 통관에 관한 고시」 제47조 제3항을 적용받은 물품은 반송신고를 할 수 있는 날)을 기준으로 장치기간을 기산한다. 다만, 다음의 어느 하나에 해당하는 물품은 종전에 산정한 장치기간을 합산한다.
    1. 장치장소의 특허변경으로 장치기간을 다시 기산하여야 하는 물품
    2. 보세운송 승인을 받아 다른 보세구역에 반입하거나 보세구역 간 장치물품을 이동함으로써 장치기간을 다시 기산하여야 하는 경우 중 제4조에 따른 장치기간이 이미 경과된 물품
  ㉡ 동일 B/L물품이 수차에 걸쳐 반입되는 경우에는 그 B/L물품의 반입이 완료된 날부터 장치기간을 기산한다.

※ **가산세**〈보세화물관리에 관한 고시 제34조 제2항〉 … 다음에 해당하는 물품에 대하여는 신고지연 가산세를 징수하지 아니한다.
  ㉠ 정부 또는 지방자치단체가 직접 수입하는 물품
  ㉡ 정부 또는 지방장치단체에 기증되는 물품
  ㉢ 수출용원재료(신용장 등 관련서류에 의하여 수출용원재료로 확인되는 경우에만 해당된다)
  ㉣ 외교관 면세물품 및 SOFA적용 대상물품
  ㉤ 환적화물
  ㉥ 여행자휴대품

23 수출하려는 물품의 보세구역 반입에 대한 설명으로 틀린 것은?

① 반송물품이 보세구역에 반입되는 경우, 보세운송 도착보고는 반입신고를 갈음할 수 있다.

② 수출하려는 물품이 반입된 경우 그 내역을 확인할 수 있는 서류를 받아 화물반출입대장에 그 내역을 기록관리하여야 한다. 다만, 전산으로 수출신고수리내역이 확인된 경우 서류는 받지 않을 수 있다.

③ 수출신고수리물품의 반입신고는 화물반출입대장에 기록관리하는 것으로 갈음한다.

④ 반송물품을 보세구역에 반입하려는 보세구역 운영인은 법 제157조에 따라 세관장에게 반입신고를 해야 한다.

⑤ 선적지 보세구역에 반입한 수출물품을 재포장, 분할 등 보수작업하려는 자는 관할세관장에게 수출물품 보수작업승인을 받아야 한다.

Answer 23.①

23 ①②③④ 「보세화물 입출항 하선 하기 및 적재에 관한 고시」 제33조(보세구역반입)
⑤ 「보세화물 입출항 하선 하기 및 적재에 관한 고시」 제34조(보수작업) 제1항

※ 보세구역반입〈보세화물 입출항 하선 하기 및 적재에 관한 고시 제33조〉
　ㄱ 보세구역 운영인은 수출하려는 물품이 반입된 경우에는 그 내역을 확인할 수 있는 서류(수출신고필증, 송품장, B/L 등)를 받아 화물반출입대장(전산설비를 이용한 기록관리를 포함한다. 이하 같다)에 그 내역을 기록관리해야 한다. 다만, 전산으로 수출신고수리내역을 확인한 경우에는 수출신고필증을 받지 아니할 수 있다.
　ㄴ 수출신고수리물품 또는 수출신고수리를 받으려는 물품의 반입신고는 화물반출입대장(전산설비를 이용한 기록관리를 포함한다)에 기록 관리하는 것으로 갈음한다. 다만, 법 제243조 제4항 및 「수출통관 사무처리에 관한 고시」제7조의3 제2항에 따라 보세구역에 반입 후 수출신고 하게 할 수 있는 물품은 법 제157조 제1항에 따라 세관장에게 반입신고를 해야 한다.
　ㄷ 반송물품을 보세구역에 반입하려는 보세구역 운영인은 세관장에게 법 제157조에 따른 반입신고를 해야 한다. 이 경우 반입신고는 보세운송 도착보고를 갈음할 수 있다.

※ 보수작업〈보세화물 입출항 하선 하기 및 적재에 관한 고시 제34조〉
　ㄱ 선적지(기적지를 포함한다. 이하 본장에서는 같다)보세구역(보세구역외 장치의 허가를 받은 장소를 포함한다)에 반입한 수출물품을 재포장, 분할, 병합, 교체 등 보수작업하려는 자는 관할세관장에게 수출물품 보수작업승인신청서를 제출하여 승인을 받아야 한다.
　ㄴ ㄱ에 따른 보수작업결과 포장개수의 변동 등 당초의 수출신고수리사항이 변경되는 경우에는 해당 보수작업 승인을 한 세관장이 그 내역을 수출신고수리 세관장에게 통보해야 한다.

24 보세창고의 내국물품 장치에 대한 설명으로 틀린 것은?

① 보세창고에 내국물품으로 반입된 물품의 장치기간은 1년의 범위에서 관세청장이 정하는 기간이다.

② 보세창고에서 수입신고 수리된 내국물품의 장치기간은 6개월이며, 신고수리일로부터 1년의 범위에서 연장할 수 있다.

③ 장치기간이 지난 내국물품은 그 기간이 지난 후 10일 내에 운영인의 책임으로 반출하여야 한다.

④ 보세창고 운영인이 6개월(보세창고에서 수입신고수리된 내국물품은 2개월)이상 계속하여 내국물품만을 장치하려면 세관장의 허가를 받아야 한다.

⑤ 운영인이 보세창고에서 일정구역에 일정기간동안 내국물품을 반복적으로 장치하려는 경우 세관장은 이를 포괄적으로 허용할 수 있다.

Answer 24.④

24 ④ 운영인은 보세창고에 1년(보세창고에서 수입신고수리된 내국물품은 6개월) 이상 계속하여 규정한 내국물품만을 장치하려면 세관장의 승인을 받아야 한다〈관세법 제183조(보세창고) 제3항〉.
① 「관세법」 제177조(장치기간) 제1항
② 「보세화물관리에 관한 고시」 제12조(보세창고 내국물품반출입신고 등) 제6항
③ 「관세법」 제184조(장치기간이 지난 내국물품) 제1항
⑤ 「보세화물관리에 관한 고시」 제12조(보세창고 내국물품반출입신고 등) 제1항

25 보세화물의 장치장소 결정을 위한 화물분류 기준으로 틀린 것은?

① 화주 또는 그 위임을 받은 자가 장치장소에 대한 별도의 의사표시가 없는 경우 House B/L화물은 보세구역 운영인이 선량한 관리자로서 장치장소를 결정한다.

② 선사는 화주 또는 그 위임을 받은 자가 운영인과 협의하여 정하는 장소에 보세화물을 장치하는 것을 원칙으로 한다.

③ 화주 또는 그 위임을 받은 자가 장치장소에 대한 별도의 의사표시가 없는 경우 Master B/L화물은 선사가 선량한 관리자로서 장치장소를 결정한다.

④ 보세창고, 보세공장, 보세판매장에 반입할 물품은 특허시 세관장이 지정한 장치물품의 범위에 해당하는 물품만 해당 보세구역에 장치한다.

⑤ 입항전 또는 하선(기)전에 수입신고가 되거나 보세운송신고가 된 물품은 보세구역에 반입함이 없이 부두 또는 공항내에서 보세운송 또는 통관절차와 검사절차를 수행하도록 하여야 한다.

Answer 25.①

25 ① 「보세화물관리에 관한 고시」 제4조(화물분류기준) 제1항

※ 화물분류기준〈보세화물관리에 관한 고시 제4조 제1항, 제2항〉

㉠ 입항전 또는 하선(기)전에 수입신고나 보세운송신고를 하지 않은 보세화물의 장치장소 결정을 위한 화물분류 기준은 다음에 따른다.

1. 선사는 화주 또는 그 위임을 받은 자가 운영인과 협의하여 정하는 장소에 보세화물을 장치하는 것을 원칙으로 한다.

2. 화주 또는 그 위임을 받은 자가 장치장소에 대한 별도의 의사표시가 없는 경우에는 다음 각 목에 따른다.

　가. Master B/L화물은 선사가 선량한 관리자로서 장치장소를 결정한다.

　나. House B/L화물은 화물운송주선업자가 선량한 관리자로서 선사 및 보세구역 운영인과 협의하여 장치장소를 결정한다.

3. 제4조 제1항 제2호에 따라 장치장소를 정할 때에 화물운송주선업자가 선량한 관리자로서의 의무를 다하지 못할 경우에는 다음 각 목의 어느 하나를 장치장소로 한다.

　가. 세관지정장치장

　나. 세관지정 보세창고

㉡ ㉠에도 불구하고 다음에 해당하는 물품은 해당 각 호에서 정하는 바에 따른다.

1. 입항전 또는 하선(기)전에 수입신고가 되거나 보세운송신고가 된 물품은 보세구역에 반입함이 없이 부두 또는 공항내에서 보세운송 또는 통관절차와 검사절차를 수행하도록 하여야 한다(이 경우 본 · 부선통관 목적으로 입항전 수입신고를 한 물품은 본 · 부선 내에서 통관절차와 검사절차를 수행하도록 하여야 한다).

2. 위험물, 보온 · 보냉물품, 검역대상물품, 귀금속 등은 해당 물품을 장치하기에 적합한 요건을 갖춘 보세구역에 장치하여야 하며, 식품류는 별표4의 보관기준을 갖춘 보세구역에 장치하여야 한다.

3. 보세창고, 보세공장, 보세전시장, 보세판매장에 반입할 물품은 특허시 세관장이 지정한 장치물품의 범위에 해당하는 물품만 해당 보세구역에 장치한다.

4. 보세구역외장치의 허가를 받은 물품은 그 허가를 받은 장소에 장치한다.

5. 관리대상화물은 「관리대상물 관리에 관한 고시」 제6조 및 제7조에 따라 장치한다.

6. 수입고철(비금속설을 포함한다. 이하 같다)은 고철전용장치장에 장치하는 것을 원칙으로 한다.

㉢ ㉠과 ㉡은 화물에 대하여 「민법」 또는 「상법」상의 권한이 있는 자의 보세구역 운영인 또는 화주에 대한 권리를 배제하지 아니한다.

㉣ 컨테이너에 내장된 수입물품의 장치에 대하여는 「컨테이너관리에 관한 고시」를 준용한다.

㉤ 세관장은 ㉠부터 ㉣까지의 규정의 운영과 관련하여 화물관리에 안전을 기하고 화물분류업무가 공정하게 이루어지도록 이해관계인을 감독하거나 조정할 수 있다.

<제4과목> 수출입안전관리

1 수출입 안전관리 우수업체 공인부문으로 틀린 것은?

① 수출부문　　　　　　　　　　　　② 수입부문
③ 관세사부문　　　　　　　　　　　④ 보세운송업부문
⑤ 구매대행업부문

Answer 1.⑤

1 ※ 공인부문〈수출입 안전관리 우수업체 공인 및 운영에 관한 고시 제3조〉
　　㉠ 수출입 안전관리 우수업체(AEO, Authorized Economic Operator)로 공인을 신청할 수 있는 자는 다음과 같다.
　　　• 관세법 제241조에 따른 수출자(수출부문)
　　　• 관세법 제241조에 따른 수입자(수입부문)
　　　• 관세사법 제2조 또는 제3조에 따른 통관업을 하는 자(관세사부문)
　　　• 법 제2조 제16호에 해당하는 자 또는 법 제172조에 따른 지정장치장의 화물을 관리하는 자(보세구역 운영인부문)
　　　• 관세법 제222조 제1항 제1호에 해당하는 자(보세운송업부문)
　　　• 관세법 제222조 제1항 제2호 및 제6호에 해당하는 자(화물운송주선업부문)
　　　• 관세법 제222조 제1항 제3호에 해당하는 자(하역업부문)
　　　• 관세법 제2조 제6호에 따른 외국무역선을 소유하거나 운항하여 법 제225조에 따른 보세화물을 취급하는 자(선박회사부문)
　　　• 관세법 제2조 제7호에 따른 외국무역기를 소유하거나 운항하여 법 제225조에 따른 보세화물을 취급하는 자(항공사부문)
　　㉡ ㉠에도 불구하고 「자유무역지역의 지정 및 운영에 관한 법률」 제10조 제1항 제1호부터 제6호까지에 따른 자유무역지역 입주자가 제1항 각 호의 업무를 하는 경우에는 해당 공인부문으로 간주한다.

2 수출입 안전관리 우수 공인업체 등에 관한 설명 중 틀린 것은?

① 수출입 안전관리 우수업체 공인의 유효기간은 증서상의 발급한 날로부터 5년으로 한다.

② 수출입안전관리우수업체가 양도, 양수, 분할 또는 합병하거나 그 밖에 관세청장이 정하여 고시하는 변동사항이 발생한 경우에는 그 변동사항이 발생한 날부터 30일 이내에 그 사항을 관세청장에게 보고하여야 한다.

③ 수출입안전관리 우수 공인업체 공인을 갱신하려는 자는 공인의 유효기간이 끝나는 날의 6개월 전까지 신청서를 제출하여야 한다.

④ 관세청장은 공인을 받은 자에게 해당 공인의 유효기간이 끝나는 날의 7개월 전까지 휴대폰에 의한 문자전송, 전자메일, 팩스 등으로 갱신 신청을 해야 한다는 사실을 알려야 한다.

⑤ 관세청장은 수출입안전관리 공인을 받기 위해 신청한 업체에 한해 운영인, 납세의무자등 수출입물품의 제조·운송·보관 또는 통관 등 무역과 관련된 자를 대상으로 연 4회 범위에서 안전관리 기준의 준수 정도에 대한 측정·평가를 할 수 있다.

Answer 2.⑤

2 ⑤ 관세청장은 수출입 안전관리 우수 공인업체로 공인받기 위한 신청 여부와 관계없이 수출입물품의 제조·운송·보관 또는 통관 등 무역과 관련된 자를 대상으로 연 4회 범위에서 안전관리 기준의 준수 정도에 대한 측정·평가를 할 수 있다〈관세법 제255조의2(수출입 안전관리 우수 공인업체 등) 제7항〉.

① 「수출입 안전관리 우수업체 공인 및 운영에 관한 고시」 제13조(공인의 유효기간) 제1항

② 「관세법」 제255조의4(수출입안전관리우수업체에 대한 사후관리) 제3항

③ 「수출입 안전관리 우수업체 공인 및 운영에 관한 고시」 제19조(종합심사)

④ 「관세법 시행령」 제259조의3(수출입 안전관리 우수업체의 공인절차 등) 제3항

3 수출입 안전관리 우수업체 공인 심사 신청에 대한 기각사유만으로 나열한 것은?

> ㉠ 신청업체가 공인기준을 충족하는지를 자체적으로 평가한 수출입 관리 현황자체평가표(법규준수도를 제외한다)를 제출하지 않은 경우
> ㉡ 공인심사를 할 때에 제출한 자료가 거짓으로 작성된 경우
> ㉢ 신청업체가 관세 체납이 있는 경우
> ㉣ 공인신청 후 신청업체의 법규준수도 점수가 70점 미만(중소 수출 기업은 60점 미만)으로 하락한 경우
> ㉤ 법규준수의 결격에 해당하는 공인 유보사유가 현장심사를 마친 날로부터 6개월을 넘어서도 확정되지 않고 계속 진행되는 경우

① ㉠㉢

② ㉡㉣

③ ㉢㉤

④ ㉡㉣㉤

⑤ ㉠㉡㉢㉣

Answer 3.②

3 공인신청의 기각〈수출입 안전관리 우수업체 공인 및 운영에 관한 고시 제12조의2〉… 관세청장은 신청업체가 다음의 어느 하나에 해당하는 경우에는 공인신청을 기각할 수 있다.

㉠ 서류심사 또는 현장심사 결과, 공인기준을 충족하지 못하였으며 보완 요구의 실익이 없는 경우

㉡ 공인심사를 할 때에 제출한 자료가 거짓으로 작성된 경우

㉢ 제8조 제2항 또는 제9조 제10항에 따라 관세청장이 보완을 요구하였으나, 천재지변 등 특별한 사유 없이 보완 요구기간 내에 보완하지 아니하거나(통관적법성 검증과 관련한 자료제출 및 보완 요구도 포함한다) 보완을 하였음에도 불구하고 공인기준을 충족하지 못한 경우

㉣ 제11조 제2항 제3호의 사유가 현장심사를 마친 날로부터 1년을 넘어서도 확정되지 않고 계속 진행되는 경우. 다만, 이 경우 최소한 1심 판결이 유죄로 선고되어야 한다.

㉤ 제11조 제3항 및 제4항에 따른 공인기준 준수 개선 계획을 제출하지 않거나, 공인기준 준수 개선 완료 보고를 하지 않은 경우

㉥ 제12조에 따라 공인유보업체를 재심사한 결과, 공인기준을 충족하지 못한 것으로 확인된 경우

㉦ 공인신청 후 신청업체의 법규준수도 점수가 70점 미만(중소 수출기업은 60점 미만)으로 하락한 경우

㉧ 제6조 제1항 제7호에 따른 교육이수 확인서를 제출하지 않은 경우

4　「수출입 안전관리 우수업체 공인 및 운영에 관한 고시」상 정기 자체 평가에 대한 설명 중 틀린 것은?

① 수출입 안전관리 우수업체는 매년 공인일자가 속하는 달에 정기 자체 평가서에 따라 공인기준을 충족하는지를 자체적으로 점검하고 다음 달 15일까지 관세청장에게 그 결과를 제출하여야 한다.

② 수출입 안전관리 우수업체가 종합심사 신청을 취하하는 경우에는 정기 자체평가를 생략하게 할 수 있다.

③ 수출입 안전관리 우수업체는 관세청장이 지정한 비영리법인에게 자체평가서를 확인을 받아야 한다.

④ 중소기업은 수출입 관련 업무에 1년 이상 근무한 경력이 있고 교육을 받은 해당 업체 소속 관리책임자에게 자체평가서를 확인받을 수 있다.

⑤ 관세청장은 정기 자체평가서 및 확인서에 대해서 공인기준을 충족하는 지를 확인할 경우에는 확인자에게 관련 자료를 요청하거나, 수출입 안전관리 우수업체의 사업장 등을 방문하여 확인할 수 있다. ㅋ

Answer 4.②

4　② 관세청장은 수출입 안전관리 우수업체가 제19조에 따라 종합심사를 신청한 경우에는 공인의 유효기간이 끝나는 날이 속하는 연도에 실시하는 정기 자체평가를 생략하게 할 수 있다. 다만, 수출입 안전관리 우수업체가 종합심사 신청을 취하하는 경우에는 제1항에 따른 기한 또는 종합심사를 취하한 날의 다음달 15일까지 정기 자체평가서를 관세청장에게 제출하여야 한다〈수출입 안전관리 우수업체 공인 및 운영에 관한 고시 제18조(정기 자체 평가) 제2항〉.

※ 정기 자체 평가〈수출입 안전관리 우수업체 공인 및 운영에 관한 고시 제18조〉

① 수출입 안전관리 우수업체는 매년 공인일자가 속하는 달에 별지 제11호서식의 정기 자체 평가서에 따라 공인기준을 충족하는지를 자체적으로 점검하고 다음 달 15일까지 관세청장에게 그 결과를 제출하여야 한다. 다만, 수출입 안전관리 우수업체가 여러 공인부문에서 걸쳐 공인을 받은 경우에는 공인일자가 가장 빠른 공인부문을 기준으로 자체 평가서를 함께 제출할 수 있다.

② 제1항에도 불구하고 관세청장은 수출입 안전관리 우수업체가 제19조에 따라 종합심사를 신청한 경우에는 공인의 유효기간이 끝나는 날이 속하는 연도에 실시하는 정기 자체평가를 생략하게 할 수 있다. 다만, 수출입 안전관리 우수업체가 종합심사 신청을 취하하는 경우에는 제1항에 따른 기한 또는 종합심사를 취하한 날의 다음달 15일까지 정기 자체평가서를 관세청장에게 제출하여야 한다.

③ 수출입 안전관리 우수업체는 제1항의 자체평가서를 다음 각 호의 어느 하나에 해당하는 자(해당 업체에 소속된 자는 제외한다)에게 확인을 받아야 한다. 다만, 「중소기업기본법」 제2조에 따른 중소기업은 수출입 관련 업무에 1년 이상 근무한 경력이 있고 제16조의2에 따른 교육을 받은 해당 업체 소속 관리책임자의 확인을 받을 수 있다.

1. 제16조의2 제7항에 따라 관세청장이 지정한 비영리법인

2. 수출입 안전관리 우수업체 공인을 받은 관세사무소 또는 관세법인 · 통관취급법인 등에 소속된 자로서 최근 5년 이내에 제16조의2 제1항 제1호의 교육을 받은 관세사

3. 관세청장 또는 제16조의2 제7항에 따른 교육기관이 시행하는 수출입 안전관리 우수업체 제도 교육을 최근 5년 이내에 35시간 이상을 받은 관세사

4. 수출입 안전관리 우수업체로 공인을 받은 보세구역운영인 등에 소속된 자로서 최근 5년 이내에 제16조의2 제1항 제1호의 교육을 받은 보세사(보세구역운영인부문에 한정한다)

5. 관세청장 또는 제16조의2 제7항에 따른 교육기관이 시행하는 수출입 안전관리 우수업체 제도 교육과정을 최근 5년 이내에 35시간 이상 받은 보세사(보세구역운영인부문에 한정한다)

④ 제3항에 따른 확인자는 별지 제11호의2서식의 정기 자체평가서 확인서를 관세청장에게 제출하여야 한다.

5 다음은 수출입 안전관리 우수업체에 적용되는 통관절차 특례이다. (   )안에 들어갈 내용을 순서대로 나열한 것은?

공인 부문	혜택기준	수출입안전관리 우수업체		
		A	AA	AAA
모든 부문	「여행자정보 사전확인제도 운영에 관한 훈령」에 따른 여행자검사대산 선별제외	(㉠)	대표자 · 총괄책임자	대표자 · 총괄책임자
	국제공항 입출국시 전용검사대를 이용한 법무부 입출국 심사	대표자	(㉡)	대표자 · 총괄책임자
보세 구역 운영인	「특허보세구역 운영에 관한 고시제7조에 따른 특허 갱신 시 본부세관 특허심사위원회 심사생략 및 해당 세관에서 자체 심사」	(㉢)	○	○
	「보세화물관리에 관한 고시」 제16조에 따른 분기별 자체 재고조사 후 연 1회 세관장에게 보고	(㉣)	○	○

	㉠	㉡	㉢	㉣
①	대표자	대표자	○	○
②	대표자	대표자 · 총괄책임자	×	○
③	대표자 · 총괄책임자	대표자	○	○
④	대표자 · 총괄책임자	대표자	×	○
⑤	대표자 · 총괄책임자	대표자 · 총괄책임자	○	○

Answer 5.③

5 통관절차 등의 혜택〈수출입 안전관리 우수업체 공인 및 운영에 관한 고시 별표2(제15조(통관절차 등의 혜택))〉

공인 부문	혜택 기준	수출입안전관리우수업체		
		A	AA	AAA
모든 부문	「여행자정보 사전확인제도 운영에 관한 훈령」에 따른 여행자 검사대상 선별제외	○ 대표자, 총괄책임자	○ 대표자, 총괄책임자	○ 대표자, 총괄책임자
	국제공항 입출국시 전용검사대를 이용한 법무부 입출국 심사	○ 대표자	○ 대표자	○ 대표자, 총괄책임자
보세구역운영인	「특허보세구역 운영에 관한 고시」 제7조에 따른 특허 갱신 시 본부세관 특허심사위원회 심사생략 및 해당세관에서 자체 심사 ※ 공인 수출입업체의 자가용 보세창고의 경우에도 동일혜택 적용	○	○	○
	「보세화물관리에 관한 고시」 제16조에 따른 분기별 자체 재고조사 후 연1회 세관장에게 보고	○	○	○

6 「관세법」상 수출입 안전관리 우수업체 공인 및 운영에 관한 설명으로 틀린 것은?

① 관세청장은 수출입 안전관리 우수업체의 공인을 받기 위하여 심사를 요청한 자에 대하여 대통령령으로 정하는 바에 따라 심사하여야 한다.

② 관세청장이 정하는 바에 따라 수출입 안전관리 우수 공인업체에 대하여 관세감면 등 세제상의 혜택을 제공할 수 있다.

③ 관세청장은 수출입 안전관리 우수 공인업체가 거짓이나 그 밖의 부정한 방법으로 공인을 받거나 공인을 갱신 받은 경우에는 공인을 취소하여야 한다.

④ 관세청장은 수출입 안전관리 우수 공인업체가 「관세법」에 따른 안전관리 기준을 충족하는지 여부를 주기적으로 확인하여야 한다.

⑤ 관세청장은 수출입물품의 제조 · 운송 · 보관 또는 통관 등 무역과 관련된 자가 시설, 서류 관리, 직원 교육 등에서 대통령령으로 정하는 안전관리 기준을 충족하는 경우 수출입 안전관리 우수업체로 공인할 수 있다.

Answer 6.②

6 ② 관세청장은 제255조의2에 따라 수출입 안전관리 우수업체로 공인된 업체(수출입안전관리우수업체)에 통관절차 및 관세행정상의 혜택으로서 **대통령령**으로 정하는 사항을 제공할 수 있다〈관세법 제255조의3(수출입 안전관리 우수업체에 대한 혜택 등) 제1항〉.
①⑤ 「관세법」 제255조의2(수출입 안전관리 우수업체의 공인)
③ 제255조의5(수출입안전관리우수업체의 공인 취소)
④ 제255조의4(수출입안전관리우수업체에 대한 사후관리)

7 다음은 보세구역 운영인 부문의 수출입 안전관리 우수업체에 적용되는 취급절차관리 기준에 대한 설명이다. ( )안에 들어갈 내용을 순서대로 나열한 것은?

> 운영인은 반입물품의 중량·라벨·표식·수량 등을 (㉠)와 대조 확인하여야 한다. 운영인은 반출물품을 구매주문서 또는 운송의뢰서, 반출승인정보 등과 대조 확인하여야 한다. 또한 물품을 인수하거나 불출하기 전에 (㉡)의 정확한 신원을 확인하여야 한다.

	㉠	㉡
①	통관정보	관세사
②	반입예정정보	수출·수입업체
③	통관정보	수출·수입업체
④	반입예정정보	운전사
⑤	통관정보	운전사

7 보세구역 운영인 부문 취급절차관리 기준 4.5.3. … 운영인은 반입물품의 중량·라벨·표식·수량 등을 ㉠**반입예정정보**와 대조 확인 하여야 한다. 운영인은 반출물품을 구매주문서 또는 운송의뢰서, 반출승인 정보 등과 대조 확인하여야 한다. 또한, 물품을 인수하거나 불출하기 전에 ㉡**운전사**의 정확한 신원을 확인하여야 한다〈수출입 안전관리 우수업체 공인 및 운영에 관한 고시 [별표1] 수출입 안전관리 우수업체 공인기준(제4조 제1항 관련)〉.

8 다음은 수출입 안전관리 우수업체로 공인된 보세구역 운영인(A社)이 행한 활동이다. 수출입 안전관리 관련 고시에 따른 수출입 관리책임자 지정과 변경, 교육에 대한 내용으로 틀린 것은?

① A社는 수출입 물품을 취급하는 사업장의 수출입관리책임자로 보세사인 김○○ 과장을 지정하였다.

② A社는 2018년 5월 1일 공인신청을 하였으며, 보세사인 김○○ 과장은 2015년 7월 10일 관리책임자 공인전 교육을 이수하였다.

③ 보세사인 김○○ 과장은 수출입 물품을 취급하는 담당 직원들에게 수출입안전관리 교육을 실시하였다.

④ A社는 2020년 5월 1일 수출입관리책임자를 보세사인 최○○ 과장은 2020년 8월 30일에 공인 후 교육을 이수하였다.

⑤ 2020년 5월 1일 변경된 수출입관리책임자 최○○ 과장은 8월 30일에 공인 후 교육을 이수하였다.

8 ④ 수출입 안전관리 우수업체는 다음 각 호의 어느 하나에 해당하는 사실이 발생한 경우에는 그 사실이 발생한 날로부터 30일 이내에 별지 제10호서식의 수출입 관리현황 변동사항 보고서를 작성하여 관세청장에게 보고하여야 한다. 다만, 변동사항이 범칙행위, 부도 등 공인유지에 중대한 영향을 미치는 경우에는 지체 없이 보고하여야 한다〈수출입 안전관리 우수업체 공인 및 운영에 관한 고시 제17조(변동사항 보고) 제1항〉

① 관리책임자의 지정 및 역할〈수출입 안전관리 우수업체 공인 및 운영에 관한 고시 [별표 4] 관리책임자의 자격 요건(제16조제4항 관련)〉

공인부문	자격 요건
수출, 수입, 화물운송주선업, 보세운송, 보세구역 운영인, 하역업	① 수출입 관련 업무에 3년 이상 근무한 사람(다만, 중소 수출기업은 1년 이상) ② 보세사 자격이 있는 사람(보세구역 운영인부문에만 해당한다)
관세사	수출입 통관업무를 3년 이상 담당한 관세사
선박회사	① 「국제항해선박 및 항만시설의 보안에 관한 법률」에 따라 보안책임자로 지정된 사람 ② 수출입 관련 업무에 3년 이상 근무한 사람
항공사	① 「항공보안법」에 보안책임자로 지정된 사람 ② 수출입 관련 업무에 3년 이상 근무한 사람

②⑤ 관리책임자 교육 등〈수출입 안전관리 우수업체 공인 및 운영에 관한 고시 제16조의2 제1항〉 ⋯ 관리책임자는 수출입 안전관리 우수업체의 공인 전·후에 다음과 같이 관세청장이 지정하는 교육을 받아야 한다.

㉠ 공인 전 교육 : 수출입관리책임자는 16시간 이상. 다만, 공인 전 교육의 유효기간은 해당 교육을 받은 날로부터 5년임

㉡ 공인 후 교육 : 매 2년마다 총괄책임자는 4시간 이상, 수출입관리책임자는 8시간 이상(처음 교육은 공인일자를 기준으로 1년 이내 받아야 함). 다만, 관리책임자가 변경된 경우에는 변경된 날로부터 180일 이내에 해당 교육을 받아야 한다.

③ 관리책임자의 지정 및 역할〈수출입 안전관리 우수업체 공인 및 운영에 관한 고시 제16조 제3항〉 ⋯ 관리책임자는 다음에 해당하는 업무를 담당한다.

㉠ 정기 자체평가, 변동사항 보고, 공인 또는 종합심사 수감 등 공인기준 준수관련 업무

㉡ 직원에 대한 수출입 안전관리 교육

㉢ 정보 교환, 회의 참석 등 수출입 안전관리 관련 관세청 및 세관과의 협업

㉣ 세액 등 통관적법성 준수 관리

㉤ 그 밖에 업체의 법규준수 향상을 위한 활동

9 수출입 안전관리 우수업체 공인등급 조정 관련 성명으로 틀린 것은?

① 수출입안전관리 우수업체가 4분기 연속으로 해당 공인등급별 기준을 충족하는 경우에는 공인등급의 조정 신청을 받아 상향할 수 있다.

② 갱신이 아닌 때에 공인등급 조정을 신청하고자 하는 경우에는 공인의 유효기간이 1년 이상 남아 있어야 한다.

③ 관세청장은 필요한 경우 확인 등 간소한 방법으로 공인등급별 기준을 충족하는지를 확인할 수 있다.

④ 최초로 수출입 안전관리 우수업체로 공인받은 업체는 등급조정 신청을 할 수 없다.

⑤ 관세청장은 수출입 안전관리 우수업체가 해당 공인등급별 기준을 충족하지 못하는 경우에는 공인등급을 낮출 수 있다.

Answer 9.④

9 공인등급의 조정 절차〈수출입 안전관리 우수업체 공인 및 운영에 관한 고시 제5조의2〉
　㉠ 관세청장은 수출입 안전관리 우수업체가 4개 분기 연속으로 제5조 제1항에 따른 공인등급별 기준을 충족하는 경우에는 공인등급의 조정 신청을 받아 상향할 수 있다. 다만, 수출입 안전관리 우수업체가 갱신이 아닌 때에 공인등급의 조정을 신청하고자 하는 경우에는 공인의 유효기간이 1년 이상 남아 있어야 한다.
　㉡ ㉠에 따라 수출입 안전관리 우수업체가 공인등급의 조정을 신청하고자 할 때에는 별지 제12호서식의 공인등급 조정 신청서를 관세청장에게 제출하여야 한다.
　㉢ 관세청장은 필요한 경우에 서류 확인 등 간소한 방법으로 수출입 안전관리 우수업체가 공인등급별 기준을 충족하는지를 확인할 수 있다.
　㉣ 관세청장은 수출입 안전관리 우수업체가 해당 공인등급별 기준을 충족하지 못하거나 「수출입신고 오류방지에 관한 고시」 제13조 제2항에 해당하는 경우 등에는 공인등급을 낮출 수 있다.

10 수출입 안전관리 우수업체에 대한 혜택 적용의 정지·중단 및 공인취소에 대한 설명으로 맞는 것은?

① 관세청장은 수출입 안전관리 우수업체가 수출입 관련 법령의 양벌규정에 따라 벌금 또는 통고처분을 받은 경우에는 처벌의 확정 여부를 구분하지 않고 6개월 범위 내에서 고시 규정에 따른 혜택의 전부 또는 일부의 적용을 정지할 수 있다.

② 관세청장은 종합심사의 결과에 따라 공인을 유보한 경우 유보 사유의 경중에 관계없이 6개월 범위 내에서 고시 규정에 따른 혜택의 전부 또는 일부의 적용을 정지하여야 한다.

③ 관세청장은 수출입 안전관리 우수업체가 「관세법」 제276조(허위신고죄 등)를 위반하여 통고처분을 받은 경우 즉시 공인에 따른 혜택을 중단하고 청문 및 공인취소 절차를 진행한다.

④ 관세청장은 수출입 안전관리 우수업체가 증서를 반납하는 경우 심의위원회의 심의를 거쳐 공인을 취소하여야 한다.

⑤ 수출입안전관리 우수업체는 공인이 취소된 경우에는 관세청장에게 취소가 결정된 날로부터 30일 이내에 증서를 반납하여야 한다.

Answer 10.①

10 ① 관세청장은 수출입 안전관리 우수업체(대표자 및 관리책임자를 포함한다)가 수출입 관련 법령의 위반과 관련하여 수출입 관련 법령의 양벌규정에 따라 벌금 또는 통고처분을 받은 경우(처벌의 확정 여부를 구분하지 않는다)에는 6개월의 범위 내에서 제15조에 따른 혜택의 전부 또는 일부의 적용을 정지할 수 있다. 이 경우 관세청장은 수출입 안전관리 우수업체에게 시정을 명령하거나 개선을 권고할 수 있다〈수출입 안전 관리 우수업체 공인 및 운영에 관한 고시 제25조(혜택 적용의 정지)〉.

② 관세청장은 종합심사의 결과에 따라 공인을 유보한 경우 6개월 범위 내에서 고시 규정에 따른 혜택의 전부 또는 일부의 적용을 정지 할 수 있다. 다만, 유보 사유가 경미하다가 판단되는 경우에는 혜택을 부여할 수 있다〈수출입 안전관리 우수업체 공인 및 운영에 관한 고시 제25조(혜택적용의 정지) 제5호〉.

③ 관세청장은 수출입 안전관리 우수업체(대표자 및 관리책임자를 포함한다)가 법 제276조에 따라 벌금형을 선고받은 경우 즉시 제15조에 따른 혜택의 적용을 중단하고 제26조에 따른 청문 및 공인취소 절차를 진행한다〈수출입 안전관리 우수업체 공인 및 운영에 관한 고시 제25조의2(공인의 취소) 제1항 제1호 나목〉.

④ 수출입 안전관리 우수업체가 증서를 반납하는 경우 즉시 제15조에 따른 혜택의 적용을 중단하고 제26조에 따른 청문 및 공인취소 절차를 진행한다〈수출입 안전관리 우수업체 공인 및 운영에 관한 고시 제25조의2(공인의 취소) 제1항 제7호〉.

⑤ 수출입 안전관리 우수업체는 공인이 취소된 경우에 지체 없이 관세청장에게 증서를 반납하여야 한다〈수출입 안전관리 우수업체 공인 및 운영에 관한 고시 제28조(증서의 반납)〉.

11 수출입 안전관리 우수업체의 공인 유효기간에 대한 설명으로 틀린 것은?

① 공인의 유효기간은 공인증서상의 발급한 날로부터 5년으로 한다.

② 공인의 취소가 결정된 경우 해당 결정을 한 날에 공인의 유효기간이 끝나는 것으로 본다.

③ 종합심사가 진행 중이거나 종합심사에 따른 공인의 갱신 전에 공인 유효기간이 끝나는 경우에도 해당 공인은 유효한 것으로 본다.

④ 종합심사에 따라 갱신된 공인의 유효기간은 기존 공인의 유효기간이 끝나는 날의 다음부터 시작한다.

⑤ 공인의 유효기간 중에 공인등급은 조정하는 경우 공인의 유효기간은 공인등급이 조정된 날로부터 5년으로 한다.

Answer 11.⑤

11 공인의 유효기간〈수출입 안전관리 우수업체 공인 및 운영에 관한 고시 제13조〉

㉠ 수출입 안전관리 우수업체 공인의 유효기간은 증서상의 발급한 날로부터 5년으로 한다. 다만, 심의위원회에서 수출입 안전관리 우수업체 공인의 취소를 결정하였을 때에는 해당 결정을 한 날에 공인의 유효기간이 끝나는 것으로 본다.

㉡ 종합심사가 진행 중이거나 종합심사에 따른 공인의 갱신 전에 ㉠ 전단에 따른 기간이 끝나는 경우에도 해당 공인은 유효한 것으로 본다. 다만, 다음 각 호의 어느 하나에 해당하는 경우에는 그 사유가 발생한 날에 공인의 유효기간이 끝나는 것으로 본다.

1. 신청업체가 종합심사 신청을 철회하는 경우
2. 종합심사 신청이 각하 또는 기각되는 경우

㉢ 종합심사에 따라 갱신된 공인의 유효기간은 기존 공인의 유효기간이 끝나는 날의 다음날부터 시작한다.

㉣ 제5조의2에 따라 관세청장이 공인의 유효기간 중에 공인등급을 조정하는 경우에 공인의 유효기간은 조정 전의 유효기간으로 한다.

12 다음은 수출입 안전관리 우수업체의 종합심사에 대한 설명이다. (   )안에 들어갈 내용을 순서대로 나열한 것은?

> ㉠ 수출입 안전관리 우수업체는 공인을 갱신하고자 할 때에는 공인의 유효기간이 끝나기 (   ) 전까지 종합심사신청서에 관련 서류를 첨부하여 관세청장에게 전자문서로 제출하여야 한다.
>
> ㉡ 관세청장은 원활한 종합심사를 운영하기 위해 수출입안전관리 우수업체에게 공인의 유효기간이 끝나기 (   ) 전부터 종합심사를 신청하게 할 수 있다.

① 3개월, 6개월

② 3개월, 1년

③ 6개월, 1년

④ 6개월, 18개월

⑤ 6개월, 2년

---

12 종합심사〈수출입 안전관리 우수업체 공인 및 운영에 관한 고시 제19조 제1항〉

㉠ 수출입 안전관리 우수업체는 공인을 갱신하고자 할 때에는 공인의 유효기간이 끝나기 <u>6개월</u> 전까지 수출입 안전관리 우수업체 종합심사 신청서에 서류를 첨부하여 관세청장에게 전자문서로 제출하여야 한다.

㉡ 이 경우 관세청장은 원활한 종합심사를 운영하기 위해 수출입 안전관리 우수업체에게 공인의 유효기간이 끝나기 <u>1년</u> 전부터 종합심사를 신청하게 할 수 있다.

13 수출입 안전관리 우수업체의 공인신청과 관련한 설명으로 틀린 것은?

① 공인 심사 신청 시 첨부하는 서류 중에서 「전자정부법」 제36조에 따라 행정기관 간 공동이용이 가능한 서류는 신청인이 정보의 확인에 동의하는 경우에는 그 제출을 생략할 수 있다.

② 공인 심사 신청 시 관리책임자의 교체, 사업장 추가 등 불가피한 경우에는 관리책임자 교육 이수 확인서를 현장심사를 마치는 날까지 제출할 수 있다.

③ 신청일을 기준으로 관세조사를 받고 있는 업체(수입부문)가 공인 심사를 신청하는 경우에는 관세조사 계획통지서를 공인 심사 신청 시 제출하여야 한다.

④ 공인 심사를 신청할 때 첨부서류 중에서 사업장 별로 중복되는 사항은 한꺼번에 작성하여 제출할 수 있다.

⑤ 관세청장은 법인단위 법규준수도 70점 미만이라도 「관세법」 제110조 제2항 제2호에 따른 관세조사로 인하여 법규준수도 점수가 하락한 경우에는 공인 심사 신청을 각하하지 아니 한다.

Answer 13.②

13 ② 공인 심사 신청 시 관리책임자의 교체, 사업장 추가 등 불가피한 경우에는 관리책임자 교육 이수 확인서를 현장심사를 시작하는 날까지 제출할 수 있다〈수출입 안전 관리 우수업체 공인 및 운영에 관한 고시 제6조(공인신청) 제1항 제7호〉.
　① 「수출입 안전관리 우수업체 공인 및 운영에 관한 고시」 제6조(공인신청) 제1항
　③ 「수출입 안전관리 우수업체 공인 및 운영에 관한 고시」 제6조(공인신청) 제1항 제9호
　④ 신청업체가 공인을 신청할 때에는 법인 단위(개인사업자를 포함한다)로 신청하여야 하며, 첨부서류는 각 사업장별로 구분하여 작성하여야 한다. 다만, 첨부서류 중에서 사업장별로 중복되는 사항은 한꺼번에 작성하여 제출할 수 있다〈수출입 안전관리 우수업체 공인 및 운영에 관한 고시 제6조(공인신청) 제2항〉.
　⑤ 「수출입 안전관리 우수업체 공인 및 운영에 관한 고시」 제6조(공인신청) 제4항 제4호

14 수출입 안전관리 우수업체에게 제공하는 통관절차 등의 혜택으로 틀린 것은?

① 모든 공인 부분의 수출입안전관리 우수업체는 법규위반 시 행정형벌보다 통고처분, 과태료 등 행정질서벌 등이 우선 고려된다.

② 모든 공인 부문의 수출입안전관리 우수업체는 「관세법」 등에 따른 세관장의 과태료 부과징수 시 공인 등급에 따라 과태료를 경감받을 수 있다.

③ 모든 공인부문의 수출입안전관리 우수업체의 대표자 및 총괄 책임자는 입출국시 여행자 검사대상 선별에서 제외될 수 있다.

④ 모든 공인부문의 수출입 안전관리 우수업체의 대표자 및 총괄책임자는 국제공항 입출국시 CIP 라운지를 이용할 수 있다.

⑤ 세관장은 모든 공인부문의 수출입안전관리 우수업체가 세관에 제출한 신고 서류의 작성 오류에 대하여 제재 조치하는 경우 제재수준을 경감할 수 있다.

Answer 14.④

14 통관절차 등의 혜택(제15조 제1항 관련)〈수출입 안전관리 우수업체 공인 및 운영에 관한 고시 별표2〉… 모든부문 혜택기준

㉠ 법규위반시 행정형벌 보다 통고처분, 과태료 등 행정질서벌 등 우선 고려

㉡ 「기업심사 운영에 관한 훈령」에 따른 기획심사, 법인심사 제외(현행범, 중대·명백한 위법정보가 있는 경우 본부세관 종합심사 부서와 협의하에 심사 가능)

㉢ 「관세법 등에 따른 과태료 부과징수에 관한 훈령」에 따른 과태료 경감(적용시점은 과태료부과시점)

㉣ 「여행자정보 사전확인제도 운영에 관한 훈령」에 따른 여행자 검사대상 선별제외

㉤ 국제공항 입출국시 전용검사대를 이용한 법무부 입출국 심사

㉥ 국제공항 출국시 승무원전용통로를 이용한 보안검색

㉦ 국제공항 입출국시 CIP라운지 이용

㉧ 중소기업청의 「중소기업 병역지정업체 추천」시 5점 가산

㉨ 「관세범의 고발 및 통고처분에 관한 훈령」 제3조 제2항에 따른 통고처분금액의 경감

㉩ 「외국환거래의 검사업무 운영에 관한 훈령」에 따른 외국환 검사 제외(현행범, 중대·명백한 위법정보가 있는 경우 본부세관 종합심사부서와 협의 하에 검사 가능)

㉠ 「관세청 감사에 관한 훈령」 제12조에 따른 전산감사 확인사항 기업상담전문관을 통해 시정

㉡ 기업 ERP에 의한 수출입 및 화물 신고

㉣ 「수출입신고 오류방지에 관한 고시」제14조에 따라 오류에 대한 제제 경감

15 다음은 보세구역 운영인 부문의 수출입안전관리 우수업체 공인기준에 대한 설명이다. (   ) 안에 들어갈 내용을 순서대로 나열한 것은?

> ㉠ 신청업체와 신청인(관리책임자를 포함한다)이 「관세법」 제276조에 따라 벌금형 선고를 받은 사실이 있는 경우 벌금형 선고 후 (   )이 경과하여야 한다.
>
> ㉡ 신청업체는 부채비율이 동종업종의 평균 부채비율의 (   ) 이하 이거나 외부 신용평가 기관의 신용평가 등급이 투자적격 이상으로 성실한 법규준수의 이행이 가능할 정도의 재정은 유지하여야 한다.

① 6개월, 200%

② 1년, 200%

③ 1년, 300%

④ 2년, 200%

⑤ 2년, 300%

15 ㉠ 신청업체와 신청인(관리책임자를 포함한다)이 「관세법」 제276조에 따라 벌금형 선고를 받은 사실이 있는 경우에는 벌금형 선고 후 **2년**이 경과하여야 한다〈수출입 안전관리 우수업체 공인 및 운영에 관한 고시 [별표1] 1.1.4.〉

㉡ 신청업체는 부채비율이 동종업종의 평균 부채비율의 **200%** 이하이거나 외부신용평가 기관의 신용평가 등급이 투자적격 이상 또는 매출 증가 등으로 성실한 법규준수의 이행이 가능할 정도의 재정을 유지하여야 한다〈수출입 안전관리 우수업체 공인 및 운영에 관한 고시 [별표1] 3.2.1〉.

16 다음은 물품의 하역에 대한 설명이다. ( ) 안에 들어갈 내용을 순서대로 나열한 것은?

> 국제무역선이나 국제무역기에는 ( )을 적재할 수 없으며, 국내운항선이나 국내운항기에는 ( )을 적재할 수 없다. 다만 세관장의 ( )을(를) 받았을 때에는 그러하지 아니하다.

① 내국물품 – 외국물품 – 허가
② 외국물품 – 내국물품 – 승인
③ 내국 환적화물 – 외국 환적화물 – 허가
④ 내국선박용품(내국항공항공기용품) – 외국선박용품(외국항공항공기용품) – 승인
⑤ 외국선박용품(외국항공항공기용품) – 내국선박용품(내국항공항공기용품) – 허가

17 세관장의 승인사항으로 맞는 것은?

① 국제무역선(기)에 선박용품(항공항공기용품)을 하역하거나 환적하려는 경우
② 국제무역선이 국제항의 바깥에서 물품을 하역하거나 환적하려는 경우
③ 국제무역선(기)이 국제항을 출항하려는 경우
④ 국제무역선(기)을 국내운항선(기)으로 전환하려는 경우
⑤ 국제무역선(기)을 국제항이 아닌 지역에 출입하려는 경우

Answer 16.① 17.④

16 국제무역선이나 국제무역기에는 **내국물품**을 적재할 수 없으며, 국내운항선이나 국내운항기에는 **외국물품**을 적재할 수 없다. 다만, 세관장의 **허가**를 받았을 때에는 그러하지 아니하다〈관세법 제140조(물품의 하역) 제6항〉.

17 ④ 국제무역선 또는 국제무역기를 국내운항선 또는 국내운항기로 전환하거나, 국내운항선 또는 국내운항기를 국제무역선 또는 국제무역기로 전환하려면 선장이나 기장은 **세관장의 승인**을 받아야 한다〈관세법 제144조(국제무역선의 국내운항선으로의 전환 등)〉.
① 선박용품 또는 항공기용품이나 국제무역선 또는 국제무역기 안에서 판매하는 물품을 국제무역선 또는 국제무역기에 하역하거나 환적하려면 세관장의 허가를 받아야 하며, 하역 또는 환적허가의 내용대로 하역하거나 환적하여야 한다〈관세법 제143조(선박용품 및 항공기용품의 하역 등) 제1항〉.
② 국제무역선이 국제항의 바깥에서 물품을 하역하거나 환적하려는 경우에는 선장은 세관장의 허가를 받아야 한다〈관세법 제142조(항외 하역)〉.
③ 국제무역선이나 국제무역기가 국제항을 출항하려면 선장이나 기장은 출항하기 전에 세관장에게 출항허가를 받아야 한다〈관세법 제136조(출항절차) 제1항〉.
⑤ 국제무역선이나 국제무역기는 국제항에 한정하여 운항할 수 있다. 다만, 대통령령으로 정하는 바에 따라 국제항이 아닌 지역에 대한 출입의 허가를 받은 경우에는 그러하지 아니하다〈관세법 제134조(국제항 등에의 출입) 제1항〉.

18 국제무역선의 승선신고를 처리절차에 관한 설명으로 틀린 것은?

① 승무원 가족의 승선기간은 해당 항구에서 승선과 하선을 하는 때에는 선박의 정박기간 이내이다.

② 선박용품의 주문을 받기 위한 승선 등 그 목적이 불합리한 방문인 경우에는 승선을 제한할 수 있다.

③ 상시승선(신고)증의 유효기간은 발급일로부터 2년으로 한다.

④ 선박용품의 하역 및 용역을 제공하기 위하여 선박용품 적재들 허가(신청)서에 승선자 명단을 기재하여 허가를 받은 경우에는 승선신고를 한 것으로 갈음한다.

⑤ 업체가 휴업 또는 폐업한 때에는 즉시 발급한 세관장에게 상시승선(신고)증을 반납해야 한다.

Answer 18.③

18 ③ 상시승선(신고)증의 유효기간은 발급일로부터 **3년**으로 한다. 상시승선(신고)증의 유효기간을 연장하고자 하는 자는 유효기간 만료 30일 전까지 기간연장 신청해야 한다〈국제무역선의 입출항 전환 및 승선절차에 관한 고시 제42조(상시승선증 유효기간)〉.

① 승무원가족의 승선기간은 해당 항구에서 승선과 하선을 하는 때에는 선박의 정박기간 이내, 승선하여 국내항 간을 이동하려는 때에는 승선항의 승선일로부터 목적항의 도착일까지이다. 업무수행을 위한 승선기간은 업무수행에 필요한 기간으로 한다〈국제무역선의 입출항 전환 및 승선절차에 관한 고시 제33조(승선기간)〉.

② 승선제한〈국제무역선의 입출항 전환 및 승선절차에 관한 고시 제36조〉 … 세관장은 다음에 해당하는 경우에는 승선을 제한할 수 있다
  ㉠ 최근 1년 이내 밀수전과가 있는 승무원에 대한 방문
  ㉡ 우범선박으로 지정된 선박에 대한 방문
  ㉢ 마약 등 밀반입 우려가 있거나 수사상 필요하다고 세관장이 지정한 선박에 대한 방문
  ㉣ 선박용품의 주문을 받기 위한 승선 등 그 목적이 불합리한 방문

④ 선박용품 · 선박내판매용품 · 내국물품의 하역 및 용역을 제공하기 위하여 선박용품 적재 등 허가(신청)서에 승선자 명단을 기재하여 허가를 받은 경우에는 승선신고를 한 것으로 갈음한다. 승무원가족 또는 업무목적 등으로 승선하는 자가 국내항 간을 이동하고자 출입국 · 외국인청장에게 승선허가를 받은 경우에는 승선신고를 한 것으로 갈음한다〈국제무역선의 입출항 전환 및 승선절차에 관한 고시 제37조(승선신고의 의제)〉.

⑤ 상시승선증 반납〈국제무역선의 입출항 전환 및 승선절차에 관한 고시 제43조〉 … 상시승선(신고)증을 발급받은 자 또는 소속업체는 다음에 해당하는 사실이 발생한 때에는 즉시 발급한 세관장에게 그 사실을 통보하고 상시승선(신고)증을 반납해야 한다.
  ㉠ 업체가 휴업 또는 폐업한 때
  ㉡ 상시승선(신고)증을 발급받은 자가 법에 따라 처벌 받은 때(다만, 법 제277조 해당사항은 제외한다)
  ㉢ 상시승선증을 발급받은 자가 퇴사 · 전출 등의 사유로 해당 업무를 수행할 수 없는 때(발급받은 자가 퇴사 등의 사유로 직접 반납할 수 없는 경우에는 해당 업체가 즉시 반납한다)

19 국제항(개항)에 대한 설명 중 틀린 것은?

① 국제항은 대통령령으로 지정한 25개 항구와 8개 공항을 말한다.

② 국제항의 시설기준 등에 관하여 필요한 사람은 대통령령으로 정한다.

③ 국제항의 운영자는 국제항이 법률에 따른 시설기준 등에 미치지 못하게 된 경우 그 시설 등을 신속하게 개선하여야 하며 관세청장은 대통령령으로 정하는 바에 따라 그 시설 등의 개선을 명할 수 있다.

④ 국제무역선이나 국제무역기는 국제항에 한정하여 운항할 수 있다. 다만, 대통령령으로 정하는 바에 따라 국제항이 아닌 지역에 대한 출입의 허가를 받은 경우에는 그러하지 아니하다.

⑤ 국제항이 아닌 지역에 출입하고자 하는 경우 내야하는 수수료의 총액은 50만 원을 초과하지 못한다.

Answer 19.③

19 ③ 국제항의 운영자는 국제항이 시설기준 등에 미치지 못하게 된 경우 그 시설 등을 신속하게 개선하여야 하며, 기획재정부장관은 대통령령으로 정하는 바에 따라 그 시설 등의 개선을 명할 수 있다〈관세법 제133조(국제항의 지정 등) 제3항〉.

① 대통령령으로 지정된 개항〈관세법 시행령 제155조(국제항의 지정) 제1항〉

구분	국제항명
항구	인천항, 부산항, 마산항, 여수항, 목포항, 군산항, 제주항, 동해·묵호항, 울산항, 통영항, 삼천포항, 장승포항, 포항항, 장항항, 옥포항, 광양항, 평택·당진항, 대산항, 삼척항, 진해항, 완도항, 속초항, 고현항, 경인항, 보령항
공항	인천공항, 김포공항, 김해공항, 제주공항, 청주공항, 대구공항, 무안공항, 양양공항

② 관세법 제133조(국제항의 지정 등) 제2항

④ 관세법 제134조(국제항 등에의 출입) 제1항

⑤ 국제항이 아닌 지역에 출입하기 위하여 내야 하는 수수료는 다음 표에 따라 계산하되, 산정된 금액이 1만 원에 미달하는 경우에는 1만 원으로 한다. 이 경우 수수료의 총액은 50만 원을 초과하지 못한다〈관세법 시행규칙 제62조(국제항이 아닌 지역에 대한 출입허가수수료) 제1항〉.

구분	출입 횟수 기준	적용 무게 기준	수수료
국제무역선	1회	해당 선박의 순톤수 1톤	100원
국제무역기	1회	해당 항공기의 자체무게 1톤	1천2백원

20 관리대상화물에 대한 설명 중 틀린 것은?

① "운송추적감시화물"이란 세관장이 선별한 감시대상화물 중 부두 또는 계류장내에서 하역 과정을 감시하거나 하역즉시 검사하는 화물(공컨테이너를 포함한다)을 말한다.

② "검색기검사화물"이란 세관장이 선별한 검사대상화물 중 검색기로 검사를 실시하는 화물을 말한다.

③ "즉시검사화물"이란 세관장이 선별한 검사대상화물 중 검색기검사를 하지 않고 바로 개장검사를 실시하는 화물을 말한다.

④ "반입후검사화물"이란 세관장이 선별한 검사대상화물 중 하선(기)장소 또는 장치예정장소에서 이동식검색기로 검사하거나 컨테이너적출 시 검사하는 화물을 말한다.

⑤ "수입신고후검사화물"이란 세관장이 선별한 검사 대상화물 중 수입검사대상으로 선별할 수 있도록 관련부서에 통보하는 화물을 말한다.

21 선박용품에 대한 설명 중 맞는 것은?

① 선박용품의 적재허가를 받은 자는 허가일로부터 7일 이내에 적재를 완료해야 한다.

② 미화 5천달러(원화표시) 물품 500만 원 이하의 선박용품이라면 공급자가 대행업체를 지정하여 적재허가 받은 절차를 이행하게 할 수 있다.

③ 선박용품 수리업자가 조건부 하역한 외국선박용품은 60일 이내에 해당 선박에 적재하고 세관장에게 완료보고를 하여야 한다.

④ 공급자가 적재를 완료하면 해당선박의 출항여부에 상관없이 다음날 12시까지 관할 세관장에게 보고하면 된다.

⑤ 공급자는 반입 등록한 선박용품을 수입·반송 또는 공매하는 등 용도외처분한 때에는 용도외처분한 날로부터 10일 이내에 반입 등록한 세관장에게 용도외처분 보고서를 제출하여야 한다.

Answer 20.① 21.①

20 ① "운송추적감시화물"이란 세관장이 선별한 감시대상화물 중 하선(기)장소 또는 장치예정장소까지 추적감시하는 화물을 말한다. 〈관리대상물 관리에 관한 고시 제2조(정의) 제1항 제8호〉.

21 ① 선박용품 등의 적재·환적 허가를 받은 자는 허가일로부터 7일 이내에 적재 등을 완료해야 한다〈선박용품 등 관리에 관한 고시 제12조(이행기간) 제1항〉.

② 공급자 등은 적재 등 허가 신청이 건당 미화 3천달러(원화표시는 물품 300만 원을 말한다)이하의 선박용품 등으로서 세관장이 감시단속에 지장이 없다고 인정하는 물품의 경우에는 공급자 중에서 대행업체를 지정하여 적재 등 허가받은 절차를 이행하게 할 수 있다〈선박용품 등 관리에 관한 고시 제11조(이행의무자) 제3항〉.

③ 수리업자 등은 조건부 하역한 외국선박용품을 하역일로부터 30일 이내에 해당 선박에 적재하고 세관장에게 완료보고 해야 한다. 다만, 세관장이 선박용품의 수리 지연 등 부득이한 사유가 있다고 인정하는 때에는 5월의 범위 내에서 적재 기간을 연장하거나, 같은 선사 소속의 다른 국제무역선에 적재하도록 할 수 있다〈선박용품 등 관리에 관한 고시 제15조(조건부 하역 선박용품의 관리) 제2항〉.

④ 공급자 등은 적재등을 완료한 때에는 다음날 12시까지 관할 세관장에게 보고해야 한다. 다만, 보고 기한 내에 해당 선박이 출항하는 때에는 출항허가 전까지 보고해야 한다〈선박용품 등 관리에 관한 고시 제14조(완료보고) 제1항〉.

⑤ 공급자 등 및 수리업자 등은 반입등록한 선박용품 등을 수입·반송 또는 공매하는 등 용도외처분한 때에는 용도외처분한 날로부터 7일 이내에 반입등록한 세관장에게 용도외 처분보고서를 제출해야 한다〈선박용품 등 관리에 관한 고시 제22조(용도외처분) 제1항〉.

22 관세법상 승객예약자료의 요청 등에 관한 설명으로 틀린 것은?

① 제공받은 승객예약자료를 열람할 수 있는 사람은 관세청장이 지정하는 세관공무원으로 한정한다.

② 승객예약자료에는 동반탑승자 및 좌석번호, 수하물 자료가 포함된다.

③ 세관장은 승객이 입항 또는 출항한 날부터 1월이 경과한 때에는 해당승객의 승객예약자료를 다른 승객의 승객예약자료와 구분하여 관리하여야 한다.

④ 출항하는 선박 또는 항공기의 승객예약자료 제출시한은 출항 후 3시간 이내이다.

⑤ 입항하는 선박 또는 항공기의 승객예약자료 제출시한은 입항 2시간 전까지이나 운항예정시간이 3시간 이내인 경우에는 입항 30분 전까지 할 수 있다.

22 ⑤ 승객예약자료의 제출시한〈관세법 시행규칙 제62조의3〉.

ⓐ 출항하는 선박 또는 항공기의 경우 : 출항 후 3시간 이내

ⓑ 입항하는 선박 또는 항공기의 경우 : 입항 1시간 전까지. 다만, 운항예정시간이 3시간 이내인 경우에는 입항 30분 전까지 할 수 있다.

① 「관세법」 제137조의2(승객예약 자료의 요청) 제3항

② 승객예약자료의 요청〈관세법 제137조의2 제2항〉.

ⓐ 국적, 성명, 생년월일, 여권번호 및 예약번호

ⓑ 주소 및 전화번호

ⓒ 예약 및 탑승수속 시점

ⓓ 항공권 또는 승선표의 번호·발권일·발권도시 및 대금결제방법

ⓔ 여행경로 및 여행사

ⓕ 동반탑승자 및 좌석번호

ⓖ 수하물 자료

ⓗ 항공사 또는 선박회사의 회원으로 가입한 경우 그 회원번호 및 등급과 승객주문정보

③ 세관장은 승객이 입항 또는 출항한 날부터 1월이 경과한 때에는 해당승객의 승객예약자료를 다른 승객의 승객예약자료(승객의 입·출항일부터 1월이 경과하지 아니한 승객예약자료)와 구분하여 관리하여야 한다〈관세법 시행령 제158조의2(승객예약자료의 열람 등) 제2항〉.

④ 「관세법 시행규칙」 제62조의3(승객예약자료 제출시한) 제1호

23 관세법상 국제무역선의 입출항절차 등에 대한 설명으로 맞는 것은?

① 외국을 항행한 요트가 국내 요트계류장에 입항한다면 세관의 입항절차를 요하지 않는다.

② 국제무역선이 태풍의 사유로 입항시 정상적인 입항보고가 불가하다면 해당 사유가 종료되었을 때 지체 없이 세관장에게 그 경과를 보고하여야 한다.

③ 국제무역선에서 국내운항선 또는 국내운항선에서 국제무역선으로 전환 승인 시 세관의 입항보고절차를 생략한다.

④ 미군의 항공모함은 국내입항시 세관에 입항보고를 해야 하지만, 미군의 잠수함은 국내입항시 세관의 입항보고 절차를 생략한다.

⑤ 부산감천항에 입항보고가 수리된 선박을 부산신항을 이동하려는 때에는 입출항 허가를 받아야 한다.

Answer 23.②

23 ② 재해나 그 밖의 부득이한 사유로 인한 면책〈관세법 제138조〉

　　㉠ 제134조부터 제137조까지 및 제140조부터 제143조까지의 규정은 재해나 그 밖의 부득이한 사유에 의한 경우에는 적용하지 아니한다.

　　㉡ 선장이나 기장은 지체 없이 그 이유를 세관공무원이나 경찰공무원(세관공무원이 없는 경우 한정)에게 신고하여야 한다.

　　㉢ 신고를 받은 경찰공무원은 지체 없이 그 내용을 세관공무원에게 통보하여야 한다.

　　㉣ 선장이나 기장은 재해나 그 밖의 부득이한 사유가 종료되었을 때에는 지체 없이 세관장에게 그 경과를 보고하여야 한다.

① 국제무역선 또는 국제무역기 외의 선박이나 항공기로서 외국에 운항하는 선박 또는 항공기는 국제무역선이나 국제무역기에 관한 규정을 준용한다. 외국을 항해한 요트는 여기에 속하기 때문에 국제무역선에 관한 규정을 준용하여 입항보고를 해야한다〈관세법 제146조(그 밖의 선박 또는 항공기)〉. 국제항이 아닌 지역에 대한 국제무역선의 출입절차는 국제항의 입출항 절차 규정을 적용한다〈국제무역선의 입출항 전환 및 승선절차에 관한 고시 제16조(입항보고 등)〉.

③ 국제무역선 또는 국제무역기를 국내운항선 또는 국내운항기로 전환하거나, 국내운항선 또는 국내운항기를 국제무역선 또는 국제무역기로 전환하려면 선장이나 기장은 세관장의 승인을 받아야 한다〈관세법 제144조(국제무역선의 국내운항선으로의 전환 등)〉.

④ 대통령령으로 정하는 선박 및 항공기로서 국제무역선이나 국제무역기에 관한 규정을 준용하지 않는 것은 군함 및 군용기, 국가원수 또는 정부를 대표하는 외교사절이 전용하는 선박 또는 항공기에 해당하는 것을 말한다〈관세법 시행령 제168조(특수선박)〉.

⑤ 선장 등은 입항보고가 수리된 선박을 항내의 다른 장소로 이동하려는 때에는 별지 제7호 서식의 항내정박장소 이동신고서를 세관장에게 전자문서로 제출해야 한다. 다만, 전자문서로 제출할 수 없을 때에는 서면으로 제출할 수 있다〈국제무역선의 입출항 전환 및 승선절차에 관한 고시 제11조(입항선박의 항내이동 신고 등) 제1항〉.

24 국제무역선의 국내운항선으로의 전환 및 그 밖의 선박 또는 항공기에 관한 설명으로 틀린 것은?

① 국제무역선을 국내운항선으로 전환하거나, 국내운항선을 국제무역선으로 전환하려면 세관장의 승인을 받아야한다.
② 전환승인 신청을 받은 때에는 세관장은 현장확인 담당 세관공무원에게 적재물품에 대하여 검사하게 할 수 있다.
③ 폐선 또는 감축예정인 국제무역선은 국내운항선 전환신청서를 세관장에게 제출하여 승인을 받아야 한다.
④ 국가원수 또는 정부를 대표하는 외교사절이 전용하는 선박 또는 항공기는 국제무역기에 관한 규정을 준용하지 아니한다.
⑤ 외국을 왕래하는 여행자를 전용으로 운송하기 위하여 국내에서만 운항하는 항공기는 국제무역기에 관한 규정을 준용하지 아니한다.

25 국제항(개항)으로 지정된 항구가 아닌 것은?

① 목포항
② 대변항
③ 고현항
④ 삼천포항
⑤ 대산항

24 ①「관세법」제144조(국제무역선의 국내운항선으로의 전환 등)〉
② 세관장은 전환승인 신청을 받은 때에는 현장확인 담당 세관공무원에게 승무원휴대품 및 선박용품 등 적재물품에 대하여 검사하게 할 수 있다〈국제무역선의 입출항 전환 및 승선절차에 관한 고시 제28조(물품의 검사) 제1항〉.
③ 전환승인 신청〈국제무역선의 입출항 전환 및 승선절차에 관한 고시 제24조 제1항〉 … 선장 등은 다음에 해당하는 경우에는 국내운항선 전환승인신청서를 세관장에게 제출하여 승인을 받아야 한다.
　㉠ 사업계획변경으로 국내운항선에서 국제무역선으로 전환한 선박이 운항을 종료한 선박
　㉡ 폐선 또는 감축 예정인 국제무역선
　㉢ 장기간 운항계획 없이 정박 또는 수리 예정인 선박
　㉣ 국제무역선이 해양수산부장관으로부터 일시 국내운송을 위한 사업계획 변경신고수리를 받은 선박
　㉤ 그 밖에 국제무역선으로서의 자격이 만료되거나 상실된 선박
④ 특수선박〈관세법 시행령 제168조〉 … 대통령령으로 정하는 선박 및 항공기로서 국제무역선이나 국제무역기에 관한 규정을 준용하지 않는 것은 다음에 해당하는 것을 말한다.
　㉠ 군함 및 군용기
　㉡ 국가원수 또는 정부를 대표하는 외교사절이 전용하는 선박 또는 항공기

25 대통령령으로 지정된 개항〈관세법 제133조(국제항의 지정 등) 제1항〉

구분	국제항명
항구	인천항, 부산항, 마산항, 여수항, 목포항, 군산항, 제주항, 동해·묵호항, 울산항, 통영항, 삼천포항, 장승포항, 포항항, 장항항, 옥포항, 광양항, 평택·당진항, 대산항, 삼척항, 진해항, 완도항, 속초항, 고현항, 경인항, 보령항
공항	인천공항, 김포공항, 김해공항, 제주공항, 청주공항, 대구공항, 무안공항, 양양공항

1 자율관리보세구역 운영인의 의무사항으로 틀린 것은?

① 보세구역 반출입 물품과 관련한 생산. 판매, 수입 및 수출 등에 관한 세관공무원의 자료요구 또는 현장 확인 시에 협조하여야 한다.

② 절차생략 등에 따른 물품 반출입 상황 등을 보세사로 하여금 기록 · 관리하게 하여야 한다.

③ 보세사가 해고 또는 취업정지 등의 사유로 업무를 수행할 수 없을 경우에는 2개월 이내에 다른 보세사를 채용하여 근무하게 하여야 한다.

④ 보세사가 아닌 자에게 보세화물관리 등 보세사의 업무를 수행하게 하여서는 아니 된다.

⑤ 보세사를 채용, 해고하였을 때에는 7일 이내에 세관장에게 신고하여야 한다.

Answer 1.⑤

1 ⑤ 보세사를 채용, 해고 또는 교체하였을 때에는 세관장에게 즉시 통보하여야 한다〈자율관리 보세구역 운영에 관한 고시 제9조 (운영인 등의 의무) 제1항 제2호〉.

※ 운영인 등의 의무〈자율관리 보세구역 운영에 관한 고시 제9조 제1항〉

　㉠ 운영인 등은 보세사가 아닌 자에게 보세화물관리 등 보세사의 업무를 수행하게 하여서는 아니 된다. 다만, 업무대행자를 지정하여 사전에 세관장에게 신고한 경우에는 보세사가 아닌 자도 보세사가 이탈시 보세사 업무를 수행할 수 있다.

　㉡ 운영인 등은 당해 보세구역에 작업이 있을 때는 보세사를 상주근무하게 하여야 하며 보세사를 채용, 해고 또는 교체하였을 때에는 세관장에게 즉시 통보하여야 한다.

　㉢ 보세사가 해고 또는 취업정지 등의 사유로 업무를 수행할 수 없는 경우에는 2개월 이내에 다른 보세사를 채용하여 근무하게 하여야 한다.

　㉣ 운영인 등은 절차생략 등에 따른 물품 반출입 상황 등을 보세사로 하여금 기록 · 관리하게 하여야 한다.

　㉤ 운영인 등은 해당 보세구역 반출입 물품과 관련한 생산, 판매, 수입 및 수출 등에 관한 세관공무원의 자료요구 또는 현장 확인 시에 협조하여야 한다.

2 세관장은 자율관리보세구역의 지정을 받은 자가 관세법에 따른 의무를 위반한 경우 지정을 취소할 수 있다. 자율관리보세구역 지정취소 사유에 해당하지 않는 것은?

① 당해 보세구역 장치물품에 대한 관세를 납부할 자금능력이 없다고 인정되는 경우
② 1년 동안 계속하여 물품의 반입 반출 실적이 없거나. 6개월 이상 보세작업을 하지 않은 경우
③ 자율관리보세구역 운영인이 보세사가 아닌 사람에게 보세사의 직무를 수행하게 한 경우
④ 운영인이 절차생략 등에 따른 물품 반출입 상황 등을 보세사로 하여금 기록관리하게 하지 않은 경우
⑤ 화물의 반출입, 재고관리 등 실시간 물품관리가 가능한 전산시스템을 갖추지 않은 경우

Answer 2.④

2 지정취소 사유 등〈자율관리 보세구역 운영에 관한 고시 제5조 제1항〉… 이 법에 따른 의무를 위반하거나 세관감시에 지장이 있다고 인정되는 사유란 다음의 하나를 말한다.

㉠ 관세법 제178조(반입정지 등과 특허의 취소) 제1항에 해당된 때 … 관세청장이 정하는 바에 따라 6개월의 범위에서 해당 특허보세구역에의 물품반입 또는 보세건설 · 보세판매 · 보세전시 등(물품반입 등)을 정지시킬 수 있다.
 1. 장치물품에 대한 관세를 납부할 자금능력이 없다고 인정되는 경우
 2. 본인이나 그 사용인이 이 법 또는 이 법에 따른 명령을 위반한 경우
 3. 해당 시설의 미비 등으로 특허보세구역의 설치 목적을 달성하기 곤란하다고 인정되는 경우
 4. 그 밖에 제1호부터 제3호까지의 규정에 준하는 것으로서 대통령령으로 정하는 사유에 해당하는 경우

㉡ 자율관리 보세구역 운영에 관한 고시 제9조(운영인등의 의무) 제1항 제1호를 위반한 때 … 운영인 등은 보세사가 아닌 자에게 보세화물관리 등 보세사의 업무를 수행하게 하여서는 아니 된다. 다만, 업무대행자를 지정하여 사전에 세관장에게 신고한 경우에는 보세사가 아닌 자도 보세사가 이탈시 보세사 업무를 수행할 수 있다.

㉢ 자율관리 보세구역 운영에 관한 고시 제9조(운영인등의 의무) 제1항 제3호에서 규정한 기간까지 보세사를 채용하지 않을 때 … 보세사가 해고 또는 취업정지 등의 사유로 업무를 수행할 수 없는 경우에는 2개월 이내에 다른 보세사를 채용하여 근무하게 하여야 한다.

㉣ 자율관리 보세구역 운영에 관한 고시 제3조(지정요건)를 충족하지 못한 경우… 자율관리보세구역은 다음의 사항을 충족하고 운영인 등의 법규수행능력이 우수하여 보세구역 자율관리에 지장이 없어야 한다.
 1. 일반 자율관리보세구역 : 보세화물관리를 위한 보세사 채용, 화물의 반출입, 재고관리 등 실시간 물품관리가 가능한 전산시스템(WMS, ERP 등) 구비
 2. 우수 자율관리보세구역 : 보세화물관리를 위한 보세사 채용, 화물의 반출입, 재고관리 등 실시간 물품관리가 가능한 전산시스템(WMS, ERP 등) 구비, 「종합인증우수업체 공인 및 관리업무에 관한 고시」 제5조에 해당하는 종합인증 우수업체, 보세공장의 경우 「보세공장 운영에 관한고시」 제36조 제1항 제3호 및 제4호를 충족할 것

㉤ 그 밖에 보세화물을 자율적으로 관리할 능력이 없거나 부적당하다고 세관장이 인정하는 경우

3 일반 자율관리보세구역운영에 절차생략 등으로 맞는 것은?

① 모든 벌크화물의 분할재포장 작업을 위한 보수작업 신청(승인)을 생략할 수 있다.

② 장치물품의 수입신고전 확인신청(승인)을 생략할 수 있다.

③ 원산지표시 보수작업 신청(승인)을 생략할 수 있다.

④ 보세화물 관리에 관한 고시에 따른 재고조사 및 보고의무를 분기별 1회에서 반기 1회로 완화할 수 있다.

⑤ 특허보세구역 운영에 관한 고시에 따른 보세구역운영상황의 점검을 연 2회에서 연 1회로 완화할 수 있다.

Answer 3.②

3 일반 자율보세구역 절차생략〈자율관리 보세구역 운영에 관한 고시 제7조 제1항 제1호〉 ··· "관세청장이 정하는 절차"라 함은 다음을 말한다.
ⓐ 「식품위생법」, 「건강기능식품에 관한 법률」 및 「축산물 위생관리법」, 「의료기기법」 및 「약사법」, 「화장품법」 및 「전기용품 및 생활용품 안전관리법」에 따른 표시작업(원산지표시 제외)과 벌크화물의 사일로(silo)적입을 위한 포장제거작업의 경우 보수작업 신청(승인) 생략
ⓑ 「보세화물 관리에 관한 고시」 제16조에 따른 재고조사 및 보고의무를 분기별 1회에서 년 1회로 완화
ⓒ 「특허보세구역 운영에 관한 고시」 제22조에 따른 보세구역 운영상황의 점검생략
ⓓ 「보세화물 관리에 관한 고시」 제17조에 따른 장치물품의 수입신고 전 확인신청(승인) 생략

4 자율관리보세구역 운영인의 자율점검표 작성 제출에 대한 설명이다. (   )안에 들어갈 내용을 순서대로 나열한 것은?

> 운영인은 회계연도 종료 (㉠)이 지난 후 (㉡)이내에 보세구역운영 등의 적정여부를 자체 점검하고, 자율점검표를 「특허보세구역 운영에 관한 고시」에 의한 「보세구역운영상황 및 보세화물관리에 관한 고시」에 의한 재고조사 결과와 함께 제출하려는 경우, 자율점검표를 다음 해 (㉢)말까지 제출할 수 있다.

	㉠	㉡	㉢
①	1개월	7일	1월
②	1개월	15일	2월
③	3개월	15일	2월
④	3개월	10일	1월
⑤	3개월	7일	3월

4 운영인은 회계연도 종료 ㉠ <u>3개월</u>이 지난 후 ㉡ <u>15일</u> 이내에 자율관리 보세구역 운영 등의 적정여부를 자체 점검하고, 다음 각 호의 사항을 포함하는 자율점검표를 작성하여 세관장에게 제출하여야 한다. 다만, 운영인이 자율점검표를 「특허보세구역 운영에 관한 고시」에 의한 보세구역 운영상황 및 「보세화물 관리에 관한 고시」에 의한 재고조사 결과와 함께 제출하려는 경우, 자율점검표를 다음 해 ㉢ <u>2월말</u>까지 제출할 수 있다〈자율관리 보세구역 관리에 관한 고시 제10조(자율관리 보세구역에 대한 감독) 제1항〉.

5 우수 자율관리보세구역으로 지정받기 위한 요건으로 틀린 것은?

① 화물의 반출입, 재고관리 등 실시간 물품관리가 가능한 전산시스템을 구비하여야 한다.

② 보세화물관리를 위한 보세사를 채용하지 않아도 지정이 가능하다.

③ 일반 자율관리보세구역의 지정요건을 모두 충족하여야 한다.

④ 업무처리시스템에 세관 전용화면을 제공하거나 해당 시스템의 열람 권한을 제공해야 한다.

⑤ 반출입, 제조·가공, 재고관리 등 업무처리의 적정성을 확인·점검할 수 있는 기업자원관리(ERP)시스템을 제공할 수 있어야 한다.

Answer 5.②

5 지정요건〈자율관리 보세구역 운영에 관한 고시 제3조〉 ··· 자율관리보세구역은 다음의 사항을 충족하고 운영인 등의 법규수행능력이 우수하여 보세구역 자율관리에 지장이 없어야 한다.

  ㉠ 일반 자율관리보세구역
  • 보세화물관리를 위한 보세사 채용
  • 화물의 반출입, 재고관리 등 실시간 물품관리가 가능한 전산시스템(WMS, ERP 등) 구비
  ㉡ 우수 자율관리보세구역
  • 보세화물관리를 위한 보세사 채용
  • 화물의 반출입, 재고관리 등 실시간 물품관리가 가능한 전산시스템(WMS, ERP 등) 구비
  • 「수출입 안전관리 우수업체 공인 및 운영에 관한 고시」 제5조에 해당하는 수출입 안전관리 우수업체
  • 보세공장의 경우 반출입, 제조·가공, 재고관리 등 업무처리의 적정성을 확인·점검할 수 있는 기업자원관리(ERP)시스템 또는 업무처리시스템에 세관 전용화면을 제공하거나 해당 시스템의 열람 권한을 제공하면 자율관리보세공장으로 지정

6 보세사의 직무 범위에 해당되지 않는 것은?

① 보세화물 및 내국물품의 반입 또는 반출에 대한 참관 및 확인
② 보세구역안에 장치된 물품의 관리 및 취급에 대한 참관 및 확인
③ 보세구역출입문의 개폐 및 열쇠관리의 감독
④ 보세구역의 출입자관리에 대한 감독
⑤ 보세구역 장치물품에 대한 보수작업 승인 및 감독

Answer 6.⑤

6 보세사의 직무 등〈관세법 시행령 제185조 제1항〉
  ㉠ 보세화물 및 내국물품의 반입 또는 반출에 대한 참관 및 확인
  ㉡ 보세구역 안에 장치된 물품의 관리 및 취급에 대한 참관 및 확인
  ㉢ 보세구역출입문의 개폐 및 열쇠관리의 감독
  ㉣ 보세구역의 출입자관리에 대한 감독
  ㉤ 견본품의 반출 및 회수
  ㉥ 기타 보세화물의 관리를 위하여 필요한 업무로서 "관세청장이 정하는 업무"

  ※ 관세청장이 정하는 업무〈보세사제도 운영에 관한 고시 제10조(보세사의 직무) 제1항〉.
  ㉠ 보수작업과 화주의 수입신고전 장치물품확인 시 입회·감독
  ㉡ 세관봉인대의 시봉 및 관리
  ㉢ 환적화물 컨테이너 적출입시 입회·감독
  ㉣ 다음의 비치대장 작성과 확인. 다만, 전산신고 등으로 관리되는 경우에는 생략할 수 있다.
    • 내국물품 반출입 관리대장
    • 보수작업 관리대장
    • 환적화물 컨테이너 적출입 관리대장
    • 장치물품 수입신고전 확인대장
    • 세관봉인대 관리대장
    • 그 밖에 보세화물 관련규정에서 보세사의 직무로 정한 각종 대장

7 보세사의 등록 및 취소에 대한 설명으로 틀린 것은?

① 보세사의 자격을 갖춘 자가 보세사로 근무를 하려면 관세청장에게 등록을 하여야 한다.

② 세관장은 보세사로서 근무하기 위하여 등록을 한 사람이 관세법이나 관세법에 의한 명령을 위반한 경우 등록의 취소, 6개월 이내의 업무정지, 견책 또는 그 밖에 필요한 조치를 할 수 있다.

③ 세관장은 보세구역 운영인 또는 등록보세사로부터 보세사의 퇴사·해임·교체통보를 받은 때에는 그 등록을 취소하고, 그 사실을 전산에 등록하여야 한다.

④ 보세사로서 근무하기 위하여 등록을 한 사람이 관세법이나 관세법에 의한 명령을 위반하여 등록이 취소된 사람은 그 취소된 날로부터 2년내에 다시 등록하지 못한다.

⑤ 보세사 등록을 신청하고자 하는 사람은 보세사 등록 신청서에 입사예정 증명서 또는 재직확인 증명서를 첨부하여 한국관세물류협회장에게 제출하여야 한다.

Answer 7.①

7 ① 보세사의 자격을 갖춘 사람이 보세사로 근무하려면 해당 보세구역을 관할하는 세관장에게 등록하여야 한다〈관세법 제165조(보세사의 자격 등) 제3항〉.

② 「관세법」 제165조(보세사의 자격 등) 제5항 제3호

③ 「보세사제도 운영에 관한 고시」 제8조(등록취소) 제1항 제2호

④ 「보세사제도 운영에 관한 고시」 제8조(등록취소) 제2항

⑤ 「보세사제도 운영에 관한 고시」 제7조(등록절차) 제1항

8 수출입물류업체에 대한 법규수행능력측정 및 평가관리에 관한 설명으로 틀린 것은?

① 법규수행능력 평가대상 수출입물류업체에 대한 점검은 현지점검을 원칙으로 한다.

② 세관장은 수출입물류업체에 대한 서면(현지)점검을 할 때 수출입물류업체에게 자료의 제출을 요구하거나 질문 등을 할 수 있다.

③ 세관장이 현지점검을 실시한 때에는 「자율관리보세구역운영에 관한 고시」 제10조에 따른 자율관리보세구역에 대한 감독을 생략할 수 있다.

④ 점검을 실시하는 세관공무원은 「행정조사기본법」 제11조 제3항의 규정에 따라 권한을 나타내는 증표를 지니고 이를 조사대상자에게 내보여야 한다.

⑤ 세관 화물부서에 편성된 점검반이 수출입물류업체에 대한 법규수행능력 점검을 완료한 때에는 그 결과를 법규수행능력 평가 시스템에 등록해야 한다.

Answer 8.①

8 ① 법규수행능력 평가대상 수출입물류업체에 대한 점검은 서면점검을 원칙으로 한다. 다만, 수출입물류업체의 업무특성상 현지점검의 필요성이 있다고 판단되는 때에는 7일 이내의 기간을 정하여 현지점검을 실시할 수 있다〈수출입물류업체에 대한 법규수행능력측정 및 평가관리에 관한 훈령 제8조(점검 및 결과조치) 제1항〉.

※ 점검 및 결과조치〈수출입물류업체에 대한 법규수행능력측정 및 평가관리에 관한 훈령 제8조〉

　㉠ 법규수행능력 평가대상 수출입물류업체에 대한 점검은 서면점검을 원칙으로 한다. 다만, 수출입물류업체의 업무특성상 현지점검의 필요성이 있다고 판단되는 때에는 7일 이내의 기간을 정하여 현지점검을 실시할 수 있다.

　㉡ 세관장이 서면(현지)점검을 하는 경우 평가항목에 대한 사실 확인 등이 필요하다고 판단하는 때에는 수출입물류업체에게 추가적으로 자료의 제출을 요구하거나 질문 등을 할 수 있다.

　㉢ 점검반은 수출입물류업체에 대한 법규수행능력 점검을 완료한 때에는 그 결과를 세관장에게 보고하고 즉시 법규수행능력 평가시스템에 등록하여야 한다.

　㉣ 세관장이 ㉠의 단서규정에 따라 현지점검을 실시한 때에는 수출입물류업체에 대한 「특허보세구역 운영에 관한 고시」 제22조에 따른 보세구역운영상황의 점검, 「자율관리보세구역운영에 관한 고시」 제10조에 따른 자율관리보세구역에 대한 감독, 「보세공장운영에 관한 고시」 제40조에 따른 재고조사, 「보세판매장운영에 관한 고시」 제32조에 따른 세관장의 업무감독, 「종합보세구역의 지정 및 운영에 관한 고시」 제35조에 따른 반출입사항 및 재고조사와 「보세운송에 관한 고시」 제57조에 따른 세관장의 업무감독, 「자유무역지역 반출입물품의 관리에 관한 고시」 제22조에 따른 재고관리상황의 조사 등을 생략할 수 있다.

　㉤ 점검은 이 고시에서 따로 정하는 경우를 제외하고는 행정조사기본법 제11조, 제17조, 제18조, 제21조, 제22조 및 제24조의 규정을 준용한다. 다만, 다음의 어느 하나에 해당하는 때에는 이를 적용하지 아니할 수 있으며, 이 때에도 점검을 실시하는 세관공무원은 같은 법 제11조 제3항의 규정에 따라 권한을 나타내는 증표를 지니고 이를 조사대상자에게 내보여야 한다.

　　• 행정조사기본법 제3조 제2항 제5호에 관한 사항

　　• 행정조사를 긴급히 실시하여야 할 필요가 있다고 세관장이 인정하는 경우

9 「자유무역지역의 지정 및 운영에 관한 법률(이하 '자유무역지역법')」과 다른 법률과의 관계에 대한 설명으로 맞는 것은?

① 자유무역지역에서는 「자유무역지역법」에 규정된 사항을 제외하고는 관세법을 적용한다. 다만, 자유무역지역에 통제시설이 설치되어 있지 않은 경우에는 그러하지 아니하다.

② 자유무역지역의 지정 및 운영에 관하여 「경제자유구역의 지정 및 운영에 관한 특별법」에 「자유무역지역법」과 다른 규정이 있는 경우에는 「자유무역지역법」을 우선하여 적용한다.

③ 「자유무역지역법」에서 "수입", "수출", "외국물품", "내국물품"에 대한 용어는 「관세법」상 용어와 차이가 있다.

④ 입주기업체 중 외국인 투자기업에 대해서도 「장애인고용촉진 및 직업재활법」 제28조가 적용된다.

⑤ 「고용상 연령차별금지 및 고령고용촉진에 관한 법률」 제12조 및 관련 규정에 따라 일정 수 이상의 근로자를 사용하는 자유무역지역 입주기업체로서 외국인투자기업의 사업주는 기준 고용률 이상의 고령자를 고용해야 한다.

---

9 ② 「자유무역지역의 지정 및 운영에 관한 법률」 제3조(다른 법률과의 관계) 제3항
  ① 자유무역지역에서는 이 법에 규정된 사항을 제외하고는 「관세법」을 적용하지 아니한다. 다만, 자유무역지역에 제5조 제3호에 따른 통제시설이 설치되어 있지 아니한 경우에는 그러하지 아니하다〈자유무역지역의 지정 및 운영에 관한 법률 제3조(다른 법률과의 관계) 제1항〉.
  ③ 「자유무역지역의 지정 및 운영에 관한 법률」의 정의에서 수입, 수출, 외국물품, 내국물품 용어의 정의는 「관세법」 제2조(정의)에 따른다〈자유무역지역의 지정 및 운영에 관한 법률 제2조(정의)〉
  ④ 입주기업체 중 외국인투자기업에 대하여는 「장애인고용촉진 및 직업재활법」 제28조를 적용하지 아니한다〈자유무역지역의 지정 및 운영에 관한 법률 제3조(다른 법률과의 관계) 제2항〉.
  ⑤ 입주기업체 중 외국인투자기업에 대하여는 「고용상 연령차별금지 및 고령자고용촉진에 관한 법률」 제12조를 적용하지 아니한다〈자유무역지역의 지정 및 운영에 관한 법률 제3조(다른 법률과의 관계) 제2항〉.
  ※ 사업주의 고령자 고용 노력의무〈고용 상 연령차별금지 및 고령자고용촉진에 관한 법률 제12조〉대통령령으로 정하는 수 이상의 근로자를 사용하는 사업주는 기준고용률 이상의 고령자를 고용하도록 노력하여야 한다.

10 자유무역지역에서 외국물품 등이 아닌 내국물품의 반출확인 절차에 대한 설명으로 틀린 것은?

① 내국물품을 자유무역지역에서 관세영역으로 반출하려는 자는 내국물품으로 반입된 사실을 증명하는 서류를 세관장에게 제출하여야 한다.

② 내국물품을 반출하려는 자는 관세청장이 정하는 내국물품 반출목록신고서를 세관장에게 제출하는 것으로 내국물품 반입증명서류의 제출을 갈음할 수 있다.

③ 세관장이 타당하다고 인정하는 직업에 필요한 용구로서 출입자가 휴대하여 반입하는 물품은 내국물품 반출목록신고서를 세관장에게 제출하는 것으로 내국물품 반입증명서류의 제출을 갈음할 수 있다.

④ 내국물품 반출목록신고서를 제출한 날로부터 3년 이내의 범위에서 대통령령으로 정하는 기간 동안 내국물품 반입증명서류를 보관하여야 한다.

⑤ 내국물품을 반출하려는 자가 내국물품반출목록신고서를 전자문서로 제출하기 곤란한 경우에는 서류로 제출할 수 있고, 세관공무원은 반출하는 내국물품에 대하여 검사 또는 확인할 수 있다.

11 자유무역지역 반출입물품의 관리에 관한 고시에서 규정하고 있는 용어의 뜻으로 틀린 것은?

① "반입신고"란 물품의 자유무역지역으로 반입하기 위한 신고로서 관세법 제157조의 보세구역 반입신고를 의미한다.

② "국외반출신고"란 외국물품 등을 국외반출하기 위한 신고로서 관세법의 수출신고와 동일하다.

③ "잉여물품"이란 제조·가공작업으로 인하여 발생하는 부산물과 불량품 등을 말한다.

④ "보수"란 해당 물품의 HS품목분류의 변화를 가져오지 아니하는 보존 작업, 선별, 분류 또는 포장 등의 활동을 말한다.

⑤ "사용소비신고"란 외국물품을 고유한 목적 등에 사용하기 위하여 관세법 시행령에 따른 제246조 제2항 수입신고서 서식으로 신고 하는 것을 말한다.

Answer 10.④ 11.②

10 ④ 내국물품을 반출하려는 자는 같은 항에 따른 내국물품 반출목록신고서를 제출한 날부터 5년 이내의 범위에서 대통령령으로 정하는 기간 동안 내국물품 반입증명서류를 보관하여야 한다〈자유무역지역의 지정 및 운영에 관한 법률 제31조(내국물품의 반출 확인) 제3항〉.
　　① 「자유무역지역의 지정 및 운영에 관한 법률」 제31조(내국물품의 반출확인 등) 제1항
　　② 「자유무역지역의 지정 및 운영에 관한 법률」 제31조(내국물품의 반출확인 등) 제2항
　　③ 「자유무역지역 반출입물품의 관리에 관한 고시」 제13조(내국물품의 반출확인 등) 제5항 제2호
　　⑤ 「자유무역지역 반출입물품의 관리에 관한 고시」 제13조(내국물품의 반출확인 등) 제3항, 제4항

11 ② "국외반출신고"란 외국물품 등을 국외반출하기 위한 신고로서 「관세법」의 반송신고와 동일한 성격의 신고를 말한다〈자유무역지역 반출입물품의 관리에 관한 고시 제2조(정의) 제3호〉.

12 자유무역지역에 입주하여 사업을 영위하고자 하는 자에 대하여 입주자격을 갖춘 후 관리권자의 입주허가를 받도록 하고 있다. 입주할 수 있는 자에 대한 설명으로 틀린 것은?

① 수출을 주목적으로 하는 제조업종의 사업을 하려는 자로서 수출비중 등이 대통령령으로 정하는 기준을 충족하는 자

② 수출입거래를 주목적으로 하는 도매업종의 사업을 하려는 자로서 수출입거래 비중 등이 대통령령으로 정하는 기준을 충족하는 자

③ 물품의 하역·운송·보관·전시 또는 그 밖에 대통령령으로 정하는 사업을 하려는 자

④ 입주기업체의 사업을 지원하는 업종으로서 대통령령으로 정하는 업종의 사업을 하려는 자

⑤ 지식서비스산업에 해당하는 업종(자유무역지역의 지정 및 운영에 관한 법률 제10조 제4호부터 제6호까지의 규정에 의한 업종은 제외한다)의 사업을 하려는 자로서 수입비중 등이 대통령령으로 정하는 기준을 충족하는 자

Answer 12.⑤

12 ⑤ 지식서비스산업에 해당하는 업종(제4호부터 제6호까지의 규정에 해당하는 업종 제외)의 사업을 하려는 자로서 **수출비중** 등이 대통령령으로 정하는 기준을 충족하는 자〈자유무역지역의 지정 및 운영에 관한 법률 제10조(입주 자격) 제1항 제3호〉

※ 입주 자격〈자유무역지역의 지정 및 운영에 관한 법률 제10조(입주 자격) 제1항〉

㉠ 수출을 주목적으로 하는 제조업종의 사업을 하려는 자로서 수출 비중 등이 대통령령으로 정하는 기준을 충족하는 자. 이 경우 「수출용 원재료에 대한 관세 등 환급에 관한 특례법」 제3조에 따른 수출용원재료의 공급을 주목적으로 하는 제조업종의 사업을 하려는 자로서 해당 공급을 수출로 보아 그 수출 비중 등이 대통령령으로 정하는 기준을 충족하는 자를 포함한다.

㉡ 수출을 주목적으로 하려는 국내복귀기업(「해외진출기업의 국내복귀 지원에 관한 법률」 제7조에 따라 지원대상 국내복귀기업으로 선정된 기업을 말한다)으로서 복귀 이전 총매출액 대비 대한민국으로의 수출액을 제외한 매출액의 비중 등이 대통령령으로 정하는 기준을 충족하는 자

㉢ 제조업종 또는 지식서비스산업에 해당하는 업종(제4호부터 제6호까지의 규정에 해당하는 업종은 제외한다)의 사업을 하려는 외국인투자기업으로서 외국인투자비중 및 수출비중 등이 대통령령으로 정하는 기준을 충족하는 자. 다만, 국내 산업구조의 고도화와 국제경쟁력 강화를 위하여 대통령령으로 정하는 업종에 해당하는 외국인투자기업에 대하여는 수출비중을 적용하지 아니한다.

㉣ 지식서비스산업에 해당하는 업종(제4호부터 제6호까지의 규정에 해당하는 업종은 제외한다)의 사업을 하려는 자로서 수출비중 등이 대통령령으로 정하는 기준을 충족하는 자

㉤ 수출입거래를 주목적으로 하는 도매업종의 사업을 하려는 자로서 수출입거래 비중 등이 대통령령으로 정하는 기준을 충족하는 자

㉥ 물품의 하역·운송·보관·전시 또는 그 밖에 대통령령으로 정하는 사업을 하려는 자

㉦ 입주기업체의 사업을 지원하는 업종으로서 대통령령으로 정하는 업종의 사업을 하려는 자

㉧ 대통령령으로 정하는 공공기관

㉨ 국가기관

13 자유무역지역의 통제시설의 설치 운영에 대한 설명으로 맞는 것은?

① 관리권자는 세관장과 협의를 거쳐 자유무역지역에 통제시설을 설치하고 그 운영시기를 공고하여야 한다.

② 관세청장은 통제시설의 보수 또는 확충이 필요하다고 인정할 때에는 관리권자에게 통제시설의 보수 또는 확충을 요청할 수 있다.

③ 입주기업체는 통제시설을 유지·관리하여야 한다.

④ 관리권자는 자유무역지역을 출입하는 사람 및 자동차에 대한 기록을 대통령령으로 정하는 방법으로 관리하여야 한다.

⑤ 관리권자는 입주기업체가 출입기록을 요청하는 경우 특별한 사류가 없으면 이에 따라야 한다.

14 자유무역지역의 지정 및 운영에 관항 법률 제9조에 따른 자유무역지역의 구분지구가 아닌 것은?

① 생산시설지구

② 지식서비스시설지구

③ 물류시설지구

④ 지원시설지구

⑤ 민간시설지구

Answer 13.② 14.⑤

13 통제시설의 설치 등〈자유무역지역의 지정 및 운영에 관한 법률 제27조(통제시설의 설치 등)〉

㉠ 관리권자는 관세청장과 협의를 거쳐 자유무역지역에 통제시설을 설치하고, 그 운영시기를 공고하여야 한다.

㉡ 관리권자는 통제시설을 유지·관리하여야 한다.

㉢ 관세청장은 통제시설의 보수 또는 확충이 필요하다고 인정할 때에는 관리권자에게 통제시설의 보수 또는 확충을 요청할 수 있다. 이 경우 관리권자는 특별한 사유가 없으면 그 요청에 따라야 한다.

㉣ 관리권자는 자유무역지역을 출입하는 사람 및 자동차에 대한 기록을 산업통상자원부령으로 정하는 방법으로 관리하여야 하며, 세관장이 출입기록을 요청하는 경우 특별한 사유가 없으면 이에 따라야 한다.

14 관리권자는 관리업무를 효율적으로 운영하기 위하여 자유무역지역을 그 기능 및 특성에 따라 생산시설지구, 지식서비스시설지구, 물류시설지구, 지원시설지구, 공공시설지구와 교육·훈련시설지구로 구분할 수 있다〈자유무역지역의 지정 및 운영에 관한 법률 제9조(자유무역지역의 구분)〉.

15 자유무역지역의 지정 및 운영에 관한 법률에 따른 자유무역지역에서의 물품의 반출입 또는 수입에 대한 설명으로 틀린 것은?

① 외국물품을 자유무역지역 안으로 반입하려는 자는 관세청장이 정하는 바에 따라 세관장에게 반입신고를 하여야 한다.

② 세관장은 반입신고를 받은 경우 그 내용을 검토하여 이 법에 적합하면 신고를 수리하여야 한다.

③ 입주기업체 외의 자가 외국물품을 자유무역지역 안으로 반입하려는 경우에는 관세법 제241조에 따른 수입신고 대상이 아니다.

④ 입주기업체가 자유무역지역에서 사용 또는 소비하려는 내국물품 중 자유무역지역의 지정 및 운영에 관한 법률 제45조 제1항 및 제2항의 적용을 받으려는 사무용컴퓨터는 세관장에서 반입신고를 하여야 한다.

⑤ 외국물품 등을 자유무역지역에서 그대로 관세영역으로 반출하려는 경우 그 반출을 하려는 자는 수입신고를 하고 관세 등을 내야 한다.

15 ① 자유무역지역의 지정 및 운영에 관한 법률 제29조(물품의 반입 또는 수입) 제1항 제1호
② 자유무역지역의 지정 및 운영에 관한 법률 제29조(물품의 반입 또는 수입) 제2항
④ 자유무역지역의 지정 및 운영에 관한 법률 제29조(물품의 반입 또는 수입) 제1항 제2호 나목
⑤ 자유무역지역의 지정 및 운영에 관한 법률 제29조(물품의 반입 또는 수입) 제5항 제2호

※ **물품의 반입 또는 수입**〈자유무역지역의 지정 및 운영에 관한 법률 제29조 제3항〉다음에 해당하는 경우 그 반입을 하려는 자는 관세법 제241조에 따른 수입 신고를 하고 관세 등을 내야 한다.

　㉠ 입주기업체 외의 자가 외국물품을 자유무역지역 안으로 반입하려는 경우

　㉡ 입주 자격을 갖춘 입주기업체가 자유무역지역에서 사용 또는 소비하기 위하여 외국물품을 자유무역지역 안으로 반입하려는 경우. 다만, 다음에 해당하는 외국물품을 반입하는 경우는 제외한다.
　　1. 기계, 기구, 설비 및 장비와 그 부분품
　　2. 원재료(입주기업체가 수입신고하려는 원재료는 제외한다), 윤활유, 사무용컴퓨터 및 건축자재
　　3. 그 밖에 사업목적을 달성하는 데에 필요하다고 인정하여 관세청장이 정하는 물품

　㉢ 입주 자격을 갖춘 입주기업체가 자유무역지역에서 자기가 직접 사용 또는 소비하기 위하여 외국물품(㉡ 각 목에 해당하는 물품 중 해당 사업목적을 달성하는 데에 필요한 물품은 제외한다)을 자유무역지역 안으로 반입하려는 경우

16 관세법상 '보세사의 명의대여죄'의 처벌내용으로 맞는 것은?

① 1년 이하의 징역 또는 1천만 원 이하의 벌금에 처한다.
② 1년 이하의 징역 또는 2천만 원 이하의 벌금에 처한다.
③ 2년 이하의 징역 또는 1천만 원 이하의 벌금에 처한다.
④ 2년 이하의 징역 또는 2천만 원 이하의 벌금에 처한다.
⑤ 3년 이하의 징역 또는 3천만 원 이하의 벌금에 처한다.

17 (   )안에 들어갈 내용으로 맞는 것은?

관세법 제319조(준용)에 따라 관세범에 관하여 관세법에 특별한 규정이 있는 것을 제외하고는 (   )을 준용한다.

① 형법
② 형사소송법
③ 질서위반행위규제법
④ 민법
⑤ 대외무역법

Answer 16.① 17.②

16 보세사의 명의대여죄 등〈관세법 제275조의4〉… 다음에 해당하는 자는 **1년 이하의 징역 또는 1천만 원 이하**의 벌금에 처한다.
ⓐ 다른 사람에게 자신의 성명·상호를 사용하여 보세사 업무를 수행하게 하거나 자격증 또는 등록증을 빌려준 자
ⓑ 다른 사람의 성명·상호를 사용하여 보세사의 업무를 수행하거나 자격증 또는 등록증을 빌린 자
ⓒ ⓐ 또는 ⓑ의 행위를 알선한 자

17 준용〈관세법 제319조〉… 관세범에 관하여는 이 법에 특별한 규정이 있는 것을 제외하고는 「**형사소송법**」을 준용한다.

18 「관세법」 제311조에서 규정하고 있는 통고처분에 대한 설명으로 틀린 것은?

① 관세청장이나 세관장은 관세범을 조사한 결과 범죄의 확증을 얻었을 때에는 대통령령으로 정하는 바에 따라 그 대상이 되는 자에게 그 이유를 구체적으로 밝히고 벌금에 상당하는 금액이나 물품을 납부할 것을 통고할 수 있다.

② 통고처분시 벌금에 상당하는 금액은 해당 벌금 최고액의 100분의 30으로 하며, 관세청장이 정하여 고시하는 사유에 해당하는 경우에는 그 금액의 100분의 50범위에서 관세청장이 정하여 고시하는 비율에 따라 늘리거나 줄일 수 있다.

③ 통고처분금액을 늘려서 산정하는 때에 관세청장이 정하여 고시하는 사유가 2가지 이상 해당되는 경우에는 각 사유에 따른 비율 중에서 가장 높은 비율에 해당되는 만큼 통고처분금액을 늘릴 수 있다.

④ 세관장은 통고처분을 받는 자가 벌금이나 추징금에 상당한 금액을 예납하려는 경우에는 이를 예납시킬 수 있다.

⑤ 「관세법」 제311조 제1항에 따라 세관장이 통고한 경우에는 공소의 시효는 정지된다.

Answer 18.③

18 ① 「관세법」 제311조(통고처분) 제1항 제1호
② 「관세법 시행령」 제270조의2(통고처분) 제2항, 제3항
④ 「관세법」 제311조(통고처분) 제2항
⑤ 「관세법」 제311조(통고처분) 제3항

※ **통고처분**〈관세법 시행령 제270조의2〉
　㉠ 법 제311조 제1항 제1호에 따른 벌금에 상당하는 금액은 해당 벌금 최고액의 100분의 30으로 한다. 다만, 별표 4에 해당하는 범죄로서 해당 물품의 원가가 해당 벌금의 최고액 이하인 경우에는 해당 물품 원가의 100분의 30으로 한다.
　㉡ 관세청장이나 세관장은 관세범이 조사를 방해하거나 증거물을 은닉·인멸·훼손한 경우 등 관세청장이 정하여 고시하는 사유에 해당하는 경우에는 제1항에 따른 금액의 100분의 50 범위에서 관세청장이 정하여 고시하는 비율에 따라 그 금액을 늘릴 수 있다.
　㉢ 관세청장이나 세관장은 관세범이 조사 중 해당 사건의 부족세액을 자진하여 납부한 경우, 심신미약자인 경우 또는 자수한 경우 등 관세청장이 정하여 고시하는 사유에 해당하는 경우에는 제1항에 따른 금액의 100분의 50 범위에서 관세청장이 정하여 고시하는 비율에 따라 그 금액을 줄일 수 있다.

19 「관세법」 제277조에서 규정하고 있는 과태료 처분의 대상이 아닌 것은?

① 관세법 제174조 제1항에 따른 특허보세구역의 설치 운영에 관한 특허를 받지 아니하고 특허보세구역을 운영한 자

② 특허보세구역의 특허사항을 위반한 운영인

③ 관세법 제243조 제4항을 위반하여 관세청장이 정하는 장소에 반입하지 아니하고 관세법 제241조 제1항에 따른 수출의 신고를 한 자

④ 관세법 제202조 제2항에 따른 신고를 하지 아니하고 보세공장·보세건설장 종합보세구역 또는 지정공장외의 장소에서 작업을 한 자

⑤ 관세법 제240조의2 제2항을 위반하여 장부기록 자료를 보관하지 아니한 자

Answer 19.①

19 ① 관세법 제174조 제1항에 따른 특허보세구역의 설치 운영에 관한 특허를 받지 아니하고 특허보세구역을 운영한 자는 2천만 원 이하의 벌금에 처한다〈관세법 제276조(허위신고죄 등) 제3항〉.

② 특허보세구역의 특허사항을 위반한 운영인 : 200만 원 이하의 과태료 부과〈관세법 제277조(과태료) 제4항 제1호〉

③ 관세법 제243조 제4항을 위반하여 관세청장이 정하는 장소에 반입하지 아니하고 관세법 제241조 제1항에 따른 수출의 신고를 한 자 : 500만 원 이하의 과태료 부과〈관세법 제277조(과태료) 제3항 제3호〉

④ 관세법 제202조 제2항에 따른 신고를 하지 아니하고 보세공장·보세건설장 종합보세구역 또는 지정공장외의 장소에서 작업을 한 자 : 1천만 원 이하의 과태료를 부과〈관세법 제277조(과태료) 제2항 제2호〉

⑤ 관세법 제240조의2 제2항을 위반하여 장부기록 자료를 보관하지 아니한 자 : 500만 원 이하의 과태료를 부과〈관세법 제277조(과태료) 제3항 제2호〉

20 관세청장이나 세관장이 「관세법」에 의하여 고발하는 경우가 아닌 것은?

① 범죄의 정상이 징역형에 처해질 것으로 인정될 때
② 관세범인이 통고서의 송달을 받은 날로부터 15일이 지난 후 고발이 되기 전에 통고처분을 이행하였을 때
③ 관세범인이 통고를 이행할 수 있는 자금능력이 없다고 인정되는 경우
④ 관세범인의 주소 및 거소가 분명하지 아니 한 경우
⑤ 관세범인에게 통고를 하기 곤란하다고 인정되는 경우

21 「관세법」 제271조에서 규정하고 있는 미수범 등에 대한 설명으로 맞는 것은?

① 그 정황을 알면서 「관세법」 제269조에 따른 밀수입 행위를 교사한 자는 정범에 준하여 처벌한다.
② 그 정황을 알면서 「관세법」 제270조에 따른 관세포탈 행위를 방조한 자는 본죄의 2분의 1을 감경하여 처벌한다.
③ 「관세법」 제269조의 밀수입죄 미수범은 본죄의 2분의 1을 감경하여 처벌한다.
④ 「관세법」 제270조의 관세포탈죄 미수범은 본죄의 2분의 1을 감경하여 처벌한다.
⑤ 「관세법」 제268조의2 전자문서 위조·변조죄를 범할 목적으로 그 예비를 한 자는 본죄에 준하여 처벌한다.

Answer 20.② 21.①

20 ② 관세범인이 통고서의 송달을 받았을 때에는 그 날부터 15일 이내에 이를 이행하여야 하며, 이 기간 내에 이행하지 아니하였을 때에는 관세청장이나 세관장은 즉시 고발하여야 한다. 다만, 15일이 지난 후 고발이 되기 전에 관세범인이 통고처분을 이행한 경우에는 그러하지 아니하다〈관세법 제316조(통고의 불이행과 고발)〉.
　① 「관세법」 제312조(즉시 고발)
　③④⑤ 「관세법」 제318조(무자력 고발)
　※ 즉시 고발〈관세법 제312조〉 … 관세청장이나 세관장은 범죄의 정상이 징역형에 처해질 것으로 인정될 때에는 즉시 고발하여야 한다.

21 미수범 등〈관세법 제271조〉
　㉠ 그 정황을 알면서 제269조(밀수출입죄) 및 제270(관세포탈죄 등)조에 따른 행위를 교사하거나 방조한 자는 정범(正犯)에 준하여 처벌한다.
　㉡ 제268조의2(전자문서 위조·변조죄 등), 제269조(밀수출입죄) 및 제270조(관세포탈죄 등)의 미수범은 본죄에 준하여 처벌한다.
　㉢ 제268조의2(전자문서 위조·변조죄 등), 제269조(밀수출입죄) 및 제270조(관세포탈죄 등)의 죄를 저지를 목적으로 그 예비를 한 자는 본죄의 2분의 1을 감경하여 처벌한다.

22 「관세법」 제269조에서 규정하고 있는 밀수출입죄에 대한 설명으로 틀린 것은?

① 「관세법」 제241조 제1항에 따른 신고를 하지 아니하고 물품을 수입한 자는 5년 이상의 징역 또는 관세액의 10배와 물품원가 중 높은 금액 이하의 상당하는 벌금에 처한다.

② 「관세법」 제241조 제1항에 따른 신고를 하지 아니하고 물품을 수출한 자는 3년 이하의 징역 또는 물품원가 이하에 상당하는 벌금에 처한다.

③ 「관세법」 제241조 제1항에 따른 신고를 하지 아니하고 물품을 반송한 자는 1년 이하의 징역 또는 물품원가 이하에 상당하는 벌금에 처한다.

④ 「관세법」 제241조 제1항에 따른 신고를 하였으나 해당 수출물품과 다른 물품으로 신고하여 수입한 자는 밀수입죄에 해당한다.

⑤ 「관세법」 제241조 제2항에 따른 신고를 하였으나 해당 수출물품과 다른 물품으로 신고하여 수출한 자는 밀수출죄에 해당한다.

Answer 22.③

22 ③ 「관세법」 제241조 제1항에 따른 신고를 하지 아니하고 물품을 반송한 자는 3년 이하의 징역 또는 물품원가 이하에 상당하는 벌금에 처한다〈관세법 제269조(밀수출입죄) 제3항 제1호〉.

※ 밀수출입죄〈관세법 제269조〉
  ㉠ 제234조(수출입의 금지) 각 호의 물품을 수출하거나 수입한 자는 7년 이하의 징역 또는 7천만 원 이하의 벌금에 처한다.
   • 헌법질서를 문란하게 하거나 공공의 안녕질서 또는 풍속을 해치는 서적 · 간행물 · 도화, 영화 · 음반 · 비디오물 · 조각물 또는 그 밖에 이에 준하는 물품
   • 정부의 기밀을 누설하거나 첩보활동에 사용되는 물품
   • 화폐 · 채권이나 그 밖의 유가증권의 위조품 · 변조품 또는 모조품
  ㉡ 다음에 해당하는 자는 5년 이하의 징역 또는 관세액의 10배와 물품원가 중 높은 금액 이하에 상당하는 벌금에 처한다.
   • 수입신고를 하지 아니하고 물품을 수입한 자. 다만, 수입신고전 물품반출 규정에 따라 즉시 반출신고를 한 자는 제외한다.
   • 수입신고를 하였으나 해당 수입물품과 다른 물품으로 신고하여 수입한 자
  ㉢ 다음에 해당하는 자는 3년 이하의 징역 또는 물품원가 이하에 상당하는 벌금에 처한다.
   • 수출 또는 반송신고를 하지 아니하고 물품을 수출하거나 반송한 자
   • 수출 또는 반송신고를 하였으나 해당 수출물품 또는 반송물품과 다른 물품으로 신고하여 수출하거나 반송한 자

23 관세법상 벌칙에 대한 설명으로 틀린 것은?

① 「관세법」 제282조(몰수 · 추징)에 따라 몰수할 수 없을 때에는 범칙 당시 물품의 수입신고가격에 상당한 금액을 범인으로부터 추징한다.

② 밀수품 취득죄의 미수범은 본죄에 준하여 처벌한다.

③ 관세의 회피를 목적으로 타인에게 자신의 명의를 사용하여 납세신고를 할 것을 허락한 자에 대해서는 「관세법」 제275조의3(타인에 대한 명의대여죄 등)를 적용한다.

④ 관세포탈죄를 범한 자는 정상에 따라 징역과 벌금을 병과할 수 있다.

⑤ 밀수입에 사용하기 위하여 특수가공한 물품을 누구의 소유이든지 몰수하거나 그 효용을 소멸시킨다.

Answer 23.①

23 ① 「관세법」 제282조(몰수 · 추징)에 따라 몰수할 물품의 전부 또는 일부를 몰수할 수 없을 때에는 그 몰수할 수 없는 물품의 범칙 당시의 국내도매가격에 상당한 금액을 범인으로부터 추징한다〈관세법 제282조(몰수 · 추징) 제3항〉.

② 밀수품 취득죄의 미수범은 본죄에 준하여 처벌한다〈관세법 제274조(밀수품의 취득죄 등) 제2항〉.

③ 관세(세관장이 징수하는 내국세등을 포함한다)의 회피 또는 강제집행의 면탈을 목적으로 타인에게 자신의 명의를 사용하여 납세신고를 할 것을 허락한 자는 1년 이하의 징역 또는 1천만 원 이하의 벌금에 처한다〈관세법 제275조의3(타인에 대한 명의대여죄)〉.

④ 제269조(밀수출입죄), 제270조(관세포탈죄 등), 제270조의2(가격조작죄), 제271조(미수범 등), 제274조(밀수품의 취득죄 등)의 죄를 저지른 자는 정상(情狀)에 따라 징역과 벌금을 병과할 수 있다〈관세법 제275조(징역과 벌금의 병과)〉.

⑤ 제269조(밀수출입죄)에 사용하기 위하여 특수한 가공을 한 물품은 누구의 소유이든지 몰수하거나 그 효용을 소멸시킨다. 제269조(밀수출입죄)에 해당되는 물품이 다른 물품 중에 포함되어 있는 경우 그 물품이 범인의 소유일 때에는 그 다른 물품도 몰수할 수 있다〈관세법 제273조(범죄에 사용된 물품의 몰수 등)〉.

※ 밀수품의 취득죄 등〈관세법 제274조〉

　ㄱ 다음에 해당되는 물품을 취득 · 양도 · 운반 · 보관 또는 알선하거나 감정한 자는 3년 이하의 징역 또는 물품원가 이하에 상당하는 벌금에 처한다.
　　• 밀수출입죄에 해당되는 물품
　　• 법령에 따라 수입이 제한된 사항을 회피할 목적으로 부분품으로 수입하거나 주요 특성을 갖춘 미완성 · 불완전한 물품이나 완제품을 부분품으로 분할하여 수입한 물품
　　• 부정수출입죄에 해당하는 물품
　ㄴ 밀수품 취득죄의 미수범은 본죄에 준하여 처벌한다.
　ㄷ 밀수품 취득죄를 저지를 목적으로 그 예비를 한 자는 본죄의 2분의 1을 감경하여 처벌한다.

24 관세법상 징역형으로 처벌할 수 없는 경우는?

① 밀수입죄

② 전자문서 위조죄

③ 허위신고죄

④ 관세포탈죄

⑤ 가격조작죄

25 ( ) 안에 들어갈 수 없는 것은?

밀수품을 취득·( )·( )·( ) 또는 ( )하거나 ( )한 자는 3년 이하의 징역 또는 물품원가 이하에 상당하는 벌금에 처한다.

① 양도

② 운반

③ 보관

④ 알선

⑤ 폐기

24 ③ 「관세법」 제276조(허위신고죄 등)에 따라 벌금형만 있고 징역형은 없다.
  ① 「관세법」 제269조(밀수출입죄)
  ② 「관세법」 제268조의2(전자문서 위조·변조죄 등)
  ④ 「관세법」 제270조(관세포탈죄 등)
  ⑤ 「관세법」 제270조의2(가격조작죄)

25 밀수품을 **취득·양도·운반·보관** 또는 **알선**하거나 **감정**한 자는 3년 이하의 징역 또는 물품원가 이하에 상당하는 벌금에 처한다〈관세법 제274조(밀수품의 취득죄 등) 제1항〉

〈제1과목〉 수출입통관절차

1 「관세법 제226조에 따른 세관장확인물품 및 확인방법 지정 고시」상 용어의 정의 및 확인 절차로 틀린 것은?

① "요건확인기관"이란 관련법령에 따라 수출입물품에 대한 허가 · 승인 · 표시나 그 밖의 조건을 확인 · 증명하는 수출입 관련 기관을 말한다.

② "세관장확인"이란 세관장이 수출입신고 자료의 심사과정에서 수출입요건의 구비요부를 확인하는 것을 말한다.

③ 요건확인기관의 장이 통관시스템에 전송한 전자문서는 이를 사본으로 인정한다.

④ 요건확인기관의 장은 수출입요건 확인내역을 연계된 전산망을 통하여 관세청 통관시스템에 전자문서로 통보해야 한다.

⑤ 세관장은 통관시스템에 통보된 수출입요건 확인 내역을 조회하여 세관장 확인을 해야 한다.

Answer 1.③

1 ③ 요건확인기관의 장이 통관시스템에 전송한 전자문서는 이를 원본으로 인정한다〈관세법 제226조에 따른 세관장확인물품 및 확인방법 지정고시 제9조(확인방법) 제3항〉.

① 「관세법 제226조에 따른 세관장확인물품 및 확인 방법 지정고시」 제2조(정의) 제1호

② 「관세법 제226조에 따른 세관장확인물품 및 확인 방법 지정고시」 제2조(정의) 제2호

④ 「관세법 제226조에 따른 세관장확인물품 및 확인 방법 지정고시」 제9조(확인방법) 제1항

⑤ 「관세법 제226조에 따른 세관장확인물품 및 확인 방법 지정고시」 제9조(확인방법) 제2항

2 관세법령상 다음 사례의 원산지 국가를 바르게 나열한 것은?

> [사례1] A는 일본에서 일본산 평판압연제품을 한국으로 수입한 후 보세구역에서 절단 작업을 진행하였고, 그
> 과정에서 부스러기(스크랩)가 발생하였다. 이 부스러기(스크랩)의 원산지는?
>
> [사례2] B는 호주에서 30개월 사육된 육우를 뉴질랜드로 운송하여 도축한 후 소고기 상태로 한국으로 수입하
> 였다. 이 소고기의 원산지는?

	[사례1]	[사례2]
①	일본	호주
②	한국	호주
③	일본	뉴질랜드
④	한국	뉴질랜드
⑤	한국	호주

2 [사례 1] 이 법, 조약, 협정 등에 따른 관세의 부과·징수, 수출입물품의 통관, 제233조 제3항의 확인요청에 따른 조사 등을 위하여 원산지를 확인할 때에 해당 물품의 전부를 생산·가공·제조한 나라, 해당 물품이 2개국 이상에 걸쳐 생산·가공 또는 제조된 경우에는 그 물품의 본질적 특성을 부여하기에 충분한 정도의 실질적인 생산·가공·제조 과정이 최종적으로 수행된 나라에 해당하는 나라를 원산지로 한다〈관세법 제229조(원산지 확인 기준) 제1항〉, 법 제229조 제1항 제1호의 규정에 의하여 당해 국가에서의 제조·가공의 공정 중에 발생한 부스러기의 원산지를 인정한다〈관세법 시행규칙 제74조(일반물품의 원산지결정기준) 제1항 제5호〉. 이에 따라 일본산 평판압연제품을 한국에서 절단하는 과정에서 발생한 부스러기(스크랩)의 원산지는 **한국**으로 보아야 한다.

[사례 2] 이 법, 조약, 협정 등에 따른 관세의 부과·징수, 수출입물품의 통관, 제233조제3항의 확인요청에 따른 조사 등을 위하여 원산지를 확인할 때에는 해당 물품이 2개국 이상에 걸쳐 생산·가공 또는 제조된 경우에는 그 물품의 본질적 특성을 부여하기에 충분한 정도의 실질적인 생산·가공·제조 과정이 최종적으로 수행된 나라를 원산지로 한다〈관세법 제229조(원산지 확인 기준) 제1항 제2호〉, 가축의 도축작업이 수행된 국가는 법 제229조 제1항 제2호의 규정에 의하여 2개국 이상에 걸쳐 생산·가공 또는 제조된 물품의 원산지는 당해 물품의 생산과정에 사용되는 물품의 품목분류표상 6단위 품목번호와 다른 6단위 품목번호의 물품을 최종적으로 생산한 국가로 인정하지 아니한다〈관세법 시행규칙 제74조(일반물품의 원산지결정기준) 제4항 제6호〉. 이에 따라 뉴질랜드에서 도축되었어도 육우가 사육된 **호주**를 원산지로 보아야 한다.

3 다음은 「관세법」 제241조에 따른 수출·수입 또는 반송신고 시 신고할 내용에 대한 설명이다. 빈칸 안에 들어갈 내용으로 맞는 것은?

> 물품을 수출·수입 또는 반송하려면 해당 물품의 품명·(㉠)·(㉡) 및 가격과 그 밖에 대통령령으로 정하는 사항을 (㉢)에게 신고해야 한다.

	㉠	㉡	㉢		㉠	㉡	㉢
①	모델	중량	세관장	②	모델	중량	관세청장
③	규격	수량	세관장	④	규격	수량	관세청장
⑤	모델	수량	세관장				

4 「수입통관 사무처리에 관한 고시」상 용어의 정의에 대한 설명으로 맞는 것은?

① "공급망"이란 물품의 수입, 수입신고, 운송, 보관과 관련된 수입업체, 관세사, 보세구역 운영인, 보세운송업자, 화물운송주선업자, 선사, 항공사, 하역업자 등을 말한다.

② "전자통관심사"란 수입신고 된 물품 중 「관세법」 위반 위험도가 높은 물품에 대하여 통관시스템에서 전자적 방식으로 심사하여 검사대상으로 선별하는 것이다.

③ "통합선별심사"란 각 수입통관담당과로 접수된 "P/L신고"건과 서류로 접수된 신고를 통합해 위험분석 및 신고사항을 심사하는 것을 말한다.

④ "부두직통관"이라 함은 화물 전부가 2명인 화주의 컨테이너로 반입된 화물로써 부두 내에서 통관절차 및 검사절차가 이루어지는 것을 말한다.

⑤ "장치장소 관리인"이란 특허보세구역은 화물관리인, 지정장치장은 운영인, 자유무역지역은 입주기업체 등 화물을 관리하는 자를 말한다.

Answer 3.③ 4.①

3 물품을 수출·수입 또는 반송하려면 해당 물품의 품명·㉠<u>규격</u>·㉡<u>수량</u> 및 가격과 그 밖에 대통령령으로 정하는 사항을 ㉢<u>세관장</u>에게 신고하여야 한다〈관세법 제241조(수출·수입 또는 반송의 신고) 제1항〉.

4 ① 「수입통관 사무처리에 관한 고시」 제3조(정의) 제8호

② "전자통관심사"란 일정한 기준에 해당하는 성실업체가 수입신고하는 위험도가 낮은 물품에 대하여 통관시스템에서 전자적 방식으로 심사하는 것을 말한다〈수입통관 사무처리에 관한 고시 제3조(정의) 제9호〉.

③ "통합선별심사"란 각 수입통관담당과로 접수된 "P/L신고"건을 심사하는 과에서 통합해 위험분석 및 신고사항을 심사하는 것을 말한다〈수입통관 사무처리에 관한 고시 제3조(정의) 제14호〉.

④ "부두직통관"이라 함은 화물 전부가 1명인 화주의 컨테이너로 반입된 화물로써 부두 내에서 통관절차 및 검사절차가 이루어지는 것을 말한다〈수입통관 사무처리에 관한 고시 제3조(정의) 제10호〉.

⑤ "장치장소 관리인"이라 함은 특허보세구역은 운영인, 지정장치장은 화물관리인, 자유무역지역은 입주기업체 등 화물을 관리하는 자를 말한다〈수입통관 사무처리에 관한 고시 제3조(정의) 제12호〉.

5 수입물품의 검사절차에 대한 설명으로 맞는 것은?

① 세관장은 물품 검사 전 검사준비 사항이 포함된 검사계획을 신고인에게만 전자통관시스템으로 통보해야 한다.

② 세관장은 수입화주 또는 장치장소 관리인에게 검사 준비사항을 요구할 수 있으나, 이 경우 검사 준비 완료 여부에 따라 검사의 순서를 조정할 수는 없다.

③ 세관장은 검사준비가 완료된 경우 장치장소 관리인이나 그를 대리하는 소속종사자의 협조 하에 검사를 실시한다.

④ 세관장은 수입화주나 신고인이 검사참여를 하게 할 수 있지만, 신고인은 세관장에게 어떠한 요청이나 간섭을 하여서는 아니 된다.

⑤ 검사지는 장치장소 관리인의 검사준비 또는 협조 사항을 전자통관시스템에 등록하면 되고 화물담당부서에 통보할 필요는 없다.

Answer 5.③

5 ③「수입통관 사무처리에 관한 고시」제31조(검사절차 등) 제5항

① 세관장은 물품검사를 실시하기 전에 검사준비 사항이 포함된 검사계획을 신고인 및 장치장소 관리인에게 전자통관시스템으로 통보해야 한다〈수입통관 사무처리에 관한 고시 제31조(검사절차 등) 제1항〉.

② 세관장은 물품검사를 할 때 수입화주 또는 수입화주로부터 화물의 보관·관리를 위탁받은 장치장소 관리인에게 검사에 필요한 장소와 장비의 확보, 검사대상 물품의 포장을 열고 다시 포장하는 작업을 할 수 있는 사람의 배치, 그 밖에 검사에 필요한 사항을 요구할 수 있다. 이 경우 검사준비 완료 여부에 따라 검사의 순서를 조정하는 등 그 준비가 완료된 때에 검사를 실시할 수 있다〈수입통관 사무처리에 관한 고시 제31조(검사절차 등) 제4항〉.

④ 세관장은 제4항에 따른 검사준비가 완료된 경우 장치장소의 관리인이나 그를 대리하는 소속종사자의 협조(물품의 포장상태 및 내용물품의 파손여부 등을 확인) 하에 검사를 실시한다. 다만, 장치장소의 관리인이나 그를 대리하는 소속종사자의 협조가 어려운 경우 수입화주나 신고인(그 소속 종사자를 포함한다)에게 검사참여하도록 검사일시와 장소 등을 통보할 수 있다〈수입통관 사무처리에 관한 고시 제31조(검사절차 등) 제5항〉. 신고인은 물품을 검사할 때 특별한 주의를 기울이도록 세관장에게 요청할 수 있다〈수입통관 사무처리에 관한 고시 제31조(검사절차 등) 제8항〉.

⑤ 검사자는 장치장소 관리인의 제4항 및 제5항에 따른 검사준비 또는 협조 사항을 전자통관시스템에 등록한 후 화물담당부서에 통보한다〈수입통관 사무처리에 관한 고시 제31조(검사절차 등) 제7항〉.

6 수입물품의 과세물건 확정시기에 대한 설명으로 틀린 것은?

① 보세운송하는 외국물품이 지정된 기간 내에 목적지에 도착하지 아니하여 관세를 징수하는 물품은 보세운송을 신고하거나 승인을 받은 때

② 우편으로 수입되는 물품(수입신고대상 우편물에 해당하는 것은 제외한다)은 통관우체국에 도착 한 때

③ 「관세법」에 따라 매각되는 물품은 해당 물품이 매각된 때

④ 수입신고 전 즉시반출신고를 하고 반출한 물품은 수입신고를 한 때

⑤ 도난물품 또는 분실물품은 해당 물품이 도난 또는 분실된 때

Answer 6.④

6 ④ 수입신고전 즉시반출신고를 하고 반출한 물품은 수입신고전 즉시반출신고를 한 때이다.
　① 「관세법」 제16조(과세물건 확정의 시기) 제5호
　② 「관세법」 제16조(과세물건 확정의 시기) 제8호
　③ 「관세법」 제16조(과세물건 확정의 시기) 제10호
　⑤ 「관세법」 제16조(과세물건 확정의 시기) 제9호

　※ 과세물건 확정의 시기(관세법 제16조) … 관세는 수입신고(입항전수입신고를 포함)를 하는 때의 물품의 성질과 그 수량에 따라 부과한다. 다만, 다음 각 호의 어느 하나에 해당하는 물품에 대하여는 각 해당 호에 규정된 때의 물품의 성질과 그 수량에 따라 부과한다.
　　1. 제143조제6항(제151조제2항에 따라 준용되는 경우를 포함한다)에 따라 관세를 징수하는 물품 : 하역을 허가받은 때
　　2. 제158조제7항에 따라 관세를 징수하는 물품 : 보세구역 밖에서 하는 보수작업을 승인받은 때
　　3. 제160조제2항에 따라 관세를 징수하는 물품 : 해당 물품이 멸실되거나 폐기된 때
　　4. 제187조제7항(제195조제2항과 제202조제3항에 따라 준용되는 경우를 포함한다)에 따라 관세를 징수하는 물품 : 보세공장 외 작업, 보세건설장 외 작업 또는 종합보세구역 외 작업을 허가받거나 신고한 때
　　5. 제217조에 따라 관세를 징수하는 물품 : 보세운송을 신고하거나 승인받은 때
　　6. 수입신고가 수리되기 전에 소비하거나 사용하는 물품(제239조에 따라 소비 또는 사용을 수입으로 보지 아니하는 물품은 제외한다) : 해당 물품을 소비하거나 사용한 때
　　7. 제253조제1항에 따른 수입신고전 즉시반출신고를 하고 반출한 물품 : 수입신고전 즉시반출신고를 한 때
　　8. 우편으로 수입되는 물품(제258조제2항에 해당하는 우편물은 제외한다) : 제256조에 따른 통관우체국에 도착한 때
　　9. 도난물품 또는 분실물품 : 해당 물품이 도난되거나 분실된 때
　　10. 이 법에 따라 매각되는 물품 : 해당 물품이 매각된 때
　　11. 수입신고를 하지 아니하고 수입된 물품(제1호부터 제10호까지에 규정된 것은 제외한다) : 수입된 때

7 「관세법」상 납세의무자에 대한 설명으로 맞는 것은?

① 수입을 위탁받아 수입업체가 대행수입한 물품인 경우에는 그 물품의 수입을 위탁받은 자이다.

② 보세운송하는 외국물품이 지정기간 내에 목적지에 도착하지 아니하는 경우에는 보세운송허가를 받은 자이다.

③ 보세구역에 장치된 외국물품이 멸시되거나 폐기되었을 경우에는 수입화주이다.

④ 수입물품을 수입신고 전에 양도한 경우에는 송품장에 적힌 물품수신이다.

⑤ 우편으로 수입되는 물품의 경우에는 그 수취인이다.

Answer 7.⑤

7 ⑤ 「관세법」 제19조(납세의무자) 제1항 제9호
① 수입을 위탁받아 수입업체가 대행수입한 물품인 경우 그 물품의 수입을 위탁한 자이다〈관세법 제19조(납세의무자) 제1항 제1호 가목〉.
② 제217조(보세운송기간 경과 시의 징수)에 따라 관세를 징수하는 물품인 경우에는 보세운송을 신고하였거나 승인을 받은 자이다〈관세법 제19조(납세의무자) 제1항 제6호〉.
③ 제160조(장치물품의 폐기) 제2항에 따라 관세를 징수하는 물품인 경우에는 운영인 또는 보관인이다〈관세법 제19조(납세의무자) 제1항 제4호〉.
④ 수입물품을 수입신고 전에 양도한 경우 그 양수인이다〈관세법 제19조(납세의무자) 제1항 제1호 다목〉.
※ 납세의무자(관세법 제19조 제1항) … 다음 각 호의 어느 하나에 해당하는 자는 관세의 납세의무자가 된다.
   1. 수입신고를 한 물품인 경우에는 그 물품을 수입신고하는 때의 화주(화주가 불분명할 때에는 다음 각 목의 어느 하나에 해당하는 자를 말한다). 다만, 수입신고가 수리된 물품 또는 제252조에 따른 수입신고수리전 반출승인을 받아 반출된 물품에 대하여 납부하였거나 납부하여야 할 관세액이 부족한 경우 해당 물품을 수입신고하는 때의 화주의 주소 및 거소가 분명하지 아니하거나 수입신고인이 화주를 명백히 하지 못하는 경우에는 그 신고인이 해당 물품을 수입신고하는 때의 화주와 연대하여 해당 관세를 납부하여야 한다.
      가. 수입을 위탁받아 수입업체가 대행수입한 물품인 경우 : 그 물품의 수입을 위탁한 자
      나. 수입을 위탁받아 수입업체가 대행수입한 물품이 아닌 경우 : 대통령령으로 정하는 상업서류에 적힌 물품수신인
      다. 수입물품을 수입신고 전에 양도한 경우 : 그 양수인
   2. 제143조 제6항(제151조 제2항에 따라 준용되는 경우를 포함한다)에 따라 관세를 징수하는 물품인 경우에는 하역허가를 받은 자
   3. 제158조 제7항에 따라 관세를 징수하는 물품인 경우에는 보세구역 밖에서 하는 보수작업을 승인받은 자
   4. 제160조 제2항에 따라 관세를 징수하는 물품인 경우에는 운영인 또는 보관인
   5. 제187조 제7항(제195조 제2항 또는 제202조 제3항에 따라 준용되는 경우를 포함한다)에 따라 관세를 징수하는 물품인 경우에는 보세공장 외 작업, 보세건설장 외 작업 또는 종합보세구역 외 작업을 허가받거나 신고한 자
   6. 제217조에 따라 관세를 징수하는 물품인 경우에는 보세운송을 신고하였거나 승인을 받은 자
   7. 수입신고가 수리되기 전에 소비하거나 사용하는 물품(제239조에 따라 소비 또는 사용을 수입으로 보지 아니하는 물품은 제외한다)인 경우에는 그 소비자 또는 사용자
   8. 제253조 제4항에 따라 관세를 징수하는 물품인 경우에는 해당 물품을 즉시 반출한 자
   9. 우편으로 수입되는 물품인 경우에는 그 수취인
   10. 도난물품이나 분실물품인 경우에는 다음 각 목에 규정된 자
      가. 보세구역의 장치물품(藏置物品) : 그 운영인 또는 제172조 제2항에 따른 화물관리인
      나. 보세운송물품 : 보세운송을 신고하거나 승인을 받은 자
      다. 그 밖의 물품 : 그 보관인 또는 취급인
   11. 이 법 또는 다른 법률에 따라 따로 납세의무자로 규정된 자
   12. 제1호부터 제11호까지 외의 물품인 경우에는 그 소유자 또는 점유자

8 수입신고수리전 세액검사 대상물품으로 틀린 것은?

① 법률 또는 조약에 의하여 관세 또는 내국세를 감면받고자 하는 물품

② 「관세법」 제107조의 규정에 의하여 관세를 분할납부하고자 하는 물품

③ 관세를 체납하고 있는 자가 신고하는 물품(체납액이 15만원 미만이거나 체납기간 8일 이내에 수입신고하는 경우를 제외한다)

④ 납세자의 성실성 등을 참작하여 관세청장이 정하는 기준에 해당하는 불성실신고인이 신고하는 물품

⑤ 물품의 가격변동이 큰 물품 기타 수입신고수리 후에 세액을 심사하는 것이 적합하지 아니하다고 인정하여 관세청장이 정하는 물품

9 관세법령상 신고서류의 보관기간에 대한 설명으로 맞는 것은?

① 지식재산권의 거래에 관련된 계약서 – 해당 신고수리일부터 5년

② 수입물품 가격결정에 관한 자료 – 해당 신고수리일부터 3년

③ 보세화물반출입에 관한 자료 – 해당 신고수리일부터 1년

④ 적재화물목록에 관한 자료 – 해당 신고수리일부터 1년

⑤ 수출신고필증 – 해당 신고수리일부터 2년

Answer 8.③ 9.①

8 ③ 관세를 체납하고 있는 자가 신고하는 물품(체납액이 10만 원 미만이거나 체납기간 7일 이내에 수입신고하는 경우를 제외한다)〈관세법 시행규칙 제8조(수입신고수리전 세액심사 대상물품) 제1항 제3호〉.

①②④⑤ 「관세법 시행규칙」 제8조(수입신고수리전 세액심사 대상물품) 제1항

※ 수입신고수리전 세액심사 대상물품(관세법 시행규칙 제8조 제1항) … 법 제38조제2항 단서의 규정에 의하여 수입신고수리전에 세액심사를 하는 물품은 다음 각호와 같다.

1. 법률 또는 조약에 의하여 관세 또는 내국세를 감면받고자 하는 물품

2. 법 제107조의 규정에 의하여 관세를 분할납부하고자 하는 물품

3. 관세를 체납하고 있는 자가 신고하는 물품(체납액이 10만원 미만이거나 체납기간 7일 이내에 수입신고하는 경우를 제외한다)

4. 납세자의 성실성 등을 참작하여 관세청장이 정하는 기준에 해당하는 불성실신고인이 신고하는 물품

5. 물품의 가격변동이 큰 물품 기타 수입신고수리후에 세액을 심사하는 것이 적합하지 아니하다고 인정하여 관세청장이 정하는 물품

9 ① 「관세법 시행령」 제3조(신고서류의 보관기간) 제1항 제1호

② 수입물품 가격결정에 관한 자료에 해당하는 서류는 해당 신고에 대한 수리일로부터 5년〈관세법 시행령 제3조(신고서류의 보관기간) 제1항 제2호 라목〉

③ 보세화물반출입에 관한 자료에 해당하는 서류는 해당 신고에 대한 수리일로부터 2년〈관세법 시행령 제3조(신고서류의 보관기간) 제1항 제3호 가목〉

④ 적재화물목록에 관한 자료에 해당하는 서류는 해당 신고에 대한 수리일로부터 2년〈관세법 시행령 제3조(신고서류의 보관기간) 제1항 제3호 나목〉

⑤ 수출신고필증에 해당하는 서류는 해당 신고에 대한 수리일로부터 3년〈관세법 시행령 제3조(신고서류의 보관기간) 제1항 제2호 가목〉

10 관세징수권의 소멸시효 기산일에 대한 설명으로 맞는 것은?

① 신고납부하는 관세에 있어서 월별납부의 경우에는 그 납부기한이 경과한 날

② 세관장이 부과고지하는 관세의 경우 납부고지를 받은 날부터 15일이 경과한 날의 다음 날의 다음 날

③ 보정신청에 의하여 납부하는 관세에 있어서는 부족세액에 대한 보정신청일의 다음 날

④ 수정신고에 의하여 납부하는 관세에 있어서는 수정신고일의 다음 날

⑤ 수입신고 전 즉시반출에 의하여 납부하는 관세에 있어서는 수입신고한 날부터 15일이 경과한 날의 다음날

Answer 10.⑤

10 ⑤ 「관세법 시행령」 제7조(관세징수권 소멸시효의 기산일) 제1항 제4호
① 법 제38조(신고납부)에 따라 신고납부하는 관세에 있어서는 수입신고가 수리된 날부터 15일이 경과한 날의 다음날. 다만, 제1조의5에 따른 월별납부의 경우에는 그 납부기한이 경과한 날의 다음 날로 한다〈관세법 시행령 제7조(관세징수권 소멸시효의 기산일) 제1항 제1호〉.
② 법 제39조(부과고지)에 따라 부과고지하는 관세의 경우 납부고지를 받은 날부터 15일이 경과한 날의 다음 날〈관세법 시행령 제7조(관세징수권 소멸시효의 기산일) 제1항 제3호〉
③ 법 제38조의2(보정) 제4항의 규정에 의하여 납부하는 관세에 있어서는 부족세액에 대한 보정신청일의 다음날의 다음날〈관세법 시행령 제7조(관세징수권 소멸시효의 기산일) 제1항 제1의2호〉
④ 법 제38조의3(수정 및 경정) 제1항의 규정에 의하여 납부하는 관세에 있어서는 수정신고일의 다음날의 다음날〈관세법 시행령 제7조(관세징수권 소멸시효의 기산일) 제1항 제2호〉

11 관세의 분할납부에 대한 설명으로 맞는 것은?

① 세관장은 천재지변으로 관세의 납부를 정하여진 기한까지 할 수 없다고 인정될 때에는 2년을 넘지 아니하는 기간을 정하여 관세를 분할하여 납부하게 할 수 있다.

② 정부나 지방자치단체가 수입하는 물품으로서 기획재정부령으로 정하는 물품이 수입될 때에는 세관장은 10년을 넘지 아니하는 기간을 정하여 관세를 분할하여 납부하게 할 수 있다.

③ 관세의 분할납부를 승인받은 물품을 동일한 용도로 사용하려는 자에게 양도한 경우에는 그 양도인이 관세를 납부해야 한다.

④ 관세의 분할납부를 승인받은 물품을 정한 기간에 해당 용도 외에 다른 용도로 사용하거나 해당 용도 외의 다른 용도로 사용하려는 자에게 양도한 경우에는 납부하지 아니한 관세의 전액을 즉시 징수한다.

⑤ 관세의 분할납부 승인을 받은 자가 정당한 사유 없이 지정된 기한까지 납부하지 아니하여 관세를 즉시 징수할 때에는 세관장은 20일 이내의 납부기한을 정하여 납세고지해야 한다.

12 「관세법」 제234조에 따른 수출입 금지물품으로 맞는 것은?

① 마약·향정신성의약품
② 품질의 허위 표시물품
③ 정부의 기밀을 누설하거나 첩보활동에 사용되는 물품
④ 화폐·채권이나 그 밖의 유가증권
⑤ 총포·도검류

Answer 11.④ 12.③

11 ④ 「관세법」 제107조(관세의 분할납부) 제9항 제1호
  ① 세관장은 천재지변이나 그 밖에 대통령령으로 정하는 사유로 이 법에 따른 신고, 신청, 청구, 그 밖의 서류의 제출, 통지, 납부 또는 징수를 정하여진 기한까지 할 수 없다고 인정될 때에는 1년을 넘지 아니하는 기간을 정하여 대통령령으로 정하는 바에 따라 관세를 분할하여 납부하게 할 수 있다〈관세법 제107조(관세의 분할납부) 제1항〉.
  ② 정부나 지방자치단체가 수입하는 물품으로서 기획재정부령으로 정하는 물품이 수입될 때에는 세관장은 기획재정부령으로 정하는 바에 따라 5년을 넘지 아니하는 기간을 정하여 관세의 분할납부를 승인할 수 있다〈관세법 제107조(관세의 분할납부) 제2항 제2호〉.
  ③ 관세의 분할납부를 승인받은 물품을 동일한 용도로 사용하려는 자에게 양도한 경우에는 그 양수인이 관세를 납부하여야 하며, 해당 용도 외의 다른 용도로 사용하려는 자에게 양도한 경우에는 그 양도인이 관세를 납부하여야 한다. 이 경우 양도인으로부터 해당 관세를 징수할 수 없을 때에는 그 양수인으로부터 징수한다〈관세법 제107조(관세의 분할납부) 제5항〉.
  ⑤ 세관장은 법 제107조 제9항에 따라 관세를 징수하는 때에는 15일 이내의 납부기한을 정하여 법 제39조(부과고지)에 따른 납부고지를 해야 한다〈관세법 시행령 제127조(관세의 분할납부고지) 제2항〉.

12 수출입의 금지(관세법 제234조) … 다음 각 호의 어느 하나에 해당하는 물품은 수출하거나 수입할 수 없다.
  ㉠ 헌법질서를 문란하게 하거나 공공의 안녕질서 또는 풍속을 해치는 서적·간행물·도화, 영화·음반·비디오물·조각물 또는 그 밖에 이에 준하는 물품
  ㉡ 정부의 기밀을 누설하거나 첩보활동에 사용되는 물품
  ㉢ 화폐·채권이나 그 밖의 유가증권의 위조품·변조품 또는 모조품

13 관세법령 및 수입통관 사무처리에 관한 고시상 통관제도에 대한 설명으로 맞는 것은?

① 세관장은 다른 법령에 의하여 수입 후 특정한 용도로의 사용 등 의무를 이행하도록 되어 있는 물품에 대하여는 구두로써 당해 의무를 이행할 것을 요구할 수 있다.

② 분석대상 시료는 보세사가 직접 채취하고 봉인한 후 세관장에게 제출하도록 하여 시료의 임의교체와 분실 등이 일어나지 않도록 해야 한다.

③ 수출신고가 수리되어 외국으로 반출되기 전에 있는 물품으로 보세구역 반입명령을 받고 반입된 물품이 폐기되었을 때에는 당초의 수출신고 수리는 취소된 것으로 본다.

④ 관세청장 또는 세관장은 수입신고가 수리된 물품의 원산지가 수입신고 수리 당시와 다르게 표시된 경우 수립신고 수리일로부터 6개월 이내에는 보세구역 반입명령이 가능하다.

⑤ 유통이력 신고의 의무가 있는 자는 유통이력을 장부에 기록(전자적 기록방식을 제외한다)하고, 그 자료를 거래일부터 1년간 보관해야 한다.

14 「관세법」 제232조 제1항 단서 규정에 의한 원산지증명서 제출의 예외 대상물품이 아닌 것은?

① 세관장이 물품의 종류·성질·형상 또는 그 상표·생산국명·제조자 등에 의하여 원산지를 확인할 수 있는 물품
② 우편물(수입신고대상 우편물에 해당하는 것을 제외한다)
③ 과세가격(종량세의 경우에는 이를 과세표준 규정에 준하여 산출한 가격을 말한다)이 20만 원 이하인 물품
④ 개인에게 무상으로 송부된 탁송품·별송품
⑤ 여행자의 휴대품

Answer 13.③ 14.③

---

13 ③ 「관세법」 제238조(보세구역 반입명령) 제4항
① 세관장은 다른 법령에 따라 수입 후 특정한 용도로 사용하여야 하는 등의 의무가 부가되어 있는 물품에 대하여는 문서로써 해당 의무를 이행할 것을 요구할 수 있다〈관세법 제227조(의무 이행의 요구 및 조사) 제1항〉.
② 분석대상 시료는 담당직원이 직접 채취하고 봉인한 후 제출하도록 하여 시료의 임의교체와 분실 등이 일어나지 않도록 하여야 한다. 다만, 위험물 등 전문가의 취급이 필요한 시료는 담당직원이 채취과정에 입회하는 방법으로 담당직원의 직접채취를 대신할 수 있다〈수입통관 사무처리에 관한 고시 제23조(분석의뢰) 제2항〉.
④ 관세청장 또는 세관장은 수출입신고가 수리된 물품이 법 제230조에 따른 원산지 표시가 적법하게 표시되지 아니하였거나 수출입신고 수리 당시와 다르게 표시되어 있는 경우에는 법 제238조 제1항에 따라 해당 물품을 보세구역으로 반입할 것을 명할 수 있다. 다만, 해당 물품이 수출입신고가 수리된 후 3개월이 지났거나 관련 법령에 따라 관계행정기관의 장의 시정조치가 있는 경우에는 그러하지 아니하다〈관세법 시행령 제245조(반입명령) 제1항 제2호〉.
⑤ 제1항에 따라 유통이력 신고의 의무가 있는 자(이하 "유통이력 신고의무자"라 한다)는 유통이력을 장부에 기록(전자적 기록방식을 포함한다)하고, 그 자료를 거래일부터 1년간 보관하여야 한다〈관세법 제240조의2(통관 후 유통이력 신고) 제2항〉.

14 ③ 법 제232조 제1항 단서의 규정에 의하여 과세가격(종량세의 경우에는 이를 법 제15조의 규정에 준하여 산출한 가격을 말한다)이 15만 원 이하인 물품 물품에 대하여는 제1항의 규정을 적용하지 아니한다〈관세법 시행령 제236조(원산지증명서의 제출 등) 제2항 제3호〉.
①②④⑤ 「관세법 시행령」 제236조(원산지증명서의 제출 등) 제2항

※ 원산지증명서(관세법 제232조 제1항) … 이 법, 조약, 협정 등에 따라 원산지 확인이 필요한 물품을 수입하는 자는 해당 물품의 원산지를 증명하는 서류(원산지증명서)를 제출하여야 한다. 다만, 대통령령으로 정하는 물품의 경우에는 그러하지 아니하다.

15 다음은 관세법령상 잠정가격신고에 대한 설명이다. 빈칸 안에 들어갈 내용이 바르게 나열된 것은?

> • 잠정가격으로 가격신고를 한 자는 (㉠)의 범위 안에서 구매자와 판매자 간의 거래계약의 내용 등을 고려하여 세관장이 지정하는 기간 내에 확정된 가격을 신고해야 한다.
> • 이 경우 잠정가격으로 가격신고를 한 자는 관세청장이 정하는 바에 따라 전달에 따른 신고기간이 끝나기 (㉡) 전까지 확정가격의 계산을 위한 가산율을 산정해 줄 것을 요청할 수 있다.

	㉠	㉡		㉠	㉡
①	2년	60일	②	2년	30일
③	3년	60일	④	3년	30일
⑤	3년	15일			

16 세액정정 및 보정에 대한 설명으로 맞는 것은?

① 납세의무자는 신고납부한 세액이 과다한 것을 안 때에는 세액보정을 해야 한다.

② 납세의무자는 정정한 내용대로 세액을 정정하여 납부서를 재발행하되 납부서번호와 납부기한도 변경해야 한다.

③ 세관장은 신고납부한 세액이 과다하거나 과세가격이나 품목분류 등에 오류가 있는 것을 안 때에는 납세의무자에게 보정을 신청할 수 있도록 통지할 수 있다.

④ 납세의무자가 세액보정을 신청한 경우에는 해당 보정신청을 한 날부터 7일 이내에 세액을 납부해야 한다.

⑤ 납세의무자는 납부기한(수리 전 납부는 납부일) 다음날부터 보정신청을 한 날까지 기간과 「관세법 시행령」 제56조 제2항에 따른 이율을 적용하여 계산된 금액을 가산하여 납부해야 한다.

Answer 15.② 16.⑤

15 잠정가격으로 가격신고를 한 자는 ㉠2년의 범위안에서 구매자와 판매자 간의 거래계약의 내용 등을 고려하여 세관장이 지정하는 기간내에 확정된 가격(확정가격)을 신고하여야 한다. 이 경우 잠정가격으로 가격신고를 한 자는 관세청장이 정하는 바에 따라 전단에 따른 신고기간이 끝나기 ㉡30일 전까지 확정가격의 계산을 위한 가산율을 산정해 줄 것을 요청할 수 있다.〈관세법 시행령 제16조(잠정가격의 신고 등) 제3항〉

16 ⑤ 「관세법 시행령」 제32조의4(세액의 보정) 제4항

① 납세의무자는 신고납부한 세액이 부족하다는 것을 알게 되거나 세액산출의 기초가 되는 과세가격 또는 품목분류 등에 오류가 있는 것을 알게 되었을 때에는 신고납부한 날부터 6개월 이내(보정기간)에 대통령령으로 정하는 바에 따라 해당 세액을 보정(補正)하여 줄 것을 세관장에게 신청할 수 있다〈관세법 제38조의2(보정) 제1항〉.

② 납세의무자는 정정한 내용대로 세액을 정정하여 납부서를 재발행하되 납부서번호와 납부기한은 변경하지 않는다〈수입통관 사무처리에 관한 고시 제49조(세액정정 및 보정) 제4항〉.

③ 세관장은 신고납부한 세액이 부족하다는 것을 알게 되거나 세액산출의 기초가 되는 과세가격 또는 품목분류 등에 오류가 있다는 것을 알게 되었을 때에는 대통령령으로 정하는 바에 따라 납세의무자에게 해당 보정기간에 보정신청을 하도록 통지할 수 있다. 이 경우 세액보정을 신청하려는 납세의무자는 대통령령으로 정하는 바에 따라 세관장에게 신청하여야 한다〈관세법 제38조의2(보정) 제2항〉.

④ 납세의무자가 제1항과 제2항 후단에 따라 부족한 세액에 대한 세액의 보정을 신청한 경우에는 해당 보정신청을 한 날의 다음 날까지 해당 관세를 납부하여야 한다〈관세법 제38조의2(보정) 제4항〉.

17 수입신고서에 의한 간이신고 대상물품은?

① 설계도중 수입승인이 면제되는 물품

② 장례를 위한 유해로서 관세가 면제되는 물품

③ 기록문서와 서류로서 관세가 면제되는 물품

④ 재외공관 등에서 외교통상부로 발송되는 자료로서 관세가 면제되는 물품

⑤ 외교행낭으로 반입되는 면세대상물품

17 ① 「수입통관 사무처리에 관한 고시」 제71조(신고서에 의한 간이신고) 제1항 제3호
②③④⑤ 「수입통관 사무처리에 관한 고시」 제70조(수입신고의 생략) 제1항

※ **수입신고의 생략**(수입통관 사무처리에 관한 고시 제70조 제1항) ··· 다음 각 호의 어느 하나에 해당하는 물품 중 관세가 면제되거나 무세인 물품은 수입신고를 생략한다.

1. 외교행낭으로 반입되는 면세대상물품(법 제88조, 다만, 관세법 시행규칙 제34조 제4항에 따른 양수제한 물품은 제외)
2. 우리나라에 내방하는 외국의 원수와 그 가족 및 수행원에 속하는 면세대상물품(법 제93조 제9호)
3. 장례를 위한 유해(유골)와 유체
4. 신문, 뉴스를 취재한 필름·녹음테이프로서 문화체육관광부에 등록된 언론기관의 보도용품
5. 재외공관 등에서 외교통상부로 발송되는 자료
6. 기록문서와 서류
7. 외국에 주둔하는 국군으로부터 반환되는 공용품[군함·군용기(전세기를 포함한다)에 적재되어 우리나라에 도착된 경우에 한함]

※ **신고서에 의한 간이신고**(수입통관 사무처리에 관한 고시 제71조 제1항) ··· 제70조 제1항 각 호의 물품 중 과세 되는 물품과 다음 각 호의 어느 하나에 해당하는 물품은 첨부서류 없이 신고서에 수입신고사항을 기재하여 신고(간이신고)한다.

1. 국내거주자가 수취하는 해당물품의 총 가격이 미화150달러 이하의 물품으로서 자가사용물품으로 인정되는 면세대상물품
2. 해당물품의 총 과세가격이 미화 250불 이하의 면세되는 상용견품
3. 설계도중 수입승인이 면제되는 것
4. 「외국환거래법」에 따라 금융기관이 외환업무를 영위하기 위하여 수입하는 지급수단

18 수입통관 시 통관지세관이 제한되는 특정물품으로 틀린 것은?

① 고 철

② 한약재(원료에 한함)

③ 중고승용차

④ 활어(관상용 및 약식용 포함)

⑤ 해체용 선박

Answer 18.④

18 ④ 활어의 경우 HS 0301호, 관상용 및 양식용은 제외된다(수입통관 사무처리에 관한 고시 별표 5).

※ 통관지 세관이 제한되는 물품〈수입통관 사무처리에 관한 고시 별표 5〉

구분	내용
한약재 (원료에 한함)	인천, 서울, 부산, 김해공항, 용당세관과 한약재 보관에 적합한 보세구역 으로 지정받은 저온·냉장창고가 있는 세관
귀석과 반귀석 (HS 7103호 내지 7104호의 물품. 다만, 원석은 제외)	인천, 서울, 인천공항국제우편, 김해공항, 용당, 전주세관, 익산세관비즈 니스센터, 부산국제우편세관비즈니스센터
고철	수입물품의 입항지 세관, 관할지 세관장이 인정하는 고철창고가 있는 내 륙지 세관. 다만, 제75조에 따라 고철화작업의 특례를 적용받는 실수요 자 관할세관에서도 통관가능
해체용 선박	관할지 세관장이 인정하는 선박해체작업 시설을 갖춘 입항지 세관
수산물 (HS 0302호, 0303호, 0305호 단, HS 0305호는 염수장한 것에 한함)	수입물품의 입항지 세관, 보세구역으로 지정받은 냉장 · 냉동창고가 있는 내륙지세관. 다만, 수출용원자재는 관할지 세관장이 인정하는 냉장·냉동시 설이 있는 수산물제조·가공업체 관할세관에서도 통관가능
수입쇠고기 및 관련제품 (별표18 해당물품에 한함)	관할구역내 축산물검역시행장 및 보세구역으로 지정받은 냉장·냉동창고가 있는 세관
활어 (HS 0301호, 관상용 및 양식용은 제외)	관할구역내 활어장치장이 있는 세관
쌀 (HS 1006.20호, 1006.30호 해당물품)	인천, 부산, 평택직할, 마산, 울산, 동해, 광양, 목포, 군산세관

19 수입신고 전의 물품 반출에 대한 설명으로 틀린 것은?

① 수입하려는 물품을 수입신고 전에 운송수단, 관세통로, 하역통로 또는 「관세법」에 따른 장치장소로부터 즉시 반출하려는 자는 세관장에게 즉시반출신고를 해야 한다.

② 세관장은 즉시반출신고를 하는 자에게 납부하여야 하는 관세에 상당하는 담보를 제공하게 할 수 있다.

③ 반출대상은 관세 등이 체납이 없고 최근 2년 동안 수출입 실적이 있는 제조업자 또는 외국인 투자자가 수입하는 시설재 또는 원부자재로 세관장이 지정한다.

④ 수입신고 전 즉시반출신고를 하고 반출을 하는 자는 즉시반출신고를 한 날부터 10일 이내에 수입신고를 해야 한다.

⑤ 세관장은 즉시반출한 자가 수입신고를 하여야 하는 기간 내에 수입신고를 하지 아니하는 경우 해당 물품에 대한 관세의 100분의 20에 상당하는 금액으로 가산세로 징수한다.

20 다음은 조정관세와 할당관세 부과에 대한 설명이다. 빈칸 안에 들어갈 내용을 순서대로 나열한 것은?

> ㉠ 조정관세는 100분의 ( )에서 해당 물품의 기본세율을 뺀 율을 기본세율에 대한 율의 범위에서 관세를 부과할 수 있다.
> ㉡ 할당관세는 100분의 ( )의 범위는 율을 기본세율에서 빼고 관세를 부과할 수 있다.

① 40, 100

② 100, 40

③ 60, 40

④ 40, 60

⑤ 40, 40

Answer 19.③ 20.②

19 ③ 규정에 의한 즉시반출을 할 수 있는 자 및 물품은 관세 등의 체납이 없고 최근 3년동안 수출입실적이 있는 제조업자 또는 외국인투자자가 수입하는 시설재 또는 원부자재 중 법 제226조제2항의 규정에 의한 구비조건의 확인에 지장이 없는 경우로서 세관장이 지정하는 것에 한한다.〈관세법 시행령 제257조(수입신고전 물품반출) 제1항 제1호〉.
①②④⑤ 「관세법」제253조(수입신고전의 물품 반출)

20 ㉠ 다음 각 호의 어느 하나에 해당하는 경우에는 100분의 <u>100</u>에서 해당 물품의 기본세율을 뺀 율을 기본세율에 더한 율의 범위에서 관세를 부과할 수 있다(관세법 제69조(조정관세의 부과대상))
㉡ 다음 각 호의 어느 하나에 해당하는 경우에는 100분의 <u>40</u>의 범위의 율을 기본세율에서 빼고 관세를 부과할 수 있다(관세법 제71조(할당관세) 제1항)

21 「관세법」 제2조에 규정된 용어의 정의로 맞는 것은?

① 우리나라의 선박 등이 공해에서 채집하거나 포획한 수산물 등은 외국물품에 해당한다.
② 「관세법」 제241조 제1항에 따른 수출의 신고가 수리된 물품은 내국물품에 해당한다.
③ "통관"이란 「관세법」에 따른 절차를 이행하여 물품을 수입·수출 또는 환적하는 것을 말한다.
④ "환적"이란 동일한 세관의 관할구역에서 입국 또는 입항하는 운송수단에서 출국 또는 출항하는 운송수단으로 물품을 옮겨 싣는 것을 말한다.
⑤ 「관세법」 제252조에 따른 수입신고 수리 전 반출 승인을 받아 반출된 물품은 "외국물품"에 해당 한다.

22 지식재산권을 침해하는 물품은 수출하거나 수입할 수 없다. 「관세법」 제235조 제1항에 규정된 지식재산권이 아닌 것은?

① 「농수산물 품질관리법」에 따라 등록되거나 조약·협정 등에 따라 보호대상으로 지정된 지리적 표시권 또는 지리적표시
② 「저작권법」에 따른 저작권과 저작인접권
③ 「식물신품종 보호법」에 따라 설정등록된 품종보호권
④ 「실용신안법」에 따라 설정등록된 실용신안권
⑤ 「디자인보호법」에 따라 설정등록된 디자인권

Answer 21.④ 22.④

21 ① "내국물품"이란 우리나라의 선박 등이 공해에서 채집하거나 포획한 수산물 등을 말한다〈관세법 제2조(정의) 제5호 나목〉.
② "외국물품"이란 제241조 제1항에 따른 수출의 신고(이하 "수출신고"라 한다)가 수리된 물품을 말한다〈관세법 제2조(정의) 제4호 나목〉.
③ "통관"(通關)이란 이 법에 따른 절차를 이행하여 물품을 수출·수입 또는 반송하는 것을 말한다〈관세법 제2조(정의) 제13호〉.
⑤ "내국물품"이란 제252조에 따른 수입신고수리전 반출승인을 받아 반출된 물품을 말한다〈관세법 제2조(정의) 제5호 라목〉.

22 ④ 실용신안권은 지식재산권에 포함되지 않는다.

※ **지식재산권 보호**〈관세법 제235조 제1항〉 … 다음 각 호의 어느 하나에 해당하는 지식재산권을 침해하는 물품은 수출하거나 수입할 수 없다.
1. 「상표법」에 따라 설정등록된 상표권
2. 「저작권법」에 따른 저작권과 저작인접권
3. 「식물신품종 보호법」에 따라 설정등록된 품종보호권
4. 「농수산물 품질관리법」에 따라 등록되거나 조약·협정 등에 따라 보호대상으로 지정된 지리적표시권 또는 지리적표시
5. 「특허법」에 따라 설정등록된 특허권
6. 「디자인보호법」에 따라 설정등록된 디자인권

23 「관세법」 제241조에 따른 수입 또는 반송신고 기간을 경과하여 부과되는 신고지연가산세에 대한 설명으로 맞는 것은?

① 수입하거나 반송하려는 물품을 지정장치장 또는 보세창고에 반입하거나 보세구역이 아닌 장소에 장치한 자는 그 반입일 또는 장치일부터 60일 이내에 수입 또는 반송의 신고를 해야 한다.

② 신고기한이 경과한 경우 해당 물품 관세의 100분의 20에 상당하는 금액의 범위에서 대통령령으로 정하는 금액을 가산세로 징수한다.

③ 신고기한이 경과한 물품에 대한 신고지연 가산세액은 500만원을 초과할 수 없다.

④ 신고기한이 경과한 후 보세운송된 물품에 대하여는 보세운송신고를 한 때를 기준으로 수입반송 신고지연가산세의 가산세율을 적용하며 그 세액은 보세운송신고를 하는 때에 징수한다.

⑤ 가산세를 징수해야 하는 물품은 물품의 신속한 유통이 긴요하다고 인정하여 보세구역의 종류와 물품의 특성을 고려하여 세관장이 정하는 물품으로 한다.

Answer 23.③

23 ③ 「관세법 시행령」 제247조(가산세율) 제2항
　① 수입하거나 반송하려는 물품을 지정장치장 또는 보세창고에 반입하거나 보세구역이 아닌 장소에 장치한 자는 그 반입일 또는 장치일부터 30일 이내(제243조 제1항에 해당하는 물품은 관세청장이 정하는 바에 따라 반송신고를 할 수 있는 날부터 30일 이내)에 제1항에 따른 신고를 하여야 한다〈관세법 제241조(수출·수입 또는 반송의 신고) 제3항〉.
　② 세관장은 대통령령으로 정하는 물품을 수입하거나 반송하는 자가 제3항에 따른 기간 내에 수입 또는 반송의 신고를 하지 아니한 경우에는 해당 물품 과세가격의 100분의 2에 상당하는 금액의 범위에서 대통령령으로 정하는 금액을 가산세로 징수한다〈관세법 제241조(수출·수입 또는 반송의 신고) 제4항〉.
　④ 신고기한이 경과한 후 보세운송된 물품에 대하여는 보세운송신고를 한 때를 기준으로 제1항의 규정에 의한 가산세율을 적용하며 그 세액은 수입 또는 반송신고를 하는 때에 징수한다〈관세법 시행령 제247조(가산세율) 제3항〉.
　⑤ 가산세를 징수해야 하는 물품은 물품의 신속한 유통이 긴요하다고 인정하여 보세구역의 종류와 물품의 특성을 고려하여 관세청장이 정하는 물품으로 한다〈관세법 시행령 제248조(가산세 대상물품)〉.

24 다음 빈칸 안에 들어갈 내용으로 맞는 것은?

> 「관세법」 제250조에 따라 세관장은 제241조 및 제244조의 신고가 그 요건을 갖추지 못하였거나 부정한 방법
> 으로 신고되었을 때에는 해당 수출·수입 또는 반송의 신고를 (   )할 수 있다.

① 취소

② 취하

③ 각하

④ 반려

⑤ 보류

25 다음은 「관세법」 제96조에 따라 관세가 면제되는 이사물품에 대한 설명이다. 빈칸 안에 들어갈 내용을 순서대로 나열한 것은?

> 우리나라 국민(재외영주권자를 제외한다)으로서 외국에 주거를 설정하여 (   )년 이상 거주하려는 사람이 반입
> 하는 다음 각 호의 어느 하나에 해당하는 것으로 한다.
> 1. 해당 물품의 성질·수량·용도 등으로 보아 통상적으로 가정용으로 인정되는 것으로서 우리나라에 입국하
>   기 전에 (   )개월 이상 사용했고 입국한 후에도 계속하여 사용할 것으로 인정되는 것

① 2, 6

② 2, 3

③ 1, 6

④ 1, 3

⑤ 1, 1

Answer 24.③ 25.④

24 세관장은 제241조 및 제244조의 신고가 그 요건을 갖추지 못하였거나 부정한 방법으로 신고되었을 때에는 해당 수출·수입 또는 반송의 신고를 **각하**할 수 있다(관세법 제250조(신고의 취하 및 각하) 제3항)

25 관세가 면제되는 이사물품(관세법 시행규칙 제48조의2(관세가 면제되는 이사물품) 제1항) … 법 제96조 제1항 제2호에 따라 관세가 면제되는 물품은 우리나라 국민(재외영주권자를 제외한다. 이하 이 항에서 같다)으로서 외국에 주거를 설정하여 **1년**(가족을 동반한 경우에는 6개월) 이상 거주했거나 외국인 또는 재외영주권자로서 우리나라에 주거를 설정하여 1년(가족을 동반한 경우에는 6개월) 이상 거주하려는 사람이 반입하는 다음 각 호의 어느 하나에 해당하는 것으로 한다. 다만, 자동차(제3호에 해당하는 것은 제외한다), 선박, 항공기와 개당 과세가격이 500만원 이상인 보석·진주·별갑(鼈甲)·산호·호박(琥珀)·상아 및 이를 사용한 제품은 제외한다.
  1. 해당 물품의 성질·수량·용도 등으로 보아 통상적으로 가정용으로 인정되는 것으로서 우리나라에 입국하기 전에 **3개월** 이상 사용했고 입국한 후에도 계속하여 사용할 것으로 인정되는 것
  2. 우리나라에 상주하여 취재하기 위하여 입국하는 외국국적의 기자가 최초로 입국할 때에 반입하는 취재용품으로서 문화체육관광부장관이 취재용임을 확인하는 물품일 것
  3. 우리나라에서 수출된 물품(조립되지 않은 물품으로서 법 별표 관세율표상의 완성품에 해당하는 번호로 분류되어 수출된 것을 포함한다)이 반입된 경우로서 관세청장이 정하는 사용기준에 적합한 물품일 것
  4. 외국에 거주하던 우리나라 국민이 다른 외국으로 주거를 이전하면서 우리나라로 반입(송부를 포함한다)하는 것으로서 통상 가정용으로 3개월 이상 사용하던 것으로 인정되는 물품일 것

1 보세공장의 잉여물품에 대한 설명으로 틀린 것은?

① "잉여물품"이란 보세작업으로 인하여 발생하는 부산물과 불량품, 제품 생산 중단 등의 사유로 사용하지 않은 원재료와 제품 등을 말하며, 보세공장 반입물품 또는 보세공장에서 제조·가공한 물품에 전용되는 포장·운반 용품을 포함한다.

② 운영인은 잉여물품이 발생한 때에는 잉여물품관리대장에 잉여물품의 형태, 품명·규격, 수량 또는 중량 및 발생사유를 기록해야 한다.

③ 폐기 후 잔존물이 실질적인 가치가 있을 때에는 폐기 후의 물품의 성질과 수량에 따라 관세 등을 납부해야 한다.

④ 수출입 안전관리 우수업체가 잉여물품을 폐기하는 때에는 멸각 후의 잔존물이 실질적 가치가 있는 물품에 대하여 업체의 신청을 받아 사전에 자체폐기대상물품으로 지정할 수 있다.

⑤ 폐기를 완료한 운영인은 관련 자료를 첨부하여 세관장에게 폐기완료일로부터 30일 이내에 폐기완료보고를 해야 한다.

Answer 1.④

1 ④ 세관장은 운영인이 제3항에 따라 잉여물품을 폐기하는 때에는 수출입 안전관리 우수업체, 법규수행능력평가 우수업체 등 성실하다고 인정하는 업체 중 폐기 후의 잔존물이 실질적 가치가 없는 물품에 대하여는 업체의 신청을 받아 사전에 자체폐기대상물품으로 지정할 수 있다. 이 경우 폐기수량 확인 및 폐기방법 등에 대하여는 특정폐기물처리업체 등으로부터 폐기물처리완료증명서를 제출받아 보세공장 운영인이 자체적으로 대장관리 하도록 하며, 세관장은 재고조사시에 이를 일괄하여 확인함으로써 폐기신청, 폐기시 입회확인 및 폐기완료보고 등을 생략하게 할 수 있다〈보세공장 운영에 관한 고시 제33조(잉여물품의 처리) 제5항〉.
① 「보세공장 운영에 관한 고시」 제3조(정의) 제5호
② 「보세공장 운영에 관한 고시」 제33조(잉여물품의 처리) 제1항
③⑤ 「보세공장 운영에 관한 고시」 제33조(잉여물품의 처리) 제3항

2 보세공장의 제품과세와 원료과세에 대한 설명으로 틀린 것은?

① 외국물품이나 외국물품과 내국물품을 원료로 하거나 재료로 하여 작업을 하는 경우 그로써 생긴 물품은 외국으로부터 우리나라에 도착한 물품으로 본다.

② 세관장의 승인을 받고 외국물품과 내국물품을 혼용하는 경우에는 그로써 생긴 제품 중 해당 외국물품의 수량 또는 가격에 상응하는 것은 외국으로부터 우리나라에 도착한 물품으로 본다.

③ 보세공장에서 제조된 물품을 수입하는 경우 사용신고 전에 미리 세관장에게 해당 물품의 원료인 외국물품에 대한 과세의 적용을 신청한 경우에는 수입신고할 때의 그 원료의 성질 및 수량에 따라 관세를 부과한다.

④ 최근 2년간 생산되어 판매된 물품 중 수출된 물품의 가격비율이 100분의 50 이상이고, 수출입 안전관리 우수업체인 보세공장은 1년의 범위 내에서 원료별, 제품별 또는 보세공장 전체에 대하여 원료과세 신청을 할 수 있다.

⑤ 세관장은 외국물품과 내국물품의 혼용 승인을 얻은 사항 중 혼용하는 외국물품 및 내국물품의 품명 및 규격이 각각 동일하고, 손모율에 변동이 없는 동종의 물품을 혼용하는 경우에는 새로운 승인신청을 생략하게 할 수 있다.

Answer 2.③

2 ③ 보세공장에서 제조된 물품을 수입하는 경우 제186조에 따른 사용신고 전에 미리 세관장에게 해당 물품의 원료인 외국물품에 대한 과세의 적용을 신청한 경우에는 제16조에도 불구하고 제186조에 따른 사용신고를 할 때의 그 원료의 성질 및 수량에 따라 관세를 부과한다〈관세법 제189조(원료과세) 제1항〉.
　①② 「관세법」 제188조(제품과세)
　④ 「관세법 시행령」 제205조(원료과세 적용신청 방법 등) 제3항
　⑤ 「관세법 시행령」 제204조(외국물품과 내국물품의 혼용에 관한 승인) 제3항

3 보세공장 물품의 반출입에 대한 설명으로 맞는 것은?

① 보세운송절차에 따라 반입되는 물품은 보세운송 도착보고는 반입신고로 갈음할 수 있다.

② 환급대상물품의 반입신고는 보세사에 의한 반입명세의 기록으로 갈음한다.

③ 운영인은 잉여물품을 수입신고수리 후에만 반출할 수 있다.

④ 운영인은 제품의 제조·가공 등에 소요되는 내국물품인 원재료를 반출입하려는 때에는 세관장에게 반출입신고를 해야 한다.

⑤ 보세공장에 반입된 원재료는 다른 보세공장의 원재료로 사용하기 위하여 다른 보세공장으로 반출할 수 없다.

Answer 3.②

3 ② 「보세공장 운영에 관한 고시」 제13조(물품의 반출입) 제3항
① 보세운송절차에 따라 반입되는 물품은 즉시 제1항에 따른 반입신고를 하여야 한다. 이 경우 반입신고는 보세운송 도착보고를 갈음할 수 있다〈보세공장 운영에 관한 고시 제13조(물품의 반출입) 제2항〉.
③ 운영인은 잉여물품을 수입신고 전에 즉시 반출하려는 경우에는 보세공장 잉여물품 수입신고전 반출신고서를 제출하여야 하며, 반출신고서를 정정하거나 취하하려는 경우에는 보세공장 잉여물품 수입신고전 반출 정정·취하신청(승인)서를 수입신고수리 전까지 제출하여 세관장의 승인을 받아야 한다〈보세공장 운영에 관한 고시 제13조(물품의 반출입) 제4항〉.
④ 이 고시에서 반출입신고를 규정하지 아니한 내국물품에 대한 반출입신고는 생략할 수 있다. 다만, 제품의 제조·가공 등에 소요되는 원재료를 반출입하려는 때에는 그 사실을 기록·관리하여야 한다〈보세공장 운영에 관한 고시 제13조(물품의 반출입) 제8항〉.
⑤ 세관장은 동일법인이 2개 이상의 보세공장을 설치·운영특허를 받아 운영하는 경우에 일부 보세공장의 원재료 수급 및 재고관리 등 불가피한 사유로 동일법인 보세공장 간 원재료의 원상태 반출이 타당하다고 인정되는 경우, 생산제품의 사양 변경, 단종 또는 재고 원재료 중 해당 보세공장의 제조·가공에 지장이 없는 원재료에 대하여 동일 원재료를 사용하는 다른 보세공장 등에 양도하는 것이 타당하다고 인정되는 경우 등 해당하는 사유가 있을 때에는 보세운송절차에 따라 보세공장 간 원재료의 원상태 반출을 허용할 수 있다〈보세공장 운영에 관한 고시 제14조(국외가공 등 원재료 원상태 반출) 제2항〉.

4 보세공장 물품관리에 대한 설명으로 틀린 것은?

① 보세공장의 해외 현지공장에서 제조 · 가공 · 수리 그 밖에 유사한 작업에 사용할 원재료는 반입신고 시의 원재료 원상태로 국외반출을 허용할 수 있다.

② 보세공장 부설연구소의 연구 · 개발용 원재료의 사용 등 부득이한 사유로 보세공장에 반입신고된 원재료를 사용하는 것이 타당하다고 인정하는 경우에는 원재료의 원상태 수입을 허용할 수 있다.

③ 국내로 수입하려는 물품의 제조 · 가공 등에 필요한 내국물품 원재료는 환급대상물품반입확인서를 발급하지 아니한다.

④ 보세공장 외 일시 장치물품에 대해 수출입신고, 양수도 또는 폐기처분 등을 하려면 보세공장에 재반입해야 한다.

⑤ 보세공장 외 일시 장치장소에 반입된 물품은 허가기간이 종료될 때까지 보세공장에 있는 것으로 본다.

5 보세공장에 대한 설명으로 틀린 것은?

① 보세공장에서는 외국물품을 원료 또는 재료로 하거나 외국물품과 내국물품을 원료 또는 재료로 하여 제조 · 가공하거나 그 밖에 이와 비슷한 작업을 할 수 있다.

② 세관장은 내국물품만을 원료로 하거나 재료로 하여 제조 또는 가공하거나 그 밖에 이와 비슷한 작업을 허가할 수 없다.

③ 수입하는 물품을 제조 · 가공하는 것을 목적으로 하는 보세공장의 업종은 기획재정부령으로 정하는 바에 따라 제한할 수 있다.

④ 세관장은 수입통관 후 보세공장에서 사용하게 될 물품에 대하여는 보세공장에 직접 반입하여 수입신고를 하게 할 수 있다.

⑤ 보세공장의 원재료 범위에는 기계 · 기구 등의 작동을 위한 연료, 윤활유 등 제품의 생산 · 수리 · 조립 등에 간접적으로 투입되어 소모되는 물품은 제외한다.

Answer 4.④ 5.②

4 ④ 운영인은 다른 보세공장 일시보세작업으로 생산한 물품과 잉여물품 등을 다른 보세공장에 장치한 상태에서 수출입신고, 양수도, 다른 보세구역 또는 자유무역지역 입주기업체로의 반출신고, 폐기신청, 장외일시장치신청 등을 할 수 있다〈보세공장 운영에 관한 고시 제24조(다른 보세공장 등 일시 보세작업) 제7항〉.
　① 「보세공장 운영에 관한 고시」 제14조(국외가공 등 원재료 원상태 반출) 제1항 제3호
　② 「보세공장 운영에 관한 고시」 제14조(국외가공 등 원재료 원상태 반출) 제3항
　③ 「보세공장 운영에 관한 고시」 제15조(물품반입확인서 발급) 제2항 제3호
　⑤ 「보세공장 운영에 관한 고시」 제17조의2(보세공장 외 일시 물품장치 등) 제5항

5 ② 보세공장에서는 세관장의 허가를 받지 아니하고는 내국물품만을 원료로 하거나 재료로 하여 제조 · 가공하거나 그 밖에 이와 비슷한 작업을 할 수 없다〈관세법 제185조(보세공장) 제 2항〉.
　①③④ 「관세법」 제185조(보세공장)
　⑤ 「관세법 시행령」 제199조(보세공장원재료의 범위 등) 제1항

6 수입활어장치장에 대한 설명으로 틀린 것은?

① 활어장치장은 CCTV 영상을 상시 녹화할 수 있고 녹화된 영상을 30일 이상 보관할 수 있는 감시장비를 보유하여야 한다.

② 세관장이 CCTV 영상을 인터넷 망을 통해 실시간으로 확인이 가능하도록 조치하여야 한다.

③ 보세구역외 장치장은 원칙적으로 세관으로부터 40km 이내에 위치하여야 한다. 다만, 세관장이 타당하다고 인정하는 경우에는 세관으로부터 80km를 초과하지 않는 범위 내에서 보세구역외 장치를 허가할 수 있다.

④ 장치 중인 활어의 전부 또는 일부가 폐사한 경우에는 그 발생 사유와 발생량 등을 지체 없이 세관장에게 통보하고, 폐사어 관리대장에 기록·유지하여야 한다. 다만, 세관장이 인정하는 범위 내에서 폐사가 발생한 경우에는 그러하지 아니할 수 있다.

⑤ 운영인은 폐사어를 별도의 냉동·냉장시설에 폐사시기별로 구분하여 보관하여야 한다.

Answer 6.⑤

6 ⑤ 운영인 등은 폐사어를 별도의 냉동·냉장시설에 B/L별로 구분하여 보관하여야 한다〈수입활어 관리에 관한 특례고시 제12조(폐사어의 관리) 제2항〉.

① 「수입활어 관리에 관한 특례고시」 제4조(활어장치장의 시설요건 등) 제1항 제4호

② 「수입활어 관리에 관한 특례고시」 제4조(활어장치장의 시설요건 등) 제1항 제6호

③ 「수입활어 관리에 관한 특례고시」 제6조(보세구역외 장치) 제2항

④ 「수입활어 관리에 관한 특례고시」 제12조(폐사어의 관리) 제1항

※ 활어장치장의 시설요건 등(수입활어 관리에 관한 특례고시 제4조)

① 활어장치장은 다음의 요건을 모두 갖추어야 한다.

1. 수조외벽 : 각각의 수조가 물리적·영구적으로 분리되는 구조와 재질로 이루어 져야 하며, 수조 사이에 활어가 이동할 수 없도록 충분한 높이와 넓이를 갖추어야 한다.

2. 폐쇄회로 텔레비전(CCTV) : 각각의 출입구와 2개의 수조당 1대 이상 설치하여야 하며, 활어의 검량 감시용으로 사용할 수 있는 이동식 CCTV를 1대 이상 보유하여야 한다. 다만, 세관장이 필요하다고 인정하는 경우에는 이를 가감할 수 있다

3. 조명시설 : 세관장이 CCTV 영상을 통해 수조의 현황을 용이하게 식별할 수 있을 정도의 조명시설을 갖춰야 한다. 다만, 암실에 보관하여야 하는 어종을 장치하는 경우에는 적외선 카메라를 보유하여야 한다.

4. 영상녹화시설 : CCTV 영상을 상시 녹화할 수 있고 녹화된 영상을 30일 이상 보관할 수 있는 감시장비를 보유하여야 한다.

5. 냉동·냉장시설 : 폐사어를 장치할 수 있는 냉동·냉장 보관시설을 보유하여야 한다.

6. 인터넷 망 구축 : 세관장이 CCTV 영상을 인터넷 망을 통해 실시간으로 확인이 가능하도록 조치(예 : CCTV 인터넷 망에 접속 권한 등을 부여) 하여야 한다.

② 운영인 등은 활어장치장의 수조와 CCTV의 배치 도면을 세관장에게 제출하여야 한다.

7 종합보세구역에 대한 설명으로 맞는 것은?

① 관세청장은 직권으로 무역진흥에의 기여 정도, 외국물품의 반입·반출 물량 등을 고려하여 일정한 지역을 종합보세구역으로 지정할 수 있다.

② 종합보세구역은 특허보세구역의 기능 중 하나만을 수행하여야 한다.

③ 종합보세구역에서 종합보세기능을 수행하려는 자는 그 기능을 정하여 관세청장에게 종합보세사업장의 설치·운영에 관한 신고하여야 한다.

④ 종합보세구역의 보세판매장에서 판매하고자 하는 내국물품을 반입하거나 반출하려는 경우에는 반출입신고를 생략한다.

⑤ 국내에 주재하는 외교관이 종합보세구역에서 구입한 물품을 국외로 반출하는 경우에는 해당 물품을 구입할 때 납부한 관세 및 내국세 등을 환급받을 수 있다

Answer 7.①

7 ① 「관세법」 제197조(종합보세구역의 지정 등) 제1항

② 종합보세구역에서는 보세창고·보세공장·보세전시장·보세건설장 또는 보세판매장의 기능 중 둘 이상의 기능(종합보세기능)을 수행할 수 있다〈관세법 제197조(종합보세구역의 지정 등) 제2항〉.

③ 종합보세구역에서 종합보세기능을 수행하려는 자는 그 기능을 정하여 세관장에게 종합보세사업장의 설치·운영에 관한 신고를 하여야 한다〈관세법 제198조(종합보세사업장의 설치·운영에 관한 신고 등) 제1항〉.

④ 세관장은 법 제199조 제2항(종합보세구역에 반입·반출되는 물품이 내국물품인 경우에는 기획재정부령으로 정하는 바에 따라 제1항에 따른 신고를 생략하거나 간소한 방법으로 반입·반출하게 할 수 있다)의 규정에 의하여 법 제196조의 규정에 의한 보세판매장에서 판매하고자 하는 물품에 해당하지 아니하는 경우에는 반출입신고를 생략하게 할 수 있다〈관세법 시행규칙 제70조(내국물품 반출입신고의 생략 제3호).

⑤ 법 제199조의2 제1항(외국인 관광객 등 대통령령으로 정하는 자가 종합보세구역에서 구입한 물품을 국외로 반출하는 경우에는 해당 물품을 구입할 때 납부한 관세 및 내국세 등을 환급받을 수 있다)에서 "외국인 관광객 등 대통령령으로 정하는 자"란 「외국환거래법」 제3조에 따른 비거주자를 말한다. 다만, 법인, 국내에 주재하는 외교관(이에 준하는 외국공관원을 포함한다), 국내에 주재하는 국제연합군과 미국군의 장병 및 군무원은 제외한다〈관세법 시행령 제216조의2(외국인관광객 등의 범위)〉.

8 보세판매장 판매물품의 인도자에 대한 설명으로 맞는 것은?

① 판매물품을 구매자에게 인도하는 업무를 담당하고자 하는 자는 보세판매장 관할 세관장으로부터 지정을 받아야 한다.

② 보세판매장 협의단체는 인도자로 지정될 수 있다.

③ 관세행정 또는 보세화물관리와 관련 있는 비영리법인은 인도자로 지정될 수 없다.

④ 지방세의 체납이 있는 자는 인도자로 지정될 수 없다.

⑤ 인도자는 인도장의 업무량을 고려하여 적정인원의 보세사를 채용하여야 하나 인도업무를 보세사에 위임하여 수행하게 할 수 없다.

9 보세판매장에 대한 설명으로 틀린 것은?

① 공항 및 항만 등의 입국경로에 설치된 보세판매장에서는 외국에서 국내로 입국하는 자에게 물품을 판매할 수 있다.

② 입국장면세점에서는 외국에서 국내로 입국하는 자에게 술·담배·향수를 포함하여 미화 800달러 한도에서 판매할 수 있다.

③ 시내면세점에서 판매한 외국물품은 판매장에서 인도하지 아니하고 보세운송 후 해당 인도장에서 인도한다.

④ 출국장면세점의 판매물품을 이동판매 방식에 의해 판매하려는 경우에는 이동판매대의 설치장소, 설치기한 및 판매품목 등에 관하여 세관장의 승인을 받는 경우에 한한다.

⑤ 운영인이 물품을 판매한 때에는 구매자 인적사항 및 판매사항을 전산관리하고, 세관에 전자문서로 실시간 전송(시내면세점에서 판매한 물품을 보세운송하는 경우 보세운송 신고 시)해야 한다.

Answer 8.② 9.②

8   ② 「보세판매장 운영에 관한 고시」 제13조(인도자 지정 등) 제1항 1호
   ① 인도장에서 판매물품을 구매자에게 인도하는 업무를 담당하려는 자(인도자)는 인도장 관할세관장(세관장)으로부터 지정을 받아야 한다〈보세판매장 운영에 관한 고시 제13조(인도자 지정 등) 제1항〉.
   ③ 관세행정 또는 보세화물관리와 관련 있는 비영리 법인에 해당하는 자는 인도자가 될 수 있다〈보세판매장 운영에 관한 고시 제13조(인도자 지정 등) 제1항 제1호〉.
   ④ 관세 및 국세의 체납이 있는 자는 인도자로 지정될 수 없다〈보세판매장 운영에 관한 고시 제13조(인도자 지정 등) 제1항 제2호〉.
   ⑤ 인도자는 인도장의 업무량을 고려하여 적정인원의 보세사를 채용하여야 하며 인도업무를 보세사에 위임하여 수행하게 할 수 있다〈보세판매장 운영에 관한 고시 제14조(판매물품의 인도) 제1항〉.

9   ② 운영인은 입국인에게 미화 800달러 이하의 구매한도 범위 내에서 물품을 판매하여야 한다. 이 경우 술·담배·향수는 별도 면세범위 내에서만 판매할 수 있다〈보세판매장 운영에 관한 고시 제5조(구매자 및 구매총액) 제5항〉.
   ① 「관세법」 제196조(보세판매장) 제2항
   ③ 「보세판매장 운영에 관한 고시」 제12조(판매물품의 보세운송) 제1항
   ④ 「보세판매장 운영에 관한 고시」 제9조(판매장 진열 및 판매) 제3항
   ⑤ 「보세판매장 운영에 관한 고시」 제9조(판매장 진열 및 판매) 제1항

10 시내면세점, 출국장면세점 및 전자상거래에 의하여 판매한 보세판매장 물품을 구매자에게 인도하기 위한 장소로 틀린 것은?

① 출국장 보세구역 내 설치한 장소

② 외국무역선의 선내

③ 관세청장이 지정한 보세구역(자유무역지역을 포함한다)

④ 항공화물탁송 보세구역

⑤ 입국장 보세구역 내 설치한 장소

11 보세전시장에 대한 설명으로 맞는 것은?

① 보세전시장에서는 박람회, 전람회, 견본품 전시회 등의 운영을 위하여 외국물품을 장치·전시하거나 사용할 수 있다.

② 보세전시장에서 외국물품의 사용은 그 물품의 성질 또는 수량에 변경을 가하거나 전시장에서 소비하는 행위를 포함하지 아니한다.

③ 보세전시장 안에서는 박람회의 주최자·출판자 및 관람자가 보세전시장 안에서 외국물품을 소비할 수 없다.

④ 보세전시장에 장치된 판매용 외국물품은 수입신고가 수리되기 전에 이를 사용할 수 있다.

⑤ 보세전시장에 장치된 전시용 외국물품을 현장에서 직매하는 경우 수입신고가 수리되기 전에 이를 인도할 수 있다.

Answer 10.③ 11.①

10 ③ 인도장이란 시내면세점, 출국장면세점 및 전자상거래에 의하여 판매한 물품을 구매자에게 인도하기 위한 곳으로 출국장 보세구역내 설치한 장소, 외국무역선 및 외국여객선박의 선내, 통관우체국내 세관통관장소, 항공화물탁송 보세구역, 세관장이 지정한 보세구역(자유무역지역을 포함한다), 입국장 보세구역내 설치한 장소(입국장 인도장) 등에 해당하는 장소를 말한다〈보세판매장 운영에 관한 고시 제2조(정의) 제6호〉.

11 ①「관세법」제190조(보세전시장)
②③ 박람회 등의 운영을 위한 외국물품의 사용에는 당해 외국물품의 성질 또는 형상에 변경을 가하는 행위, 당해 박람회의 주최자·출품자 및 관람자가 그 보세전시장안에서 소비하는 행위 등이 포함되는 것으로 한다〈관세법 시행령 제208조(보세전시장안에서의 사용)〉.
④ 보세전시장에 장치된 판매용 외국물품은 수입신고가 수리되기 전에는 이를 사용하지 못한다〈관세법 시행령 제209조(보세전시장의 장치 제한 등) 제2항〉.
⑤ 보세전시장에 장치된 전시용 외국물품을 현장에서 직매하는 경우 수입신고가 수리되기 전에는 이를 인도하여서는 아니된다〈관세법 시행령 제209조(보세전시장의 장치 제한 등) 제3항〉.

12 보세건설장에 대한 설명으로 틀린 것은?

① 운영인은 보세건설장에 외국물품을 반입하였을 때에는 사용 전에 해당 물품에 대하여 수입신고를 하고 세관공무원의 검사를 받아야 한다.

② 운영인은 보세건설장에서 건설된 시설의 수입신고가 수리되기 전에 가동하여서는 아니 된다.

③ 세관장은 보세건설장 외에서의 보세작업을 허가할 수 없다.

④ 보세건설장의 운영인은 수입신고를 한 물품을 사용한 건설공사가 완료된 때에는 지체 없이 이를 세관장에게 보고하여야 한다.

⑤ 산업시설의 건설에 사용되는 외국물품인 기계류 설비품이나 공사용 장비를 장치 · 사용하여 해당 건설공사를 할 수 있다.

13 지정장치장에 대한 설명으로 틀린 것은?

① 지정장치장은 통관을 하려는 물품을 일시 장치하기 위한 장소로서 세관장이 지정한다.

② 지정장치장에 반입한 물품은 지정장치장을 지정한 세관장이 보관의 책임을 진다.

③ 장치기간은 6개월의 범위 내에서 관세청장이 정하며, 관세청장이 정하는 기준에 따라 세관장은 3개월의 범위에서 연장할 수 있다.

④ 지정장치장의 화물관리인은 화물관리에 필요한 비용(세관설비 사용료를 포함한다)을 화주로부터 징수할 수 있다.

⑤ 지정장치장의 화물관리인은 화주로부터 징수한 화물관리비용 중 세관설비 사용료에 해당하는 금액을 세관장에게 납부하여야 한다.

Answer 12.③ 13.②

12 ③ 세관장은 보세작업을 위하여 필요하다고 인정될 때에는 대통령령으로 정하는 바에 따라 기간, 장소, 물품 등을 정하여 해당 보세건설장 외에서의 보세작업을 허가할 수 있다〈관세법 제195조(보세건설장 외 작업 허가) 제1항〉.
① 「관세법」 제192조(사용 전 수입신고)
② 「관세법」 제194조(보세건설물품의 가동 제한)
④ 「관세법 시행령」 제211조(건설공사 완료보고)
⑤ 「관세법」 제191조(보세건설장)

13 ② 지정장치장에 반입한 물품은 화주 또는 반입자가 그 보관의 책임을 진다〈관세법 제172조(물품에 대한 보관책임) 제1항〉.
① 「관세법」 제169조(지정장치장)
③ 「관세법」 제170조(장치기간)
④ 「관세법」 제172조(물품에 대한 보관책임) 제3항
⑤ 「관세법」 제172조(물품에 대한 보관책임) 제4항

14 지정장치장 화물관리인의 지정취소 사유로 틀린 것은?

① 거짓이나 그 밖의 부정한 방법으로 지정을 받은 경우

② 화물관리인이 세관장과 맺은 화물관리업무에 관한 약정을 위반하여 해당 지정장치장의 질서유지에 중대한 지장을 초래한 경우

③ 화물관리인이 그 지정의 취소를 요청하는 경우

④ 화물관리인 「관세법」 제175조(운영인의 결격사유) 각 호의 어느 하나에 해당하는 경우

⑤ 2년 이상 물품의 반입실적이 없는 경우

15 세관장이 지정보세구역으로 지정할 수 있는 장소로 틀린 것은?

① 세관이 소유한 토지 및 건물

② 국토교통부가 소유한 토지 및 건물로서 국토교통부 장관의 동의를 받은 토지 및 건물

③ 인천광역시가 소유한 토지 및 건물로서 인천광역시장의 동의를 받은 토지 및 건물

④ 한국관광공사가 소유한 토지 및 건물로서 한국관광공사 사장의 동의를 받은 토지 및 건물

⑤ 부산항만공사가 소유한 토지 및 건물로서 부산항만공사 사장의 동의를 받은 토지 및 건물

Answer 14.⑤ 15.④

14 ⑤ 세관장은 특허보세구역의 운영인이 2년 이상 물품의 반입실적이 없어서 세관장이 특허보세구역의 설치 목적을 달성하기 곤란하다고 인정하는 경우 그 특허를 취소할 수 있다.

※ **화물관리인의 지정 취소(관세법 시행령 제187조의2 제1항)** ··· 세관장은 다음 각 호의 어느 하나에 해당하는 사유가 발생한 경우에는 화물관리인의 지정을 취소할 수 있다. 이 경우 제1항 제3호에 해당하는 자에 대한 지정을 취소할 때에는 해당 시설의 소유자 또는 관리자에게 미리 그 사실을 통보하여야 한다.

1. 거짓이나 그 밖의 부정한 방법으로 지정을 받은 경우
2. 화물관리인이 법 제175조 각 호의 어느 하나에 해당하는 경우
3. 화물관리인이 세관장 또는 해당 시설의 소유자·관리자와 맺은 화물관리업무에 관한 약정을 위반하여 해당 지정장치장의 질서유지 및 화물의 안전관리에 중대한 지장을 초래하는 경우
4. 화물관리인이 그 지정의 취소를 요청하는 경우

15 지정보세구역의 지정(관세법 제166조)

① 세관장은 국가, 지방자치단체, 공항시설 또는 항만시설을 관리하는 법인 중 어느 하나에 해당하는 자가 소유하거나 관리하는 토지·건물 또는 그 밖의 시설(토지 등)을 지정보세구역으로 지정할 수 있다.

1. 국가
2. 지방자치단체
3. 공항시설 또는 항만시설을 관리하는 법인

② 세관장은 해당 세관장이 관리하지 아니하는 토지등을 지정보세구역으로 지정하려면 해당 토지등의 소유자나 관리자의 동의를 받아야 한다. 이 경우 세관장은 임차료 등을 지급할 수 있다.

16 보세창고 특허신청인이 세관장에게 제출하여야 하는 내부 화물관리 규정에 포함되어야 하는 사항으로 틀린 것은?

① 내부 화물관리 종합책임자 및 책임체계
② 화물 반출입 및 보관 절차
③ 출입자 통제 및 시설안전관리
④ 내부고발자에 대한 포상과 청렴위반자에 대한 징계 체계
⑤ 보세화물 취급 직원 채용 조건 및 절차

17 특허보세구역의 특허기간으로 맞는 것은?

① 보세창고 – 10년 이내
② 보세판매장 – 10년 이내
③ 보세공장 – 7년 이내
④ 보세전시장 – 5년 이내
⑤ 보세건설장 – 5년 이내

Answer 16.⑤ 17.①

16 ⑤ 특허신청인은 보세화물 취급 직원 교육 방법을 포함한 내부 화물관리 규정을 작성하여 세관장에게 제출하여야 하며, 특허기간 중 내부 화물관리 규정을 개정한 경우에도 또한 같다〈특허보세구역 운영에 관한 고시 제10조(영업용보세창고의 요건) 제2항 제6호〉.

※ 영업용보세창고의 요건(특허보세구역 운영에 관한 고시 제10조 제2항) … 특허신청인은 다음 각 호의 사항을 포함한 내부 화물관리 규정을 작성하여 세관장에게 제출하여야 하며, 특허기간 중 내부 화물관리 규정을 개정한 경우에도 또한 같다.
1. 내부 화물관리 종합책임자 및 책임체계
2. 화물 반출입 및 보관 절차
3. 대장 기록 체계
4. 출입자 통제 및 시설안전관리
5. 세관 보고 사항 및 절차
6. 보세화물 취급 직원 교육 방법
7. 내부고발자에 대한 포상과 청렴위반자에 대한 징계 체계

17 ① 특허보세구역(보세전시장, 보세건설장 및 보세판매장은 제외한다)의 특허기간은 **10년의 범위내**에서 신청인이 신청한 기간으로 한다. 다만, 관세청장은 보세구역의 합리적 운영을 위하여 필요한 경우에는 신청인이 신청한 기간과 달리 특허기간을 정할 수 있다〈관세법 시행령 제192조(특허기간)〉.

※ 특허기간 및 특허의 범위(특허보세구역 운영에 관한 고시 제6조)
㉠ 특허보세구역의 특허기간은 10년 이내로 한다.
㉡ 임차한 시설에 대하여 설치·운영의 특허를 신청한 경우 특허기간은 ㉠에서 정한 기간 내에서 정하되 임대차계약기간의 종료일을 넘지 못한다. 이 경우 임대차 계약기간에 대하여는 「민법」의 규정을 따른다.
㉢ 세관장은 보세구역 설치·운영의 특허시 보관물품에 따른 창고유형, 장치할 물품의 종류와 수용능력의 최고한도를 정하여야 한다.

18 보세구역에 장치해야 하는 물품으로 틀린 것은?

① 세관에 압수된 물품

② 외국에서 환적화물로 우리나라에 입항하여 하역한 외국물품

③ 내국운송의 신고를 하려는 내국물품

④ 외국에서 반송되어 우리나라에 입항 후 하역한 외국물품

⑤ 외국 선박이 공해에서 포획하여 우리나라에 입항 후 하역한 수산물

19 특허보세구역(보세판매장 제외)의 특허수수료에 대한 설명으로 틀린 것은?

① 특허수수료는 특허보세구역의 설치 · 운영에 관한 특허가 있는 날이 속하는 분기분의 수수료를 포함하여 분기 단위로 매 분기 말까지 다음 분기분을 납부하여야 한다.

② 특허신청의 수수료는 이미 받은 특허를 갱신하려는 경우에도 납부하여야 한다.

③ 특허신청의 수수료는 4만5천이다.

④ 특허수수료는 운영인이 원하는 때에는 1년 단위로 일괄하여 납부할 수 있다.

⑤ 특허수수료의 산정기준은 특허보세구역의 연면적으로 한다.

18 ① 외국물품과 내국운송의 신고를 하려는 내국물품은 보세구역이 아닌 장소에 장치할 수 없다. 다만, 수출신고가 수리된 물품, 크기 또는 무게의 과다나 그 밖의 사유로 보세구역에 장치하기 곤란하거나 부적당한 물품, 재해나 그 밖의 부득이한 사유로 임시로 장치한 물품, 검역물품, 압수물품, 우편물품 중 어느 하나에 해당하는 물품은 그러하지 아니하다〈관세법 제155조(물품의 장치) 제1항〉.

19 ① 특허수수료는 분기단위로 매 분기 말까지 다음 분기분을 납부하되, 특허보세구역의 설치 · 운영에 관한 특허가 있은 날이 속하는 분기분의 수수료는 이를 면제한다. 이 경우 운영인이 원하는 때에는 1년 단위로 일괄하여 미리 납부할 수 있다〈관세법 시행규칙 제68조(특허수수료) 제3항〉.

② 「관세법」 제174조(특허보세구역의 설치 · 운영에 관한 특허) 제2항

③ 「관세법 시행규칙」 제68조(특허수수료) 제1항

④ 「관세법 시행규칙」 제68조(특허수수료) 제3항

⑤ 「관세법 시행규칙」 제68조(특허수수료) 제2항

20 특허보세구역에의 물품반입 또는 보세건설·보세판매·보세전시 등을 정지시킬 수 있는 사유로 틀린 것은?

① 해당 시설의 마비 등으로 특허보세구역의 설치목적을 달성하기 곤란하다고 인정하는 경우
② 2년 이상 물품의 반입실적이 없어서 세관장이 특허보세구역의 목적을 달성하기 곤란하다고 인정하는 경우
③ 운영인 본인이 관세법 또는 관세법에 따른 명령을 위반한 경우
④ 운영인의 사용인이 「관세법」또는 「관세법」에 따른 명령을 위반한 경우
⑤ 장치물품에 대한 관세를 납부할 자금능력이 없다고 인정되는 경우

21 보세구역 특허의 효력 상실 시 조치 등에 대한 설명이다. (   ) 안에 들어갈 내용을 맞게 나열한 것은?

> 보세구역의 설치·운영에 관한 특허의 효력이 상실되었을 때에는 해당 특허보세구역에 있는 외국 물품의 종류
> 와 수량 등을 고려하여 (㉠)의 범위에서 (㉡)이 지정하는 기간 동안 그 구역은 특허보세구역으로 본다.

	㉠	㉡
①	6개월	세관장
②	3개월	세관장
③	1개월	세관장
④	6개월	관세청장
⑤	3개월	관세청장

Answer 20.② 21.①

20 ② 세관장은 운영인이 다음 각 호의 어느 하나에 해당하는 경우에는 그 특허를 취소할 수 있다. 다만, 2년 이상 물품의 반입실적이 없어서 세관장이 특허보세구역의 설치 목적을 달성하기 곤란하다고 인정하는 경우 세관장이 특허를 취소하는 것이 보세화물관리상 매우 불합리하다고 인정되고 관세채권 확보 등에 어려움이 없는 경우에는 제4조 제3항에 따른 자체 특허심사위원회의 사전심사를 거친 후 취소하지 않을 수 있다〈특허보세구역 운영에 관한 고시 제18조(행정제재) 제9항 제4호〉.
① 「관세법」 제178조(반입정지 등과 특허의 취소) 제1항 제3호
③④ 「관세법」 제178조(반입정지 등과 특허의 취소) 제1항 제2호
⑤ 「관세법」 제178조(반입정지 등과 특허의 취소) 제1항 제1호

21 특허보세구역의 설치·운영에 관한 특허의 효력이 상실되었을 때에는 해당 특허보세구역에 있는 외국물품의 종류와 수량 등을 고려하여 ㉠ <u>6개월</u>의 범위에서 ㉡ <u>세관장</u>이 지정하는 기간 동안 그 구역은 특허보세구역으로 보며, 운영인이나 그 상속인 또는 승계법인에 대해서는 해당 구역과 장치물품에 관하여 특허보세구역의 설치·운영에 관한 특허가 있는 것으로 본다〈관세법 제182조(특허의 효력상실 시 조치 등) 제2항〉

22 특허보세구역 업무내용 등의 변경사항 중 세관장 승인대상이 아닌 것은?

① 운영인이 법인인 경우에 그 등기사항을 변경한 때
② 운영인이 장치물품의 종류를 변경하고자 하는 때
③ 운영인이 특허작업의 종류를 변경하고자 하는 때
④ 운영인이 작업의 원재료를 변경하고자 하는 때
⑤ 운영인이 장치물품의 수용능력을 증감하고자 하는 때

23 다음에서 특허보세구역의 특허를 취소할 수 있는 사유에 해당하는 것은?

> ㉠ 거짓이나 그 밖의 부정한 방법으로 특허를 받은 경우
> ㉡ 최근 1년 이내에 3회 이상 물품반입의 정지처분을 받은 경우
> ㉢ 운영인이 해산하거나 사망한 경우
> ㉣ 「관세법」 제177조의2를 위반하여 명의를 대여한 경우
> ㉤ 본인이나 그 사용인이 「관세법」 또는 「관세법」에 따른 명령을 위반한 경우

① ㉠㉡㉢
② ㉠㉢㉣
③ ㉡㉢㉣㉤
④ ㉠㉡㉤
⑤ ㉠㉡㉣

---

22 ① 특허보세구역의 운영인이 법인인 경우에 그 등기사항을 변경한 때에는 지체없이 그 요지를 세관장에게 통보하여야 한다〈관세법 시행령 제190조(업무내용 등의 변경) 제2항〉.
②③④ 「관세법 시행령」 제190조(업무내용 등의 변경) 제1항
⑤ 「관세법 시행령」 제191조(수용능력증감 등의 변경) 제1항

23 ㉠㉡㉣ 「관세법」 제178조(반입정지 등과 특허의 취소) 제2항
㉢ 특허보세구역의 설치 · 운영에 관한 특허는 운영인이 해산하거나 사망한 경우에 해당하면 그 효력을 상실한다〈관세법 제179 조(특허의 효력상실 및 승계)〉.
㉤ 세관장은 본인이나 그 사용인이 이 법 또는 이 법에 따른 명령을 위반한 경우에는 관세청장이 정하는 바에 따라 6개월의 범 위에서 해당 특허보세구역에의 물품반입 또는 보세건설 · 보세판매 · 보세전시 등(물품반입 등)을 정지시킬 수 있다〈관세법 제 178조(반입정지 등과 특허의 취소) 제1항 제2호〉.

24 특허보세구역 중 보세창고 운영인에 대한 주의처분 사유로 맞는 것은?

① 세관장이 특허한 수용능력의 범위를 초과하여 물품을 장치한 때

② 장치화물에 대한 각종 장부와 보고서류(전산화되어 있는 경우에는 전산자료를 포함)의 2년간 보관의무를 위반한 때

③ 야적대상이 아닌 물품을 야적장에 장치하였을 때

④ 보세구역 운영상황 보고 의무를 위반한 때

⑤ 견품반출 허가를 받은 물품이 해당 보세구역에서 반출입되는 경우 견품반출 허가사항 확인 및 견품반출입대장에 기록관리하지 아니한 때

25 컨테이너전용 보세창고의 특허요건으로 틀린 것은?

① 부지면적은 $15,000m^2$ 이상이어야 한다.

② 보세화물을 보관하고 컨테이너 적입화물을 적출하는 화물조작장(CFS)을 설치해야 한다.

③ 화물조작장(CFS) 면적은 물동량에 따라 운영인의 신청으로 세관장이 결정한다.

④ 컨테이너를 차량에 적재한 상태로 건물에 접속시켜 2대 이상 동시에 개장검사할 수 있는 컨테이너검사장을 갖추어야 한다.

⑤ 컨테이너 장치에 지장이 없는 최소한의 면접 범위에서 컨테이너 반입된 거대·중량 또는 장척화물을 장치할 수 있는 야적장을 설치할 수 있다.

Answer 24.④　25.③

24 ④ 「특허보세구역 운영에 관한 고시」 제18조(행정제재) 제1항 제1호

① ② ③ 세관장은 특허보세구역의 운영인이 제17조 제1항 후단, 같은 조 제3항·제6항·제7항·제8항을 위반한 경우에 해당하는 경우에는 경고처분을 할 수 있다. 이 경우 현장점검, 감사 등의 결과에 따라 수개의 동일 위반사항이 적발된 경우 이를 1건으로 경고처분할 수 있다〈특허보세구역 운영에 관한 고시 제18조(행정제재) 제2항 제1호〉.

⑤ 세관장은 특허보세구역의 운영인이 「보세화물 관리에 관한 고시」 제5조 제2항, 제6조 제3항, 제9조 제2항·제4항, 제10조 제4항, 제12조 제2항·제4항, 제16조 제1항, 제21조 제2항·제3항, 제27조 제1항, 제30조 제4항을 위반한 경우에는 경고처분을 할 수 있다. 이 경우 현장점검, 감사 등의 결과에 따라 수 개의 동일 위반사항이 적발된 경우 이를 1건으로 경고처분할 수 있다〈특허보세구역 운영에 관한 고시 제18조(행정제재) 제2항 제3호〉.

25 ③ 보세화물을 보관하고 컨테이너 적입화물을 적출하는 화물조작장(CFS)을 설치하여야 하나, CFS면적은 물동량에 따라 운영인이 자율적으로 결정할 수 있다〈특허보세구역 운영에 관한 고시 제11조(특수보세구역의 요건 등) 제3항 제2호〉.

① 「특수보세구역의 요건 등」 제3항 제1호

② 「특수보세구역의 요건 등」 제3항 제2호

④ 「특수보세구역의 요건 등」 제3항 제5호

⑤ 「특수보세구역의 요건 등」 제3항 제4호

1 다음은 항공입항화물 적하목록 제출에 관한 설명이다. 빈칸 안에 들어갈 내용을 바르게 나열한 것은?

> 적하목록 제출의무자는 항공기가 입항하기 (㉠)까지 적하목록을 항공기 입항예정지 세관장에게 전자문서로 제출해야 한다. 다만, 근거리 지역의 경우에는 적해항에서 항공기가 (㉡)까지, 특송화물의 경우에는 항공기가 입항하기 (㉢)까지 제출해야 한다.

	㉠	㉡	㉢
①	24시간 전	출항하기 전	1시간 전
②	1시간 전	출항하기 전	24시간 전
③	4시간 전	출항하기 1시간 전	24시간 전
④	4시간 전	출항하기 전	1시간 전
⑤	1시간 전	출항하기 1시간 전	24시간 전

1 「관세법」 제135조 제2항에 따라 적하목록 제출의무자는 항공기가 입항하기 ㉠ <u>**4시간 전**</u>까지 적하목록을 항공기 입항예정지 세관장에게 전자문서로 제출해야 한다. 다만, 근거리 지역(제8조제1항 단서의 지역과 필리핀, 베트남, 캄보디아, 태국, 인도네시아, 말레이시아, 싱가포르, 라오스, 미얀마, 몽골, 카자흐스탄, 괌, 마카오, 사이판을 말한다)의 경우에는 적재항에서 항공기가 ㉡ <u>**출항하기 전**</u>까지, 특송화물의 경우에는 항공기가 입항하기 ㉢ <u>**1시간 전**</u>까지 제출해야 한다(보세화물 입출항 하선 하기 및 적재에 관한 고시 제21조(적하목록 제출) 제1항).

2 항공입항화물의 하기장소 물품반입에 대한 설명으로 틀린 것은?

① 하역장소 보세구역 운영인은 화물분류 완료 후 해당 물품을 지정된 하기장소 보세구역 운영인에게 지체 없이 인계해야 한다.

② 하역장소 보세구역 운영인으로부터 해당 물품을 인수받은 운영인은 입항 후 12시간 이내에 지정된 하기장소에 반입해야 한다.

③ 하기장소 보세구역 운영인은 인수받은 물품이 위험물품의 경우에는 지체 없이 하기장소에 반입해야 한다.

④ 하기장소 보세구역 운영인은 해당 보세구역을 하기장소로 지정한 물품의 반입 즉시 House AWB 단위로 반입신고를 할 수 있다.

⑤ 하기장소 보세구역 운영인은 물품을 입고하는 과정에서 실물이 적하목록상의 내역과 상이함을 발견하였을 때에 반입사고화물로 분류하여 신고해야 한다.

Answer 2.②

2 하기장소의 물품반입(보세화물 입출항 하선 하기 및 적재에 관한 고시 제30조)

① 하역장소 보세구역 운영인은 화물분류 완료 후 해당 물품을 지정된 하기장소 보세구역 운영인에게 지체 없이 인계해야 하며, 해당 물품을 인수받은 운영인은 입항 후 24시간 이내에 지정된 하기장소에 반입해야 한다. 다만, 위험물품의 경우에는 지체 없이 하기장소에 반입해야 한다.

② 물품을 인수받은 보세구역 운영인은 해당 보세구역을 하기장소로 지정한 물품에 한해 해당물품의 반입 즉시 House AWB 단위로 세관장에게 전자문서로 물품반입신고를 해야 하며, 창고 내에 물품을 입고하는 과정에서 실물이 적하목록상의 내역과 상이함을 발견하였을 때에는 반입사고화물로 분류하여 신고해야 한다. 다만, House AWB이 없는 화물은 Master AWB 단위로 반입신고를 할 수 있다.

③ 화물관리 세관공무원은 하기장소 보세구역운영인으로부터 반입신고가 있을 때에는 적하목록상 물품의 전량반입완료 및 반입사고여부를 확인하고 제1항에 따른 기한까지 반입되지 아니한 물품이 있거나 반입사고가 있는 물품에 대하여는 그 사유를 조사한 후 그 결과에 따라 처리한다.

3 해상입항화물의 적하목록 정정과 관련한 설명으로 맞는 것은?

① 적하목록 제출이 완료된 이후 보세운송하여 보세구역에 반입된 화물의 적하목록 정정신청은 출발지 보세구역을 관할하는 세관장에게 제출해야 한다.

② 신속 통관을 위해 필요한 경우 보세운송하여 보세구역에 반입된 화물은 수입화주가 적하목록 작성책임자를 대신하여 정정신청을 할 수 있다.

③ 반입결과 이상보고서가 제출된 물품의 적하목록 정정은 이상보고서 제출일로부터 10일 이내에 신청하여야 한다.

④ 포장파손이 용이한 물품은 중량의 과부족이 10% 이내인 경우 적하목록 정정신청을 생략할 수 있다.

⑤ 화물관리 세관공무원은 하선화물의 수량에 대해 운항선사가 하선결과이상보고를 한 경우 직권으로 적하목록을 정정할 수 있다.

Answer 3.②

3 ② 「보세화물 입출항 하선 하기 및 적재에 관한 고시」 제12조(적하목록의 정정신청) 제2항

① 적하목록 제출이 완료된 이후에 적하목록 작성책임자가 그 기재내용의 일부를 정정하려는 때에는 적하목록 정정신청서를 정정사유를 증명할 수 있는 자료(세관장이 인정하는 경우에는 증명자료 제출을 생략할 수 있다)를 첨부하여 서류 또는 전자문서로 제출해야 한다. 다만, 보세운송으로 보세구역에 반입된 화물은 도착지 보세구역을 관할하는 세관장에게 정정신청을 해야 한다〈보세화물 입출항 하선 하기 및 적재에 관한 고시 제25조(적하목록의 정정신청) 제1항〉.

③ 적하목록 정정신청은 하기결과보고서 및 반입결과 이상보고서가 제출된 물품의 경우에는 보고서 제출일로부터 15일 이내에 신청할 수 있다. 다만, B/L양수도 및 B/L 분할·합병의 경우에는 기간을 제한하지 아니한다〈보세화물 입출항 하선 하기 및 적재에 관한 고시 제25조(적하목록의 정정신청) 제3항 제1호〉.

④ 적하목록상의 물품과 실제 물품이 포장파손이 용이한 물품(예 : 비료, 설탕, 시멘트 등) 및 건습에 따라 중량의 변동이 심한 물품(예 : 펄프, 고지류 등)으로서 그 중량의 과부족이 5% 이내인 경우 적하목록 정정신청을 생략할 수 있다〈보세화물 입출항 하선 하기 및 적재에 관한 고시 제13조(적하목록 정정생략) 제1항 3호〉.

⑤ 화물관리 세관공무원은 하선결과 및 반입이상보고된 전자문서 또는 관련서류로 확인이 가능한 하선화물의 수량·중량에 대하여 검수(검정)업자가 하선결과이상보고를 한 경우에 해당하는 경우에는 직권으로 정정할 수 있다. 다만, 보세운송된 화물의 경우에는 해당 보세구역 관할세관 화물관리 세관공무원이 해야 한다〈보세화물 입출항 하선 하기 및 적재에 관한 고시 제14조(적하목록 직권정정) 제1항 제2호〉.

4 해상입항화물의 하선에 대한 설명으로 빈칸 안에 들어갈 내용을 순서대로 나열한 것은?

> - 하선신고를 한 자는 입항일(외항에서 입항수속을 한 경우 접안일)로부터 컨테이너화물은 (㉠), 원목, 곡물, 원유 등 산물은 (㉡) 내에 해당 물품을 하선 장소에 반입해야 한다.
> - 하역업체가 화물을 하선하려는 때에는 (㉢) 단위의 적하목록을 기준으로 하역장소와 하선장소를 기재한 하선신고서를 세관장에게 전자문서로 제출해야 한다.
> - LCL 화물로서 해당 하선장소 내의 CFS 내에서 컨테이너 적출 및 반입작업을 하려는 때에는 (㉣) 단위로 물품반입신고를 해야 한다.

	㉠	㉡	㉢	㉣
①	5일	30일	House B/L	House B/L
②	5일	10일	Master B/L	Master B/L
③	3일	10일	Master B/L	House B/L
④	3일	5일	House B/L	Master B/L
⑤	3일	5일	Master B/L	House B/L

Answer 4.③

4 하선장소 물품반입(보세화물 입출항 하선 하기 및 적재에 관한 고시 제19조)

① 제15조에 따라 하선신고를 한 자는 입항일(외항에서 입항수속을 한 경우 접안일)로부터 다음 각 호의 어느 하나에 해당하는 기간내에 해당물품을 하선장소에 반입해야 한다. 다만, 부득이한 사유로 지정기한(「관리대상화물 관리에 관한 고시」 제6조제2항에 따라 검색기검사를 마치고 하선장소에 반입하는 경우에는 지정기한 경과일수를 산출할 때 세관근무일자가 아닌 일수를 제외한다.) 이내에 반입이 곤란할 때에는 반입지연사유, 반입예정일자 등을 기재한 별지 제20호서식의 하선장소 반입기간 연장(신청)서를 세관장에게 제출하여 승인을 받아야 한다.

　1. 컨테이너화물: ㉠ **3일**

　2. 원목, 곡물, 원유 등 산물 : ㉡ **10일**

② 하선장소를 관리하는 보세구역 운영인은 해당 보세구역을 하선장소로 지정한 물품에 한해 해당 물품의 반입 즉시 ㉣ **House B/L** 단위로 세관장에게 전자문서로 물품반입신고를 해야 하며, 창고내에 물품이 입고되는 과정에서 실물이 적하목록상의 내역과 상이함을 발견하였을 때에는 반입사고화물로 분류하여 신고해야 한다. 다만, 다음 각 호의 어느 하나에 해당하는 물품은 Master B/L 단위로 반입신고를 할 수 있다.

　1. Master B/L 단위의 FCL화물

　2. LCL화물로서 해당 하선장소내의 CFS내에서 컨테이너 적출 및 반입작업하지 아니하는 물품

※ 하선신고(보세화물 입출항 하선 하기 및 적재에 관한 고시 제15조 제1항) … 운항선사(공동배선의 경우에는 용선선사를 포함한다) 또는 그 위임을 받은 하역업체가 화물을 하선하려는 때에는 ㉢ **MASTER B/L** 단위의 적하목록을 기준으로 하역장소와 하선장소를 기재한 하선신고서를 세관장에게 전자문서로 제출해야 한다.

5 출항하려는 물품에 대한 적하목록 제출과 관련한 설명으로 틀린 것은?

① 환적화물에 대한 출항적하목록은 적하목록 제출자가 입항 시 제출한 적하목록의 항목을 참조하여 간소하게 제출할 수 있다.

② 태국으로 출항하려는 해상포장화물의 적하목록은 적재하기 전까지 제출해야 하며, 선박이 출항하기 60분 전까지 최종 마감하여 제출해야 한다.

③ 출항하려는 항공화물은 해당물품을 항공기에 적재하기 전까지 제출해야 하며, 항공기가 출항하기 30분 전까지 최종 마감하여 제출해야 한다.

④ 공동배선의 경우에 운항 선사 또는 항공사는 용선 선사 또는 항공사가 전자문서로 작성하여 제공한 물품목록 자료를 취합하여 세관장에게 제출해야 한다.

⑤ 출항하려는 혼재화물의 경우 선사 또는 항공사는 화물운송주선업자가 전자문서로 작성하여 제공한 혼재화물적하목록을 최종적으로 취합하여 세관장에게 제출해야 한다.

5 ② 해상화물은 해당물품을 선박에 적재하기 24시간 전까지 제출해야 하며, 근거리 지역(제8조 제1항 단서의 지역과 필리핀, 베트남, 캄보디아, 태국, 인도네시아, 말레이시아, 싱가포르를 말한다)의 경우에는 해당물품을 선박에 적재하기 전까지 제출하되 선박이 출항하기 30분 전까지 최종 마감하여 제출해야 한다. 다만, 적재하려는 물품이 다음 각 목의 어느 하나에 해당하는 경우에는 출항하기 전까지, 「수출통관 사무처리에 관한 고시」 제32조에 해당하는 물품의 경우에는 출항 다음 날 자정까지 제출할 수 있다〈보세화물 입출항 하선 하기 및 적재에 관한 고시 제43조(적하목록 제출) 제3항 제1호〉.

① 「보세화물 입출항 하선 하기 및 적재에 관한 고시」 제43조(적하목록 제출) 제2항
③ 「보세화물 입출항 하선 하기 및 적재에 관한 고시」 제43조(적하목록 제출) 제3항 제2호
④ 「보세화물 입출항 하선 하기 및 적재에 관한 고시」 제43조(적하목록 제출) 제4항
⑤ 「보세화물 입출항 하선 하기 및 적재에 관한 고시」 제43조(적하목록 제출) 제5항

6 출항화물 적재에 대한 설명으로 틀린 것은?

① 출항하려는 물품은 적재신고가 수리되기 전에 선박 또는 항공기에 적재할 수 없다. 다만, 내국물품적재허가를 받아 직접 본선에 적재 후 수출신고하려는 물품은 그러하지 아니하다.

② 선사 또는 항공사는 적재결과 물품이 적하목록과 상이할 때에는 적재완료를 한 날까지 적재결과 보고서를 작성하여 세관장에게 제출해야 한다.

③ 선사와의 계약에 따라 검수(검장)업자가 물품검수(검정)를 한 경우에는 검수(검정)업자가 적재 결과보고서를 세관장에게 제출해야 한다.

④ 선사가 출항 목적이 아닌 하역 작업상의 필요 등에 의하여 보세화물을 일시적재하려는 경우에는 적재 전에 세관장에게 일시적재 신고를 해야 한다.

⑤ 일시적재한 화물은 동일 선박이 접안한 부두에서 떠나기 전 일시하역물품 재하선신고서를 제출하고 하선해야 한다.

---

6 ② 선사 또는 항공사는 적재결과 물품이 적하목록과 상이할 때에는 적재완료 다음 날까지 별지 제14호서식(해상화물의 경우에 해당한다) 또는 제19호 서식(항공화물의 경우에 해당한다)의 적재결과보고서를 작성하여 세관장에게 제출해야 한다. 이 경우 선사와의 계약에 따라 검수(검정)업자가 물품검수(검정)를 한 경우에는 검수(검정)업자가 적재결과보고서를 세관장에게 제출해야 한다. 다만, 세관근무시간 이외의 적재작업으로 당일보고가 곤란한 때에는 다음 날 12시까지 이를 보고해야 한다〈보세화물 입출항 하선 하기 및 적재에 관한 고시 제42조(적재) 제2항〉.

① 「보세화물 입출항 하선 하기 및 적재에 관한 고시」 제42조(적재) 제1항

③ 「보세화물 입출항 하선 하기 및 적재에 관한 고시」 제42조(적재) 제2항

④ 「보세화물 입출항 하선 하기 및 적재에 관한 고시」 제42조(적재) 제4항

⑤ 「보세화물 입출항 하선 하기 및 적재에 관한 고시」 제42조(적재) 제5항

7 화물운송주선업자에 대한 설명으로 틀린 것은?

① 화물운송주선업자의 등록을 하려는 자는 화물운송주선업자 등록(갱신)신청서를 업체 소재지 관할 세관장에게 제출해야 한다.

② 화물운송주선업자의 등록을 갱신하려는 자는 기간만료 1개월 전까지 화물운송주선업자 등록(갱신)신청서와 신청인 첨부서류를 통관지 세관장에게 제출하여야 한다.

③ 화물운송주선업자의 등록을 한 자는 등록사항에 변동이 생긴 때에는 그 변동사유가 발생한 날부터 60일 이내에 변동신고를 해야 한다.

④ 화물운송주선업자는 적재화물목록 작성책임자로서 적재물품과 부합되게 혼재화물적하목록을 작성하여 제출하여야 한다.

⑤ 화물운송주선업자는 적재물품이 운송의뢰를 받은 물품과 일치하지 않거나, 위조화폐·마약 등 수출입이 금지 또는 제한되는 물품을 확인한 때에는 지체 없이 세관장에게 신고하여야 한다.

Answer 7.①

7 ① 법 제222조에 따라 화물운송주선업자의 등록을 하려는 자는 화물운송주선업자 등록(갱신)신청서를 통관지 세관장에게 제출하여야 하며, 신청서는 우편 및 전자우편으로 제출할 수 있다〈화물운송주선업자의 등록 및 관리에 관한 고시 제4조(등록신청 및 심사) 제1항〉.
② 「화물운송주선업자의 등록 및 관리에 관한 고시」 제5조 제1항
③ 「화물운송주선업자의 등록 및 관리에 관한 고시」 제5조 제3항
④ 「화물운송주선업자의 등록 및 관리에 관한 고시」 제7조 제1항
⑤ 「화물운송주선업자의 등록 및 관리에 관한 고시」 제7조 제2항

8 복합환적절차에 대한 설명으로 틀린 것은?

① 복합환적화물에서 선박으로 반입한 화물을 공항으로 운송하여 반출하는 물품에 해당하면 적재화물목록에 보세운송인과 목적지를 기재하여 제출하는 것으로 보세운송신고(승인)를 갈음할 수 있다.

② 복합환적화물을 보세운송하려는 화주 등은 최초 입항지 세관장에게 Master B/L 단위로 운송업체와 반출 예정지 보세구역을 적재화물목록에 기재하여 신고해야 한다.

③ 복합환적화물을 운송하려는 경우 운송인은 적재화물목록 사본을 소지하고 보세구역 운영인 등에게 제시한 후 화물을 인계인수해야 하며, 보세구역 운영인은 화물의 이상 여부를 확인한 후 세관장에게 반출입신고를 해야 한다.

④ 복합일관운송화물을 적재한 차량의 수입신고가 수리된 때에는 복합일관운송화물을 하선장소에 반입하지 아니하고 해당 차량으로 보세운송하게 할 수 있다.

⑤ 복합환적화물의 운송기한은 하선신고일부터 7일로 한다.

9 환적화물에 대한 비가공증명서 발급 근거인 일시장치 확인서 기재사항으로 틀린 것은?

① 일시장치 장소 ② 화물관리번호
③ B/L(AWB)번호 ④ 송화주
⑤ 정상상태를 유지하기 위한 작업 외의 가공을 하지 않았다는 사실 확인

Answer 8.② 9.④

8 ② 복합환적화물을 보세운송하려는 화주 등은 최초 입항지 세관장에게 House B/L 단위로 운송업체(화주등이 직접 운송하는 경우에는 해당 화주등을 말한다)와 반출 예정지 보세구역을 적재화물목록에 기재하여 신고해야 한다〈환적화물 처리절차에 관한 특례 제8조(복합환적절차) 제2항〉.
① 「환적화물 처리절차에 관한 특례」 제8조 제1항
③ 「환적화물 처리절차에 관한 특례」 제8조 제3항
④ 「환적화물 처리절차에 관한 특례」 제8조 제4항
⑤ 「환적화물 처리절차에 관한 특례」 제8조 제5항

9 비가공증명서 발급(환적화물 처리절차에 관한 특례고시 제12조)
① 세관장은 보세구역에 일시장치된 환적화물이 하역, 재선적, 운송을 위하여 필요한 작업 또는 그 밖에 정상상태를 유지하기 위한 작업 등을 제외한 추가적인 가공을 하지 않고 국외로 반출될 경우 비가공증명서를 발급할 수 있다.
② 제1항에 따라 비가공증명서를 발급받으려는 자는 보세구역운영인 또는 자유무역지역 입주기업체가 발행하는 다음 각 호의 사항을 기재한 일시장치 확인서와 비가공증명 신청서를 세관장에게 제출해야 한다. 다만, 세관장은 보세구역에 반입하지 아니하고 선박 간에 화물을 환적하는 경우에는 일시장치 확인서의 제출을 생략할 수 있다.
  1. 일시장치 장소
  2. 화물관리번호
  3. B/L(AWB)번호
  4. 반입일자
  5. 품명, 반입중량, 수량
  6. 해당화물이 하역, 재선적, 운송을 위한 작업과 그 밖에 정상상태를 유지하기 위한 작업 외의 가공을 하지 않았다는 사실 확인

10 보세운송화물 도착에 대한 설명으로 틀린 것은?

① 보세운송인은 보세운송물품을 신고수리(승인)일로부터 정하는 기간(해상화물 10일, 항공화물 5일)까지 목적지에 도착시켜야 한다.

② 보세운송인은 물품이 도착지에 도착한 때 지체 없이 B/L번호 및 컨테이너번호(컨테이너화물인 경우)를 보세구역 운영인 또는 화물관리인에게 제시하고 물품을 인계해야 한다.

③ 도착지 보세구역 운영인 또는 화물관리인은 도착물품에 과부족이 있거나 봉인파손, 봉인번호 상이 등 이상이 발견된 경우에는 지체 없이 세관장에게 보고해야 한다.

④ 보세운송 도착화물에 대한 이상보고를 받은 세관장은 담당공무원으로 하여금 그 실태를 조사하게 할 수 있다.

⑤ 도착지세관장은 도착물품에 이상이 있는 경우 사실 확인을 조사한 후 처벌, 관세추징 등의 조치를 취하고 그 결과를 세관화물정보시스템에 등록하여야 한다.

11 특정물품간이보세운송업자 지정요건으로 틀린 것은?

① 자본금 3억 원 이상인 법인

② 2억 원 이상의 인·허가 보증보험에 가입한 자이거나 「관세법」 제24조에 따른 담보(부동산은 제외)를 2억 원 이상 제공한 자

③ 유개 화물자동차 10대 이상과 트랙터 10대 이상 보유한 자

④ 임원 중 관세사 1명 이상 재직하고 있는 업체

⑤ 수출입 안전관리 우수업체 또는 직전 법규수행능력평가 B등급 이상의 법인

Answer 10.⑤ 11.⑤

10 ⑤ 신고지세관장은 매일 세관화물정보시스템을 조회하여 보세운송 기간 내에 전량 반입신고가 없는 미착물품과 도착지세관장으로부터 이상내역을 통보받은 물품에 대하여는 사실을 확인하는 조사를 한 후 처벌, 관세추징 등의 조치를 취하고 그 결과를 세관화물정보시스템에 등록하여야 한다〈보세운송에 관한 고시 제42조(도착관리) 제2항〉.

① 「보세운송에 관한 고시」 제6조(보세운송기간)
② 「보세운송에 관한 고시」 제41조(보세운송물품 도착) 제2항
③ 「보세운송에 관한 고시」 제41조(보세운송물품 도착) 제5항
④ 「보세운송에 관한 고시」 제41조(보세운송물품 도착) 제4항

11 ⑤ 세관장은 제10조에 따라 등록한 보세운송업자 중 「수출입 안전관리 우수업체 운영에 관한 고시」에 따라 공인된 수출입 안전관리 우수업체(AEO : Authorized Economic Operator) 또는 직전 법규수행능력평가 B등급 이상인 법인(다만, 일반간이보세운송업자 지정 신청을 하려는 업체가 직전 연도 법규수행능력평가를 받지 않은 경우에는 지정신청 전에 세관장에게 법규수행능력평가를 요청할 수 있다) 요건을 모두 갖춘 자에 대하여는 법 제220조에 따른 보세운송물품의 검사생략 및 담보제공의 면제를 받을 수 있는 자(이하 "일반간이보세운송업자"라 한다)로 지정할 수 있다〈보세운송에 관한 고시 제13조(지정요건) 제13호〉.

①②③④ 「보세운송에 관한 고시」 제18조(지정요건) 제1항

12 보세운송신고에 대한 설명으로 틀린 것은?

① 보세운송신고를 하려는 자는 화물관리번호가 부여된 이후에 할 수 있다.

② 보세운송신고를 한 자는 보세구역 출발 전까지 운송수단 배차예정내역신고서를 제출(철도·선박·항공 포함)해야 한다.

③ 항공사가 국내 개항(국제항) 간에 항공기로 보세운송하려는 경우의 보세운송신고서는 발송지세관에 전자문서로 출항적하목록을 제출하는 것으로 갈음할 수 있다.

④ 보세운송하려는 물품이 동일한 보세구역으로부터 동일한 도착지로 운송되는 경우에는 1건으로 일괄하여 신고할 수 있다.

⑤ LCL화물 중 컨테이너에서 적출하지 아니한 상태로 보세운송하는 경우, Master B/L 단위로 신고할 수 있다.

13 보세운송 절차가 필요한 물품으로 맞는 것은?

① 「우편법」에 따라 체신관서의 관리하에 운송되는 물품

② 「검역법」 등에 따라 검역관서가 인수하여 검역소 구내계류장으로 운송하는 검역대상 물품

③ 「검역법」 등에 따라 검역관서가 인수하여 검역시행 장소로 운송하는 검역대상 물품

④ 보세공장 및 자유무역지역에서 제조·가공하여 수출하는 물품

⑤ 국가기관에 의하여 운송되는 압수물품

Answer 12.② 13.④

12 ② 보세운송 신고를 한 자는 보세운송 시 사용할 운송수단에 대하여 보세구역 출발 전까지 발송지세관장 또는 도착지세관장에게 운송수단 배차예정내역신고서를 제출(철도·선박·항공 제외)하여야 한다. 이때, 한 건의 보세운송에 대하여 복수의 운송수단을 이용할 경우 복수의 운송수단을 함께 기재하여 신고할 수 있다(보세운송에 관한 고시 제26조(보세운송신고) 제3항)

① 「보세운송에 관한 고시」 제25조(신고시기)

③ 「보세운송에 관한 고시」 제26조(보세운송신고) 제5항

④ 「보세운송에 관한 고시」 제26조(보세운송신고) 제6항 제1호

⑤ 「보세운송에 관한 고시」 제26조(보세운송신고) 제6항 제2호 나목

13 ④ 수출신고가 수리된 물품은 보세운송 절차를 생략한다. 다만, 보세공장 및 자유무역지역에서 제조·가공하여 수출하는 물품은 그러하지 아니하다〈보세운송에 관한 고시 제46조(적용범위) 제1항 제5호〉.

※ 보세운송 절차를 요하지 않는 물품(보세운송에 관한 고시 제4조) … 다음 각 호의 어느 하나에 해당하는 물품은 보세운송 절차를 요하지 아니한다.

1. 「우편법」에 따라 체신관서의 관리하에 운송되는 물품

2. 「검역법」 등에 따라 검역관서가 인수하여 검역소 구내계류장 또는 검역시행 장소로 운송하는 검역대상 물품

3. 국가기관에 의하여 운송되는 압수물품

14 보세운송 승인에 대한 설명으로 틀린 것은?

① 세관장은 보세운송의 승인을 신청한 물품에 대하여 감시단속을 위하여 필요하다고 인정할 때에는 운송통로를 제한할 수 있다.

② 무세 또는 관세가 면제될 것이 확실하다고 인정하는 물품은 담보제공을 생략한다.

③ 자율관리 보세구역으로 지정된 보세공장에 반입하는 물품은 담보 제공을 생략한다.

④ 보세운송 승인신청인은 신청에 관한 자료를 2년간 보관해야 한다.

⑤ 보세운송 승인요건에 위배되는 경우에는 특정물품 간이보세운송업자에게 보세운송 승인을 할 수 있다.

15 보세구역 외 장치의 허가 등에 대한 설명으로 틀린 것은?

① 세관장은 보세구역외장치 허가신청을 받은 경우 보세구역외장치 허가기간에 1개월을 연장한 기간을 담보기간으로 하여 담보제공을 명할 수 있다.

② 보세구역외장치의 허가기간은 6개월의 범위 내에서 세관장이 필요하다고 인정하는 기간으로 정한다.

③ 보세구역외장치장에 반입한 화물중 수입신고가 수리되거나 반송 및 보세운송절차에 따라 반출된 화물은 반출신고를 하여야 한다.

④ 보세구역외장치 허가를 받은 자가 그 허가받은 장소에 물품을 반입한 때에는 물품도착 즉시 세관장에게 반입신고를 하여야 한다.

⑤ 세관장은 보세구역 외 장치물품의 반입일로부터 3개월 이내에 통관하지 아니할 때에는 매월 정기적으로 재고조사를 실시해야 한다.

Answer 14.⑤ 15.③

14 ⑤ 세관장은 심사한 결과 보세운송의 승인을 신청한 물품이 보세운송 승인요건에 위배되는 경우에는 보세운송 승인을 할 수 없다〈보세운송에 관한 고시 제33조(승인심사) 제2항 제1호〉.
  ① 「보세운송에 관한 고시」 제35조(물품검사)
  ② 「보세운송에 관한 고시」 제34조(담보제공) 제1호
  ③ 「보세운송에 관한 고시」 제34조(담보제공) 제2호
  ④ 「보세운송에 관한 고시」 제36조(보세운송 승인) 제2항

15 ③ 보세구역외장치장에 반입한 화물중 수입신고수리된 화물은 반출신고를 생략하며 반송 및 보세운송절차에 따라 반출된 화물은 반출신고를 하여야 한다〈보세화물관리에 관한 고시 제15조(보세구역외장치물품의 반출입) 제3항〉.
  ① 「보세화물관리에 관한 고시」 제7조(보세구역외장치의 허가) 제4항
  ② 「보세화물관리에 관한 고시」 제7조(보세구역외장치의 허가) 제1항
  ④ 「보세화물관리에 관한 고시」 제15조(보세구역외장치물품의 반출입) 제1항
  ⑤ 「보세화물관리에 관한 고시」 제15조(보세구역외장치물품의 반출입) 제4항

16 보세화물의 반입에 대한 설명으로 틀린 것은?

① 화물분류기준에 따라 장치장소가 결정된 물품은 하선(기)절차가 완료된 후 보세구역에 물품을 반입해야 한다.

② 운영인은 반입된 물품에 반입예정 정보와 품명·수량이 상이하거나 안보위해물품의 반입, 포장파손, 누출, 오염 등으로 이상이 있는 경우에는 즉시 세관장에게 반입물품 이상보고서를 제출해야 한다.

③ 위험물 장치허가를 받지 아니한 특허보세구역 운영인 및 지정보세구역 관리인은 화물 반입시에 위험물 인지를 확인하여야 하며, 위험물을 발견하였을 때에는 즉시 세관장에게 보고하여야 한다.

④ 수출입물품은 관할세관 내에 보세창고가 부족하여 화주가 요청하는 경우 세관장의 승인을 얻어 세관지정장치장에 장치할 수 있다.

⑤ 관할 세관내에 보세창고가 부족하여 화주가 요청하는 경우 세관장의 승인을 얻어 세관지정장치장에 장치할 수 있으며, 영업용 보세창고가 없는 경우에는 세관장의 승인 없이 장치할 수 있다.

Answer 16.⑤

16 ⑤ 세관장은 관리대상화물을 세관지정장치장에 장치한다. 다만, 보세판매장 판매용물품은 「보세판매장운영에 관한 고시」 제15조(보세공장 물품 등의 반출입 절차) 제1항에 따라 장치하고, 수출입물품은 공항만 보세구역의 화물적체 해소와 관할 세관내에 보세창고가 부족하여 화주가 요청하는 경우 세관장의 승인을 얻어 세관지정장치장에 장치할 수 있으며, 관할 세관내에 영업용 보세창고가 없는 경우에는 세관장의 승인 없이 장치할 수 있다〈보세화물관리에 관한 고시 제5조(물품의 반입) 제5항〉.
① 「보세화물관리에 관한 고시」 제5조(물품의 반입) 제1항
② 「보세화물관리에 관한 고시」 제5조(물품의 반입) 제2항
③ 「보세화물관리에 관한 고시」 제5조(물품의 반입) 제4항
④ 「보세화물관리에 관한 고시」 제5조(물품의 반입) 제5항

17 보세화물의 장치장소 결정에 대한 설명으로 맞는 것은?

① 선사는 화주 또는 그 위임을 받은 자가 세관장과 협의하여 정하는 장소에 보세화물을 장치하는 것을 원칙으로 한다.

② 화주 또는 그 위임을 받은 자가 장치장소에 대한 별도의 의사표시가 없는 경우, Master B/L화물은 화물운송 주선업자가 선량한 관리자로서 장치장소를 결정한다.

③ 화주 또는 그 위임을 받은 자가 장치장소에 대한 별도의 의사표시가 없는 경우, House B/L화물은 화물운송 주선업자가 선량한 관리자로서 선사 및 보세구역 운영인과 협의하여 장치장소를 결정한다.

④ 입항 전 또는 하선(기) 전에 수입신고 된 물품은 세관지정장치장에 반입하여 통관절차와 검사절차를 수행하여야 한다.

⑤ 수입고철은 세관지정 보세창고에 장치하는 것을 원칙으로 한다.

Answer 17.③

17 ③ 「보세화물관리에 관한 고시」 제4조(화물분류기준) 제1항 및 제2항

① 입항전 또는 하선(기)전에 수입신고나 보세운송신고를 하지 않은 선사는 화주 또는 그 위임을 받은 자가 운영인과 협의하여 정하는 장소에 보세화물을 장치하는 것을 원칙으로 한다〈보세화물관리에 관한 고시 제4조(화물분류기준) 제1항 제1호〉.

② 화주 또는 그 위임을 받은 자가 장치장소에 대한 별도의 의사표시가 없는 경우 Master B/L화물은 선사가 선량한 관리자로서 장치장소를 결정한다〈보세화물관리에 관한 고시 제4조(화물분류기준) 제1항 제2호 가목〉.

④ 입항전 또는 하선(기)전에 수입신고가 되거나 보세운송신고가 된 물품은 보세구역에 반입함이 없이 부두 또는 공항내에서 보세운송 또는 통관절차와 검사절차를 수행하도록 하여야 한다(이 경우 본·부선통관 목적으로 입항전 수입신고를 한 물품은 본·부선 내에서 통관절차와 검사절차를 수행하도록 하여야 한다)〈보세화물관리에 관한 고시 제4조(화물분류기준) 제2항 제1호〉.

⑤ 수입고철(비금속설을 포함한다)은 고철전용장치장에 장치하는 것을 원칙으로 한다〈보세화물관리에 관한 고시 제4조(화물분류기준) 제2항 제6호〉.

18 보세화물의 재고관리에 관한 설명으로 틀린 것은?

① 운영인은 매 반기별 자체 전산시스템의 재고자료를 출력하여 실제재고와 이상이 있는지를 확인하여야 하며, 전체 전산재고내역과 현품재고조사 결과를 세관장에게 보고하여야 한다.

② 세관장은 자율관리보세구역으로 지정받은 경우 전체 전산재고내역과 현품재고조사 결과를 연1회 보고하게 할 수 있다.

③ 운영인으로부터 전산재고 내역과 현품 재고조사 결과를 보고받은 세관장은 이를 세관화물정보시스템의 재고현황과 대조확인하여야 하며, 필요하다고 판단되는 때에는 7일이내의 기간을 정하여 현장에서 이를 확인할 수 있다.

④ 세관장은 확인결과 재고현황에 이상이 있다고 판단되는 경우에는 그 사유를 밝히는 등 필요한 조치를 취하여야 한다.

⑤ 세관장은 현장확인을 실시하는 때에 보세구역 운영인이 법규수행능력평가 결과 A등급 업체의 경우, 보세구역 운영상황 점검을 같이 실시할 수 있다.

19 보수작업에 대한 설명으로 틀린 것은?

① 보세구역에서의 보수작업이 곤란하다고 세관장이 인정할 때에는 기간과 장소를 지정받아 보세구역 밖에서 보수작업을 할 수 있다.

② 운영인이 동일 품목을 대상으로 동일한 보수작업을 반복적으로 하려는 경우에 세관장은 외국물품의 장치 및 세관 감시단속에 지장이 없을 때에는 1년 이내의 기간을 정하여 이를 포괄적으로 승인할 수 있다.

③ 보수작업 신청인이 보수작업을 완료한 경우에는 보수작업 완료보고서를 세관장에게 제출하여 그 확인을 받아야 한다.

④ 보수작업으로 외국물품에 부가된 내국물품은 외국물품으로 본다.

⑤ 수입될 물품의 보수작업은 외국물품을 재료로 해서 작업할 수 있다.

Answer 18.① 19.⑤

18 ① 운영인은 매 분기별 자체 전산시스템의 재고자료를 출력하여 실제재고와 이상이 있는지를 확인하여야 하며, 전체 전산재고내역과 현품재고조사 결과를 세관장에게 보고하여야 한다. 다만, 세관장은 「수출입물류업체에 대한 법규수행능력 측정 및 평가 관리에 관한 시행세칙」 제12조 제1항 제1호에 해당하는 운영인 또는 자율관리보세구역으로 지정받은 경우 그 운영인에게는 연 1회 보고하게 할 수 있다〈보세화물관리에 관한 고시 제16조(재고관리 및 확인) 제1항〉.

②③④⑤ 「보세화물관리에 관한 고시」 제16조(재고관리 및 확인)

19 ⑤ 외국물품은 수입될 물품의 보수작업의 재료로 사용할 수 없다〈관세법 제158조(보수작업) 제6항〉.

① 「관세법」 제158조(보수작업) 제1항

② 「보세화물관리에 관한 고시」 제21조(보수작업 승인신청) 제2항

③ 「보세화물관리에 관한 고시」 제23조(보수작업의 감독) 제2항

④ 「관세법」 제158조(보수작업) 제5항

20 다음 빈칸 안에 들어갈 내용을 맞게 나열한 것은?

> • 「관세법」 제157조의2에 따라 관세청장이 정하는 보세구역에 반입된 물품의 화주 또는 반입자는 「관세법」
>   제177조에도 불구하고 그 (㉠)부터 (㉡) 이내에 해당 물품을 보세구역으로부터 반출해야 한다.
> • 세관장은 화주 또는 반입자가 이를 위반한 경우에는 「관세법」 제277조에 따라 100만원 이하의 (㉢)을(를)
>   부과한다.

	㉠	㉡	㉢
①	수입신고일	15일	과태료
②	수입신고일	15일	과징금
③	수입신고 수리일	15일	과태료
④	수입신고 수리일	30일	과징금
⑤	수입신고 수리일	30일	과태료

Answer 20.③

20 • 관세청장이 정하는 보세구역에 반입되어 수입신고가 수리된 물품의 화주 또는 반입자는 제177조에도 불구하고 그 ㉠ **수입신고**
  수리일부터 ㉡ **15일** 이내에 해당 물품을 보세구역으로부터 반출하여야 한다. 다만, 외국물품을 장치하는 데에 방해가 되지 아
  니하는 것으로 인정되어 세관장으로부터 해당 반출기간의 연장승인을 받았을 때에는 그러하지 아니하다〈관세법 제157조의2(수
  입신고수리물품의 반출)〉.
• 장치장소 중 별표1의 보세구역에 반입된 물품이 수입신고가 수리된 때에는 그 수리일로부터 15일 이내에 해당 보세구역에서
  반출하여야 하며 이를 위반한 경우에는 법 제277조에 따라 해당 수입화주를 조사한 후 ㉢ **과태료**를 부과한다. 다만, 정부 또
  는 지방자치단체가 직접 수입하는 물품, 정부 또는 지방자치단체에 기증되는 물품, 외교관 면세물품 및 SOFA 적용 대상물품,
  「수입통관사무처리에 관한 고시」 제3장 제2절에 따른 간이한 신고대상물품, 원목·양곡·사료 등 벌크화물, 그 밖에 세관장이
  반출기간연장승인이 필요하다고 인정하는 물품 중 하나에 해당하는 경우로서 영 제176조의2에 따라 별지 제11호 서식의 반출
  기간 연장승인을 받은 경우에는 그러하지 아니하다〈보세화물에 관한 고시 제19조(수입신고수리물품의 반출의무) 제1항〉.

21 보세구역에 장치된 물품에 대하여 아래의 상황이 발생한 때 세관장에게 신고해야 하는 것으로 맞는 것은?

① 장치물품에 이상이 있는 때
② 장치물품의 폐기
③ 장치물품의 견본품 반출
④ 장치물품의 해체 · 절단 등의 작업
⑤ 장치물품의 보수작업

22 다음 빈칸 안에 들어갈 보세화물의 장치기간을 모두 합산한 기간으로 맞는 것은?

- 지정장치장 반입물품의 장치기간은 (㉠)로 한다. 다만, 부산항 · 인천항 · 인천공항 · 김해공항 항역 내의 지정 장치장으로 반입된 물품과 「특송물품 수입통관 사무처리에 관한 고시」 제2조 제2호에 해당하는 물품의 장치기간은 (㉡)로 하며, 세관장이 필요하다고 인정할 때에는 (㉢)의 범위에서 그 기간을 연장할 수 있다.
- 유치물품 및 습득물의 장치기간은 (㉣)로 한다. 다만, 유치물품은 화주의 요청이 있거나 세관장이 필요하다고 인정하는 경우 (㉤)의 범위에서 그 기간을 연장할 수 있다.

① 10개월
② 11개월
③ 12개월
④ 13개월
⑤ 14개월

21 ① 보세구역 또는 법 제155조제1항 단서의 규정에 의하여 보세구역이 아닌 장소에 장치된 물품에 이상이 있는 때에는 다음 각 호의 사항을 기재한 신고서를 세관장에게 제출하여야 한다(관세법 시행령 제182조(물품이상의 신고) 제1항)

② 부패 · 손상되거나 그 밖의 사유로 보세구역에 장치된 물품을 폐기하려는 자는 세관장의 승인을 받아야 한다〈관세법 제160조 (장치물품의 폐기) 제1항〉.

③ 보세구역에 장치된 외국물품의 전부 또는 일부를 견본품으로 반출하려는 자는 세관장의 허가를 받아야 한다〈관세법 제161조 (견본품 반출) 제1항〉.

④ 보세구역에 장치된 물품에 대하여는 그 원형을 변경하거나 해체 · 절단 등의 작업을 할 수 있으며, 세관장의 허가를 받아야 한다〈관세법 제159조(해체 · 절단 등의 작업) 제1항〉.

⑤ 보수작업을 하려는 자는 세관장의 승인을 받아야 한다〈관세법 제158조(보수작업) 제2항〉.

22 • 지정장치장 반입물품에 해당하는 물품의 장치기간은 ㉠ **6개월**로 한다. 다만, 부산항 · 인천항 · 인천공항 · 김해공항 항역내의 지 정장치장으로 반입된 물품과 「특송물품 수입통관 사무처리에 관한 고시」 제2조 제2호에 해당하는 물품의 장치기간은 ㉡ **2개월** 로 하며, 세관장이 필요하다고 인정할 때에는 ㉢ **2개월**의 범위에서 그 기간을 연장할 수 있다(보세화물장치기간 및 체화관리에 관한 고시 제4조(장치기간) 제1항).

• 유치물품 및 습득물의 장치기간은 ㉣ **1개월**로 하며, 예치물품의 장치기간은 예치증에 기재된 출국예정시기에 1개월을 가산한 기간으로 한다. 다만, 유치물품은 화주의 요청이 있거나 세관장이 필요하다고 인정하는 경우 ㉤ **1개월**의 범위에서 그 기간을 연장할 수 있다(보세화물장치기간 및 체화관리에 관한 고시 제4조(장치기간) 제4항).

23 보세화물 폐기에 관한 설명으로 틀린 것은?

① 부패·손상되거나 그 밖의 사유로 보세구역에 장치된 물품을 폐기하려는 자는 세관장의 승인을 받아야 한다.

② 폐기 또는 반송명령을 받은 화주, 반입자 또는 그 위임을 받은 자는 동 물품을 자기비용으로 폐기 또는 반송해야 한다.

③ 세관장의 폐기명령을 받은 자가 기간이 경과하여도 이를 폐기 또는 반송하지 않은 물품 중 폐기하지 않고 방치할 경우 자연·생활환경 및 국민보건 등 공익을 해할 것으로 인정된 물품은 세관장이 보세구역 운영인 또는 화물관리인 등에게 폐기하게 할 수 있다.

④ 세관장이 폐기를 명할 때 화주나 반입자 또는 그 위임을 받은 자가 불분명하고, 그 물품의 폐기가 급박할 경우에는 세관장은 별도의 공고없이 이를 폐기할 수 있다.

⑤ 폐기처분 후 잔존물에 대해서는 잔존물의 성질과 수량에 따라 관세 등 각종 세금을 부과한다.

23 ④ 세관장은 법 제160조 제4항에 따라 사람의 생명이나 재산에 해를 끼칠 우려가 있는 물품, 부패하거나 변질된 물품, 유효기간이 지났거나 상품가치가 없어진 물품, 의약품 등으로서 유효기간이 경과하였거나 성분이 불분명한 경우, 위조상품·모조품, 그 밖의 지식재산권 침해물품, 품명미상의 물품으로서 1년이 경과된 물품, 검사·검역기준 등에 부적합하여 검사·검역기관에서 폐기대상 물품으로 결정된 물품은 그 장치기간에 불구하고 화주, 반입자 또는 그 위임을 받은 자에게 1개월의 기간을 정하여 별지 제9호서식으로 폐기 또는 반송을 명할 수 있다. 다만, 급박하게 통고할 여유가 없을 때에는 폐기한 후 즉시 통고하여야 한다〈보세화물장치기간 및 체화관리에 관한 고시 제40조(폐기명령 대상 등)〉.

① 「관세법」 제160조(장치물품의 폐기) 제1항
② 「보세화물장치기간 및 체화관리에 관한 고시」 제41조(폐기비용 및 대집행) 제1항
③ 「보세화물장치기간 및 체화관리에 관한 고시」 제41조(폐기비용 및 대집행) 제2항
⑤ 「보세화물장치기간 및 체화관리에 관한 고시」 제51조(잔존물에 대한 과세)

24 보세화물 매각에 관한 설명으로 틀린 것은?

① 경쟁입찰로 매각하려는 경우 매각되지 아니한 때에는 5일 이상의 간격을 두어 다시 입찰에 붙일 수 있으며 그 예정가격은 최초 예정가격의 100분의 10 이내의 금액을 입찰시마다 체감할 수 있다.

② 예정가격의 체감은 제2회 입찰때부터 하되 그 체감한도액은 최초예정가격의 100분의 50으로 한다. 다만, 최초예정가격을 기초로 산출한 세액 이하의 금액으로 체감할 수 없다.

③ 선의의 수입자의 피해를 구제하기 위하여 필요하다고 인정하는 경우에는 「대외무역법」에 따라 고시한 수입제한품목에 해당하는 물품에 대하여도 세관장의 승인을 받아 수입조건으로 공매할 수 있다.

④ 「대외무역관리규정」의 원산지표시 대상품목의 경우에는 낙찰자가 원산지를 표시할 것을 조건으로 공매한다.

⑤ 수급조절대상 한약재는 한약재 수확시기(10월~12월)를 피하여 공매처분 하여야 한다.

25 반출통고에 관한 설명으로 맞는 것은?

① 보세판매장에 반입한 물품에 대해서는 보세판매장 운영인이 화주나 반입자 또는 그 위임을 받은 자(이하 "화주 등"이라 한다)에게 반출통고한다.

② 영업용보세창고에 반입한 물품의 반출통고는 관할 세관장이 화주 등에게 한다.

③ 지정장치장에 반입한 물품의 반출통고는 화물관리인이 화주 등에게 한다.

④ 지정장치장, 보세창고에 반입한 물품에 대한 반출통고는 장치기간 만료 10일 전까지 해야 한다.

⑤ 유치·예치물품 등의 반출통고는 장치기간 만료 30일 전까지 해야 한다.

Answer 24.③ 25.③

24 ③ 세관장은 선의의 수입자의 피해를 구제하기 위하여 필요하다고 인정하는 경우에는 「대외무역법」 제11조 제5항에 따라 고시한 「수출입공고」 별표 3에 게기된 수입제한품목에 해당하는 물품에 대하여도 관세청장의 승인을 받아 수입조건으로 공매할 수 있다〈보세화물장치기간 및 체화관리에 관한 고시 제17조(공매조건) 제2항〉.

① 「보세화물장치기간 및 체화관리에 관한 고시」 제16조(매각처분의 방법) 제2항

② 「보세화물장치기간 및 체화관리에 관한 고시」 제16조(매각처분의 방법) 제3항

④ 「보세화물장치기간 및 체화관리에 관한 고시」 제17조(공매조건) 제4항

⑤ 「보세화물장치기간 및 체화관리에 관한 고시」 제17조(공매조건) 제5항

25 ③ 「보세화물장치기간 및 체화관리에 관한 고시」 제6조(반출통고의 주체, 대상 및 내용) 제2항

① 보세전시장, 보세건설장, 보세판매장, 보세공장, 보세구역외장치장, 자가용보세창고에 반입한 물품에 대해서는 관할세관장이 화주나 반입자 또는 그 위임을 받은 자에게 반출통고 한다〈보세화물장치기간 및 체화관리에 관한 고시 제6조(반출통고의 주체, 대상 및 내용) 제1항〉.

② 영업용보세창고에 반입한 물품의 반출통고는 보세구역운영인이 화주 등에게 하며, 지정장치장에 반입한 물품의 반출통고는 화물관리인이 화주 등에게 하여야 한다〈보세화물장치기간 및 체화관리에 관한 고시 제6조(반출통고의 주체, 대상 및 내용) 제2항〉.

④ 지정장치장, 보세창고에 반입한 물품에 대한 반출통고는 장치기간 만료 30일 전까지 하여야 한다〈보세화물장치기간 및 체화관리에 관한 고시 제7조(반출통고의 시기 및 방법) 제1항〉.

⑤ 장치기간이 2개월 미만인 물품(유치·예치물품 등)의 반출통고는 장치기간 만료시점에 하여야 한다. 다만, 법 제207조 제3항에 따라 유치 또는 예치할 때 매각한다는 것을 통고한 경우에는 생략할 수 있다〈보세화물장치기간 및 체화관리에 관한 고시 제7조(반출통고의 시기 및 방법) 제3항〉.

1 국제무역석(기)의 입출항 절차에 대한 설명으로 틀린 것은?

① 국제무역선(기)이 국제항에 입항하였을 때에는 세관장에게 입항보고를 하여야 하며, 출항하려면 세관장으로부터 출항허가를 받아야 한다.

② 선장이나 기장은 국제무역선(기) 입출항 시 여객 및 승무원에 관한 사항과 적재화물목록에 관한 사항 등이 기재된 서류를 세관장에게 제출해야 한다.

③ 대통령령으로 정하는 요건을 갖춘 화물운송주선업자는 입출항과 관련한 적재화물목록을 제출할 수 있다.

④ 입항하여 물품을 하역하지 아니하고 입항한 때부터 48시간 이내에 출항하는 경우 적재화물목록의 제출을 생략하는 등의 간이 입출항절차 적용의 혜택을 받을 수 있다.

⑤ 세관장은 필요한 경우 승객예약자료 제출을 요청할 수 있으며, 이 경우 해당 선박회사 또는 항공사는 이에 따라야 한다.

Answer 1.④

1 ③ 국제무역선이나 국제무역기가 국제항에 입항하여 물품(선박용품 또는 항공기용품과 승무원의 휴대품은 제외한다)을 하역하지 아니하고 입항한 때부터 24시간 이내에 출항하는 경우 세관장은 제135조에 따른 적재화물목록, 선박용품 또는 항공기용품의 목록, 여객명부, 승무원명부, 승무원 휴대품목록 또는 제136조에 따른 적재화물목록의 제출을 생략하게 할 수 있다〈관세법 제137조(간이 입출항절차) 제1항〉.
① 「관세법」 제135조(입항절차) 제1항 및 제136조(출항절차) 제1항
②④ 「관세법」 제135조(입항절차) 제2항 및 제136조(출항절차) 제3항
⑤ 「관세법」 제137조의2(승객예약자료의 요청) 제1항

2 조건부 하역 선박용품의 관리에 대한 설명으로 틀린 것은?

① 수리업자 등은 조건부 하역 대상 선박용품에 대하여 직접 적재 등을 하거나 공급자 중에서 대행업체를 지정하여 선박과 수리업체 간의 운송을 대행하게 할 수 있다.

② 일시 하선하려는 때에는 세관장에게 하선허가신청서를 제출하고 허가를 받아야 한다.

③ 조건부 하역한 외국선박용품은 최대 1년 이내에 해당 선박에 적재하고 세관장에게 적재완료 보고를 해야 한다.

④ 수리업자 등은 하선한 선박용품을 적재기간 내에 적재할 수 없는 때에는 보세구역에 반입하여야 한다.

⑤ 해당 선박이 입항하지 아니하거나 부득이한 사유로 조건부 하역한 외국선박용품을 외국으로 반출하려는 때에는 보세구역에 반입한 후 「반송절차에 관한 고시」에 따라 처리한다.

3 다음은 「관리대상화물 관리에 관한 고시」상 용어의 정의이다. 빈칸 안에 들어갈 내용을 맞게 나열한 것은?

> • (㉠)이란 세관장이 선별한 검사대상화물 중 검색기검사를 하지 않고 바로 개장검사를 실시하는 화물을 말한다.
> • (㉡)이란 세관장이 선별한 검사대상화물 중 하선(기)장소 또는 장치예정장소에서 이동식검색기로 검사하거나 컨테이너적출 시 검사하는 화물을 말한다.
> • (㉢)이란 세관장이 선별한 감시대상화물 중 하선(기)장소 또는 장치예정장소까지 추적감시하는 화물을 말한다.

	㉠	㉡	㉢
①	즉시검사화물	수입신고 후 검사화물	반입 후 검사화물
②	반입 후 검사화물	운송추적검사화물	하선감시화물
③	즉시검사화물	반입후검사화물	운송추적감시화물
④	검색기 검사화물	수입신고 후 검사화물	하선감시화물
⑤	반입 후 검사화물	즉시검사화물	운송추적가시화물

---

2 ③ 수리업자 등은 조건부 하역한 외국선박용품을 하역일부터 30일 이내에 해당 선박에 적재(별지 제3호 서식)하고 세관장에게 완료보고해야 한다. 다만, 세관장이 선박용품의 수리 지연 등 부득이한 사유가 있다고 인정하는 때에는 5월의 범위 내에서 적재 기간을 연장하거나, 같은 선사 소속의 다른 국제무역선에 적재하도록 할 수 있다〈선박용품 등 관리에 관한 고시 제15조(조건부 하역 선박용품의 관리) 제2항〉.

① 「선박용품 등 관리에 관한 고시」 제15조(조건부 하역 선박용품의 관리) 제3항

② 「선박용품 등 관리에 관한 고시」 제15조(조건부 하역 선박용품의 관리) 제1항

④ 「선박용품 등 관리에 관한 고시」 제15조(조건부 하역 선박용품의 관리) 제4항

⑤ 「선박용품 등 관리에 관한 고시」 제15조(조건부 하역 선박용품의 관리) 제5항

3 ③ 「관리대상화물 관리에 관한 고시」 제2조(정의) 제4호, 제5호, 제8호

4 관세법령상 물품의 하역 등에 대한 설명으로 틀린 것은?

① 국제무역선이나 국제무역기는 입항절차를 마친 후가 아니면 물품을 하역하거나 환적할 수 없다.

② 국제무역선이나 국제무역기에 물품을 하역하려면 세관장에게 신고하고 현장에서 세관공무원의 확인을 받아야 한다. 다만, 세관공무원이 확인할 필요가 없다고 인정하는 경우에는 그러하지 아니하다.

③ 세관장은 감시·단속을 위하여 필요할 때에는 물품을 하역하는 장소 및 통로와 기간을 제한할 수 있다.

④ 국제무역선이나 국제무역기에는 내국물품을 적재할 수 없다. 다만, 세관장의 승인을 받았을 때에는 그러하지 아니하다.

⑤ 세관장은 내국운송신고를 하는 경우에는 국제무역선 또는 국제무역기에 내국물품을 적재하게 할 수 있다.

5 다음은 선박용품 관리에 대한 설명이다. 빈칸 안에 들어갈 내용을 맞게 나열한 것은?

> • 선박용품의 보세운송기간은 보세운송신고 수리(승인)일로부터 (㉠) 이내에서 실제 운송에 필요한 기간으로 한다. 다만, 세관장은 그 사유가 타당하다고 인정하는 경우에는 (㉡) 이내에서 한 번만 연장승인할 수 있다.
> • 선박용품 등의 적재·환적 허가를 받은 자는 허가일부터 (㉢) 이내에 적재 등을 완료해야한다. 다만, 1회 항행일수가 7일 이내인 국제무역선은 해당 항차의 출항허가 전까지 그 절차를 완료해야 한다.

	㉠	㉡	㉢
①	10일	7일	10일
②	10일	10일	10일
③	10일	15일	7일
④	15일	10일	10일
⑤	15일	15일	7일

Answer 4.④ 5.⑤

4 ④ 국제무역선이나 국제무역기에는 내국물품을 적재할 수 없으며, 국내운항선이나 국내운항기에는 외국물품을 적재할 수 없다. 다만, 세관장의 허가를 받았을 때에는 그러하지 아니하다〈관세법 제140조(물품의 하역) 제6항〉.
① 「관세법」 제140조(물품의 하역) 제1항
② 「관세법」 제140조(물품의 하역) 제4항
③ 「관세법」 제140조(물품의 하역) 제5항
⑤ 「관세법 시행령」 제161조(물품의 하역 등의 허가신청) 제5항

5 • 보세운송기간은 보세운송신고수리(승인)일로부터 ㉠ 15일 이내에서 실제 운송에 필요한 기간으로 한다. 다만, 세관장은 그 사유가 타당하다고 인정하는 경우에는 ㉡ 15일 이내에서 한번만 연장승인 할 수 있다〈선박용품 등 관리에 관한 고시 제19조(보세운송기간) 제1항〉.
• 선박용품 등의 적재·환적 허가를 받은 자는 허가일부터 ㉢ 7일 이내에 적재 등을 완료해야 한다. 다만, 1회 항행일수가 7일 이내인 국제무역선은 해당 항차의 출항허가 전까지 그 절차를 완료해야 한다〈선박용품 등 관리에 관한 고시 제12조(이행기간) 제1항〉.

6 다음은 관세법령상 국제항의 지정 요건이다. 빈칸 안에 들어갈 내용을 맞게 나열한 것은?

> • 항구의 경우 국제무역선인 5천톤급 이상의 선박이 연간 (㉠) 이상 입항하거나 입행할 것으로 예상될 것
> • 공항의 경우 정기여객기가 주 (㉡) 이상 입항하거나 입항할 것으로 예상될 것, 여객기로 입국하는 여객수가 연간 (㉢) 이상일 것
> • (㉣) 또는 관계 행정기관의 장은 국제항이 지정요건을 갖추지 못하여 업무수행 등에 상당한 지장을 준다고 판단하는 경우에는 기획재정부장관에게 그 사실을 보고해야 한다.

	㉠	㉡	㉢	㉣		㉠	㉡	㉢	㉣
①	50회	6회	4만명	세관장	②	60회	6회	4만명	관세청장
③	50회	5회	5만명	세관장	④	50회	6회	4만명	관세청장
⑤	60회	5회	5만명	관세청장					

7 관세법령상 국제항이 아닌 지역에 대한 출입허가수수료 징수 예외 사유로 규정되어 있지 않은 것은?

① 국제무역선 또는 국제무역기에 대한 항행의 편의도모나 그 밖의 특별한 사정이 있는 경우
② 급병환자, 항해 중 발견한 밀항자, 항해 중 구조한 조난자·조난선박·조난화물 등의 하역 또는 인도를 위하여 일시입항하는 경우
③ 위험물품·오염물품 기타 이에 준하는 물품의 추급, 유조선의 청소 또는 가스발생선박의 가스제거작업을 위하여 법령 또는 권한 있는 행정관청이 정하는 일정한 장소에 입항하는 경우
④ 국제항의 협소 등 입항여건을 고려하여 관세청장이 정하는 일정한 장소에 입항하는 경우
⑤ 법령의 규정에 의하여 강제로 입항하는 경우

Answer 6.④ 7.①

6 • 항구의 경우 국제무역선인 5천톤급 이상의 선박이 연간 ㉠ **50회** 이상 입항하거나 입항할 것으로 예상될 것〈관세법 시행령 제155조의2(국제항의 지정요건 등) 제1항 제3호 나목〉
• 공항의 경우 정기여객기가 주 ㉡ **6회** 이상 입항하거나 입항할 것으로 예상될 것, 여객기로 입국하는 여객수가 연간 ㉢ **4만명** 이상일 것〈관세법 시행령 제155조의2(국제항의 지정요건 등) 제1항 제3호 가목〉
• ㉣ **관세청장** 또는 관계 행정기관의 장은 국제항이 지정요건을 갖추지 못하여 업무수행 등에 상당한 지장을 준다고 판단하는 경우에는 기획재정부장관에게 그 사실을 보고해야 한다. 이 경우 기획재정부장관은 관세청장 또는 국제항시설의 관리기관의 장과 국제항에 대한 현장점검을 할 수 있다〈관세법 시행령 제155조의2(국제항의 지정요건 등) 제2항〉.

7 국제항이 아닌 지역에 대한 출입허가수수료〈관세법 시행규칙 제62조 제2항〉 ⋯ 세관장은 다음 각 호의 어느 하나에 해당하는 사유가 있는 경우에는 제1항에 따른 출입허가수수료를 징수하지 않는다.
1. 법령의 규정에 의하여 강제로 입항하는 경우
2. 급병환자, 항해중 발견한 밀항자, 항해중 구조한 조난자·조난선박·조난화물 등의 하역 또는 인도를 위하여 일시입항하는 경우
3. 위험물품·오염물품 기타 이에 준하는 물품의 취급, 유조선의 청소 또는 가스발생선박의 가스제거작업을 위하여 법령 또는 권한 있는 행정관청이 정하는 일정한 장소에 입항하는 경우
4. 국제항의 협소 등 입항여건을 고려하여 관세청장이 정하는 일정한 장소에 입항하는 경우

8 국제무역기를 국내운항기로 전환하는 절차와 관련하여 틀린 것은?

① 항공기의 전환승인 신청을 받은 세관장은 항공기 전환승인(신청)서의 기재사항을 심사하여 이상이 없는 때에 승인해야 한다. 다만, 현장을 확인할 필요가 있는 경우에는 해당 항공기에 나가서 사실여부 등을 확인할 수 있다.

② 세관장은 국제무역기를 국내운항기로 전환승인하기 전에 외국에서 구입한 항공기용품이 남아있는 경우와 그 밖의 과세대상 물품이 있는 경우 기장 등이 수입신고한 때 승인해야 한다.

③ 기장 등이 항공기의 전환을 신청하려는 때에는 승무원휴대품과 항공기용품을 제외한 다른 화물이 적재되어 있지 않아야 한다. 다만, 다른 화물이 적재되어 있는 상태에서 전환하려는 때에는 수수료만 납부하면 된다.

④ 세관장은 국제무역기의 전환승인 시 관세채권 확보가 곤란한 경우에는 관세 등을 납부 후 승인해야 한다. 다만 공휴일 등 관세납부가 어려운 경우 수입신고하는 때 외국 항공기 소유자(기장 등 포함)의 관세납부확약서 등을 제출받아 승인할 수 있다.

⑤ 국제무역기가 수입신고 수리되거나 국내운항기가 수출신고 수리된 경우, 기상악화, 항공기 고장 등 부득이한 사유로 국내 공항에 임시 착륙 후 최초 목적지 공항으로 이동하는 경우에는 전환신청을 생략할 수 있다.

9 「관리대상화물 관리에 관한 고시」에서 규정한 관리대상화물에 해당하지 않는 것은?

① 우편물
② 특송물품
③ 단기체류자가 반입하는 이사물품
④ 여행자의 유치물품 및 예치물품
⑤ 보세판매장 판매용 물품(외국물품에 한함)

Answer 8.③ 9.①

8 ③ 기장 등이 항공기의 전환을 신청하려는 때에는 승무원휴대품과 항공기용품을 제외한 다른 화물이 적재되어 있지 않아야 한다. 다만, 다른 화물이 적재되어 있는 상태에서 전환하려는 때에는 전환승인 신청시 품명, 규격, 수(중)량 및 그 사유를 기재해야 한다〈국제무역기의 입출항절차 등에 관한 고시 제13조(다른 화물의 적재제한)〉.

① 「국제무역기의 입출항절차 등에 관한 고시」 제14조(전환승인 요건)
② 「국제무역기의 입출항절차 등에 관한 고시」 제15조(과세대상 물품) 제1항
④ 「국제무역기의 입출항절차 등에 관한 고시」 제15조(과세대상 물품) 제2항
⑤ 「국제무역기의 입출항절차 등에 관한 고시」 제12조(전환승인 신청) 제2호

9 "관리대상화물"이란 세관장이 지정한 보세구역 등에 감시·단속 등의 목적으로 장치하거나 검사 등을 실시하는 화물로서 「관세법」 제135조에 따라 입항보고서 및 적재화물목록을 제출받은 세관장이 제3조에 따라 검사대상화물(검색기검사화물, 즉시검사화물, 반입후검사화물 및 수입신고후검사화물) 및 감시대상화물(하선(기)감시화물 및 운송추적감시화물), 「특송물품 수입통관 사무처리에 관한 고시」 제2조 제2호에 따른 특송물품, 「이사물품 수입통관 사무처리에 관한 고시」 제2조 제1호와 제2호의 이사자와 단기체류자가 반입하는 이사물품), 「여행자 및 승무원 휴대품 통관에 관한 고시」 제17조 제1항과 제2항 및 제41조에 따른 유치물품 및 예치물품, 「보세판매장 운영에 관한 고시」 제4조 제1항에 따른 보세판매장 판매용 물품(외국물품만을 말한다) 중 어느 하나에 해당하는 물품을 말한다〈관리대상화물 관리에 관한 고시 제2조(정의)〉.

10 관리대상화물 중 화주의 신청에 의해 검사대상화물의 해제가 가능한 화물로 맞는 것은?

> ㉠ 원자재(수출, 내수용 포함) 및 시설재
> ㉡ 학술연구용 실험기자재이거나 실험용품
> ㉢ 보세공장, 영업용 보세창고에 반입하는 물품
> ㉣ 보세전시장, 자가용 보세창고에 반입하는 물품

① ㉠㉡
② ㉠㉣
③ ㉡㉢
④ ㉡㉣
⑤ ㉢㉣

11 다음은 수출입 안전관리 기준 준수도의 측정·평가에 대한 설명이다. 빈칸 안에 들어갈 내용을 순서대로 나열한 것은?

> 1. 관세청장은 수출입안전관리우수업체로 공인받기 위한 신청 여부와 관계없이 수출입물품의 제조·운송·보관 또는 통관 등 무역과 관련된 자 중 대통령령으로 정하는 자를 대상으로 「관세법」 제255조의2 제1항에 따른 (㉠) 기준을 준수하는 정도를 대통령령으로 정하는 절차에 따라 측정·평가할 수 있다.
> 2. 관세청장은 제1항에 따른 측정·평가 대상자에 대한 (㉡)을(를) 위하여 제1항에 따라 측정·평가한 결과를 대통령령으로 정하는 바에 따라 활용할 수 있다.

	㉠	㉡		㉠	㉡
①	안전관리	지원·관리	②	위험관리	지원·관리
③	내부통제	지원·관리	④	안전관리	통제·관리
⑤	내부통제	통제·관리			

Answer 10.① 11.①

10 ① 화주 또는 화주로부터 권한을 위임받은 자는 제3조에 따라 선별된 검사대상화물 또는 감시대상화물이 원자재(수출, 내수용 포함) 및 시설재인 경우, 보세공장·보세건설장·보세전시장·보세판매장에 반입하는 물품인 경우, 학술연구용 실험기자재이거나 실험용품인 경우, 그 밖에 세관장이 상기에 준하는 사유가 있다고 인정하는 경우 세관장에게 별지 제2호서식에 따라 검사대상화물의 해제를 신청할 수 있으며, 신청서류는 우편, FAX, 전자우편으로 제출할 수 있다〈관리대상화물 관리에 관한 고시 제13조(검사대상화물의 해제) 제1항〉.

11 1. 관세청장은 수출입안전관리우수업체로 공인받기 위한 신청 여부와 관계없이 수출입물품의 제조·운송·보관 또는 통관 등 무역과 관련된 자 중 대통령령으로 정하는 자를 대상으로 제255조의2 제1항에 따른 **㉠ 안전관리** 기준을 준수하는 정도를 대통령령으로 정하는 절차에 따라 측정·평가할 수 있다〈관세법 제255조의7(수출입 안전관리 기준 준수도의 측정·평가) 제1항〉.
2. 관세청장은 제1항에 따른 측정·평가 대상자에 대한 **㉡ 지원·관리**를 위하여 같은 항에 따라 측정·평가한 결과를 대통령령으로 정하는 바에 따라 활용할 수 있다.

12 다음은 「수출입안전관리 우수업체 공인 및 운영에 관한 고시」 제4조 및 별표 1에서 정하고 있는 공인기준 중 일부를 발췌한 것이다. 빈칸 안에 들어갈 내용을 순서대로 나열한 것은?

> ㉠ (   ) : 수출입신고 등의 적정성을 유지하기 위한 기업의 영업활동, 신고 자료의 흐름 및 회계처리 등과 관련하여 부서간 상호 의사소통 및 통제 체제를 갖출 것
>
> ㉡ 안전관리 : 수출입물품의 안전한 관리를 확보할 수 있는 거래업체, 운송수단, 출입통제, 인사, 취급절차, (   ), 정보 및 교육·훈련체계를 갖출 것
>
> ㉢ 재무건전성 : 재무제표에 대한 감사보고서의 감사의견이 적정이어야 하며, 부채비율이 동종업종의 평균 부채비율의 (   ) 이하이거나 외부신용평가기관의 신용평가 등급이 투자적격 이상 또는 매출 증가 등으로 성실한 법규준수의 이행이 가능할 정도의 재정을 유지해야 한다.

① 법규준수도, 채용절차, 200%
② 법규준수도, 시설과 장비, 300%
③ 내부통제시스템, 채용절차, 300%
④ 내부통제시스템, 시설과 장비, 300%
⑤ 내부통제시스템, 시설과 장비, 200%

12 ㉠ **내부통제시스템** : 수출입신고 등의 적정성을 유지하기 위한 기업의 영업활동, 신고 자료의 흐름 및 회계처리 등과 관련하여 부서간 상호 의사소통 및 통제 체제를 갖출 것〈수출입 안전관리 우수업체 공인 및 운영에 관한 고시」 제4조(공인기준) 제1항 제2호〉

㉡ 안전관리 : 수출입물품의 안전한 관리를 확보할 수 있는 거래업체, 운송수단, 출입통제, 인사, 취급절차, **시설과 장비**, 정보 및 교육·훈련체계를 갖출 것〈수출입 안전관리 우수업체 공인 및 운영에 관한 고시」 제4조(공인기준) 제1항 제4호〉

㉢ 신청업체는 ① 재무제표에 대한 감사보고서의 감사의견이 적정이거나, 일부한정으로서 관세청장이 재정건전성에 미치는 영향이 경미하다고 판단하는 경우이어야 하며, ② 부채비율이 동종업종의 평균 부채비율의 **200%** 이하이거나 외부신용평가기관의 신용평가 등급이 투자적격 이상 또는 매출 증가 등으로 성실한 법규준수의 이행이 가능할 정도의 재정을 유지하여야 한다. 단, ①의 경우에는 「주식회사의 외부감사에 관한 법률」 적용 대상 업체에만 적용한다〈수출입 안전관리 우수업체 공인 및 운영에 관한 고시」 제4조(공인기준) 별표1〉.

13 수출입안전관리 우수업체의 관리책임자에 대한 공인 전 교육 내용이 아닌 것은?

① 무역안전과 원활화를 위한 국제 규범 및 국내외 제도의 흐름과 변화

② 수출입 안전관리 우수업체 공인기준의 세부내용

③ 수출입 안전관리 우수업체 제도와 필요성

④ 법규준수 및 수출입 안전관리를 위한 내부통제시스템

⑤ 정기자체평가 및 종합심사 대비를 위한 준수사항

13 ⑤ 관리책임자 교육의 내용〈수출입 안전관리 우수업체 공인 및 운영에 관한 고시 별표 4의2〉

구분	교육 내용
공인 전 교육 (제16조의2 제1항 제1호)	가. 무역안전과 원활화를 위한 국제 규범 및 국내외 제도 나. 수출입 안전관리 우수업체 제도와 필요성 다. 법규준수 및 수출입 안전관리를 위한 내부통제시스템 라. 수출입 안전관리 우수업체 공인기준의 세부내용 마. 수출입 안전관리 우수업체 공인 신청 시 사전 점검항목 및 주의사항
공인 후 교육 (제16조의2 제1항 제2호)	가. 무역안전과 원활화를 위한 국제 규범 및 국내외 제도의 흐름과 변화 나. 법규준수 및 수출입 안전관리를 위한 관리책임자의 역할 다. 수출입 안전관리 우수업체의 공인 유지를 위한 효율적인 사후관리 방법 라. 정기 자체 평가 및 종합심사 대비를 위한 준수사항

14 다음은 수출입안전관리 우수업체의 관리책임자에 대한 공인 후 교육에 대한 설명이다. 빈칸 안에 들어갈 내용을 맞게 나열한 것은?

> 공인 후 교육 : (㉠)마다 총괄책임자는 (㉡) 이상, 수출입관리책임자는 (㉢) 이상(처음 교육은 공인일자를 기준으로 1년 이내에 받아야 함). 다만, 관리책임자가 변경된 경우에는 변경된 날로부터 (㉣) 이내에 해당 교육을 받아야 한다.

	㉠	㉡	㉢	㉣		㉠	㉡	㉢	㉣
①	1년	4시간	8시간	1년	②	2년	4시간	8시간	60일
③	2년	4시간	8시간	180일	④	2년	8시간	8시간	1년
⑤	2년	8시간	16시간	150일					

15 다음은 수출입안전관리 우수업체 공인 기준에 대한 설명이다. 빈칸 안에 들어갈 내용을 맞게 나열한 것은?

> 수출입안전관리 우수업체로 공인을 받기 위해서는 공인기준 중에서 필수적인 기준을 충족하고, 다음 각 호의 요건을 모두 충족해야 한다.
> 1. 법규준수도가 (㉠)점 이상일 것. 다만, 중소 수출기업은 심의위원회를 개최하는 날을 기준으로 직전 2개 분기 연속으로 해당 분기단위의 법규준수도가 (㉠)점 이상인 경우도 충족한 것으로 본다.
> 2. 내부통제시스템 기준의 평가점수가 (㉡)점 이상일 것
> 3. 재무건전성 기준을 충족할 것
> 4. 안전관리 기준 중에서 충족이 권고되는 기준의 평가점수가 (㉢)점 이상일 것

	㉠	㉡	㉢		㉠	㉡	㉢
①	70	70	70	②	70	70	80
③	80	70	70	④	80	80	70
⑤	80	80	80				

Answer 14.③ 15.④

14 공인 후 교육 : 매 ㉠<u>2년</u>마다 총괄책임자는 ㉡<u>4시간</u> 이상, 수출입관리책임자는 ㉢<u>8시간</u> 이상(처음 교육은 공인일자를 기준으로 1년 이내 받아야 함). 다만, 관리책임자가 변경된 경우에는 변경된 날부터 ㉣<u>180일</u> 이내에 해당 교육을 받아야 한다〈수출입 안전관리 우수업체 공인 및 운영에 관한 고시 제16조의2(관리책임자 교육 등) 제1항 제2호〉.

15 공인기준〈수출입 안전관리 우수업체 공인 및 운영에 관한 고시」 제4조 제3항〉 ··· 수출입 안전관리 우수업체로 공인을 받기 위해서는 공인기준 중에서 필수적인 기준을 충족하고, 다음 각 호의 요건을 모두 충족하여야 한다.
1. 법규준수도가 ㉠<u>80점</u> 이상일 것. 다만, 중소 수출기업은 심의위원회를 개최하는 날을 기준으로 직전 2개 분기 연속으로 해당 분기단위의 법규준수도가 ㉠<u>80점</u> 이상인 경우도 충족한 것으로 본다.
2. 내부통제시스템 기준의 평가점수가 ㉡<u>80점</u> 이상일 것
3. 재무건전성 기준을 충족할 것
4. 안전관리 기준 중에서 충족이 권고되는 기준의 평가점수가 ㉢<u>70점</u> 이상일 것

16 수출입 안전관리 우수업체가 공인심사 및 종합심사 절차를 이행한 사례이다. 관련 규정에 따라 맞게 처리된 것은?

① A社는 공인유효기간이 2017년 10월 15일 ~ 2022년 10월 14일 까지인 업체로 2022년 5월 15일에 종합심사 신청서를 제출하였다.

② B社는 5개 공인부문에 걸쳐 공인을 받은 업체로 부문별 공인일자가 달라서, 공인일자가 가장 늦은 공인부문을 기준으로 종합심사를 함께 신청하였다.

③ 대기업인 C社는 공인심사 신청 전 예비심사를 희망하였으나, 중소 수출기업만 예비심사가 가능하다고 알고 있어 신청서를 제출하지 않았다.

④ D社는 공인신청 시 관리책임자의 교육이수확인서를 제출하지 않아 관세청장으로부터 기각 당하였다.

⑤ 공인유효기간이 2022년 5월 15일인 E社는 2022년 6월 20일 특허보세구역의 특허사항을 위반하여 과태료가 부과되었으나, 2022년 6월 30일 현재 종합심사가 진행 중이어서 과태료 경감혜택을 적용받았다.

Answer 16.④⑤

---

16 ④ 「수출입 안전관리 우수업체 공인 및 운영에 관한 고시」 제12조의2(공인신청의 기각) 제8호
⑤ 「수출입 안전관리 우수업체 공인 및 운영에 관한 고시」 제13조(공인의 유효기간) 제2항
① 수출입 안전관리 우수업체는 공인을 갱신하고자 할 때에는 공인의 유효기간이 끝나기 6개월 전까지 별지 제1호 서식의 수출입 안전관리 우수업체 종합심사 신청서에 제6조 제1항 각 호의 서류를 첨부하여 관세청장에게 전자문서로 제출하여야 한다. 이 경우 관세청장은 원활한 종합심사를 운영하기 위해 수출입 안전관리 우수업체에게 공인의 유효기간이 끝나기 1년 전부터 종합심사를 신청하게 할 수 있다〈수출입 안전관리 우수업체 공인 및 운영에 관한 고시 제19조(종합심사) 제1항〉.
② 수출입 안전관리 우수업체가 여러 공인부문에 걸쳐 공인을 받은 경우에는 공인일자가 가장 **빠른** 공인부문을 기준으로 종합심사를 함께 신청할 수 있다. 이 경우 관세청장은 수출입 안전관리 우수업체의 동의를 받아 공인부문별 유효기간을 공인일자가 가장 **빠른** 공인부문의 유효기간에 일치시킬 수 있다〈수출입 안전관리 우수업체 공인 및 운영에 관한 고시 제19조(종합심사) 제2항〉.
③ 관세청장은 중소 수출기업이 예비심사를 신청한 경우에는 다른 신청업체에 우선하여 예비심사를 할 수 있다〈수출입 안전관리 우수업체 공인 및 운영에 관한 고시 제7조의2(예비심사) 제3항〉.
※ **공인의 유효기간**(수출입 안전관리 우수업체 공인 및 운영에 관한 고시 제13조)
　① 수출입 안전관리 우수업체 공인의 유효기간은 증서상의 발급한 날로부터 5년으로 한다. 다만, 심의위원회에서 수출입 안전관리 우수업체 공인의 취소를 결정하였을 때에는 해당 결정을 한 날에 공인의 유효기간이 끝나는 것으로 본다.
　② 종합심사가 진행 중이거나 종합심사에 따른 공인의 갱신 전에 제1항 전단에 따른 기간이 끝나는 경우에도 해당 공인은 유효한 것으로 본다. 다만, 다음 각 호의 어느 하나에 해당하는 경우에는 그 사유가 발생한 날에 공인의 유효기간이 끝나는 것으로 본다.
　　1. 신청업체가 종합심사 신청을 철회하는 경우
　　2. 종합심사 신청이 각하 또는 기각되는 경우

17 「수출입 안전관리 우수업체 공인 및 종합심사 운영에 관한 훈령」상 예비심사에 대한 설명으로 틀린 것은?

① 관세평가분류원장은 예비심사 신청서를 접수하고, 수탁기관에 해당 신청서와 관련서류를 이관한다.

② 수탁기관은 예비심사 신청업체에 연락하여 심사대상·범위, 면담일정·장소 등을 협의하여야 한다.

③ 수탁기관은 예비심사를 할 때에 서류심사 방식으로 수행한다. 다만, 신청업체가 원하는 경우에는 신청업체의 사업장을 직접 방문하여 수행할 수 있다.

④ 수탁기관은 예비심사를 마친 후 10일 이내에 심사결과 총평, 공인심사 준비서류 점검 결과, 공인기준 일부에 대한 예시적 검증 결과, 그 밖에 수출입 안전관리 우수업체 공인과 관련하여 참고할 사항을 포함한 예비심사 결과보고서를 관세평가분류원장에게 제출하여야 한다.

⑤ 수탁기관은 수출입 안전관리 우수업체 공인을 신청한 업체가 제출한 내용을 검토한 후 신청업체에게 예비심사 결과 통지서를 송부해야 한다.

Answer 17.⑤

17 ⑤ 관세평가분류원장은 제출한 내용을 검토한 후 신청업체에게 예비심사 결과 통지서를 송부하여야 한다〈수출입 안전관리 우수업체 공인 및 종합심사 운영에 관한 훈령 제10조(예비심사의 결과 보고 및 통지) 제2항〉.
①② 「수출입 안전관리 우수업체 공인 및 종합심사 운영에 관한 훈령」 제8조(예비심사 신청서의 접수)
③ 「수출입 안전관리 우수업체 공인 및 종합심사 운영에 관한 훈령」 제9조(예비심사의 방법) 제1항
④ 「수출입 안전관리 우수업체 공인 및 종합심사 운영에 관한 훈령」 제10조(예비심사의 결과보고 및 통지) 제1항

18 수출입 안전관리 우수업체 공인심사 신청에 따른 서류심사에 대한 설명으로 틀린 것은?

① 관세청장은 공인심사 신청서를 접수한 날로부터 60일 이내에 서류심사를 마쳐야 한다.

② 관세청장은 보완 요구서를 송부하기 전에 신청업체의 요청이 없는 경우에도 해당업체의 의견을 듣거나 업체에게 소명할 수 있는 기회를 주어야 한다.

③ 관세청장은 신청업체가 제출한 서류를 통해서 공인기준을 충족하는지를 확인하기 어려운 경우에는 30일의 범위 내에서 신청업체에게 보완을 요구할 수 있다.

④ 신청업체는 천재지변, 주요 사업장의 이전, 법인의 양도, 양수, 분할 및 합병 등 부득이한 사유로 보완에 장시간이 걸리는 경우에는 보완기간의 연장을 신청할 수 있다.

⑤ 관세청장은 보완을 요구할 때에는 보완요구서에 보완하여야 할 사항, 보완을 요구하는 이유 및 보완기한 등을 구체적으로 기재하여 신청업체에게 통보해야 한다.

18 ② 관세청장은 보완 요구서를 송부하기 전에 신청업체의 요청이 있을 때에는 해당 업체의 의견을 듣거나 업체에게 소명할 수 있는 기회를 줄 수 있다〈수출입 안전관리 우수업체 공인 및 운영에 관한 고시 제8조(서류심사) 제4항〉.
  ① 「수출입 안전관리 우수업체 공인 및 운영에 관한 고시」 제8조(서류심사) 제1항
  ③ 「수출입 안전관리 우수업체 공인 및 운영에 관한 고시」 제8조(서류심사) 제2항
  ④ 「수출입 안전관리 우수업체 공인 및 운영에 관한 고시」 제8조(서류심사) 제5항
  ⑤ 「수출입 안전관리 우수업체 공인 및 운영에 관한 고시」 제8조(서류심사) 제3항

※ 서류심사(수출입 안전관리 우수업체 공인 및 운영에 관한 고시 제8조)
  ① 관세청장은 제6조에 따른 공인심사 신청서를 접수한 날로부터 60일 이내에 서류심사를 마쳐야 한다.
  ② 관세청장은 신청업체가 제출한 서류를 통해서 공인기준을 충족하는지를 확인하기 어려운 경우에는 30일의 범위 내에서 신청업체에게 보완을 요구할 수 있다. 이 경우 관세청장은 보완을 요구할 사항을 가급적 한꺼번에 요구하여야 하며, 보완에 소요되는 기간(보완기간)은 심사기간에 포함하지 않는다.
  ③ 관세청장은 제2항에 따라 보완을 요구할 때에는 보완 요구서에 보완하여야 할 사항, 보완을 요구하는 이유 및 보완기한 등을 구체적으로 기재하여 신청업체에게 통보하여야 한다.
  ④ 관세청장은 제3항에 따른 보완 요구서를 송부하기 전에 신청업체의 요청이 있을 때에는 해당 업체의 의견을 듣거나 업체에게 소명할 수 있는 기회를 줄 수 있다.
  ⑤ 신청업체는 제2항에도 불구하고 천재지변, 주요 사업장의 이전, 법인의 양도, 양수, 분할 및 합병 등 부득이한 사유로 보완에 장시간이 걸리는 경우에는 보완기간의 연장을 신청할 수 있다. 이 경우 관세청장은 보완기간을 모두 합하여 180일을 넘지 않는 범위 내에서 보완기간을 연장할 수 있다.
  ⑥ 관세청장은 제1항에 따른 서류심사를 「수출입 안전관리 우수업체 심사업무 수탁기관의 지정과 운영에 관한 고시」에 따라 지정된 기관에 위탁할 수 있다.

19 다음은 수출입 안전관리 우수업체 공인 및 종합심사 시 관세평가분류원장의 현장심사 중단에 대한 내용이다. 빈칸 안에 들어갈 내용을 맞게 나열한 것은?

> 관세평가분류원장은 신청업체가 다음 각 호의 어느 하나에 해당하는 경우에는 공인운영고시 제9조 제7항에 따라 관세청장의 승인을 받고, 별지 제10호서식의 현장심사 중단 통지서에 따라 현장심사를 중단할 수 있다.
> 1. 신청업체의 (⊙)이 공인기준을 현저히 충족하지 못하여 심사를 계속하더라도 기간 내에 공인기준을 충족할 가능성이 없는 것으로 판단되는 경우
> 2. 심사를 고의적으로 (ⓛ)하는 경우
> 3. 심사를 방해하는 경우
> 4. 요구한 자료(통관적법성 관련 자료 제출 요구를 포함한다)를 제출하지 않거나 거짓자료를 제출한 경우

	⊙	ⓛ
①	내부통제기준	거부
②	수출입 관리현황	지연
③	수출입 관리현황	거부
④	내부통제기준	지연
⑤	위험관리기준	지연

---

19 현장심사의 중단(수출입 안전관리 우수업체 공인 및 종합심사 운영에 관한 훈령 제26조) … 관세평가분류원장은 신청업체가 다음 각 호의 어느 하나에 해당하는 경우에는 공인운영고시 제9조 제7항에 따라 관세청장의 승인을 받고 별지 제10호서식의 현장심사 중단 통지서에 따라 현장심사를 중단할 수 있다. 이 경우 공인신청 기각, 공인취소, 혜택 정지, 관세조사 전환 등 필요한 조치를 하거나, 관세청장에게 건의할 수 있다.
1. 신청업체의 ⊙ **수출입 관리현황**이 공인기준을 현저히 충족하지 못하여 심사를 계속하더라도 기간 내에 공인기준을 충족할 가능성이 없는 것으로 판단되는 경우
2. 심사를 고의적으로 ⓛ **지연**하는 경우
3. 심사를 방해하는 경우
4. 요구한 자료(통관적법성 관련 자료 제출 요구를 포함한다)를 제출하지 않거나 거짓자료를 제출한 경우

20 수출입 안전관리 우수업체 공인기준 중 보세구역 운영인 부문에서 공인 가능한 경우로 맞는 것은?

① 「관세법」 제276조에 따라 벌금형 선고를 받은 후 1년이 경과한 경우

② 신청업체의 통합법규준수도가 70점 이상인 경우

③ 「관세법」을 위반하여 징역형의 실형을 선고받고 그 진행이 끝나거나 면제된 후 2년이 경과한 경우

④ 안전관리 기준 중에서 충족이 권고되는 기준의 평가점수가 60점인 경우

⑤ 중소기업으로서 부채비율이 동종업종 평균 부채비율의 300%인 경우

21 다음은 수출입 안전관리 우수업체 중 보세구역 운영인 부문에 적용되는 안전관리 기준이다. 빈칸 안에 들어갈 내용을 순서대로 나열한 것은?

> • 운영인은 컨테이너와 트레일러 등에 비인가된 물품이나 사람의 침입을 방지하기 위해 (㉠)을(를) 관리하고, 손상된 (㉠)을(를) 식별하여 (㉡) 및 관련 외국 관세당국에 보고하는 절차를 마련해야 한다.
> • 운영인은 직원을 식별하고, 접근을 통제하기 위하여 (㉢)을(를) 마련하고, 회사 관리자를 지정하여 직원, 방문자, 납품업자를 식별하는 표식의 발급과 회수를 관리해야 한다.

	㉠	㉡	㉢
①	봉인	세관장	직원식별시스템
②	봉인	관세청장	출입카드
③	잠금장치	세관장	직원식별시스템
④	잠금장치	관세청장	출입카드
⑤	접근통제장치	세관장	접근통제장치

Answer 20.③ 21.①

20 ③ 「관세법」 제175조(운영인의 결격사유) 제4호
  ① 「관세법」 제276조에 따라 벌금형 선고를 받은 사실이 있는 경우에는 벌금형 선고 후 2년이 경과하여야 한다〈수출입 안전관리 우수업체 공인 및 운영에 관한 고시 별표 1〉.
  ② 수출입 안전관리 우수업체로 공인을 받기 위해서는 필수적인 기준을 충족하고, 법규준수도가 80점 이상일 것. 다만, 중소 수출기업은 심의위원회를 개최하는 날을 기준으로 직전 2개 분기 연속으로 해당 분기단위의 법규준수도가 80점 이상인 경우도 충족한 것으로 본다〈수출입 안전관리 우수업체 공인 및 운영에 관한 고시 제4조(공인기준) 제3항 제1호〉.
  ④ 수출입 안전관리 우수업체로 공인을 받기 위해서는 필수적인 기준을 충족하고, 안전관리 기준 중에서 충족이 권고되는 기준의 평가점수가 70점 이상이어야 한다〈수출입 안전관리 우수업체 공인 및 운영에 관한 고시 제4조(공인기준) 제3항 제4호〉.
  ⑤ 부채비율이 동종업종의 평균 부채비율의 200% 이하이거나 외부신용평가기관의 신용평가 등급이 투자적격 이상 또는 매출 증가 등으로 성실한 법규준수의 이행이 가능할 정도의 재정을 유지하여야 한다〈수출입 안전관리 우수업체 공인 및 운영에 관한 고시 별표 1〉.

21 • 운영인은 컨테이너와 트레일러 등에 비인가된 물품이나 사람의 침입을 방지하기 위해 ㉠**봉인**을 관리하고, 손상된 봉인을 식별하여 ㉡**세관장** 및 관련 외국 관세당국에 보고하는 절차를 마련하여야 한다〈수출입 안전관리 우수업체 공인 및 운영에 관한 고시 별표 1〉.
  • 운영인은 직원을 식별하고, 접근을 통제하기 위하여 ㉢**직원식별시스템**을 마련하고, 회사관리자를 지정하여 직원, 방문자, 납품업자를 식별하는 표식의 발급과 회수를 관리하여야 한다〈수출입 안전관리 우수업체 공인 및 운영에 관한 고시 별표 1〉.

22 수출입 안전관리 우수업체 공인 및 운영과 관련하여 다음의 업무를 수행하는 자로 맞는 것은?

> • 정기 자체평가, 변동사항 보고, 공인 또는 종합심사 수감 등 공인기준 준수관련 업무
> • 직원에 대한 수출입 안전관리 교육
> • 정보 교환, 회의 참석 등 수출입 안전관리 관련 관세청 및 세관과의 협업
> • 세액 등 통관적법성 준수 관리
> • 그 밖에 업체의 법규준수 향상을 위한 활동

① 한국AEO진흥협회 본부장　　　　　　② 관리책임자
③ 기업상담전문관　　　　　　　　　　　④ 회사대표
⑤ AEO심사관

23 수출입 안전관리 우수업체 중 AAA등급을 받을 수 있는 조건으로 맞는 것은?

> ㉠ 종합심사를 받은 업체 중 법규준수도가 95점 이상인 업체
> ㉡ 세관장으로부터 원산지인증수출자로 인증을 받은 업체
> ㉢ 중소기업이 수출입 안전관리 우수업체로 공인을 받는데 지원한 실정이 우수한 업체
> ㉣ 거래업체 중 수출입 안전관리 우수업체의 비율이 높은 업체

① ㉠㉡　　　　　　　　　　　　　　　② ㉠㉢
③ ㉡㉢　　　　　　　　　　　　　　　④ ㉡㉣
⑤ ㉢㉣

Answer 22.② 23.②

22 관리책임자의 지정 및 역할(수출입 안전관리 우수업체 공인 및 운영에 관한 고시 제16조 제3항) … 관리책임자는 다음 각 호에 해당하는 업무를 담당한다.
　1. 정기 자체평가, 변동사항 보고, 공인 또는 종합심사 수감 등 공인기준 준수관련 업무
　2. 직원에 대한 수출입 안전관리 교육
　3. 정보 교환, 회의 참석 등 수출입 안전관리 관련 관세청 및 세관과의 협업
　4. 세액 등 통관적법성 준수 관리
　5. 그 밖에 업체의 법규준수 향상을 위한 활동

23 공인등급〈수출입 안전관리 우수업체 공인 및 운영에 관한 고시 제5조 제1항 제3호〉 … AAA등급은 종합심사를 받은 업체 중에서 법규준수도가 95점 이상이고, 다음 각 목의 어느 하나에 해당하는 업체이다.
　가. 수출입 안전관리와 관련하여 다른 업체에 확대하여 적용할 수 있는 우수사례가 있는 업체. 이 경우 해당 우수사례는 공인등급을 상향할 때에 한번만 유효하다.
　나. 중소기업이 수출입 안전관리 우수업체로 공인을 받는데 지원한 실적이 우수한 업체

24 수출입 안전관리 우수업체 심의위원회 심의대상으로 틀린 것은?

① 수출입 안전관리 우수업체의 공인 및 갱신
② 수출입 안전관리 우수업체의 공인의 취소
③ 수출입 안전관리 우수업체의 공인등급 조정
④ 공인과 갱신을 유보한 업체의 공인심사 및 종합심사의 신청 각하
⑤ 공인과 갱신을 유보하는 업체의 지정

25 다음 표 안의 사례 발생 시 수출입 안전관리 우수업체에 대하여 조치할 사항으로 맞는 것은?

> • 신청업체가 나머지 공인기준은 모두 충족하였으나, 법규준수도 점수 기준을 충족하지 못한 경우
> • 신청업체가 수입하는 물품의 과세가격 결정방법이나 품목분류 및 원산지 결정에 이견이 있음에도 불구하고 「관세법」 제37조, 제86조 및 「자유무역협정의 이행을 위한 관세법의 특례에 관한 법률」 제31조에 따른 사전심사를 신청하지 않은 경우(수입부문에만 해당한다)
> • 신청업체가 사회적 물의 등을 일으켰으나 해당 사안이 공인의 결격에 해당하는지를 판단하는데 추가적으로 사실을 확인하거나 심의를 위한 충분한 법리검토가 필요한 경우

① 수출입 안전관리 우수업체 공인취소
② 수출입 안전관리 우수업체 혜택공지
③ 수출입 안전관리 우수업체 공인유보
④ 수출입 안전관리 우수업체 공인등급 조정
⑤ 수출입 안전관리 우수업체 공인신청 기각

Answer 24.④ 25.③

24 수출입 안전관리 우수업체 심의위원회의 설치 · 구성(수출입 안전관리 우수업체 공인 및 운영에 관한 고시 제27조 제1항) ⋯ 관세청장은 다음 각 호에 관한 사항을 심의하기 위하여 필요한 경우에는 수출입 안전관리 우수업체 심의위원회를 구성 · 운영할 수 있다.
1. 수출입 안전관리 우수업체의 공인 및 갱신
2. 수출입 안전관리 우수업체의 공인등급 조정
3. 공인과 갱신을 유보하는 업체의 지정
4. 공인과 갱신을 유보한 업체의 공인심사 및 종합심사의 신청 기각
5. 수출입 안전관리 우수업체 공인의 취소
6. 그 밖에 관세청장이 수출입 안전관리 우수업체 제도의 운영 등에 관하여 심의위원회에 부치는 사항

25 ③ 「수출입 안전관리 우수업체 공인 및 운영에 관한 고시」 제11조(공인 및 공인의 유보) 제2항

1 자율관리보세구역 지정에 관한 설명으로 틀린 것은?

① 운영인 등의 법규수행능력이 우수하여 보세구역 자율관리에 지장이 없어야 한다.

② 일반 자율관리보세구역과 우수 자율관리보세구역이 있다.

③ 우수 자율관리보세구역은 보세사 채용이 면제된다.

④ 화물의 반출입, 재고관리 등 실시간 물품관리가 가능한 전산시스템(WMS, ERP 등)을 구비해야 한다.

⑤ 세관장은 자율관리보세구역 운영인 등에게 갱신절차 등을 지정기간 만료 2개월 전에 문서, 전자 메일, 전화, 휴대폰 문자전송 방법 등으로 미리 알려야 한다.

2 자율관리보세구역의 감독에 대한 설명 중 틀린 것은?

① 운영인은 회계연도 종료 3개월이 지난 후 15일 이내에 자율관리보세구역 운영 등의 적정여부를 자체점검하고 자율점검표를 작성하여 세관장에게 제출해야 한다.

② 운영인이 자율점검표를 재고조사 결과와 함께 제출하려는 경우 자율점검표를 다음 해 2월 말까지 제출할 수 있다.

③ 세관장은 자율점검표 심사결과 자율관리보세구역 운영관리가 적정하다고 판단되는 경우에는 자율점검표를 해당 년도 정기감사에 갈음하여 생략할 수 있다.

④ 자율점검표 미제출·제출기간 미준수 등의 사유에 해당하는 경우 정기감사를 해야 한다.

⑤ 세관장이 별도의 감사반을 편성 정기감사를 하는 경우 외부 민간요원은 감사반에 포함할 수 없다.

Answer 1.③ 2.⑤

1 ③ 우수 자율관리보세구역은 보세화물관리를 위한 보세사 채용 및 화물의 반출입, 재고관리 등 실시간 물품관리가 가능한 전산 시스템(WMS, ERP 등) 구비를 충족한다〈자율관리 보세구역 운영에 관한 고시 제3조(지정요건) 제2호 가목〉.
　　⑤ 「자율관리 보세구역 운영에 관한 고시」 제4조(지정신청 및 갱신) 제4항

2 ⑤ 세관장은 영 제184조 제2항에 따라 자율관리보세구역의 운영실태 및 보세사의 관계법령 이행여부 등을 확인하기 위하여 별도의 감사반을 편성(외부 민간위원을 포함할 수 있다)하고 7일 이내의 기간을 설정하여 년 1회 정기감사를 실시하여야 한다. 〈자율관리 보세구역 운영에 관한 고시 제10조(자율관리 보세구역에 대한 감독) 제3항〉.
　　①② 「자율관리 보세구역 운영에 관한 고시」 제10조(자율관리 보세구역에 대한 감독) 제1항
　　③④ 「자율관리 보세구역 운영에 관한 고시」 제10조(자율관리 보세구역에 대한 감독) 제2항

3 세관장이 자율관리보세구역에 대하여 기간을 정하여 절차생략 등을 정지하는 경우에 대한 설명으로 맞는 것은?

① 보세사가 해고 또는 취업정리 등의 사유로 업무를 수행할 수 없는 경우 절차생략 등을 정지할 수 있다.

② 운영인이 보세화물 관리에 관한 의무사항 불이행으로 경고처분을 1년에 2회 이상 받은 경우 절차생략이 정지된다.

③ 경고처분으로 절차생략이 정지되는 경우 최대 정지기간은 2개월을 초과할 수 없다.

④ 절차생략 등을 정지하는 기간 동안 자율관리보세구역에 위탁되거나 생략된 업무는 운영인이 직접 관리한다.

⑤ 세관장은 절차생략 등을 정지하는 경우 한국관세물류협회장에게 통보하여야 한다.

4 다음은 보세구역의 자율관리에 대한 「관세법」 본문이다. 빈칸 안에 들어갈 내용을 순서대로 나열한 것은?

> 보세구역 중 물품의 및 세관감시에 지장이 없다고 인정하여 (㉠)이 정하는 바에 따라 (㉡)이 지정하는 보세구역(이하 "자율관리보세구역"이라 한다)에 장치한 물품은 제157조에 따른 세관공무원의 참여와 이 법에 따른 절차 중 (㉢)이 정하는 절차를 생략한다.

	㉠	㉡	㉢
①	관세청장	세관장	관세청장
②	세관장	관세청장	세관장
③	세관장	세관장	세관장
④	관세청장	관세청장	관세청장
⑤	세관장	관세청장	관세청장

3 ① 「자율관리 보세구역 운영에 관한 고시」 제8조(절차생략 등의 정지) 제1항 제1조

② 세관장은 자율관리보세구역 운영인 등이 제11조에 따른 경고처분을 1년에 3회 이상 받은 경우 절차생략 등을 정지할 수 있다〈자율관리 보세구역 운영에 관한 고시 제8조(절차생략 등의 정지) 제1항 제2호〉.

③ 세관장은 절차생략 등을 정지하는 경우 1개월 이내의 기간이다〈자율관리 보세구역 운영에 관한 고시 제8조(절차생략 등의 정지) 제2항 제2호〉.

④ 세관장은 제2항에 따라 절차생략 등을 정지하는 기간 동안 자율관리보세구역에 위탁되거나 생략된 업무는 세관공무원이 직접 관리한다〈자율관리 보세구역 운영에 관한 고시 제8조(절차생략 등의 정지) 제3항〉.

⑤ 세관장은 보세사에게 경고처분을 하였을 때에는 한국관세물류협회장에게 통보하여야 한다〈자율관리 보세구역 운영에 관한 고시 제11조(행정제재) 제2항〉.

4 보세구역 중 물품의 관리 및 세관감시에 지장이 없다고 인정하여 ㉠**관세청장**이 정하는 바에 따라 ㉡**세관장**이 지정하는 보세구역(이하 "자율관리보세구역"이라 한다)에 장치한 물품은 제157조에 따른 세관공무원의 참여와 이 법에 따른 절차 중 ㉢**관세청장**이 정하는 절차를 생략한다〈관세법 제164조(보세구역의 자율관리) 제1항〉.

5 자율관리보세구역 제도에 대한 설명으로 맞는 것은?

① 보세구역의 화물관리인이나 운영인은 자율관리보세구역의 지정을 받으려면 관세청장에게 지정을 신청해야 한다.

② 자율관리보세구역의 지정기간은 지정일로부터 5년으로 하며, 지정기간 만료 1개월 전까지 갱신 신청해야 한다.

③ 세관장은 보세구역 운영상황 점검(현장확인) 시 자율관리보세구역에 대한 정기감사를 생략하거나 통합하여 실시할 수 있다.

④ 보세창고가 보세사 채용 및 물품관리전산시스템을 구비한 경우 우수 자율관리보세구역으로 지정할 수 있다.

⑤ 보세사가 해고 또는 취업정지 등의 사유로 업무를 수행할 수 없는 경우 3개월 이내의 기간 동안 자율관리보세구역에 대한 절차생략 등을 정지할 수 있다.

Answer 5.③

5 ③「자율관리 보세구역 운영에 관한 고시」제7조(절차생략 등) 제1항 1호 다목
① 「관세법 시행령」제184조 제1항에 따라 자율관리보세구역으로 지정을 받으려는 사람은 "별지 제1호 서식(우수 자율관리보세구역 중 보세공장의 경우에는 「보세공장 운영에 관한 고시」 "별지 제1-1호 서식")"의 자율관리보세구역 지정신청서를 세관장에게 제출하여야 하며, 신청서류는 우편 또는 FAX 등 정보통신망 등을 이용하여 제출할 수 있다〈자율관리 보세구역 운영에 관한 고시 제4조(지정신청 및 갱신) 제1항〉.
② 신청을 받은 세관장은 지정요건을 검토하여 보세화물관리 및 세관 감시감독에 지장이 없다고 판단되는 경우 해당 보세구역의 특허기간을 지정기간으로 하여〈자율관리 보세구역 운영에 관한 고시 제4조(지정신청 및 갱신 제1항〉, 세관장은 자율관리보세구역 운영인 등에게 지정기간 만료 1개월 전까지 갱신 신청 하여야 한다는 사실, 갱신절차를 지정기간 만료 2개월 전에 문서, 전자메일, 전화, 휴대폰 문자전송 방법 등으로 미리 알려야 한다〈자율관리 보세구역 운영에 관한 고시 제4조(지정신청 및 갱신) 제4항〉.
④ 「자율관리 보세구역 운영에 관한 고시」제3조(지정요건) 제1호 가목에 따라 일반 자율관리보세구역 지정요건이다.
⑤ 「자율관리 보세구역 운영에 관한 고시」제8조(절차생략 등의 정지) 제2항에 따라 보세사를 채용할 때까지 절차생략 등을 정지한다.

6 보세사의 징계와 보세사징계위원회의 운영에 대한 설명 중 맞는 것은?

① 보세사의 징계의 종류는 견책, 해임, 업무정지가 있다.

② 세관장은 보세사가 「관세법」이나 「관세법」에 따른 명령을 위반한 경우에는 보세사징계위원회에 1개월 이내에 해당 보세사에 대한 징계의결을 요구해야 한다.

③ 보세사징계위원회는 보세사 징계의결의 요구를 받은 때에는 징계의결의 요구를 받은 날로부터 2개월 내에 이를 의결해야 한다.

④ 위원이 징계의결 대상 보세사와 직접적으로 업무 연관성이 있는 경우 보세사징계위원회의 심의·의결에서 제척된다.

⑤ 보세사가 연간 6월의 범위 내에서 업무정지를 3회 받으면 등록을 취소한다.

7 보세사의 의무에 대한 설명으로 틀린 것은?

① 보세사는 「관세법」과 「관세법」에 따른 명령을 준수해야 하며, 그 직무를 성실하고 공정하게 수행해야 한다.

② 보세사는 직무를 수행할 때 고의로 진실을 감추거나 거짓 진술을 하여서는 아니 된다.

③ 보세사는 다른 업무를 겸임할 수 없다. 다만, 영업용 보세창고의 경우 보세화물 관리에 지정이 없는 범위 내에서 다른 업무를 겸임할 수 있다.

④ 해당 보세구역에 작업이 있는 시간에는 상주해야 한다.

⑤ 세관장의 업무감독에 관련된 명령을 준수해야 하고 세관공무원의 지휘를 받아야 한다.

Answer 6.④ 7.③

6 ④ 「관세법 시행령」 제185조의3(보세사징계위원회의 구성 등) 제6항 제4호
① 세관장은 등록의 취소, 6개월 이내의 업무정지, 견책 또는 그 밖에 필요한 조치를 할 수 있다〈관세법 제165조(보세사의 자격) 제5항〉.
② 세관장은 보세사가 관세법이나 관세법에 따른 명령을 위반한 경우 경우에는 지체 없이 보세사징계위원회에 징계의결을 요구해야 한다〈관세법 시행령 제185조의2(보세사징계의결의 요구)〉.
③ 보세사징계위원회는 제185조의2에 따른 징계의결의 요구를 받은 날부터 30일 이내에 이를 의결해야 한다〈관세법 시행령 제185조의4(보세사징계위원회의 운영) 제2항〉.
⑤ 징계는 견책, 6월의 범위내 업무정지, 등록취소로 한다. 다만, 연간 6월의 범위내 업무정지를 2회 받으면 등록취소하여야 한다〈보세사제도 운영에 관한 고시 제12조(보세사 징계) 제2항〉.

7 ③ 보세사는 다른 업무를 겸임할 수 없다. 다만, 영업용 보세창고가 아닌 경우 보세화물 관리에 지장이 없는 범위 내에서 다른 업무를 겸임 할 수 있다〈보세사제도 운영에 관한 고시 제11조(보세사의 의무) 제1항〉.
① 「관세법」 제165조의3(보세사의 의무) 제1항
② 「관세법」 제165조의3(보세사의 의무) 제3항
④⑤ 「보세사제도 운영에 관한 고시」 제11조(보세사의 의무) 제1항

8 「수출입물류업체에 대한 법규수행능력측정 및 평가관리에 관한 훈령」에서 규정하는 용어에 대한 정의로 틀린 것은?

① "법규수행능력 측정 및 평가관리시스템"이란 수출입물류업체에 대한 세관절차의 법규 이행정도를 확인하기 위한 평가항목의 등록, 측정, 평가 등을 하는 전산시스템을 말한다.

② "법규수행능력"이란 수출입물류업체가 관세법규 등에서 정하는 사항을 준수한 정도를 측정한 점수를 말한다.

③ "통합법규수행능력"이란 개별 수출입물류업체의 측정점수와 물류공급망으로 연관된 전체 수출입물류업체의 측정점수를 반영하여 산출한 점수를 말한다.

④ "내부자율통제시스템"이란 수출입물류업체가 관세법령 등에서 정하는 보세화물취급업무를 수행하기 위한 일련의 처리절차, 내부통제절차 등을 갖춘 자체시스템을 말한다.

⑤ "평가미이행업체"란 법규수행능력 평가항목 표준매뉴얼을 세관장에게 제출하지 아니한 업체를 말한다.

9 「자유무역지역 반출입물품의 관리에 관한 고시」에서 규정하는 용어에 대한 정의로 틀린 것은?

① "반입신고"란 물품을 자유무역지역으로 반입하기 위한 신고로서 「관세법」 제157조에 따른 반입신고를 말한다.

② "국외반출신고"란 외국물품 등을 국외반출하기 위한 신고로서 「관세법」상 수출신고와 동일한 성격의 신고를 말한다.

③ "보수"란 해당 물품의 HS품목분류의 변화를 가져오지 않는 보존작업, 선별, 분류, 단순조립 등의 활동을 말한다.

④ "잉여물품"이란 제조·가공작업으로 인하여 발생하는 부산물과 불량품 등의 사유로 사용하지 않는 원재료와 제품 등을 말한다.

⑤ "사용소비신고"란 외국물품을 고유한 사업의 목적 또는 용도에 사용 또는 소비하기 위하여 「관세법 시행령」에 따른 수입신고서 서식으로 신고하는 것을 말한다.

---

8 ⑤ "평가미이행업체"란 법규수행능력 평가항목 자율점검표를 세관장에게 제출하지 아니한 업체를 말한다〈수출입물류업체에 대한 법규수행능력측정 및 평가관리에 관한 훈령 제2조(정의) 제7호〉.
①②③④ 「수출입물류업체에 대한 법규수행능력측정 및 평가관리에 관한 훈령」 제2조(정의)

9 ② "국외반출신고"란 외국물품 등을 자유무역지역에서 국외로 반출하기 위한 신고를 말한다〈자유무역지역 반출입물품의 관리에 관한 고시 제2조(정의) 제3호〉.
① "반출입신고"란 물품을 자유무역지역 입주기업체에서 반출하거나 자유무역지역 입주기업체로 반입하기 위한 신고로서 「관세법」 제157조에 따른 신고를 말한다〈자유무역지역 반출입물품의 관리에 관한 고시 제2조(정의) 제1호〉.
③ 「자유무역지역 반출입물품의 관리에 관한 고시」 제2조(정의) 제4호
④ 「자유무역지역 반출입물품의 관리에 관한 고시」 제2조(정의) 제5호
⑤ 「자유무역지역 반출입물품의 관리에 관한 고시」 제2조(정의) 제2호

10 「자유무역지역의 지정 및 운영에 관한 법률」과 다른 법률과의 관계에 대한 내용으로 틀린 것은?

① 자유무역지역의 지정 및 운영에 관하여 「경제자유구역의 지정 및 운영에 관한 특별법」에 다른 규정이 있는 경우에는 「자유무역지역의 지정 및 운영에 관한 법률」을 우선하여 적용한다.

② 자유무역지역 안의 외국물품 등을 관세영역으로 반출하는 경우에는 「관세법」을 적용하지 아니한다.

③ 자유무역지역 내에서의 물품의 통관에 관하여는 「관세법」을 적용하는 것이 입주기업체에 유리한 경우에는 「관세법」을 적용한다.

④ 입주기업체 중 외국인투자기업에 대하여는 「고용상 연령차별금지 및 고령자고용촉진에 관한 법률」에 따른 고용 의무 규정을 적용하지 아니한다.

⑤ 입주기업체 중 외국인투자기업에 대하여는 「장애인고용촉진 및 직업재활법」에 따른 사업주의 장애인 고용 의무 규정을 적용하지 아니한다.

11 자유무역지역의 입주에 대한 내용으로 틀린 것은?

① 관리권자와 입주계약을 체결하여야 하는 경우 파산선고를 받고 복권되지 아니한 자와는 계약을 체결할 수 없다.

② 국내외 가격차에 상당하는 율로 양허(讓許)한 농림축산물을 원재료로 하는 물품을 제조·가공하는 업종의 사업을 하려는 자가 원재료 및 원재료를 제조·가공한 물품을 전량 국외로 반출하는 경우에는 제한하지 아니할 수 있다.

③ 관리권자는 외국인투자기업, 수출을 주목적으로 사업을 하려는 자와 우선적으로 입주계약을 체결할 수 있다.

④ 관리권자와 입주계약을 체결하여야 하는 경우 관세 또는 내국세를 체납한 자와는 계약을 체결할 수 없다.

⑤ 물품의 하역·운송·보관·전시 사업을 하려는 자는 자유무역지역에 입주할 수 있다.

Answer 10.② 11.①

10 ② 외국물품 등을 자유무역지역에서 그대로 관세영역으로 반출하려는 경우 반출을 하려는 자는 수입신고를 하고 관세 등을 내야 한다〈자유무역지역의 지정 및 운영에 관한 법률 제29조(물품의 반입 또는 수입) 제5항〉.
① 「자유무역지역의 지정 및 운영에 관한 법률」 제3조(다른 법률과의 관계) 제3항
③ 「자유무역지역의 지정 및 운영에 관한 법률」 제3조(다른 법률과의 관계) 제1항 제3호
④ 「자유무역지역의 지정 및 운영에 관한 법률」 제3조(다른 법률과의 관계) 제2항 제1호
⑤ 「자유무역지역의 지정 및 운영에 관한 법률」 제3조(다른 법률과의 관계) 제2항 제3호

11 ① 자유무역지역에 입주하여 사업을 하려는 자는 관리권자와 그 입주에 관한 계약을 체결하여야 한다. 입주계약을 변경하려는 경우에도 또한 같다〈자유무역지역의 지정 및 운영에 관한 법률 제11조(입주계약) 제1항〉.
② 「자유무역지역의 지정 및 운영에 관한 법률」 제10조의2(입주제한 업종)
③ 「자유무역지역의 지정 및 운영에 관한 법률」 제11조(입주계약) 제2항 제1호 및 제3호
④ 「자유무역지역의 지정 및 운영에 관한 법률」 제12조(결격사유) 제6호
⑤ 「자유무역지역의 지정 및 운영에 관한 법률」 제10조(입주자격) 제1항 제5호

12 자유무역지역으로의 물품반입정지 사유로 틀린 것은?

① 수입신고 및 관세 등의 납부를 하지 아니하고 외국물품 등을 자유무역지역에서 관세영역으로 반출한 경우

② 수입신고 및 관세 등의 납부를 하지 아니하고 외국물품을 사용·소비하기 위하여 자유무역지역 안으로 반입한 경우

③ 「관세법」 제276조(허위신고죄 등)에 따른 위반사유에 해당하는 경우

④ 정당한 사유 없이 조사를 거부·방해 또는 기피하거나 자료제출을 거부한 경우

⑤ 국외 반출신고 시 법령에 따라 국외 반출에 필요한 허가·승인·추천·증명 또는 그 밖의 조건을 구비하지 아니하거나 부정한 방법으로 구비한 경우

13 자유무역지역 외국물품 등의 보세운송에 관한 설명으로 틀린 것은?

① 국외반출신고가 수리된 물품을 선적하기 위하여 보세운송하는 경우에는 수출신고서 서식을 사용하여 보세운송신고를 할 수 있다.

② 자유무역지역에서 제조·가공한 물품을 다른 자유무역지역 등으로 보세운송하려는 경우에는 보세운송기간을 7일로 하며, 7일 이내의 범위에서 연장할 수 있다.

③ 국외반출신고가 수리된 물품의 경우 보세운송기간은 신고수리일부터 30일 이내로 하며, 선(기)적은 국외반출신고가 수리된 날부터 30일 이내에 선(기)적해야 한다.

④ 동일 자유무역지역 내 입주기업체 간에 외국물품 등을 이동하려는 때에는 반출입신고와 보세운송신고를 생략한다.

⑤ 일시반출허가를 받아 반출하거나 재반입하는 물품의 반출입신고는 일시 반출허가서나 재반입신고서를 갈음하며, 따로 보세운송절차를 거칠 필요가 없다.

Answer 12.③ 13.④

12 ③ 「관세법」 제269조, 제270조, 제270조의2, 제271조(제268조의2의 미수범과 제268조의2의 죄를 범할 목적으로 그 예비를 한 자는 제외한다) 및 제274조에 따른 위반사유에 해당하는 경우〈자유무역지역의 지정 및 운영에 관한 법률 제40조의2(반입정지 등) 제1항 제7호〉.
　① 「자유무역지역의 지정 및 운영에 관한 법률」 제40조의2(반입정지 등) 제1항 제2호
　② 「자유무역지역의 지정 및 운영에 관한 법률」 제40조의2(반입정지 등) 제1항 제1호
　④ 「자유무역지역의 지정 및 운영에 관한 법률」 제40조의2(반입정지 등) 제1항 제6호
　⑤ 「자유무역지역의 지정 및 운영에 관한 법률」 제40조의2(반입정지 등) 제1항 제3호

13 ④ 동일 자유무역지역 내 입주기업체 간에 외국물품 등을 이동하려는 때에는 관세청 전자통관시스템에 의한 반출입신고로 보세운송신고를 갈음할 수 있다. 다만, 관세청 전자통관시스템에 의한 반출입신고가 곤란한 업체는 입주기업체 간에 체결된 계약서 등을 제출하여 세관공무원의 확인을 받은 후 이동할 수 있다〈자유무역지역 반출입물품의 관리에 관한 고시 제17조(보세운송) 제2항〉.
　① 「자유무역지역 반출입물품의 관리에 관한 고시」 제18조(국외반출물품등의 보세운송 및 선·기적) 제1항
　② 「자유무역지역 반출입물품의 관리에 관한 고시」 제17조(보세운송) 제1항
　③ 「자유무역지역 반출입물품의 관리에 관한 고시」 제18조(국외반출물품등의 보세운송 및 선·기적) 제2항
　⑤ 「자유무역지역 반출입물품의 관리에 관한 고시」 제14조(외국물품등의 일시반출입) 제5항

14 「자유무역지역의 지정 및 운영에 관한 법률」 및 「자유무역지역 반출입물품의 관리에 관한 고시」에 따른 폐기대상물품으로 틀린 것은?

① 사람의 생명이나 재산에 해를 끼칠 우려가 있는 물품

② 부패 또는 변질된 물품

③ 실용시효가 경과되었거나 상품가치를 상실한 물품

④ 위조상품, 모조품, 그 밖에 지식재산권 침해물품

⑤ 검사·검역기준 등에 부적합한 것으로 화주가 판단하는 물품

---

14 ⑤ "관세청장이 정하여 고시하는 물품"이란 검사·검역기준 등에 부적합하여 검사·검역기관에서 폐기대상으로 결정된 물품을 말한다〈자유무역지역 반출입물품의 관리에 관한 고시 제25조(폐기대상물품) 제2항 제3호〉.
① 「자유무역지역의 지정 및 운영에 관한 법률」 제40조(물품의 폐기) 제1항 제1호
② 「자유무역지역의 지정 및 운영에 관한 법률」 제40조(물품의 폐기) 제1항 제2호
③ 「자유무역지역 반출입물품의 관리에 관한 고시」 제25조(폐기대상물품) 제1항 제1호
④ 「자유무역지역 반출입물품의 관리에 관한 고시」 제25조(폐기대상물품) 제2항 제1호

15 자유무역지역과 특허보세구역에 대한 설명으로 맞는 것은?

① 자유무역지역에서 농림축산물을 원재료로 하는 제조 · 가공업종의 사업을 하려는 자는 보세사를 채용해야 한다.

② 자유무역지역 출입자(차량)는 출입증을 소지하거나 통행증을 부착하여야 하나, 특허보세구역은 출입자(차량)에 대한 출입증 소지 등 의무가 없다.

③ 제조업을 영위하는 자유무역지역 입주기업체의 사용소비신고 대상물품의 범위와 보세공장의 사용신고 대상물품의 범위는 동일하다.

④ 1년 이내에 3회 이상 물품반입 정지처분(과징금 부과처분 포함)을 받은 경우 입주계약 해지(자유무역지역)나 특허취소(특허보세구역)가 가능하다.

⑤ 자유무역지역에서 내국물품을 반출하려는 자는 내국물품 반출목록신고서를 제출한 날부터 3년 동안 내국물품 반입증명서류를 보관해야 한다.

15 ① 「자유무역지역 반출입물품의 관리에 관한 고시」 제5조의2(입주기업체와의 사전협의)
② 자유무역지역 및 특허보세구역은 모두 출입증 소지 의무가 있다.
③ 「자유무역지역의 지정 및 운영에 관한 법률」 제29조(물품의 반입 또는 수입) 제4항 제2호와 「보세공장 운영에 관한 고시」 제12조(반입대상 물품) 제2항에 따라 동일하지 않다.
④ 세관장은 특허보세구역의 운영인이 1년 이내에 3회 이상 물품반입 등의 정지처분(제3항에 따른 과징금 부과처분을 포함한다)을 받은 경우 그 특허를 취소할 수 있다〈관세법 제178조(반입정지 등과 특허의 취소) 제2항 제3호〉.
⑤ 내국물품을 반출하려는 자는 내국물품 반출목록신고서를 제출한 날부터 5년 이내의 범위에서 대통령령으로 정하는 기간 동안 내국물품 반입증명서류를 보관하여야 한다〈자유무역지역의 지정 및 운영에 관한 법률 제31조(내국물품의 반출 확인) 제3항〉.

16 「관세법」에 대한 설명 중 틀린 것은?

① 관세범이란 「관세법」 또는 「관세법」에 따른 명령을 위반한 행위로서, 「관세법」에 따라 형사처벌되거나 통고처분되는 것을 말한다.

② 몰수할 물품의 전부 또는 입부를 몰수할 수 없는 때에는 그 몰수할 수 없는 물품의 범칙 당시의 국내도매가격에 상당한 금액을 범인으로부터 추징한다.

③ 관세청장과 세관장은 통고처분 대상자의 연령과 환경, 법 위반의 동기와 결과, 범칙금 부담능력 등을 고려하여 관세심사위원회의 심의 · 의결을 거쳐 통고처분을 면제할 수 있다.

④ 지정장치장의 화물관리인은 「관세법」 제279조 양벌규정의 적용을 받는 개인에 해당하지 않는다.

⑤ 법령에 따라 수입이 제한된 사항을 회피할 목적으로 부분품으로 수입하거나 주요 특성을 갖춘 미완성 · 불완전한 물품이나 완제품을 부분품으로 분할하여 수입한 자에 대한 처벌은 관세포탈죄이다.

17 「관세법」에서 정한 죄를 범한 자는 정상에 따라 징역과 벌금을 병과할 수 있다. 징역과 벌금을 병과할 수 있는 법조항만으로 이루어진 것은?

> ㉠ 「관세법」 제268조의2(전자문서 위조 · 변조죄 등)
> ㉡ 「관세법」 제269조(밀수출입죄)
> ㉢ 「관세법」 제270조(관세포탈죄 등)
> ㉣ 「관세법」 제271조(미수범 등)
> ㉤ 「관세법」 제274조(밀수품의 취득죄 등)
> ㉥ 「관세법」 제275조의2(강제징수면탈죄 등)
> ㉦ 「관세법」 제275조의3(타인에 대한 명의대여죄)

① ㉠㉡㉢㉣㉤ 　　　　　　② ㉡㉢㉣㉥

③ ㉠㉡㉢㉤㉥ 　　　　　　④ ㉡㉢㉣㉤

⑤ ㉠㉡㉢㉣㉤㉥㉦

Answer 16.③ 17.④

16 ③ 관세청장이나 세관장은 통고처분 대상자의 연령과 환경, 법 위반의 동기와 결과, 범칙금 부담능력과 그 밖에 정상을 고려하여 제284조의2에 따른 관세범칙조사심의위원회의 심의 · 의결을 거쳐 통고처분을 면제할 수 있다. 이 경우 관세청장이나 세관장은 관세범칙조사심의위원회의 심의 · 의결 결과를 따라야 한다〈관세법 제311조(통고처분) 제8항〉.

① 「관세법」 제283조(관세범) 제1항

② 「관세법」 제282조(몰수 · 추징) 제3항

④ 「관세법」 제175조(운영인의 결격사유) 제7호

⑤ 「관세법」 제270조(관세포탈죄 등) 제1항 제3호

17 제269조(밀수출입죄), 제270조(관세포탈죄 등), 제270조의2(가격조작죄), 제271조(미수범 등), 제274조(밀수품의 취득죄 등)의 죄를 저지른 자는 정상(情狀)에 따라 징역과 벌금을 병과할 수 있다〈관세법 제275조(징역과 벌금의 병과)〉.

18 다음 설명 중 빈칸에 들어갈 말로 맞는 것은?

> 「관세법」에 따른 벌칙에 위반되는 행위를 한 자에게는 「형법」 제38조 제1항 제2호 중 (   )경합에 관한 제한 가중규정을 적용하지 아니한다.

① 법조
② 벌금
③ 상상적
④ 실체적
⑤ 양벌

19 「관세법」 제304조에서 규정하고 있는 세관장이 압수물품 관계인에게 통고한 후 폐기할 수 있는 경우가 아닌 것은?

① 사람의 생명이나 재산을 해칠 우려가 있는 것
② 보관하기가 극히 불편하다고 인정되는 것
③ 유효기간이 지난 것
④ 상품가치가 없어진 것
⑤ 부패하거나 변질된 것

Answer 18.② 19.②

18 이 법에 따른 벌칙에 위반되는 행위를 한 자에게는 「형법」 제38조 제1항 제2호 중 **벌금**경합에 관한 제한가중규정을 적용하지 아니한다.〈관세법 제278조(「형법」 적용의 일부 배제)〉.

19 압수물품의 폐기(관세법 제304조) ··· 관세청장이나 세관장은 압수물품 중 다음 각 호의 어느 하나에 해당하는 것은 피의자나 관계 인에게 통고한 후 폐기할 수 있다. 다만, 통고할 여유가 없을 때에는 폐기한 후 즉시 통고하여야 한다.
1. 사람의 생명이나 재산을 해칠 우려가 있는 것
2. 부패하거나 변질된 것
3. 유효기간이 지난 것
4. 상품가치가 없어진 것

20 「관세법」 277조 규정에 의한 과태료 부과대상인 것은?

① 다른 사람의 성명·상호를 사용하여 보세사의 업무를 수행한 경우

② 세관공무원의 장부 또는 자료의 제시요구 또는 제출요구를 거부한 경우

③ 보세구역에 물품을 반입하지 아니하고 거짓으로 반입신고를 한 경우

④ 세관공무원의 질문에 대하여 거짓의 진술을 하거나 그 직무의 집행을 거부 또는 기피한 경우

⑤ 해당 보세구역을 관할하는 세관장에게 등록하지 않고 보세사로 근무한 경우

21 「관세법」 제274조 밀수품 취득죄의 대상이 되지 않는 물품은?

① 밀수입된 위조채권(「관세법」 제269조 제1항 해당 물품)

② 밀수입된 금괴(「관세법」 제269조 제2항 해당 물품)

③ 수입요건을 갖추지 아니하고 부정 수입된 건강기능식품(「관세법」 제270조 제2항 해당 물품)

④ 재산상 이득을 위하여 가격이 조작되어 수입된 의료용품(「관세법」 제270조의2 해당 물품)

⑤ 법령에 따라 수입이 제한된 사항을 회피할 목적으로 완제품을 부분품으로 분할하여 수입된 가전제품(「관세법」 제270조 제1항 제3호 해당 물품)

Answer 20.③ 21.④

20 ② 「관세법」 제277조(과태료) 제4항 제1호
① 다른 사람의 성명·상호를 사용하여 보세사의 업무를 수행하거나 자격증 또는 등록증을 빌린 자는 1년 이하의 징역 또는 1천만 원 이하의 벌금에 처한다〈관세법 제275조의4(보세사의 명의대여죄 등) 제2호〉.
③ 세관공무원의 장부 또는 자료의 제시요구 또는 제출요구를 거부한 자는 1천만 원 이하의 벌금에 처한다〈관세법 제276조(허위신고죄 등) 제4항 제8호〉.
④ 세관공무원의 질문에 대하여 거짓의 진술을 하거나 그 직무의 집행을 거부 또는 기피한 자는 1천만 원 이하의 벌금에 처한다〈관세법 제276조(허위신고죄 등) 제4항 제1호〉.
⑤ 제165조제3항을 위반한 자는 500만 원 이하의 벌금에 처한다〈관세법 제276조(허위신고죄 등) 제5항〉.

21 ④ 보정신청, 수정신고, 수출·수입 또는 반송의 신고, 입항전수입신고를 할 때 부당하게 재물이나 재산상 이득을 취득하거나 제3자로 하여금 이를 취득하게 할 목적으로 물품의 가격을 조작하여 신청 또는 신고한 자는 2년 이하의 징역 또는 물품원가와 5천만 원 중 높은 금액 이하의 벌금에 처한다〈관세법 제270조의2(가격조작죄)〉.
①②③⑤ 제269조에 해당되는 물품, 제270조 제1항 제3호, 같은 조 제2항 및 제3항에 해당되는 물품 해당되는 물품을 취득·양도·운반·보관 또는 알선하거나 감정한 자는 3년 이하의 징역 또는 물품원가 이하에 상당하는 벌금에 처한다〈관세법 제274조 밀수품 취득죄 등) 제1항〉.

22 「관세법」 제275조의4(보세사의 명의대여죄 등)에 해당하지 않는 것은?

① 다른 사람의 보세사 자격증을 사용하여 보세사 업무를 수행하도록 알선하는 경우

② 다른 사람에게 자신의 성명 · 상호를 사용하여 보세사 업무를 수행하게 한 경우

③ 다른 사람에게 자신의 보세사 자격증 또는 등록증을 빌려준 경우

④ 다른 사람의 성명 · 상호를 사용하여 보세사의 업무를 수행하거나 자격증 또는 등록증을 빌린 경우

⑤ 보세사 자격을 갖추어 보세사로서 근무하려는 자가 해당 보세구역을 관할하는 세관장에게 등록하지 아니하고 보세사 업무를 수행한 경우

23 「관세법」 제279조(양벌 규정)에 대한 설명으로 틀린 것은?

① 양벌 규정이란 형벌법규를 직접 위반한 행위자를 벌하는 외에 그 행위자와 일정한 관계를 맺고 있는 다른 법인이나 사람도 함께 처벌하는 규정을 말한다.

② 법인 또는 개인의 대리인, 사용인, 그 밖의 종업원이 그 법인 또는 개인의 업무에 관하여 「관세법」상 제11장에서 규정한 벌칙에 해당하는 위법한 행위를 하면 그 행위자를 벌하는 외에 그 법인 또는 개인에게도 벌금형을 과(科)한다.

③ 법인 또는 개인이 그 위반행위를 방지하기 위하여 해당 업무에 관하여 상당한 주의와 감독을 게을리하지 아니한 경우에는 법인과 개인을 처벌하지 아니한다.

④ 법인의 대표자가 그 법인의 업무에 관하여 「관세법」 제277조(과태료)에 해당하는 위반행위를 한 경우 양벌 규정에 따라 법인의 대표자 외에 그 법인에게도 과태료를 부과한다.

⑤ 양벌 규정을 적용받는 개인은 특허보세구역 또는 종합보세사업장의 운영인, 수출(「수출용원재료에 대한 관세 등 환급에 관한 특례법」 제4조에 따른 수출 등을 포함한다) · 수입 또는 운송을 업으로 하는 사람, 관세사, 국제항 안에서 물품 및 용역의 공급을 업으로 하는 사람, 국가관세종합정보망 운영사업자 및 전자문서중계사업자로 한정한다.

Answer 22.⑤ 23.④

22 ⑤ 보세사로 근무하려면 해당 보세구역을 관할하는 세관장에게 등록하여야 한다〈관세법 제165조(보세사의 자격 등) 제3항〉.
① 「관세법」 제275조의4(보세사의 명의대여죄 등) 제3호
②③ 「관세법」 제275조의4(보세사의 명의대여죄 등) 제1호
④ 「관세법」 제275조의4(보세사의 명의대여죄 등) 제2호

23 ④ 법인의 대표자나 법인 또는 개인의 대리인, 사용인, 그 밖의 종업원이 그 법인 또는 개인의 업무에 관하여 제11장에서 규정한 벌칙(제277조의 과태료는 제외한다)에 해당하는 위반행위를 하면 그 행위자를 벌하는 외에 그 법인 또는 개인에게도 해당 조문의 벌금형을 과(科)한다. 다만, 법인 또는 개인이 그 위반행위를 방지하기 위하여 해당 업무에 관하여 상당한 주의와 감독을 게을리하지 아니한 경우에는 그러하지 아니하다〈관세법 제279조(양벌 규정) 제1항〉.
①②③ 「관세법」 제279조(양벌 규정) 제1항
⑤ 「관세법」 제279조(양벌 규정) 제2항

24 「관세법」상 벌칙에 대한 설명으로 맞는 것은?

① 화폐·채권이나 그 밖의 유기증권의 위조품·변조품 또는 모조품을 수입한 자는 7년 이하의 징역 또는 5천만 원 이하의 벌금에 처한다.

② 수출신고를 한 자 중 법령에 따라 수출에 필요한 허가·승인·추천·증명 또는 그 밖의 조건을 갖추지 아니하거나 부정한 방법으로 갖추어 수출한 자는 2년 이하의 징역 또는 2천만 원 이하의 벌금에 처한다.

③ 부정한 방법으로 적재화물목록을 작성하였거나 제출한 자는 3천만 원 이하의 벌금에 처한다.

④ 수입신고를 할 때 부당하게 재물이나 재산상 이득을 취하거나 제3자로 하여금 이를 취득하게 할 목적으로 물품의 가격을 조작하여 신고한 자는 3년 이하의 징역 또는 물품원가와 5천만 원 중 높은 금액 이하의 벌금에 처한다.

⑤ 국가관세종합정보망이나 전자문서중계사업자의 전산처리설비에 기록된 전자문서 등 관련 정보를 위조 또는 변조하거나 위조 또는 변조된 정보를 행사한 자는 1년 이상 10년 이하의 징역 또는 1억 원 이하의 벌금에 처한다.

Answer 24.⑤

24 ⑤ 「관세법」 제268조의2(전자문서 위조·변조죄 등) 제1항
   ① 화폐·채권이나 그 밖의 유가증권의 위조품·변조품 또는 모조품은 수출하거나 수입한 자는 7년 이하의 징역 또는 7천만 원 이하의 벌금에 처한다〈관세법 제269조(밀수출입죄) 제1항〉.
   ② 제241조 제1항 및 제2항에 따른 수출신고를 한 자 중 법령에 따라 수출에 필요한 허가·승인·추천·증명 또는 그 밖의 조건을 갖추지 아니하거나 부정한 방법으로 갖추어 수출한 자는 1년 이하의 징역 또는 2천만 원 이하의 벌금에 처한다〈관세법 270조(관세포탈죄 등) 제3항〉.
   ③ 부정한 방법으로 적재화물목록을 작성하였거나 제출한 자는 2천만 원 이하의 벌금에 처한다〈관세법 276조(허위신고죄 등) 제3항 제1호〉.
   ④ 수입신고를 할 때 부당하게 재물이나 재산상 이득을 취득하거나 제3자로 하여금 이를 취득하게 할 목적으로 물품의 가격을 조작하여 신청 또는 신고한 자는 2년 이하의 징역 또는 물품원가와 5천만원 중 높은 금액 이하의 벌금에 처한다〈관세법 제270조의2(가격조작죄)〉.

25 다음은 관세법령상 통고처분에 관한 조문의 일부분이다. 빈칸에 들어갈 내용을 순서대로 나열한 것은?

〈관세법 시행령〉

제270조의2(통고처분)

① 법 제311조 제1항 제1호에 따른 벌금에 상당하는 금액은 해당 벌금 최고액의 (㉠)으로 한다. 다만, 별표 4에 해당하는 범죄로서 해당 물품의 원가가 해당 벌금의 최고액 이하인 경우에는 해당 물품 원가의 (㉠)으로 한다.

② 관세청장이나 세관장은 관세범이 조사를 방해하거나 증거물을 은닉·인멸·훼손한 경우 등 관세처장이 정하여 고시하는 사유에 해당하는 경우에는 제1항에 따른 금액의 (㉡) 범위에서 관세청장이 정하여 고시하는 비율에 따라 그 금액을 늘릴 수 있다.

〈관세법〉

제311조(통고처분)

① 관세청장이나 세관장은 관세범을 조사한 결과 범죄의 확증을 얻었을 때에는 대통령령으로 정하는 바에 따라 그 대상이 되는 자에게 그 이유를 구체적으로 밝히고, 다음 각 호에 해당하는 금액이나 물품을 납부할 것을 통고할 수 있다.

1. 벌금에 상당하는 금액

	㉠	㉡
①	100분의 30	100분의 30
②	100분의 20	100분의 30
③	100분의 30	100분의 50
④	100분의 50	100분의 50
⑤	100분의 30	100분의 40

Answer 25.③

25 통고처분〈관세법 시행령 제270조의2〉

① 법 제311조제1항제1호에 따른 벌금에 상당하는 금액은 해당 벌금 최고액의 ㉠100분의 30으로 한다. 다만, 별표 4에 해당하는 범죄로서 해당 물품의 원가가 해당 벌금의 최고액 이하인 경우에는 해당 물품 원가의 ㉠100분의 30으로 한다.

② 관세청장이나 세관장은 관세범이 조사를 방해하거나 증거물을 은닉·인멸·훼손한 경우 등 관세청장이 정하여 고시하는 사유에 해당하는 경우에는 제1항에 따른 금액의 ㉡100분의 50 범위에서 관세청장이 정하여 고시하는 비율에 따라 그 금액을 늘릴 수 있다.

상식 용어사전 시리즈

합격GO!

1. 금융상식 2주 만에 완성하기

금융은행권, 단기간 공략으로 끝장낸다! 필기 걱정은 이제 NO! <금융상식 2주 만에 완성하기> 한 권으로 시간은 아끼고 학습효율은 높이자!

2. 중요한 용어만 한눈에 보는 시사용어사전 1130

매일 접하는 각종 기사와 정보 속에서 현대인이 놓치기 쉬운, 그러나 꼭 알아야 할 최신 시사상식을 쏙쏙 뽑아 이해하기 쉽도록 정리했다!

3. 중요한 용어만 한눈에 보는 경제용어사전 961

주요 경제용어는 거의 다 실었다! 경제가 쉬워지는 책, 경제용어사전!

4. 중요한 용어만 한눈에 보는 부동산용어사전 1273

부동산에 대한 이해를 높이고 부동산의 개발과 활용, 투자 및 부동산 용어 학습에도 적극적으로 이용할 수 있는 부동산용어사전!

자격증 기출문제 총집합!

자격증 별로 정리된 기출문제로 깔끔하게 합격하자!

기출문제로 자격증 시험 준비하자!

건강운동관리사, 스포츠지도사, 손해사정사, 손해평가사,
농산물품질관리사, 수산물품질관리사, 관광통역안내사, 국내여행안내사, 보세사, 사회조사분석사